GENS SERES
GENERALITER
ARACUSIA
MESOPOTAMIA
PARTIA VOCATUR
ASIA MAIOR
ARABIA
GALILEA SUPERIOR
GALILEA INFERIOR
IUDEA
PALESTINA
SINUS PSICUS
SINUS ARABICUS
NABATEA REGIO
EGIPT SUPERIOR
INSULA MEROEN
EGIPT INFERIOR
LIBIA AFRICA
DESERTA ARENOSA
AETHIOPIA
MARE RUBRU
EXTRA TRIA AUTEM PARTES ORBIS QUARTA PARS TRANS OCEANUM INTERIOR EST IN MERIDIE QUAE SOLIS ARDORE INCOGNITA NOBIS EST. IN CUIUS FINIBUS ANTIPODAS FABULOSAE INHABITARE PRODUNT
AUSTER VINTUS
MERI
AUSTER AFRICUS
LIBO NOTHUS
LIPS AFRICUS

# WELTATLAS DER ALTEN KULTUREN

# MITTELALTER

Aus dem Englischen
übertragen von
Gisela Stege und
Gertraude Wilhelm

Redaktion:
Manfred Braun

Korrekturen, Register:
Monika Wöhlken

Entwurf des Schutz-
umschlags:
Ludwig Kaiser

Herstellung: Dieter Lidl,
München
Satz: J. Fink, GmbH,
München



AN EQUINOX BOOK

Die Originalausgabe unter
dem Titel *Atlas of Medieval
Europe* wurde entwickelt und
realisiert von Equinox Ltd.,
Oxford.

Chefredaktion: Graham
Speake

Textredaktion: Robert Peberdy
Bildredaktion: Andrew Lawson
Landkarten: Liz Orrock,
Zoë Goodwin, Nicholas Harris
Design: Adrian Hodgkins
Produktion: Clive Sparling


Reproarbeiten:
M.B.A. Ltd., Chalfont St.
Peter, Bucks, England,
Hongkong Graphic Arts
Service Centre, Siviter Smith
Ltd. Birmingham

Druck- und Bindearbeiten:
Amilcare Pizzi, Mailand

Printed in Italy



ISBN 3-88472-086-4

*Frontispiz: Holzstatuen (Höhe 55 cm) vom Grab Isabellas von Bourbon (gest. 1465) in Antwerpen. Von links nach rechts (Identifikation unsicher): Philipp der Gute, Maria von Burgund, Kaiser Ludwig IV. der Bayer, Margarete, Königin von Sizilien, Johann IV. von Brabant.* Umseitig: *Jakoba von Hainault, Albrecht von Bayern, Anna von Burgund, Philipp von Nevers.* Seite 6: *Margarete von Burgund.*

## WELTATLAS DER ALTEN KULTUREN

# MITTEL-ALTER

von Donald Matthew

Christian Verlag

# INHALT



## Erster Teil: Der Zerfall der antiken Welt

### DIE ZEIT DER VÖLKERWANDERUNG



### REICHSGRÜNDUNGEN DER GERMANEN UND RÖMISCHE MISSION



### DER AUFSTIEG DES NORDENS



## Zweiter Teil: Die große Zeit des Glaubenseifers

### DIE HERAUSBILDUNG NEUER KRÄFTE

# CHRONOLOGISCHE ÜBERSICHT

| | 300 | 400 | 500 | 600 | 700 | 800 |
|---|---|---|---|---|---|---|
| **KUNST** | | Bau christlicher Basiliken in Rom, Jerusalem und Konstantinopel | 532–37 Hagia Sophia, Konstantinopel<br>um 550 Mosaiken in Ravenna | um 650 Schatz von Sutton Hoo<br>um 698 Evangelienhandschrift von Lindisfarne | 735–804 Alkuin | Skellig Michael, Irland<br>um 870 *Codex aureus* |
| |  | Diocletian und Maximian, um 300 |  Hagia Sophia, Konstantinopel, 532–37 | | Karl der Große  | Oseberg-Schiff, 9. Jh.  |
| **CHRISTLICHE KIRCHE** | 313 Mailänder Edikte sichern den Christen Toleranz zu | 430 Tod des hl. Augustinus in Hippo Regius<br>451 Konzil von Chalcedon | 526 Tod des hl. Benedikt<br>ab 560 Irische Missionen auf dem europäischen Festland<br>590–604 Gregor I., Papst | | | 817 Klosterreform durch Benedikt von Aniane<br>860 Cyril und Methodius wirken in Mähren |
| **RÖMISCHES KAISERREICH** | 395 Reichsteilung | 438 *Codex Theodosianus* | 533 Rückgewinnung Afrikas<br>534 *Codex Justinianus* | 610–41 Kaiser Herakleios I. | 716–17 moslemische Belagerung Konstantinopels<br>717–41 Kaiser Leon III.<br>730–843 Bilderstreit | 867–86 Basileios I., erster Kaiser der makedonischen Dynastie |
| **ISLAM** | | | | 622 Mohammeds Flucht nach Medina, Beginn der Hedschra<br>636 Sieg der Moslems über die römische Armee bei Jarmuk | 762 Gründung von Bagdad als Hauptstadt der Abbasiden | |
| **SPANIEN** | | 409 Vandalen, Alanen und Sueben dringen in Spanien ein | 509 bei Vouillé geschlagen, ziehen sich die Westgoten nach Spanien zurück<br>589 Rekkared tritt zum Katholizismus über | | 711 Moslems dringen in Spanien ein | um 860 ernsthafte Angriffe der Wikinger auf Spanien |
| **FRANKREICH** | | 486 Chlodwig besiegt Syagrius | um 507 Übertritt Chlodwigs zum Katholizismus | 687 Pippin von Austrien schlägt die Neustrier bei Tertry | 732 Karl Martell schlägt die Sarazenen bei Poitiers<br>751 Pippin III. wird König der Franken | 888 Odo, Graf von Paris, wird König |
| **ITALIEN** | | 476 Odoaker König von Italien | 536 Rückeroberung Roms durch Belisar<br>568 Langobardeneinfall in Italien | 668 Konstans II. in Syrakus ermordet | 774 Karl der Große wird König von Italien | |
| **DEUTSCHLAND** | | 406 Germanen überqueren den Rhein | 509 Gründung des Bistums Konstanz | | 754 Tod des hl. Bonifatius<br>772–804 Sachsenkriege | 800 Kaiserkrönung Karls des Großen<br>843 Vertrag von Verdun: Teilung des Reiches |
| **OSTEUROPA** | 341 Ulfilas beginnt die Bekehrung der Goten<br>376 Goten überqueren die Donau | | Slawen dringen in den Balkan ein | | | 864 Bekehrung der Bulgaren |
| **ENGLAND UND IRLAND** | | | 563 St. Columban in Iona<br>597 römische Mission in England | 664 Synode von Whitby | Vorherrschaft Mercias<br>731 Beda vollendet seine *Kirchengeschichte*<br>793 erste Wikingereinfälle | 836 Dänen lassen sich in Dublin nieder<br>899 Tod Alfreds des Großen<br>Oberherrschaft von Wessex |
| **SKANDINAVIEN** | | | | | | 860 Dänen lassen sich in Island nieder |

| 900 | 1000 | 1100 | 1200 | 1300 | 1400 | 1500 |
|---|---|---|---|---|---|---|
| um 985 *Beowulf* | um 1063 San Marco, Venedig | 1120–30 Abteikirche, Moissac<br>*Chanson de Roland*<br>1194–1220 Kathedrale von Chartres | um 1225–74 Thomas von Aquin<br>um 1240 *Roman de la Rose*<br>1265–1321 Dante<br>1266–1337 Giotto | 1304–74 Petrarca<br>1345–1400 Chaucer<br>1377–1446 Brunelleschi<br>1386–1466 Donatello<br>um 1390–1441 van Eyck | um 1400–1474 Dufay<br>1452–1519 Leonardo da Vinci<br>1471–1528 Dürer | |

Der Tower von London, um 1080

Figuren von der Kathedrale in Chartres, 1134–50

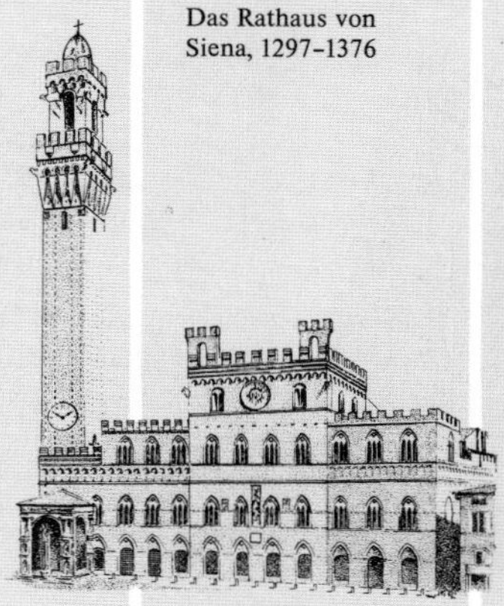

Das Rathaus von Siena, 1297–1376

*David* von Donatello, 1430

| 900 | 1000 | 1100 | 1200 | 1300 | 1400 | 1500 |
|---|---|---|---|---|---|---|
| 911 Gründung von Cluny | 1046 Synode von Sutri, Beginn von Reformen in der römischen Kirche | 1115 Gründung von Clairvaux<br>1179 3. Laterankonzil | 1209 Franziskanerorden anerkannt<br>1215 erste Statuten für Pariser Universität | 1309–77 Päpste im Exil in Avignon<br>1378 Beginn des Abendländischen Schismas | 1415–17 Konzil von Konstanz | |
| 963–69 Kaiser Nikephoros Phokas | 1018 endgültiger Sieg über die Bulgaren<br>1071 Schlacht von Mantzikert | 1176 Niederlage Manuels I. gegen die Seldschuken bei Myriokephalon | 1204 4. Kreuzzug; Einnahme von Konstantinopel<br>1261 Wiederherstellung des Kaiserreichs | | 1453 Einnahme von Konstantinopel | |
| 909 Gründung des Fatimiden-Kalifats in Nordafrika | 1055 Einnahme Bagdads durch die Seldschuken<br>1071 Einnahme Kleinasiens durch die Seldschuken<br>1095 1. Kreuzzug | 1171 Saladin unterwirft das Fatimiden-Kalifat in Ägypten<br>1187 Saladin erobert Jerusalem zurück | 1218–21 5. Kreuzzug<br>1250–1517 Mameluken-Dynastie in Ägypten<br>1291 Mameluken erobern Kreuzfahrerstaaten im Heiligen Land | 1326 Osmanen nehmen Bursa ein<br>1389 Osmanen schlagen die Serben auf dem Amselfeld (Kosovo) | 1402 Tod Timur Lenks<br>1453 Einnahme Konstantinopels durch die Moslems | |
| 929 Omajjaden-Kalifat in Spanien | 1031 Ende des Kalifats von Córdoba<br>1085 Einnahme Toledos durch die Christen | 1137 Graf von Barcelona wird König von Aragón<br>1147 Eroberung Lissabons von den Moslems | 1235–48 Christen erobern Córdoba und Sevilla | 1369 Trastámara-Dynastie in Kastilien | 1479 Heirat Ferdinands V. von Aragón mit Isabella von Kastilien<br>1492 Entdeckung der »Neuen Welt«<br>1498 Vasco da Gama erreicht Indien | |
| 911 Rollo in der Normandie eingesetzt<br>987 Hugo, erster Kapetingerkönig der Franken | um 1020 Gottesfriede eingeführt | | 1204 Philipp II. erobert viele Länder der Plantagenets in Frankreich<br>1210–29 Albigenserkriege<br>1226–70 Ludwig IX.<br>1284 Beginn des englisch-französischen Kriegs | 1337 Beginn des Kriegs zwischen Philipp VI. von Valois und Eduard III. | 1431 Tod Jeanne d'Arcs auf dem Scheiterhaufen<br>1477 Tod Karls des Kühnen, des letzten Herzogs von Burgund aus der Linie der Valois | |
| 962 Otto I. zum Kaiser gekrönt | 1030 Niederlassung der Normannen in Aversa | 1130–54 Roger II. König von Sizilien | 1212–50 Friedrich II. Kaiser und König von Sizilien<br>1252 in Florenz wird der erste Florin geschlagen | 1347 Pest erreicht Genua<br>1385 Giangaleazzo vereint die Ländereien der Visconti | 1434 Cosimo de' Medici kehrt nach Florenz zurück<br>1454 Friede von Lodi | |
| 955 Otto I. schlägt die Magyaren auf dem Lechfeld | 1075 Beginn des Investiturstreits | 1122 Konkordat von Worms<br>1159–77 Konflikte zwischen Kaiser und Papst | 1273 Rudolf von Habsburg zum römischen König gewählt<br>1291 erste Erwähnung der Schweiz (Bundesbrief) | 1338 Kurverein zu Rense<br>1348 Gründung der Prager Universität | 1419–36 Hussitenkriege | |
| 966 Gründung Polens<br>989 Wladimir von Kiew tritt zum Christentum über | 1000 Otto III. gründet das Erzbistum Gniezno (Gnesen)<br>1001 Gründung des Königreichs Ungarn | | 1241 Mongolen schlagen die Christen bei Legnica (Liegnitz) | 1320 Wiedervereinigung des polnischen Königreichs<br>1386 Polen in Union mit Litauen | 1478 Iwan III. erobert Nowgorod | |
| 973 erste belegte Krönung eines englischen Königs | 1017 Knut wird König von England<br>1066 Normannische Eroberung<br>1154 Heinrich II., erster angevinischer König | | 1215 Magna Charta<br>1284 englischer König begründet die Herrschaft über Wales<br>1296 Krieg mit Schottland | 1381 Bauernaufstand | 1485 Heinrich VII. (Tudor) zum König gekrönt | |
| 995–um 1000 Olaf I. König von Norwegen | | 1104 Erzbistum von Lund gegründet<br>1152 Erzbistum von Nidaros<br>1164 Erzbistum von Uppsala | | 1397 Norwegen, Schweden und Dänemark durch die Kalmarer Union vereinigt | | |

# VORWORT

Lange Zeit war Geschichte ein Zweig der Literatur, bei der Darstellung der Vergangenheit allein auf das Wort beschränkt. Wenn auch das Wort für die Offenlegung bestimmter historischer Aspekte weiter unerläßlich ist, so hat doch die Erfindung der Fotografie eine andere Art der Aufzeichnung ermöglicht und damit eine lebhafte Nachfrage nach Bildern früherer Perioden ausgelöst. Keine Epoche der europäischen Geschichte erwies sich als fotogener als das vielgeschmähte Mittelalter. Der Glanz von Versailles, geschaffen, um die Massen zu beeindrucken, wird durch die Fotografie geschmälert, während Kathedralen dem Fotografen entgegenkommen, wenn er mit prüfendem Blick die Gänge durchwandelt und bildhauerische Details oder vor Jahrhunderten bemaltes Glas entdeckt, das mehr für Gott als für das menschliche Auge geschaffen worden war.

Die Fotografie hat die wunderbare Detailarbeit mittelalterlichen Kunsthandwerks nicht nur in großen Bauten aufgezeigt, sondern auch in so kleinen Formen wie den Miniaturen in den Handschriften, die vormals nur wenige Spezialisten kannten. Zeugnisse dieser Kunstfertigkeit sind so zahlreich über Europa verbreitet, daß es nur wenige Gebiete gibt, wo sie nicht einen Eindruck von ihrer außergewöhnlichen Vielfalt und hervorragenden Qualität vermitteln. Als die geschichtliche Darstellung hauptsächlich eine Angelegenheit des Worts war, stellten die Historiker den kriegerischen Aspekt des Mittelalters in den Vordergrund, und nur die Religion war darüber hinaus der Beachtung wert. Nun, da die Vergangenheit im Bild sichtbar gemacht werden kann, erscheint uns diese Epoche in einem ganz anderen Gewand.

Die Einstellung des Historikers zur Geographie und Kartographie reflektiert noch immer eher seine eigene Betrachtungsweise des Gegenstands als eine äußere Gesetzmäßigkeit. In Frankreich hat das Bildungssystem die enge Zusammenarbeit von Geschichte und Geographie gefördert, während das englische System, das beide als getrennte Disziplinen behandelt, eine solche Kooperation verhindern mußte. Historiker, die Sinn für räumliche Zusammenhänge besitzen, sehen nur zu oft die Notwendigkeit, auf die Atlanten der Geographen zu verweisen, weil die vorhandenen Geschichtswerke nur höchst elementare Karten bieten. Ein Buch, das Geschichte mit Hilfe von Karten und Bildern darstellen will, erkennt die legitimen Bedürfnisse vieler Studenten wie auch einer breiten, historisch interessierten Leserschaft. Die kartographische Erschließung des Mittelalters bereitet jedoch bestimmte Schwierigkeiten, die eine Erörterung verdienen.

Die Erstellung einer Karte vom Römischen Reich, einem Territorium mit festen Grenzen, ist eine einleuchtende Aufgabe. Der Begriff »Mittelalter« hingegen hat keine territoriale Assoziation. Bei einigen Historikern ist er zu einem abstrakten Kunstbegriff geworden, esoterisch wie »Barock«. Prosaischere Autoren definieren die Epoche durch Jahreszahlen, aber innerhalb so weiter Grenzen, daß verschiedene geographische Implikationen die unvermeidliche Folge sind. Die schnelle Ausweitung mediävistischer Studien in Westeuropa in den letzten 40 Jahren führte zur Tendenz, die heutige Aufteilung Europas in Ost und West in die Vergangenheit zu übertragen. Das moderne Westeuropa entspricht zwar weitgehend dem geographischen Raum der lateinischen (römischen) Kirche im Mittelalter, allerdings ohne ihre östlichen Verbreitungsgebiete in Polen und Ungarn. Die Unkenntnis der Geschichte dieser Länder wie ihrer Sprachen und Geographie ist selbst gegenwärtig im Westen noch so groß, daß beide Staaten in Werken über das mittelalterliche Europa nur beiläufige Erwähnung finden.

Die Ausbreitung der lateinischen Kirche über ganz Europa verlangt nach kartographischer Erfassung, doch die Kirche hatte keines der Probleme eines geographisch definierten Reichs, christliche Außenposten zogen sich quer durch Asien bis nach Peking. Eine Kirche, die unauflösbar in die Angelegenheiten ihrer christlichen Glaubensgenossen im Osten verwickelt war, kann auf einer Karte nicht dargestellt werden, als ob das Ostreich (das sogenannte Byzanz) eine getrennte Kultur war, selbst wenn unsere akademischen Lehrfächer es so behaupten. Und wie steht es mit dem Islam, der das Christentum an seiner ganzen Südgrenze tangierte? Sollte er behandelt werden, als gehöre er zu einem anderen Gebiet? Muß nicht auch er in einer Darstellung des Mittelalters Berücksichtigung finden? Eingestandenermaßen sind die Mediävisten schlecht gerüstet, um der Vielfalt der mittelalterlichen Welt gerecht zu werden, doch stehen auch Zeitgeschichtler vor ähnlichen Problemen.

Es gibt noch einen anderen Aspekt der Mittelalter-Kartographie, der erwähnt werden sollte. Die Menschen damals schenkten der Kartographie nicht deshalb keine Beachtung, weil ihnen die nötige Fertigkeit fehlte, sondern weil Territorium und Grenzen für sie keine Bedeutung hatten. Ihre Loyalität galt einzelnen Herrn, nicht Staaten oder Nationen. Selbst der Plan einer einzigen Stadt könnte die Ausweisung besonderer Enklaven nötig machen, und jedes Territorium umfaßte Menschen mit speziellen und sich teilweise überschneidenden Rechten und Abhängigkeiten. Die verfeinerte moderne Kartographie würde, wenn sie all dem gerecht werden wollte, eher den Betrachter verwirren, als zum Verständnis beitragen.

Dank der Fertigkeit und dem Bemühen der Kartographen (Liz Orrock, Zoë Goodwin und Nicholas Harris) und der Bildredakteure (Andrew Lawson und Diana Morris) sollte der Leser Text, Bild und Karte in der Art würdigen können, wie es sich der Verfasser vorgestellt hat. Die einzelnen Themenbereiche des Bandes werden durch Karte und Bild organisch ergänzt und vertieft und sollen so einen fundierten Einblick in die mittelalterliche Epoche geben. Ich war mir des Umstandes bewußt, daß der Atlas außerhalb der Britischen Inseln, wo er geplant worden ist, benutzt werden würde, und daß er nicht alle potentiellen Leser zufrieden stellen kann. Das mittelalterliche Europa bedeutet in den mehr als 30 Staaten des modernen Europa jeweils etwas anderes. Es wäre mir jedoch eine bescheidene Befriedigung, wenn er dazu diente, die Aspekte mediävistischer Studien von der lokalen auf die gesamteuropäische Ebene zu heben.

Es bleibt mir nur noch, denen zu danken, die mir bei der Vorbereitung dieses Buches geholfen haben, besonders Christopher Brooke für seine höchst wertvollen Hinweise und gern gegebenen Ratschläge, Sir Richard Southern für seine Hilfe und Ermutigung und Dr. Graham Speake, der das Projekt betreut hat.

# DER BEGRIFF »MITTELALTER«

Im 14. Jahrhundert herrschten in Italien deutsche Könige, die den Anspruch erhoben, römische Kaiser zu sein. Sie hielten an der Vorstellung fest, daß sich das römische Kaiserreich von der Antike bis in ihre Zeit fortgesetzt habe. Anderen Zeitgenossen erschien dieser Gedanke jedoch abwegig. Als Petrarca (1304–1374) und andere Gelehrte nach ihm anfingen, sich ernsthaft für die Geschichte Roms zu interessieren, hatten sie den Eindruck, daß das Reich von einem gewissen Punkt seiner Geschichte an unerbittlich dem Verfall entgegengegangen sei. Ihre Forschungen inspirierten sie, zumindest den entschwundenen Geist der Antike neu zu beleben. Die Wiedergeburt oder Renaissance, die daraus folgte, tat bemerkenswerterweise nichts, um die politischen Realitäten des alten Rom zu erneuern – sie blieb ein kulturelles Phänomen, bestenfalls von oberflächlicher Wirkung auf die Behandlung öffentlicher Angelegenheiten. Doch Historiker, die sich mit dieser Wiedergeburt beschäftigten, und jene, die in ihrer kulturellen Tradition standen, akzeptierten die Idee von einem Mittelalter, das zwischen der antiken Kulturwelt und ihrem modernen Wiedererwachen gelegen habe. Der eigentliche Begriff vom Mittelalter basierte auf kaum mehr als einem ursprünglichen Vorurteil der Gelehrten, ohne die grundlegende Absicht einer verbindlichen Teilung der Geschichte in Perioden. Historiker, die versuchen, das Konzept des 14. Jahrhunderts zu rechtfertigen, gehen ganz einfach in eine Falle.

Die überheblichen Latinisten der Renaissance schätzten das Mittelalter durchweg als barbarische Periode ein. Zu einer Zeit, da die Werturteile lateinischer Gelehrsamkeit die westliche Kultur beherrschten, wurde diese stillschweigende Übereinkunft über die mittelalterliche Kulturlosigkeit zur allgemein anerkannten Weisheit. Ein intensives Studium des Mittelalters begann erst im 19. Jahrhundert. Noch jünger ist der Glaube an die Relativität kultureller Werte, der das Ansehen der klassischen Antike untergraben hat. Obgleich dadurch eine neue Bewertung des Mittelalters möglich geworden ist, hat sich der Begriff selbst so sehr durchgesetzt, daß Versuche, seine Absurdität nachzuweisen, keineswegs seine weitere Verwendung verhindert haben. So wurde der Ausdruck Mittelalter als handlicher Begriff beibehalten und steht mit seinen gleichermaßen absurden Verwandten, Antike und Moderne, als bloßes Etikett für eine Dreiteilung der Geschichte.

Die Renaissance, die uns ihre Konzeption des Mittelalters vermacht hat, lieferte ihren überragenden Beitrag zur Definition dieser Periode mit Giorgio Vasaris *Die Lebensbeschreibungen der berühmtesten italienischen Architekten, Maler und Bildhauer* (1550). Vasari zeigte auf, wie Künstler die vergessenen Techniken der Malerei, Bildhauerei und Architektur wiederentdeckt hatten. Jahrhundertelang war die Kunst des Mittelalters als roh und primitiv verachtet worden; Künstler, die nicht von den Gesetzen der Perspektive oder dem klassischen Kanon der menschlichen Schönheit wußten, verdienten keine Aufmerksamkeit. Mittelalterliche Architektur wurde mit dem Etikett »gotisch« versehen, um ihren barbarischen, nordischen Ursprung zu bezeichnen. Dieser Ausdruck wird seitdem in einschränkender Bedeutung gebraucht, doch bleibt er beispielsweise für die Leistung der französischen Architekten im zwölften Jahrhundert besonders unangemessen. Als die Gotik von ihren Bewunderern im 19. Jahrhundert rehabilitiert wurde, untergrub eine unangebrachte Betonung ihrer religiösen und sozialen Komponenten die richtige Einschätzung ihrer bautechnischen Leistung. Und noch einmal sind Veränderungen im modernen Geschmack hauptsächlich dafür verantwortlich gewesen, daß ihrer Bedeutung als einer der wenigen originalen Schöpfungen der Architektur Gerechtigkeit widerfuhr. Auch in der Malerei hat der Zusammenbruch der akademischen Tradition mit ihrer Betonung der Figurenzeichnung, Perspektive und erhabenen Thematik es zum ersten Mal möglich gemacht, mittelalterliche Kunst ohne die Voreingenommenheit der Klassik zu beurteilen. Das Ergebnis war, daß die Renaissance nicht länger als Periode künstlerischer »Wiedergeburt«, wie sie sich selbst bezeichnete, akzeptiert werden kann. Ihr Selbstverständnis macht sie zu einer künstlerischen Bewegung ohne Parallele im Mittelalter, doch ihr charakteristischer »Stil« war nur die letzte von vielen Wandlungen, die jetzt in der mittelalterlichen Kunst erkennbar sind, einer Kunst, die weit davon entfernt war, uniform und wertlos zu sein. Das Vorurteil der Renaissance gegenüber dem Mittelalter, entschuldbar durch die Leistungen der eigenen Epoche, hat nicht mehr das Gewicht, um das moderne Bewußtsein beeinflussen zu können.

Unmittelbar an die Geschichtskonzeption der Renaissance anknüpfend, schuf sich die Reformation ihren eigenen einflußreichen und energischen Stamm von Gelehrten, überzeugt davon, daß auch Kirchengeschichte in drei Abschnitte eingeteilt werden konnte: einen frühen, mittleren und zeitgenössischen, in dem die Kirche zu ursprünglicher Vollkommenheit erneuert werden sollte. Wiewohl die Daten der mittleren Periode etwas ungenau waren, könnte man sie als die Ära des päpstlichen, weniger des kaiserlichen Rom definieren, als die papistische Geistlichkeit das Bewußtsein der Menschen in abergläubischer Abhängigkeit hielt. Die Katholiken beurteilten diese Zeit verständlicherweise nicht ganz so düster wie die Protestanten, doch ihre Versuche, die mittelalterliche Ordnung zu verteidigen und zu rechtfertigen, trugen keinesfalls dazu bei, den Glauben an diese Periodisierung der Kirchengeschichte zu erschüttern. Im 20. Jahrhundert haben die ökumenische Bewegung und das Zweite Vatikanische Konzil die religiöse Polemik zwischen Protestanten und Katholiken allgemein entschärft und schließlich die Geschichte der mittelalterlichen Kirche vor sektiererischen Kontroversen gerettet.

Obgleich moderne Mediävisten der Meinung sind, sich von den alten Vorurteilen der Latinisten, der Kunstkenner und Theologen befreit zu haben, sitzt das Vermächtnis dieser festgelegten kulturellen Haltung gegenüber dem Mittelalter sehr tief. Die meisten Kenntnisse über die westliche mittelalterliche Welt sind in Lateinisch überliefert und von Geistlichen geschrieben, so daß der Historiker nicht umhin kann, das Problem der Zuverlässigkeit der Schreiber und ihres Ranges in der lateinischen Kultur in Betracht zu ziehen.

Moderne Forscher mögen mit Eifer überholte Annahmen über Bord werfen, doch man kann auf keinen Fall leugnen, daß die gesamte Grundlage der Idee »Mittelalter« aus dem 16. Jahrhundert stammt, als die Menschen

Staatsgrenze
Hauptstadt
andere größere Stadt
Berggipfel (in Metern)
2000 m
1000 m
500 m
0
unter dem Meeresspiegel
Maßstab 1 : 11 000 000
0
400 km
0
300 Meilen
Shetland-In.
Orkney-In.
K. Wrath
Ben Nevis 1343
Glasgow
NORWEGEN
Oslo
Stockholm
Vänersee
Vättersee
Lindesnes
NORDSEE
SCHWEDEN
Gotland
OSTSEE
DÄNEMARK
Kopenhagen
Bornholm
IRLAND
Dublin
GROSS-BRITANNIEN
Birmingham
London
Themse
K. Clear
NIEDER-LANDE
Amsterdam
Rotterdam
Hamburg
Elbe
Berlin
Weser
HARZ
DDR
Leipzig
Oder
Warthe
POLEN
ATLANTISCHER OZEAN
KANAL
Kanal-In.
Brüssel
Lille
BELGIEN
Köln
Bonn
ARDENNEN
LUXEMBURG
Luxemburg
Frankfurt
Main
SUDETEN
Prag
TSCHECHOSLOWAKEI
Seine
Paris
Marne
Maas
Rhein
BRD
Donau
FRANKREICH
VOGESEN
SCHWARZ-WALD
München
Wien
Budapest
Loire
Cher
Bodensee
ÖSTERREICH
Zürich
JURA
Bern
Genfer See
SCHWEIZ
TIROL
LIECHTENSTEIN
TAUERN
Großglockner 3797
Plattensee
RÄTISCHE ALPEN
DOLOMITEN
Drau
Allier
Saône
Puy de Sancy 1886
Lyon
Mt Blanc 4810
PENNINISCHE ALPEN
Zagreb
Save
K. Finisterre
Golf von Biskaya
Dordogne
Garonne
ZENTRAL-MASSIV
GRAJISCHE ALPEN
Mailand
Turin
Po
Rhône
Durance
SEEALPEN
DINARISCHE ALPEN
KANTABRISCHES GEBIRGE
SAN MARINO
LIGURISCHES MEER
MONACO
Marseille
Oporto
Duero
Ebro
PYRENÄEN
ANDORRA
Golfe du Lion
SIERRA DE GUADARRAMA
PORTUGAL
Madrid
Barcelona
Korsika
Tiber
APENNINEN
ADRIATISCHES MEER
Lissabon
Tajo
SERRANIA DE CUENCA
Rom
ITALIEN
SPANIEN
Guadiana
Valencia
Neapel
Vesuv 1277
Sardinien
Balearen
SIERRA MORENA
Guadalquivir
TYRRHENISCHES MEER
K. São Vicente
SIERRA NEVADA
Mulhacen 3478
Palermo
Sizilien
Ätna 3390
Algier
RIF
Tunis
K. Bon
MAROKKO
TELL-ATLAS
ALGERIEN
TUNESIEN
Malta
Rabat
Casablanca
MITTLERER ATLAS
Moulouya
HOCHLAND DER SCHOTTS
SAHARA-ATLAS
MITTELMEER

zum ersten Mal bewußt einen Bruch zwischen ihrer eigenen Zeit und ihrer unmittelbaren Vergangenheit fühlten. Offensichtlich hatten jene, die in den zehn oder mehr »mittelalterlichen« Jahrhunderten lebten, keineswegs den Eindruck eines gemeinsamen Schicksals, auch wenn diese Zeit seitdem, voll Zorn oder Verachtung, in einen Topf geworfen und als eine Periode bedauernswerter zivilisatorischer Rückwärtsentwicklung angesehen wird. Sie alle als Teil *eines* Zeitraums zu behandeln, heißt, mit den Vorurteilen des 16. Jahrhunderts zu beginnen. Das mittelalterliche Jahrtausend war ebenso vielfältig, dynamisch und schöpferisch wie jedes der Wissenschaft bekannte Jahrtausend.

**Die Vorstellung vom Mittelalter**

Bevor die Historiker am Mittelalter Interesse zeigten, hatten zumindest die Altertumsforscher begonnen, die Relikte dieser Epoche zu bewahren: Manuskripte, Urkunden und religiöse Gegenstände, Nachweise alter Geschlechter, alte Gebäude, die vom Ruhm der Adelsfamilien kündeten. Diese Altertumsforscher waren nicht nur Sammler, sie setzten sich auch als Wissenschaftler mit der Vergangenheit auseinander. Aus ihren gemeinsamen Bemühungen resultierte die Publikation viel nützlichen Materials (einiges ist inzwischen wieder verlorengegangen) sowie die Vorbereitung unentbehrlicher Handbücher zur Festsetzung von Datierungen oder das Wörterbuch des mittelalterlichen Lateins von Charles Du Carge. Auch die Anfänge der wissenschaftlichen Untersuchung des Altenglischen gehören hierher.

Die Arbeit der Altertumsforscher entsprang dem Wunsch, wenigstens etwas vor dem blinden Eifer der Religionsreformer zu retten. Die Auflösung der Klöster in England zerstörte oder zerstreute die Schätze, die sich seit Jahrhunderten dort angesammelt hatten. Innerhalb von wenigen Jahren waren diese alten Schatzkammern geplündert worden, unter den billigenden Blicken jener, die sich und ihren Glauben den Mönchen für weit überlegen hielten. Ihre Arroganz trat nicht als Vandalismus sondern als Aufklärung auf, doch eine Generation später war diese Tendenz bereits vorbei. Es fanden sich einige Männer, die aufgeschlossen genug waren, in der Rückschau die Plünderungen zu bedauern – nicht als »Altgläubige«, aber mit einem vagen Gefühl dessen, was an Zeugnissen der Menschheit durch gedankenlose Zustimmung zu augenblicklichen intellektuellen Moden verlorengehen könnte.

In den katholischen Ländern waren die durch solche Übergriffe verursachten Zerstörungen geringer. Das Konzil von Trient (1545–1563) brachte das Vertrauen in die katholische Tradition weitgehend zurück. Das Mönchtum gewann neue Zuversicht. In Frankreich benutzten vor allem die Mauriner (Benediktiner-Reformkongregation) die Schätze der alten Klosterbibliotheken, die die Religionskriege (1562–1598) überlebt hatten, um die Grundlagen mittelalterlicher Gelehrsamkeit zu legen. Jean Mabillon (1632–1707) entzifferte die alten Dokumente des Benediktinerordens und stellte Regeln auf, um die Echtheit mittelalterlicher Aufzeichnungen zu prüfen. Mit seinem

**Die politische und physikalische Geographie des heutigen Europa**
In der Zeit zwischen dem Zusammenbruch des römischen Kaiserreichs und der Entdeckung der Neuen Welt kam es erstmals zur Besiedelung des gesamten europäischen Kontinents. Die nördlichen Völker machten sich die Errungenschaften der Mittelmeerländer zu eigen, wodurch die kulturelle Grenzlinie zwischen Zivilisation und Barbarei verwischt wurde. Europa war von jetzt an mehr als nur eine geographische Bezeichnung: es wurde ein kultureller Begriff. Während die großen Kulturen der Antike sich unter den speziellen Bedingungen des Mittelmeerraums entwickelt hatten, wurde die europäische Zivilisation nun von einer weitaus breiteren physikalisch-geographischen Grundlage bestimmt.

Byland Abbey in Yorkshire, England, entstand nach 1177 und war im 13. Jahrhundert vollendet. Die malerischen Ruinen faszinierten schon John Milton und übten auf die romantische Vorstellung vom Mittelalter eine tiefe Wirkung aus. Die tatsächliche historische Wirklichkeit dieser Klöster als geschäftige Zentren von Arbeit und Gebet hätte weit weniger emotionalen Widerhall geweckt. Der großzügige Gebäudekomplex scheint für 36 Mönche und 100 Laienbrüder geplant gewesen zu sein.

Werk *De re diplomatica* wurde er zum Begründer der wissenschaftlichen Urkundenlehre und Paläographie. Die Jesuiten begannen an Hand ernsthaften Textstudiums die Heiligenlegenden zu überprüfen. Im ganzen westlichen Europa gingen Gelehrte daran, Aufzeichnungen und Dokumente zu veröffentlichen, die sich auf das Mittelalter bezogen, lange bevor Historiker auch nur versuchten, über dieses Zeitalter zu schreiben.

Der große Edward Gibbon (1737–1794) war der erste, der eine bedeutende Geschichte des Mittelalters verfaßte, und es ist bezeichnend, daß sie vom Niedergang des Römischen Reiches handelte. Gibbon lernte seine Technik am Studium der antiken Geschichte, und eine unerträglich herablassende Haltung gegenüber dem Mittelalter beeinträchtigt seine Arbeit. Sein gesuchter Skeptizismus gegenüber den wirksamen Kräften der Religion, charakteristisch für das Zeitalter der Aufklärung, hinderte ihn und seine Zeitgenossen, den Kern mittelalterlichen Bewußtseins zu erfassen.

Die sicheren Überzeugungen der aufklärerischen Philosophie wurden in der Zeit nach der Französischen Revolution hinweggefegt. In der folgenden Generation begannen zum ersten Mal Historiker ernsthaft mit eigenständigen Studien über das Mittelalter. Offensichtlich versagte die Rationalität des modernen Menschen bei der Korrektur von Fehlentwicklungen, die sich in den Jahrhunderten der Unwissenheit akkumuliert hatten, zugleich zeigte sich die Unfähigkeit, menschliche Probleme zur allgemeinen Zufriedenheit rein rational zu lösen. So sahen sich die Historiker auf das Studium jener Perioden verwiesen, in denen die nicht-rationalen Bereiche des menschlichen Geistes stärker in Erscheinung traten. Die Religion selbst wurde nicht länger als ein unlogisches Gewebe intellektueller Behauptungen angesehen, sondern als Ausdruck von tieferen emotionalen Erfahrungen des Menschen verstanden. Insbesondere Kirche und Monarchie war daran gelegen, die europäische Ordnung auf der Grundlage voraufklärerischer Normen wiederherzustellen; die Vergangenheit und die Ursprünge der europäischen Welt verlangten deshalb eine genaue Untersuchung. In Deutschland, wo Napoleon eine nationale Wiedergeburt bewirkt hatte, führte der verständliche Wunsch nach Erneuerung jener Zeit, da französische Sitten noch nicht die deutschen Fürstenhöfe korrumpiert hatten, die Gelehrten zurück ins Mittelalter. Die Helden der Frühzeit, die ebenfalls ein großes Kaiserreich jenseits des Rheins besiegt hatten, wurden für die eigene Zeit wiederentdeckt. Die Deutschen des Mittelalters hatten unerschrocken die Bürden des christlichen Kaiserreichs getragen, die Deutschen des 19. Jahrhunderts bezogen aus ihrer mittelalterlichen Vergangenheit die Kraft für ihre eigene zivilisatorische Rolle. Begeistert in Deutschland aufgenommen, wurden Mittelalter-Forschungen schnell in all den westlichen Ländern populär, wo germanische Invasoren einst die Grenzen Westroms niedergerissen hatten. Diese »Barbaren« wurden als tugendhafte Männer verklärt, die die römische Korruption und Dekadenz bekämpft und die Lebenskraft Europas erneuert hatten. Es gab keinen Grund, die Plünderung Roms zu bedauern; die blutigen Gelüste des Kaiserreichs waren mit gleicher Münze vergolten worden. Lateinische Kultur, despotisch und elitär, verlor damit die Reinheit, die Gibbons Zeitgenossen ihr zugeschrieben hatten. Um das wahre Wesen der germanischen Völker in Europa zu verstehen, mußte zwangsläufig das Mittelalter erforscht werden.

Die Zeit der Französischen Revolution und die Romantik weckten auch neues Interesse an den mittelalterlichen Nationalliteraturen und -sprachen. Literarischen Werken fehlte es selbstverständlich an historischen Informationen, sie vermittelten aber nichtsdestotrotz Einsichten in die Kulturen der Vergangenheit, und dies ohne die offensichtlichen Vorurteile der Kirche. Angeregt durch die Lek-

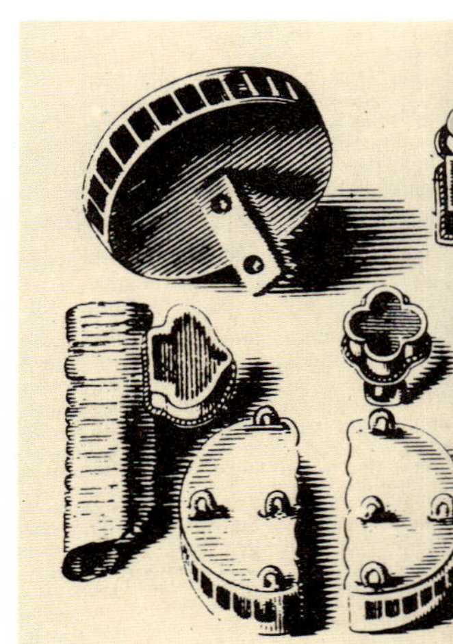

türe von Heldenepen und Legenden, begannen die Europäer nicht nur, sich ein anderes Bild von mittelalterlicher »Barbarei« zu machen, sondern sie konzipierten auch ein neues Programm der Massenerziehung in den europäischen Landessprachen, das – in unseren Tagen realisiert – den jahrhundertelangen Einfluß der klassischen Tradition auf die Erziehung abgelöst hat. An die Stelle der traditionellen klassischen Literatur sind die Nationalliteraturen und die Nationalgeschichte der europäischen Staaten gestellt worden.

Es war vor allem der Enthusiasmus überzeugter Mediävisten, der der mühsamen Forschungsarbeit die Kraft gegeben hat: den Problemen der Interpretation mittelalterlicher Aufzeichnungen, der Arbeit an Neuausgaben von Chroniken und Urkunden sowie all den zahlreichen grundlegenden Arbeiten wie Nachschlagewerken, Wörterbüchern und Atlanten. Selbst heute haben die Mediävisten den Vorsprung der Althistoriker noch nicht eingeholt, die mit ihren Forschungen nahezu vier Jahrhunderte früher begonnen haben. Doch schon am Anfang der Bemühungen war zu erkennen, daß der behauptete Gegensatz zwischen Germanen und Römern als übertrieben und irreführend angesehen werden mußte. Das Mittelalter bestand nicht aus einem langen Kampf zwischen Menschen verschiedener Rassen und Kulturen. Die Römer waren weder so korrupt noch die Germanen so mustergültig, wie die Legende es haben wollte.

Das Studium des Mittelalters, der mittelalterlichen Literatur, Kunst und Architektur, kann jedoch nicht so leicht aus dem Kokon ausbrechen, den die Romantik darum gesponnen hat. Die Forschungen jener Zeit – mit ihrer Vorliebe für das Primitive, das Exotische, Erhabene und Emotionale – haben unser Bild von dieser Epoche maßgeblich mit geprägt. Autoren, die unserer Zeit so nahe stehen wie Voltaire oder Gibbon, würden diese unsere Vorliebe für romantische Vorstellungen vom Mittelalter als einem Land der Geheimnisse, der Phantasie und der tugendhaften Größe für geschmacklos halten. Das Mittelalter der Walter Scott, Richard Wagner, Emmanuel Viollet-le-Duc, der Gebrüder Grimm, John Ruskin oder William Morris weist uns jedoch, trotz all ihrer Unzulänglichkeiten, einen Weg zurück zu den originalen mittelalterlichen Grundlagen, die ihre dichterische Phantasie angeregt haben. Jene, die solcher Anleitung folgend versuchen, in eine neue Beziehung zum Mittelalter zu treten, mögen zwar den romantischen Interpretationen entgehen, doch in dem Wunsch, eine mißverstandene Welt wiederzuentdecken, sind auch sie weiterhin dem Romantizismus verpflichtet. Das Mittelalter »existiert« nur in der modernen Vorstellung als ein Zeitraum, dessen Wesen eindeutig bestimmt werden kann, weil im Mittelalter der Geist der meisten Menschen nicht durch Erziehung gewaltsam den willkürlichen Idealen einiger weniger unterworfen war. Viele erlangten einflußreiche Stellungen, ohne jemals so etwas wie eine formale Erziehung genossen zu haben, und in einer gewissen Weise hatte originelles Denken eine gute Möglichkeit, sich zu behaupten.

Der moderne »Romantizismus« treibt uns zum Unbekannten, und seine unberechenbaren Eingebungen mögen auch die große Bandbreite der Interpretationen über das »wahre« Wesen des Mittelalters erklären. Die antike Welt verdankt ihre Anziehungskraft auf die Moderne traditionsgemäß der Literatur – Homer, Vergil oder *dem* Buch, der Bibel. Die Attraktivität des Mittelalters erwuchs durchaus nicht aus so logischem Zusammenhang. Sie beruht mehr auf dem Reiz einer mythischen Insel, auf der alle Besucher etwas finden können, was ihrer Phantasie gefällt, und von der alle mit verschiedenen Berichten über das Gesehene zurückkehren. Für manche ist es ein Zeitalter des Glaubens, für andere der handwerklichen Kunstfertigkeit oder der feudalen Unterdrückung, für wieder andere eine noch primitive Gesellschaft, die irgendwie zum Leben erweckt wurde und das Geheimnis der europäischen Überlegenheit in der Moderne in sich birgt. Einmal entdeckt, könnte es primitive Gesellschaften befähigen, einen großen Sprung nach vorne zu tun. An die mehr als tausendjährige Geschichte Europas zu rühren, ist noch immer so, als stöbere man in einer Schatzkammer, in der Hoffnung, einen sagenhaften Fund zu machen. Die Vorstellung von Geheimnissen und wunderbaren Rätseln bleibt ein unerläßlicher Teil dessen, was man vom Mittelalter erwartet.

Die allgemein akzeptierte und auch hier verwendete Grenzziehung der mittelalterlichen Periode umfaßt die Zeit zwischen dem Zusammenbruch des römischen Kaiserreichs im Westen und den Entdeckungsreisen der Seefahrer um 1490, der Periode also zwischen dem Einfall der »Barbaren« in das Weströmische Reich und dem Vorstoß der »Europäer« nach Amerika und Asien. Nicht jeder würde heute diese Europäer für »zivilisierter« oder weniger »barbarisch« halten als ihre Vorfahren ein Jahrtausend früher, doch waren sie offensichtlich in ihren Kenntnissen und Vorstellungen deutlich von jenen unterschieden. Sie hatten bereits die Wechselfälle des Glücks erlebt und daraus gelernt.

Westeuropa als Brennpunkt der Dreiheit Antike – Mittelalter – Moderne trübt das Bild Konstantinopels und verdunkelt das des Islam, obgleich im modernen Weltmaßstab die Reiche der Griechen und der Moslems zu dieser Zeit mehr Beachtung verdienen als die europäischen Staaten. Für Konstantinopel und Bagdad muß die Bezeichnung »mittelalterliche Periode« unberechtigt erscheinen. Ihre Historie ist unvermeidlicherweise entstellt worden, indem man westliche Kategorien an sie anlegte. Doch dies ist immerhin noch besser, als sie gänzlich zu ignorieren. Ihre Einbeziehung in die Geschichte des europäischen Mittelalters – die uns hilft, trügerischen Vereinfachungen zu entgehen – schafft jedoch für den Historiker auch Komplikationen. Nur wenige – wenn überhaupt jemand – sind jemals mit den drei betreffenden Kulturkreisen vertraut genug gewesen, oder werden es voraussichtlich je sein, um vorurteilsfrei ihre komplizierte Wechselbeziehung zu beschreiben.

Die wissenschaftlichen Grundlagen, die nötig sind, um allen abendländisch-westlichen Staaten gerecht zu werden, sind genügend ausgearbeitet, selbst wenn man die zusätzliche Belastung durch die osteuropäischen Sprachen und die verschiedenen Traditionen des Islam und des Orients berücksichtigt. Das Mittelalter muß als ein im Grunde westeuropäisches Kulturkonzept angesehen werden, das in einer Phase seiner Geschichte entworfen wurde, als Westeuropa versuchte, seine eigene Vergangenheit in den Griff zu bekommen. Für die Menschen jedoch, die in diesen bewegten Zeiten lebten, war das westliche Europa keine begünstigte, von fremden Einflüssen abgeschottete Region. Ganz im Gegenteil, es erwies sich in hohem Maße als militärisch verletzbar, und es war sich seiner untergeordneten Stellung in bezug auf Konstantinopel und die islamische Zivilisation deutlich bewußt. Hieraus ist auch das Streben nach Reinerhaltung der Religion verständlich. Wer trotz des fehlenden historischen Zusammenhangs von *dem* Mittelalter spricht, muß sich bewußt sein, welch verfälschende Wirkung diese Vorstellung auf tausend Jahre europäischer Geschichte mit teils dramatischen Veränderungen gehabt hat. Das Mittelalter darf nicht als eine Einheit gesehen werden. Jedes einzelne seiner Jahrhunderte ruft danach, daß seine Individualität erkannt werde.

Der Frankenkönig Childerich I. starb 481 in Tournai. Sein Grab wurde 1653 geöffnet und die Grabfunde bald danach durch Chifflet veröffentlicht (1655). Sie gehören zu den aufsehenerregendsten mittelalterlichen Zeugnissen, vor allem auch, weil sie so genau zu datieren sind. Die meisten Schmuckstücke wurden 1831 aus dem Cabinet des Médailles in Paris gestohlen, weshalb Chifflets Zeichnungen noch immer von großem Wert sind. Der Schmuck war wabenartig mit Granat eingelegt.

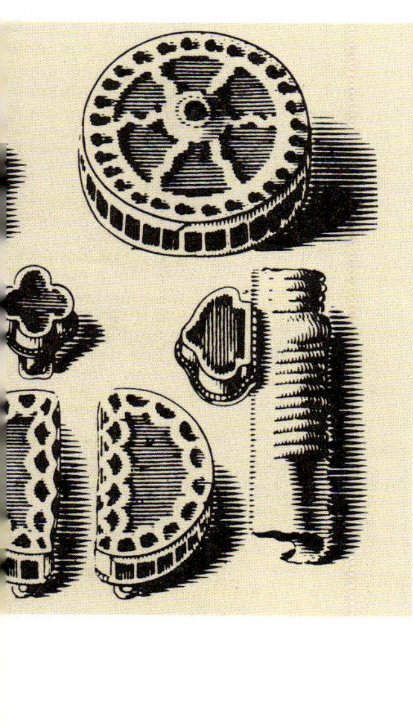

# MITTELALTERLICHE GRUNDLAGEN

**Der Glaube und der Primat der lokalen Gewalt**

Die Urteile, welche Renaissance und Reformation über das Mittelalter gefällt haben, sind für den Historiker nicht mehr gültig, aber sie hatten zurecht die Angelegenheiten von Kirche und Reich in den Mittelpunkt des Interesses gerückt. Die Erfahrungen von heute haben bewiesen, wie wichtig Regierungsformen im Leben jeder Gesellschaft werden können. Was wir vom Römischen Reich wissen, zeigt, daß seine Regierung in der Lage gewesen ist, im gesamten Herrschaftsgebiet vergleichbare Lebensbedingungen zu schaffen. Nicht alle seine Bewohner genossen dieselben Vorteile, aber die Regierung beeinflußte und prägte die Erwartungen, die sie an das Dasein stellten. Der Zusammenbruch des Reiches bedeutete vor allem, daß die »Regierung« nicht mehr ausgeübt wurde, so daß die Menschen mehr von örtlichen Führungspersonen abhingen, als von Staatsbeamten. Von nun an spielten fast überall die persönlichen Beziehungen zwischen Grundherren und ihren Vasallen und Abhängigen eine größere Rolle, bis die einzelnen Staaten Europas Ansprüche auf das öffentliche Wohl geltend machten und sich der feudalen, d.h. privaten, Gewalt in der sogenannten Neuzeit widersetzten. Seit die Zentralregierung die aufrührerischen Barbaren nicht mehr fernzuhalten vermochte, bestand die einzige Hoffnung auf eine politische Kontrolle der Ereignisse darin, daß die großen Grundeigentümer ihren öffentlichen Pflichten auf lokaler Ebene nachkamen. Doch die durch private Herrschaft gebotene Sicherheit erstreckte sich im besten Fall nicht weiter als der gute Name des Herrn, und das System war augenscheinlich unfähig, von außerhalb einfallende Marodeure abzuschrekken. Das konnte auch bedeuten, daß Gewalttäter ohne Angst vor Strafmaßnahmen der Obrigkeit ihr Unwesen trieben, da der Arm keines Grundherren so weit reichte wie seine Ansprüche. Es gab aber auch andere Beschränkungen, denn während dieser Epoche wurden die »Großen« zumindest dadurch behindert, daß sie ihre Macht nicht mit dem Recht gleichsetzen konnten. Die Befugnis über »Recht« zu urteilen, war vom Staat getrennt worden, bei dem sie heute zumeist ruht. Damals war sie das Vorrecht der christlichen Kirche: In der mittelalterlichen Periode war Gott der einzig anerkannte »Souverän«.

Das Christentum war im Römischen Reich im vierten Jahrhundert etabliert worden. Obwohl die Barbarenherrscher offensichtlich weitaus begrenztere wirkliche Macht besaßen als die römischen Kaiser, zeigten sie viel größere Abneigung, die Zwänge des Monotheismus anzunehmen. Zunächst blieben sie und ihre Völker »Barbaren«, lebten am Rand der mittelalterlichen Gesellschaft und leugneten die Werte der »zivilisierten« Welt. Den Christen gab der Glaube, daß Gott über Ungerechtigkeit siegen würde, die Stärke, Bedrückung und Gewalt zu einer Zeit zu ertragen, als noch kein mächtiger Staat bestand, der das Recht wiederherstellen konnte. Aber in ihrem alltäglichen Leben waren die Menschen notgedrungen auf ihre Sippe, ihre Nachbarn und ihre Herren angewiesen und erlebten unvermeidlich Enttäuschungen und Verrat. Ihre Religion erlaubte es ihnen nicht, durch Heldentum die Stellung von Göttern anzustreben. Sie waren der irdischen Mühsal ausgeliefert wie zuvor. Unter den sieben Todsünden galt der Hochmut für die schlimmste,

Ein Glücksrad, Illustration zu einer Handschrift aus Florenz (spätes 14. Jahrhundert). Fortuna dreht das Rad, wobei sie einen (zukünftigen) König dem Ruhm entgegendreht, während der herrschende Monarch (mit Zepter und Reichsapfel) noch seinem Vorgänger nachschaut. Dieses Bild, das hier einen Moralisten Feststellungen über Glück und Mißgeschick des Menschen treffen läßt, war in Wirklichkeit ein mittelalterliches Klischee über die Vergänglichkeit aller irdischen Dinge.

eine Vorstellung, die den modernen Menschen, der sich seines stolzen Menschseins nicht schämt, in Verwirrung setzt. Es ist charakteristisch für uns, daß die Sexualität unser größtes Problem darstellt, während das Mittelalter in dieser Hinsicht völlig unkompliziert gewesen zu sein scheint.

Der Glaube an Gott oder das Transzendente war nicht immer und überall so orthodox, wie der christliche Klerus es forderte, aber die Kirche erlangte eine ausreichende Autorität in religiösen Dingen, die nicht in Frage gestellt wurde, es sei denn gelegentlich auf lokaler Ebene. Und es gibt keinen hinreichenden Grund für die Annahme, daß die Mehrheit der Menschen die Lehre der Kirche anzweifelte, obwohl man erkannte, wie lästig ihre Geistlichen sein konnten: die Mehrheit der mittelalterlichen Bevölkerung besaß sicherlich keine rationalen Argumente für einen Skeptizismus.

Die Lehren der Kirche konnten allgemein angenommen werden, weil sie einleuchtend und tröstlich waren und weil sie bekräftigten, daß schlechte Taten mit Sicherheit durch Leiden im nächsten Leben bestraft würden, falls sie nicht bereits in diesem gerächt worden waren. Die Unterwerfung unter das göttliche Gesetz und die Führung der Kirche gaben Hoffnung auf göttliche Gnade, jetzt und in Zukunft. Mit dem Elend der irdischen Existenz wurde der notwendige Preis für die Sünde bezahlt. Schwächen und Irrtümer verwehrten den Menschen höhere Einsicht, aber aus der Offenbarung wenigstens erfuhren sie, daß Gott der Herr war und sein Volk gerettet hatte. Man glaubte, daß die Erde der Mittelpunkt seines Universums sei, und die Kirche war seine treue Gemeinde. Gottes liebende Fürsorge erstreckte sich in alle Ewigkeit, auch wenn das Leben jedes einzelnen kurz und unsicher war. Eine solche Lehre bestärkte jene, die für die Kirche arbeiteten; sie schwächte jedes Streben nach irdischer Macht und Ruhm. Die von Gott durch die Kirche geweihten Könige und Kaiser erlangten dadurch eine besondere Autorität und hatten noch weniger Anlaß, die Allmacht Gottes zu leugnen. Sein Ruhm überschattete notwendigerweise den ihren. Ihre Rivalitäten untereinander zeigten allzu deutlich ihre irdische Beschränktheit. Obwohl das Machtstreben einzelner Herrscher große Dinge in Bewegung setzen konnte, währten sie nur kurze Zeit. Bezeichnenderweise wurden während dieser Epoche über Generationen hinweg keine Gedankengebäude errichtet, die den Glauben an die Nichtigkeit irdischen Ruhmes erschüttern konnten. Die Erfahrung bestätigte, daß individuelle Leistungen keinen Bestand hatten, daß die Söhne sich der Heldentaten ihrer Väter als nicht würdig erwiesen. Auf Karl den Großen folgte Ludwig der Fromme, unter dem die Universalreichsidee zerbrach, und auf Robert Bruce, den Retter Schottlands, folgte der Schwächling David II. Mittelalterliche Chronisten konnten leicht beweisen, daß die Geschichte der menschlichen Gesellschaften unberechenbar war, eine Sache des Glücks, und nicht auf belohnter individueller Leistung beruhte. Das persönliche Schicksal der Menschen wurde erst jenseits des Grabes entschieden.

**Der Niedergang römischer Bildung und Kultur**

Das Schauspiel, wie große Männer von ihren Podesten gestürzt wurden, war wahrscheinlich sehr befriedigend für jene, die nicht den Versuch machten, über ihre Stellung in Kirche oder Staat aufzusteigen. Die namenlose breite Masse, die über Generationen in ihren Gemeinschaften arbeitete, war der eigentliche Gestalter des Mittelalters. Die Kürze des individuellen Daseins und die Hinfälligkeit menschlicher Leistungen schwächten nie den Glauben, daß es in dieser unvollkommenen Welt Menschenlos war zu arbeiten, und zwar hauptsächlich im Ackerbau, um überleben zu können. Die einzigen Werke von Menschenhand, die überdauern sollten, waren die Gott geweihten. Mit seinem auf Gott gerichteten Idealismus konnte der mittelalterliche Mensch trotz aller Beschwernisse und Gefahren das Leben genießen wie es war, ohne sich dabei irgendwelchen Illusionen hinzugeben. Aus dieser Einstellung erklärt sich das Paradox, wie es uns heute erscheint, daß die Menschen zugleich erhaben im Geist und grob im Verhalten waren.

Das Leben im Mittelalter war zweifellos für die Mehrzahl sehr hart, aber da selbst die Reichen nicht recht wußten, wie sie es bequemer gestalten konnten, gab es keine Alternative, als sich den augenblicklichen Umständen anzupassen und auf etwaige Veränderungen entsprechend zu reagieren. Gern ergriff man die Gelegenheiten zu feiern und in Gesellschaft fröhlich zu sein oder den roheren »Vergnügen« von Streit, Gewalt und Rache nachzugehen. Die Menschen waren sich bewußt, daß sie einander brauchten und menschlicher Wärme und Gesellschaft bedurften. Man dachte nicht daran, auf der Suche nach persönlicher Erfüllung ein abgeschiedenes Leben zu führen; Einsiedler waren Ausnahmeerscheinungen, Außenseiter von merkwürdiger Art. Die meisten Menschen verbrachten ihr ganzes Leben in der ihnen vertrauten Umgebung und waren in der Regel an bestimmte Berufe gebunden. Das Christentum brachte im Mittelalter eine Arbeitsruhe zumindest an Sonntagen, obwohl der Gebrauch der Siebentagewoche bereits auf die heidnische Periode zurückgeht. Die Kirche versuchte auch, die Einhaltung der Arbeitsruhe an zahlreichen heiligen Tagen im ganzen Jahr durchzusetzen. Mit dem Anwachsen der Bevölkerung kam es zu ersten Veränderungen der natürlichen Umwelt und der Lebensbedingungen. Das für die Ernährung bebaute Land wurde vergrößert, man ließ sich in Städten nieder, um handwerklich zu arbeiten und mit den Nachbarn Handel zu treiben, und schließlich brachte der Handel Europa mit so fernen Ländern wie China und Indien in Kontakt. Trotz dieser Fortschritte jedoch erwuchs aus der sozio-ökonomischen Ordnung kein politischer Zusammenhalt, der mit dem des Römischen Reiches zu vergleichen wäre. Der Hauptgrund war, daß in der christlichen Epoche die politische Macht ihren Alleinigkeitsanspruch verloren hatte.

Die Veränderung der europäischen Umwelt, die die eigentliche Leistung der Epoche war, hat indessen die Zeitgenossen nicht in dem Maße beeindruckt wie die modernen Autoren. Die an einen festen Ort gebundenen Menschen schauten kaum auf, um zu sehen, was jenseits ihres Horizontes vorging. Und die Gebildeten waren natürlich mehr mit den speziellen Interessen befaßt, wie sie kultivierte Leute überall haben. Zu einer Zeit, da das Schreiben keine wesentliche, wenn überhaupt eine Rolle im Arbeitsalltag der Menschen spielte, hatte die kleine Minderheit, die diese Kunst beherrschte, nicht die Absicht, ihre Talente zu verschwenden, um profane Dinge zu beschreiben. Da Gott der Allmächtige war, hatte das Schreiben allein ihm zu dienen.

Der eingeschränkte Gebrauch der Schrift im Mittelalter war weder eine Hinterlassenschaft des Römischen Reiches noch der Kirche. Zur Kaiserzeit hatte die Kirche selbstverständlich versucht, ihren Einfluß im ganzen Reich auszudehnen, indem sie die Verwendung vieler weitverbreiteter Sprachen zuließ. Ihre Schriften wurden in demotischem Griechisch verfaßt; ihre frühen Liturgien erschienen in Syrisch und Koptisch, nicht nur in Griechisch und Latein. Fast im ganzen Imperium wurde Schriftgelehrsamkeit hoch bewertet. Die Effektivität der Regierung hing davon ab, daß ihre Diener und Beamten die Bedeutung von Erziehung und Bildung anerkannten. Solche Einsicht überlebte den Zusammenbruch der römischen Reichsverwaltung im Westen nicht. Seit jener Zeit basierte die Regierung nicht mehr auf der Verfügbarkeit gebildeter Aristokraten und Bürger, auf geschriebenen Dokumenten, auf der Existenz von Schulen und Bibliotheken. Erst im 13. und 14. Jahrhundert wurde die auf der Schrift beruhende Bildung wieder zum allgemeinen oder hervorstechenden Bestandteil des öffentlichen Lebens. Der Klerus und einige Mönche bewahrten einen Sinn für die Wichtigkeit des Schrifttums, und zwar erstens deshalb, weil sie die christliche Offenbarung durch die Schriften

Illustration zum Kalendermonat August aus einem französischen Stundenbuch aus der Mitte des 15. Jahrhunderts, die einen Bauern mit Dreschflegel zeigt. Trotz des konventionellen Elements liegt ein gewisser Realismus in der Zeichnung des Gesichts, des verwegen aufgesetzten Strohhuts und der anderen Kleidungsstücke, die den Eindruck von bäuerlicher Wohlhabenheit vermitteln.

Die vier Karten auf diesen Seiten geben einen generellen Überblick über die Geschichte Europas im Mittelalter. Weder waren die Gegensätze jemals so stark, noch die angedeutete Entwicklung so gleichmäßig wie die Karten suggerieren. Aber sie verdeutlichen die dramatischen Veränderungen, die sich in diesem Zeitraum abgespielt haben.

**Links: Europa im Jahr 350**
Die erste Karte zeigt, daß das römische Kaiserreich im vierten Jahrhundert sich nicht so den Übergriffen und der Besiedlung durch barbarische Völker widersetzen konnte, wie es gewollt hätte. Wenn das einmal erreichte Kulturniveau dennoch erhalten blieb, so lag die Initiative dafür nicht mehr bei den Römern. Nur die Christen bewahrten eine gewisse kulturelle Kontinuität und die gefühlsmäßige Bindung an die mediterranen Länder Palästinas und des Reiches.

**Links unten: Europa im Jahr 800**
Die zweite Karte macht deutlich, daß die barbarischen Völker in der Zwischenzeit ihre Kraft auf einen begrenzten Teil Westeuropas konzentriert hatten und generell wenig Interesse am Mittelmeerraum zeigten. Die Karte könnte die Idee nahelegen, daß das Ziel einer mediterranen Einheit eher von den Moslems weiterverfolgt wurde, denn selbst wenn sich Rom und Konstantinopel ihrem Griff entzogen, gab ihnen ihre Präsenz auf dem Wasser und an allen Küsten des Mittelmeers, außer den nördlichen, die Oberhand, sogar über Byzanz. Aber der Islam bezog seine Stärke nicht aus dem Mittelmeerraum, sondern aus der Religion von Wüstenvölkern und der persischen Kultur. Er hatte kein Interesse, die alte Mittelmeerkultur zu seiner eigenen zu machen. Obwohl von Islam überschattet, waren die christlichen Völker Europas im östlichen und westlichen Kaiserreich daher im Recht, wenn sie in ihrem Glauben an sich als die wahren Erben des römischen Vermächtnisses festhielten. Zur Zeit Karls des Großen sah es nicht danach aus, als könne der Westen von diesem Erbe mehr profitieren als der Osten. In der Tat bewies Byzanz im darauffolgenden Jahrhundert, welche regenerative Kraft in ihm steckte, und das zu einer Zeit, da sogar der begrenzte Versuch, die Idee des Kaiserreichs im Westen wieder zu beleben, fehlschlug.

**Rechts: Europa im Jahr 1150**
Dreieinhalb Jahrhunderte später gibt die Karte einen guten Eindruck von den verwickelten Ereignissen, die sich inzwischen abgespielt hatten. Die grundlegende Veränderung war jedoch, daß die westliche Christenheit nicht länger nach der Herrschaft im Mittelmeerraum trachtete, obwohl sie ihre Stärke bei Angriffen gegen die Moslems im Süden, in Spanien und im Osten bewies. Der Vorstoß von Deutschland nach Osteuropa zeigt noch auffälliger, in welchem Ausmaß das Christentum nun im nördlichen Europa fest begründet war. Ausgehend von den nordfranzösischen Kulturzentren erfaßte es selbst den hohen Norden. Doch es war nicht länger mehr eine geschlossene politische Kraft. Das Karolingerreich war der mächtigste Staat im Westen, doch seine Stärke beruhte auf seinen neuen germanischen Mitgliedern, nicht auf seiner Stellung als Rechtsnachfolger Roms. Die wiedergeweckte religiöse Begeisterung machte dann die Kreuzzüge möglich, trotz der westlichen Scheu vor dem Mittelmeer. Das Wiedererstarken von Byzanz im zehnten Jahrhundert wird in diesen Karten nicht gezeigt, doch war es seitdem so schwach geworden, daß es die Hilfe seiner christlichen Brüder im Westen zu schätzen wußte. Wenn diese Karte auch die Vorstellung erwecken mag, daß die neue Tatkraft es dem Westen schließlich ermöglicht hätte, die Einheit des Mittelmeerraums wiederherzustellen, so hat sich dies in der Folgezeit als Illusion erwiesen.

**Rechts unten: Europa im Jahr 1500**
Die letzte Karte zeigt, daß die großen Anstrengungen in der Mitte des zwölften Jahrhunderts zum Scheitern verurteilt waren. Byzanz, zuerst vom Westen unterstützt, dann übernommen und schließlich im Stich gelassen, hörte überhaupt auf, ein christlicher Staat zu sein. Die heiligen Stätten, die eine Zeitlang von den westlichen Christen beschützt worden waren, gingen unwiderruflich in den Besitz der Moslems über. Mehrere Kreuzzüge konnten die Entstehung des Osmanischen Reiches nicht verhindern, dem es schließlich zum ersten Mal in der islamischen Geschichte gelang, das gesamte östliche Mittelmeergebiet in einer Hand zu vereinen. Nur im Norden breiteten sich die christlichen Kräfte weiter aus und zwangen ihre Herrschaft entschlossen der orthodoxen Bevölkerung von Litauen und Rußland auf. Europa teilte sich jetzt in Ost und West wie noch nie zuvor. Im Westen war eine politische Einheit noch nicht erreicht, doch gerade die staatliche Mannigfaltigkeit erwies sich als eine Voraussetzung für die Vitalität Westeuropas.
Die drei großen Monarchien im äußersten Westen, Spanien, Frankreich und England, gaben nun die Gangart an und entwickelten sich zu Weltreichen. Deutschen und Italienern gelang es trotz ihres Reichtums und ihrer kulturellen Leistungen nicht, eine bedeutendere Rolle zu spielen, obwohl sie auf religiösem, künstlerischem und intellektuellem Gebiet weiterhin einen wichtigen Beitrag leisteten. Wo einst ein einheitliches Römisches Reich bestanden hatte, gab es nun, am Vorabend der Begegnung mit Amerika und dem Orient, ein geradezu babylonisches Durcheinander europäischer Kulturen.

mit ihren mehr oder weniger gelehrten patristischen Kommentaren kannten, und zweitens, weil in den Schulen besondere Anstrengungen gemacht werden mußten, daß die Geistlichen Latein lernten, da der einfache Klerus zunehmend mit einer Welt konfrontiert war, die kein Latein mehr sprach.

Der verringerte Rahmen der herangezogenen Literatur forderte die Benutzung von Codices, die die wenigen Grundtexte in Abschrift enthielten, und führte folgerichtig zum Verzicht auf die Schriftrollen, die in der Antike üblich gewesen waren. Für den Klerus und seine Buchkultur blieb die Bildung unerläßlich, aber die große Mehrheit der Laien überließ in zunehmendem Maße die Gelehrsamkeit dem Klerus, weil sie erkannten, daß die geistlichen Bücher für ihre Zwecke einen äußerst geringen Wert hatten. Besonders dem Adel fehlte ursprünglich jeder Sinn für den Wert schriftlicher Aufzeichnungen, gleichgültig ob sie religiöse, politische oder kulturelle Bereiche betrafen.

Auch wenn man die in gewisser Hinsicht abstumpfende Wirkung der römischen Erziehung in Betracht zieht, bewirkte der Niedergang der Bildung nicht nur die Auflösung des inspirierenden Reichsgedankens, sondern erwies sich auch als Unglück für die kulturelle Entwicklung. Wie klein auch die Zahl der Gebildeten gewesen war, so hatten sie doch durch ihre Gelehrsamkeit einen Sinn für die zeitliche Kontinuität der menschlichen Gesellschaft und für die Rolle der Bücher bei der Weitergabe kultureller Errungenschaften von einer Generation zur nächsten erworben. Daraus resultierte eine gewisse Vorstellung von der Universalität des Wissens, ein Sinn für das, was aus der Vergangenheit gelernt werden konnte, und eine Würdigung der Zeitspanne, in der sich die Kultur des Mittelmeerraumes entwickelt hatte. Die germanischen Völker hatten keine Verwendung für das Geschriebene, weder im Hinblick auf die Überlieferung noch zum Zwecke des Verkehrs mit anderen Völkern. Sie besaßen andere Wege, ihre Kultur über Generationen weiterzutragen; dies gestaltete wahrscheinlich ihr kulturelles Erbe lebendiger und persönlicher, aber es verengte den geistigen Horizont und beschnitt die Reichweite.

Die römische Kultur wurde auf diese Weise zu Grabe getragen, und das Latein blieb nur noch den wirklich Gebildeten vorbehalten. Säkulare Kulturen in der Volkssprache waren zwangsläufig lokal begrenzt, denn die Volkssprache zeigte starke regionale Unterschiede. Die Erfindung des Buchdrucks Mitte des 15. Jahrhunderts, der einige dieser Nachteile beseitigte, machte andere schlimmer. In einer dem Römischen Reich fremden Form verewigte er die Teilung des Westens in Gruppen von Nationalsprachen. Latein selbst wurde für Bildungszwecke entbehrlich, da Übersetzungen und gelehrte Originalschriften in der Volkssprache die Möglichkeit einer einsprachigen Kultur schufen. Der Verfall der römischen Bildung hatte daher einschneidende Konsequenzen für die ganze westliche Welt.

Schriftliche Aufzeichnungen in Latein und der Volkssprache nehmen kaum Bezug auf die hauptsächlichen Tätigkeiten des gemeinen Volkes in dieser Epoche. Ebenso wie die Arbeit der meisten Menschen der literarischen Sicht entzogen war, so blieb auch nur ein winziger Bruchteil der damals hergestellten Kunst- und Gebrauchsgegenstände erhalten, die uns eine vage Vorstellung von dem ganzen Ausmaß der geleisteten Arbeit geben. Die Bedingungen des mittelalterlichen Lebens – zumindest außerhalb der ehrwürdigen Kirche – wirkten der Errichtung prachtvoller Bauten und der Bewahrung von Kunstschätzen entgegen. Unser Urteil über die antike Welt ist wesentlich geprägt von dem Vorhandensein großer Städte, die darauf hinweisen, wie sehr die Mittelmeerkultur mit dem politischen Leben verknüpft war. Die Gesellschaftsverbände waren so organisiert, daß sie Land und Meer einen Lebensunterhalt abgewinnen konnten und dazu noch einen ausreichenden Überschuß, um für die Bürger ein höheres Niveau materieller und geistiger Kultur zu ermöglichen; sogar Sklaven konnten davon profitieren. Mittelalterliche Städte vermitteln ein ganz anderes Bild: Prachtentfaltung wurde kleingeschrieben. Die christliche Gesellschaft, die sich immer mehr dem Gedanken öffnete, daß die Freilassung der Sklaven verdienstvoll wäre, begann auf die Sklavenarbeit zu verzichten. Mit der Zeit führte dies zu einem Arbeitsreservoir an freien Männern, die beispielsweise an großen Baustellen beschäftigt wurden. Eine solche Gesellschaft konnte nur eine bescheidene Anzahl von Adligen und fast keine »Beamten« tragen. Die Mehrheit der Menschen lebte und arbeitete auf dem Lande; es gab zwar noch die Stadt, aber sie erfüllte eine andere Funktion als in der Antike. Das städtische Leben prägte nicht mehr die allgemeinen Erwartungen an das Dasein. Diese Veränderung hat nichts mit der Entwicklung einer transzendenten Religion zu tun. Die Kirche schätzte die Städte als römische Einrichtungen höher ein, als es ihre »barbarischen« Pfarrkinder taten. Es waren die Barbaren, die entweder keinen Sinn für das Stadtleben hatten oder keine Vorstellung, wie sie dort sinnvollen Tätigkeiten nachgehen könnten. Überall im Reich blieben die alten römischen Städte, wenn auch sehr an Größe geschrumpft, wenigstens Sitze der kirchlichen Autorität. Das zwölfte Jahrhundert brachte mit dem Aufschwung des wirtschaftlichen und kommerziellen Lebens eine gewisse Wiederbelebung der Städte, aber sie erlangten nie wieder den Rang ihrer antiken Vorläufer als Zentren der Kultur, und mit Ausnahme von Italien war das umliegende Land den Städten nicht politisch unterworfen. Die Bedeutung, die ihnen im Laufe des späteren Mittelalters zuwuchs, resultierte allein aus wirtschaftlichen Notwendigkeiten. Auch in dieser Hinsicht sind moderne europäische Industriestädte offensichtlich Erben der mittelalterlichen, nicht der antiken Tradition.

Im Gegensatz zum Niedergang der Städte kam das Land voll zu seinem Recht. Wäre das Römische Reich von nomadischen Horden wie den Hunnen einfach übernommen worden wie China von den Mongolen, so hätte dies den Fortbestand einer imperialen Herrschaft bedeuten können. Nomadeneinfälle verursachten für das Römische Reich auf Dauer den geringsten Schaden. Langfristig gesehen war es das stete Vordringen barbarischer Siedler in das Imperium, das seinen Charakter veränderte. Einige Barbaren traten eine Zeitlang einfach an die Stelle römischer Großgrundbesitzer. Aber das römische Domänensystem verschwand schließlich und wurde in den meisten Teilen Europas durch eine Agrarform ersetzt, bei der die Bauern bei der Bestellung ihrer Felder zusammenarbeiteten, die um ihre kleinen Dörfer lagen. Auf Jahrhunderte wurden die meisten Bewohner Westeuropas in solche Landgemeinden hineingeboren, wo sie aufwuchsen und aus denen wenige jemals herauskamen, um in der Stadt oder in der Kirche ein Weiterkommen zu finden. Das Wachstum der bäuerlichen Bevölkerung machte die Gewinnung neuen Landes notwendig und führte zur Rodung von Wäldern und zur Trockenlegung von Sümpfen. Durch ihre gemeinsamen Anstrengungen wurden die Böden Nordeuropas unter den Pflug genommen. Die Mittelmeerkultur zog weiterhin die führenden Vertreter der nördlichen Gesellschaft an, doch vom Beginn des Mittelalters an zeigte sich die neue Dynamik der barbarischen Völker in ihrer Fähigkeit, das Reich zu Fall zu bringen und statt seiner eine neue eigene Ordnung zu schaffen. Es lag

Runenkästchen von Auzon (Frankscher Schrein), das um das Jahr 700 in Northumbrien aus Walbein gefertigt wurde. Es mißt 10,5 zu 1,23 zu 18,5 cm. Die Vorderseite mit Runen und lateinischer Inschrift stellt rechts die Anbetung des Christuskinds durch die drei Weisen aus dem Morgenland dar, links sieht man eine Szene aus der Sage von Wieland dem Schmied. Die Verbindung von christlichen mit heidnischen Motiven macht deutlich, wie die neue Religion im barbarischen Europa assimiliert werden konnte.

Der Pont de Valentré aus dem 14. Jahrhundert trägt die Hauptstraße Bordeaux–Lyon über den Lot in Cahors. Mit seinen sieben Spitzbögen, imponierenden Pfeilern mit Auskragungen und Brustwehren sowie drei quadratischen Türmen ist er ein typisches Beispiel für den spätmittelalterlichen Befestigungsbau.

in der Natur der Dinge, daß die Fortschritte in der Landwirtschaft fast unbeachtet vor sich gingen oder daß auch nur jemand klar erkannte, was sie für die Entwicklung des westlichen Europa bedeuteten.

**Die Kirche zwischen Rom und dem Heidentum**

Die antike Mittelmeerkultur war bei all ihren Leistungen in vieler Hinsicht karg, ja fast asketisch. Die ursprünglichen Stadtstaaten waren klein und besaßen kein großflächiges reiches Agrarland. Die Getreideerträge fielen oft dürftig aus, der Wein brauchte sorgsame Pflege und günstige Lagen. Selbst die Olive, die auf trockenen Böden als Hauptquelle für Lampenöl und Brennholz wie auch als Nahrungsmittel von großem Nutzen war, wuchs nicht von selbst. Der Sonnenreichtum und das gemäßigte Klima schufen die Voraussetzung für ein geselliges Leben im Freien. Waren die einfachen Bedürfnisse einmal befriedigt, blieb neben der Feldarbeit Zeit für Muße und Unterhaltung. Den Römern fiel es begreiflicherweise schwer, diesen Lebensstil auf die nördlichen Provinzen zu übertragen, und nach der Eroberung Britanniens machten sie keine weiteren Anstrengungen, ihre Kultur anderen nordischen Völkern zu bringen. Die Barbaren mußten sich erst den Weg ins Reich erzwingen, um in den Besitz seiner Vorzüge zu gelangen. Sie waren nicht unmittelbar daran interessiert, jene Kulturwerte zu übernehmen, die die Römer selber am höchsten schätzten. Die Arbeit auf den schwereren, feuchten Böden des nördlichen Europa war mühsamer, schwieriger und zeitraubender, und es gab weniger Freizeit. Im Laufe der Entwicklung natürlich, als Nordeuropa »kultivierter« wurde und die Grenzen der Zivilisation weit über die des alten Reiches hinausreichten, reagierten die barbarischen Völker positiver auf das, was ihnen die Mittelmeerwelt zu bieten hatte. Ein symbolisches Anzeichen hierfür dürfte die Annahme des Christentums und seiner mediterranen Bräuche gewesen sein, die Taufe mit dem Wasser des Lebens, die Ölung und das eucharistische Abendmahl von Brot und Wein, und dies durch Völker, die keine Erfahrungen mit der Dürre hatten und gewöhnlich Bier tranken. Vor den Barbareninvasionen war das Christentum im Römischen Reich im wesentlichen auf die Städte beschränkt gewesen. Das Land blieb »heidnisch«. In den nächsten Jahrhunderten wurde die neue Religion in alle dörflichen Gemeinschaften des Nordens gebracht. Sie schlug dort so starke Wurzeln, daß die westliche Christenheit ihre vorrangig städtische, intellektuelle Tradition verlor. Sie verlor aber in *einer* Hinsicht und gewann in einer anderen. Das mittelalterliche Europa wurde von den Christen geformt, wohingegen sie im Römischen Reich nur Anerkennung von einem Staat erlangt hatten, der um vieles älter und selbstbewußter war als die Kirche.

Die Kirche wurde jedoch in diesem Prozeß stark verändert. Bis zum Ende des vierten Jahrhunderts war es dem Römischen Reich gelungen, die christliche Kirche zu einer quasi staatlichen Institution (»Reichskirche«) zu machen, eine Entwicklung, die der Klerus offensichtlich begrüßte, da ihm und seinen Aktivitäten Vorteile erwuchsen. Als die Barbaren ins Reich kamen, wurden sie von nur wenigen Geistlichen mit Wohlwollen betrachtet. Viele der frühen Barbarenführer hatten den *Arianismus* angenommen, und der Klerus wandte sich gegen ihre Ketzerei. Katholische Bischöfe, die die Verantwortung für die Seelsorge in den christlichen Gemeinden trugen, kamen meist aus Senatskreisen. Von Anfang an traten sie für die Kontinuität der alten römischen Wertvorstellungen ein. Die schließliche Konvertierung der Barbarenführer ist auf ihren Einfluß zurückzuführen. Die »römische« Prägung des Christentums, die durch die gregorianische Mission nach England (597) verstärkt wurde, führte vom achten Jahrhundert an zu Bemühungen um eine eigene päpstliche Führung der Westkirche, besonders durch die Anstrengungen englischer Missionare in Deutschland und ihren Einfluß auf das Karolingerreich. Als das Chri-

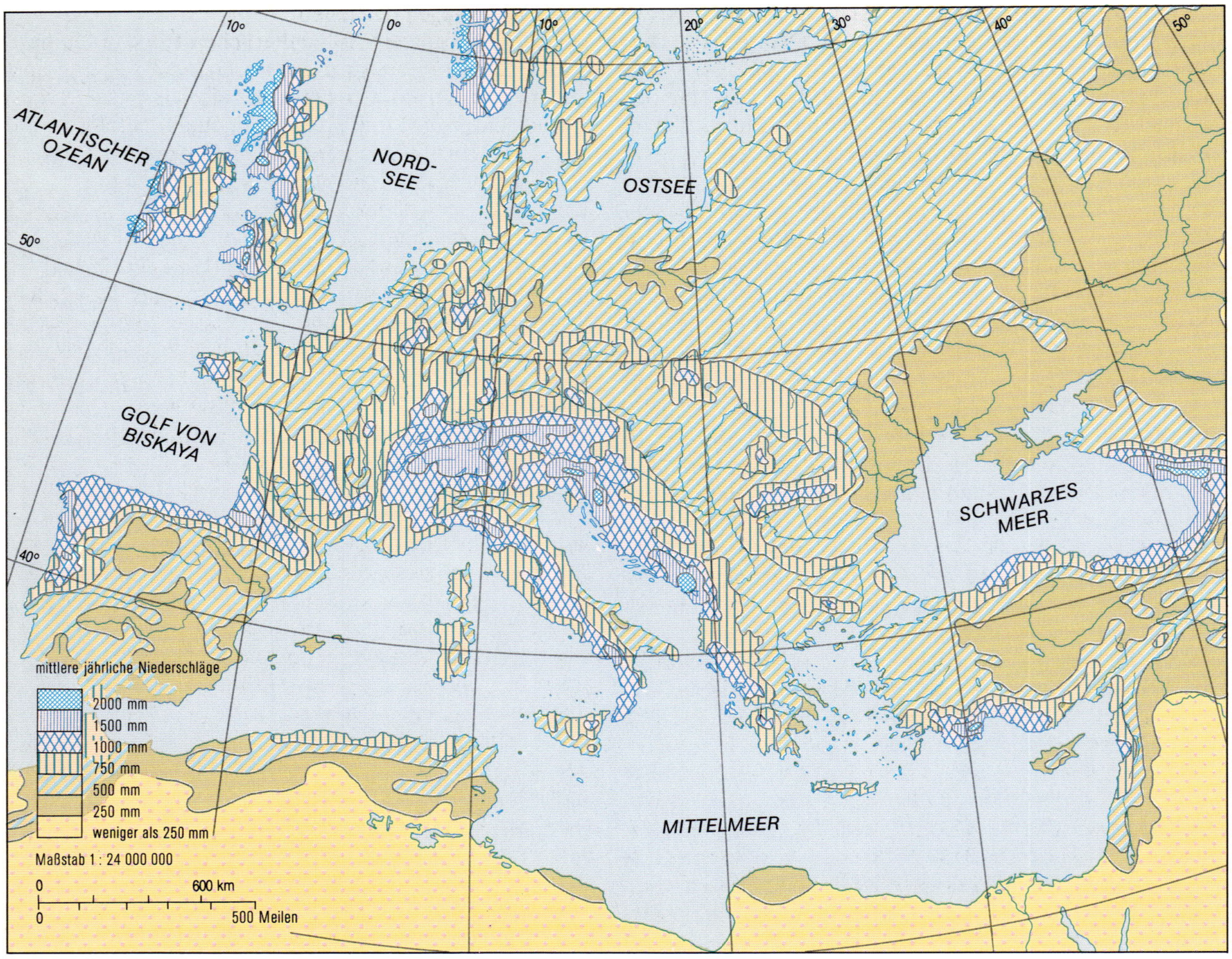


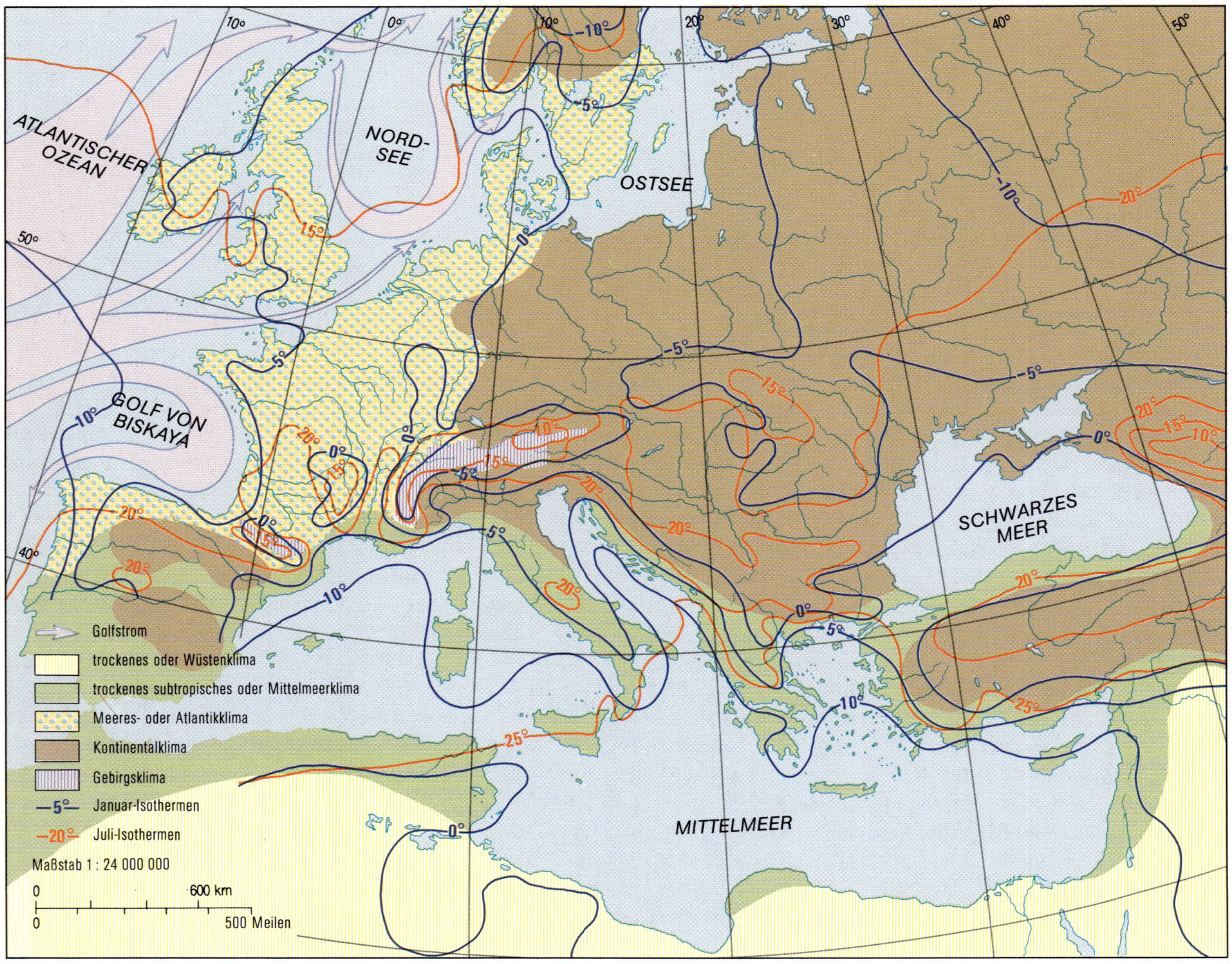


**Das Klima Europas. Oben: Mittlere jährliche Niederschlagsmenge Unten: Temperaturen und Klimazonen**
Moderne Forschungen haben erwiesen, daß die in Europa vorherrschenden klimatischen Bedingungen sich im Lauf der Zeit verändert haben, selbst wenn man sich über die Ursachen nicht einig ist. Belege für sehr rauhe Wetterverhältnisse im 17. Jahrhundert haben die Forscher davon überzeugt, daß sich das Klima wahrscheinlich seit dem späten Mittelalter über einen langen Zeitraum hin verschlechtert hat. Davor jedoch – so wird allgemein angenommen – erfreute sich Europas Landwirtschaft mehrere Jahrhunderte lang günstigerer klimatischer Bedingungen, vor allem in Nordeuropa. Die Anfänge dieser Phase dürften ungefähr mit der Zeit skandinavischer Expansion zusammenfallen, als Island und Grönland besiedelt wurden. Die mit dem 14. Jahrhundert einsetzende Verschlechterung bewirkte dann umgekehrt einen Rückgang im Wachstum dieser Kolonien. Obwohl diese größeren Schwankungen jetzt in der Forschung unumstritten sind, können sie nicht herangezogen werden, um besondere historische Ereignisse zu erklären. Das Klima Europas hatte jedoch offensichtlich Einfluß auf die spezielle Besiedlungsstruktur und bedingte auch die unterschiedliche Verbreitung von Tier- und Pflanzenwelt. Zeitgenossen waren sich dieses langsamen Klimawechsels nicht bewußt, erfuhren aber seine Auswirkungen und mußten ihr Verhalten dementsprechend anpassen.

Doch von solchen Veränderungen einmal ganz abgesehen, bietet Europa ohnehin Ansiedlungen vorteilhafte klimatische Verhältnisse im Gegensatz zu anderen Regionen in vergleichbaren Breiten der nördlichen und südlichen Halbkugel. Das bedeutet, daß die Europäer von einem Klima profitieren, das bestimmte Charakteristika ihrer Zone – hohe Breitengrade mit deutlichen jahreszeitlichen Unterschieden – mit den wärmeren Bedingungen verbindet, die durch den Golfstrom bewirkt werden. Er ist normalerweise dafür verantwortlich, daß die nordeuropäischen Flüsse im Winter nicht zufrieren und die nördlichen Länder warm genug sind, um Getreide und Wein reifen zu lassen. Europa hat nicht nur eine, sondern drei Klimazonen – die mediterrane, atlantische und kontinentale. Die mediterrane Zone kam einer Besiedlung am unmittelbarsten entgegen – ihr einziger größerer Nachteil für die Landwirtschaft waren gelegentliche Dürreperioden. Lange bevor die nördlichen Gegenden in großem Rahmen besiedelt wurden, hatte der Mittelmeerraum viele blühende Kulturen hervorgebracht. Die Meere, die Europa von drei Seiten umgeben, bewirken einen gewissen Temperaturausgleich. Das hat zur Folge, daß bis auf den breiten Streifen, wo Europa mit Asien verbunden ist, unser Kontinent nicht so außergewöhnlich große Temperaturunterschiede zwischen Sommer und Winter kennt wie zum Beispiel Rußland. Die Europäer, die in bezug auf Kälte und Hitze sowie Nässe und Trockenheit von extremen Bedingungen verschont blieben, kamen mit der Besiedlung dieser idealen, milden Zone gut voran. Wenn es auch eine Konkurrenz um das beste Land gegeben hat, so war immer Raum genug vorhanden, um Siedlungen wohlüberlegt in den günstigsten Gebieten anzulegen. Der nachhaltige Erfolg dieser Bemühungen wird durch die wachsende Fläche kultivierten Landes sowie die stetig zunehmende Bevölkerungszahl dokumentiert.

stentum zu den Barbaren kam, war es »römischer«, als es je im Imperium selbst gewesen war. Im Rom des vierten Jahrhunderts gab es viele angesehene heidnische Familien, und die Stadt war nicht einmal der Hauptsitz des westlichen Kaisers. Das Christentum besaß im östlichen Mittelmeerraum mehr Einfluß als im westlichen. Sobald der christliche Klerus aus barbarischen Völkern rekrutiert wurde, bekannte er sich offen zum »römischen« Katholizismus. Seine Ausbildung in der lateinischen Sprache und lateinischen Literatur schuf eine gewisse Distanz zu den Laien. Als mit der Kirchenreform unter Papst Gregor VII. im Jahre 1074 das Zölibat durchgesetzt wurde, entstand ein privilegierter »Orden« von unverheirateten Geistlichen, der von Männern aus ihren eigenen Reihen geleitet wurde. Diese internationale Geistlichkeit, die besondere Rechte geltend machte und mit großem gemeinsamem Vermögen ausgestattet war, erregte natürlich Neid und Ressentiment unter den Laien. Dennoch spielte die Kirche eine beachtliche Rolle, gar nicht zu vergleichen mit jener der frühen Kirche und der Kirche nach Konstantin. Dies ist um so erstaunlicher, da sie zu jener Zeit oftmals alles andere als im Einklang mit einigen ihrer eigenen Glaubensbekenntnisse stand.

Die christliche Kirche im Westen hätte wohl auch ohne den Zusammenbruch Westroms eine ähnlich bedeutende Stellung erlangt, aber wenn man die Verhältnisse in Byzanz zum Vergleich heranzieht, so erscheint es doch wahrscheinlich, daß ihr so privilegierter Status nicht toleriert worden wäre, wenn die weltliche Aristokratie weiterhin römische Bildung und Erziehung besessen hätte. Die Barbarenführer des Westens machten so viele Zugeständnisse an den Klerus, weil sie dessen Unterstützung gewinnen wollten, und weil sie sich selbst geistig zu fremd vom Klerus einschätzten, als daß sie die Angelegenheiten der Kirche mit Überzeugung hätten steuern können. Als Folge davon mußte Westeuropa eine Entwicklung hinnehmen, von der es sich nie völlig erholte, nämlich die Trennung von *potestas* (Macht) und *auctoritas* (Autorität). Diese Trennung hatte Rom nicht gekannt, und auch in Byzanz wäre sie kaum akzeptiert worden. Die christliche Kirche, die gleichermaßen die Ansprüche Gottes wie die des Kaisers anerkannte, stand in der Praxis vor der Schwierigkeit, beidem gerecht zu werden. So fühlte sie sich oft versucht, das Problem auf die verschiedenste Weise zu vereinfachen, wenn auch mit wechselndem Erfolg.

Ihre besonderen Privilegien im Westen ermöglichten es ihr, bis zu einem gewissen Grad unabhängig zu handeln. Die politische Macht wurde von den Barbaren meist ohne Unterwerfung unter irgendeine imperiale Tradition ausgeübt. Sie konnten daher auf diesem Wege vom gebildeten Klerus nicht beeinflußt werden, sondern nur indirekt durch das Monopol der Kirche in Fragen der Moral. Im Laufe der Zeit gelang es ihr dann, die christlichen Herrscher in Bahnen zu lenken, die einigermaßen tolerierbar waren. Während die Ostkaiser bei all ihrem christlichen Glauben von ihrem alten Herrschaftsanspruch überzeugt blieben und die Kirche nicht als alleinige Autorität in Sachen Kultur, Bildung und Legitimität anerkennen mußten, konnte das barbarische Königtum des Westens nur durch die Kirche seine Rechtfertigung erhalten, indem diese das Königsamt und seine Aufgaben unmittelbar von dem Auftrag Gottes herleitete. Die Suche nach solchen Rechtfertigungen begann mit Verweisen auf die Könige Israels im Alten Testament; sie führte geradewegs zur Erneuerung der politischen Theorie in den späten mediävistischen Schulen. Als sich die weltlichen Mächte endlich stark genug fühlten, auf so morsche Legitimationen ihrer Herrschaft zu verzichten, war das sogenannte Mittelalter bereits vorüber.

**Wertvorstellungen der Laien**

Während der ganzen mittelalterlichen Epoche tendierte die christliche Literatur dazu, wesentliche Aspekte ihrer Zeit zu vernachlässigen. Obwohl beispielsweise die Zölibatsvorschrift für die Priester weitgehend befolgt wurde, war sie doch ziemlich offensichtlich von der Mehrheit nie akzeptiert worden. Die Wertvorstellungen einer im wesentlichen ungebildeten mittelalterlichen Laiengesellschaft sind aus heutiger Sicht nicht leicht zu verstehen. Unsere säkulare Gesellschaft basiert auf der Macht der Indoktrinierung durch eine allgemein obligatorische Erziehung – dem weltlichen Gegenstück zur christlichen Belehrung. Die Mediävisten halten sich aus Mangel an besseren Zeugnissen allzusehr an die heroischen und aristokratischen Ideale, wie sie in den überlieferten Nationalliteraturen gepriesen werden. Man hielt die Betonung von Krieg und Liebe, Pflicht und Loyalität, Sippe und Ehre und das Postulat einer klaren gesellschaftlichen Hierarchie immer für authentisch. Doch auch die eher ornamentale Rolle, die die Geistlichkeit in solchen Werken spielt, läßt an den Blickwinkel eines sehr kleinen Kreises von Adligen denken, ohne daß Hinweise auf allgemeinere Wertvorstellungen gegeben sind. Man weiß über diese Gesellschaften inzwischen hinreichend Bescheid um festzustellen, daß eine Unterteilung in Klassen ihren im wesentlichen lokalen Charakter verfälschen würde. Grundherren mögen ein bestimmtes Herrschaftsideal mitvertreten haben, aber ihr Stolz lag im eigenen Namen, in ihrem eigenen Herrentum. Wenn sie auch Mädchen aus gleichgestellten Familien zur Frau wählten, so führten sie auch Krieg gegen ihresgleichen. Sie vertraten kein »Klassen«-Interesse gegen andere Klassen. Obgleich durch ihre Stellung von den anderen getrennt, gehörten sie in gewisser Hinsicht doch zu einer Einheit, da sie dieselbe Sprache hatten und dasselbe Territorium mit Waffen verteidigten. Wenn ihre Grundvorstellungen von sozialer Bindung militärischer Art waren, so in einem modernen Heeren vergleichbarem Sinn: die Einteilung der Männer in Ränge und die Förderung eines »Korpsgeistes« innerhalb jeden Ranges und innerhalb jeden Regiments.

Vom fünften Jahrhundert an war die Zentralregierung von der regionalen Herrschaft durch Barbaren beeinträchtigt worden. Der karolingische Adel, obwohl als herrschende Gruppe im Reich dünn vertreten, wurde rasch in die Provinzen, die er regierte, integriert und gründete feudale Fürstentümer. Die normannischen Herren in England und Irland ersetzten die alten Loyalitäten vollständig durch neue. Lokale und persönliche Bindungen dominierten auf lange Sicht über alle Versuche, eine übernationale Ordnung aufzubauen. Dies war unvermeidlich bei Völkern, die keine institutionalisierte Erziehung kannten. In moderner Zeit, wo die Erziehung zur Grundlage für gesellschaftlichen Aufstieg geworden ist, erscheint der Mangel an obligatorischer Schulbildung im Mittelalter höchst nachteilig. Aber zu jener Zeit besaß formale Erziehung, die ohnehin nur dem Klerus vorbehalten war, außer in den Augen der Geistlichen keinen so hohen Stellenwert. Das Wohlergehen der Gesellschaft hing weitaus mehr von der Bereitschaft aller ab, effektiv zusammenzuarbeiten, sei es im Dorf, auf dem Gut oder in der Stadt. Jede lokale Gemeinschaft mußte ihre eigenen Interessen befördern, denn es bestand keine Hoffnung auf Hilfe oder Unterstützung von außen. Jeder einzelne erkannte an, daß die Gruppe mehr Macht ausübte und Lasten trug als er selbst. Die einsame Stimme gehörte nicht dem gerechten Propheten, sondern war ketzerische Großspurigkeit. In der modernen Zeit trifft das Gegenteil zu, und die heutige Sympathie für Ketzer und Sonderlinge des Mittelalters erschwert es noch mehr, die Wertmaßstäbe jener Zeit

Bei diesen beiden Jagdszenen handelt es sich um Ausschnitte von den Devonshirer Jagd-Gobelins, die um 1420–1430 in Arras oder Tournai gefertigt wurden. Vornehme Familien legten sich Wandteppiche zu, um Komfort und Farbe in ihre Häuser zu bringen. Sie schätzten Motive, die ihre bevorzugten Freizeitbeschäftigungen zeigen, wie beispielsweise die Jagd. Vor einem entsprechenden Hintergrund mit Hunden, Wildschweinen, Vögeln und Blumen belegen der Jäger und die Dame, beide modisch gekleidet, wie das Dekorative sich im frühen 15. Jahrhundert gegenüber praktischen Erwägungen durchsetzte.

zu verstehen. Der Arbeitsalltag mit seinen kommunalen Verpflichtungen bewies den Wert kooperativer Anstrengung. Die Anfänge dieser gesellschaftlichen Haltung gehen auf die frühen Barbarenstämme zurück, in denen kulturelle Werte nur mündlich überliefert werden konnten. Jedoch kann die barbarische Stammesgesellschaft nicht ohne individualistische Elemente gewesen sein. In den ältesten Spiegelungen ihrer Ideale, in den Heldendichtungen, werden große Krieger aufgrund ihrer Tapferkeit herausgehoben. Wenn es Volkshelden gibt, Symbole ihrer Völker, muß ihr Wirken ein persönliches Zeichen hinterlassen haben. Die Barbaren trugen nur einen Namen, ihren persönlichen, während die zivilisierten Römer durch den Namen ihre Zugehörigkeit zum Geschlecht und zur Familie anzeigten. Wenn anfangs die bloßen Vornamen genügten, mußten die sozialen Gruppen klein gewesen sein. Sobald sich die Gemeinschaften vergrößerten, entstand das moderne System fester Zunamen, die vom Vater, der Herkunft oder dem Gewerbe abgeleitet waren, als einfache Hilfskonstruktionen, wie sie den mittelalterlichen Bedingungen gemäß waren. Diese Ahnherren des modernen Europas haben uns auch die Grundlage der modernen Bekleidung hinterlassen: die Beinkleider für die Männer und die Röcke für die Frauen. Die römische Tracht verschwand selbst im Mittelmeerraum. Spätestens im 15. Jahrhundert wurde die Kleidung – zumindest die der höheren Schichten – dann bereits von internationalen Modetrends und den Einfällen kunstfertiger Schneider und Designer geprägt.

Der zunehmende Wohlstand einzelner Regionen brachte schließlich eine neue Art politischer und wirtschaftlicher Ordnung hervor, durch welche die alten lokalen Organisationen in ihrer Selbständigkeit beschränkt wurden. Doch ganz unabhängig von ihrer Größe, behinderten solche mittelalterliche Gemeinschaften alle Pläne für die Wiederherstellung eines starken Universalreiches weltlicher oder geistlicher Art. Und die modernen Europäer haben es nie vermocht, ihre mittelalterliche Vergangenheit zu überwinden oder die Vorstellung eines Weltbürgertums neu zu beleben, auf die sich das Römische Reich noch gründete. Jede dieser langlebigen Gemeinschaften hat mit verschiedenen Mitteln, zu verschiedenen Zeitpunkten und von unterschiedlicher Dauer ihren politischen Zusammenhalt erlangt. Keine Formel kann alle Fälle erklären, jede generelle Regel hat ihre Ausnahmen. Im allgemeinen aber brachte jede dieser Gesellschaften durch ihre Volkssprache und die Verwendung dieser Sprache in der Schrift eine gewisse Einheit zum Ausdruck.

Der Gebrauch der Volkssprache in der Schrift war wesentlich auf die Förderung durch den gebildeten Klerus zurückzuführen. So hatten Geistliche im späten Mittelalter überall umfassende Lehrprogramme erarbeitet, um die Öffentlichkeit durch Predigten, Unterricht, die Unterweisung im Schreiben und die Verbreitung von erbaulichen Schriften religiös zu bilden. Der Klerus, der Latein lernte, um die Werke heidnischer und christlicher Wissenschaft zu verstehen, hielt es für richtig, die wertvollsten Teile davon der Allgemeinheit mitzuteilen. Die Ungebildeten fühlten sich ein wenig ermutigt und erlernten die Schrift, um wenigstens Bücher in der Volkssprache lesen zu können. Obwohl die eifrigsten Schüler anfingen Latein zu studieren, konnte man in vielen Volkssprachen (wenn auch nicht in allen) recht ordentliche Kenntnisse erwerben, und so war der Weg dafür bereitet, daß die dem Latein wie dem Klerus über Jahrhunderte zugestandene Vorrangstellung schließlich verlorenging. So gesehen war das Mittelalter nicht nur eine Zeit klerikalen Bildungsmonopols sondern auch der klerikalen Förderung der Volkssprache und volkssprachigen Literatur. In dieser Hinsicht unterschied sich die mittelalterliche Epoche grundlegend von der des Römischen Reiches, wo in den meisten Teilen des Westens die alten Sprachen verschwanden und durch eine vom kaiserlichen Latein abgeleitete Sprache ersetzt wurden. Die mittelalterliche Kultur scheiterte, eine eigene gemeinsame Sprache durchzusetzen: sie schuf nur eine Ordnung, in deren Rahmen alle Völker Europas lernten, sich verschiedener Zungen zu bedienen.

# ERSTER TEIL

# DER ZERFALL DER ANTIKEN WELT

# DIE ZEIT DER VÖLKERWANDERUNG

Das römische Kaiserreich des vierten Jahrhunderts gab dem Mittelmeerraum seine politische Einheit. Nach Süden war es durch das Atlasgebirge und die Sahara, im Osten durch die eindrucksvolle Macht des Perserreichs begrenzt. Im Norden reichten seine Grenzen seit den Tagen des Augustus (23 v. Chr.-14 n. Chr.) von der Nordsee bis zum Schwarzen Meer, entlang der von Rhein und Donau gebildeten Linie. Diesem Imperium waren später nur noch die Provinzen Britannien, Mauretanien, Arabien und Dakien im frühen zweiten Jahrhundert hinzugefügt worden. Der Antrieb, das Kaiserreich weiter auszudehnen, hatte schon unter Augustus selbst merklich nachgelassen, und seit Hadrian (117–138) beschränkten sich die Römer im wesentlichen auf die Sicherung ihres Herrschaftsgebiets durch den Bau von Befestigungsanlagen und die Verbesserung der Reichsverwaltung. Eine Mittelmeerkultur, die schon alle Küsten dieses Meeres unter einer Regierung zusammengebracht hatte, besaß kein Motiv mehr, um über die zur eigenen Sicherheit erforderlichen Grenzen zu expandieren. Es bestand kein Interesse an einer Vergrößerung des Territoriums, das nach Norden, wie Britannien bewies, ohnehin viel weiter reichte als der natürliche Einfluß der mediterranen Kultur.

Die politische Einheit erwies sich als dauerhaft, setzte sie doch politischer Konkurrenz und Rivalität ein Ende, die den Mittelmeerraum seit Jahrhunderten nicht zur Ruhe hatten kommen lassen. Es kam auch zu einer oberflächlichen Romanisierung der Provinzen, doch das Kaiserreich setzte sich aus vielen alten Kulturvölkern zusammen, und die zwei oder drei Jahrhunderte der *pax Romana* bedeuteten nicht unbedingt, daß die älteren Kulturen ihre Grundlagen verloren. Nutznießer der imperialen Herrschaft waren im besonderen die großen Grundbesitzerfamilien aus dem Senatorenstand, die überall im Reich Land besaßen und sich als die Hauptstützen des Systems fühlten. Ihre kulturellen Ideale und Vorbilder sahen sie im Augusteischen Zeitalter, als Rom auf seinem Höhepunkt gewesen war. Jedoch selbst sie mußten die Autorität des Griechischen als Sprache der Bildung und des Handels anerkennen, vor allem im östlichen Mittelmeerraum. Im gesamten Kaiserreich waren auch andere lokale Sprachen für nichtamtliche Zwecke im Gebrauch. Die Vorteile des Imperiums konnten nicht geleugnet werden, doch brachte die politische Einheit keine Beseitigung der doch beträchtlichen regionalen Unterschiede, sondern es wurde nur nach einem geeigneten Weg gesucht, das Ganze verwalten zu können.

Das römische Militär, das jahrhundertelang Träger der Expansion gewesen war, war schlecht auf seine neue, bewahrende Aufgabe vorbereitet: die Sicherung der Grenzen und die Unterdrückung innerer Unruhen. Reformen in der Armee und Veränderungen in ihrem Selbstverständnis mußten auch durch entsprechende Maßnahmen im zivilen Bereich ergänzt werden. Mochten einst Ideale zur Errichtung des Kaiserreichs beigetragen haben, so wandte sich der Idealismus jetzt, da eine friedliche Weltordnung begründet war, nicht-politischen Zielen zu. Das Reich konnte nach Beendigung seiner Ausdehnung nicht unverändert verharren. Für Edward Gibbon hatte die Regierung der Adoptivkaiser (96–192) ein System verwirklicht, das einzigartig war, weil die Kaiser sich dem Dienst an der Menschheit widmeten; wenn dies den Höhepunkt politischer Entwicklung darstellte, konnten nur noch Abstieg und Untergang folgen. Aber damit wird ein anachronistisches und unreales Kriterium angelegt. Das Kaiserreich machte weiterhin innere Veränderungen durch, wie es in menschlichen Gemeinwesen notwendigerweise geschieht. Seine Probleme wären nicht geringer gewesen, wenn es weiter wenig begehrenswerte Länder erobert hätte.

Es hatte auch nicht den geringsten Sinn zu versuchen, Umwälzungen im Inneren zu ersticken, denn es war zu befürchten, daß Feinde einen Vorteil aus der Schwäche des Imperiums zogen. Damit soll nicht geleugnet werden, daß die militärischen und zivilen Obrigkeiten ihre Aufgaben weniger gewissenhaft versahen, als es ihre Untertanen gerechterweise verlangen konnten. Gebührende Rücksicht mußte auch auf Personen genommen werden, die aufgrund ihrer Erziehung und ihrer Ideale dazu neigten, eher zurück als vorwärts zu schauen. Die Probleme, denen das Kaiserreich gegenüberstand, konnten nicht durch große Männer gelöst werden, wie ehrenhaft oder weise sie auch sein mochten. Die römische Kultur war in eine kritische Phase eingetreten. In gewisser Hinsicht hatte das Reich eine geschichtliche Aufgabe erfüllt: Es war ihm gelungen, die vielen mediterranen Kulturen in eine fruchtbare Beziehung zueinander zu bringen. Jetzt wollten auch die Barbarenvölker jenseits seiner Grenzen an den Vorteilen der *pax Romana* teilhaben. Wie die Zeit zeigen sollte, war das römische Kaiserreich für die Vollendung dieses Prozesses nicht notwendig; es stand ihm sogar im Wege.

**Einfälle, Siedlungen und kurzlebige Reiche der Germanen**

Der erste Einbruch von Völkern jenseits der römischen Nordgrenze fand 166 statt, wurde aber energisch zurückgewiesen. Mitte des dritten Jahrhunderts erfolgte eine viel ernstere und weiterreichende germanische Invasion, die die Armee nicht aufhalten konnte. Das Kaiserreich wurde von den Barbaren überrannt: Belgien (259), Gallien (268–278), Italien (260–270), Thrakien, Griechenland und Kleinasien (258–269). Ungefähr zur gleichen Zeit (260) schlugen die Perser Kaiser Valerianus und nahmen ihn gefangen. Die Zeit des Imperiums schien abgelaufen zu sein. Doch es überlebte nicht nur, sondern unter Diocletian (284–304) kam es zu einer völligen Reorganisation seiner Verwaltung und Regierung, und unter Konstantin schuf es sich mit Konstantinopel eine neue Hauptstadt auf den Boden des alten Byzanz und erzielte einen neuen Ausgleich mit der christlichen Kirche. Das Kaiserreich des vierten Jahrhunderts zeigt sich deshalb in gewisser Hinsicht stark gefestigt.

Historiker des 20. Jahrhunderts, die die ernsthaften ökonomischen Schwierigkeiten des Reichs in den Vordergrund stellen, glauben meist, daß drakonische Maßnahmen zur Durchsetzung von Steuerzahlungen die örtlichen Würdenträger dem Staat entfremdet haben. Bei der Suche nach Gründen für den Untergang sind jedoch auch andere Aspekte zu berücksichtigen. Das Kaiserreich des vierten Jahrhunderts war nicht fehlerloser als in vorangegangenen Jahrhunderten, doch zeigte es beachtliche rege-

**Europas natürliche Vorzüge**

Der Mittelmeerraum war schon seit mehreren Jahrtausenden von vielen Völkern besiedelt und kultiviert worden, bevor das Römische Reich Gestalt annahm. Das Land nördlich der Alpen blieb hinter dieser Entwicklung lange zurück. Die halbnomadischen Völker des Nordens zogen es anfänglich vor, sich auf römischem Boden niederzulassen, statt ihre Waldgebiete zu kultivieren. Das Ausmaß der Wälder kann nicht exakt auf Karten verzeichnet werden, es besteht jedoch kein Zweifel an ihrer großen Bedeutung für die Ernährung der Bevölkerung. Im Mittelalter wurden die Wälder durch stetigen Abbau dezimiert: Die Häuser in den mittelalterlichen Städten, sogar in Venedig, waren mehr aus Holz denn aus Stein gebaut. Nach modernen Maßstäben waren die Siedlungen jener Zeit kleine, in sich geschlossene Gemeinschaften, die in ihrem Lebensunterhalt stark von den natürlichen Ressourcen abhingen. Die Anlage der Städte, Dörfer und Kirchen erforderte sorgfältige Planung in bezug auf Verteidigungsfähigkeit, Wasserversorgung und Fruchtbarkeit des Bodens. Wenn solche Bedingungen nicht gegeben waren, wurde die Gegend gewechselt. Nicht nur Feinde, sondern auch Naturkatastrophen und Feuersbrünste gefährdeten diese Siedlungen. Die Möglichkeiten der Menschen, der Natur Widerpart zu bieten, waren begrenzt, darum mußten sie sich die natürlichen Vorteile zunutze machen, wenn ihre Anstrengungen von Erfolg sein sollten. Die Besiedlung erfaßte alle Gebiete, ausgenommen das Hochgebirge, doch die blühendsten Gemeinschaften entstanden entlang der großen europäischen Flüsse. Jeder Teil Europas erwies sich für den Ackerbau als geeignet – selbst die Magyaren gaben zu seinen Gunsten ihr früheres Nomadenleben auf. Mit der Zeit war die Bevölkerung Europas zahlreich genug geworden, um sich auf dem gesamten Kontinent auszubreiten und alle halbwegs fruchtbaren Böden unter den Pflug zu nehmen.

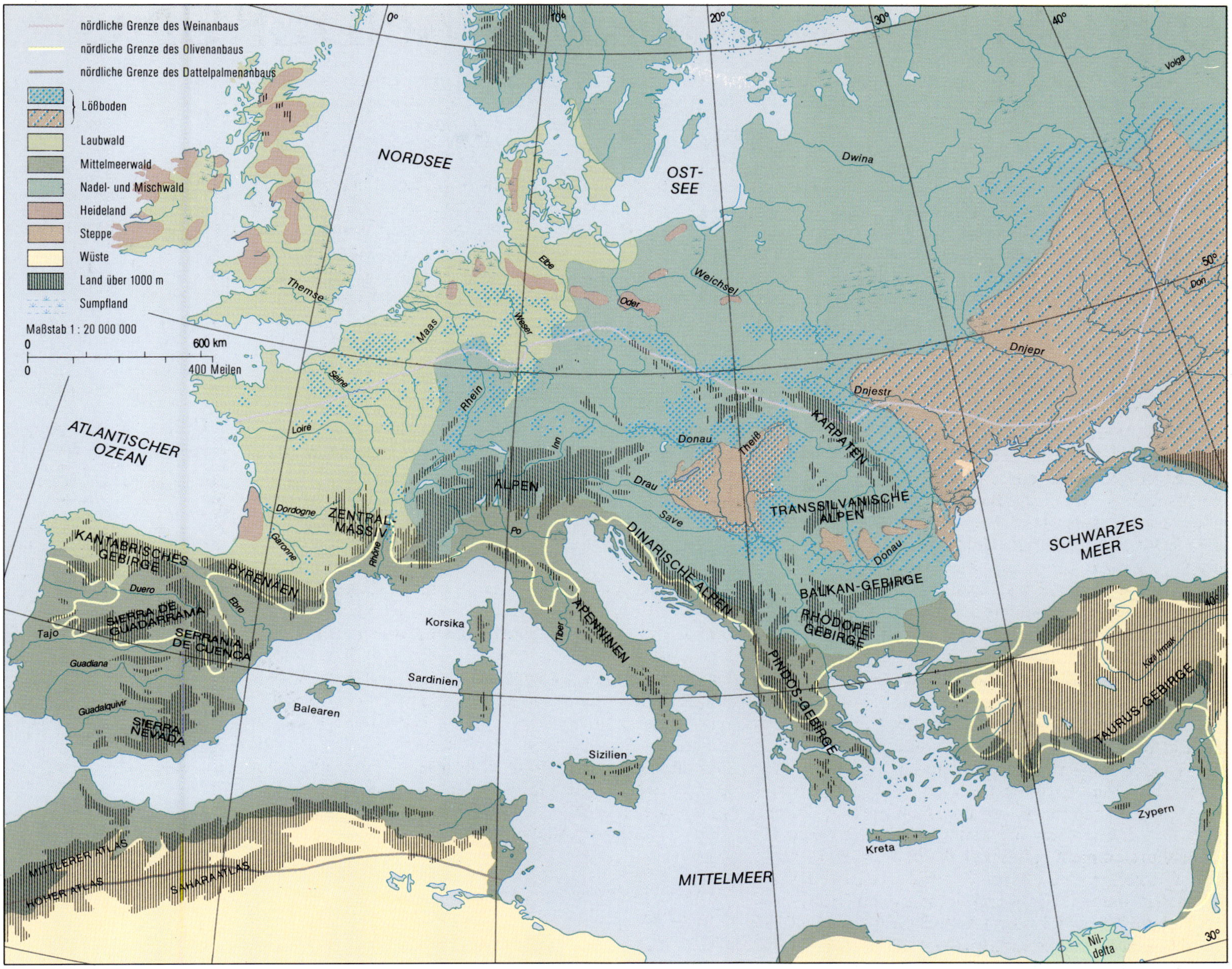


nerative Kräfte. Dank der Leistungen von Diocletian und Konstantin konnte es im Osten über Jahrhunderte erfolgreich bestehen und auf den Westen lange Zeit inspirierend wirken. Die Effektivität ihrer Reformen wurde nach 376 auf die Probe gestellt, als der Druck der Barbaren auf die Nordgrenze wieder einsetzte. Wenn auch Historiker den Zusammenbruch des Westreichs auf diesen erneuten Ansturm zurückführen mögen, so waren Zeitgenossen, in Unkenntnis des Kommenden, eher beeindruckt von der wiedergewonnenen Fähigkeit, mit den Eindringlingen fertig zu werden.

Diese Periode der barbarischen Einwanderungen, die sich über zwei Jahrhunderte erstreckte, ist bedeutend besser erforscht als die kürzere und weitaus zerstörerische Phase im dritten Jahrhundert. Nicht nur, weil aufgrund der Folgen intensive historische Studien betrieben wurden, sondern weil zu jener Zeit Wissenschaft und Geschichtsschreibung blühten, und viel mehr Zeugnisse überliefert sind. Der Stand unseres Wissens erlaubt es uns heute, die Größe des Problems zu ermessen, ohne jedoch auf die meisten unserer Fragen eine befriedigende Antwort zu bekommen.

Eine der Hauptschwierigkeiten besteht darin, daß man anfangs die römische Ansicht zugrundelegte, daß es außerhalb der Grenzen nur Barbaren gäbe. Demzufolge wurde diese Zeit als Auseinandersetzung zwischen zivilisierten und kulturlosen Völkern charakterisiert. Eine der »barbarischen« Eigenschaften der Fremden war ihre Gleichgültigkeit gegenüber der Schrift und formaler Erziehung, so daß die Historiker gezwungen sind, sie hauptsächlich aus dem Blickwinkel der gebildeten Römer zu sehen. Von ihren eigenen Vorstellungen, Motiven und ihrer Geschichte läßt sich schwer etwas Überzeugendes aussagen. Jedoch die meisten, die während der Periode von 376–568 ins Reich strömten, kamen unter anerkannten Führern. Sie versuchten gewöhnlich, sich mit kaiserlichem Segen anzusiedeln, in jedem Fall aber siedelten sie mit politischen Zielen und verfügten über politisches Geschick: Sie waren keine Wilden. Es scheint, daß die Barbaren, nachdem sie durch die Kaiser Valerian (253–260) und Probus (276–282) über die Grenzen zurückgeworfen worden waren, etwas dazugelernt hatten. Doch während uns die unter Diocletian erfolgten Veränderungen im römischen Imperium bekannt sind, können die unter seinen germanischen Zeitgenossen erfolgten Wandlungen nur gefolgert werden.

Über die Wanderungen der germanischen Völker innerhalb der nordischen Länder jenseits der römischen

Grenzen liegen keine genauen Informationen vor, obgleich es viele Anzeichen gibt, daß sie häufig vorkamen und auch folgenschwer waren. Mitte des dritten Jahrhunderts fielen die 236 an der unteren Donau aufgetretenen Goten in Mösien ein. Sie stießen in den Balkan bis nach Griechenland vor, wo sie den heiligen Bezirk von Olympia plünderten, und setzten ihren Vormarsch über die Meerengen nach Kleinasien fort. Kaiser Claudius brachte ihnen zwar 269 bei Naissos eine Niederlage bei, doch mußte Aurelian ihnen 271 Dakien überlassen. Danach scheinen sie sich nördlich der Donau niedergelassen und ein Jahrhundert lang relativ friedlich als römische Nachbarn gelebt zu haben.

Wie andere Völker jenseits der Grenzen haben diese Westgoten Rekruten für die römische Armee gestellt. 332 regelte ein Vertrag zwischen den Römern und den Goten auf 35 Jahre die gegenseitigen Beziehungen, währenddessen ein Gote, Ulfila (Wulfila), den Übertritt seines Volkes zum Arianismus vorbereitete, indem er ihm sowohl eine Schrift wie eine gotische Bibelübersetzung *(Codex Argenteus)* gab.

Andere Goten (Ostgoten) scheinen seit etwa 350 unter ihrem König Ermanarich am unteren Don seßhaft geworden zu sein. Von ihnen ist fast nichts bekannt, bis die Hunnen 375 ihren Staat zerstörten, deren Westbewegung die Epoche der Völkerwanderung (im engeren Sinne) einleitete. Voller Panik strömten die überlebenden Ostgoten nach Westen, wo sie die Westgoten mit ihrer Furcht vor den Hunnen ansteckten. Hier teilten sich die Flüchtlinge in zwei Gruppen: die kleinere zog nach Norden und unterwarf sich den Hunnen, die größere suchte Asyl im Kaiserreich. Sie wurden in Thrakien aufgenommen und angesiedelt (376). Ihre schlechte Behandlung durch die Römer machte sie jedoch zu schrecklichen Feinden des Imperiums, sie schlugen und töteten 378 Kaiser Valens bei Adrianopel. Anschließend nahmen sie die Belagerung der

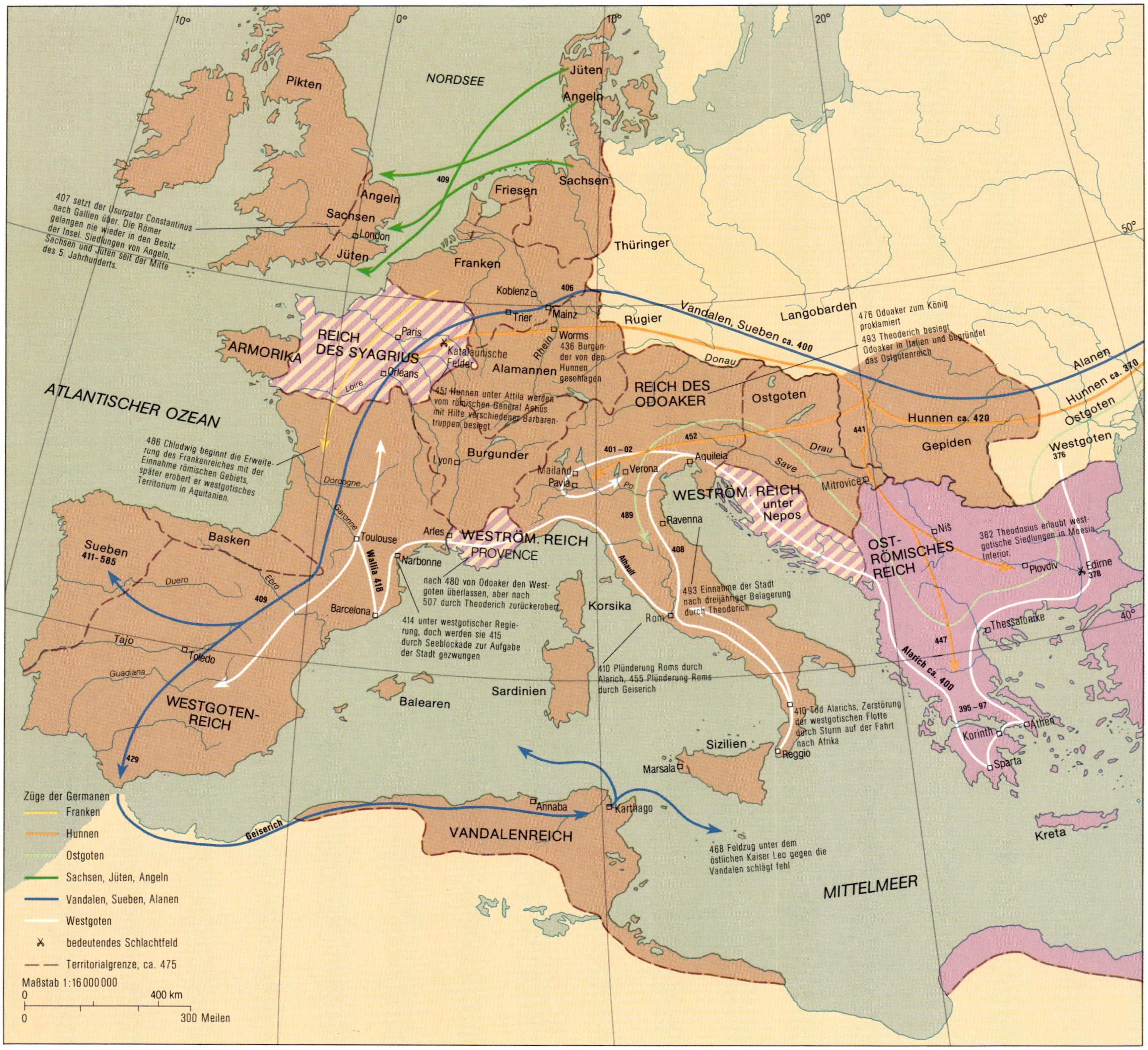

Eine Seite aus dem *Codex Argenteus* (Universitätsbibliothek von Uppsala). Diese Handschrift der Evangelien in der gotischen Übersetzung von Ulfilas ist um 500 in Italien in Gold und Silber auf purpurfarbenes Pergament geschrieben worden. Der Codex enthält 187 der ursprünglich 336 Textblätter und ist das bedeutendste noch erhaltene Zeugnis der gotischen Sprache.

Hauptstadt Konstantinopel auf. Diese wurde zwar durch Kaiser Theodosius gerettet, der auch die Donaugrenze wiederherstellte, doch das westgotische Heer zog weiter durch den Balkan. Hierin lag der Ursprung des Westgotenproblems, für das die Regierung keine bessere Lösung fand als Siedlungsverträge, was jedoch sowohl in Mösien (382) wie in Epeiros (397) mißlang.

401 führte der Westgotenführer Alarich sein Volk nach Italien. Elf Jahre lang zogen sie marodierend durch die Halbinsel und plünderten sogar Rom (410), was die lateinischen Zeitgenossen aufs tiefste erschütterte (»Was bleibt heil, wenn Rom fällt?«). Der Versuch Alarichs, von Unteritalien nach Afrika überzusetzen, um sich in den Besitz dieser reichen Kornkammer zu bringen, schlug jedoch fehl, und auf dem Rückmarsch nach Norden starb Alarich und wurde bei Cosenza im Busento begraben. Unter seinem Schwager und Nachfolger Athaulf zogen die Westgoten nach Gallien weiter. Als sich ihre Hoffnungen zerschlugen, die sie auf eine kaiserliche Kommission gesetzt hatten, vereinnahmten sie Narbonne, Toulouse und Bordeaux (413), und Athaulf heiratete Galla Placidia, die Schwester des Kaisers Honorius, die er als Geisel hielt. Obwohl in Bordeaux eine westgotische Regierung eingesetzt wurde, blieb Athaulfs Volk rastlos. Sie zogen nach Spanien weiter und bekämpften die Vandalen, und erst hier gaben sie ihre Wanderungen auf. Ein Föderatenvertrag, der 416 ausgehandelt wurde, brachte sie nach Gallien zurück, wo sie zwischen Bordeaux und Toulouse ein förmlich anerkanntes Königreich errichteten. Sie erhielten zwei Drittel des Landes als steuerfreies Grundeigentum zugewiesen, und der König regierte als kaiserlicher Statthalter. Die Westgoten gaben Narbonne zurück, wodurch Rom einen Korridor zwischen Spanien und der Provence erhielt. Das Westgotenreich weitete sich schließlich unter Eurich (466–484) nach Spanien aus, wohin sie sich zurückzogen, nachdem die Franken unter Chlodwig 507 ihr gallisches Herrschaftgebiet erobert hatten. In Spanien hielten sie sich bis 711, als sie von den Arabern besiegt wurden. Die Westgoten waren die ersten Barbaren, die dem Weströmischen Reich ernste Schwierigkeiten bereiteten, und sie konnten ihre Macht am längsten behaupten.

Zu der Zeit, da die Westgoten nach Gallien kamen, hatte Westrom schon die verheerenden Folgen erlebt, die der Einbruch anderer Germanenstämme über die Rheingrenze und durch Gallien nach Spanien hatte. In dieser Situation setzte die römische Armee in Britannien nach Gallien über und rief einen neuen Kaiser aus, Konstantin III., der bald durch die Aufgaben dort fest gebunden war. Als Folge davon kam es in Britannien allmählich zur Auflösung der römischen Reichsgewalt, obwohl die Verbindungen über den Kanal noch anhielten. 395 war das Reich zwischen den beiden jungen Söhnen des Kaisers Theodosius aufgeteilt worden, die tatsächliche Macht hatten aber ihre Heermeister inne. Ob sie nun inkompetent, treulos oder ohne Fortüne waren, es gelang den politischen Führern und Generälen in der Praxis nicht, mit den Ereignissen fertig zu werden. Die Westgoten spielten in dem Prozeß des Niedergangs eine ebenso große Rolle wie alle anderen Gruppen, aber sie waren niemals darauf aus, das Kaiserreich zu zerstören. Ihr Beispiel ist jedoch lehrreich, denn es zeigt die außerordentliche Geschicklichkeit dieses Barbarenvolkes, 40 Jahre lang im römischen Herrschaftsgebiet umherzustreifen und von Plünderungen zu leben, und das in einem Reich, das sie vor ihren ärgsten Feinden, den Hunnen, schützte. Ihre Anführer konnten nur durch militärische Leistung kaiserliche Anerkennung finden, oder indem sie Ansiedlungsverträge akzeptierten, was ihre Völker oder sie selbst nur ungern taten. Die Regierung ihrerseits versuchte, Verpflichtungen ihnen gegenüber zu vermeiden; die Weigerung des Kaisers Honorius, mit ihnen über die Sicherheit Roms zu verhandeln, verbitterte sie so sehr, daß sie aus Rache die Stadt 410 plünderten. In gewisser Hinsicht muß die Regierung erwartet oder einfach gehofft haben, daß die Westgotenbande sich von selbst aufrieb, möglicherweise nach Alarichs Tod. Niemand konnte erwarten, daß sie sich in einem eigenen Königreich innerhalb des römischen Gebiets niederlassen würden, denn ein solcher Gang der Dinge war ohne Beispiel. Als es dann doch zu dieser Entwicklung kam, hatten sie ihre Stellung gegenüber dem Reich revidiert und waren römische Föderaten geworden. Ihr erster König, Theoderich I. (418–451), fiel, als er gemeinsam mit den Römern auf den Katalaunischen Feldern gegen Attila und seine Hunnen kämpfte.

Die Westgoten hatten kein Interesse an politischer Verantwortung gezeigt, außer wenn es zum Besten ihrer eigenen Volksgruppe war. Was aber diese Gruppe tatsächlich zusammenhielt, ist schwer zu sagen. Eine Streitmacht im Exil, die fast ein halbes Jahrhundert lang durch das Reich zog, muß sich über die Jahre ergänzt haben. Es ist unwahrscheinlich, daß sie sich mit ihren eigenen westgotischen Frauen zufriedengaben. Auf kulturellem Gebiet dürften sie hingegen die Distanz zur römischen Bevölkerung aufrechterhalten haben, um ihr arianisches Christentum zu bewahren. Der Hauptzusammenhalt dieser Streitmacht muß jedoch durch ihre Führung gegeben gewesen sein, durch die königliche Familie und den Adel. Die Goten als Ganzes hatten so in dem Jahrhundert von 376 an einigen politischen Zusammenhalt erlangt, denn es war dieser Zusammenhalt, der sie im Reich bleiben ließ und ihr Schicksal nach 418 gestaltete. Bis zu welchem Grad sie sonst die Reinheit ihres Stammes zu bewahren suchten, ist unbekannt, doch es ist zu vermuten, daß sie nichtgotische Soldaten und Gefolgsleute nahmen, wo immer sie sie bekommen konnten.

Trotz der Jahre friedlicher Ansiedlung an der Donau benahmen sich die Westgoten, sobald sie einmal im Kaiserreich waren, kaum so, als locke die Landwirtschaft sie mehr als das Soldatenleben. Die Germanen der nördlichen Grenzregion jedoch waren den Römern sowohl als Soldaten wie als Bauern bekannt, und welche Tätigkeit von größerer Bedeutung war, hing von jeweiligen örtli-

**Wanderungen der Barbaren im vierten und fünften Jahrhundert**
Daß viele unwillkommene Völker in großer Zahl in das Römische Reich eindrangen, war nicht zu verhindern, doch dauerte es viele Jahrzehnte, bis sie die kaiserliche Regierung erschüttern konnten. Karten, die diese Ereignisse so darstellen, als wären sie gleichzeitig geschehen, entstellen die tatsächlichen Begebenheiten. Selbst mehrere kleine Karten, die die Veränderungen von Jahr zu Jahr aufzeigten, würden das Bild einer beharrlichen Folge von Eroberungen vermitteln, statt einen Eindruck von den oft ziellosen und willkürlichen Bewegungen der Einwanderer zu geben. Auch waren die Barbaren lange nicht so homogen wie die Römer, obgleich die Tatsache, daß sie keine schriftliche Kultur hatten, die exakte Herausarbeitung ihrer Unterschiede sehr erschwert. Einige Völker, wie die Vandalen, wanderten sehr weit, bevor sie ein neues Heimatland fanden, und das, obwohl ihr Zug nicht nur aus Kriegern bestand, sondern sie auch ihre Familien mit sich führten. Andere barbarische »Völker« mögen nicht viel mehr gewesen sein als eine Schar bewaffneter Männer, die militärische Aufgaben im Reich suchten. Bei ihren Dienstherren auf dem Land einquartiert, heirateten sie Frauen aus der einheimischen Bevölkerung. Die nördlichsten Einwanderer, die Alamannen, Franken und Angelsachsen, die am wenigsten weit auf römisches Territorium vorstießen, waren vermutlich hauptsächlich Siedler, selbst wenn es eine militärische Vorhut gegeben haben mag, die ihren Vormarsch sicherte. Aber um es noch einmal zu betonen: Karten können nur einen generellen Eindruck von den Wanderungen der Barbaren geben, sie erheben keinen Anspruch auf Detailgenauigkeit.

Grabstele eines Kriegers (um 700) von Hornhausen bei Magdeburg. Die Tradition der Grabstelen stammt ursprünglich aus dem Mittelmeerraum, und die künstlerische Ausdruckskraft dieses Flachreliefs hat keine Parallele in der Kunst der barbarischen Völker jener Zeit.

chen Situationen ab. Als 406 eine große Gruppe verschiedener Germanen (Vandalen, Quaden und Alanen) bei Koblenz den Übergang über den Rhein erzwang, strömte ein Teil von ihnen schnell durch Gallien nach Spanien; ein weiterer Teil siedelte sich innerhalb der Reichsgrenzen an, um lieber den Boden zu bebauen, statt zu plündern. Der zunehmende Druck dieser vielen germanischen Stämme auf das Grenzgebiet im späten vierten Jahrhundert erklärt sich am einleuchtendsten durch ihre Furcht vor den Hunnen, die sich um 390 in Pannonien jenseits der Donau niedergelassen hatten, obwohl es für diese These keine Beweise gibt.

In jenem frühen Stadium sah das Kaiserreich selbst in den Hunnen keine größere Gefahr. Sie zeigten sich kaiserlichen Angeboten zugänglich über eine Zusammenarbeit gegen die Germanen, die keine Neigung zeigten, sich auf römischem Gebiet niederzulassen, und ihre Übergriffe konnten normalerweise, wenn auch nicht immer, unter Kontrolle gehalten werden. Andererseits standen die germanischen Völker jenseits der Grenze den Hunnenattakken wehrloser gegenüber, und sie suchten deshalb den Schutz des Reiches.

Die erfolgreichsten Völker, die 406 die Grenze überschritten, waren die Vandalen und die Burgunder. Beide errichteten Barbaren-Königreiche, die über ein Jahrhundert lang bestanden. Die Vandalen, von einem römischen Angriff in Südgallien bedroht, flohen 409 nach Spanien, wo innere Unruhen die Eroberung erleichterten. Sie teilten das Land unter sich und ihren Verbündeten, den Sueben und Alanen, auf, aber die Ankunft der Westgoten, zuerst aus eigenem Antrieb, dann als römische Verbündete, veränderte die Situation schlagartig. Die Vandalen wurden vernichtend geschlagen, nur im Nordwesten konnten sich ihre Streitkräfte halten. Von dort flohen sie später in den Süden (419) und gelangten ans Meer, wo sie sich, zusammen mit dem Rest der Alanen, zur Eroberung

Afrikas einschifften. Von den barbarischen Invasoren waren so nur die Sueben im Westen der Iberischen Halbinsel verblieben. Sie gründeten ihr eigenes Königreich mit Braga als Zentrum. Obwohl es bis 585 bestand, bleibt seine Geschichte nach 464 ganz im dunkeln, als die eindringenden Westgoten ihre Expansion bremsten und sie noch weiter nach Westen zurücktrieben.

Bedeutend eindrucksvoller war das Königreich, das die Vandalen in Afrika errichteten, und von dem aus Geiserich Italien bedrohte. Kaiser Valentinian III. erkaufte den Frieden dadurch, daß er 442 ihr Gebiet als souveränen Besitz anerkannte. Es war das erste unabhängige Germanenreich auf römischem Boden. Doch Geiserich ließ bis zu seinem Tod 477 nicht nach, auf Rom und die römischen Christen in Nordafrika Druck auszuüben, indem er die Landbesitzer und Bischöfe zugunsten seiner Armee enteignete. Die am weitesten von der Rheingrenze entfernte römische Provinz wurde somit am grausamsten von den Barbaren beherrscht.

Im Gegensatz dazu traten die Burgunder nur sehr bescheiden in Erscheinung, nachdem sie 406 die Grenze überschritten hatten. Wie die Vandalen hatten sie über einen langen Zeitraum jenseits der nördlichen Grenze gelebt, doch anders als jene, scheinen sie für römischen Einfluß empfänglicher gewesen zu sein. Statt sich mit den Vandalen zu vereinen, traten sie nach 406 sehr schnell in römische Dienste, zuerst unter dem kurzlebigen Usurpator Iovianus, danach unter Kaiser Honorius. Mit ihm schlossen sie ein Abkommen (413), das ihnen einen Teil Galliens in der Nähe des Rheins zugestand. Dieses Königreich hielt sich bis 436, als der römische General Aëtius sich der Hunnen bediente, um es zu zerstören und burgundische Ambitionen am Niederrhein zu vereiteln (Ursprung der Nibelungensage).

Die Burgunder hatten verhältnismäßig wenig Abenteuerlust gezeigt und waren leicht unter Kontrolle zu bringen, wenn sie einmal wirklich gefährlich werden wollten. Aëtius schätzte sie dennoch als Soldaten und setzte sie im Osten gegen die Alamannen ein. 443 wurden sie dann in das Gebiet des Genfer Sees umgesiedelt. Mehrere Jahre dienten sie als römische Hilfstruppen sowohl gegen die Hunnen (451) wie gegen die spanischen Sueben in dem 456 von den Westgoten geführten Feldzug. Nach ihrer Rückkehr scheinen sie jedoch schließlich die Initiative in Gallien ergriffen zu haben, indem sie die kaiserlichen Provinzen von Lyon und Vienne einnahmen. Der kurze Feldzug (457) des Kaisers Maiorian vermochte nicht, ihnen mehr als einen zeitweiligen Einhalt zu gebieten, und nach seinem Abzug besetzten sie die Stadt Lyon selbst. Von ihren Stützpunkten Lyon und Genf aus schufen sie sich ein ziemlich großes Königreich, in dem sie auch von der gallisch-römischen Aristokratie bereitwillig unterstützt wurden. Seither galten sie als traditionelle Freunde Roms, die den Bewohnern in Abwesenheit des Kaisers bestmöglichen Schutz boten. Obgleich ihre Könige Arianer waren, hielten sie sogar gute Beziehungen zu den katholischen Bischöfen ihres Reiches, besonders zu Avitus von Vienne. Erst als Chlodwig der Franke katholisch wurde (507), hatte die Geistlichkeit keine Skrupel, sich ihm als dem noch willkommeneren Beschützer zuzuwenden. Das Burgunderreich, in dem Römer und Burgunder fast den gleichen Status hatten, überdauerte gerade so lange, wie es der römischen katholischen Bevölkerung genehm war. 534 wurde es nach einigen vergeblichen Versuchen von Chlodwigs Söhnen erobert und zerstört.

Sowohl das Reich der Vandalen als auch das der Burgunder hörten 534 auf zu bestehen. Beide waren mit dem Versuch gescheitert, die Herrschaft über Bevölkerungen zu errichten, die – unabhängig davon ob sie nun gut oder schlecht behandelt wurden – aufgrund ihrer Religion und Kultur den Barbaren feindlich gesinnt blieben und wenn schon nicht von ihrer militärischen Macht, dann von ihrer überlegenen Kultur überzeugt waren. Den Germanen mangelte es an den Möglichkeiten, die Kultur zu erneuern. In einer Karriere als Soldat sahen sie die einzige Hoffnung aufzusteigen. Sie kämpften gegen ihre germanischen Feinde mit größerem Eifer als gegen die Römer. Weder als Germanen noch als Arianer zogen sie in Betracht, daß sie miteinander mehr gemeinsam hatten als mit der Bevölkerung des römischen Kaiserreichs. Alles, was sie interessierte, war die Beförderung ihrer eigenen Stammesinteressen. Angesichts solcher Völker bestand für die Römer auf lange Sicht kein großer Grund zur Sorge, auch wenn die Anwesenheit der Barbaren unangenehm, kostspielig und destruktiv war.

### Die Schwächung Roms in Nordeuropa

Die Fähigkeit der römischen Bevölkerung, ihre alte Kultur trotz der Barbareneinfälle zu bewahren, zeigt sich am auffälligsten auf religiösem und sprachlichem Gebiet, denn nur im Falle Britanniens wurde schließlich eine ganze Provinz des Imperiums von Völkern germanischer Sprache beherrscht. Im Gegenteil, der große germanische Vorstoß über den Rhein nach 406 trug auf lange Sicht die germanische Sprachgrenze nicht tiefer als 100 Kilometer nach Westen, und Germanen, die weiter vordrangen, wurden am Ende sprachlich von der altansässigen Bevölkerung absorbiert. Unter den Germanen, die sich nach 406 in großer Zahl im Reich niederlassen wollten – jedoch nicht unter römischer Protektion sondern als Volk unter eigenen Führern –, bildeten die Alamannen den Hauptstamm. Dieser Name umschloß eine gemischte Gruppe von Völkern (von dem die Franzosen ihre allgemeine Bezeichnung für die Deutschen abgeleitet haben). Sie selbst nannten sich Schwaben, und ihr Druck auf den Südwesten hat über Jahrhunderte angehalten, wie die allmähliche Verschiebung der Sprachgrenze belegen kann. Sie waren nicht nur friedliche Bauern oder Siedler, sondern ihre Stärke beruhte auf einer furchteinflößenden Kavallerie, die mit langen zweischneidigen Schwertern bewaffnet war. Die Alamannen waren erstmals um 213 östlich des Limes am Untermain erschienen. Nach anfänglichen Rückschlägen hatten sie schließlich die römischen Verteidigungslinien durchstoßen und sich in Südwestdeutschland niedergelassen. 259/60 rückten sie quer durch Helvetien und Gallien bis Italien und bis nach Ravenna vor. Kaiser Claudius konnte sie 268 am Gardasee abfangen, doch unter Valentinian bedrohten sie 392 abermals Mailand. Aëtius setzte die Burgunder gegen sie ein, doch nach seinem Tod (454) festigten sie ihre Stellung in der Pfalz und im Elsaß jenseits des Rheins, verknechteten die dortigen Galloromer und germanisierten sie. Ihre Expansion nach Norden richtete sich dann gegen die fränkischen Herrscher von Köln und den Merowinger Chlodwig. Die Merowinger schlugen den alamannischen König in die Flucht und errichteten ein Protektorat über den nordwestlichen Teil ihres Gebiets. Ihre Hauptstoßrichtung war von nun an nach Süden, wo sie schon kurz vorher die Franche-Comté (Freigrafschaft Burgund) überfallen hatten. Nach 500 siedelten sie südlich des Rheins und, mit Billigung Theoderichs, auch in Rätien, wo die römische Bevölkerung sich in den Schutz der Berge zurückzog. Während des gesamten sechsten Jahrhunderts verstärkten sie ihre Macht, so daß sie 610 die Zentralschweiz besetzen und dort den fränkischen Widerstand brechen konnten. Erst jetzt zeigten sie sich dem Christentum zugänglich. Das um 590 gegründete Bistum von Konstanz, in dem die irischen Missionare aus der Schule des Columbanus die

Führung übernahmen, diente als Operationsbasis für die Missionierung, doch vor der Mitte des achten Jahrhunderts entstand keine kirchliche Organisation in der heutigen Schweiz. In der Begabung, ihre Kolonisation in römische Länder über einen langen Zeitraum hin voranzutreiben, ohne ernsthafte Kompromisse mit Rom zu machen, waren die Alamannen den angelsächsischen Stämmen in Britannien vergleichbar.

Weiter nördlich, im Gebiet des Niederrheins, vertrieben auch die Franken die romanische Bevölkerung. Doch die Festigung der fränkischen Herrschaft, zuerst mit dem Stützpunkt in Tournai, dann in Soissons bedeutete, daß es zu einem Ausgleich mit den Römern kam, was durch die Tatsache belegt ist, daß sie als erste Barbaren das katholische Christentum annahmen. In anderer Hinsicht jedoch nahmen sich die Franken unter Chilperich und Chlodwig, die die militärische Stütze der nordgallisch-römischen Bevölkerung wurden, mehr die Burgunder zum Vorbild, die diese Rolle schon nach 456 übernommen hatten. Diese Streitkräfte verkörperten, gleich den »römischen« Truppen, an deren Stelle sie getreten waren, im wesentlichen das, was an kaiserlicher Macht übriggeblieben war. Sie belegen auch, daß die »römische« Armee sich seit dem dritten Jahrhundert in großem Maß aus den barbarischen Völkern rekrutierte. Allerdings muß man zwischen den einzelnen Teilen der römischen Streitmacht unterscheiden. Während ein römischer General wie Stilicho Vandale war, setzte sich sein Heer sehr unterschiedlich zusammen. Es war nicht sein Volk und nicht seine Streitmacht, die er anführte. Barbarenführer hingegen, die mit ihrer Kriegerschar in den Dienst der Kaiser traten, konnten in einer Weise auf die Treue ihrer Truppen zählen, wie der Kaiser es nicht konnte. Es bestand ein entscheidender Unterschied zwischen einer römischen Armee, die sich aus Germanen rekrutierte, und einer Barbaren-Armee in kaiserlichem Auftrag. Und bis zur zweiten Hälfte des fünften Jahrhunderts hatten die römischen Armeen, selbst im Westen, ihren Zusammenhalt bewahrt.

**Die Bannung der Hunnengefahr**

Wie bereits gesagt, spielten die Hunnen für die Beziehung zwischen Kaiserreich und Barbaren eine wichtige Rolle. Obgleich sie das Imperium nicht von innen her bedrohten, konnten sie ihm doch von jenseits der Grenze nach Belieben zusetzen, indem sie sich auf die Überraschungsangriffe ihrer Reiterei verließen. Als Nomadenvölker, die am Dnjestr, nahe der Nordwestküste des Schwarzen Meeres lebten, waren sie zuerst in Klaudios Ptolemaios' *Geographikē hyphēgēsis* (»Einführung in die Georgraphie«), ca. 172 n. Chr., erwähnt worden. Doch den Römern waren sie bis 375 kaum bekannt, als sie in das Gotenreich einfielen und es zerstörten. Der Geschichtsschreiber Ammianus Marcellinus (gest. um 400 n. Chr.) hat sie sehr anschaulich beschrieben: »Die Hunnen übertreffen alles, was man sich nur als noch so barbarisch und wild vorstellen kann. Mit eisernen Werkzeugen zerkratzen sie die Backen ihrer neugeborenen Kinder, damit die Barthaare durch die Narben unterdrückt werden. Ihr untersetzter Körper mit außerordentlich starken Gliedern und einem unverhältnismäßig großen Kopfe gibt ihnen ein monströses Aussehen ... Zur Zubereitung ihrer Speisen kennen sie weder Gewürze noch Feuer. Wurzeln von wilden Pflanzen und rohes Fleisch, das sie zwischen ihren Sätteln und den Rükken ihrer Pferde mürbe machen, bilden ihre Nahrung. Ihre Kleidung besteht aus einem einzigen leinernen Unterkleid; sie wechseln es nicht, wenn es nicht von ihnen abfällt. Ein halbkreisförmiger Helm und Bocksfelle, die ihre haarigen Beine schützen, vervollständigen ihren Anzug ... Zu Pferde bringen sie ihr Leben zu, bald rittlings, bald seitwärts sitzend wie die Frauen. Zu Pferde Tag und Nacht treiben sie alles, kaufen und verkaufen, essen und trinken, schlafen und träumen, auf den Hals ihrer Pferde hingebeugt ...« Von Südrußland aus verbreiteten sich die Hunnen während der nächsten Generation in den Ländern nördlich der Donau. Da sie augenscheinlich kein Interesse zeigten, sich im Reich niederzulassen, waren die Kaiser glücklich, sie gegen die viel lästigeren Westgoten einsetzen zu können. Einige wenige Hunnen siedelten sich in Thrakien an, und der römische General Rufinus bediente sich ihrer als Leibwache. Stilicho setzte Hunnen 406 gegen die Goten in Italien ein. Diese Hunnen stammten aus einem Reich, unter König Uldin, das sich zumindest von der ungarischen Donau im Westen bis nach Muntenien im Osten erstreckte. Die Hunnen waren Meister in der Ausnutzung römischer Schwächen, beispielsweise wenn sie in den Balkan einfielen. Immer wählten sie den rechten Augenblick, und ihr Nachrichtendienst funktionierte offensichtlich hervorragend.

Die innere Geschichte ihres Königreichs während der nächsten beiden Jahrzehnte bleibt im dunkeln. Aber ihre Überfälle über die Donau nach Mösien hielten an, sogar während andere Hunnen im Westen im Dienste römischer Führer standen, besonders unter Aëtius nach 425. Aëtius hatte als Geisel unter ihnen gelebt, kannte ihre Sprache und wußte, wie er sie vertraglich binden konnte. Doch war er nicht notwendigerweise ihr »Freund«, wie seine Gegner behaupteten. Den Hunnen mag zu dieser Zeit eine wirksame Führung gefehlt haben, und der erfolgreiche Krieg, den die Römer gegen sie in Pannonien führten, untermauert diesen Eindruck.

In Attila fanden die Hunnen ihren bedeutendsten Herrscher, doch seine Macht währte nicht einmal ein Jahrzehnt. Zur gleichen Zeit, da das Kaiserreich mit Geiserichs Angriff auf Sizilien (422) beschäftigt war, fielen die Hunnen in den Balkan ein und drängten nach Thrakien vor. Mit dem Versprechen einer Tributzahlung erkaufte man sich wahrscheinlich ihren Rückzug, doch die Römer hielten sich nicht mehr an das Abkommen, sobald sie sich sicherer fühlten. Erst 447 forderte Attila, der nach Beseitigung seines Bruders Bleda Alleinherrscher über sein Volk geworden war, den rückständigen Tribut und drohte mit Krieg. Zusätzlich zum Tribut forderte Attila die Räumung eines großen Gebietes südlich der Donau zwischen Pannonien und Svištov. Von hier führte er seine Streitkräfte nach Gallien, wo er jedoch 451 von Aëtius und einer bunt zusammengewürfelten Barbarenarmee auf den Katalaunischen Feldern geschlagen wurde. Im nächsten Jahr griff Attila Italien an, denn er mußte Aquileia erobern, um weiter vorrücken zu können. Nachdem er jedoch den Po überschritten und die Emilia verheert hatte, machte er kehrt, um Mailand und Pavia anzugreifen, statt weiter nach Süden vorwärtszudrängen. In Norditalien wurden seine Truppen so stark durch Krankheit dezimiert, daß sie sich nach nur einem Monat zurückziehen mußten. Attila hatte einen Mißerfolg erlitten. Als er 453 starb, fiel sein Königreich auseinander. Der übliche Streit um die Nachfolge gab diesmal den Germanen Gelegenheit, das Hunnenjoch abzuschütteln, und ihr Reich zu zerstören. Die Ostgoten erhielten ihre Autonomie zurück, und ihr Führer Theoderich schloß mit dem Kaiserreich einen Vertrag, der es ihnen gestattete, sich im Gebiet des Plattensees in Pannonien anzusiedeln. Das Zustandekommen eines solchen Abkommens läßt darauf schließen, daß das Ansehen Roms trotz der Schwierigkeiten mit widersetzlichen Barbaren nicht ernstlich gelitten hatte.

In gewisser Hinsicht waren der Optimismus und die Geduld der römischen Regierung gerechtfertigt, denn die Barbaren im Inneren des Reiches hatten keine wirkliche

Goldschließe aus dem Thetford-Schatz, der 1979 in Norfolk, England, entdeckt wurde. Der Fund besteht aus einer erstaunlichen Sammlung von Gold- und Silber-Gegenständen, die wahrscheinlich von einem Kaufmann im späten vierten Jahrhundert hier deponiert worden sind. Der hohe künstlerische Standard der Arbeiten läßt vermuten, daß sie vom europäischen Festland stammen. Das schönste Stück ist diese 5 cm hohe Schließe. Das Scharnier ist mit Pferdeköpfen geschmückt, und die rechteckige Platte zeigt einen Satyr mit einer Weintraube.

politische Alternative anzubieten: Sie waren Schmarotzer, und als solche würden sie schließlich verdaut werden. Kaiser Valentinian III. schloß einen demütigenden Frieden (442) mit dem unnachgiebigen Vandalenführer Geiserich von Afrika. Er erhielt dessen Sohn Hunerich als Geisel, verheiratete ihn mit seiner Tochter und rechnete damit, daß Hunerich in der nächsten Generation zum Werkzeug der Romanisierung der Vandalen würde. Es gibt viele ähnliche Beispiele. Mit den Germanen jenseits der Grenzen fertigzuwerden, war unmöglich geworden, seit diese im alten Sinn nicht mehr bestanden, doch in gewisser Weise hatten die Römer zwischen sich und die unruhigen Stämme kooperationswillige Barbaren wie die Burgunder und die Franken gestellt, die bereits versuchten, den Druck, beispielsweise der Alamannen, aus eigener Kraft zu binden. Die Römer übten sich in Geduld und warteten auf den günstigen Augenblick um zurückzuschlagen. Obgleich der Gegenangriff lange auf sich warten ließ, wurde die römische Ausdauer schließlich unter Justinian belohnt, als dieser 533 Afrika nach hundertjähriger Vandalenherrschaft wieder zurückgewann.

### Das Ende der römischen Herrschaft nördlich der Alpen

Den Römern gelang es nie mehr, ihre Herrschaft über ganz Spanien, Gallien oder Britannien wiederherzustellen. Die Kaiser hatten die politischen Fähigkeiten der Barbaren unterschätzt, und sie hatten nicht damit gerechnet, daß die veränderten Verhältnisse auf Dauer die Chancen für eine Erneuerung der römischen Stellung zunichte machen würden. Die Barbaren selbst gewöhnten sich so sehr an eine Situation, in der sich ihre eigene Führung als stärker als die kaiserliche Regierung erwies, daß sie sich nicht mehr so unterwürfig verhielten. Auch die römische Bevölkerung reagierte flexibel auf die neue Situation, für die die Regierung keine schnelle Abhilfe bieten konnte. Ein gewisses Entgegenkommen gegenüber Barbaren und Großgrundbesitzern (der herrschenden Klasse im Kaiserreich) kam ihrem Interesse entgegen, wenn es auch auf Kosten der Regierung ging. Die weniger angenehme Alternative zu einer gegenseitigen Übereinkunft war die Militärdiktatur.

Bis zur Mitte des fünften Jahrhunderts war die Verantwortung für die Verteidigung der römischen Regierungsform von den Generälen in angemessener Weise getragen worden. Es hatte im wesentlichen keine Versuche gegeben, die kaiserliche Verwaltung auszuschalten, Satrapien zu schaffen oder Bürgerkriege zu führen. Doch die Belastung für die Generäle war sehr groß, und die Regierung zeigte sich weder dankbar noch hilfreich. Sehr viel hing von der Aktivität und Effektivität des jeweiligen Kaisers ab. Eine Zeitlang hatte die kaiserliche Familie ihre eigene begrenzte Vorstellung von der Einheit des Reichs beibehalten, trotz der Teilung in Ost und West zwischen den kaiserlichen Brüdern Arcadius und Honorius (395) und ihren Vettern. Mit dem Tod von Valentinian III. (455) und Marcian (457) im Ostreich war sogar diese familiäre Bindung zerrissen. Im Osten wurde der neue Kaiser Leo durch den Alanengeneral Aspar unterstützt. Im Westen erhob sich mit westgotischer Hilfe Avitus zum Kaiser; er wurde aber bald von Ricimer, dem Militärbefehlshaber von Italien und mächtigsten Mann im Reich, gestürzt. Sein Nachfolger Maiorian erschien Ricimer ebenfalls zu erfolgreich, so daß er ihn 461 hinrichten ließ. Die westlichen Kaiser nach Maiorian hatten keinen Einfluß mehr auf die Regierung, gleich ob sie vom Osten geschickt, oder, was üblicher war, von den Heermeistern ernannt wurden. Nach Maiorian besaß kein Kaiser mehr Autorität in Gallien, geschweige denn in Britannien oder Spanien.

Das Westreich umfaßte zu jener Zeit de facto nur noch Italien. Unter Eurich (466–483) löste das Tolosanische Westgotenreich seinen Föderationsvertrag mit Rom und dehnte seine Ländereien bis zur Loire (470), über die Rhone in die Provence (477) und über die Pyrenäen nach Spanien aus. Bei Maiorians Tod hatten die römischen Lyoner sich schon die Burgunder als Schutzherren gewählt. Weiter nördlich war die Machtbefugnis von Aëtius (der 454 ermordet wurde) auf Syagrius übergegangen, der 25 Jahre lang unabhängig regierte. Sein »Königreich« wurde dann gewaltsam von Chlodwig annektiert. Als Chlodwig katholisch wurde, gaben ihm die Lyoner freudig gegenüber den Burgundern den Vorzug. Sie hatten gelernt, ihre eigenen Interessen zu verfolgen, ohne beim Kaiser Zuflucht nehmen zu müssen. Die Anzahl derer, die bei diesem Vorgehen Schaden erlitten, wurde wahrscheinlich weit übertroffen von jenen, die mit den Barbaren zu einem Ausgleich kamen. In Gallien zumindest blieb den Bewohnern das schlimme Schicksal der romanisierten Briten erspart, die ihre besten Ländereien zugunsten der angelsächsischen Invasoren und Siedler aufgeben mußten. Ihr weiteres Vorrücken wurde durch einen römisch-britischen Sieg am Mons Badonicus verzögert, aber die Invasoren konnten weder zurückgetrieben noch assimiliert werden, und nach einiger Zeit nahmen sie ihren Druck auf die verbliebenen Römer wieder auf. In Gallien geschah nichts dergleichen. Die römische Kultur in Gallien wurde nicht durch das Kaiserreich, weder mit politischen, administrativen noch militärischen Mitteln, gerettet. Gerettet wurde sie durch die Großgrundbesitzer und ihre Villenkultur und die Kirchen. Das Kaiserreich zählte nicht mehr, außer in Italien.

### Das Schicksal Italiens

Italien selbst erlebte die schlimmste barbarische Invasion unter Alarich 401. Doch nachdem die Westgoten nach Gallien abgezogen waren, hatte es nur noch den kurzen Einfall Attilas 452 zu überstehen und die Auseinandersetzung mit Geiserich, der nach 440 von Nordafrika aus operierte. So konnte Italien seine römische Kultur und seinen Wohlstand bewahren. Wegen Schwierigkeiten in der kaiserlichen Thronfolge nach 461 erwuchs den barbarischen Heermeistern der römischen Armee in Italien neue Verantwortung. Ricimer (Suebe), Gundobad (Burgunder) und Orestes (aus Pannonien) erfüllten ihre Pflicht oder kaschierten ihre Usurpationen durch die Nominierung von Schattenkaisern, die Konstantinopel nicht anerkannte.

Der von Orestes zum Regenten erhobene Romulus, von seinen Soldaten spöttisch *Augustulus* (»kleiner Kaiser«) genannt, wurde 476 von Odoaker (Odowakar), den das (germanische Söldner-)Heer in Italien zum König gewählt hatte, abgesetzt. Der oströmische Kaiser Zenon bestätigte Odoaker dann als Patricius.

Unter Odoaker, der von Senat und Papst gestützt wurde, erfreute sich Italien mehr als zehn Jahre einer stabilen Regierung, bis dieser seine Macht ab 489 gegen den Ostgoten Theoderich verteidigen mußte. Theoderich und Odoaker waren in einen Familienstreit verwickelt, der ihrer politischen Rivalität persönliche Motive hinzufügte. Hauptgrund für Theoderichs Einfall in Italien war jedoch der Wunsch des oströmischen Kaisers Zenon, die Ostgoten, mit welchen Mitteln auch immer, aus seinem Reich zu vertreiben und dabei gleichzeitig den lästigen Odoaker loszuwerden. Zenon war selbst ein »Barbar«, ein Isaurer, der ins Spiel gebracht worden war, um mit Aspar, dem Heermeister der Alanen, fertigzuwerden, der die Herrschaft in Konstantinopel anstrebte. Nach vierjährigem Kampf mußte sich Odoaker dem Theoderich ergeben, der ihn eigenhändig ermordete. Jetzt wurde Theoderich von seinen Truppen zum König ausgerufen, und nach längeren Verhandlungen gewann er auch die Anerkennung durch den oströmischen Kaiser. Trotzdem erhielt er später von Konstantinopel keine größere Unterstützung als sein Vorgänger, doch blieb er ungefährdet, denn das östliche Kaiserreich war endlich mit allen unerwünschten Barbarenstämmen im eigenen Gebiet zurechtgekommen und brauchte niemanden mehr in den Westen zu verbannen. Nach Theoderichs Tod fühlte sich Ostrom dann stark genug, um mit der Rückeroberung Italiens zu beginnen.

Theoderichs bedeutender Ruf ist neben seinen wirklichen Leistungen auch auf bessere historische Quellen (zu seinen Beratern und Staatsbeamten gehörten Cassiodorus und Boethius, beides bedeutende Gelehrte und Schriftsteller), sowie seine Rolle in der germanischen Heldensage (Dietrich von Bern) zurückzuführen. Die Erinnerung an ihn lebt auch in dem Grabmal weiter, das er sich selbst in Ravenna errichten und mit einem riesigen Schlußstein nach Art der nordischen Hünengräber abdecken ließ. Als Folge davon steht Odoaker ziemlich im Schatten. Die Art ihrer Regierungsführung trug jedoch im wesentlichen verwandte Züge. Theoderichs Ostgotenheer war ein ebenso bunter Haufen von Barbaren wie das des Odoaker. Beide waren Könige, doch nicht von Nationen, sondern nur für ihre Soldaten. Für den Kaiser waren sie lediglich Generäle: *magistri militum.* Odoaker hatte für seine Truppen auf der üblichen Grundlage der »Gastfreundschaft« Land erhalten. Grundbesitzer in Italien stellten den Barbaren ein Drittel ihres Landes zur Verfügung oder zahlten ein Drittel ihrer Einkünfte an den Staat, um die Armee zu unterhalten. Die Römer und ihre barbarischen »Gäste« waren gesetzlich gesehen Verbündete, *consortes.* Ob die Barbaren das überlassene Land selbst bebauten oder nur Nutznießer waren ist nicht klar. Ihre Ländereien lagen hauptsächlich in der Po-Ebene, um Ravenna, in der Toskana, in Picenum und Samnium, und einige in Kampanien und Dalmatien. Dieses Systems bediente sich auch Theoderich für seine Germanen, und es war nicht ungewöhnlich, daß seine Armee Soldaten aus dem gesamten germanischen Bereich anzog, in dem er in mehr als 30jähriger Herrschaft einen beispiellosen Ruf als *der* erfolgreiche Germanenführer erworben hatte.

Durch eine dualistische Verwaltung versuchte er Germanen und römische Untertanen auseinanderzuhalten. Eheverbot und der konfessionelle Gegensatz zwischen arianischen Germanen und katholischen Römern unterstrichen den dualistischen Aufbau seines Staates. Das Festhalten am Arianismus machte in den Augen der Römer seine Respektserklärungen für die römische Kultur nicht ganz glaubwürdig, und an dieser religiösen Hürde sollte seine Politik scheitern, die Römer mit seiner Herrschaft dauerhaft zu versöhnen. Obwohl sein Regime nie populär gewesen war, erwies es sich als schwierig, es nach seinem Tod völlig zu beseitigen. Seine grundlegende Absicht, Römer und Germanen separat seinem Schutz zu unterstellen, verrät die Furcht, daß ohne solch künstliches System die Germanen unausweichlich von den an Zahl und Kultur überlegenen Römern absorbiert und ihrer Kraft beraubt würden. Das mag Theoderichs eigene Ängste widerspiegeln, denn er war in seiner Kindheit als Geisel nach Konstantinopel gebracht worden, wo er die Errungenschaften römischer Kultur schätzen gelernt hatte, ohne jedoch sein angestammtes Germanentum aufgeben zu wollen.

Odoaker hatte den Westgoten erlaubt, 477 Arles zu besetzen, er nahm die Flüchtlinge auf, die Noricum 488 verließen, und er verzichtete so auf weiter entfernte Vorposten zur Verteidigung Italiens. Den Tod des Marcellinus, Anführer eines dalmatinischen Heeres, das seinem eigenen vergleichbar war, hatte er jedoch genutzt und dessen Gebiet zwischen sich und Zenon aufgeteilt. Daher gehörten zu Theoderichs Reich Ländereien außerhalb Italiens, die sich bis nach Dalmatien, Illyrien, Pannonien und Rätien erstreckten, obgleich es sich an manchen Orten eher um ein Protektorat als die Ausübung einer direkten Regierungsgewalt handelte.

Nach der Niederlage seines westgotischen Schwiegersohns Alarich II. bei Vouillé, gliederte er die Provence als gallische Praefektur dem Ostgotenreich ein, obwohl er selbst mit Chlodwigs Schwester verheiratet war. Er konnte jedoch nicht verhindern, daß ganz Aquitanien von der Loire bis zur Garonne an das Frankenreich fiel. Wie die meisten Germanenführer war Theoderich wenig an Seemacht interessiert. Mit Ausnahme von Ostsizilien überließ er die Inseln den Vandalen, deren Herrscher Thrasamund (496–523) Theoderichs Schwester heiratete und sich politisch seinen Schwager zum Vorbild nahm. Theoderichs Verschwägerung mit den großen Barbarenführern seiner Zeit und seine zentrale Stellung in Italien ließen ihn an die Möglichkeit denken, für die Germanen im Westen eine imperiale Reichsstruktur zu schaffen. Es ist jedoch auch möglich, daß der heterogene Charakter seiner germanischen Streitkräfte ihn davon abhielt, die nationalistische Haltung der meisten barbarischen Könige einzunehmen. Seine Ostgoten hatten in den 100 Jahren bevor er sie zu einem Königreich zusammenschloß, viele Wechselfälle des Glücks erlebt. Seinen Streitkräften in Italien fehlte der Zusammenhalt, den die Franken, Westgoten und Vandalen durch ihre aufsehenerregenden Erfolge in Krieg und Diplomatie erworben hatten. Theoderich selbst erlangte ein persönliches Prestige unter den Barbaren, das seine Parallele nur später bei Karl dem Großen findet. Doch sein Bemühen um ein »römisches« Image verrät schon die Schwäche der Germanen innerhalb des Reiches. Politisch konnten sie nichts besseres tun, als sich die Römer zum Vorbild zu nehmen. Sie waren im Reich so in der Minderheit, daß sie weder autonome Gemeinwesen errichten noch ihre eigene Regierungsform durchsetzen konnten. Germanisches Heereskönigtum mochte den Germanen entsprechen, die Römer aber forderten mehr und zeigten sich noch immer stark genug, es auch zu erhalten. Zugegeben, das *Imperium Romanum* war nicht mehr, was es gewesen war, aber es war noch lange nicht in der Rumpelkammer der Geschichte verschwunden. In Italien setzte es weiter den Maßstab für die politische Organisation, und in Byzanz war es voll funktionsfähig.

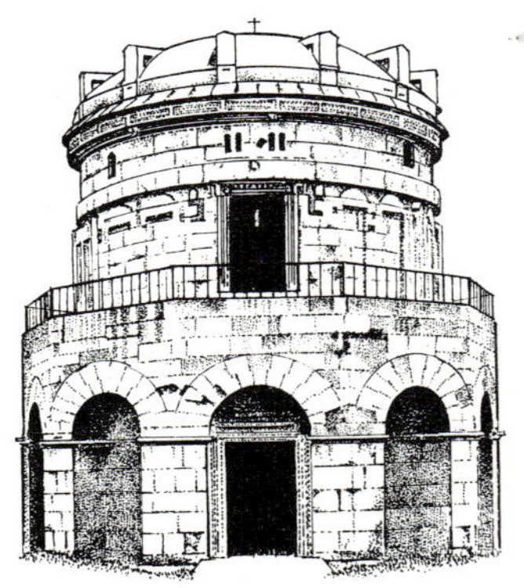

*Ganz oben:* Das Probianus-Diptychon aus der Abtei von Essen-Werden, um 400. In dieser zweiten Hälfte des Diptychons wird Probianus als *vicarius* des römischen Präfekten gezeigt, in Tunika und Chlamys, der Amtskleidung der römischen Beamten. Er hält seine Ernennungsurkunde in der Hand und unterzeichnet sie. Er ist begleitet von zwei Schreibern und wird von den zwei Beamten unten beglückwünscht. Im Hintergrund ist eine Tafel mit den Porträts der Kaiser Arcadius und Honorius zu sehen.

*Oben:* Theoderichs Grab in Ravenna, um 526. Die Kuppel, die aus einem einzigen Kalksteinblock besteht, ist in traditionell germanischem, das übrige Gebäude in römischem Stil erbaut, obwohl die Arbeiter wahrscheinlich aus Syrien stammten. Durch eine Galerie im Obergeschoß muß das Mausoleum ursprünglich eindrucksvoller gewirkt haben als heute, doch haben Kunsthistoriker lange und erbittert über sein genaues Aussehen gestritten.

*Ganz oben:* Kirche und Monasterium von St. Simeon Stylites (um 470), zu jener Zeit die großartigste Kirche in ganz Syrien. Kreuzförmig angelegt, jeder der vier Flügel in der Form einer Basilika, war ihr Zentrum ursprünglich mit einer hölzernen Kuppel gedeckt, die über der Säule errichtet war, auf der der Heilige die letzten Jahre seines Lebens verbracht hatte. Die Kirche diente zur Feier seines Kultes und zur Unterbringung seiner Anhänger.

*Oben:* Eine Goldplatte mit St. Simeon (sechstes Jahrhundert). Der Heilige wird auf seiner Säule gezeigt mit der Leiter, auf der die Ratsuchenden zu ihm kamen. In Gestalt der großen Schlange erschien der Teufel, um ihn in Versuchung zu führen.

**Kontinuität und Wandel in Byzanz**

Die Geschichte von Byzanz während des fünften Jahrhunderts mag im Vergleich zum Westen ereignisarm erscheinen, doch gegen Ende des Jahrhunderts war klar zu erkennen, daß es unter großen und bis zu einem gewissen Grad ähnlichen Schwierigkeiten gelitten hatte. Es war nicht Zynismus, der die Kaiser leitete, als sie aufrührerische Barbaren ermutigen, nach Westen zu ziehen. Die Westgoten bereiteten den Herrschern während ihrer 26 Jahre im Osten mehr Schwierigkeiten als im Westen, wo sie sich schließlich innerhalb von 18 Jahren in ihnen genehmen Landstrichen ansiedelten. Der Westen war weniger dicht bevölkert und hatte weniger verwundbare Städte als der Osten. Als die Vandalen Afrika besetzten, löste dies in Byzanz tiefe Unruhe aus. Eine kostspielige militärische Expedition wurde unter Kaiser Leo I. in den späten 60er Jahren des fünften Jahrhunderts entsandt, um das Problem zu lösen. Obgleich das Unternehmen fehlschlug, blieb die Rückeroberung Afrikas ein wichtiges Ziel. Vorerst jedoch mußte Leos Nachfolger Zenon das Vandalenreich anerkennen.

Der Osten sah sich auch den hunnischen Angriffen ausgesetzt, denn es war nicht vor 451/52, daß Attila sich nach Westen wandte. Kaum hatten die Ostgoten danach das hunnische Joch abgeschüttelt, als sie ihre Kräfte gegen das Kaiserreich richteten. Ihr Führer Theoderich, der als Geisel in Konstantinopel aufgewachsen war, benutzte seine Bildung, um hart zu verhandeln. Abwechselnd Verbündete und Gegner, machten die Ostgoten Leo I. und Zenon schwer zu schaffen, bevor letzterer die Möglichkeit fand, sie gegen Odoaker, den unliebsamen Usurpator und Theoderichs persönlichen Feind in Italien einzusetzen. Auch die Stellung der Kaiser selbst blieb nicht unangefochten. Die Generäle besaßen großen Einfluß, etwa Rufinus, der Erzieher von Arkadios I., oder Aspar, der Kaiser Leo I. eingesetzt hatte, und eine ähnliche Rolle spielte wie Ricimer, der Kaisermacher im Westen. Immerhin, der östliche Kaiser konnte noch Wege finden, um sich durchzusetzen. Um unabhängig zu werden, ließ Leo seinen Protektor ermorden, nachdem er einen Verbündeten in dem Anführer der Isaurer gefunden hatte. Dieser heiratete seine Tochter, nahm den griechischen Namen Zenon an und wurde 474 sein Nachfolger als Kaiser. Als Fremder war Zenon unpopulär und wurde prompt gestürzt, aber innerhalb von zwei Jahren war er wieder im Amt (476–91).

Das östliche Reich überlebte noch einmal 1000 Jahre, weil es in der Lage war, fähige Kaiser verschiedenster Herkunft zu finden. Die Probleme an der östlichen Grenze zwangen Byzanz natürlich zu regelmäßigen Feldzügen gegen die persische Macht, also zu weit größeren Anstrengungen, als sie an der Rhein-Donau-Grenze notwendig wurden. Ostanatolien spielte in den politischen Kalkulationen verständlicherweise eine wichtige Rolle, denn die kaiserliche Unterstützung Armeniens im vierten Jahrhundert war nicht ausreichend, um in der fernen nordöstlichen Ecke des Imperiums ein militärisches Bollwerk zu schaffen.

Das griechisch-römische Element im Kaiserreich hatte zwar weniger zivilisierten Herrschern und Soldaten Platz machen müssen, doch in anderer Hinsicht hatte seine »zivilisierende« Macht nichts von ihrem Schwung verloren. Die Trennung vom Westen führte dazu, daß im Osten Griechisch Vorrang über das Latein erhielt, aber die römische Rechtspflege blieb noch in Gebrauch. Die erste große Sammlung von kaiserlichen Edikten seit Konstantin wurde 438 in Latein veröffentlicht: der *Codex Theodosianus.* Nichtsdestotrotz konzentrierte sich das geistige Interesse auf die Theologie. Sowohl Kaiser wie Patriarch setzten es sich zum Ziel, die führende Position Konstantinopels innerhalb der Kirche zu erhalten, wie sie in einem Edikt des Konzils von Konstantinopel (381) anerkannt worden war. Doch während im Westen das einzigartige Prestige von Rom unanfechtbar blieb, mußte sich der Patriarch von Konstantinopel nicht nur gegenüber den Ansprüchen von viel älteren Bischofssitzen wie Antiocheia und Alexandreia behaupten, sondern auch gegenüber den Wünschen von Mönchen und Volk und den Sophistereien der Theologie.

Als Nestorius, seit 428 Patriarch von Konstantinopel, die Lehrmeinung von den zwei getrennten Naturen Christi unterstützte, wurde er sofort von Kyrill, dem Patriarchen von Alexandreia angegriffen. Dieser erreichte, daß Nestorius auf dem Konzil von Ephesos (431) als Häretiker verurteilt wurde und sein eigener Bischofssitz bis zu seinem Tod (444) die führende Rolle übernahm. Mit der Unterstützung des römischen Papstes Leo I. trat die Kirche von Konstantinopel dann gegen die »Monophysiten« von Alexandreia auf und verkündete auf dem Konzil von Chalkedon (451) die Doktrin von den zwei vollkommenen und unteilbaren, aber getrennten Naturen Christi. Dieser theologische Sieg kühlte das Verhältnis zwischen den östlichen Provinzen des Reichs und Konstantinopel ab. Gleichzeitig verwirkte Konstantinopel die Unterstützung des Papstes, indem es sich in einer weiteren Erklärung mit Rom gleichstellte und ihm nur noch das Ehrenprimat zugestand. Byzanz sorgte so im fünften Jahrhundert für sein erfolgreiches Weiterbestehen und seine Umwandlung in ein überwiegend griechisches Staatswesen. Nur die Anmaßung des Westens vermochte die wechselvolle Geschichte des Imperiums als eine Zerstörung seines eigentlichen Charakters zu interpretieren. Der römische Staat überlebte wie eine Naturgewalt. Es gab keine andere politische Leistung auf Erden, die damit zu vergleichen war, und die Barbaren, die sich auf seinem Gebiet ansiedelten, waren nur ein zeitweiliger Makel in der Geschichte des »Ewigen Rom«.

# REICHSGRÜNDUNGEN DER GERMANEN UND RÖMISCHE MISSION

**Das Byzantinische Reich vom fünften bis zum siebten Jahrhundert**

Nach dem Erlöschen des weströmischen Kaisertums im Jahre 476 ging die höchste Gewalt im Imperium auf den Herrscher in Konstantinopel über. Mehr als 50 Jahre lang war jedoch kein östlicher Regent in der Lage, die politische Verantwortung für den Westen mit zu übernehmen. Doch offensichtlich gewann man in Byzanz nicht den Eindruck, daß das Kaiserreich im Westen am Ende sei. Andererseits hatten die westlichen Katholiken, einschließlich des Papstes, nicht die Absicht, für immer in den Händen der Barbaren zu bleiben, zumal diese außer den Franken arianische Häretiker waren. Der Ostgote Theoderich, König von Italien (493–526), konnte es sich nicht leisten, die Autorität des Ostkaisers zu leugnen, denn wenn er auch praktisch unabhängig war, so stieß seine Herrschaft bei seinen katholischen romanischen Untertanen auf wenig Sympathie. Seine Einmischung in Gallien, wo er die Arianer gegen Chlodwig unterstützte, bewog natürlich Byzanz, dem fränkischen König mehr Aufmerksamkeit zu schenken. Auf Anastasios I. (491–518) folgte dann mit Justin ein Kaiser, der seine Regierung für stark genug hielt, um die Irrlehren (einschließlich der arianischen) zu unterdrücken, die das Imperium im fünften Jahrhundert geschwächt hatten. Justins Nachfolger, Justinian (527–565), ging energisch an die Restauration der Reichseinheit. Sein tüchtiger General Belisar stach mit 500 Transport- und 92 Kriegsschiffen vom Bosporus aus gegen die Vandalen in See, deren Flotten den byzantinischen Exporthandel und den internationalen Schiffsverkehr empfindlich störten. Nordafrika wurde 533 innerhalb weniger Monate von ihnen zurückerobert. Nach einem Jahrhundert der Angst war Rom jetzt von ihren ständigen Übergriffen im Mittelmeerraum befreit.

Von Afrika aus nahm Belisar die Inseln Sizilien, Sardinien und Korsika ein. Er landete in Neapel und drang nach Rom vor (536). Theoderich war seit zehn Jahren tot, und unter den Ostgoten hatte es keinen auch nur annähernd ebenbürtigen Nachfolger gegeben. Dennoch bedeutete dies nicht den völligen Zusammenbruch der Goten. Sie riefen die Franken zu Hilfe und setzten sogar die Perser gegen Justinian in Bewegung. Hinzu kam, daß Belisar durch das Mißtrauen des Kaisers in seinen Aktionen behindert war; so konnte der Ostgotenkönig Totila mit einer bunt zusammengewürfelten Barbarenarmee 543 Neapel zurückgewinnen, 546 und erneut 549 Rom besetzen und fast ganz Italien einschließlich der Inseln erobern. Auch die Entsendung eines neuen Feldherrn, Narses, brachte keinen raschen Erfolg. Italien war 17 Jahre lang Kriegsschauplatz. Erst 554 konnte Justinian es seinem Reich eingliedern und es durch einen in Ravenna ansässigen Exarchen reorganisieren. Um diese Zeit hatten Justinians Truppen bereits eine westgotische Invasion in Nordafrika zurückgeschlagen (544) und den Südosten Spaniens von ihnen wiedergewonnen.

Justinians Rückeroberungen im Westen stellten die kaiserliche Kontrolle über den Mittelmeerraum wieder her und demonstrierten die bemerkenswerten regenerativen Fähigkeiten des Imperiums. Im Rückblick scheint es jedoch, daß er seine imperialen Ziele nur unter knapper Beachtung von politischer Klugheit und Wirtschaftlichkeit verfolgt hat. Durch das starke Engagement im Westen ließ zwangsläufig die Aufmerksamkeit gegenüber den wiedererstarkten Persern unter Chosrau I. (531–579) nach, von dem man sich öfter freikaufte, statt ihm entgegenzutreten. Justinian mußte auch viel Geld in den Bau von Festungen an der östlichen Grenze investieren. Auf der europäischen Seite bedrängten Slawen (534, 547, 549, 551), Bulgaren (534, 538) und Hunnen 539/40, 559) das Reich. Verwüstungen durch die Barbaren in Illyricum, Griechenland und Kleinasien brachten Justinian erbitterte Kritik ein, der durch seine Ambitionen im Westen die Sicherheit von Byzanz und der Hauptstadt selbst aufs Spiel setzte. Jedoch ging durch diese Angriffe kein Gebiet auf Dauer verloren, und Justinian konnte sich in seinem politischen Konzept bestätigt fühlen. Behauptungen, daß er und sein ausgezeichneter Minister, Johannes Kappadox, das Land in den finanziellen Ruin führten, können nicht belegt werden und beruhen allein auf den Aussagen des hämischen zeitgenössischen Historikers Prokopios. Justinians Aufgeschlossenheit für die Handelsinteressen seines Reichs legt nahe, daß er genug ökonomischen Verstand besaß, um die Kosten des militärischen Ruhms kalkulieren zu können. Die Kriege mit den Persern unterbra-

**Das Reich Justinians**
Ein Vergleich mit der Karte auf Seite 28 zeigt, welche große Leistung Justinian vollbrachte, als er die kaiserliche Präsenz im Westen wiederherstellte. Trotz der mehr als ein Jahrhundert währenden Teilung in ein östliches und ein westliches Reich hatten die byzantinischen Kaiser an ihrer Verantwortlichkeit für den Westen festgehalten. Als dann die Zeit der Rückeroberung gekommen war, konnten die Barbaren wegen ihrer politischen Schwäche und ihres Mangels an Ressourcen keinen dauerhaften Widerstand leisten. Die Verwaltungsstruktur Justinians zeigt die Kontinuität mit dem alten römischen Kaiserreich. Zukünftige Provinzhauptstädte treten schon als potentielle kirchliche Zentren hervor. Die Karte kann den kirchlichen Problemen des Imperiums, der Stärke und Verteilung der abweichenden Glaubensrichtungen kaum gerecht werden. Es ist jedoch festzuhalten, daß sie Justinian viel mehr Sorgen bereiteten als die militärischen Feldzüge gegen heidnische Barbaren. Die starke Verbreitung des Christentums im Osten, besonders in Kleinasien, brachte diesem Teil des Reiches größere Aufmerksamkeit ein. Er war ungeschützt dem persischen Machtstreben ausgesetzt, und Justinian zog es vor, hier den Frieden zu erkaufen, eine Politik, die stark kritisiert worden ist, obwohl man kaum sehen kann, welche andere Möglichkeit ihm offengestanden hat.

chen den Handel, besonders den chinesischen Seidenhandel, und man begann deshalb mit Äthiopien wegen der Öffnung einer Ersatzroute zu verhandeln (532). 20 Jahre später brachte Justinian einige Eier von chinesischen Seidenraupen in seinen Besitz und begann die Seidenmanufaktur in Byzanz aufzubauen, die bald eine seiner wichtigsten und einträglichsten Industrien wurde. Es gibt keinen Beweis, daß der Reichtum des Reiches durch Kriegskosten oder Regierungsaktionen gefährdet war. Justinians persönliches Ansehen hat durchweg die herbe Kritik seiner Verleumder überlebt. Daß er für die Kodifizierung des römischen Rechts, *Corpus iuris civilis* (529–534), und für den Bau »der schönsten Kirche in der ganzen Welt«, der Kirche der Heiligen Weisheit (Hagia Sophia) in Konstantinopel, vollendet 537, verantwortlich war, hat sein Ansehen noch erhöht. Auch in Ravenna ließ Justinian eindrucksvolle Kirchen errichten: San Vitale, deren prächtige Goldmosaiken den Kaiser und seine Gemahlin Theodora mit ihrem Gefolge zeigen, und die beiden Kirchen des heiligen Apollinaris.

Nach Justinians Tod im Jahre 565 ergaben sich neue Probleme, die seine weniger tüchtigen Nachfolger stark beanspruchten. Justin II. (565–578) lehnte es ab, den Awaren weiterhin Tribut zu zahlen, und brach mit den Langobarden, die sein Onkel Justinian in Noricum angesiedelt hatte. Während die Awaren das Kaiserreich angriffen, wandten sich die Langobarden zuerst gegen die Gepiden und drangen dann in Italien ein (568). Der Schock, den ihr Erscheinen anfangs auslöste, ermöglichte es ihnen, weite Teile der Po-Ebene in Besitz zu nehmen. Doch die Zukunft ihres Königreichs wurde aufs Spiel gesetzt, weil es ihnen zwischen 575 und 584 an einem wirklichen Führer fehlte, als verschiedene Herzöge sich in die Macht teilten und mit der Eroberung einzeln fortfuhren. Auf diese neue Bedrohung antworteten die Kaiser nicht selbst, sondern sie riefen einmal mehr die Franken zu Hilfe. Die Küste und große Gebiete südlich des Pos wurden verteidigt. Die Langobarden konnten jedoch nicht vertrieben werden und gewannen allmählich wieder an Boden. Byzanz hielt sich jedoch bis zum elften Jahrhundert in Italien. So war die Wiederherstellung der kaiserlichen Macht durch Justinian kein Übergangsereignis in der Geschichte der Halbinsel. Es gelang den Langobarden nicht, Italien unter ihrer Herrschaft zu vereinen, wie Theoderich es getan hatte; sie waren zahlenmäßig zu schwach, aber es mangelte ihnen auch an politischen Fähigkeiten. Dies sollte tiefgreifende Folgen für die Zukunft des ganzen Landes haben.

Im Osten bescherte das Kriegsglück den Persern gelegentliche Siege, doch Byzanz war durchaus noch in der Lage, den Kampf fortzusetzen und unter der Regierung von Phokas (602–610) von den internen Streitigkeiten der Perser zu profitieren. Dann brachte Chosrau II. dem Kaiserreich 604 eine Niederlage bei und überrannte Kleinasien bis nach Chalkedon (609), Syrien, Jerusalem und Ägypten wurden ebenfalls erobert; nur die byzantinische Flotte, die weiterhin das Meer beherrschte, konnte Byzanz und Europa vor ihrem Ansturm retten. Erst als die Sassaniden Konstantinopel selbst bedrohten (619/20), stellte sich ihnen der neue Kaiser Herakleios (610–641) mit großer Entschlossenheit entgegen.

Sechs Jahre (622–628) währte der Kampf, bis die Perser

in Kleinasien und Armenien zurückgeworfen waren. Chosrau marschierte gemeinsam mit den Awaren gegen die Hauptstadt, währenddessen Herakleios das Schwarze Meer überquerte, um die Perser direkt zu attackieren. Bei Ninive 626 vernichtend geschlagen, konnte Chosrau weder sich noch sein Reich retten. Herakleios gewann alle Gebiete zurück, die in den vergangenen 20 Jahren verlorengegangen waren und kehrte im Triumph nach Konstantinopel zurück.

Doch bald wurde das Reich von einem neuen, noch schrecklicheren Feind bedrängt: Die Moslems waren 634 in Syrien eingedrungen, und diesmal konnten Herakleios' Truppen, durch die mörderischen Kriege mit den Persern erschöpft, keinen großen Widerstand leisten und auch die moslemische Eroberung Jerusalems (641) nicht verhindern, das damit erneut den Besitzer wechselte. Mitte des Jahrhunderts bezogen die Moslems das Meer in ihre Expansionspolitik mit ein und eroberten Zypern (649) und Rhodos. Konstantinopel wurde dreimal belagert (669, 674–680, 716/17). Obwohl das griechische Herzland behauptet und der Krieg eine Zeitlang ins moslemische Lager getragen werden konnte, bewies der Verlust von Nordafrika (697), daß das Kaiserreich sich in einem kritischen Zustand befand. Beim Wiederaufflackern des Krieges in Kleinasien wurde Konstantinopel nur knapp durch Kaiser Leon III. (717–741) gerettet. Der Verlust seiner wertvollsten, am dichtesten bevölkerten und kulturell am höchsten entwickelten Teile, wie beispielsweise Syrien und Ägypten, wo neben Jerusalem mit Alexandreia und Antiocheia auch die beiden anderen großen Zentren des Christentums in die Hände der Moslems übergingen, erschöpfte nicht nur die Reichtümer von Byzanz, sondern verstärkte seinen überwiegend griechischen Charakter. In der Zeit des Herakleios hatte das Griechische das Latein als Amtssprache ersetzt. Das Kaiserreich gewann noch etwas von seiner militärischen Kraft zurück, doch übernahm es nie wieder seine römische, universale Sendung.

*Oben:* Santa Maria de Naranco, Oviedo, Spanien. Die Kirche, ursprünglich vom asturischen König Ramiro I. als Palast erbaut, wurde von ihm im Jahre 848 der Heiligen Jungfrau geweiht. Sie liegt unterhalb des Gipfels des Monte Naranco nördlich von Oviedo. Ihre beiden Stockwerke sind mit Gewölben ausgestattet, deren Konstruktion zu jener Zeit große Bewunderung erregte. Die Proportionen sind von der Camara Santa in Oviedo inspiriert, die unter der vorangegangenen Regierung errichtet worden war. Die Kirche weist viele unterschiedliche Einflüsse auf. Die Betonung der Vertikale und das perfekte Gleichgewicht der Hauptelemente sind klassisch, während die dekorativen Medaillons innen und außen Stilelemente aus dem islamischen Kulturkreis, aus Irland und Nordeuropa zeigen. Sie alle verschmelzen zu einem Bauwerk von außergewöhnlicher Kraft und Vollkommenheit.

**Die Katholisierung der Goten und Franken**

Der spektakuläre Zusammenbruch des Imperiums in Gebieten mit machtvoller christlicher Tradition hat die Historiker zu dem Verdacht veranlaßt, daß religiöse Kontroversen zwischen der östlichen Bevölkerung und Konstantinopel Anlaß gegeben haben, daß die Moslems eher als willkommene Befreier denn als verhaßte Feinde des Glaubens angesehen wurden. Sicher ist, daß seit der Mitte des fünften Jahrhunderts die christliche Orthodoxie, wie sie von der römischen Kirche festgelegt war, sich nicht gegen die Lehre des Monophysitismus durchsetzen konnte, die in Ägypten, Syrien und Armenien viele Anhänger hatte. Verschiedene Kaiser mußten trotz aller Bemühungen erkennen, daß es unmöglich war, eine sowohl für Rom wie für Alexandreia annehmbare religiöse Formel zu finden. Kaiserliche Deklarationen zu Glaubensgrundsätzen wurden nicht ohne weiteres respektiert. Patriarchen und selbst Päpste konnten rüde behandelt werden, doch Zwang auf die Kirche war vergebens, und Verfolgungen bewirkten das Gegenteil. Es ließ sich nicht vermeiden, daß die Toleranz der Moslems gegenüber Christen aller Richtungen ihr Regime für die Gläubigen annehmbarer machte als das der orthodoxen Kaiser. Die Kirche im Westen hatte seit dem fünften Jahrhundert eine größere Spannkraft gezeigt als das Reich, ebenso wie im siebten Jahrhundert im Osten. Als Byzanz schließlich faktisch auf das Gebiet des Patriarchen von Konstantinopel beschränkt war, bewahrten andere christliche Kirchen ihre eigenen religiösen Traditionen nahezu unversehrt unter moslemischen Herrschern.

Wie stark die religiöse Bindung der Katholiken im Westen untereinander war, hatte sich klar gezeigt, als die politische Autorität in die Hände der Arianer gefallen war. Obgleich sie ihren Mantel nach dem Wind hängen mußte, hatte die katholische Bevölkerung von Italien, Gallien, Spanien und Nordafrika eine Aussöhnung mit den Häretikern verweigert. Mit der Konversion des Franken Chlodwig zum Katholizismus wurde ihre Geduld belohnt. Auf die Unterjochung des arianischen Burgunderreichs folgte dann die Niederlage des Westgoten Alarich II. bei Vouillé (507). Seinem Sohn Amalarich blieb nur die Südküste von Gallien und Spanien unter dem Protektorat seines Großvaters Theoderich. Der Tod des letzteren machte für den orthodoxen Justinian den Weg für die Rückkehr nach Italien frei. Amalarich wurde 531 bei Narbonne vom neuen Frankenkönig Childebert I. (511–558) geschlagen, und kurz darauf in Barcelona, wohin er geflohen war, ermordet. Die Westgoten verloren nicht ihre gesamten Ländereien in Südgallien, aber sie waren gezwungen, Spanien zur tatsächlichen Grundlage ihres Königreichs zu machen. Die Wirren um die Thronnachfolge Amalarichs gaben Justinians Streitkräften dann die Gelegenheit, die römische Herrschaft im Süden der Iberischen Halbinsel wiedereinzusetzen.

Erst unter Leowigild (567–586) konnten die Byzantiner zurückgedrängt werden. Er gliederte die 409 eingewanderten Sueben in sein Reich ein, drängte die Basken über Pyrenäen nach Norden zurück und verlegte seine Residenz nach Toledo, einer Provinzstadt in der Diözese von Cartagena, die von Byzanz gehalten wurde. Die meisten seiner Untertanen blieben treue Katholiken, doch er selbst hielt hartnäckig am Arianismus fest und verweiger-

Isidor von Sevilla, aus einer Pariser Handschrift um 800. Es ist die älteste bekannte Darstellung. Er überreicht hier seiner Schwester Florentina sein Buch *Contra Judaeos*. Die Handschrift stammt aus der Zeit, da Karl der Große viele spanische Gelehrte an seinen Hof zog und die Leistungen spanischer Gelehrsamkeit des siebten Jahrhunderts im Frankenreich anerkannt wurden.

te seine Zustimmung, als sein Sohn Hermenegild katholisch wurde. Für ihn war der Arianismus die Religion, die die Goten als Volk zusammenhielt. Zwischen 579 und 585 hatte er es mit einem gefährlichen Aufstand der katholischen Bevölkerungsmehrheit in der Provinz Baetica zu tun, der von Hermenegild angeführt wurde. Trotz des Eingreifens des Suebenkönigs Miro und des oströmischen Präfekten auf seiten der Aufständischen konnte er sie schließlich niederwerfen.

Erst nach seinem Tod (586) schloß sein Nachfolger Rekkared mit der Kirche Frieden und trat mit vielen seiner Leute zum Katholizismus über. Das Interessenbündnis zwischen den westgotischen Herrschern (die keine Dynastie begründeten) und der Kirche wurde durch die kirchliche Zeremonie der Salbung des Königs symbolisiert. Die Westgoten hatten am standhaftesten den Arianismus verfochten, doch am Ende mußten auch sie akzeptieren, daß es besser war zu konvertieren und sich anzupassen, statt für sich allein an einer Irrlehre festzuhalten. Trotzdem dauerte es bis zum siebten Jahrhundert, bis König Rekeswind (649–672), dessen Vater Chindaswind bereits die getrennte Rechtsprechung abgeschafft hatte, einen gemeinsamen Gesetzeskodex für Westgoten und Hispanoromanen veröffentlichen konnte, den *Liber Iudiciorum* (654).

Die Katholiken scheinen mit ihren gotischen Schutzherren sehr zufrieden gewesen zu sein, trotz deren anmaßender Art, beispielsweise bei kirchlichen Berufungen. Während des sechsten Jahrhunderts hatte die spanische katholische Kirche gelernt, sich selbst um ihre Interessen zu kümmern, ohne Hilfe von außen zu erwarten. Die Beziehungen zu Rom wurden zwar durch die schwierigen Kommunikationswege behindert, doch war die Kirche gut genug organisiert, um häufig Konzile abhalten zu können, und die spanische Kanonsammlung versorgte die westliche Christenheit mit den umfassendsten Gesetzesfestlegungen vor der Karolingischen Renaissance im achten Jahrhundert. Zur Zeit von Rekkareds Konversion hatte die Geistlichkeit bereits alle Vorkehrungen getroffen, um in der königlichen Regierung die dominierende Rolle zu übernehmen. Zu nennen sind hier Leander, Bischof von Sevilla (gest. 600), der Onkel des Königs und ein Freund von Papst Gregor I., und sein berühmterer Bruder, Isidor von Sevilla, der den Höhepunkt spanischer Gelehrsamkeit in der barbarischen Periode verkörperte. Die Leitung der spanischen Kirche wurde ab 610 von dem Metropoliten von Toledo übernommen.

Die Schwäche der Konstantinopeler Regierung ermöglicht es den Westgoten bald, die oströmischen Besitzungen in Südspanien zurückzuerobern und die Basken zu unterwerfen, vor allem unter dem General und späteren König Swintila (623–631). Seine Versuche, die Thronnachfolge seines Sohnes zu sichern, stießen auf Widerstand. Es gab in der Folge keine einzige westgotische Dynastie, und wenige Könige regierten länger als zehn Jahre, aber das Königreich blieb bestehen, sogar Septimania, das westgotische Gebiet in Südgallien, wurde trotz größerer Unruhen (672) gehalten. Das siebte Jahrhundert, das dem Osten, Italien und Gallien so große Schwierigkeiten brachte, verlief für die spanischen Christen bemerkenswert erfolgreich, wenn auch verdüstert durch die wiederholte und grausame Unterdrückung und Vertreibung der dort ansässigen Juden, auch wenn ihre Zahl nicht besonders groß gewesen ist.

### Das Entstehen der fränkischen Vormachtstellung

Die Konversion des Merowingers Chlodwig zum Katholizismus, die zuerst in Gregors, Bischof von Tours (573–594/5), *Historia Francorum* beschrieben wurde, erfolgte vermutlich um 507, auf jeden Fall aber später als dieser behauptet hat. Chlodwigs Übertritt war von großer geschichtlicher Bedeutung, denn er war der erste unter den Barbarenherrschern, der die Religion des römischen Kaiserreichs annahm.

Anders als seine arianischen Konkurrenten begann Chlodwig nicht als Führer eines ganzen Volkes, sondern als wenig bedeutender König eines fränkischen Stammes, der sich um Tournai angesiedelt hatte. Andere, unbekannte fränkische Gaukönige regierten Stämme im Gebiet zwischen Tournai, Toxandria und dem Mittelrhein. Sein Volk, die Salfranken, hatte zuerst das Recht gehabt, in Brabant zu siedeln (358), und war von da in die fruchtbareren Landstriche im Süden vorgedrungen. Chlodwigs Vater, Childerich, war nicht mehr gewesen als ein fränkischer Gaukönig über das Gebiet von Tournai; Chlodwig mußte sich aus eigener Kraft durchsetzen. Indem er den römischen Dux Syagrius 486 vernichtend schlug, gewann er ein Königreich, das sich auf Soissons gründete; 500 besiegte er die Burgunder (aus deren Stamm er eine Katholikin geheiratet hatte), und 507 die Westgoten. Bei Tolbiac überwand er 506 auch die Alamannen, doch erst am Ende seines Lebens konnte er sich gegen die übrigen fränkischen Teilherrscher durchsetzen und die politische Einheit seines Volkes erreichen. Bei der Verfolgung dieses Ziels war er nicht sonderlich wählerisch, wie die Ermordung der anderen Könige und ihrer adeligen Gefolgschaft bewies. Seine Konversion brachte ihm die begeisterte Unterstützung der gesamten katholischen Geistlichkeit und Anerkennung in Konstantinopel ein. Auch wenn dies nicht notwendigerweise sein eigenes Volk beeindrucken mußte, gewann es ihm zumindest uneingeschränktes Lob von seiten der katholischen Bischöfe von Gallien und damit die Unterstützung durch die alteingesessene galloromanische Aristokratie.

Wenn das Frankenreich nach Chlodwigs Tod 511 auch nicht direkt geteilt wurde, so wurde es doch von seinen vier Söhnen Theuderich, Chlodomer, Childebert und Chlothar in einer Weise verwaltet, daß jedem eine Gebietseinheit unterstand, und es fehlte ihnen der feste Wille, im Dienste eines fränkischen Gesamtstaats zusammenzuarbeiten. Ihre Streitereien untereinander und ihr Opportunismus bewirkten zwar von Zeit zu Zeit, daß alle Ländereien kurzfristig in der Hand des einen oder anderen Bruders vereinigt wurden, doch die wesentlichere Entwicklung in diesem Zeitabschnitt war die Herausbildung der zwei gesonderten Königreiche Austrien und Neustrien. Austrien umfaßte das alte fränkische Territorium und Neustrien die von Chlodwig hinzugewonnenen Gebiete. Als Chlodomer 533 starb, teilten die überlebenden Brüder sein Land unter sich auf. Auch durch Eroberungen – allein oder vereint – vergrößerten sie ihren Herrschaftsbereich. Theuderich überrannte das Reich der Thüringer; Burgund wurde aufgelöst und fiel teils Childebert und teils Chlothar zu; die Provence, die man durch Einmischung in die italienischen Angelegenheiten erworben hatte, wurde zwischen Theuderich und Chlothar geteilt. Die Brüder verwickelten sich nur zu gern in Kriege in Deutschland, Italien und Spanien, weil sie darin eine Möglichkeit sahen, sich und ihre Anhänger ständig mit Beutegut zu versorgen. Der jüngste Bruder, Chlothar, vereinigte als letzter Überlebender aus Chlodwigs Familie alle fränkischen Länder sowie die jüngsten Eroberungen in seiner Hand (558–561). Doch nach seinem Tod führten seine vier Söhne die Zerstückelung in anderer Form wieder fort. Sie behielten noch dieselben vier Hauptstädte bei, wie sie 511 festgelegt worden waren: Reims, Orléans, Paris und Soissons. Sie lagen leidlich nahe beieinander und befanden sich alle auf dem Gebiet, das vor 486 Syagrius gehört hatte. Als Charibert 567 ohne Erben starb, wurde Aquitanien, der Hauptteil seines Königreichs, unter seinen drei Brüdern geteilt. Nach Sigiberts Ermordung acht Jahre später wollte sich sein hitzköpfiger jüngster Bruder Chilperich (der Herrscher von Neustrien) in den Besitz Austriens bringen, doch der mächtige austrische Adel unter der Führung der Arnulfinger und Pippiniden vereitelte seinen Plan. Er verteidigte die Unabhängigkeit des Reiches, indem er Sigiberts fünfjährigen Sohn zum König ausrief: Das Herz des Frankenreichs hatte,

Der Thron Dagoberts. Dieser Bronzestuhl mit einklappbaren Beinen wurde in St. Denis als Königsthron verwendet und schon zur Zeit des Abtes Suger mit dem angeblichen Gründer der Abtei, Dagobert, in Verbindung gebracht.

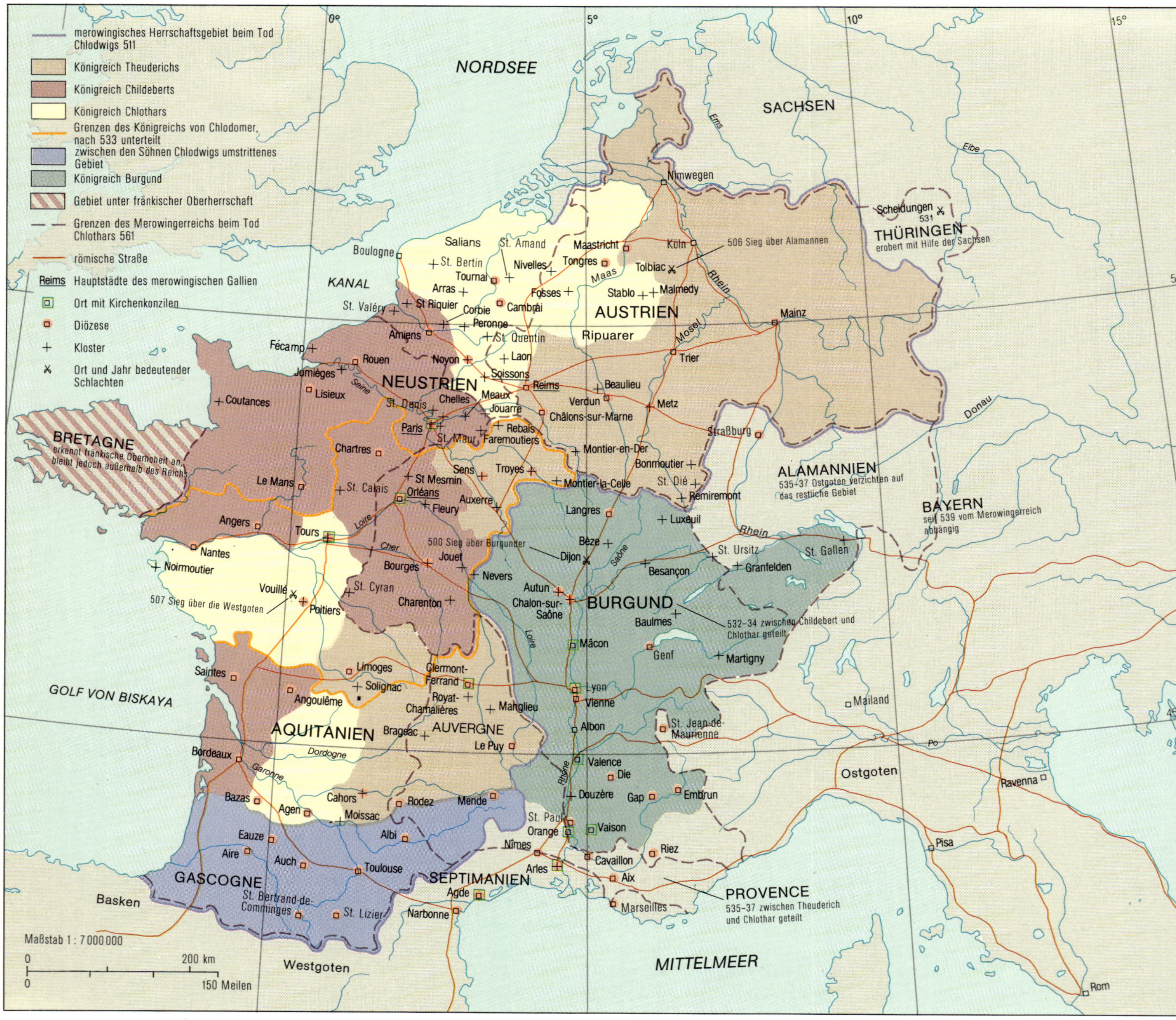

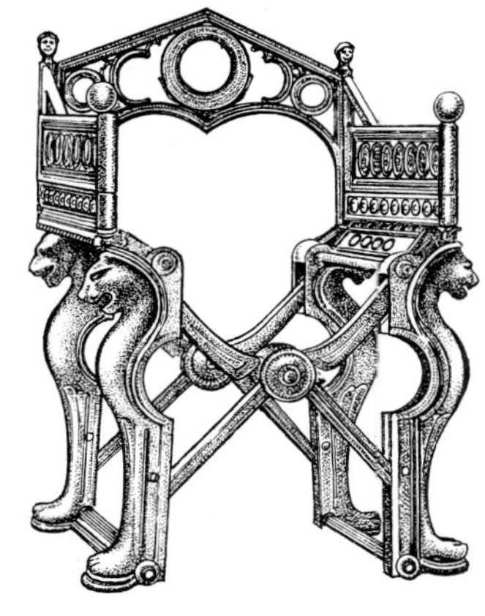

anders als der südliche Teil Galliens, der Teilung und Annexion widerstanden.

Austrien war unter den fränkischen Königreichen das germanischste, doch sein Volk und die Mächtigen hatten nicht die Absicht, ihre Rechte auf das römische Erbe aufzugeben. Seine Herrscher zeigten weiterhin Interesse an Feldzügen in Italien, und Childebert trat sogar die Nachfolge seines Onkels als Herrscher von Burgund an. Als im frühen siebten Jahrhundert Chlothar II. von Neustrien als einziger Merowingerherrscher übrigblieb, waren die Austrier stark genug, die Ernennung seines Sohnes Dagobert zu ihrem eigenen König zu erzwingen, überdies rangen sie ihm 622 jene Teile von Aquitanien und der Provence ab, die nahezu 50 Jahre früher von Sigibert regiert worden waren. Die Austrier zeigten sich nicht an der genauen Absteckung ihres Territoriums interessiert, doch hatten sie zweifellos eine Vorstellung von ihrer nationalen Identität gewonnen.

Wenden wir uns nun Burgund zu, das nach 590 keinen eigenen König mehr besaß, und dessen spezifischer Charakter im siebten Jahrhundert durch den Grundbesitzeradel geprägt wurde. Hier hatte der Hausmeier (Maiordomos) Warnachar versucht, sein Amt vom Vorsteher der königlichen Hofverwaltung zu einer Art Regentschaft auszubauen. Doch nachdem dieser so mächtig geworden war, daß er gegen die Großen des Reichs opponieren konnte, verlangten sie bei seinem Tod 626, daß König Chlothar II. die Stelle des Hausmeiers nicht wieder besetze. Sie wollten lieber dem Monarchen direkt unterstellt sein. Der politische Wettstreit im siebten Jahrhundert in Gallien blieb deshalb auf die beiden Königreiche Neustrien und Austrien beschränkt.

Unter dem Schutz der Merowinger hatte sich ein neuer mächtiger Adel herausgebildet. Hierzu gehörten nicht nur die fränkischen Militärführer, sondern auch die Abkömmlinge der alten galloromanischen Aristokratie, die ihr Übergewicht in der bischöflichen und lokalen Regierung behalten hatten. Mit dem Ende der merowingischen Expansionen war die Möglichkeit der Könige beschnitten, ihre Anhänger zu belohnen, es sei denn, daß sie auf Länder des römischen Fiskus zurückgriffen. Inzwischen reich geworden, begannen die großen Grundherrn von Gallien lokale Machtstellungen zu begründen. Der letzte wichtige Merowingerkönig, Dagobert (628–638), mußte sich schon auf den Versuch beschränken, die Stellung des neuen Adels von Austrien und Burgund zu schwächen, indem er die Herzogtümer im Osten, wie Thüringen und Bayern, unterstützte. In Dagoberts eigenem Neustrien ließen sich die Großen nicht leichter gefügig machen als in den anderen Königreichen, besonders wenn sie im Namen minderjähriger Herrscher die Regentschaft übernahmen. Sowohl in Austrien wie in Neustrien fiel diese Aufgabe den Hausmeiern zu. Der neustrische Hausmeier Ebroin hielt viele Jahre lang Austrien im Zaum. Nach seiner Ermordung schlug jedoch der austrische Hausmeier Pippin II. (679–714) die Neustrier bei Tertry (687) und begründete die Vorrangstellung seines karolingischen Hauses, doch blieben Bayern, Thüringen und Sachsen weitgehend unabhängig.

Indem Austrien die führende Rolle in Gallien übernommen hatte, verschob sich der Schwerpunkt der fränkischen Macht vom Seine-Becken auf das Gebiet von Maas, Mosel und Niederrhein, mit Metz als Hauptstadt; die romanischen Reichsteile verloren an Bedeutung. Von Austrien aus herrschte die karolingische Familie über das ganze Territorium, das die Merowinger den Römern abgenommen hatten, doch ihr Hauptanliegen war es, die unmittelbar im Norden und Osten angrenzenden Länder zu erobern, zu bekehren und zu besiedeln. Obgleich die Franken römischen Einflüssen zugänglich waren, hielten sie treuer an ihrer eigentlichen germanischen Heimat fest als die Goten.

Zur Zeit von Chlodwig hatte Theoderich in Gallien interveniert, um sein südliches Küstengebiet für die Westgoten zu retten und sich die Provence zu nehmen. Nach seinem Tod wurden zwei von Chlodwigs Söhnen bald in die italienischen Belange hineingezogen und teilten die Provence unter sich auf. Es dauerte jedoch noch einmal zweieinhalb Jahrhunderte, bevor Karl der Große sich zum König von Italien erheben konnte, trotz mehrerer fränkischer Interventionen auf der Halbinsel. Theudobert besetzte beispielsweise Mitte des sechsten Jahrhunderts Teile Venetiens und Liguriens. Später gestattete der fränkische Einfluß in Bayern den Zugang nach Italien auch von Osten her. All diese Gebiete waren damals durch politische Ereignisse sehr eng miteinander verbunden. Als dann die Langobarden von Noricum aus 568 in Italien einfielen, drangen sie nicht sofort tief in den Süden vor, und über mehrere Jahre unternahmen sie und ihre sächsischen Verbündeten gewaltsame Einfälle nach Burgund, das ihrem Vormarsch jedoch wirksam Widerstand leistete. Das beeindruckte Papst und Kaiser hinlänglich, um mit den Franken 584 ein Bündnis zu schließen und sie gegen die Langobarden in Italien einzusetzen. Diese hatten, im Gegensatz zu den anderen barbarischen »Invasoren« niemals das Recht besessen, sich anzusiedeln, und nahezu zwei Jahrhunderte fühlte sich besonders der Papst durch dieses wilde Volk bedroht, das zur Zeit seines Einfalls zum Teil noch heidnisch bzw. arianisch war. Papst Gregor der Große (590–604) mußte feststellen, daß Theudelinde, die katholische Gemahlin von König Authari (584–590) und Königsmacherin der Langobarden im frühen siebten Jahrhundert, sich in keiner Weise seiner Autorität beugte, auch nicht in kirchlichen Angelegenheiten. Sie suchte vielmehr den politischen Ausgleich mit dem norditalienischen Episkopat, und die Langobarden unterstützten die Ansprüche des Patriarchen von Aquileia gegen den Papst bis 698. In der Zwischenzeit ruhten die politischen Hoffnungen des Papsttums auf der noch vorhandenen Stärke der bzyantinischen Regierung in Italien; erst durch die Schwierigkeiten des Kaiserreichs im frühen achten Jahrhundert und den sich anschließenden Bilderstreit ging ihm dieser Beistand verloren. Um diese Zeit hatten sich die Päpste längst damit abgefunden, daß sie der Hilfe von Katholiken aus Nordeuropa bedurften.

### Die Langobarden in Italien

Ende des sechsten Jahrhunderts, als Gallien von den Merowingern unterworfen war, wurde Italien von drei ganz unterschiedlichen Kräften regiert: den Byzantinern, den Langobarden und dem Papsttum. Den Langobarden war es nicht gelungen, den anderen barbarischen Völkern nachzueifern und ein einziges vereintes Königreich südlich der Alpen zu schaffen. Als sie in die Halbinsel einfielen, waren die Langobarden noch sehr wenig zivilisiert. Die angreifende Truppe wurde angeführt von Alboin, der schon zusammen mit seinem Vater in der kaiserlichen Armee in Italien gedient hatte. Erst als die Hilfsgelder von Konstantinopel gestrichen wurden, schien es opportun, Italien als Beuteland zu betrachten. Alboin krönte sich 569 in Mailand zum König, aber es gelang ihm bis 573 nicht einmal, das benachbarte Pavia einzunehmen, das dann wegen seiner strategischen Bedeutung für die Kontrolle der Apenninenpässe die Hauptstadt seines Reiches wurde. Doch vor seiner Ermordung im gleichen Jahr hatten die Langobarden ihren politischen Einfluß in Italien bis Spoleto ausgeweitet. Alboin selbst ernannte einen Verwandten, um das Herzogtum von Friaul zu regieren,

**Gallien in der Merowingerzeit**
Hier ist zusammengefaßt, wie sich die politischen Verhältnisse unter den Merowingern über zwei Jahrhunderte hin veränderten, vom Tod Chlodwigs bis zum Aufstieg Karl Martells. Chlodwig vereinigte die fränkischen Gebiete seiner Vorgänger mit dem römischen Königreich des Syagrius und dem westgotischen Königreich südlich der Loire. Seine Söhne erweiterten das Territorium um das Königreich Burgund und die Provence sowie die Eroberungen in Deutschland. Die merowingischen Länder wurden in der Folge verschiedentlich geteilt, bis die drei Königreiche Neustrien, Austrien und Burgund entstanden, wobei das Herzogtum Aquitanien schließlich eine wirkliche Autonomie erhielt. Die Franken unterstützten die Missionsarbeit im Osten und Norden sowie die Gründung von Klöstern im ganzen Land, die im siebten Jahrhundert Zeugnis ablegten von dem Eifer irischer wie benediktinischer Mönche. Über den Kanal nahmen die Merowinger Verbindung zu den Angeln auf. Sie bewiesen damit, daß sie mehr waren als nur barbarische Kriegsherren. Allmählich kristallisierte sich ein gewisser politischer Zusammenhalt zwischen den einzelnen Gebieten heraus, der die Grundlage für die führende Rolle der Franken im folgenden Zeitabschnitt schuf.

Helm des Langobardenkönigs Agilulf (590–615). Obgleich der König auf dieser vorderen Helmplatte ausgesprochen barbarisch wirkt, machen die ihn umgebenden Krieger einen »römischen« Eindruck, und zu beiden Seiten dieser Gruppe erkennt man die Siegesgöttin Victoria. Selbst die frühen Langobardenführer konnten sich den römischen Traditionen anscheinend nicht entziehen.

und das war symptomatisch für die langobardische Regelung von Regierungsfragen. Nach 575 verzichteten die Langobarden gänzlich auf einen König. Verschiedene Herzöge (wohl 36) teilten sich in die Macht und die Verantwortung für ihre weiteren Raubzüge, die sie über die gesamte Halbinsel ausdehnten. Viele Einwohner flohen bei ihrem Vorrücken, obgleich die Langobarden an den Städten und den Stützpunkten der kaiserlichen Regierung einfach vorbeimarschierten, und nur das übrige Land verheerten. Dieser früheren Phase ihrer Eroberungen fiel vor allem die grundbesitzende Schicht zum Opfer. Die Langobarden befanden sich so in einer Position, die von der der Ostgoten vor ihnen sehr verschieden war.

Zuerst sah es aus, als sei ihre Macht nicht von Dauer. Kaiser Maurikios bat die Franken, ihm bei ihrer Bekämpfung beizustehen. Nur Meinungsverschiedenheiten zwischen den Verbündeten retteten die Langobarden, die nun die Notwendigkeit einer gemeinsamen Führung einzusehen begannen. Ein neuer König, Authari, Alboins Enkel, schlug die Franken und festigte sein Reich nördlich des Pos. Er schob seine Herrschaftsgrenzen sogar bis Reggio di Calabria vor und imitierte dann, mit Hilfe seiner katholischen Gemahlin, den römischen Regierungsstil Theoderichs.

Als er 590 starb, zerfiel überraschenderweise sein Reich nicht. Aber es war gebietsmäßig nicht abgerundet, und es gab langobardische Herzöge, die ihre eigenen Interessen verfolgten, besonders die von Spoleto in den Apenninen und die von Benevent in Kampanien. Nachdem diese Krise einmal überwunden war, machte es die Zahl der Herzöge, die lokale Herrschergewalt ausübten, nur noch schwieriger, die Langobarden insgesamt zu vertreiben. Die oströmische Regierung, vollauf mit den Persern beschäftigt, konnte in Italien zu jener Zeit lediglich eine Verteidigungslinie aufrechterhalten.

Theudelindes zweiter Gemahl, Agilulf, Herzog von Turin, ging dann zum Angriff über und nahm 603 den Byzantinern Mantua, Padua, Cremona, Parma und Piacenza ab. Sein Erfolg machte es ihm leicht, die nördlichen Herzöge seiner Aufsicht zu unterstellen und die Unterstützung der norditalienischen Bischöfe zu erhalten, die eher die Hoheitsgewalt des Patriarchen von Ravenna anerkannten denn die von Rom. Allmählich wurden die Langobarden dem Arianismus entfremdet. Eine wichtige Rolle bei ihrem Übertritt zum Katholizismus spielte das 612 von dem irischen Missionar Columbanus gegründete Kloster Bobbio. Nach Agilulfs Tod 615 ging die Königswürde auf seinen Sohn und dann auf die beiden Ehemänner seiner Tochter über. Sie eroberten von den Byzantinern weitere Gebiete sowohl im Osten (Oderzo) wie im Westen, wo die ligurische Küste mit Genua erworben wurde. König Aripert (652–661), der Neffe von Theudelinde, war schließlich der erste langobardische Herrscher, der sich öffentlich zum Katholizismus bekannte.

Ein Jahrhundert nach ihrer Invasion hatten sich die Langobarden also fest in Italien eingenistet. Ihre Grausamkeit und Wildheit war inzwischen einer gewissen Zivilisiertheit gewichen, und König Rothari (636–652) veranlaßte die erste Aufzeichnung des langobardischen Rechts (*Edictus Rothari,* 643). Ebenso wie ihre westgotischen Zeitgenossen in Spanien konnten die Langobarden nicht mehr »barbarisch« genannt werden, selbst nach römischen Maßstäben, und nach ihrem Übertritt zum Katholizismus war das Haupthindernis für ihre Assimilation beseitigt. 663 machte Byzanz unter Kaiser Constans II. den letzten Versuch, das langobardische Italien zurückzugewinnen. Er konnte ein größeres Gebiet von Benevent erobern, doch nach seinem Tod in Sizilien 668 drehte Herzog Grimoald von Benevent, der sich gewaltsam zum König gemacht hatte und zeitweilig die langobardischen Gebiete Nord- und Süditaliens vereinte, den Spieß um und eroberte Brindisi und Tarent sowie das restliche Apulien und Kalabrien.

Aber es gelang den Langobarden nicht, die kaiserliche Verwaltung im Süden zu verjagen, und der byzantinische Gebietsstreifen quer durch Italien, der Ravenna mit Rom verband, verhinderte die territoriale Vereinigung ihrer verschiedenen Herzogtümer. Der oströmische Kaiser lief im Grunde während des siebten Jahrhunderts keine Gefahr, seinen Einfluß auf der Halbinsel zu verlieren. Erst 751 brachte die Eroberung Ravennas durch Aistulf das Ende des Exarchats und damit der byzantinischen Herrschaft in Mittelitalien.

### Gregor der Große und die Missionierung der Germanenvölker

Das Gleichgewicht der langobardischen und der byzantinischen Interessen im Italien des siebten Jahrhunderts hatte die schwachen Päpste dieser Periode vor der äußersten Demütigung bewahrt, als bloße byzantinische Beamte oder langobardische Geistliche behandelt zu werden. Inzwischen waren die Langobarden kulturell der katholischen Bevölkerung assimiliert worden. Die römische Kirche, die in zunehmendem Maße durch Schenkung an Vermögen gewonnen hatte, erkannte, daß sie wichtige Aufgaben außerhalb der Halbinsel hatte. Die Schlüsselfigur dabei war Papst Gregor I. (der Große, 590–604), der letzte der vier lateinischen Kirchenlehrer. Seine Frömmigkeit

**Italien unter den Ostgoten und Langobarden**
Italien war die letzte Provinz Westroms, die unter barbarische Herrschaft kam, und Justinian stellte die kaiserliche Autorität schnell wieder her. So ist es nicht überraschend, daß Italien dank seiner längeren römischen Regierungstradition der kulturell höchststehende Teil der westlichen Welt blieb. Die Herrschaft barbarischer Heerführer hatte der politischen Geographie Italiens nur einen oberflächlichen Stempel aufgedrückt. Mit den Langobarden begann jedoch eine neue Phase, denn ihrem Machtanspruch widersetzte man sich, wenn nicht überall, so doch zumindest in Ravenna und Rom, was ihnen die Kontrolle über Italien erschwerte. Dies brachte zumindest den Erfolg, daß sich das langobardische Königreich nicht mit den langobardischen Herzogtümern Spoleto und Benevent vereinigen konnte. Noch weiter im Süden wußte Byzanz ihr weiteres Vordringen zu vereiteln. Die Langobarden bewirkten daher die Teilung der Halbinsel in einzelne Regionen. Auch der päpstliche Anspruch auf religiöse Autorität über ganz Italien wurde in der Praxis beschnitten durch die byzantinische Kontrolle über Ravenna und den Süden, während der Norden dazu neigte, den Patriarchen von Aquileia oder den Erzbischof von Mailand als Repräsentanten der römischen Kirche anzuerkennen. Obwohl Italien also lange die barbarische Zerstörungswut erspart blieb, waren seine Erfahrungen unter den Langobarden schließlich qualvoller als die anderer ehemals römischer Provinzen, die gemäßigteren Barbaren unterstanden.

8°
10°
12°
14°
16°
18°
46°
44°
42°
40°
38°
36°
BURGUND
Rhein
Genfer See
Rhône
Raetien
Noricum
Pannonien
Plattensee
Donau
Drau
Mur
Save
Bozen
Piave
Chiavenna
Bellinzona
Lago Maggiore
Comer See
Adda
Trient
AUSTRIEN
FRIAUL
Ceneta
Cividale
Salto
Aosta
Dora Baltea
Como
Bergamo
Gardasee
Oglio
Oderzo
640
Sesto
Concordia
615
Grado
Triest
Ivrea
Monza
Brescia
Vicenza
VENETIEN
Treviso
Novara
Mailand
Verona
Padua
603
Venedig
ISTRIEN
Ligurien
Vercelli
Leno
Sirmione
Ticino
Turin
Pavia
Olonna
Cremona
603
Monselice
601
Chioggia
Po
Mantua
603
Adige
Piacenza
601
Asti
NEUSTRIEN
Tortona
Bobbio
VIA EMILIA
Parma
Ferrara
Pola
Alba
Pagno
Cottische Alpen
Tanaro
Reggio
Nonantula
Reno
Modena
Comacchio
Illyricum
LIGURIEN
Genua
640
Berceto
Bologna
Canneto
Savona
Emilia
EXARCHAT
RAVENNA
Ravenna
Pedona
Faniano
Imola
Faenza
DALMATIEN
an die Slawen verloren
Bosna
Albenga
Luna
Cesena
Rimini
Zara
Ventimiglia
Pistoia
Flaminia
Pesaro
Lucca
Fano
Pisa
Arno
Florenz
Urbino
Senigallia
LIGURISCHES MEER
PENTAPOLIS
Ancona
Spalato
VIA CASSIA
Cagli
Volterra
Umbrien
Osimo
Arezzo
Siena
Cortona
Tadino
TUSCIEN
Camerino
Fermo
Chiusi
Nocera
Picenum
Perugia
Elba
Monte Amiata
Todi
Ascoli
ADRIATISCHES MEER
Ragusa
Orvieto
Spoleto
VIA AURELIA
VIA FLAMINIA
Tiber
Korsika
ca. 700
Narni
Penne
Pescara
Viterbo
Rieti
Chieti
HERZOGTUM
SPOLETO
Sutri
Farfa
Civitavecchia
Valeria
Ajaccio
DUKAT VON
ROM
Tivoli
Samnium
Rom
HERZOGTUM
BENEVENT
Siponto
ca. 642
Albano
Lucera
Campagna
Monte Cassino
Terracina
Gaeta
Cingla
Benevent
Ofanto
Canosa
Bari
Capua
APULIEN
Torres
Acerra
Neapel
Ischia
DUKAT VON
NEAPEL
Salerno
640
VIA APPIA
Brindisi
ca. 670
Kalabrien
Tarent
ca. 670
TYRRHENISCHES MEER
Sardinien
Agropoli
Lucanien
Otranto
Gallipoli
Policastro
Bisignano
Rossano
Cosenza
IONISCHES
MEER
Cagliari
Bruttium
Squillace
Liparische Inseln
Messina
Reggio
Palermo
Taormina
Sizilien
Enna
Catania
Agrigent
Syrakus
VANDALENREICH
534 unter Justinian zurückerobert
um 680 moslemisch
MITTELMEER
römische Provinzgrenzen in Italien unter den Ostgoten 493–553
Bruttium römische Provinz
langobardischer Besitz in Italien, um 600
Teilung des langobardischen Königreichs
Gebiete unter kaiserlicher Kontrolle, um 700
zwischen 600 und 700 verlorengegangene Gebiete
640 Jahr der Erwerbung durch die Langobarden
Patriarchat
Erzdiözese
Kloster
Straße
Maßstab 1 : 5 000 000
0
150 km
0
100 Meilen

*Oben:* Papst Gregor der Große (590–604) in seinem Skriptorium. Gregor wird auf diesem elfenbeinernen Buchdeckel des zehnten Jahrhunderts mit seinem Symbol gezeigt, einer Taube, die sich auf seiner rechten Schulter niedergelassen hat.

*Links:* Das Kuppelmosaik der arianischen Taufkapelle in Ravenna, die vermutlich in der Regierungszeit Theoderichs (493–526) erbaut wurde. Sie ist der weit prächtigeren orthodoxen Taufkapelle aus der Mitte des fünften Jahrhunderts nachgebildet, doch ihre viel bescheideneren Proportionen zwangen zu einer Vereinfachung der Dekoration. Der Künstler hat anscheinend versucht, eine reine Imitation zu vermeiden, aber mit dem Einfall, das Kreuz auf dem Kissen des Throns zu plazieren, war er nicht gut beraten. Der Fluß Jordan ist hier ganz personifiziert dargestellt, Johannes der Täufer jedoch von der rechten auf die linke Seite gerückt worden (Mitte). Hinweise auf dogmatische Unterschiede finden sich in dem Mosaik nicht.

*Rechts:* Das Kloster in Monkwearmouth in Northumbrien wurde 674 von Benedict Biscop gegründet. Die Westseite der St. Peters-Kirche ist alles, was von den ursprünglichen Gebäuden übriggeblieben ist. Die oberen Bereiche des Turms stammen aus der späten sächsischen Periode.

und Gelehrsamkeit machten ihn, nach Augustinus, zum einflußreichsten Kirchenmann im Mittelalter. Gregor entstammte einer alten römischen Senatorenfamilie und hatte anfangs die politische Laufbahn eingeschlagen, mit 33 Jahren war er bereits Präfekt von Rom. Bald jedoch wandte er sich von der Politik ab und wurde Mönch in dem von ihm selbst gegründeten Andreaskloster. Papst Pelagius II. schickte ihn 579 als Gesandten an den östlichen Kaiserhof, und als er 590 der schrecklichen Pestepidemie in Rom erlag, trat Gregor dessen Nachfolge auf dem Stuhl Petri an. Sein Pontifikat zeichnete sich durch kluge Wirtschaftspolitik und strenge Reformen aus. Er stellte in den römisch-katholischen Klöstern die Disziplin wieder her, nahm Verbesserungen am Messekanon vor und beendete die ausbeuterischen Praktiken auf den päpstlichen Gütern. Sein Hauptanliegen war jedoch die katholische Missionierung der Barbaren, die er so an das römische Papsttum binden wollte.

Trotz seiner respektvollen Haltung gegenüber dem Kaiser von Konstantinopel, glaubte Gregor an den Anspruch der römischen Kirche auf Unabhängigkeit im Westen, in Spanien und Gallien ebenso wie in England, wo 597 eine Mission eingetroffen war. Diesem erfolgreichen Unternehmen schloß sich eine andere Mission zu den heidnischen Germanen auf dem Kontinent an, die dem Papsttum im frühen achten Jahrhundert treue römisch-katholische Christen einbrachte – es handelte sich dabei um eine rein religiöse Bindung ohne irgendwelche politische Implikationen.

Gregor vertraute seine englische Mission Mönchen aus Rom an, während bisher die Bekehrung von Barbaren innerhalb des Kaiserreichs den Bischöfen der ehemaligen römischen Provinzen übertragen worden war. Gregors Mönche in England waren nur die bekanntesten jener mönchischen Missionare, die seit der Mitte des sechsten Jahrhunderts die Christianisierung der Barbaren angingen. Von der Provinzstadt Braga aus durchzogen die Mönche Gallien und führten die Sueben dem Katholizismus zu (550–561); ungefähr zur gleichen Zeit gründete Columban das Kloster Iona (563), von wo aus schließlich den Pikten und Northumbriern der Glaube gebracht wurde. 590 kam Columban von Irland nach Burgund; er und seine Schüler gründeten Klöster, von denen die Bemühungen um eine Konversion der Alamannen und Bayern getragen wurden. Während des siebten Jahrhunderts machten königliche und andere Gönner die Gründung zahlreicher Klöster in Spanien, auf den Britischen Inseln, in Gallien und Germanien möglich. Ihre Mönche traten in den Hofdienst, wurden Bischöfe und stellten neue Missionare. In England gewann das monastische Christentum Einfluß auf das Episkopat und das kulturelle Leben der Kirche, der erst während der Reformation verloren ging. In Gallien standen die Bischöfe, deren Energie die Kirche im fünften Jahrhundert gerettet hatte, geistig in ihrem Schatten.

Bis zur zweiten Hälfte des sechsten Jahrhunderts hatte sich das Mönchtum in Europa auf die wenigen beschränkt, die sich berufen fühlten, ein Leben in besonderer Hingabe an Gott fern von der Welt zu führen. Dann wurden in verschiedenen Teilen des westlichen Kaiserreichs klösterliche Gemeinschaften gegründet, nach Schätzungen soll es um 600 allein in Gallien über 200 Klöster gegeben haben. Es läßt sich schwer feststellen, ob über den Tod der Gründer hinaus ein ständiges Klosterleben beibehalten wurde, selbst wenn diese für ihre Gemeinde eine entsprechende Regel abgefaßt hatten. Auch Bischöfe versuchten oft auf solche Gemeinschaften Einfluß zu nehmen, indem sie Regeln aufstellten, von denen jedoch nur wenige überlebten. Die berühmteste Kloster-

Viele der frühen christlichen Bauwerke in Irland waren zu roh und einfach, als daß sie bis in spätere Zeiten überdauert hätten. Hauptsächlich im Süden und Westen wurde Stein für ihren Bau verwendet, doch sind sie nicht immer leicht zu datieren. Skellig Michael *(unten rechts)* ist eine Insel 35 km südwestlich vor Irland. Hier befindet sich die besterhaltene Klosteranlage vor der Wikingerzeit. An ihrer südlichen Steilküste wurden sechs bienenkorbförmige Zellen und zwei Kirchen für eine Gemeinde asketischer Mönche errichtet. Die Bienenkorb-Form *(rechts außen)* wurde durch sorgfältige Zusammenschichtung der Steine erreicht und sollte den Regen abhalten. Diese Technik findet sich im siebten Jahrhundert auch bei anderen Bauformen, etwa bei der bootsförmigen Kapelle in Gallarus auf der Halbinsel Dingle *(rechts)*.

Die beiden Kirchen im Osten Irlands zeigen, daß im neunten Jahrhundert stabilere Gebäude entstanden. Die Mönchsgemeinde von Iona fand vor den Angriffen der Wikinger Zuflucht in Kells und errichtete im frühen neunten Jahrhundert diese Kirche *(ganz unten)*, die als Haus des St. Columbanus bekannt ist, obgleich sie zu dem Heiligen des sechsten Jahrhunderts in kaum engerer Beziehung steht als die Kirche in Glendalough zu St. Kevin *(unten)*. Die Dächer der beiden Kirchen sind ähnlich in ihrer Konstruktion und gehören der gleichen Periode an.

In Irland sind etwa 50 Kreuze aus der Zeit vor 800 erhalten. Diese beiden stammen aus dem Barrow-Tal und bestehen aus Granitgestein. Das Flachrelief des 5 m hohen Moone-Kreuzes (*rechts*) zeigt verschiedene Personen aus der Religionsgeschichte, die meisten mit einfachen, puppenähnlichen Gesichtern, die auf ihre eigene, selbstbewußte Art den Charme der Volkskunst vermitteln. Das Kreuz von Castledermot (*rechts außen*) ist etwas später zu datieren, und seine Tafeln mit der Passion Christi sind detaillierter ausgearbeitet, doch die Figuren an der Spitze erinnern an jene des Moone-Kreuzes.

regel im Westen, die des Benedikt von Nursia (gest. um 547) für sein Kloster Monte Cassino, war, bevor Gregor I. in seinen *Dialogen über Leben und Wunder der italischen Väter* darüber schrieb, außerhalb seines eigenen Gebietes kaum bekannt. Diese Regel betonte die zentrale Bedeutung von Gotteslob *(Opus Divinum)*, Gebet *(Oratio)* und Schriftlektüre *(Lectio)*, doch wollte sie die geistliche Vervollkommnung mehr durch die Kombination von Gebet, täglicher Arbeit (auf den Feldern, in den Werkstätten des Klosters, in Küche und Haushalt, bei der Vervielfältigung von Handschriften usw.) erreichen, statt durch strenge Askese. Im siebten Jahrhundert verbreitete sich die Kenntnis der benediktinischen Ordensregel in Gallien. Sie wurde sogar Teil der Ordensregel in dem von Columban gegründeten Luxeuil (637), und Bischof Leger von Autun (663–679) führte sie für alle Klöster seiner Diözese ein. Doch eine Vereinheitlichung des klösterlichen Lebens nach der Benediktinerregel erfolgte erst 816/817 durch die Klosterreform unter Führung von Benedikt von Aniane. Ziel dieser Reform war es, die bereits bestehenden Mönchsgemeinschaften zu disziplinieren.

Der Erfolg des Mönchtums bei der inneren Umgestaltung der Kirche im siebten Jahrhundert hing nicht von der Inspiration durch eine besondere Regel oder durch einen heiligen Ordensgründer ab, sondern beruhte auf der Fähigkeit der Mönche, Glauben und religiöse Praxis auf dem Land zu verbreiten, wo an den Grenzen zu beiden Seiten der christlichen Welt die Bevölkerung heidnisch war. Das katholische Christentum vor und nach den Barbareneinfällen war die Religion der Städte gewesen, wo die Bischöfe saßen. Von Bischöfen hatten Chlodwig und die führenden Franken das Christentum empfangen. Am Ende des sechsten Jahrhunderts war jedoch die Fähigkeit der meisten Städte erschöpft, die Barbaren zu romanisieren. Ihre Führer, Grundherren oder gar Kolonisatoren von Grenzgebieten, brauchten Geistliche, die das Christentum in den ländlichen Regionen verbreiteten. In Gallien kam es zu einem höchst machtvollen Vorstoß in Burgund, wo die starken romanischen Traditionen des südlichen Gallien für einen neuen Zweck nutzbar gemacht werden konnten. Das Mönchtum von Arles und Marseille, dem Bischof Caesarius von Arles (469–542) eine Regel gegeben hatte, breitete sich im Süden aus. Die Mächtigen von Burgund und Aquitanien konnten so das Werk der Bekehrung mit mönchischer Hilfe befördern. Lyon war im siebten Jahrhundert eine der führenden christlichen Städte, in der der englische Mönch und Bischof Wilfried drei fruchtbare Jahre (654/5–657/8) verbrachte.

Allgemein anerkannt ist jedoch, daß die wesentliche Inspiration zur Erneuerung des Mönchswesens von Columban ausging. Er zählte etwa 50 Jahre, als er 590 in Burgund eintraf. Meinungsverschiedenheiten mit der alten Königin Brunichild vertrieben ihn etwa 20 Jahre später wieder. Doch seine Schüler, beispielsweise der heilige Gallus, setzten sein Werk fort, und sein berühmtestes burgundisches Kloster, Luxeuil, blühte auch nach seinem Tod. Columban dehnte seine Tätigkeit auch auf die Langobarden aus und gründete das Kloster Bobbio, wo er 615 starb. Diese Bewegung wurde jedoch nicht nur von irischen Mönchen getragen. Unterstützung kam auch aus den gallischen Ländern selbst, von Männern wie Donatus, einem Mönch aus Luxeuil und später Bischof von Besançon (627–658), oder Emmeram, der von Aquitanien als Bischof nach Regensburg ging, wo er den Märtyrertod fand. Seine Grabstätte wurde seit dem achten Jahrhundert Sitz eines einflußreichen Klosters.

Die irischen Bemühungen in Südgallien fanden ihre Parallele im Nordosten, beispielsweise durch Omer aus Luxeuil, der Bischof von Thérouanne wurde (gest. 667). Ab

dem späten siebten Jahrhundert dehnten englische Mönche das Missionsgebiet von ihren eigenen Inseln dann nach Friesland und weiter nach Thüringen aus. Zu nennen sind hier der Northumbrier Willibrod, Erzbischof der Friesen, und Winfried-Bonifatius. Allerdings war die Organisation der neuen Diözesen wegen der monastischen Grundlagen der Mission anfangs unvollkommen. Nach seiner Ernennung zum Erzbischof ordnete Bonifatius die bayerischen Bistümer neu und gründete die Bistümer Würzburg, Büraburg, Erfurt, Mainz und Fulda. Gleichzeitig bemühte er sich um die Reform der fränkischen Kirche. Seine Liebe galt aber der Mission, und in Friesland, wo er sein Wirken begonnen hatte, ereilte ihn schließlich der Tod.

Bischof Patrick hatte seit den 40er Jahren des fünften Jahrhunderts das keltisch-irische Mönchtum begründet. Es war durch strenge Askese, harte Bußgesinnung und eine eschatologische Ausrichtung gekennzeichnet. Schon im sechsten Jahrhundert waren die Klöster Zentren des irischen geistigen Lebens geworden und hatten sich sowohl dem Leben auf dem Land wie der Stammesorganisation der irischen Gesellschaft angepaßt. Es ist nicht leicht, die frühen irischen Klöster zu datieren, doch stand eine Anzahl von monastischen Gemeinden wahrscheinlich schon vor Columbans Geburt (um 543) in hohem Ansehen. Zu der Zeit, da er Irland verließ, um ein Leben ständiger »Pilgerschaft« zu führen, hatte das irische Mönchtum die ursprünglich episkopale Struktur der Kirche bereits völlig verändert.

Ihre Gastgeber auf dem Kontinent waren beeindruckt von der Askese und der geistlichen Disziplin der Iren, doch ging die gallische Christenheit nicht auf alle irischen Neuerungen ein. Die Iren wurden in ein System eingebunden, das schon königliche Stiftungen von einigen großen Klöstern ermöglicht hatte, beispielsweise die von St. Geneviève in Paris. Die neuen Klöster des siebten Jahrhunderts wurden nicht an Orten mit bereits bestehenden Heiligenkulten errichtet, doch im Lauf der Zeit erlangten ihre Gründer selbst die Stellung von Heiligen, wie etwa St. Philibert (gestorben 685), der Gründer der Abtei von Jumièges. Die Mönche, die ihre Reliquien hüteten, ermutigten natürlich eine öffentliche Verehrung, und die Klöster wurden reich, mächtig und berühmt. König Dagobert baute oder erneuerte ein Kloster für den Apostel der Gallier in St. Denis bei Paris, das er als seine Grabstätte bestimmte. Das Kloster von Fleury, das 672 gegründet worden war, erwarb heimlich den Leichnam des heiligen Benedikt aus dem vor 705 verlassenen Kloster Monte Cassino. Der Besitz von Reliquien war um diese Zeit nahezu unerläßlich. Das Patronat der Könige und

Eine Seite aus Bedas *Kirchengeschichte*, entstanden in Wearmouth/Jarrow vor 747. Diese wichtige Handschrift seines Werkes bietet einen sehr sorgfältigen Text, wahrscheinlich handelt es sich um eine Abschrift vom Original des Autors. Die abgebildete Seite vom Anfang von Buch 2 zeigt Gregorius I., den Begründer der angelsächsischen Missionierung, der hier sehr verehrt wurde.

**England und Irland im achten Jahrhundert**
Die Bekehrung der Angelsachsen und Iren deutet an, daß am Vorabend der »Wikingerzeit« in beiden Ländern ein gewisses Maß an Stabilität und Bildung erreicht worden war. Mercia hatte Northumbrien als Führungsmacht abgelöst und dehnte sich nach Cornwall und Wales aus. Die Lage der Bischofssitze und Klöster gibt einen klaren Hinweis, wo der christliche Glaube konzentriert war. Die großen Tage von Northumbrien schienen gezählt, aber die Karte verrät, wie sorglos man sich gegenüber den Gefahren verhielt, die von der Nordsee drohten. Auch die Waliser, die noch nicht unter dem Einfluß der Angelsachsen standen, förderten ihre Klöster, und wie die Iren ließen sie keine Einschränkungen ihrer Autonomie zu. Da in der keltischen Christenheit eine Diözesanverwaltung römischen Stils fehlte, kam es nicht zu territorialen Abgrenzungen, und es ist kaum überraschend, daß im Hinblick auf die politische Grenzziehung genaue Aussagen unmöglich sind. Die ursprüngliche Einteilung in Bistümer war in Irland durch die Errichtung zahlreicher neuer Klöster überlagert worden. Der Einfluß dieser Klöster strahlte auf ganz Irland und den Kontinent aus, aber es ist nicht leicht, diese Beziehungen auf einer Karte darzustellen.

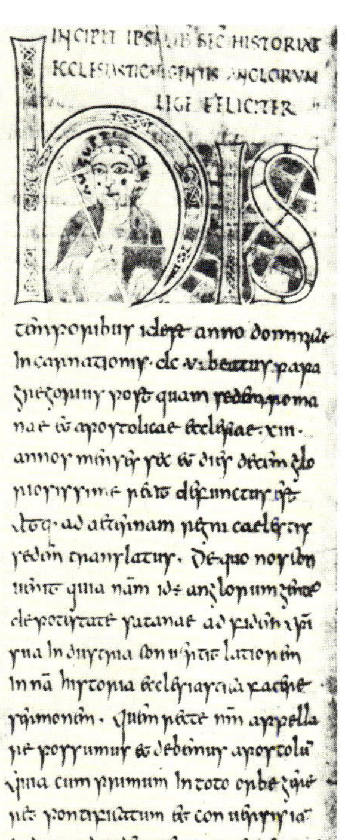

die Popularität der Heiligen und ihrer Kulte trugen dazu bei, daß die Mönche innerhalb der christlichen Welt einen neuen Stellenwert erlangten. Das Ausmaß ihres Einflusses auf die Gesellschaft des siebten Jahrhunderts wird deutlich durch Urkunden, die belegen, in wie hohem Maße sie ihre ausgedehnten Besitzungen wohltätigen Schenkungen zu verdanken hatten, und durch Lebensbeschreibungen von Heiligen, die einen guten Einblick in die volkstümliche Religion dieser Zeit gewähren.

In England verbanden sich die Einflüsse der römischen und irischen Kirche und schufen in Northumberland eine christliche Kultur, die besonders gut bekannt ist durch erhalten gebliebene, reich illustrierte Handschriften und die vielen Werke des Geschichtsschreibers Beda Venerabilis (672/3–735). Beda, der hervorragendste mönchische Gelehrte des Mittelalters, zeigt auf, wozu das Mönchtum um 700 fähig war. In seiner *Kirchengeschichte des Volkes der Angeln* schreibt er insbesondere über die englischen Mönchs- und Nonnenklöster, doch ganz beiläufig enthüllt er dabei auch, welche Anziehungskraft das mönchische Leben auf viele Personen königlicher Abstammung hatte. An Hand der Geschichte von Caedmon (658–680) belegt er, wie das Kloster von Whitby sich um einen Dichter kümmerte, der in der Volkssprache schrieb, und damit Gott auf eine Weise diente, an die man in der katholischen Kirche auf dem Kontinent nicht im Traum dachte. Als Gelehrter hatte Beda Zugang zur wissenschaftlichen Literatur, die zu seiner Zeit aus Irland, Spanien, Gallien und Rom zu beziehen war. Doch er begnügte sich nicht damit, seine Kenntnisse an die Klosterschüler weiterzugeben, sondern er nahm auch Übertragungen des Evangeliums in die Volkssprache vor. Hier wird deutlich, wie unterschiedlich sich die Christianisierung auf die Volkskultur in England und Gallien auswirkte. Im christianisierten England wurde auch das Beowulf-Epos niedergeschrieben und damit ein Zipfel des Vorhangs gehoben, den das Christentum allgemein über das Heidentum gebreitet hatte. Gerade das Beispiel Englands zeigt, welchen großen Wert das frühe Mönchswesen für die barbarischen Gesellschaften besaß.

## Eine neue Kraft im Mittelmeerraum: Der Islam

Die Mönche waren die »Soldaten« Christi in der westlichen Welt. Im Osten erschienen im siebten Jahrhundert Glaubenskämpfer anderer Art, als die Araber von der Arabischen Halbinsel, durch den Islam geeint, in das Oströmische und Persische Reich eindrangen. Der Prophet Mohammed hatte innerhalb von zehn Jahren (622–632) eine neue religiöse, Gott ergebene Gemeinschaft geschaffen. Er selbst war ebenso aktiv als Feldherr wie als Religionslehrer gewesen, und die Araber, die ihre mörderischen Kriege untereinander zugunsten der neuen religiösen Bruderschaft allmählich eingestellt hatten, wandten sich jetzt der Eroberung neuer Länder zu. Sie fielen 629 in Syrien ein, noch vor Mohammeds Tod, wo sie jedoch zurückgeschlagen wurden. Unter seinem Nachfolger, dem Kalifen Abu Bekr, drangen sie in ein Gebiet vor, das ihnen durch Handelsbeziehungen gut bekannt war: den fruchtbaren Halbmond. Perser und Byzantiner waren dort kürzlich zusammengestoßen, und der persische Erfolg, wie flüchtig er auch war, muß die Araber schon auf die Schwäche Ostroms aufmerksam gemacht haben. Byzantinische Anstrengungen, die Eindringlinge zurückzuwerfen, scheiterten endgültig, als Herakleios' Streitkräfte 636 am Yarmuk, einem östlichen Nebenfluß des Jordan, vernichtend geschlagen wurden; wenige Monate später war die Eroberung Palästinas beendet, und Cäsarea, die letzte byzantinische Bastion, fiel im Jahre 640. Das arabische Heer hatte sich durch ein Kontingent verstärkt, das eilig von Irak durch die Wüste herangezogen war, und Byzanz war auf eine solche Kriegführung überhaupt nicht vorbereitet. Die byzantinische Grenze zur Wüste wurde die Einfallsstraße der Araber, denn sie wußten, wie man sie durchquerte. Die eigentliche Stärke der Moslems beruhte jedoch auf der fast ständigen Verfügbarkeit ihrer aus Halbnomaden und freiwilligen Glaubenskämpfern bestehenden Truppen und auf der großen religiösen Begeisterung, die durch die reiche Beute noch geschürt wurde.

Die moslemische Inbesitznahme von Syrien bis zum Taurus-Gebirge trieb einen Keil zwischen den byzantinischen Stützpunkt in Kleinasien und seine afrikanischen Provinzen. Ägypten konnte vor einer Invasion nicht bewahrt werden (641), und Alexandreia, die zweitbedeutendste Stadt des Reiches, fiel ohne Kampf durch Verrat, trotz ihrer Stärke und ihrer strategisch günstigen Lage am Meer. Die Eroberung von Syrien und Ägypten, die die Moslems in den Besitz einiger der wohlhabendsten und am längsten zivilisierten Gebiete der Welt brachte, war nicht das unmittelbare Ziel des Kalifen von Medina gewesen, aber sie bewies den Eifer seiner Generäle und ihr militärisches wie diplomatisches Geschick. Sie boten der örtlichen Bevölkerung, die mit der Religionspolitik der oströmischen Regierung ausgesprochen unzufrieden war, vorteilhafte Bedingungen. Unter der Voraussetzung daß die übliche Steuer bezahlt wurde, garantierten die Moslems den Bewohnern Syriens und Ägyptens, deren Religion auf der Bibel beruhte und die deshalb vom Islam toleriert wurde, Autonomie unter ihren eigenen religiösen Führern, die überwiegend eher Monophysiten als Orthodoxe waren. Es scheint, daß die reichsten Provinzen des Byzantinischen Reiches zur Zeit der Eroberung aus religiösen Gründen mit einem Wechsel des Regimes durchaus einverstanden waren. Kalif Omar I. (634–644) baute in seinem neuen Reich eine Militärverwaltung auf und übertrug den Befehlshabern der arabischen Besatzungstruppen gleichzeitig das Amt des zivilen Statthalters und des weltlichen Richters. Die Armee wurde in Militärlagern kaserniert, um sie von der ansässigen Bevölkerung zu isolieren, mit der sie sich nicht vermischen sollte. Es war den Soldaten nicht einmal erlaubt, außerhalb der Arabischen Halbinsel Land zu besitzen oder zu bebauen: in den von ihnen eroberten Gebieten trugen sie das Monopol und die Last der militärischen Pflichten.

Schon vor dem Zusammenbruch der byzantinischen Macht in Syrien hatten sich die arabischen Streitkräfte gegen die Perser in Irak gewandt und sie bei Kadisija (636) geschlagen. Der neue sassanidische Herrscher, Yezdegird III., leistete weiterhin verzweifelten Widerstand, doch mußte er sich bis zu seiner Ermordung 651 noch tiefer in den Osten zurückziehen. Die Perser wurden von Irak nach Chusistan und dann ins eigentliche Persien getrieben. Die Moslems drangen von Persien aus sogar noch weiter östlich nach Chorasan vor. Die Vernichtung des Sassanidenreichs, wie schwierig sie auch war, ging weit über das hinaus, was die Araber Byzanz angetan hatten. Allerdings wurde es jetzt für den Kalifen noch schwieriger, sein Reich auf der Grundlage der Koranregeln zu regieren. Zum Schutz der Araber entstanden Militärlager in Kufa und Basra in Irak wie schon in Syrien und Fustat in Ägypten. Die Moslems tolerierten die persische zoroastrische Religion genauso wie sie den Christen und Juden die freie Glaubensausübung gestattet hatten. Im Osten, in Syrien und Irak, trafen die Araber jedoch auf Völker, deren Sprache und Kultur ihrer eigenen ähnlich war. Die sagenhaften Reichtümer von Ktesiphon verwirrten die arabischen Soldaten in demselben Maß, wie die besiegte Bevölkerung sich von den schrecklichen Kriegern beeindruckt zeigte. Nach geraumer Zeit erwuchs so eine kulturelle Ge-

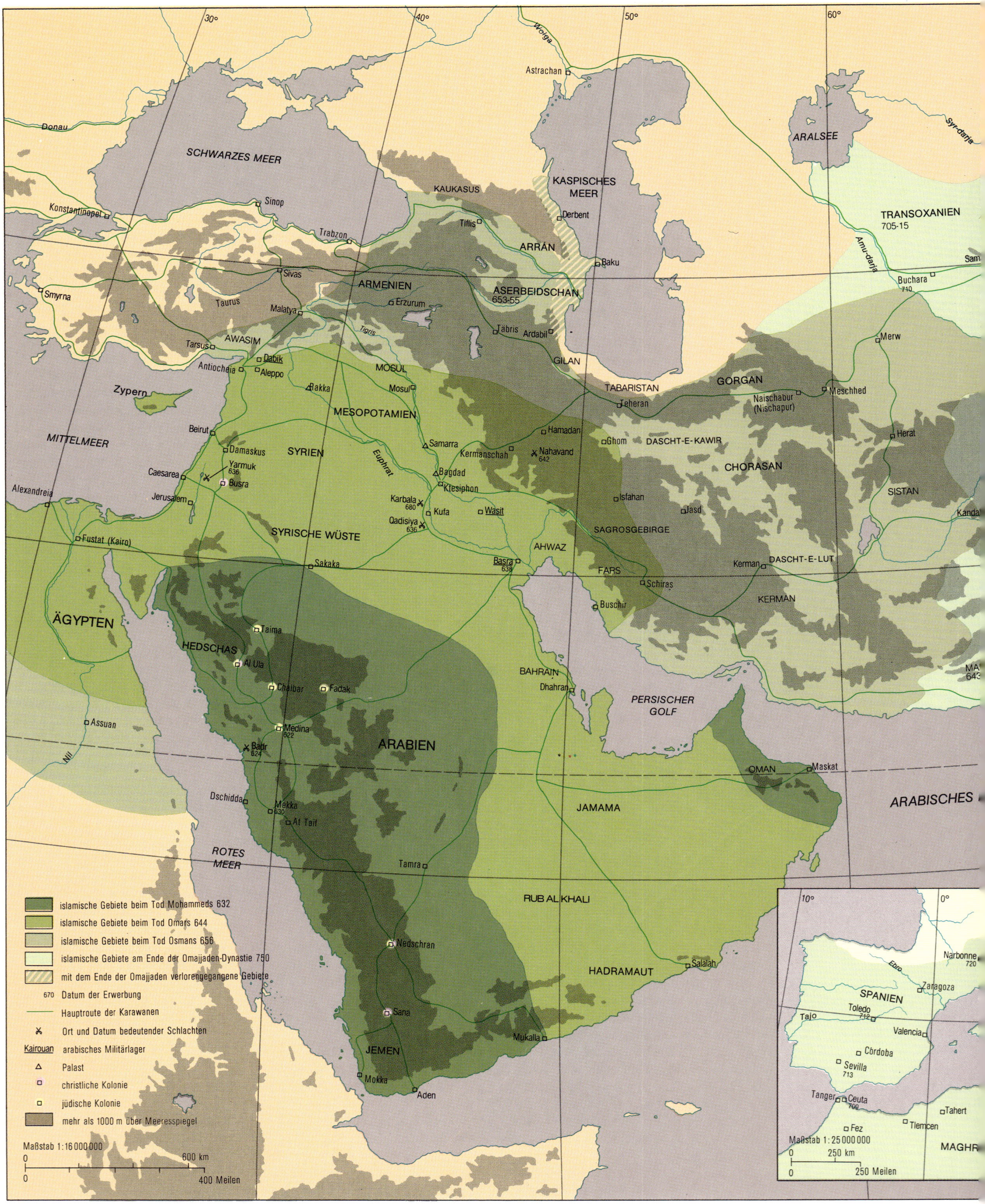
30°
40°
50°
60°
Wolga
Astrachan
Donau
SCHWARZES MEER
KAUKASUS
KASPISCHES MEER
ARALSEE
Syr-darja
TRANSOXANIEN
705-15
Konstantinopel
Sinop
Trabzon
Tiflis
Derbent
ARRÂN
Baku
Amu-darja
Bucharа
710
Sivas
ARMENIEN
ASERBEIDSCHAN
653-55
Smyrna
Taurus
Malatya
Erzurum
Tabris
Ardabil
Merw
Tarsus
AWASIM
Tigris
GILAN
Antiocheia
Dabik
Aleppo
MOSUL
Mosul
TABARISTAN
Teheran
GORGAN
Naischabur
(Nischapur)
Meschhed
Zypern
Rakka
MESOPOTAMIEN
Hamadan
Ghom
DASCHT-E-KAWIR
Herat
MITTELMEER
Beirut
Damaskus
SYRIEN
Samarra
Kermanschah
Nahavand
642
CHORASAN
Yarmuk
636
Caesarea
Busra
Euphrat
Bagdad
Ktesiphon
SISTAN
Alexandreia
Jerusalem
Karbala
680
Kufa
Wasit
Isfahan
Jasd
Qadisiya
636
SAGROSGEBIRGE
Fustat (Kairo)
SYRISCHE WÜSTE
AHWAZ
Sakaka
Basra
638
FARS
Schiras
Kerman
DASCHT-E-LUT
KERMAN
ÄGYPTEN
Buschir
Taima
HEDSCHAS
Al Ula
Chaibar
Fadak
BAHRAIN
Dhahran
PERSISCHER GOLF
Assuan
Nil
Medina
622
ARABIEN
Badr
624
Maskat
OMAN
Dschidda
Mekka
630
At Taif
JAMAMA
ARABISCHES
ROTES MEER
Tamra
RUB AL KHALI
Nedschran
HADRAMAUT
Salalah
Sana
Mukalla
JEMEN
Mokka
Aden
islamische Gebiete beim Tod Mohammeds 632
islamische Gebiete beim Tod Omars 644
islamische Gebiete beim Tod Osmans 656
islamische Gebiete am Ende der Omajjaden-Dynastie 750
mit dem Ende der Omajjaden verlorengegangene Gebiete
670 Datum der Erwerbung
Hauptroute der Karawanen
Ort und Datum bedeutender Schlachten
Kairouan arabisches Militärlager
Palast
christliche Kolonie
jüdische Kolonie
mehr als 1000 m über Meeresspiegel
Maßstab 1:16 000 000
0
600 km
0
400 Meilen
10°
0°
Narbonne
720
Ebro
Zaragoza
SPANIEN
Toledo
712
Tajo
Valencia
Córdoba
Sevilla
713
Tanger
Ceuta
709
Tahert
Fez
Tlemcen
Maßstab 1:25 000 000
0
250 km
0
250 Meilen
MAGHR

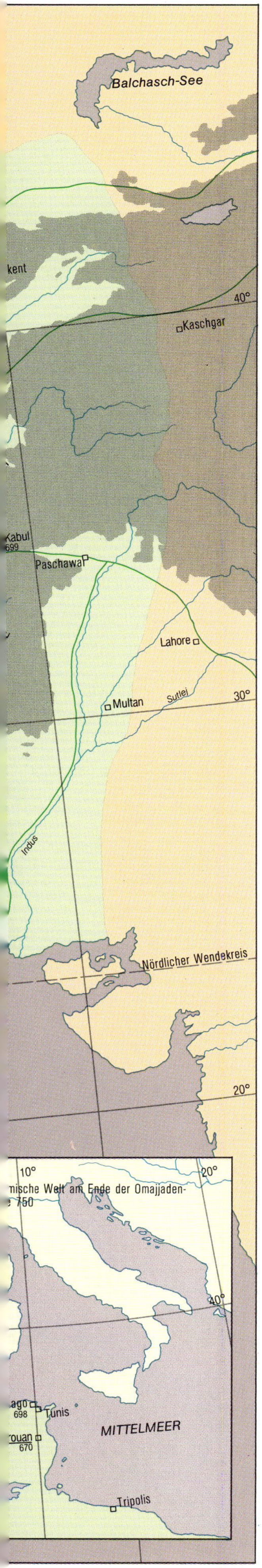

**Links: Der Vormarsch des Islam**
Anders als das Christentum war der Islam eine Religion, die ihrem Gründer direkte politische Verantwortung gab. Nach seinem Tod übernahmen seine Nachfolger nicht nur die Leitung in Glaubensfragen, sondern auch die Führung über die ausgedehnte Gemeinschaft von Gläubigen. Zwischen den rivalisierenden arabischen Stämmen wurde schließlich der Frieden hergestellt, und der Islam in die Länder des Byzantinischen und des Perserreichs sowie bis nach Westeuropa getragen. Auf der Karte erscheint der Vormarsch der Moslems wie das Wirken einer unerbittlichen Naturkraft. In weniger als einem Jahrhundert erreichten sie mehr als die Barbarenvölker des Westens in über 250 Jahren.

*Oben:* Die Omajjaden-Moschee in Damaskus, erbaut unter Kalif al-Walid (705–715). Diese Moschee, das Werk syrischer Künstler, war kostbar ausgeschmückt und als erstes islamisches Gotteshaus mit Minaretten versehen. Eine an dieser Stelle bereits vorhandene Kirche wurde abgerissen, aber die große Einfassung des noch früheren römischen Jupitertempels aus dem ersten Jahrhundert blieb erhalten. Im Mittelalter galt die Moschee als eines der Wunder der islamischen Welt.

meinschaft. Die Grenzen des Kalifenreichs waren 643 bis nach Makran, an der Grenze zu Indien, vorgeschoben worden. Im Norden wurde Kabul angegriffen und der Oxus im frühen achten Jahrhundert überschritten, bevor weitere Expansionsbestrebungen schließlich am Jaxartes (Syr-Darja) abklangen.

Unter dem Kalifat von Othman (644–656) kam es zur ersten Zerreißprobe im Innern. Othman gehörte dem Stamm der Koraisch an, der zu Mohammeds Zeit in Mekka dominierend gewesen war und seiner Lehre lange feindlich gegenübergestanden hatte. Jetzt machten die Stammesmitglieder ihre alten aristokratischen Ansprüche wieder geltend, und nach Othmans Ermordung verlangte sein Verwandter, Muawija, der Statthalter von Syrien, das Recht, an den Mördern Rache nehmen zu dürfen, wobei er den neuen Kalifen Ali, den Vetter und Schwiegersohn des Propheten, der Mittäterschaft verdächtigte. Es kam zum Krieg. Nachdem Ali 657 bei Siffin der Truppen Muawijas nicht Herr wurde, spalteten sich von einer Partei (Schia) die Charidschiten ab. Somit war durch die Auseinandersetzungen um die rechtmäßige Nachfolge Mohammeds als Führer der Gemeinschaft die religiöse Einheit des Islam zerbrochen. Von dieser Zeit an bestanden drei islamische Konfessionen, die sich bis zum heutigen Tag erhalten haben: die Charidschiten, die Schiiten und die Sunniten.

Als Ali 661 durch einen Charidschiten ermordet wurde, folgte ihm Muawija als Herrscher nach. Muawija, der erste Kalif aus der neuen Dynastie der Omajjaden, verlegte seine Residenz nach Damaskus und regierte sein Reich mit straffer Hand. Bald fühlte er sich stark genug, den Kampf mit Byzanz wiederaufzunehmen. Bereits während seiner syrischen Statthalterschaft hatte er 649 Cypern genommen und eine arabische Flotte aufgebaut, um Byzanz auch zur See entgegentreten zu können. Seine zweimaligen Angriffe auf Konstantinopel (669 und 674–680) scheiterten jedoch, und auch Kleinasien konnte nicht erobert werden. Im Westen gelang es seinen Streitkräften, den Islam von Ägypten aus bis nach Kairouan zu tragen. Der dortige Erfolg des Heerführers Uqba wurde mit einem Vorstoß bis an den Atlantik abgeschlossen, aber diese Anstrengungen brachten nichts ein, und es dauerte bis zum Ende des Jahrhunderts, daß der Widerstand der Berber und die Macht der Byzantiner gebrochen war. Karthago fiel 698 in arabische Hand.

Zu Beginn des achten Jahrhunderts hatten die Moslems mit der Vernichtung des Westgotenreiches in Spanien und dem Vordringen in das Industal einstweilen ihre Grenzen erreicht, nicht durch kontinuierliche Erfolge, sondern durch zwei oder drei Energieausbrüche und trotz der anhaltenden Auseinandersetzungen zwischen den islamischen Konfessionen innerhalb der eigenen Gemeinschaft. Das Kalifat hatte seine Fähigkeit gezeigt, sowohl mit den eigenen moslemischen Untertanen wie mit den eroberten Völkern wirksam umgehen zu können. Seit Ende des siebten Jahrhunderts konnten die Kalifen Abd al-Malik (685–705) und Abd al-Walid (705–715) ihre Reiche konsolidieren. Al-Malik ließ 695 die ersten rein arabischen Golddinare prägen und hörte auf, römische oder persische Goldmünzen zu autorisieren oder nachzuahmen. Das öffentliche Register der Einnahmen und Ausgaben, das unter Kalif Omar geschaffen worden war, wurde von nun an in Arabisch statt in Griechisch oder Persisch geführt. Die moslemische Regierung überdachte auch ihre Steuerpolitik neu, um diejenigen vom Übertritt zum Islam abzuhalten, die sich nur die Steuerprivilegien sichern wollten, deren sich die arabischen Moslems besonders in Irak und Chorasan erfreuten.

Die arabischen Invasoren bewiesen viel schneller ihre Fähigkeit, die Regierung einstmals römischer Gebiete zu übernehmen als die Barbaren, die im vierten und fünften Jahrhundert von Norden her eingefallen waren. Die Moslems hatten mit Syrien eine wertvolle Beute gewonnen und nutzten sofort die Dienste der christlichen Verwaltungsbeamten. Auch siedelten sie sich nicht in einer besonderen Region des Kaiserreichs an, sondern sie hatten die Hälfte des oströmischen Imperiums eingenommen und fügten ihm ganz Persien und noch mehr hinzu. In weniger als einem Jahrhundert war so der ansehnlichste Staat der damaligen Welt geschaffen worden. Die Moslems hatten die Einheit des Mittelmeerraums zerrissen, die so sorgfältig über Jahrhunderte hin aufgebaut worden war, und seine südlichen und östlichen Küsten sind seitdem Teil einer anderen Zivilisation gewesen. Die arabischen Beduinenarmeen konnten mit ihrer Fähigkeit, Wüsten zu durchqueren, weit auseinanderliegende Länder wirkungsvoller zusammenhalten, als die Römer es jemals zur See vermocht hatten.

Allmählich begann sich im Omajjaden-Reich trotz der Völker verschiedenster Herkunft und Religion die arabische Kultur durchzusetzen, hauptsächlich durch den Islam und die arabische Sprache, die überall vorherrschend wurde, weil der Koran nicht übersetzt werden durfte. Die Araber erwarteten oder verlangten ursprünglich keine Bekehrung zu ihrem Glauben, sondern lebten getrennt für sich als privilegierte Kriegerkaste. Sie waren diszipliniert genug, um entscheidende Eroberungen zu machen und zersplitterten ihre Energien nicht in individuellen Unternehmungen. Doch als sie die Grenzen dessen erreichten, was sie gewinnen konnten, wurden andere Qualitäten wichtiger. Der Sinn für politische Realitäten und politische Kontinuität, der durch die Omajjaden von Damaskus, der alten römischen Provinzhauptstadt, ausging, bewies, daß diese südlichen »Barbaren« im Unterschied zu den nördlichen verstanden hatten, eigene und römische Vorzüge zu vereinen.

**Das karolingische Europa**
Das Karolingerreich hatte fast ein Jahrhundert eine bedeutende politische Machtstellung inne und selbst im Rückblick ging von ihm noch eine gewisse Faszination aus. Die Karolinger hatten die Ziele ihrer merowingischen Vorgänger in die Tat umgesetzt und ihre Herrschaft über Spanien, Italien und Deutschland ausgebreitet. Das Imperium wurde über 40 Jahre lang durch die starke Persönlichkeit Karls des Großen zusammengehalten. Nach seinem Tod bewahrte der fränkische Adel seine Hochachtung vor diesem großen Herrscher, und der Sinn für Rittertum und das Interesse an Literatur im Frankenreich gehen auf diese Tradition zurück. Bei dem Bemühen, das hohe Niveau römischer Bildung und Gelehrsamkeit wieder zu erreichen, spielte der Klerus eine wichtige Rolle. Politische Teilungen des Reichs wurden, obwohl von Anfang an vorgesehen, erst verspätet durchgeführt und erschienen dann ziemlich oberflächlich. Die Bindung Italiens an die Staaten nördlich der Alpen, die Errichtung einer christlichen Basis südöstlich der Pyrenäen, die Ausbreitung des Christentums in Norddeutschland und die Unterwerfung der Awaren waren Erfolge, die nicht in Frage gestellt wurden, und selbst in den folgenden Wirren suchte man die Klosterdisziplin zu stärken und die Bildungsziele weiter zu verfolgen. Mit dem Zerfall des politischen Systems fiel den Mönchen und Gelehrten die neue, bedeutende Aufgabe zu, die kulturelle Tradition weiterzugeben. Der Benediktinerorden trat jetzt in die einflußreichste Phase seiner Geschichte ein.

# DER AUFSTIEG DES NORDENS

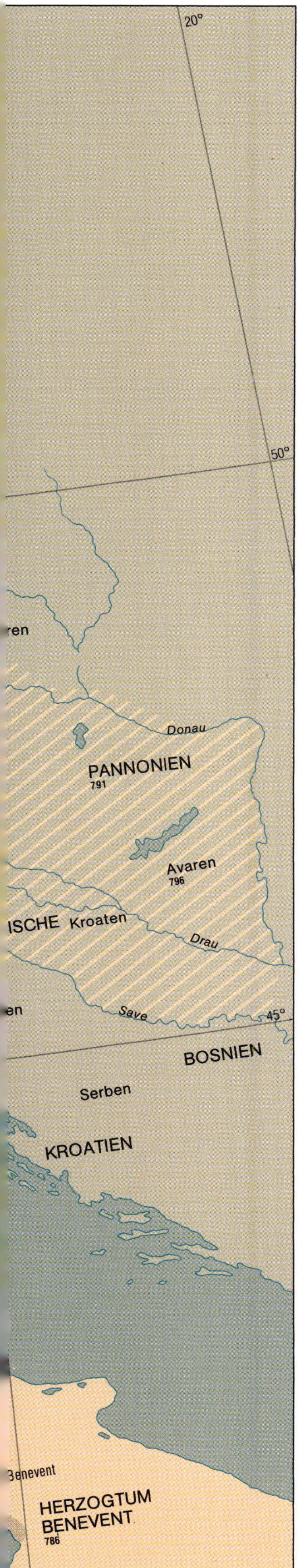


**Die Karolinger**

Im achten und neunten Jahrhundert war die Anziehungskraft des Mittelmeerraums für den Norden am geringsten. Der Islam hatte seinen Siegeszug quer durch Nordafrika und bis nach Spanien (711) fortgesetzt. Die Araber überquerten die Pyrenäen und bedrängten Südfrankreich noch lange nach der Schlacht zwischen Tours und Poitiers 732, in der Karl Martell sie besiegt und ihr weiteres Vordringen nach Norden verhindert hatte. Auf der anderen Seite des Mittelmeeres war Konstantinopel selbst bedroht. Vornehmlich damit befaßt, den Fortbestand des Reiches zu sichern, hatten die östlichen Kaiser kaum Zeit für die Angelegenheiten des Balkans. Jedoch war der Keil heidnischer Slawen zwischen den Christen des Ostens und Westens weniger verhängnisvoll als der kaiserliche Kampf gegen die Verehrung und Anbetung von Heiligenbildern, der einen mehr als ein Jahrhundert währenden Bruch (730–843) zwischen Ost- und Westkirche verursachte. Der byzantinische Kaiser befreite Illyricum und Süditalien von der Abhängigkeit der römischen Kirche und unterstellte beide Gebiete dem Schutz des Patriarchen von Konstantinopel (731). Der römische Papst mußte sich einen neuen Schirmherrn suchen, der den Platz des Kaisers einnehmen konnte. Bevor der Bilderstreit vorüber war, fiel Süditalien einem neuen Ansturm von Moslems aus Nordafrika zum Opfer, der das Papsttum noch verzweifelter nach Unterstützung durch die Franken rufen ließ. Unter diesen Umständen erkannten die Völker Europas, für die es selbstverständlich gewesen war, Rom und die Römer für sich denken zu lassen, daß die Verantwortung für das Christentum und die politische Initiative jetzt bei ihnen lag.

Das auffälligste Merkmal der europäischen Geschichte in dieser Periode ist die Machtstellung, die die Familie der Karolinger, zuerst als austrische Hausmeier, dann als Könige der Franken und schließlich als römische Kaiser, erlangte. Man verfolgte indessen über die Generationen kein einheitliches Ziel, und die führende Rolle wurde auch nicht durch Glück und schon gar nicht durch politische Klugheit erreicht. Die Karolinger sahen sich in eine Lage gedrängt, in der sie handeln mußten, weil sie als einzige die Macht dazu hatten. Ihr Aufstieg vollzog sich in den Ländern Austriens, das sich zu beiden Seiten des Rheins erstreckte, vornehmlich deutschsprachig war, aber einige Gebiete des alten Römischen Reichs einschloß. Hier hatte sich die karolingische Familie bereits unter dem letzten wirklich erfolgreichen merowingischen König Dagobert I. (629–638) etabliert, und in den darauffolgenden Generationen herrschten Mitglieder der Familie als Hausmeier oder als Herzöge, und zwar ursprünglich als Stellvertreter für minderjährige Regenten. Jedoch nach dem Tode von Childerich II. (675) übte kein Merowinger mehr wirkliche Macht aus. Pippin II., der Mittlere, regierte nach 687 das ganze fränkische Reich, aber nur als Hausmeier (Vorstand der königlichen Hofhaltung) der merowingischen Könige, die sich trotz ihrer Schwäche noch halten konnten. Die Neustrier waren über die austrische Machtstellung erzürnt, und in Alamannien und Bayern, Randgebieten des Frankenreiches, konnte sich die königliche Dynastie gegenüber den Ambitionen der Hausmeier weiter behaupten.

Die Karolinger waren dadurch gezwungen, ihren Ehrgeiz vorläufig zu zügeln und den herkömmlichen Respekt für Chlodwigs Haus beizubehalten. Unter diesen Umständen konnten sie nur wenig tun, um dem Verfall des Frankenreiches jenseits des Rheins entgegenzutreten, ausgenommen in ihren eigenen Stützpunkten. In Austrien aber benutzten sie ihre ausgedehnten Ländereien dazu, um durch Landschenkungen Treueverhältnisse zu schaffen, und sie gaben ihren Freunden Bistümer und förderten die Gründung von Klöstern, von denen aus die noch heidnischen Friesen und Sachsen bekehrt werden sollten. In diesen Bestrebungen wurden sie zuerst von irischen, dann mehr und mehr von englischen Missionaren unterstützt. Die Bekehrung der Angelsachsen im siebten Jahrhundert zog einen neuen und regelmäßigen Verkehr der englischen Christen mit Rom nach sich, der zwangsläufig durch Austrien führte. Die Plünderungen der Araber im südlichen Gallien blockierten auch wirksam die alten Verbindungswege von Gallien nach Rom durch die Provence, so daß die Hauptrouten jetzt über die Alpen verliefen. Die Missionierung der nördlichen Stämme und der Strom der Reisenden von den Alpen nach Norden werteten das Rheinland wieder auf. So erwuchs den reichen und mächtigen Herrschern Austriens eine neue Verpflichtung, denn sie waren die einzigen, die die brüchige Macht der Franken wiederherstellen konnten.

Karl Martell (Karl »der Hammer«) hatte als Sieger über die Moslems bei Poitiers europäisches Ansehen erlangt. Er war es auch, den Papst Gregor III. 739 um Beistand gegen seine langobardischen Feinde bat. Karl hatte seine Stellung aus dem Nichts aufbauen müssen, denn er war ein illegitimer Sohn Pippins II. und mußte sich erst gegen dessen Witwe Plektrudis und die Neustrier durchsetzen, bevor er das Amt des Hausmeiers erlangte. Damit noch nicht zufrieden, kämpfte er gegen die Friesen und Sachsen, um den zu jener Zeit verlorenen fränkischen Einfluß in den nördlichen Gebieten wiederherzustellen. Die arabischen Einfälle, die sich 725 bis nach Autun in Burgund erstreckten, veranlaßten Odo, den Herzog von Aquitanien, seine Hilfe zu suchen, und nach Odos Tod 735 war es Karl dank seiner Reputation und Macht möglich, die Oberhoheit über dieses Land erneut zu gewinnen. Die ausgeplünderten Länder Burgund und Provence öffneten sich ihm ebenfalls in den 30er Jahren.

Karl war der erste Herrscher seit Dagobert I. mit mehr als lokaler Bedeutung. Er hatte nicht nur alle fränkischen Reiche in seiner Hand wiedervereinigt, sondern auch seine Stellung jenseits des Rheins gefestigt und ein beispielloses Ansehen erworben. Der fränkische Klerus sah in ihm den starken Verteidiger des Christentums und verdrängte, daß der Herrscher seinen Vasallen kirchliche Ländereien als *beneficium* (Lehen) übertrug. Seine Familie hatte bereits 710 den Mantel *(cappa)* des heiligen Martin von Tours und damit das Patronatsrecht über die Kirche an einem Ort erlangt, wo sein Sieg über die Araber besonders gefeiert wurde. Karl ging auch daran, die Merowinger als Kirchenpatrone von St. Denis, dem größten der fränkischen Klöster, zu verdrängen. Als der Merowingerkönig Thierry IV. von Neustrien 737 starb, nahm Karl ohne Zögern seinen Platz ein. Man konnte offensichtlich auf die merowingische Dynastie verzichten.

Karl Martells Söhne Karlmann und Pippin III., der Jüngere, hatten nach seinem Tod dennoch mit Aufständen gegen ihre Herrschaft in Aquitanien, Alamannien und Bayern zu kämpfen, so daß sie es für klüger hielten, einen merowingischen Schattenkönig zu ernennen: Childerich III. Erst einige Jahre später ersuchte Pippin, nachdem sich Karlmann ins klösterliche Leben zurückgezogen hatte, um die päpstliche Ermächtigung, Childerich abzusetzen und selbst König zu werden (751). Pippin wurde von einer Reichsversammlung zum König erhoben und vom päpstlichen Legaten Bonifatius gesalbt. Die erste Phase karolingischer Machtergreifung war beendet.

754 wurde Pippin von Papst Stephan II. um Intervention in Italien gebeten. Als Dank für den fränkischen Schutz salbte er Pippin und seine beiden Söhne in St. Denis, womit er bekräftigte, daß die karolingische Sippe von Gott zu Königen der Franken bestimmt worden war. Ähnlich hatte Samuel die ersten Könige Israels gesalbt. Dann zwang Pippin in zwei Feldzügen (745, 756) den Langobardenkönig Aistulf zur Rückgabe des Exarchats von Ravenna und der Pentapolis an den Papst (Pippinische Schenkung). Mit dem Dukat von Rom bildeten diese Gebiete fortan den Kirchenstaat. Darüber hinaus zeigte Pippin jedoch keine Neigung, die Papstherrschaft in Mittelitalien auszudehnen, sondern er machte sich an die Eroberung Aquitaniens. 759 nahm er Narbonne ein, ernannte sich selbst zum Schutzherren der Goten und griff Aquitanien von Norden her an. Durch eine Reihe unmittelbar aufeinanderfolgender Feldzüge wurde Pippin zum Herrscher des gesamten Territoriums von der Loire bis zum Atlantik und nach Süden bis zum Mittelmeer.

Nach seinem Tode (768) teilten seine beiden Söhne Karl und Karlmann das Reich unter sich auf, und ihr schlechtes Verhältnis untereinander hätte sich schädlich auf die Zukunft der Franken auswirken können, wäre nicht Karlmann 771 gestorben, so daß Karl alleiniger Regent wurde. Seine über 45jährige Regierung machte Karl den Großen zum berühmtesten Herrscher des Mittelalters. Er führte etwa 60 Feldzüge und leitete die Hälfte davon selbst, was eine Vorstellung von seiner Energie und der Vielzahl der anstehenden Probleme gibt. Während Aquitanien schon weitgehend von seinem Vater erobert worden war, hatten die Sachsen, mit denen die Franken schon mehr als zwei Jahrhunderte Krieg führten, bisher widerstanden. Karl der Große brachte diese Kämpfe zu einem Ende, aber nicht ohne erhebliche Anstrengungen, wilde Gemetzel (an der Aller sollen im Jahre 782 4500 Sachsen hingerichtet worden sein) und Veränderungen in der politischen Strategie: brutale Methoden waren letztlich nicht geeignet, die Sachsen dem christlichen Reich zu unterwerfen. Erst 803 konnte der Frankenherrscher die allgemeine Befriedung verkünden.

Karl der Große hatte sich in den frühen Jahren seiner Regierung nicht ausschließlich auf die Sachsen konzentriert, sondern war 773 einem weiteren Ruf des Papstes nach Italien gefolgt und hatte das Langobardenreich annektiert. Seine Autorität wurde vom langobardischen Herzog von Spoleto anerkannt (776) und sogar im südlichen Herzogtum von Benevent (786). Als Karl von Papst Leo III. im Jahre 800 zum Kaiser gekrönt wurde, erhielt er als Rechtsnachfolger des byzantinischen Kaisers auch die förmliche Oberhoheit über den Kirchenstaat. Seine beiden Söhne Pippin und Ludwig waren bereits zu Königen der Langobarden bzw. der Aquitaner gesalbt worden (780). Bayern wurde 788 nach mehr als zwei Jahrhunderten scheinbarer Unabhängigkeit seines Stammesherzogs beraubt und bei seiner Eingliederung in Grafschaften aufgeteilt. Von Bayern und Italien aus nahmen die Karolinger den Fehdehandschuh der Awaren auf, die schließlich

*Oben:* Karl der Große, Kopf einer ursprünglich vergoldeten Bronzestatue, entstanden zwischen 860 und 870 in Metz. Dies ist das älteste bekannte Standbild des Herrschers, obgleich wohl keine große Ähnlichkeit besteht. Die fränkische Kleidung und der nach der Mode des neunten Jahrhunderts geschnittene Bart, obwohl authentisch, müssen in Zusammenhang mit der Tatsache gesehen werden, daß der Kaiser einen Reichsapfel in der einen Hand trägt (und zweifellos früher ein Szepter in der anderen hielt), eine Pose, die erstmals aus der Zeit seines Enkels, Karls des Kahlen, bekannt ist.

*Links:* Dieser Marmorthron in Aachen wurde für die Krönung Ottos I. 936 und danach von allen deutschen Königen benutzt. Er galt traditionell als Thron Karls des Großen. In ihm befanden sich Reliquien, die von den Gläubigen besichtigt und verehrt werden konnten.

796 vernichtet wurden, als man ihr Hauptlager zwischen Donau und Theiß stürmte. Die von den Awaren eroberten Gebiete östlich der Enns fielen an das Frankenreich zurück. Nachdem Karl der Große diese Plünderer Osteuropas aufgerieben hatte, wurde er zum Schutzherren der benachbarten Slawen und errichtete eine Anzahl von Markgrafschaften, um die Grenzen von Friaul im Süden bis Nordalbingia an der dänischen Grenze kontrollieren zu können. Im Südwesten drängte Karl in verlustreichen und langwierigen Kämpfen die Araber bis zum Ebro zurück und gliederte das Territorium zwischen Pyrenäen und Ebro als Spanische Mark gleichfalls seinem Herrschaftsbereich an.

Die ehrgeizigen Eroberungen Karls des Großen hatten die fränkische Macht keineswegs erschöpft, und die von ihm gezogenen Grenzen konnten deshalb nach seinem Tode behauptet werden. Karls Bedeutung liegt jedoch nicht nur auf militärischem Gebiet. Er regte die Sammlung germanischer Heldensagen an, ließ Übersetzungen aus dem Lateinischen vornehmen, und in seine Zeit fiel auch der erste Versuch einer deutschen Grammatik. Bemerkenswert war auch sein Interesse an einer pädagogischen und kulturellen Erneuerung, das schon vor seiner Kaiserkrönung bestanden hatte und wohl eher Ausdruck seines persönlichen Bildungshungers als politischer Natur war. Neben dem bewußten Rückgriff auf Werke der Antike zur Belebung des Klassischen (»Karolingische Renaissance«) machte sich Karl auch um die einheimische Volkskultur verdient. Seine administrativen Maßnahmen, teilweise auf den von den Merowingern geschaffenen Strukturen aufbauend, zeigen, daß der Kaiser die Notwendigkeit politischer Neuerungen einsah. Die Herzogtümer wurden abgeschafft und das Reich in neue Bezirke, die Grafschaften, unterteilt, die von Grafen aus der Reichsaristokratie (neben Franken auch Alamannen, Bayern und Sachsen) regiert und verwaltet wurden; es gab mehr als 200 solcher Grafen. In geistlichen Dingen unterstanden die einzelnen Grafschaften einem Bischof oder Erzbi-

Karl der Kahle, aus einer Handschrift, die für ihn selbst zwischen 842 und 869 von Liuthard in goldener Unzialschrift verfaßt worden ist. Der König und spätere Kaiser wird auf einem mit farbigen Steinen verzierten Thron gezeigt, ein typisches Beispiel zeitgenössischer Handwerkskunst.

schof. Eine andere wichtige Institution waren die *missi dominici* (Königsboten, jeweils eine geistlicher und weltlicher Herr). Sie wurden alljährlich entsandt, um die Amtsführung der Grafen, der Geistlichkeit und der örtlichen Verwaltungsbeamten zu überwachen und Mißstände wie Bestechung, Vetternwirtschaft und ausbeuterische Praktiken abzustellen. Zentrales Regierungsorgan war der königliche Hof, dem neben Adligen und Geistlichen mit administrativen Aufgaben auch zahlreiche Gelehrte und Schreiber angehörten. An der Spitze des königlichen Haushalts stand der Kämmerer, daneben existierte das Amt des Seneschalls, des Mundschenks und des Kämmerers. Im Frühjahr und Herbst eines jeden Jahres versammelten sich die Großen des Reiches zu Hoftagen *(conventus)*, auf denen die Kapitularien (Gesetzeskapitel des Herrschers) beraten und verkündet wurden. Karl der Große entfaltete eine überaus reiche gesetzgeberische Tätigkeit; seine Verordnungen und Erlasse betrafen Ackerbau, Gewerbe, Handel und Geldwesen ebenso wie die Religion und Fragen der öffentlichen Moral. Der Westen hatte endlich einen mächtigen Führer gefunden, der den Anforderungen imperialer Herrschaft gewachsen war. Es blieb abzuwarten, ob das hier vereinte christliche Völkergemisch auf Dauer zusammengehalten werden konnte.

### Die Reichsteilungen

Der einzig überlebende Sohn Karls des Großen, Ludwig der Fromme, wollte die Einheit des Reiches bewahren, doch sein guter Wille reichte nicht aus, um diese schwierige Aufgabe zu bewältigen, zumal seine Söhne Lothar, Pippin und Ludwig der Deutsche nicht mehr wie die Söhne Karls des Großen mit permanenten Feldzügen gegen äußere Feinde beschäftigt waren, sondern sich um die ihnen zur Regierung zugewiesenen Länder und die Wahrung ihrer ganz persönlichen Interessen kümmerten – namentlich nachdem Ludwigs zweite Frau einen Sohn (Karl der Kahle, geb. 832) zur Welt gebracht hatte, für den der Kaiser entgegen den Absprachen ein neues Teilreich (Alamannien) schuf. Streitigkeiten in der karolingischen Familie und die daraus resultierende Aufteilung des Reiches unter ihren Mitgliedern machten aus dem christlichen Imperium eine politische Fiktion. Der Klerus, der den christlichen Kaiser bei seinen imperialen Aufgaben beraten sollte, war auf einen Herrscher angewiesen, der zu klaren Entscheidungen fähig war, denn die Geistlichen selbst konnten seine Mängel nicht ausgleichen, besonders wenn es um die Bewahrung der Harmonie unter rivalisierenden Prinzen der Dynastie ging.

Sieht man von den großen Problemen ab, die die Thronfolgestreitigkeiten mit sich brachten, so waren die Hauptaufgaben der Regierung im neunten Jahrhundert lokaler Natur. Durch das Zurückwerfen der feindlichen Nachbarn hatten die Karolinger günstige Bedingungen für die Landwirtschaft im Reich geschaffen, aber Gewerbe, Handel und städtisches Leben blieben rückständig. Es gab keine Kriegsbeute mehr, die der Wirtschaft einen Anreiz hätte geben können. Die aufblühende Landwirtschaft und vor allem die prächtigen Kirchen zogen Plünderer an und zwar nicht zu Lande, sondern vom Meer her, wo die Franken keine Erfahrung hatten. Mit der Teilung unter die drei überlebenden Söhne Ludwigs des Frommen im Jahr 843 (Pippin war inzwischen gestorben) war die Einheit des Frankenreiches dann endgültig zerbrochen. Der Vertrag von Verdun brachte die faktische Zersplitterung in drei Staaten: in ein Mittel-, Ost- und Westreich, wobei Ludwig der Deutsche den Osten und Karl II. der Kahle den Westen erhielt.

Das Mittelreich des ältesten Bruders Lothar, das die wichtigsten Städte – Rom, Pavia, Aachen – wie auch einen großen Teil der Familienländereien in Austrien einschloß, wurde nach seinem Tode im Jahre 855 nochmals unter seine drei Söhne geteilt, zehn Jahre später teilte Ludwig der Deutsche sein Ostfrankenreich ebenfalls unter seine drei Söhne auf. Es war mehr Zufall als Absicht, daß »Deutschland« 882 wiedervereinigt wurde, da Karl der Dicke als einziger überlebt hatte. Der westfränkische Herrscher Karl der Kahle konnte nach anfänglichen Schwierigkeiten seine Rechtsansprüche in Austrien durchsetzen und dort 852 seinen Sohn Karl zum König bestimmen. Seinem anderen Sohn, Ludwig dem Stammler, fiel Neustrien zu. Zwei weitere Söhne wurden zu Äbten ernannt, um das Gebiet nicht noch weiter zersplittern zu müssen. Karl der Kahle setzte sich gegen die Mitbewerber um die Kaiserwürde durch und wurde Weihnachten 875 in Rom vom Papst gekrönt. Doch während seines erneuten Italienzugs zwei Jahre später kam es in Frankreich zu einem ernsthaften Aufstand der Großen, und der Herrscher erlitt auf dem hastigen Rückmarsch über die Alpen den Tod. Wieder war es nur Sache des Zufalls, daß Ludwig alle Ländereien seines Vaters erbte. Er starb jedoch schon 879. Binnen weniger Jahre sicherte sich Odo, der Graf von Paris, durch die Verteidigung der Stadt gegen die Normannen die Ernennung zum König im Jahre 888. Er war der mächtigste Herr im westlichen Franken, und seine Nachfolger sollten über viele Generationen Könige von Frankreich sein. Obwohl nach seinem Tod 898 die Regentschaft auf Karl den Einfältigen, den Sohn Ludwigs des Stammlers, überging, war der karolingische Einfluß gebrochen, und auch kein nachfolgender König von Frankreich hat je wieder Anspruch auf das christliche Imperium erhoben. Der Karolingerstaat war in der Tat auseinandergefallen. Die Länder in der Mitte und im Westen, die eine längere politische und kulturelle Tradition besaßen, entwickelten eigene monarchische Grundlagen. Nur im Osten war die christliche Reichsidee noch lebendig, denn ohne sie liefen die Herrscher Deutschlands Gefahr, nach und nach ihren östlichen Feinden zum Opfer zu fallen.

# Die Karolingische Renaissance

Der Begriff »Renaissance« wurde ursprünglich für das Wiederaufleben der antiken Gelehrsamkeit im Italien des 15. Jahrhunderts geprägt, das nach allgemeiner Ansicht den kulturellen Übergang Europas vom Mittelalter zur Neuzeit einleitete. Diese Periodenbezeichnung wurde in stillschweigender Übereinkunft beibehalten, obwohl gleichzeitig Mediävisten den Begriff, freilich in abgeschwächter Bedeutung, auf die geistigen Wandlungen im zwölften Jahrhundert und das neuerwachte Interesse der Karolinger an der Antike anwendeten. Die fränkische Kontrolle über den Westen, ihre Präsenz in Italien und ihr Vertrauen auf ein gutes Verhältnis zu Ostrom ließ sie danach streben, vom römischen Vermächtnis soviel wie möglich für sich selbst zu beanspruchen. In Aachen nahm man die Architektur von Ravenna zum Vorbild, dessen kaiserlicher Hof einen glänzenderen Eindruck hinterlassen hatte als Rom selbst. Vor allem aber wurden antike Texte kopiert, um den Geistlichen (und später ihren Schülern) antike Bildung zu vermitteln. Der Klerus studierte »wissenschaftliche« wie weltliche Literatur, ebenso wie die Kirchenväter, beispielsweise Augustinus. Durch das Kopieren dieser Schriften entwickelten die Geistlichen einen neuen kalligraphischen Stil und führten im Bemühen um Authentizität getreue Nachahmungen antiker Illustrationen aus. Die damaligen Abschriften sicherten das Überleben lateinischer Literatur für die folgenden Jahrhunderte, so daß einige Autoren uns heute aus Handschriften bekannt sind, die aus dem neunten Jahrhundert stammen.

Ob diese literarische Renaissance wirklich ein vergleichbares Gegenstück in Architektur und Wandmalerei hatte, bleibt zweifelhaft wegen der bald darauf folgenden Zerstörungen durch die Wikinger und den anschließenden Wiederaufbau. Die karolingischen Herrscher zeigten den Ehrgeiz, durch Kloster- und Verwaltungsreformen wesentliche Verbesserungen im ganzen Reich herbeizuführen, doch am leichtesten ließ sich sicherlich die Reform von Bildung und Erziehung verwirklichen. Die Palastschule *(Schola Palatina)* war richtungweisend für die überall entstehenden Dom- und Klosterschulen, in denen Grammatik, Rhetorik, Dialektik (Trivium), Arithmetik, Geometrie, Astronomie und Musik (Quadrivium) gelehrt wurden. Die karolingische Renaissance erreichte kurzfristig gesehen wenig. Ihre Bedeutung lag in der Bewahrung der lateinischen literarischen Vergangenheit.

*Rechts:* Der hintere Buchdeckel des Lindauer Evangeliars, eine kostbare Metallarbeit aus der Zeit Karls des Großen. In ihr sind eine Vielzahl von Techniken vereinigt. Das emaillierte Kreuz und die Büsten Christi sind in *champlevé-* (Grubenschmelz-) und *cloisonné* – (Zellenschmelz-)Technik ausgeführt. Das Kreuz liegt auf vier Tafeln aus vergoldetem Silber mit eingravierten ineinanderverschlungenen Tieren. Die Ähnlichkeit mit englischen und irischen Verzierungen des achten Jahrhunderts ist auffallend. Die Medaillons mit den Tieren sind vermutlich älter als das früheste skandinavische Vorkommen dieses Motivs auf dem Osebergschiff. Das Evangeliar aus dem späten neunten Jahrhundert war ursprünglich nicht in den jetzigen prächtigen Buchdeckel gebunden.

*Rechts:* Die Beschlüsse des Konzils von Ephesos mit Anmerkungen von Alkuin. Ein Beispiel der klaren Minuskelschrift, die am Hof Karls des Großen entwickelt wurde.

*Unten rechts:* Der *Codex aureus.* Diese prunkvolle Handschrift der vier Evangelien entstand um 870 in Corbie und wurde bald danach von dem karolingischen Kaiser Arnulf dem Kloster St. Emmeram in Regensburg vermacht. Die Illustration zeigt Christus in einer Mandorla zusammen mit den vier Evangelisten, die mit ihren Symbolen dargestellt sind.

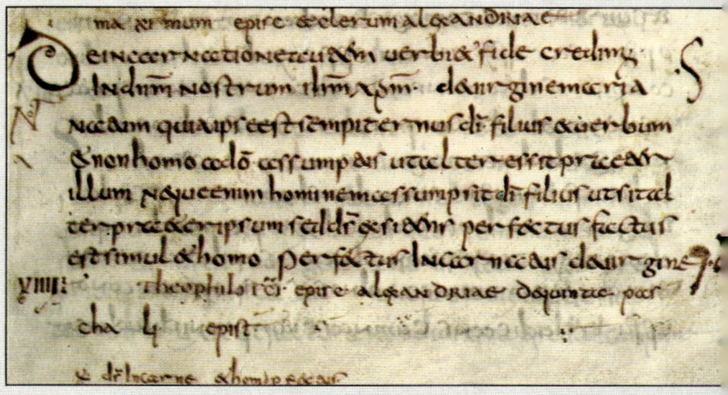

*Oben:* Ein emailliertes Kreuz aus dem frühen neunten Jahrhundert aus der *Capella Sanctorum* im Lateran, jetzt im Vatikan. In Goldfiligran gearbeitet, zeigt es Szenen aus der Jugend Jesu.

*Rechts:* Das bedeutende sächsische Kloster Corvey an der Weser wurde 822 gegründet. Sein Westwerk, nach dem Vorbild der Kirche von St. Riquier in der Picardie (um 800) errichtet, ist die erste machtvolle Kirchenfassade der westlichen Baukunst. Obgleich das Mittelstück der Fassade um 1146 erhöht wurde, vermittelt es unter den erhaltenen Bauwerken den besten Eindruck vom neuen Stil karolingischer Architektur.

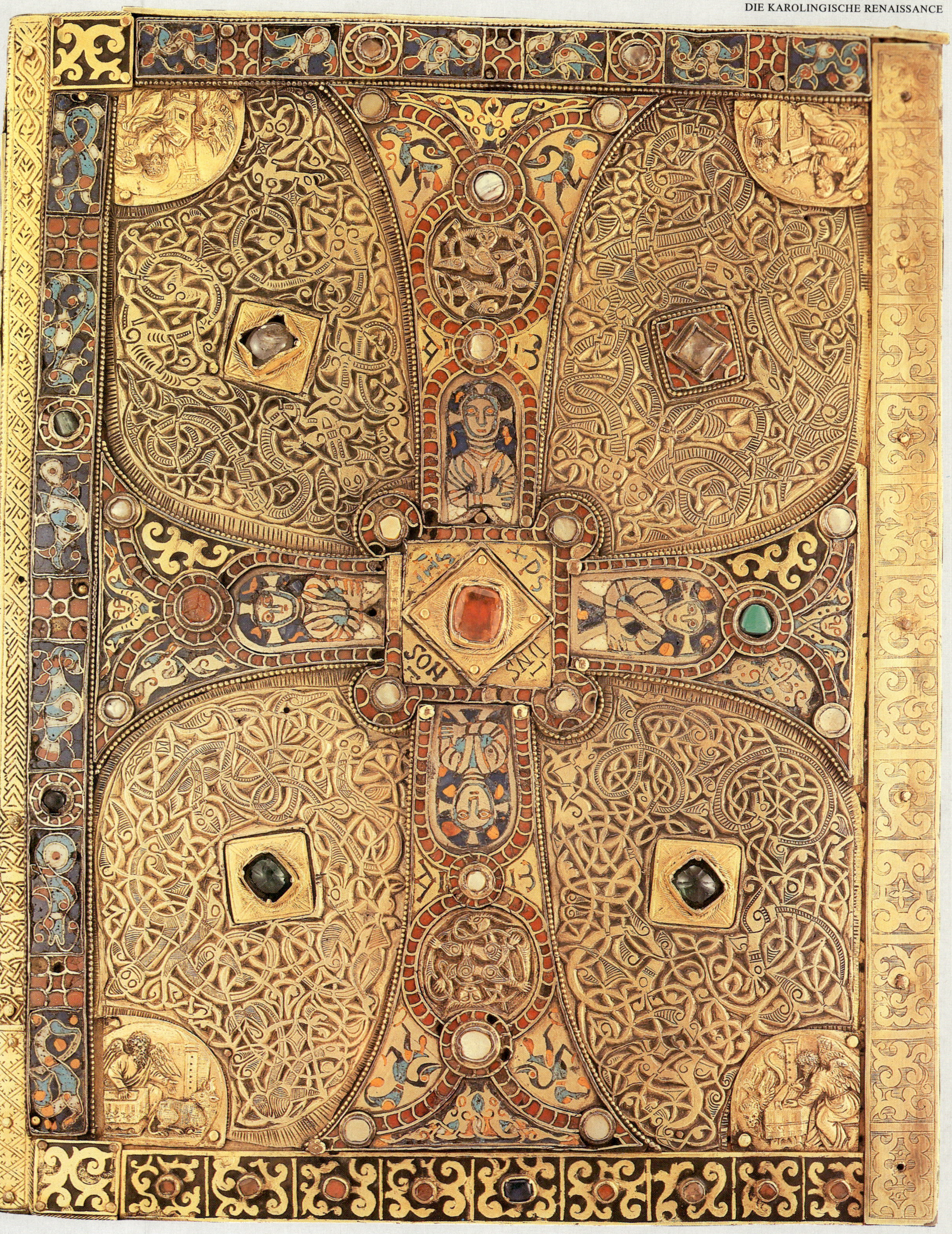
XPS
SOH
INAS

Die von Karl dem Großen ins Leben gerufene kulturelle Erneuerung hielt über seinen Tod hinaus an und erreichte Mitte des neunten Jahrhunderts ihren Höhepunkt. Auch in der Zeit nach dem Zusammenbruch des Reiches wurde nicht alles Erreichte zunichte gemacht, denn das Wiederaufblühen einiger großer Schulen wie der von Reims setzte sich im folgenden Jahrhundert fort und bereicherte spätere scholastische Bewegungen. Karl der Große hatte an seinem Hof Gelehrte aus der ganzen Christenheit zusammengebracht und so ein geistiges Zentrum geschaffen, das es späteren Generationen erlaubte, von einer breiteren wissenschaftlichen und künstlerischen Grundlage auszugehen, als dies bisher möglich gewesen war. Unter den Männern nichtfränkischer Nationen, die dem karolingischen Reich dienten, waren die Engländer tonangebend, was unsere Aufmerksamkeit auf die rasche Entwicklung Englands im Jahrhundert nach seiner Konversion zum Christentum lenkt.

**Germanische Königreiche in England**

Der andere große Staat, der um diese Zeit im nördlichen Europa in Erscheinung trat, war England, das seither eine entscheidende Rolle im mittelalterlichen Abendland gespielt hat. In der Geschichte seiner formbildenden Jahre bleibt vieles dunkel und verworren, doch zwei Zeitabschnitte sind vergleichsweise gut beschrieben worden: Die Christianisierung der englischen Stämme im siebten Jahrhundert (durch Beda) und die Errichtung der vereinigten Monarchie unter den Königen von Wessex im zehnten Jahrhundert. Zwischen diese Perioden fiel die Invasion und Ansiedlung der Dänen, eine Wiederholung des Phänomens, das vier Jahrhunderte zuvor die Angeln nach Britannien gebracht hatte.

Die Heirat zwischen Ethelbert, dem König von Kent, und der merowingischen Prinzessin Bertha (um 567), die der römischen Mission 597 den Weg nach England öffnete, zeigt, daß nach eineinhalb Jahrhunderten der Isolation die politischen Beziehungen zwischen den Britischen Inseln und dem Kontinent wiederaufgenommen worden waren. Nur ein zeitgenössischer britischer Geschichtsschreiber, der Mönch Gildas Sapiens (ca. 500–ca. 570), gibt einige Informationen über die Lebensbedingungen und Ereignisse jener Zeit, und es ist nicht leicht, seinem *Klagebuch vom Unglück, der Vernichtung und Wehklage Britanniens* genaue Daten zu entnehmen. Doch mit dem Wiedereinsetzen der Aufzeichnungen nach 579 wird deutlich, wieviel sich in Britannien in den zwei Jahrhunderten seit den letzten Berichten der römischen Verwaltung verändert hat.

In der ersten Hälfte des fünften Jahrhunderts mußte die romano-britische Bevölkerung, die durch den Rückzug der römischen Legion auf den Kontinent sich selbst überlassen blieb, vor allem die Invasion aus dem Norden bewältigen. Die Eindringlinge kamen über den Hadrianswall, die einstmals am besten befestigte Grenze des römischen Imperiums. Die Briten setzten wahrscheinlich germanische Hilfstruppen gegen sie ein, wie es auch auf dem Kontinent üblich war. Einige der Germanen hatten sich mit ihren Familien vermutlich schon im vierten Jahrhundert in Enklaven angesiedelt, doch gingen sie und ihre Nachfolger nicht in der lokalen Gesellschaft auf. Wir wissen, daß zumindest im fünften Jahrhundert Germanen sich unabhängig von der romano-britischen Obrigkeit niederlassen wollten; es war nicht zu verhindern, daß sie den stärker romanisierten östlichen Teil der Insel in Besitz nahmen. Einige britische Enklaven konnten sich in diesen Gebieten halten, andere Briten wurden von den Eroberern unterjocht. Die Germanen waren weder in sprachlicher noch religiöser Hinsicht römischem Einfluß zugänglich, so daß Britannien die einzige Provinz des westlichen Kaiserreichs war, in der barbarische Neuankömmlinge sich nicht, oder nur in sehr geringem Maße, mit der römischen Zivilisation arrangierten.

Die Romano-Briten im Westen sprachen keltisch, schrieben jedoch weiterhin in Latein, und sie blieben auch Christen. Allerdings verließen ihre Bischöfe, anders als in Gallien, ihre Städte im östlichen England und versuchten nicht, die heidnischen Germanen zu bekehren. Im späten fünften Jahrhundert gelang es den Briten eine Zeitlang, den germanischen Vormarsch nach Westen aufzuhalten, aber sie waren niemals wieder stark genug, um ihre ehemaligen Hilfstruppen von der Insel zu vertreiben. Nach der Schlacht von Deorham (577) stießen die Eindringlinge bei der Eroberung Englands nur noch vereinzelt auf Widerstand und bauten in ihren Siedlungsgebieten feste »Herrschaften« auf. Bald hatten mehrere germanische Königreiche Gestalt angenommen, und sie setzten die Briten unter Druck, deren Gebiete seitdem immer mehr zusammenschrumpften.

Diese Germanen kamen von den nördlichen Küsten Europas und waren kulturell wahrscheinlich noch stärker verschieden als Bedas Einteilung in Angeln, Sachsen und Jüten andeutet. »Angeln« ließen sich als einzelne Gruppen in Ostanglien, Mittelanglien und Northumbrien nieder, und auch die »Sachsen« teilten sich in westliche, südliche, mittlere und östliche Zweige. Doch das Überleben ihrer Königreiche bis ins neunte Jahrhundert zeigt, daß es mehrere zusammenhängende Gruppen oder Stämme gegeben haben muß. Teilweise entstanden ihre Reiche durch den Zusammenschluß unterschiedlicher Germanengruppen, die getrennt in bestimmte Gebiete Britanniens vorgedrungen waren. Das späte Königreich von Wessex, über dessen Geschichte wir am meisten wissen, ging jedoch aus der Vereinigung zweier sächsischer Stämme hervor: der eine war von der Bucht von Southampton um 580 nordwärts nach Wiltshire gezogen, der andere, der im Themse-Tal ansässig war, verschmolz um 680 mit den Sachsen von Hampshire und Wiltshire, nachdem sie Bath, Cirencester und Gloucester um 600 von den Briten erobert hatten. Die Entwicklung eines machtvollen Königreichs in Wessex nahm mehr als ein Jahrhundert in Anspruch und war das Ergebnis von historischen Entwicklungen in England selbst, nicht das Resultat der Invasion einer homogenen Gruppe vom Kontinent aus. Es ist sehr wahrscheinlich, daß in dem langen Zeitabschnitt, über den so wenig bekannt ist, andere Königreiche in ähnlicher Weise entstanden sind.

Die kleinen Reiche waren ebensooft untereinander in Kämpfe verwickelt wie mit den Briten im Westen. Der Druck auf die Briten war nicht übermäßig stark gewesen, bevor die drei mächtigsten germanischen Königreiche, Northumbrien, Mercia und Wessex, die abwechselnd im siebten Jahrhundert die Vormachtstellung innehatten, ihre militärischen und kolonisatorischen Bemühungen verstärkten. Unausweichlich waren die Völker im Westen gezwungen, sich in die Randgebiete der Insel zurückzuziehen. Die Rivalitäten um die Hegemonie ließen nicht nach, obgleich Northumbrien, das im Norden beträchtlichen Spielraum für seine Aktivitäten besaß, dazu überging, die beiden südlicheren Königreiche mehr und mehr sich selbst zu überlassen.

Mercia, das Reich in den Midlands, gewann im achten Jahrhundert die Oberhand, und selbst Wessex, das Südengland umfaßte und dem Devon und Cornwall für weitere Expansionen offenstanden, konnte gegen die von Ethelbald und Offa ausgeübte Suprematie Mercias, das sich nach Wales und Cornwall ausdehnte, keinen Widerstand leisten. Nur kurzfristig gelang es König Egbert von

*Ganz oben:* Der aufsehenerregendste archäologische Fund unseres Jahrhunderts auf englischem Boden wurde 1939 in Sutton Hoo in Suffolk gemacht. Es handelt sich um ein großes, 26 m langes Ruderboot mit dachziegelartig übereinandergelegten Planken. Das hölzerne Rippenwerk hatte sich zwar völlig aufgelöst, aber die eisernen Nägel hatten im Sand Abdrücke hinterlassen, die eine Rekonstruktion ermöglichten. Es wurde keine Spur eines Leichnams gefunden, doch eine erstaunliche Anzahl von Beigaben, die darauf schließen lassen, daß es sich um das Grab eines hochgestellten Mannes handelt. Die gefundenen Münzen legen die Vermutung nahe, daß das Grab um 650/660 angelegt worden ist. Alles scheint auf einen König von Ost-Anglia hinzudeuten, aber seine Identität konnte bisher nicht zweifelsfrei geklärt werden.

*Oben:* Ein Paar massiv goldene Gürtelschließen von Sutton Hoo in Cloisonnée-Arbeit. Sie sind in einem Muster gearbeitet, und dünne Granatplättchen füllen exakt die Zellen aus. Der Nadelkopf ist in Form eines Tierschädels gestaltet. Dieses Stück, wahrscheinlich englische Arbeit, ist ein glänzendes Beispiel für die handwerkliche Kunstfertigkeit im siebten Jahrhundert.

Wessex, England bis zum Humber (Mündung von Ouse und Trent) zu erobern. Die Auseinandersetzungen um die Vorherrschaft blieben politisch bedeutsam, und der Rang des *Bretwalda,* des Herrschers über alle englischen Völker, war eine persönliche Vorrangstellung, die erkämpft werden mußte und anders als die Königswürde nicht auf die Familie übertragbar war.

Die Konversion der Stämme Britanniens zum Christentum in der ersten Hälfte des siebten Jahrhunderts war nach Beda, dem Chronisten dieser Ereignisse, die erste Stufe in der Herausbildung des englischen Volkes. Für die Zeitgenossen waren jedoch ihre Kämpfe untereinander weit bedeutsamer, als uns der christliche Geschichtsschreiber glauben machen will. Trotzdem behinderten diese Streitigkeiten offensichtlich die Missionierung nicht. Die Zahl der Könige, die mit ihren Untertanen für das Christentum gewonnen werden mußten, machte die Missionsarbeit komplizierter als in Gallien oder Spanien, obgleich es auch Vorteile brachte, von mehreren Basen aus operieren zu können. Die Hauptkönigreiche waren in verhältnismäßig kurzer Zeit bekehrt: Kent durch die erste römische Mission (ab 597), Northumbrien in zwei Stufen, erst durch den römischen Bischof Paulinus (626) und dann durch Mönche von Iona (ab 635). In Ostanglien wurde zur gleichen Zeit ein Bischof eingesetzt, und die Sachsen im Themse-Tal hatten in den 30er Jahren des siebten Jahrhunderts einen Bischof in Dorchester und ab etwa 664 in Winchester, das zum ständigen Sitz der Bischöfe von Wessex wurde. Nach den Angaben Bedas stand König Penda von Mercia (ca. 632–655) dem Christentum am ablehnendsten gegenüber, doch noch vor seinem Tod erhielt sein Sohn Paeda die Taufe, und sein Unter-Königreich der Mittelangeln öffnete sich der christlichen Mission aus Northumbrien. Nach der Synode von Whitby (664) ging der neue Erzbischof von Canterbury, Theodor von Tarsus (669–690), an die Organisation der englischen Kirche. Es gab danach Bistümer in Whithorn, Abercorn, Lindisfarne, Hexham, Ripon, York, Lichfield, Leicester, Dunwich, North Elmham, Winchester, Worcester, Hereford und London. Sie alle waren für besondere »Stämme« gegründet worden, und sie wiesen eine ganz andere Struktur auf als die Diözesen in Gallien oder Spanien. Zu dieser Zeit waren die Südsachsen (Sussex) noch Heiden. Erst zwischen 681 und 685 errichtete Wilfried einen Bischofssitz für sie in Selsey. Innerhalb eines Jahrhunderts hatten die englischen Völker das Christentum angenommen, und das Heidentum konnte – wenn es nicht bereits ganz verschwunden war – dem beständigen christlichen Druck nicht widerstehen.

Nach irischem, römischem und fränkischem Beispiel entstanden im siebten und achten Jahrhundert in England zahlreiche Klöster. Wie die zeitgenössischen merowingischen Könige gründeten auch englische Herrscher Klöster, einige berühmte verdanken ihre Entstehung aber Frauen: beispielsweise Whitby der Äbtissin Hild, oder Ely der Prinzessin Ethelthryth. Andere begannen bescheiden, wie Crowland in den Fens in Cambridgeshire oder Lindisfarne, eine von Missionaren aus Iona gegründete Mönchszelle gegenüber der königlichen Feste Bamburgh. Bedas Werk zeigt, welch reiche Früchte die Gründungen des Abtes Benedikt Biscop in Jarrow und Monkwearmouth in Northumbrien trugen, besonders durch ihre großartigen Bibliotheken, deren Bücher Biscop auf seinen Romreisen erworben hatte. Beda berichtet aber auch von betrügerischen Motiven, die zur Gründung von Klöstern führten, um die öffentliche Übernahme von Ländereien zu verhindern. Ein 747 abgehaltenes Kirchenkonzil forderte die Bischöfe auf, die Klöster strenger zu beaufsichtigen, um die Disziplin zu stärken. Klöster waren ein fester Bestandteil der Gesellschaft geworden, sie wurden wohlhabend und einflußreich. Die sichtbare Anhäufung von Reichtümern zu Ehren Gottes in Kirchen und Klöstern lockte allerdings, ebenso wie in Gallien, unvermeidlich Plünderer an.

Verbindungen mit dem Kontinent hatten im achten Jahrhundert für England große Bedeutung. Die Frommen und Gebildeten fürchteten um das Seelenheil ihrer germanischen Brüder über dem Wasser, die sich in heidnischem Irrtum befanden, und fühlten sich selbst als Teil der universalen Kirche, über die der Papst in Rom herrschte. Das Karolingerreich verdankte den Engländern viel, da sie die friesische und thüringische Mission unterhielten. Auch der Anteil, den Bonifatius an der Herstellung des Bündnisses zwischen Papsttum und der neuen fränkischen Königsdynastie hatte, ist nicht zu hoch bewertet worden, und durch Alkuin (735–804) wurde die Gelehrsamkeit der Schule von York in die kulturelle Erneuerungsbewegung der Karolinger eingebracht. England war das einzige Gebiet im Westen, das nicht zum Reich der Karolinger gehörte, doch es war Teil derselben christlichen Welt.

Im achten Jahrhundert hatte Mercia die Oberherrschaft über die englischen Völker erlangt. Offa von Mercia (758–796) nannte sich sogar *Rex Anglorum* (König der Angeln), und er behandelte Karl den Großen als seinesgleichen. Beide Herrscher schützten die wechselseitigen Handelsinteressen ihrer Völker, denn der Warenverkehr war sowohl für England wie das Frankenreich von großer wirtschaftlicher Bedeutung. In Südengland nach 775 geschlagene Silberpennies folgten auf die Reform des fränkischen Münzwesens um 755, genauso wie die Angeln seit dem siebten Jahrhundert erst merowingische Münzen verwendet und dann imitiert hatten. England spielte im Wirtschaftsleben des nördlichen Europa eine ebenso wesentliche Rolle wie im kulturellen und religiösen Bereich, obwohl seine politische Einheit weit unsicherer war als die der Franken. Wenn die Informationen über Mercia besser wären, könnten sie möglicherweise zeigen, daß ein langsamer Prozeß auf die Einheit Englands hin während der ganzen Periode stattfand, aber wahrscheinlich war die politische Spaltung des Landes noch tiefer als in Gallien, als beide Länder im neunten Jahrhundert von den Normannen überfallen wurden. Das Paradox dieser Einfälle war, daß sie in England die Aufgabe erfüllten, das ganze Land unter eine entschlossene und dauerhafte Führung zu bringen, während sie in Gallien den Prozeß politischer Auflösung noch beschleunigten.

### Normannische Eroberungen in England und auf dem Kontinent

Die frühesten Angriffe auf England, wahrscheinlich von Normannen, richteten sich 793 gegen das Kloster Lindisfarne und andere Orte in Northumbrien. Die Dänen erschienen in Wessex unter den Regierungen von Beorhtric (786–802) und Egbert (802–839), doch wurden sie sowohl zu Land wie zur See geschlagen. Dies schreckte sie allerdings nicht ab. 855 überwinterten sie zum ersten Mal in England auf der Insel Sheppey, aber die englischen Könige waren nicht weiter beunruhigt und trafen keine Gegenmaßnahmen, obwohl sich die Dänen auf einen massiven Schlag vorbereiteten. Um 865 waren sie für einen entscheidenden Angriff gerüstet. Eine große Streitmacht drang in Ostanglien ein, und nachdem sie die Bevölkerung dort eingeschüchtert hatten, wandten sie sich nach Norden und nahmen York, wo sie ein Königreich gründeten. Northumbrien wurde ein abhängiges Gebiet. Diese Einfälle kosteten Tausenden von Menschen das Leben, zahlreiche Klöster wurden geplündert und die kostbaren Bibliotheken zerstört, auch die bedeutende Schule von York verfiel. Die Dänen töteten den König von Ostanglien, Edmund, 869 und verbannten 874 den König von Mercia. Seit 871 beherrschten die Normannen die englischen Gebiete nördlich der Themse, und von den unabhängigen englischen Reichen blieb nur Wessex übrig.

Selbst dort ergab sich eine verzweifelte Situation, als die Dänen weiter vorstießen. Wessex wurde nach schweren Kämpfen durch Alfred (den Großen, 871–899) gerettet, der die dänischen Führer nach seinem Sieg bei Ethandum (Edington) zur Annahme von Bedingungen zwang. Das halbe dänische Heer zog sich über den Kanal zurück und drang in das geschwächte Frankreich ein, das fortan unter dessen Übergriffen schwer zu leiden hatte. Die in England verbliebenen Dänen durften sich auf Grund des Friedens von Wedmore in Nordostengland, dem später *Danelaw* benannten Gebiet, ansiedeln, unter der Voraussetzung, daß sie sich taufen ließen, was ihre Eingliederung erleichtern sollte. Die langsame Assimilation der neuen Siedler wurde dann beschleunigt, als Eduard (der Ältere, 899–924), der Sohn Alfreds und Enkel Aethelstans, das Danelaw eroberte. Die dänische Besiedlung muß massiv gewesen sein, denn sie hatte einen tiefgreifenden Einfluß auf die englische Sprache. Die Bedeutung Alfreds des Großen beruhte neben seinen militärischen und gesetzgeberischen Neuerungen auch auf Maßnahmen im Bereich der Armenfürsorge und des Bildungswesens, für die er jeweils ein Achtel seiner Einkünfte zur Verfügung stellte. Er gründete in Reading eine Hofschule, zog ausländische Gelehrte an seinen Hof, förderte Volkssprachen und Volkslieder und ließ grundlegende Werke ins Englische übertragen, wobei er sich selbst an der Übersetzung von Boethius, Orosius und Beda versuchte.

Das englische Königtum hing im zehnten Jahrhundert von der Fähigkeit des Herrschers ab, Truppen in die Schlacht und zum Erfolg zu führen, und dies verlangte Umsicht bei der Ernennung der *thegns* (Militär-Adligen), die gute Ausrüstung besaßen und denen als Lohn für ihre Dienste ein hoher sozialer Rang zugesichert war. Die Könige lernten auch, eine nationale Strategie zur Bewältigung des Dänenproblems zu entwickeln. Alfred errichtete befestigte Verteidigungsstellungen, sogenannte *burghs,* und begann mit dem Bau einer Flotte. Arbeitsdienste für den Bau von Burgen, Brücken und Straßen brachten für das gemeine Volk, das nicht zum Kampf gerufen wurde, neue Belastungen. Auch die Steuerabgaben waren im zehnten Jahrhundert sicher regelmäßig geworden, um große Summen für den Freikauf von den dänischen

Das Porträt »Esdras« stammt aus dem *Codex Amiatinus,* einer Handschrift, die in Monkwearmouth (England) auf Veranlassung von Abt Ceolfrid (690–716) angefertigt wurde, der sie dem Papst zugedacht hatte. Sie ist die Abschrift eines von Cassiodorus bearbeiteten Bibeltextes, den der Abt von Rom mitgebracht hatte. Wahrscheinlich enthielt diese Vorlage ein Porträt des Autors Cassiodorus, auf dem er als Esdra (auch Esra) dargestellt war, dem Schriftgelehrten, der das Recht erneuerte. Der Künstler hat dieses Porträt vermutlich als Vorlage genommen.

*Rechts:* Ein piktischer Stein von Rhynie, Aberdeenshire, wahrscheinlich aus dem siebten Jahrhundert. Die Symbole eines Fischs und eines »Elefanten« stellen Heiratsabkommen oder Landübertragungen dar.

*Oben:* Diese Goldmünze mit der Legende »Offa Rex« ist dem islamischen Dinar nachgebildet, sogar mit kufischer Inschrift, und somit der ungewöhnlichste Beweis für Offas Interesse an der Münzprägung. Sie deutet an, wie weit der englische Handel bereits im achten Jahrhundert gereicht haben mag.

*Oben rechts:* Eine Seite aus dem sogenannten *Book of Kells.* Christus, hier mit Bart, thront auf einem drapierten Kissen unter einem Bogen mit zwei Pfauen und ist von vier Engeln umgeben. Diese prunkvolle irische Handschrift befand sich zwar seit dem frühen elften Jahrhundert in Kells, wurde aber höchstwahrscheinlich um 800 in Iona ausgeführt.

Angriffen zur Verfügung zu haben. Der König kontrollierte die Ausgabe einer nationalen Währung, obgleich die Münzen selbst in Münzstätten überall im Land geschlagen wurden.

Die Verwaltung gründete sich im allgemeinen nicht auf die alten Stammesgebiete oder Königreiche, sondern auf eine Neueinteilung in kleinere Einheiten, die zuerst in Wessex verwendet und von da systematisch auf das ganze Land übertragen wurde. Die größten unter diesen neuen territorialen Einheiten, die *shires* (Grafschaften), waren Gebiete um eine führende Stadt oder eine Burg und unterstanden einem königlichen Beamten, dem *sheriff.* Die *shires* wurden in *hundreds* (Hundertschaften) unterteilt, Distrikte mit richterlichen, finanziellen und wahrscheinlich militärischen Aufgaben. Die Könige veröffentlichten Gesetzessammlungen in der Volkssprache, die anfangs nur Auszüge aus den Gesetzen verschiedener englischer Königreiche waren, aber zunehmend den veränderten Bedingungen im zehnten Jahrhundert Rechnung trugen. Die Männer mußten *lords* haben, die in Gesetzesangelegenheiten für sie bürgten, oder einer Gruppe von zehn Nachbarn angehören, die gegenseitige Bürgschaften übernahmen. Die königliche Kontrolle über alle politischen Vorgänge ließ es nicht zu, daß das Land in die Hände von Territorialherren fiel oder sich in lokale Einheiten auflöste. Die Könige verschafften sich auch die Oberhoheit über die noch bestehenden keltischen Herzogtümer (Devon und Cornwall kamen zu Wessex); nur im Norden konnten sie ihre Autorität nicht richtig geltend machen. Diese Monarchie erwies sich als eine Institution, die durch die Folge von – nicht immer sehr bedeutenden – Königen im zehnten Jahrhundert so fest gegründet war, daß sie die Bedrängnisse des elften Jahrhunderts überlebte, als die Dänen die Herrschaft an sich rissen, und zur Grundlage der viel mächtigeren normannischen Monarchie wurde.

Ohne Zweifel war es die langsame unauffällige Kolonisierung des Landes durch Generationen von Siedlern seit der ursprünglichen Invasionsperiode gewesen, die England allmählich zu einer politischen Einheit zusammenwachsen ließ. Doch ist es unwahrscheinlich, daß ohne die dänischen Invasionen die Vereinigung so schnell bewerkstelligt worden wäre, und wenn, dann eher von Mercia als vom Süden aus.

Was Bedas im Norden geschriebene *Kirchengeschichte* für die Zeit der Bekehrung bedeutet, ist die *Angelsachsenchronik* für das große Zeitalter der Monarchie im zehnten Jahrhundert. Beide Quellen betonen nachdrücklich die grundlegende Einheit der englischen Völker, wobei sie ganz nebenbei mit enthüllen, wie schwierig es war, diese Einheit zu realisieren. Auf ihre Weise trugen die mönchischen Schreiber dazu bei, daß die vielen Völker des Landes sowohl in kirchlicher wie in weltlicher Hinsicht ein Nationalbewußtsein entwickelten.

Die Normannen (Dänen) spielten in der englischen Geschichte zwischen dem neunten und elften Jahrhundert eine herausragende Rolle. Auf dem Kontinent war die Reaktion auf ihr Erscheinen vorwiegend negativ. Die Ausdehnung des karolingischen Herrschaftsgebiets an die Nordseeküsten hatte ganz unvermeidlich die Aufmerksamkeit der Normannen auf das Frankenreich gelenkt. Ihre Überfälle entlang der Küste stellten schon vor dem Tod Karls des Großen die Regierung vor große Probleme. Die militärische Stärke der Franken, die vor allem auf ihren Panzerreitern beruhte, versagte, wenn es darum ging, mit Feinden von der See aus fertig zu werden. Über ein Jahrhundert lang stillten die Normannen ihren Hunger am Reich, und zwar nicht nur in seinen schwächeren Randgebieten, sondern dort, wo es am stärksten war, in den Tälern der in die Nordsee mündenden Flüsse und im Loiretal. Hier befanden sich die »fränkischsten« Gebiete des Reiches, wo die Klöster dicht beieinander lagen und durch zwei Jahrhunderte königlicher Patronage reich geworden waren.

Die Auseinandersetzungen in der kaiserlichen Familie nach dem Tod Karls des Großen trugen nicht dazu bei, die Aktionen gegen die neuen Widersacher zu koordinieren. Sogar der tatkräftige Karl der Kahle mußte sich 861–862 darauf beschränken, mit einer Bande gekaufter Feinde eine andere zu bekämpfen. Die Geschicklichkeit der Eindringlinge zu Wasser, ihre Überraschungsangriffe und ihre gerissene Strategie, mit kleinen beweglichen Verbänden zu operieren, machte es – außer auf örtlicher Ebene – den Franken schwer, ihnen beizukommen. Der Staat hatte hier seine schwächste Stelle. Wirkungsvollen Widerstand konnten nur die lokalen Herzöge leisten, allerdings auf Kosten der Einheit des Reiches. Ironischerweise ging das Herzogtum der Normandie 911 aus der Niederlage hervor, die der karolingische König Karl der Einfältige dem Normannenführer Rollo bei Chartres zufügte. Rollo wurde überredet, Frieden zu schließen, das Christentum anzunehmen und für die Franken im Seine-Tal die Verteidigung zu übernehmen. Als Gegenleistung erhielt er dieses Gebiet als Lehen. Paris blieb damit ein weiterer normannischer Angriff wie der von 885–886 erspart, doch die Normandie wurde das größte nördliche Herzogtum und bereitete dem Reich in der Zukunft die meisten Schwierigkeiten.

Niederlassungen dieser nördlichen Völker im Westen stellten die letzte Stufe ihrer »Angriffe« dar, als Überfälle, Plünderungen und Erpressungen nicht mehr genug Beute einbrachten oder den größeren Appetit stillen konnten. Diese Siedlungen waren gewöhnlich weder langlebig noch erfolgreich. Mehrere frühere waren vor 911 aufgegeben worden, eine Siedlung an der Unterweser hielt sich knapp 30 Jahre (826–852), eine in Friesland in der Nähe von Walcheren etwas mehr als 40 Jahre (841–885); eine in Nantes 919 gegründete »Kolonie« wurde 937 aufgelöst. Die frühe Geschichte der Normandie war geprägt von der anfänglich raschen Expansion, auf die eine ernste Krise folgte, die beinah das Ende seiner Unabhängigkeit gebracht hätte. Nur in England hatte die dichte Besiedlung im Danelaw die Voraussetzung dafür geschaffen, daß die Dänen eine größere Veränderung in der Geschichte des ganzen Landes bewirken konnten, doch selbst dort lag es nicht daran, daß sie als unabhängige Einheit fortlebten. Die Normandie überwand ihre Krise, indem sie eines der »feudalen« Großherzogtümer innerhalb des fränkischen Königreichs wurde.

### Der Vormarsch der »Wikinger«

Zu den Vorstößen der Normannen im neunten Jahrhundert hatten in keiner Weise ihre Könige den Antrieb gegeben. Die Piraten, die in das Karolingerreich und das gleichfalls attraktive England einfielen, waren vielmehr Banden von Abenteurern, wahrscheinlich unter der Führung von örtlichen Adligen. Was sie lockte, war die Beute; erst spät unternahmen sie nicht nur Überfälle sondern überwinterten auch in den Ländern, die sie geplündert hatten, was ihnen den Gedanken an eine Ansiedlung nahegelegt haben mag. Doch nur, wo es ihren Feinden gelang, ihrem Vorrücken durch erfolgreiche Schlachten Einhalt zu gebieten, sahen sie einen Anlaß, sich fest niederzulassen. Die Stärke der Normannen waren ihre unbeugsame Vitalität und ihre ausgezeichneten Schiffe. Ihre vielen Siedlungen in England beweisen jedoch, daß diese Seeräuber selbst den Boden bestellen konnten oder Bauern aus ihren Heimatländern nachzogen. In Skandinavien bestand großer Bedarf nach mehr Land, und wahrscheinlich war es der wachsende Bevölkerungsdruck, der die Nordleute in die Fremde trieb.

Gewiß ist, daß von Norwegen aus Kolonisten über den Atlantik kamen und im frühen achten Jahrhundert auf den nördlichen Inseln Britanniens siedelten. Ein Jahrhundert später hatte die Kolonisierung die Färöer erreicht, und etwa zur selben Zeit hatten Völker aus dem Westen Norwegens auf Orkney ihre Herrschaft errichtet. Von hier schwärmten sie weiter aus, nach Island im Norden (860) und nach Süden über die Hebriden zur Isle of Man und nach Irland, wo sie in Dublin (836) und Limerick Siedlungen gründeten. Mit Irland stießen die norwegischen Wikinger auf ein reiches Land, das der Okkupation Widerstand leistete. Auf eine kurze Periode der Eroberung folgte die Besetzung der wichtigen Küstenstädte, von wo aus sie den Handel mit anderen Ländern kontrollieren konnten. Obgleich die Wikinger in ihrer Heimat keine Städte oder erwähnenswerten Handel hatten, paßten sie sich als Kolonisten den neuen Umständen an und gründeten die mittelalterlichen Häfen Irlands. Von dort dehnten sie ihre Überfälle sogar noch weiter aus. Wikinger erschienen 844 vor Lissabon und Sevilla, unternahmen um 860 weitere Angriffe auf Spanien und suchten selbst das nordafrikanische Marokko heim.

Zur Zeit der Besiedlung Irlands durch die Norweger in der zweiten Hälfte des neunten Jahrhunderts war Skandinavien schon nicht mehr die in sich geschlossene Welt ohne Städte und Handel. Die Raubzüge hatten viel Beutegut (darunter auch Sklaven) nach Skandinavien gebracht, das in Handelszentren wie Hedeby in Jütland (Schleswig) und Birka, westlich von Stockholm, ausgetauscht wurde. Die Schweden, ein im Gebiet des Mälarsees lebendes Volk, begannen schon ihre Vorstöße über die Ostsee nach Kurland und den Finnischen Meerbusen zum Ladoga-See auszudehnen. Im neunten Jahrhundert wurden bei diesen Expeditionen in das Landesinnere auch die russischen Wasserstraßen benutzt, was die Waräger (die russische Sammelbezeichnung für die Skandinavier) bis ans Asowsche Meer (839) und nach Konstantinopel (860) führte. Diese Kriegerkaufleute übernahmen offensichtlich die politische Führung in den großen Städten entlang ihres Weges, und knüpften damit ein politisches und kommerzielles Netz zwischen den führenden Städten Nowgorod im Norden und Kiew im Süden. Die Ostsee war nicht länger mehr ein wirtschaftliches Vakuum, sondern hielt den europäischen Handel in Gang, während der Kontinent von den Wikingern umklammert wurde. Die Seewege im Norden und Süden, zwischen denen die Waräger in den slawischen Ländern die Verbindung herstellten, erschlossen auch wieder die großen Reichtümer der islamischen Welt, auf die der Westen wegen der arabischen Eroberungen im achten Jahrhundert so lange hatte verzichten müssen.

Zur Zeit, da die Waräger das nördliche Flußnetz mit der Ostsee verbanden, hatte es sicher schon Handelsbeziehungen über die Wasserstraßen mit dem Süden gegeben, besonders die Wolga flußabwärts, durch das Gebiet der Chazaren und über das Kaspische Meer mit Bagdad, aber auch den Dnjepr hinunter und über das Schwarze Meer. Aufgrund ihrer seemännischen Erfahrung konnten die Ostseevölker das bestehende System schnell für ihre Zwecke verwenden. Die Moslems hatten aus den nördlichen Waldgebieten ihren Bedarf an Sklaven, Pelzen, Wachs und Honig gedeckt; sowohl unter der dort ansässigen slawischen Bevölkerung wie unter den Chazaren waren Handelsniederlassungen entstanden. Die Chazaren hatten um 700 einen Staat an der unteren Wolga gegründet, der ein Jahrhundert später zum jüdischen Glauben übertrat. Doch die Slawen am Dnjepr waren wahrscheinlich beim Auftauchen der Waräger politisch sehr schlecht organisiert. Es gab wenig Ackerbau, und die Städte waren im Grunde befestigte Handelsstützpunkte. Die Waräger müssen dann sehr schnell die Oberhand gewonnen haben, teils, weil sie wegen ihrer Kampfkraft darum gebeten wurden, teils aus eigenem Antrieb. Bei dem Angriff auf Konstantinopel 860 waren die Führer bereits Waräger. Innerhalb weniger Jahre ging die Herrschaft über die Stadt Kiew auf Oleg von Nowgorod über, der alle Städte im Flußgebiet von Wolchow-Lowat-Dnjepr zusammenschloß. Auf diese Weise begründeten die schwedischen Waräger ihre dauerhafteste politische Gemeinschaft außerhalb Skandinaviens. Olegs Nachkommen aus der Dynastie der Rurikiden regierten mehrere Jahrhunderte lang in Rußland. Um die Mitte des zehnten Jahrhunderts waren ihre Namen schon slawisiert, und sie selbst waren bereits weitgehend mit der einheimischen Bevölkerung verschmolzen.

Die »Russen« wirkten auf Byzanz nicht weniger bedrohlich als ihre nördlichen Gefährten auf die karolingi-

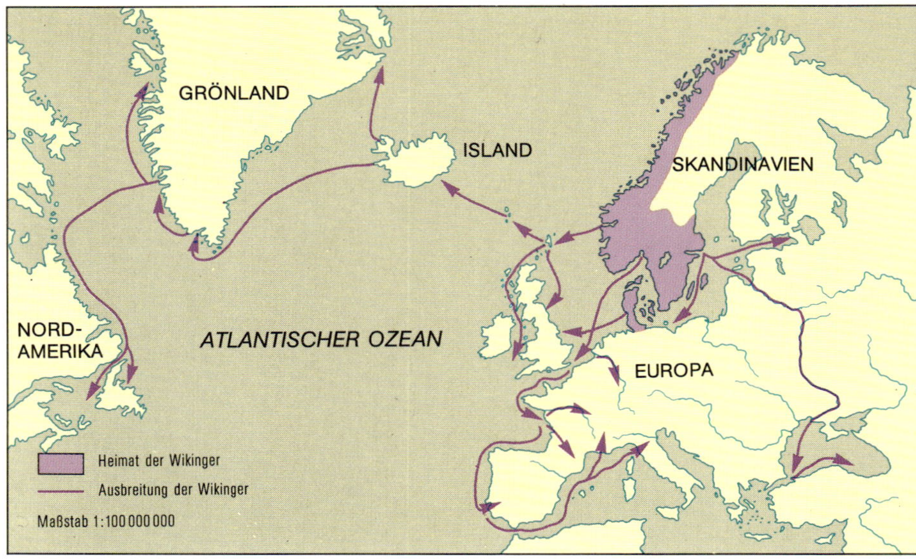


**Die Expansion der Wikinger**
Es könnte so aussehen, als stellten die Aktivitäten der Normannen ein ideales Thema für Karthographen dar, doch in Wirklichkeit wären mehrere allgemeine Karten in großem Maßstab nötig, um all die Plätze zu zeigen, an denen sie sich zu verschiedenen Zeiten aufhielten, und ebenso viele Karten der Gebiete, von denen sie kamen und in denen sie sich ansiedelten. In England hat die intensive Untersuchung von Ortsnamen die Verbreitung der Norweger und Dänen in verschiedenen Teilen des Landes aufgedeckt. Verallgemeinerungen verfälschen somit wichtige Aspekte ihrer Expansion. Diejenigen, die Norwegen verließen, um Shetland oder Island zu kolonisieren, waren offensichtlich weder auf Beute noch auf fruchtbares Agrarland aus, wie Rollo und seine Anhänger, die sich nach 911 in der Normandie ansiedelten. All diese Völker skandinavischen Ursprungs hatten nicht mehr gemeinsam als Piraten, Ostindienfahrer oder der Landadel im England des 18. Jahrhunderts.
Die Erfolge der Wikinger beruhten zum größten Teil auf ihren seemännischen Qualitäten, die sie schon in früher Zeit erworben hatten. Archäologen können ihre Fortschritte an Hand der Form ihrer Schiffe verfolgen. Anfänglich paßten sie ihre Schiffe den Erfordernissen ihrer Fjorde an, dann fügten sie Segel hinzu und lernten auf dem offenen Meer zu navigieren. Von ihren Reisen brachten sie wertvolle Beute mit, oder Nachrichten von Gebieten, die sich zur Ansiedlung, für den Handel oder für Beutezüge eigneten. Die sichere Handhabung der Schiffe ermöglichte es ihnen, die Hauptflüsse Europas stromauf tief in die verschiedenen Länder einzudringen. Sie übernahmen die Herrschaft in Flußhäfen wie Rouen, Nantes, Dublin, Limerick, Nowgorod und Kiew. Obwohl von ihnen auch berichtet wird, daß sie schnell von Pferden Gebrauch machten, war dies wohl nur eine Übergangslösung, bevor sie sich in einem Gebiet ansiedelten. Dennoch veranschaulicht das ihre Anpassungsfähigkeit und ihr unternehmungsfreudiges Wesen. Einmal von ihrer Heimat getrennt, hatten sie nichts zu verlieren als ihr Leben. Die fünf Karten auf diesen Seiten zeigen die Hauptstoßrichtung ihrer Aktivitäten. Der Akzent liegt auf dem Norden, wo ihre Siedlungen in ungünstigen Gebieten lagen, die mehr für die Haltung von Schafen als zum Beutema-

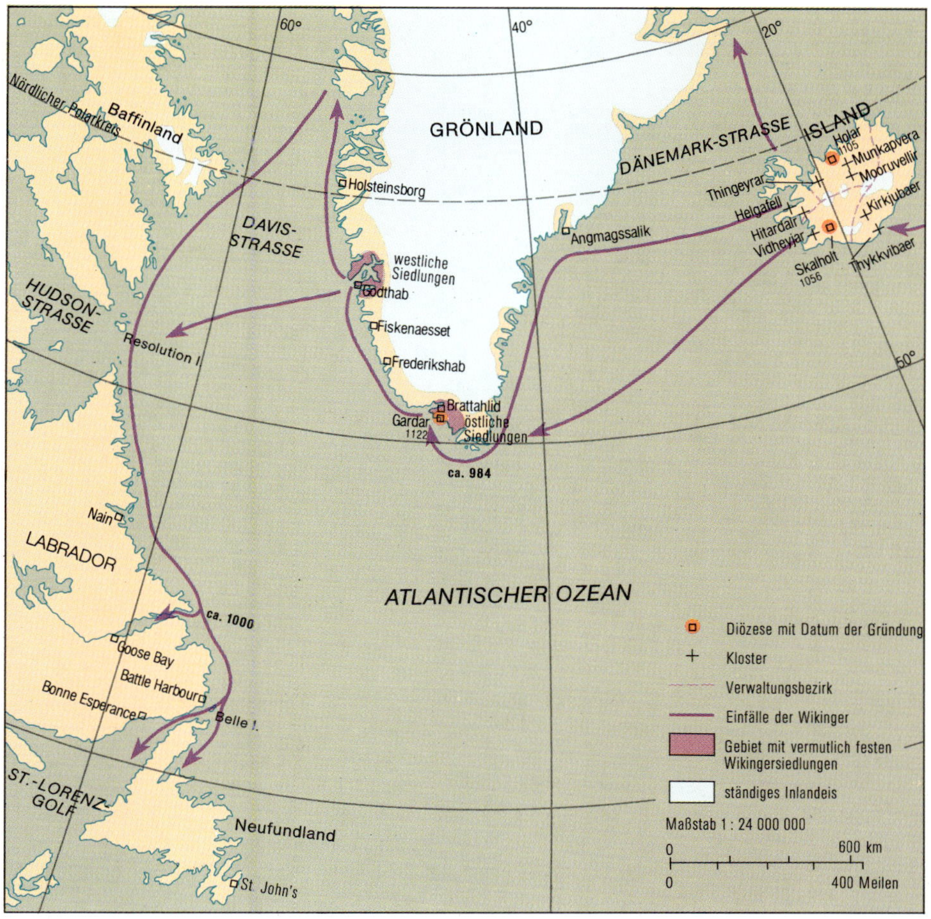


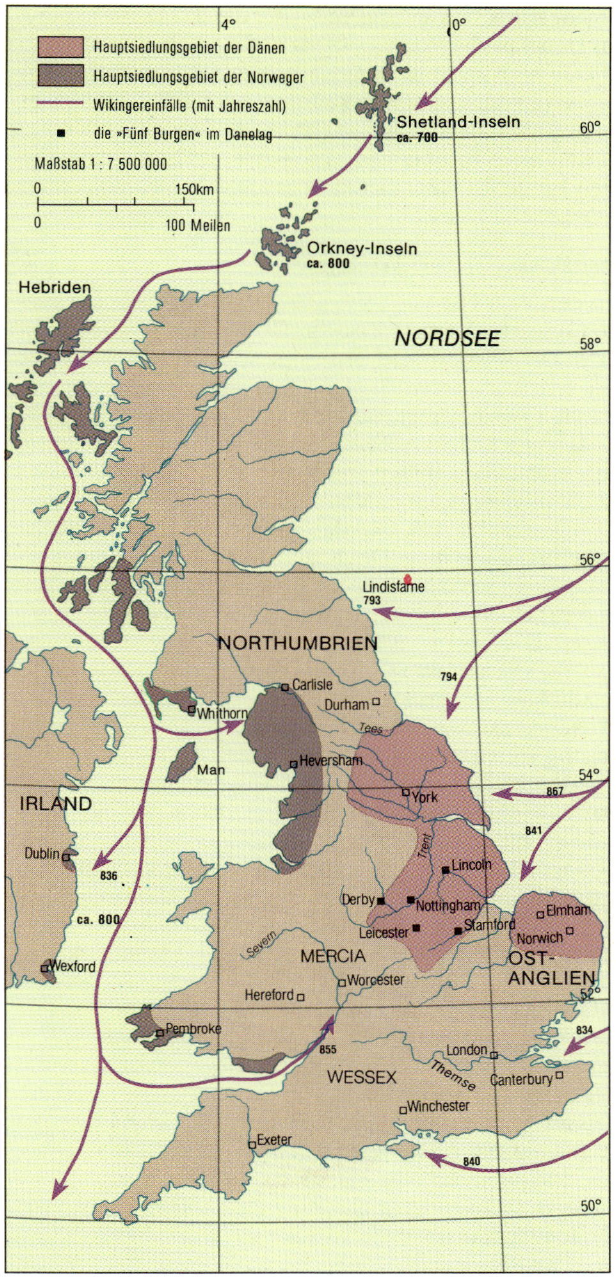


chen geeignet waren. In Island entfalteten die Normannen eine reiche Literatur, die sicherlich den genauesten Einblick in ihr Wesen vermittelt, auch wenn sie nicht vor Ende des zwölften Jahrhunderts schriftlich niedergelegt wurde. Sie zeigt sie als kühnes, leidenschaftliches und heftiges Volk, Fehden und Kämpfen stets zugetan. Die einfachen Schafzüchter waren ihrer inneren Haltung nach den marodierenden Banden nicht unähnlich, die von verängstigten Chronisten beschrieben wurden.

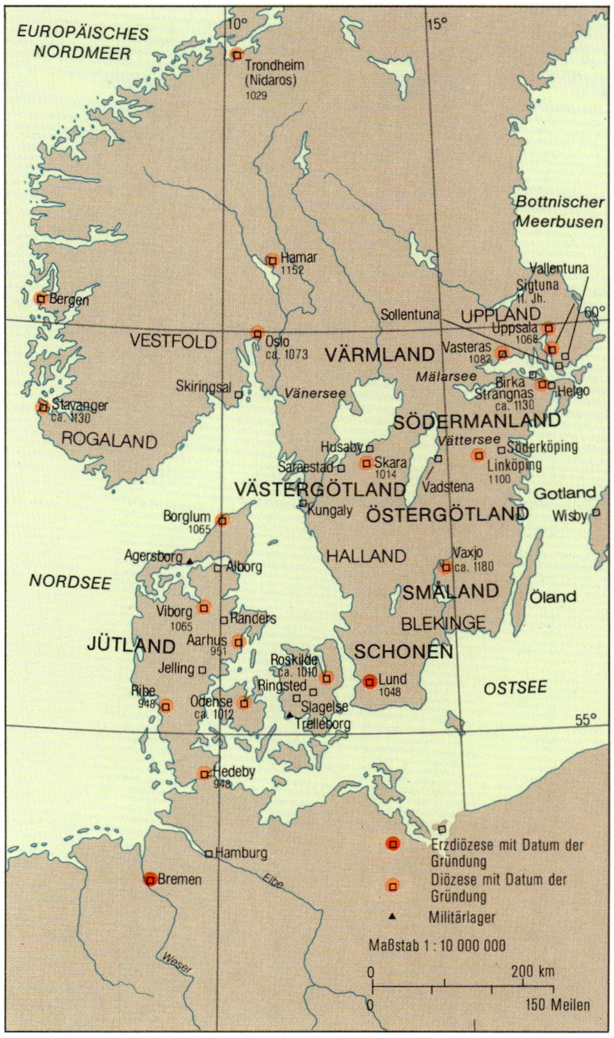

schen Länder, doch wurde es mit ihnen besser fertig, weil es durch andere Völker territorial von ihnen getrennt war. Ihr erster Angriff auf Konstantinopel (860) konnte zurückgeschlagen werden, doch erzwangen sie 907 Handelsverträge, als Fürst Oleg von Kiew mit einer großen Flotte abermals vor der Hauptstadt erschien. Die Russen lieferten Pelze und Honig, doch ihr wichtigstes Handelsgut waren Sklaven, die als Seeleute und Soldaten bei den kaiserlichen Feldzügen wertvolle Hilfsdienste leisteten. Erneute Feindseligkeiten (941) gingen schließlich zu Ungunsten der Russen aus, weil Byzanz in der Zwischenzeit seine Kampfkraft verstärkt hatte. Kaiser Nikephoros rief sie 968 gegen die Bulgaren zu Hilfe, als er in Syrien anderweitig beschäftigt war. Doch ihr Führer, Fürst Swjatoslaw, der bereits die Chazaren vernichtet hatte, die den direkten Zugang zu den reichen asiatischen Fürstentümern der Moslems versperrten, trachtete danach, seinen Einfluß auf den Balkan auszudehnen, was ihn erneut in Konflikt mit Byzanz brachte, das die Russen nicht als unmittelbare Nachbarn haben wollte. Kaiser Johannes Tzimiskes (Johannes I., 969–976) zwang sie zur Umkehr und zur Konfrontation mit seinen petschenegischen Verbündeten, wobei Swjatoslaw erschlagen wurde.

Als disziplinierte Hilfstruppe waren die Russen jedoch unentbehrlich, und Kaiser Basileios II. ging sie 988 in der Stunde der Verzweiflung um Beistand an; seither zählten warägische Soldaten, die regelmäßig aus den Skandinaviern rekrutiert wurden, zu den Elitetruppen der kaiserlichen Regimenter. Der russische Großfürst Wladimir von Kiew, Sohn Swjatoslaws und einer Slawin, erhielt als Belohnung für seine Hilfestellung Basileios' Schwester Anna zur Gemahlin, unter der Bedingung, daß er mit seinem Volk zum Christentum übertrat. Kiew entwickelte sich zum religiösen Mittelpunkt des Reiches und war Sitz des Metropoliten, der vom Patriarchen in Konstantinopel eingesetzt wurde. In kaum mehr als einem Jahrhundert hatte Byzanz die Russen seinem Kulturkreis einverleibt und einen, wenn auch nicht immer ganz zuverlässigen, Bundesgenossen gewonnen.

Der von Byzanz geleistete Widerstand verhinderte die zügellose Expansion der russischen Führer und bewirkte, daß sie ihre Energien auf die Organisation ihres eigenen weiten Gebiets lenkten. Zuverlässige Aufzeichnungen über ihre Aktivitäten setzen jedoch erst nach der Übernahme der griechisch-byzantinischen Kultur ein. Um diese Zeit gehörten ihre kühneren Heldentaten bereits der Vergangenheit an. Als inzwischen seßhaftes Volk, das eine staatliche Organisation entwickelt hatte, mußten sie jetzt ihrerseits mit den Petschenegen fertig werden, die eine ständige Bedrohung darstellten und die Verbindungen zu Byzanz und den kleinasiatischen Moslems störten. Erst 1091 wurden sie durch den oströmischen Kaiser aufgerieben. In der Zeit nach 1055 litten die Städte des Kiewer Reiches sowohl unter äußeren Feinden wie inneren Rivalitäten, was ihren Wohlstand erheblich beeinträchtigte. Hinzu kam, daß die Westeuropäer ihren Mittelmeerhandel wieder aufnehmen konnten.

Die Völker der Ostseewelt hatten selbst in christlichen Königreichen zusammengefunden, und auch die Wikinger stellten allmählich ihre Übergriffe und Plünderungen ein. Die Ära der unangefochtenen nordischen Überlegenheit war vorüber. Die Geschichte hatte einen neuen Weg eingeschlagen. Die Barbaren waren entweder zum Christentum übergetreten oder zerstreut worden, und das christliche Europa konnte sich auf neue Unternehmungen konzentrieren. Den Russen blieb zwar der Mongolensturm nicht erspart, doch für das übrige Europa hatte die Völkerwanderung, die sechs Jahrhunderte lang nur Probleme gebracht hatte, schließlich ihr Ende erreicht.

*Ganz oben:* Das Oseberg-Schiff (gebaut um 500) wurde in einem Torfhügel in Südnorwegen entdeckt und ist das älteste bekannte normannische Segelschiff. Es barg die Körper zweier Frauen und enthielt zahlreiche, meist häusliche Gegenstände als Grabbeigabe.
*Oben:* Diese Stele von Alskog, Tjangvide, Gotland, scheint die Walhalla (»Halle der Gefallenen«) darzustellen. Ein gefallener Krieger, der auf Odins achtbeinigem Pferd sitzt, wird in der anderen Welt von einer Frau empfangen, die ihm ein Trinkhorn reicht.

# ZWEITER TEIL

# DIE GROSSE ZEIT DES

# GLAUBENS-EIFERS

# DIE HERAUSBILDUNG NEUER KRÄFTE

## Der Wiederaufstieg des Byzantinischen Reiches

Der Zeitabschnitt, der auf den Zusammenbruch des Karolingerreichs im Westen Mitte des neunten Jahrhunderts folgte, ist von Historikern oft als eine Periode des Niedergangs angesehen worden, weil die von den hervorragenden Mitgliedern der karolingischen Familie geweckten Hoffnungen auf ein geeinigtes christliches Europa abrupt zerbrochen waren. Doch die Wiederbelebung Europas ging in Wirklichkeit nicht von irgendeiner kaiserlichen Macht aus, sondern beruhte auf der Fähigkeit der örtlichen Herrscher, ihre eigene Gesellschaft und Wirtschaft soweit zu konsolidieren, daß sie gegen wiederholte räuberische Ansprüche verteidigt werden konnten. Unter diesem Gesichtspunkt hat dieser Zeitabschnitt viel Positives aufzuweisen. Zu Beginn des elften Jahrhunderts hatte Europa eine große innere Stabilität erlangt, da es nicht mehr den Invasionswellen und den permanenten inneren Streitigkeiten ausgesetzt war. Die Normannen waren durch ihre Bekehrung zum Christentum integriert worden, die Magyaren an der Peripherie wurden gewaltsam vertrieben und entschlossen sich, ihre nomadische Lebensführung aufzugeben und sich in den unbewohnten Gegenden Ungarns als Ackerbauern niederzulassen. Sogar die Araber im Westen traten den Rückzug an: das sarazenische Piratennest in der Provence wurde ausgehoben, und auch in Spanien und Sizilien waren die Tage der islamischen Herrschaft gezählt. Die europäischen Völker waren nicht länger auf die Gnade fremder Eroberer angewiesen. Sie hatten Mittel und Wege gefunden, um ihre Gebiete im Westen auch ohne Kaiser zu behaupten.

Im Osten gab Byzanz seine Rolle als bloßer Verteidiger des eigenen Territoriums auf und leitete damit die ruhmreichste Phase seiner Geschichte ein. Unter Kaiser Leo III. (717–741) und seinem Nachfolger Konstantin V. (741–775) war das Reich von den außerordentlich hartnäkkigen Angriffen der Moslems erlöst worden. Konstantin V. wandte sich auch gegen die Bulgaren, die 774 um Frieden bitten mußten. Doch die syrische Dynastie war auch verantwortlich für den Bilderstreit, die Auseinandersetzung über die Verehrung von Heiligenbildern (726), die Feindseligkeiten in der eigenen Bevölkerung und in monastischen Kreisen sowie Schwierigkeiten mit dem Papst hervorrief, so daß während dieser Periode die Franken die kaiserliche Macht an sich reißen konnten. Mit Kaiser Basileios I. (867–886) ging die Herrschaft in Ostrom auf die erfolgreiche makedonische Dynastie über, die nahezu zwei Jahrhunderte lang regieren sollte (867–1058). Der größte Erfolg der Dynastie im Westen, der endgültig durch Basileios II. (976–1025) gesichert wurde, war die Unterwerfung der Bulgaren, die schon seit dem siebten Jahrhundert ihre Ambitionen auf dem Balkan gezeigt hatten. Um 811 waren sie von ihrer ursprünglichen Basis im Donaubecken in das kaiserliche Thrakien und bis nach Konstantinopel vorgedrungen und hatten Kaiser Nikephoros I. in einer Schlacht getötet. Während des neunten Jahrhunderts breitete sich ihr Reich nach Makedonien aus, wo es viele neue slawische Untertanen gewann. Allmählich gaben die Bulgaren ihre eigene Sprache auf und übernahmen das Slawische. Um diese Zeit schickte die byzantinische Kirche unter dem Patriarchen Photios (858–867) Missionen, um die Heiden auf dem Balkan zu christianisieren. Die Bulgaren fürchteten, daß sie mit der Ausbreitung des Christentums unter den Slawen ihre Macht verlieren würden, es sei denn, auch sie ließen sich taufen. Sie tendierten anfänglich mehr zur Westkirche, doch nachdem der griechische Kaiser in einer eindrucksvollen Schau seine Seemacht vorgeführt hatte, gaben sie notgedrungen diese Präferenz auf. So nahmen die Bulgaren 864 das östliche Christentum an, aber eine demütige Unterwerfung unter die Autorität von Kaiser und Patriarch folgte daraus nicht.

Der bulgarische Herrscher Boris erhielt 870 von Byzanz das wegen seiner Verhandlungen mit Rom beunruhigt war, das halbautonome Erzbistum zugesichert, das er für sein Volk forderte, und trotz des wachsenden Einflusses der griechischen Kultur in ihren Gebieten konnten die Bulgaren weiterhin ihre eigenen Interessen verteidigen. Der jüngere Sohn und Nachfolger von Boris, Symeon (893–927), griff 894 erneut das Kaiserreich an. Die Byzantiner verbündeten sich mit den Magyaren, woraufhin Symeon die Unterstützung der Petschenegen gewann, die die Magyaren nach Westen in die Donau-Ebene drängten und damit die südlichen Slawen von den in Mähren ansässigen trennten. Symeon schlug jetzt die Byzantiner und schloß unter der Bedingung einer jährlichen Tributzahlung Frieden (896). Als es später in Konstantinopel nur einen Kinderkaiser (Konstantin VII.) gab, nutzte er das zu seinem Vorteil. Er versuchte, das Reich an sich zu reißen (913) und hatte zumindest soweit Erfolg, daß der Patriarch ihn zum »Basileus« (Kaiser) von Bulgarien krönte und ihm die Eheverbindung seiner Tochter mit Kaiser Konstantin VII. zugesagt wurde. Seine Pläne, die Herrschaft in Byzanz anzutreten, scheiterten jedoch, und weder seine territorialen Erwerbungen auf dem Balkan noch die Errichtung eines unabhängigen Patriarchats schwächten die Entschlossenheit der Byzantiner, seinen Ansprüchen entgegenzutreten. Nach seinem Tod vermochten seine Nachfolger nicht, den durch die ständigen Kriege erschöpften bulgarischen Staat zusammenzuhalten; selbst in der Kirche wuchs die Unzufriedenheit, was zur Abspaltung der Bogumilensekte führte.

Inzwischen hatte sich Byzanz erholt, vor allem im Osten. Kaiser Nikephoros rief die Russen gegen die Bulgaren zu Hilfe, als diese wieder Schwierigkeiten machten (968). Das Ergebnis war, daß die Russen das von ihnen eroberte Land nicht freigaben und für Nikephoros' Nachfolger, Johannes Tzimiskes, eine größere Bedrohung darstellten als die Bulgaren. Als er sie schließlich 971 aus Bulgarien hinauswerfen konnte, ging er noch einen Schritt weiter, annektierte das Reich und schaffte dessen Patriarchat ab. Es überrascht nicht, daß sein Tod 976 eine Gegenreaktion auslöste; in Mazedonien begann unter dem Zaren Samuel ein neuer »bulgarischer« Staat Formen anzunehmen, der das Patriarchat wiederherstellte und seine Hauptstadt in Ochrid errichtete. Als Samuel seine Herrschaft auf byzantinisches Gebiet ausweitete, gelang es Basileios II. anfangs nicht, ihn zu schlagen, so daß Samuels Reich sich schließlich von der Adria bis zum Schwarzen Meer erstreckte. Basileios hatte mit Schwierigkeiten sowohl im Innern (Adelsrevolten, die er mit Hilfe einer warägischen Garde niederschlug) wie an der östlichen Front zu kämpfen, doch selbst nach 1001, als er regelmäßig auf

**Das Erstarken von Byzanz unter der makedonischen Dynastie**
Den Byzantinern gelang es zwar, ihr Reich gegen die frühe Welle moslemischer Angriffe zu behaupten, doch waren sie bis zum Regierungsantritt des ersten makedonischen Kaisers Basileios im Jahr 867 zu einem ernsthaften Gegenangriff nicht in der Lage. Während der nächsten 150 Jahre erlebte jedoch Byzanz seine beste Zeit. Die Moslems wurden nach Syrien zurückgedrängt, und die Byzantiner dehnten ihre Herrschaft auf Armenien aus. Als dauerhafter erwiesen sich die Erfolge auf missionarischem Gebiet, als es gelang, die Bulgaren und Slawen auf dem Balkan zu bekehren. Die Annahme des orthodoxen Christentums erleichterte es Byzanz, diese Völker, die sich bisher der kaiserlichen Regierung entzogen und widersetzt hatten, unter seinen Einfluß zu bringen. Die Gebiete wurden schließlich in *Themen* (Verwaltungseinheiten unter Strategen mit ziviler und militärischer Gewalt) unterteilt. Mit der endgültigen Unterwerfung der Bulgaren legte Basileios II. die Grenze des Reiches an der Donau fest. Diese Erfolge ermutigten spätere Regierungen, die Armee zu reduzieren und auf diplomatische Wege zu vertrauen. Das Ergebnis war, daß die byzantinische Armee bei Mantzikert 1071 vernichtend geschlagen wurde, als die seldschukischen Türken in Kleinasien eindrangen. Von diesem Schlag konnte sich Byzanz nie wieder richtig erholen.

*Mitte rechts:* Der große makedonische Kaiser Basileios II. wird hier in seiner Rüstung gezeigt, mit Bulgaren im Vordergrund, die sich demütig vor ihm niederwerfen. Das Bild vermittelt einen Eindruck von der Majestät des betagten Herrschers, der alle anderen Personen überragt, von Christus gesegnet wird und die Amtsinsignien von Engeln überreicht bekommt. Die Darstellung stammt aus einem griechischen Psalter, der für den Kaiser geschrieben wurde (1017–1025).

*Unten rechts:* Diese Illustration aus einer 1066 in einem kleinasiatischen Kloster entstandenen Handschrift zeigt Episoden aus dem Bilderstreit. Die Mönche und der Laienstand lehnten im allgemeinen die Kampagne gegen die religiösen Bilder ab, die von den Kaisern aus nicht ganz klaren Gründen unbarmherzig betrieben wurde. Die Annahme, daß hierbei moslemische Vorstellungen eine Rolle gespielt haben, ist wenig glaubwürdig; wahrscheinlich ging es vorrangig um die Zurückdrängung des mönchischen Einflusses auf die Kirche. Die hier gezeigten Szenen betonen nachdrücklich die Verantwortlichkeit der Bischöfe für die Angriffe auf die bildliche Darstellung Christi und die hervorstechende Rolle von Theodoros Studites auf seiten der monastischen Partei.

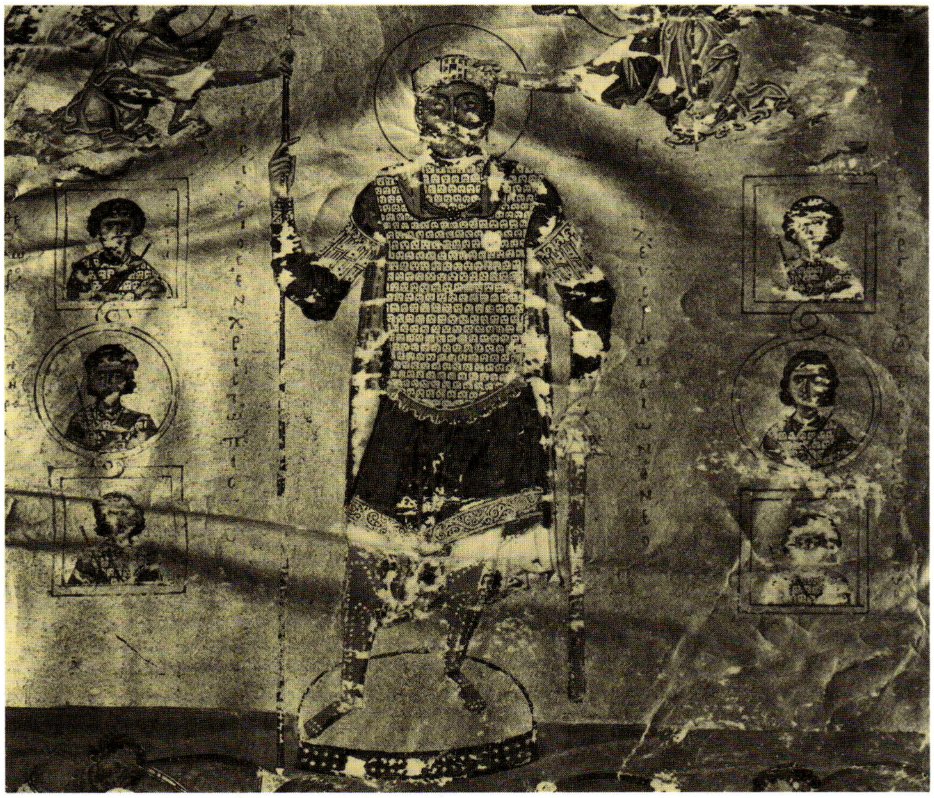

dem Balkan Krieg führte, dauerte es noch 17 Jahre, bis er Westbulgarien Byzanz einverleiben konnte. Somit war der einzige Balkanstaat, der gewagt hatte, Konstantinopel zu trotzen, schließlich unterworfen worden.

Der Vorrang, den die religiöse Organisation des bulgarischen Staates hatte, bestätigt, wie stark der neugewonnene Einfluß der christlichen Kirche auf dem Balkan bald nach Beginn der Missionen in der zweiten Hälfte des neunten Jahrhunderts war. Die griechisch-orthodoxe Kirche, die durch die arabischen Eroberungen auf ein vergleichsweise schmales Gebiet beschränkt worden war, begann um diese Zeit Anhänger jenseits der Reichsgrenzen zu gewinnen, wie es die römische Kirche schon seit dem achten Jahrhundert getan hatte. Der Fürst von Mähren, Ratislaw, wandte sich 860 wegen christlicher Missionare an Konstantinopel; offensichtlich wollte er nicht in das römisch-karolingische Netz verstrickt werden. Die Entsendung der beiden Brüder Kyrillos und Methodios aus Thessaloniki führte zur Einführung der kyrillischen Schrift für die slawischen Sprachen und zu einer Bibelübersetzung in makedonisches Slawisch. Damit war die Missionsbewegung eingeleitet, wenn auch Mähren selbst schließlich die römische Richtung vorzog. Griechische Missionare, die aus Mähren vertrieben worden waren, kehrten auf den Balkan zurück und wirkten unter den südlichen Slawen in Serbien und Makedonien. Sie standen unter dem Schutz von Byzanz, das inzwischen wieder mächtig genug geworden war, um seinen Einfluß auf Dalmatien erneut geltend zu machen, auf »römische« Gebiete wie Kroatien überzugreifen und die Feldzüge in Italien wieder aufzunehmen. Das oströmische Kaiserreich hatte nach den langen Jahren der Agonie seine Vitalität zurückgewonnen.

Die dalmatinischen Städte und serbischen Fürsten leisteten ihren Beitrag zu den Rekrutenerhebungen des Reichs, und Dalmatien wurde als Thema organisiert, um sich die militärischen Ressourcen voll zunutze zu machen. Die Themen waren große Militärzonen, die die diocletianische Einteilung in Provinzen ersetzt hatten. In ihnen waren Truppen stationiert, über die ein *strategos* (Statthalter) die höchste zivile und militärische Macht ausübte. Von Kleinasien aus wurde das System auf andere Gebiete des Reichs übertragen, als Siedler, darunter auch Slawen, hereingeholt wurden, um das Land zu kolonialisieren und zu bebauen und als Gegenleistung eine Militärpflicht zu erfüllen. Indem es die verfügbaren Kräfte mobilisierte und seine wirtschaftliche Situation verbesserte, gewann Byzanz neu an Stärke und machte die Verluste wett, die es durch die Araber im siebten Jahrhundert und den Einfall der Slawen seit dem sechsten Jahrhundert erlitten hatte. Im achten Jahrhundert waren die Themen von Thrakien (gegen die Bulgaren) und Hellas auf den Balkan erweitert worden, um Makedonien und die Peloponnes einzuschließen; im neunten Jahrhundert wird der griechische Griff nach dem Westen sichtbar an der Organisation von Themen für die Ionischen Inseln, Thessaloniki, Dyrrachium und Epiros, bevor schließlich Dalmatien einbezogen wurde.

Die wieder stärkere Einflußnahme von Byzanz auf den Westen stand in den kaiserlichen Zielen allerdings erst an zweiter Stelle. Den Vorrang beanspruchte das Moslemproblem, denn selbst wenn diese ihren direkten Angriff auf Konstantinopel nach 717 nicht wiederholten, machte erst Leon III. durch seinen Sieg bei Acroinon ihren jährlichen Raubzügen in Kleinasien ein Ende. Sein Nachfolger Konstantin V. (741–775) überfiel 746 Nordsyrien und nahm die Festungen Theodosiopolis und Melitene ein, die bis 781 die neue Grenze bildeten, als der junge Harun ar-Raschid die Armee seines Vaters, des abbasidischen Kalifen al-Mahdi, weit nach Kleinasien hineinführte. Nur unter der Bedingung von Tributzahlungen schloß er Frieden. Als die Griechen versuchten, sich für diese Demütigung zu rächen, übte Harun, der inzwischen Kalif geworden war, sofort Vergeltung, und eroberte Heraclaia und Tyana (806) zurück, die am Nordhang des Taurus-Gebirges in Kappadokien lagen. Doch das abbasidische Kalifat in Bagdad engagierte sich natürlich viel weniger stark an der byzantinischen Grenze als das frühere Omajjaden-Kalifat in Damaskus, und um die Mitte des neunten Jahrhunderts waren die Feldzüge entlang der Grenze nicht mehr als jährlich stattfindende Scharmützel geworden, die für die Truppen eine Art Training darstellten und als Entschädigung für die aufgewandten Mühen etwas Beute einbrachten.

843 eroberten die Byzantiner für kurze Zeit Kreta zurück und verheerten Damietta (853), obgleich sie nicht verhindern konnten, daß die Moslems von Nordafrika aus Sizilien einnahmen. An der östlichen Front griff Byzanz jedoch von Samosata bis nach Amida an (856), der damit erneuerte Krieg zeigte, daß es nun zu einem ernsthaften Gegenschlag gerüstet war. Basileios I. gelang es zwar nicht, Melitene wiederzuerobern, doch er drängte die Moslems allmählich immer weiter zurück und konnte mit dem Königreich Armenien einen halbautonomen Pufferstaat errichten.

Während Byzanz mit dem Bulgaren Symeon befaßt war, ging die Initiative wieder auf die Moslems über, die ihre Überlegenheit zur See benutzten, um die Eroberung Siziliens zu vollenden (902) und Demetrias (902) und Thessaloniki (904) zu überfallen. Als Symeon in die Schranken gewiesen war, verstärkte der neue Kaiser Romanos Lakapenos die Flotte und eröffnete den Krieg im Osten mit der Rückgewinnung von Melitene (931–934). Die hamdanidischen Herrscher von Mosul sahen sich zu einem Gegenangriff gezwungen, sie drangen in Nordsyrien ein und kämpften von Aleppo aus gegen die Byzantiner. Dennoch fielen durch den Feldzug von 943 Martyropolis, Amida, Dara, Nisitis und Edessa an das Kaiserreich zurück. In den wiederholten Feldzügen verschob sich die Grenze ständig, und erst unter Nikephoros Phokas und Johannes Tzimiskes wurde die Rückeroberung in großem Umfang zu Ende gebracht. Kreta wurde 961 zurückerworben, in Nordsyrien drang Nikephoros bis Aleppo vor, und in einer Seeschlacht gewann er Zypern (965). Diese militärischen Erfolge waren gleichsam nur die Einleitung für die aufsehenerregende Einnahme Antiocheias nach langer Belagerung und die Unterwerfung Aleppos, der Hauptstadt der Hamdaniden. Tzimiskes rückte von seiner Stellung gegen die Fatimiden vor (die in Syrien eingedrungen waren) und eroberte Palästina bis Caesarea. Für die Einnahme Jerusalems selbst war er zu diesem Zeitpunkt zu schwach. Nach seinem Tod verteidigte Basileios II. Syrien gegen die Fatimiden und zerschlug das Bulgarenreich. Das gesamte neue östliche Grenzgebiet wurde in Distrikte unterteilt: Antiocheia und Mesopotamien unterstanden Herzögen, Edessa, Vaspurkan, Iberia und Theodosiopolis den *catapani* (Offiziere mit militärischer und ziviler Gewalt), und die Themen von Teluch, Melitene und Taron den jeweiligen Statthaltern. Als Basileios II. 1025 starb, war Byzanz auf dem Höhepunkt seiner mittelalterlichen Geschichte. Es hatte seinen erstaunlichen und unvorhersehbaren Wiederaufstieg zur bedeutenden Militär- und Seemacht gegen Angriffe von allen Seiten verwirklicht.

Die alte Festung von Aleppo wurde von Nureddin wiederaufgebaut, das große Tor und die Eingangsbrücke kamen unter den Aijubiden-Herrschern im frühen 13. Jahrhundert hinzu. Dieses vielleicht schönste Tor im ganzen Osten mußte vielfach restauriert werden, besonders nach dem Angriff Timur Lenks im Jahre 1400.

**Die Geschichte des Islam im elften Jahrhundert**
Das Omajjaden-Kalifat wurde nach längeren politischen Kontroversen begründet und hatte Schwierigkeiten, seine Herrschaft in Mekka durchzusetzen. Nach ihrer Ablösung durch die Abbasiden-Dynastie gründeten die Omajjaden in Spanien ein eigenes Emirat (756). Trotz der politischen Teilungen blieb die religiöse Einheit des Islam erhalten, doch die Unterschiede zwischen den orthodoxen Sunniten und den vielfältigen Sekten, einschließlich der Sunniten, schufen ernste Probleme. Die Einsetzung eines separaten Kalifats durch den schiitischen Herrscher von Kairouan in Nordafrika (909) stellte zum ersten Mal den Zusammenhalt des Islam ernsthaft in Frage. Mit der Verlegung dieses Kalifats nach Kairo (969) wurde es zu einer furchtbaren Bedrohung für den orthodoxen Islam in seinem Kerngebiet. Um diese Zeit befand sich der Kalif von Bagdad selbst in der Gewalt seiner schiitischen »Beschützer«, der Bujiden. Die Unfähigkeit der abbasidischen Kalifen, die formale Einheit des Islam zu bewahren, steht stellvertretend für den Zusammenbruch der spezifisch islamischen Idee von einem religiösen Staat. Die Herrschaft ging an Militärführer über, die sich gewöhnlich auf die Unterstützung ihrer eigenen Völker und Stämme, besonders der türkischen, verließen.

## Die politische Zersplitterung des Islam

Die byzantinischen Erfolge im Osten zeigten, daß die islamischen Streitkräfte nicht länger unbesiegbar waren. Der Islam hatte seine mittelalterlichen Grenzen (außer im Westen) zwar noch nicht erreicht, doch auch durch die Übernahme des Kalifats durch die Abbasiden waren nicht alle Probleme gelöst worden, die sich aus der Herrschaft über so weitausgedehnte Gebiete ergaben. Die Omajjaden hatten in Spanien ein eigenes Kalifat gegründet, und auch Marokko und der Maghreb besaßen eigene unabhängige Herrscher. Die Verlegung der islamischen Hauptstadt von Damaskus in das 762 gegründete Bagdad unter al-Mansur (754–775) hatte es in der Praxis durchaus nicht leichter gemacht, über die weiter im Osten gelegenen islamischen Länder zu gebieten, trotz des Glanzes und der großen kulturellen Leistungen der Abbasiden-Herrscher.

Harun ar-Raschid, der al-Mansur als Kalif gefolgt war,

hatte bei seinem Tod sein Reich zwischen zweien seiner Söhne geteilt. Als der jüngere, al-Mamun, das Kalifat seines Bruders an sich riß, unterstellte er sein eigenes Herrschaftsgebiet, Chorasan, seinem siegreichen General Tahir (820). Tahir und seine Nachfolger (Tahiriden) waren nominell Vasallen des Kalifen, handelten aber faktisch unabhängig. Tatsächlich setzte mit ihnen der Prozeß des islamischen Zerfalls im Osten ein. In Bagdad stellte der neue Kalif, al-Mamuns Bruder al-Mutasim (833–842), eine türkische Leibgarde auf, um sich gegen seine eigene Armee zu schützen. Auf die Tahiriden-Herrscher von Chorasan folgten 872 die Saffariden, eine Dynastie aus Sagastan (Sistan), die sich zu Herren über Persien machten und mutig Bagdad bedrohten, bevor sie selbst anderen Usurpatoren weichen mußten: den Samaniden, einer Dynastie, die von einem persischen Adligen abstammte. Als Perser förderten sie ihre einheimische Literatur ebenso wie arabische Gelehrsamkeit. Noch der Philosoph und Wissenschaftler Avicenna (980–1037) profitierte von ihrer Bibliothek in Buchara. Im frühen zehnten Jahrhundert kam es dann zu einer offenkundigen Spaltung des Islam, als neben dem abbasidischen zwei neue Kalifate entstanden: das der Fatimiden und das der Omajjaden in Spanien. Das Gegenkalifat der Fatimiden war von dem Schiiten Imam al-Mahdi 909 in Kairouan in Nordafrika gegründet worden, als er die Aghlabiden-Dynastie verdrängte. Die Fatimiden weiteten ihre Herrschaft schnell über ganz Nordafrika aus, und nachdem Ägypten 969 nach mehreren Anläufen erobert werden konnte, wurde Kairo die Hauptstadt des Fatimiden-Reichs.

Zwei Jahrhunderte lang regierten die schiitischen Fatimiden den mächtigen Moslemstaat. Von den Aghlabiden hatten sie eine starke Flotte übernommen, doch die eigentliche Grundlage ihrer Macht war das reiche, bereits ein Jahrhundert von den Abbasiden unabhängige Ägypten. Seine Unabhängigkeit hatte es einem Türken namens Ahmed ibn-Tulun zu verdanken. Dieser war vom abbasidischen Kalifen nach Ägypten geschickt worden. leitete aber dann den Widerstand gegen Steuerforderungen, die viel Verstimmung ausgelöst hatten, und errang die Autonomie. Ahmeds Macht beruhte auf seiner Armee, und er dehnte seine Herrschaft auf Syrien aus (877). Für kurze

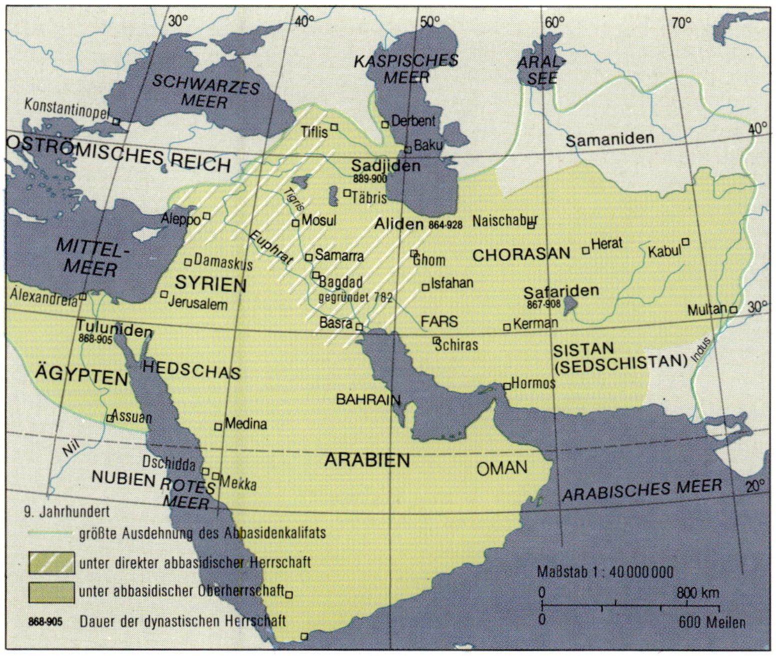


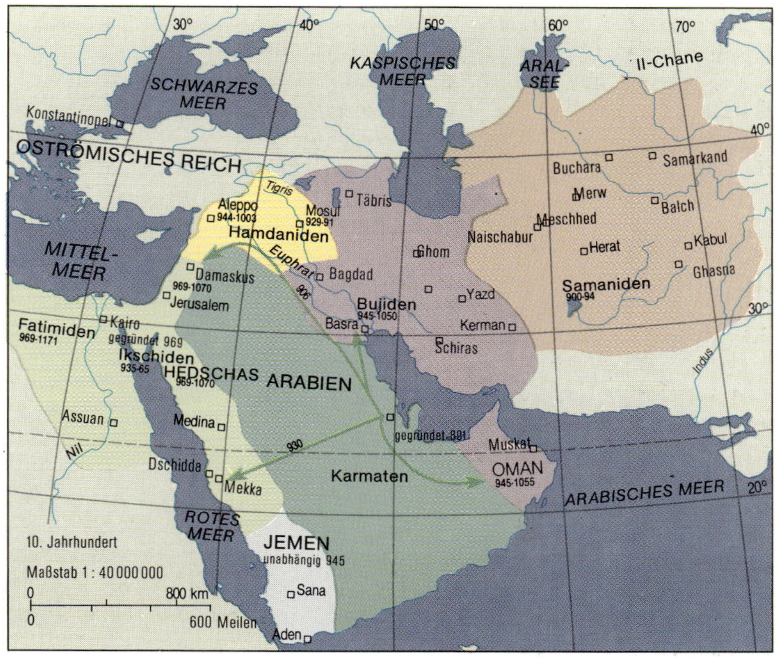


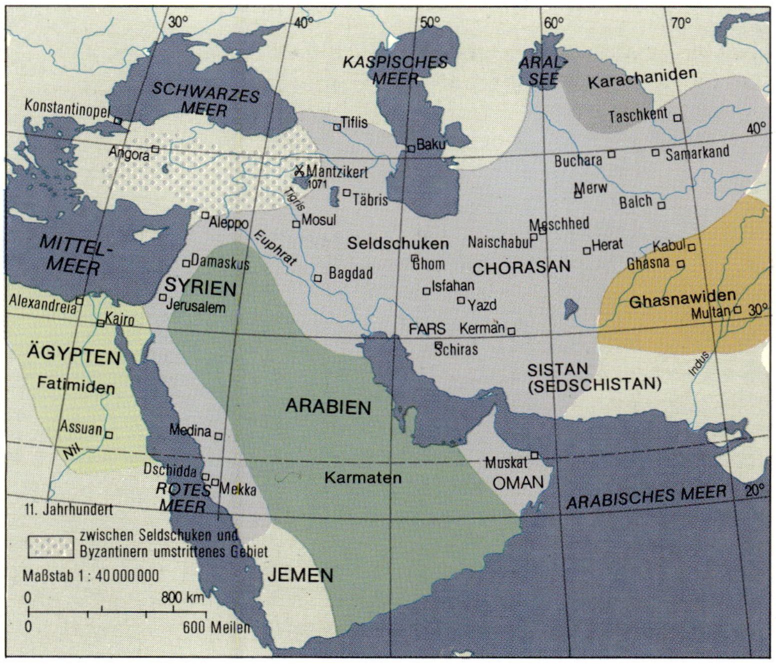


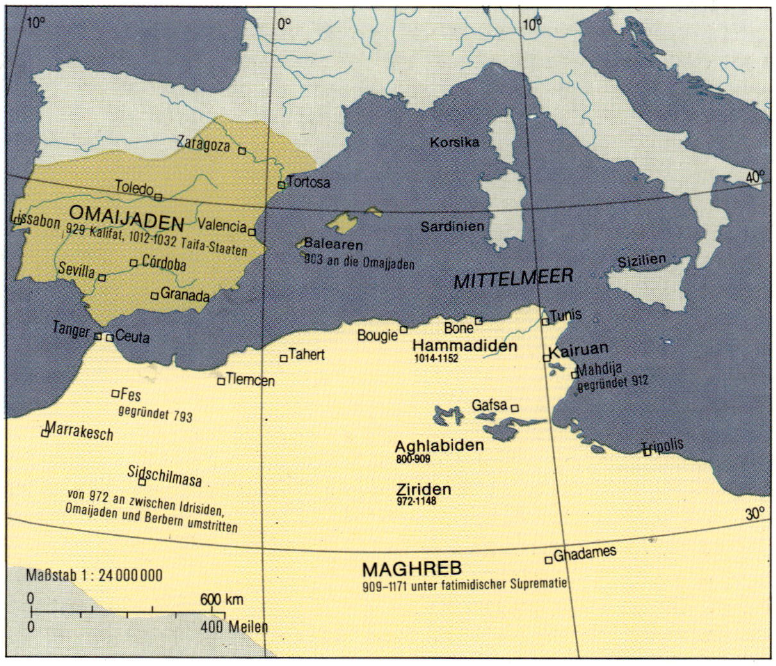

Zeit fiel das Land an die Abbasiden-Herrscher zurück (905–935), dann wurde es wieder das Lehen eines anderen Türken, Mohammed ibn-Tugh, der Ägypten erneut mit Syrien verband und die heiligen Städte Mekka und Medina jenseits des Roten Meeres besetzte. Seine Dynastie, die Ichschiden, wurde schließlich von den Fatimiden verdrängt, die in Ägypten eine geeignete Basis für ihre Aktivitäten fanden. Unter ihnen erlebte das Land einen großen wirtschaftlichen Aufschwung, und sie führten ein Programm öffentlicher Bauten durch, deren erhaltene Reste noch die Tatkraft und den Glanz der neuen Regierung zeigen. Allerdings gelang es ihnen nicht, die sunnitischen Ägypter zu ihrer schiitischen Konfession zu bekehren.

Ein weiterer islamischer Teilstaat war der der Ghasnaviden. Alpitgin, ein früherer samanidischer Gouverneur von Chorasan, hatte 962 das afghanische Ghasnah erobert, die künftige Hauptstadt eines neuen Reiches, das bis in den Pandschab (erobert 1001–1024) reichte und den größten Teil des samanidischen Gebiets umfaßte. Hier gerieten die Ghasnaviden jedoch in Konflikt mit einer noch mächtigeren Familie, den Bujiden. Die Bujiden waren ebenfalls Schiiten und hatten sich zu Herren über Persien erhoben, bevor sie 945 auf Bagdad vorrückten. Die türkische Garde des Kalifen floh, und der Bujidenführer Ahmad ibn Bawaj wurde faktischer Inhaber der Macht, obwohl er den abbasidischen Kalifen in seinem Amt be-

**Spanien zur Zeit der Westgoten und der Omajjaden**
In dieser Periode kam es erstmals zu einer effektiven Organisation der spanischen Kirche, die spezifische Bedeutung der nördlichen Regionen trat hervor, und der Süden (Andalusien) wurde zu einem Zentrum moslemischer Kultur. Daß das Christentum im Norden überlebte, verlieh dieser Region, zusammen mit ihren Verbindungen über die Pyrenäen, ein stärkeres Gewicht und dem mittelalterlichen Spanien einen neuen Charakter, während es in der Antike mehr den Einflüssen aus dem Mittelmeerraum offengestanden hatte.

*Rechts:* Mit dem Bau der Omajjaden-Moschee in Córdoba, der größten mittelalterlichen Moschee außerhalb Mekkas, wurde unter dem Kalifen Abd-ar-Rahman I. im Jahre 785 begonnen. Bis zum späten zehnten Jahrhundert wurde sie verschiedentlich umgebaut und vergrößert, was auch die Verlegung des *mihrab* notwendig machte. Hier ist die sogenannte Kapelle von Villaviciosa mit ihrer exquisiten Dekoration aus dem neunten Jahrhundert zu sehen. Die Grabtafeln stammen aus der westgotischen und arabischen Periode.

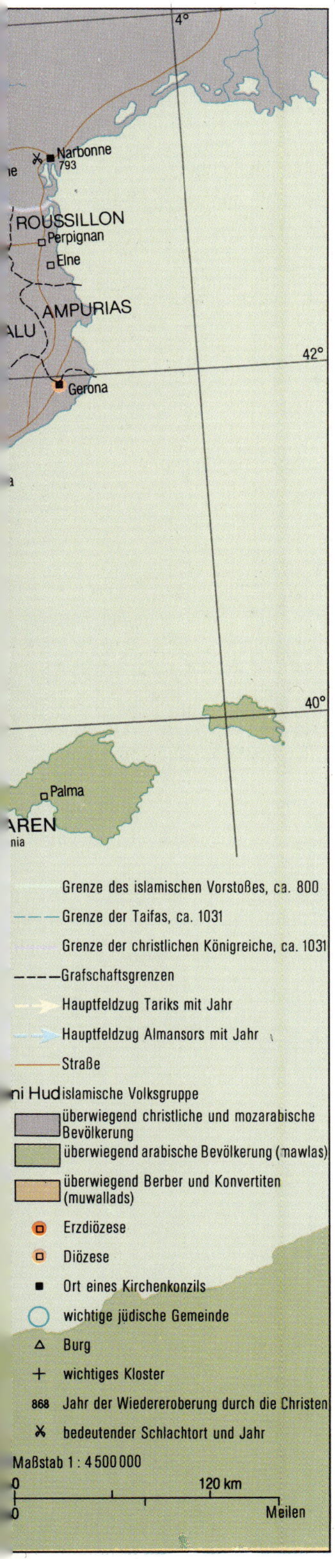


ließ. Während des Jahrhunderts ihrer Vormachtstellung konnten sie den Kalifen nach ihrem Belieben bestimmen. Ihre Dominanz wurde jedoch mangels einer festen Erbfolgeregelung innerhalb der Dynastie durch familiäre Machtkämpfe erschüttert, und schließlich mußten sie den seldschukischen Türken weichen, die bereits vor ihrem kraftvollen Ansturm den sunnitischen Glauben angenommen hatten.

Kurz nach der Besetzung Bagdads durch die Bujiden hatten ihre zukünftigen Bezwinger die Grenzen der islamischen Welt erreicht und sich im Gebiet von Buchara niedergelassen. Die Samaniden wurden durch die Ilgchane von Turkestan aus Buchara vertrieben, und die Seldschuken zogen, durch das Beispiel angespornt, weiter und übernahmen Buchara für sich selbst, um dann tiefer durch die Länder der Samaniden und der Ghasnaviden vorzustoßen. Der Führer der Seldschuken, Togrylbeg, besetzte Merw und Naysabur in Chorasan 1037. In den nächsten 20 Jahren waren die Bujiden selbst seldschukischen Angriffen ausgesetzt, und nach der Eroberung Persiens eilten die Seldschuken dem Kalifen zu Hilfe, um ihn von seinen gottlosen Oberherrn zu befreien. Die Seldschuken erneuerten die politische Stärke des Islam, eroberten Syrien und die heiligen Stätten Arabiens von den schiitischen Fatimiden zurück und strömten nach Kleinasien, wo die byzantinischen Armeen, die bei Mantzikert 1071 geschlagen wurden, eine Besetzung durch die Moslems nicht verhindern konnten. Die ruhmvollen Rückeroberungen von Byzanz unter der makedonischen Dynastie gingen damit an die wiedererstarkte islamische Macht verloren.

## Glaubenskämpfe in Spanien

Das zweite Kalifat, das im frühen zehnten Jahrhundert errichtet worden war, ist zwar im Westen besser bekannt, sein Einfluß auf den Islam war aber viel kurzfristiger als der der Fatimiden. Der Omajjaden-Herrscher Abd ar-Rahman III. (912–961) nahm 929 den Kalifentitel an. Zuvor hatte er im moslemischen Teil der Iberischen Halbinsel die Gewalt an sich gebracht, sich gegen das christliche Spanien behauptet, sowie die Anerkennung seiner Herrschaft in Marokko durchgesetzt. Mit seiner Flotte konnte er als einziger die Fatimiden wirksam von See her bedrohen, und zweifellos nahm er den Titel Kalif an, um sie durch seine Orthodoxie herauszufordern. Seine Hauptstadt Córdoba wurde in dieser Zeit eine der prachtvollsten Städte der Welt, ihr Reichtum und ihr kultureller Glanz fanden in Europa nicht ihresgleichen. Abd ar-Rahman baute eine florierende Verbraucher- und Luxusgüterindustrie auf, förderte Binnen- und Fernhandel ebenso wie Kunst und Wissenschaft. Auch sein Sohn, Kalif Hakam II., trat als großzügiger Mäzen von Dichtern, Künstlern und Gelehrten hervor. Nach dessen Tod riß der ebenso fähige wie skrupellose Feldherr Almansor (Mohammed ibn Abi Amir, 977–1002) die Herrschaft an sich. Er kämpfte ruhmreich gegen die schiitischen Fatimiden in Nordafrika und suchte fast alljährlich die christlichen Königreiche im Norden heim. Sein Söldnerheer plünderte 985 Barcelona und zerstörte 997 die neue Wallfahrtskirche in Compostela, deren Bronzetore und Glocken von christlichen Gefangenen mitgeschleppt werden mußten. Doch nach seinem Tod kam es zu Thronwirren und zur Zerstückelung des Staates, der nie wieder seine alte Machtstellung zurückgewann. Wie auch in den islamischen Reichen im Osten, die unter Militärführern eine kulturelle und wirtschaftliche Blüte erlebt hatten, war es nicht gelungen, einen politischen Zusammenhalt zwischen den einzelnen Gebieten zu schaffen, und so beruhte der legendäre Ruf der Araber in Spanien auf der Leistung von knapp 100 Jahren.

Trotz der moslemischen Erfolge hatten sich im zehnten Jahrhundert die kleinen christlichen Reiche behaupten können. Der Glanz des Kalifats von Córdoba kann nicht darüber hinwegtäuschen, daß die Moslems in Spanien viel öfter politisch gespalten als geeint waren, und die Vielzahl der politischen Organisationen spiegelt die große geographische Vielfalt des Landes wider. Den Westgoten war es zwar gelungen, von ihrer Hauptstadt Toledo aus eine gewisse territoriale Einheit zu entwickeln, aber ihre Herrschaft war im ganzen Land eher umstritten gewesen. Auch die moslemische Eroberung nach 711 hatte nicht sofort zur Begründung einer wirksamen Regierung über ganz Spanien geführt. Erst die Einnahme Córdobas im Jahre 750 durch den Omajjaden Abd ar-Rahman I. begründete eine Dynastie auf der Iberischen Halbinsel, während zuvor der moslemische Herrscher nominell ein Emir war, der von Nordafrika oder Damaskus ernannt wurde. Doch auch zu dieser Zeit konnte das christliche Asturien mit seiner Hauptstadt Oviedo die Unabhängigkeit verteidigen. Neben dieser christlichen Enklave ist noch die Spanische Mark zu nennen, die von Karl dem Großen gegründet worden war, und aus der sich später die Grafschaft Katalonien und ein Königreich (Pamplona, benannt nach seiner Hauptstadt, später: Navarra) entwickelte. Mehr als zwei Jahrhunderte mußten diese kleinen Staaten in den Bergen Nordspaniens sich der moslemischen Angriffe erwehren, bis ihre Zeit gekommen war.

Nach dem Verfall des fränkischen Karolingerreiches blieben diese armen und abgelegenen Reiche auf sich selbst angewiesen. Im frühen zehnten Jahrhundert jedoch konnte der König von Asturien, Alfons III., sein Herrschaftsgebiet nach Westen und Osten hin ausweiten, und er verlegte seine Hauptstadt von Oviedo nach León. Unter Ferdinand I. (1035–1065) wurde dann die östliche Grenzmark Kastilien, die besonders stark expandiert war, auf Kosten von León erweitert und zu einem eigenständigen Königreich erhoben. Die neuen Ländereien wurden mit Kolonisten besiedelt, die die großzügigen Bedingungen der Herrscher angelockt hatten. Trotzdem sah sich das Reich ständigen Angriffen des mächtigen Kalifats aus-

gesetzt, wozu die internen Zwistigkeiten häufig Gelegenheit boten. Auch Pamplona im Nordosten hatte es unter Abd ar-Rahman III. mit moslemischen Vorstößen zu tun, ohne daß damit sein entschlossenes Ausgreifen über die Pyrenäen verhindert werden konnte. Durch die Besetzung von Najera und des größten Teils von La Rioja schuf es sich die Ausgangsbasis, um der bedeutendste christliche Staat auf der Iberischen Halbinsel zu werden. Gute Beziehungen zu Almansor, dem einflußreichsten Moslem in Spanien im späten zehnten Jahrhundert, sicherten den Frieden. Unter Sancho dem Großen (1000–1035) umschloß das Königreich Pamplona die Grafschaften Aragón, Sobrabre und Ribagorza, und sein Einfluß erstreckte sich bis Barcelona und die Gascogne, bevor es sich Kastilien (1029) und Léon (1034) einverleibte. Sancho war der bedeutendste christliche Herrscher, den Spanien seit 711 gehabt hatte. Eine Zeitlang sah es so aus, als ob die spanischen Christen zu einer dauerhaften politischen Einheit finden würden, doch schon nach seinem Tod teilten seine Söhne das Gebiet in vier Königreiche auf, die sich schnell auf drei reduzierten: Kastilien, Aragón und »Navarra«. »Navarra« fiel 1076 an die beiden anderen Herrscher, wurde jedoch 1134 wieder hergestellt, als sein Name zum ersten Mal verwendet wurde.

Um diese Zeit hatte sich das spanische Kalifat in mehrere Nachfolgestaaten aufgelöst, die sogenannten *Taifas.* Ihre Schwäche gab besonders den christlichen Königen von Kastilien und Aragón Gelegenheit, im Süden zu intervenieren und an den sagenhaften Reichtümern der Moslems zu partizipieren, indem sie ihre militärische »Hilfe« verkauften. Der neue Wohlstand im christlichen Spanien weckte natürlich das Interesse der übrigen Christenheit, nicht nur in der Gascogne, das mit ihm unmittelbar in Verbindung stand, sondern bis in das entfernte Burgund. Hier war das bedeutende Kloster Cluny, das von Wilhelm dem Frommen von Aquitanien 911 gegründet worden war, zum Ausgangspunkt der großen religiösen Erneuerungsbewegung geworden. Die Habgier nach moslemischen Gebieten trieb französische Rekruten in die spanischen Heere, die nunmehr das Königreich von León nach Toledo ausdehnten (1085). Besorgt um ihre weitere Existenz, suchten die islamischen Herrscher von Sevilla, Bajadoz und Granada Beistand aus Marokko, wo die Almoraviden, eine militante Moslembewegung, einen Staat mit Marrakesch als Zentrum geschaffen hatten (1062). Die Almoraviden besiegten die Kastilier 1086, konnten aber Toledo nicht zurückgewinnen. Ihr Führer, Jusuf ibn-Taschfin, wandte sich dann gegen seine eigenen Verbündeten und gründete einen neuen aggressiven Moslemstaat im Süden, der schließlich unter dem Kalifat seines Sohnes Ali (1106–1143) alle Taifas wiedervereinigte. Doch bereits zwei Jahre nach seinem Tod wurden sie durch

Die Festung von Loarre (»felsiges Gelände«) befand sich im zehnten und elften Jahrhundert im Grenzgebiet zwischen den Christen der Pyrenäen und den moslemischen Herrschern von Huesca. Nachdem sie 1070 endgültig in den Besitz der Christen fiel, machte König Sancho Ramirez sie zu seiner Lieblingsresidenz und gründete hier seine königliche Kapelle. Mit der Besetzung von Huesca durch die Christen verlor Loarre jedoch seine strategische Bedeutung.

einen Aufstand der Ibero-Moslems wieder aus Spanien vertrieben. Wie die Almoraviden ihren moslemischen Glaubensbrüdern, kamen auch die Franzosen den dortigen Christen zu Hilfe. Die Iberische Halbinsel wurde so zum Schlachtfeld der rivalisierenden Religionen.

Im Laufe der lang andauernden Auseinandersetzungen zwischen Christentum und Islam und der ständigen Verschiebungen der militärischen Fronten verloren die Spannungen jedoch etwas an Schärfe, die von den christlichen Verbündeten der Spanier in den Konflikt eingebracht worden war. Das Spanien des zwölften Jahrhunderts bot den Christen in der Tat eine gute Gelegenheit, mit der überlegenen moslemischen Geisteswelt gleichzuziehen. Die islamische Gelehrsamkeit wurde von Männern wie dem Erzbischof von Toledo, Raimund, und Petrus Venerabilis, dem Abt von Cluny, hochgeschätzt, die beide Übersetzungen von Werken aus dem Arabischen förderten. Viele Spanier und Juden waren zweisprachig und dienten ebenfalls als Mittler zwischen den beiden Kulturen. Auf der moslemischen Seite hat diese intellektuelle Begegnung zweier Welten den großen Philosophen Ibn Ruschd (Averroes, 1126–1198), und auf der anderen den jüdischen Philosophen Maimonides (1135–1204) hervorgebracht.

Wesentlich zu diesem kulturellen Austausch hat wahrscheinlich die Unfähigkeit der politischen Führung – sowohl der Christen wie der Moslems – beigetragen, ihre Völker für gemeinschaftliche militärische Aktionen zusammenzuhalten. Das Königreich Kastilien wurde nach dem Tod von Alfons VII. (1157) in León und Kastilien aufgeteilt und hatte sich schon mit der Entstehung des neuen unabhängigen Königreichs Portugal abfinden müssen. Im Nordwesten fiel Navarra von Aragón ab (1134), das durch Heirat mit Katalonien vereinigt wurde. Die Katalanen, die unter diesem Namen zum ersten Mal um 1000 in Erscheinung getreten waren, besaßen in dem Grafen Raimund Berenguer IV. einen Herrscher, dessen Dynastie schon zwei Jahrhunderte lang in den Gebieten der Spanischen Mark Karls des Großen dominiert hatte. Nach der Abdankung Ramiros II. von Aragón übernahm Raimund die Regierung und eroberte Tortosa (1148) und Lérida (1149) von den Moslems; später kam durch Heirat auch die Provence hinzu. Katalonien hätte gut unter der französischen Monarchie verbleiben können wie sein Nachbar Gotien, von dem es erst 875 abgetrennt worden war. Im elften Jahrhundert gab es jedoch schon längst keine wirksame fränkische Obrigkeit in Südgallien mehr, und angesichts der realen Macht, die von den Herrschern in den verschiedenen Provinzen ausgeübt wurde, lag eine Aufteilung von Gallien in einzelne »Königreiche« durchaus im Bereich des Möglichen.

### Neue Staaten in den karolingischen Ländern

Karl der Große hatte vorgesehen, daß sein Reich unter seine drei Söhne aufgeteilt werden sollte. Die nördlichen Gebiete einschließlich Burgunds sollten an seinen ältesten Sohn Karl fallen, Italien und Bayern an Pippin und der größte Teil von Frankreich westlich der Alpen und südlich der Loire an seinen jüngsten Sohn Ludwig. Bei der wirklichen Teilung unter den Söhnen Ludwigs (843) war das Ergebnis ganz anders. »Frankreich« und »Deutschland« entstanden, getrennt durch ein »mittleres« Reich, das Kaiser Lothar zugewiesen wurde. Auf seinem Boden befanden sich die führenden fränkischen Städte. Die so errichtete Ostgrenze Frankreichs sollte im ganzen Mittelalter gültig bleiben. Die karolingischen Herrscher Frankreichs hielten prinzipiell an den universalen Ansprüchen ihres Hauses fest, aber 888 wurden die Karolinger durch den Grafen Odo vom Thron verdrängt. Odo, der seinen militärischen Ruf durch die Verteidigung von Paris gegen die Dänen (885–886) erworben hatte, wurde zum König ernannt und regierte von 888 bis 898. Nach seinem Tod erhielt Karl der Einfältige die Krone von Frankreich, die er jedoch 922 an Robert von Franzien und schließlich an dessen Schwiegersohn verlor. Obwohl Karls Sohn Ludwig, der Überseeische, schließlich 936 zur Herrschaft kam, lebte die erneuerte karolingische Linie in Furcht vor Wiederabsetzung, und trotz der bemerkenswerten Beharrlichkeit der Familie kam es zu keiner dauernden Restauration ihrer Macht.

Die Stärke der Kapetinger, der Militärführer im Norden, hob sich vorteilhaft von der der Könige ab. Als der junge Regent Ludwig V. 987 starb, zogen es die Notabeln des Reiches vor, den Kapetingerherzog Hugo Capet zum König zu machen, statt nach einem »fremden« karolingischen Regenten (aus Deutschland) zu suchen. Die Kapetingerdynastie herrschte über das Königreich Frankreich bis zum Ende der Monarchie im Jahre 1792. Hugo Capet war der mächtigste unter den französischen Fürsten: er besaß große Ländereien, die Unterstützung der Kirche, wertvolle familiäre Verbindungen, eine ansehnliche Gefolgschaft und mit dem Herrscher der Normandie einen mächtigen Vasallen. Nach seiner Krönung durch den Erzbischof von Reims wurde das Herzogtum Burgund für seinen jüngeren Bruder Heinrich erworben und in der Familie behalten, aber andere Länder im alten burgundischen Königreich akzeptierten die kapetingische Herrschaft nicht. Unter Hugo Capet wurde Frankreich zur Monarchie mit eigener Nation, die die Oberhoheit des Heiligen Römischen Reiches nicht mehr anerkannte. Doch stellte Frankreich zu diesem Zeitpunkt in völkischer und sprachlicher Hinsicht noch keineswegs eine Einheit dar. Der Nordosten war mehr germanisch als französisch, die Normandie normannisch, die Bretagne, die ohnehin eine eigenständige Rolle spielte, keltisch. Die Provence hielt an ihren romano-gallischen Traditionen fest, während das französische Pyrenäengebiet ebenso wie das angegliederte Katalonien gotisch waren. Die Aufgabe, aus dieser Vielfalt eine Einheit zu schmieden, sollte noch viele Jahrhunderte in Anspruch nehmen.

Die Macht der Kapetinger in den nächsten zwei Jahrhunderten gründete sich auf die Domänen der Familie und ihren Anspruch auf die Vasallentreue der vornehmsten Grafen des nördlichen Frankreichs. Unter ihnen war der bedeutendste der Herrscher der Normandie, der sich seit der Zeit Richards II. (996–1025) als Herzog bezeichnete. Ursprünglich war die Normandie eine bescheidene Grafschaft mit Rouen als Zentrum gewesen, die Rollo 911 zuerkannt worden war. Bis 933 hatte sie sich bis Bayeux und in das Gebiet westlich bis Mont St. Michel ausgedehnt. Nicht alle Normannen hatten den christlichen Glauben angenommen oder die kirchliche Rechtsprechung vor dem Ende des zehnten Jahrhunderts akzeptiert, aber seit Richard II. erfreute sich der Herzog einer beneidenswerten Machtstellung über die Soldaten und die Kirche seines Herrschaftsbereiches, die der der Karolinger gleichkam. Die Vitalität der Normandie ist auch durch Pilger und Auswanderer bezeugt, die nach Italien reisten. Dort gewannen sie Ansehen und Reichtum. Sie waren Franzosen der Sprache, aber Normannen ihrem Wesen nach. Die Normandie war auch bereits sehr an den Geschehnissen in England interessiert, und schon lange ehe der Enkel Richards II., Wilhelm »der Bastard« (»der Eroberer«), König von England wurde, hatte sein französischer Souverän aufgehört, mehr als nur eine nominelle Rolle in seinen Angelegenheiten zu spielen.

Eine mit der Normandie vergleichbare Stellung hatte Flandern inne, wo die Verteidigung von den karolingischen Grafen beansprucht wurde, die ihre Rechtsprechung vom alten Bezirk *(pagus)* von Brügge und der Yser-Mündung auf Courtrai, Boulonnais, Tournai und die Grafschaften von Gent und Waesland ausgeweitet hatten. Graf Arnoul (918–965) zog Nutzen aus den politischen Streitigkeiten der letzten karolingischen Könige und der kapetingischen Herzöge und baute das Fürstentum Flandern auf, wobei er die Bewohner französischer und niederländischer Sprache zusammenschloß. Zwischen 1002–1056 wurde es dann noch um die niederlothringischen Grafschaften Alort und Hennegau, die Landschaften Overscheide und Vier Ambaoten sowie fünf seeländische Inseln erweitert.

Die Situation im zehnten Jahrhundert war unsicher genug, um die Ausübung der lokalen Macht durch die Grafen zu rechtfertigen, denn sie konnten die örtlichen Probleme viel besser angehen, als dies die weit entfernten Könige vermochten. Zwistigkeiten über die königliche Nachfolge, die einen sechsmaligen Wechsel der Dynastie innerhalb eines Jahrhunderts (888–987) zur Folge hatten, die Überfälle der Magyaren und Konflikte mit Lothringen und mit den deutschen Königen schränkten die praktische Ausübung der königlichen Oberhoheit ein. Die Funktion der Königswürde, die die Einheit des Reiches symbolisierte, änderte sich notwendigerweise. Die Grafen ignorierten den König, nach 987 trachteten sie sogar danach, sich an seine Stelle zu setzen. Doch im wesentlichen befestigten sie ihre lokale Herrschaft, die auf ihrer Fähigkeit beruhte, eine eigene Militärmacht aufzubauen, den Militärdienst attraktiver zu machen und einen Sold zu zahlen, Burgen zu errichten und ein gewisses Kapital aufzubringen, indem sie Münzen prägten, Zölle und Steuern erhoben oder gar den Kirchen käuflichen Schutz anboten. Sie besaßen faktisch die unumschränkte Gewalt in ihren Ländern, und die Autorität des Königs war im wesentlichen auf seine eigenen königlichen Domänen beschränkt. Ihre Macht basierte auf der Loyalität ihrer Vasallen; sie suchten weder nach einer religiösen, geschweige denn nach einer moralischen Legitimation ihrer Herrschaft. Viele waren fromme Schirmherren der Klöster, doch nur wenige verfügten über soviel Autorität, um Kirchenämter besetzen zu können – einzig dem Herzog der Normandie stand das zu. Auch anderswo überschnitt sich ihre tatsächliche Hoheitsgewalt mit der der Kirche nicht wirklich. Der hohe Klerus billigte die neue Ordnung nicht, die sie lokalen Despoten gegenüber angreifbarer machte, und indem sie die Erinnerung an Karl den Großen lebendig erhielten, taten sie ihr bestes, um die Vorstellung von einem universalen christlichen Königtum zu retten.

Das Frankreich der Kapetinger hatte hinter der Loire oder in Burgund wenig Bedeutung, wo durch den Zusammenbruch der karolingischen Regierung alte römische Traditionen wieder auflebten. Es waren dies die Länder, wo eher das geschriebene als das Gewohnheitsrecht herrschte, und wo die Idee der Vasallentreue, die im Norden geschätzt wurde, den Anflug von Unterwürfigkeit besaß. In Aquitanien hatte sich der Herzog Karl der Kahle, der nachmalige König, wie anderswo auch angemaßt, die Grafen zu beaufsichtigen und gab sich nicht einmal Mühe, wie in »Frankreich« oder Burgund eine »Feudal«-Macht zu errichten. Seine Streitkräfte bestanden nicht aus Vasallen, doch aus treuen Männern, die für ihre Dienste bezahlt wurden. Vom Süden dehnten die Basken ihren Einfluß auf die Garonne aus, was die Ansprüche der Herzöge von Poitiers ausschaltete. Obgleich diese sich nach 984 den Titel Herzog von Aquitanien zulegten, waren sie nicht imstande, ihre Herrschaft auf das Gebiet jenseits der Garonne auszuweiten, bis die Herzogtümer »Gascogne« und Aquitanien 1052 vereinigt wurden. Die 817 errichtete Grafschaft von Toulouse wurde unabhängig und durch die Erwerbung von Albi und Quercy vergrößert, wodurch andererseits Gotien auf die Gebiete von Rodez und Narbonne beschränkt wurde. Aquitanien hatte sehr unter den karolingischen Eroberungen von 760–768 gelitten; nach dem Zusammenbruch des Reiches kehrte es glücklich zu seinen älteren Traditionen zurück und nahm seine Verbindungen über die Pyrenäen wieder auf. Im elften Jahrhundert erlebte es eine bemerkenswerte Zeit der kulturellen Erneuerung in Dichtung und Literatur. Seine Führer spielten eine hervorragende Rolle bei der Förderung des cluniazensischen Reformgedankens und bei der Kreuzzugsbewegung in das Heilige Land.

Anders als Aquitanien, stützte sich das Königreich, das 843 für Kaiser Lothar errichtet worden war, auf kein geographisch, sprachlich oder kulturell zusammenhängendes Gebiet. Nach nur zwölf Jahren wurde es unter seinen Söhnen abermals geteilt. Der älteste, Ludwig II., übernahm das Königreich von Italien und den Kaisertitel; der zweite, Lothar II., die Ländereien im Norden, die nach ihm Lothringen benannt wurden; der jüngste, Karl, der 863 starb, erhielt den südlichen Teil des alten burgundischen Königreichs. Nach Karls und auch Lothars Tod wurden ihre Länder unter ihren habsüchtigen Verwandten aufgeteilt. Es ist erstaunlich, daß trotz dieser Regierungswechsel und Lothars kurzer Herrschaft Lothringen bestehen blieb, 888 ein Herzogtum und von 895–900 unter Zwentibold, dem Sohn Arnulfs von Kärnten, sogar ein Königreich wurde. 911 fiel es unter karolingische Herrschaft, als Konrad der Franke die deutsche Königswürde erhielt, doch sein Nachfolger, der sächsische König Heinrich, stellte die Hoheit des Herzogtums 925 wieder her. Unter Otto I. kam es an dessen Bruder Bruno, den Erzbischof von Köln, der es teilte: in Ober-Lothringen an der Mosel und Nieder-Lothringen von Luxemburg nordwärts. Die Ausschaltung der herzoglichen Macht erlaubte es mehreren einzelnen kirchlichen und weltlichen Fürstentümern, sich zu etablieren, und Lothringen wurde so zum Namen eines kleinen Herzogtums an der Grenze zur größeren Grafschaft Burgund.

Der vielfältige Wechsel in der Namensgebung für Gebiete innerhalb des Mittelreichs läßt sich vielleicht noch besser am Beispiel Burgunds demonstrieren. Burgund bestand anfangs maßgeblich aus dem Herzog Karl (855–863)

Der Mönch San Millan de la Cogolla (Aemilius Cucullatus, gestorben 574) war nach Jakobus von Compostela der meist verehrte spanische Heilige. Das Relief auf dem Elfenbeinschrein mit seinen Reliquien zeigt Episoden seiner Lebensgeschichte, die von Braulco von Zaragoza (635–640) niedergeschrieben wurde. Hier ist die Verwirklichung seiner Prophezeiung zu sehen, daß die Kantabrer durch den Westgotenkönig Leuwigild vernichtet werden würden. Der von deutscher Tradition beeinflußte Künstler, Meister Redolfus, stellt den König in einer Kriegerrüstung dar, wie sie sich ähnlich auf dem Teppich von Bayeux findet.

**Feudalstaaten im frühen französischen Kapetingerreich**
Landkarten können zwangsläufig nicht die persönlichen Lehensverhältnisse zwischen Herrschern und ihren Vasallen darlegen. Selbst eine Karte wie diese, die die Verteilung und Veränderungen der Grafschaften, die Kontinuität der Erbfolgen und die Beständigkeit von Klöstern oder Bischofssitzen verdeutlicht, kann die Komplexität der Situation nur andeuten. Die Karte zeigt die Einflußsphäre der Kapetingerkönige in Frankreich in den zwei Jahrhunderten nach 987. Im Westen entzogen sich die Länder, die später unter der Oberhoheit der Plantagenets vereinigt wurden, bereits ihrer Herrschaft. Gelegentliche königliche Privilegien für Gegenden im Süden können nicht die Tatsache verdecken, daß diese am stärksten romanisierten Teile Galliens weiter von ihrem Erbe zehrten, einschließlich der Überreste geschriebenen Rechts, und – anders als der Norden – keine Erfahrung mit dem Feudalwesen machten. Die Kronländer waren ursprünglich relativ bescheiden, und sie verhielten sich auch nicht unbedingt so loyal wie einige Feudalstaaten, besonders die Normandie. Doch in diesen Gebieten behielt die Idee eines geeinten Frankreich ihre Anziehungskraft und inspirierte eine neue landessprachliche Literatur.

zugewiesenen Land, das Boso, der Graf von Vienne, dann mehr oder weniger für sich selbst als Herrschaftsgebiet in Anspruch nahm (880–887). Sein Sohn Ludwig, der Enkel Kaiser Ludwigs II., erlag der Anziehungskraft Italiens, wo er zum König (der Provence) gekrönt, 905 aber geblendet zurückgeschickt wurde. Dieses Königreich Provence erwarb schließlich König Rudolf II. von Burgund (912–937) als Ausgleich dafür, daß er seine Ansprüche auf Italien aufgab. Burgund in seiner jetzigen Form war eine Gründung seines Vaters Rudolf I. (888–912); es hatte seine Basis in St. Maurice d'Agaune, an der Rhone, und entlang der Straße, die von Langres über den Großen St. Bernhard nach Italien führte. Rudolf I. hatte ursprünglich gehofft, sich zum König von Lothringen machen zu können, in jenem Gebiet also, das Lothar II. gehört hatte, bevor es unter den Königen von Italien, Frankreich und Deutschland aufgeteilt und erst in den Händen von Karl dem Kahlen (gest. 877) und danach unter Karl dem Dikken wiedervereinigt wurde. Rudolf ergriff die Gelegenheit, die sich ihm durch den Tod Bosos und Karls des Dikken (887 und 888) bot, um sich zum König zu proklamieren. Doch innerhalb von wenigen Monaten mußte er seine Ambitionen auf das Elsaß und Lothringen aufgeben und sich mit Ländereien in der östlichen Schweiz und über dem Jura trösten. Sein Sohn, Rudolf II., erweiterte dieses Königreich Burgund, zuerst nach Nordosten, indem er ihm die Grafschaften Aargau und Zürich einverleibte. 923 verzichtete er auf seine Ansprüche in Norditalien und erwarb als Gegenleistung vom provenzalischen Herrscher Hugo das südliche Königreich Provence. Die Machtstellung der burgundischen Monarchie war in diesen Ländern, die nahezu ein Jahrhundert lang so mannigfaltige Schicksale erlebt hatten, noch schwächer als die der letzten Karolinger und frühen Kapetinger in Frankreich. Aber das Königreich Burgund ging ungeteilt an Rudolfs Sohn Konrad über, wenn auch unter dem Schutz seines Schwagers Otto II., und schließlich an Rudolf III. (993–1032). Der Gemahl seiner Nichte, der deutsche König Konrad II., vereinigte schließlich Burgund mit seinem eigenen Herrschaftsgebiet (1037).

Die Erwerbung Burgunds war die letzte Phase der deutschen Bestrebungen, den 843 begonnenen Teilungsprozeß rückgängig zu machen. Zuvor hatte Otto I. den Titel eines Königs von Italien angenommen, und damit die seit dem Tode von Kaiser Ludwig II. dort immer wieder auftretenden Streitigkeiten um die Königswürde beendet. Italien besaß in der Folgezeit bis zum 19. Jahrhundert keinen anderen Monarchen als den deutschen König oder Kaiser. Die Thronprätendenten waren gewöhnlich aus dem Norden gekommen: die Karolinger Berengar I. (888), Arnulf (896) und Ludwig von der Provence (900); zu den anderen vor Otto gehörten Rudolf von Burgund, Hugo von Provence und Berengar von Ivra (950). Otto folgte dem Hilferuf Adelheids, der Witwe König Lothars (946–950) und Tochter Rudolfs II., nach Italien, und durch seine Vermählung mit ihr gewann er vergleichbare Ansprüche auf die italienische Königswürde, wie sie die Könige der Provence und von Burgund anmelden konnten. Otto brachte Italien auch den Vorteil, daß er Einfälle aus den deutschen Herzogtümern Schwaben und Bayern verhinderte, da sie von seinem Sohn bzw. Bruder regiert wurden.

Die Regierung Ottos in Norditalien bedeutete noch nicht, daß die königliche Herrschaft damit über ganz Italien ausgedehnt war. Er stieß anfangs auf ebensowenig Sympathie wie seine Vorgänger, und der erste Mann Roms, der Patrizier Alberich, weigerte sich, Otto in der Stadt zu empfangen. Aber nach Alberichs Tod (957) sah sein Sohn, Papst Johannes XII. (955–964), in Berengar von Ivrea und seiner Gefolgschaft eine solche Bedrohung für den Kirchenstaat, daß eine Aufforderung an Otto erging, nach Italien zurückzukehren. Als dieser in der Ewigen Stadt ankam, wurde er zum Kaiser gekrönt (Februar 962). Jedoch wollte Johannes XII. eher einen Verbündeten als einen Herrn, und er erkannte zu spät, daß Otto nicht damit zufrieden war, dem Papsttum zu helfen. Er wollte Herr Italiens sein und verbrachte dort sechs Jahre, um seine Ansprüche durchzusetzen (966–972).

Die Päpste, die zuerst die Karolinger um Hilfe angegangen waren, hatten den Schutz der nördlichen Mächte gesucht, nachdem Byzanz seine Protektion zurückgezogen hatte. Infolge Streitigkeiten innerhalb der karolingischen Familie nach dem Tode Karls des Großen waren sie jedoch dieses Beistands beraubt. Nur Kaiser Ludwig II. hatte die kaiserlichen Verpflichtungen erfüllt und gegen die Moslems gekämpft, die in Italien seit dem frühen neunten Jahrhundert in Erscheinung traten. Er eroberte sogar die Stadt Bari von den Byzantinern zurück. Seine Nachfolger, ob sie sich nun Könige oder Kaiser nannten, zeigten weder seine Fähigkeiten noch sein Pflichtbewußtsein. Hugo von Provence (von Vienne), der 926 König von Italien wurde, wollte seine Macht in Richtung Rom ausdehnen. Er erreichte die Stadt, wo er die Witwe von Alberich I., Marozia, heiratete, wurde aber dann davongejagt. Obgleich er Ravenna und die Pentapolis (938) erwarb, machten die Magyaren, die seit 899 die große Geißel der Halbinsel geworden waren, weiter ihre Raubzüge. Sie drangen über Friaul in Italien ein und stießen plündernd dreimal in den Süden bis Apulien vor, noch öfter verheerten sie die Lombardei, und sie überwinterten sogar in Mittelitalien (937/38). Sie suchten Beute und Sklaven und schlugen dort los, wo sie wenig Widerstand erwarteten, indem sie Berge und Städte mieden, wo ihre Kavallerie im Nachteil war. Als einzigen Schutz gegen ihre unvorhersehbaren Angriffe konnte man befestigte Stützpunkte errichten und die verstreute Bevölkerung ermutigen, sich zusammenzuschließen und die Landwirtschaft rund um diese Bollwerke wiederaufzubauen. 50 Jahre lang lag die Initiative dafür bei den örtlichen Machthabern, deren energische Maßnahmen zum Festungsbau *(incastellamento)* die Entwicklung der italienischen Gesellschaft in hohem Maße bestimmten.

### Rivalisierende Mächte in Süditalien

Nach der Eroberung Siziliens durch die Sarazenen, die während des neunten Jahrhunderts von Nordafrika ausging, war Byzanz noch im Besitz von Kalabrien und des Stiefelabsatzes von Italien geblieben, von wo aus die Kaiser der makedonischen Dynastie ihre Regierung über ganz Italien wiedereinzusetzen hofften. Vor dem Verlust von Syrakus (878) hatten die Byzantiner beim Tod Ludwigs II. Bari in Besitz genommen (876) sowie den Fürsten von Benevent ihrem Protektorat unterstellt (873), doch auf Dauer konnten die Probleme in Süditalien von Byzanz nicht bewältigt werden. Sein General Nikephoros Phokas wurde bald zurückgerufen, um dem Druck auf die bulgarische und kilikische Grenze entgegenzuwirken. Trotz der Stärkung der byzantinischen Stellung in Italien im späten neunten Jahrhundert war es nicht zu verhindern, daß die Moslems 902 Taormina einnahmen, den letzten Vorposten des östlichen Kaiserreichs auf Sizilien. In der Folge erlebte die Insel eine wechselvolle Geschichte. Nachdem das Fatimiden-Kalifat in Nordafrika seine Basis nach Kairo verlegt hatte, wurde Sizilien unabhängig. Nach einer kurzen glanzvollen Periode kam es zu innersizilischen Streitigkeiten, die der byzantinischen und später normannischen Invasion den Weg ebneten. Doch bis in die Mitte des zehnten Jahrhunderts wurden die italienischen Kü-

Die Kirche San Angelo in Formia, die zu Monte Cassino gehört, wurde von Abt Desiderius (1057–1087) wiederaufgebaut, als die Arbeit an dem Kloster selbst beendet war. Das hier gezeigte Wandgemälde aus dieser Kirche ist wohl das schönste, das aus der Campagna des elften Jahrhunderts erhalten ist. Der Maler dürfte Grieche gewesen sein. Die Abendmahlsszene zeigt die antike Sitte, sich halbliegend an der Tafel niederzulassen.

stenstädte von der fatimidischen Flotte bedroht. Die Moslems nutzten die politischen Kontroversen, um 837 in Neapel zu intervenieren; sie erschienen sogar in den frühen Jahren von Venedigs Autonomie in venezianischen Gewässern. Sie verwüsteten den außerhalb der Stadtmauern gelegenen Teil Roms (846), und Papst Johannes VIII. zahlte ihnen 30 Jahre später Tribut. Genua wurde noch 934/35 geplündert, und die Basis, die die Fatimiden in Fraxinetum in der Provence 888 errichtet hatten, konnte nicht vor 975 zerstört werden.

Das Geschick des mittleren Teils von Süditalien wurde durch das große langobardische Herzogtum von Benevent bestimmt, das 570/71 gegründet worden war. Es hatte sich gehalten, sich auf byzantinisches Gebiet ausgedehnt, und es hatte sich, anders als das zweite südliche langobardische Herzogtum von Spoleto, dem Griff der letzten langobardischen Könige entzogen. Unter Karl dem Großen unterstand es kaiserlichem Schutz und bezeichnete sich selbst als Fürstentum (774). Mitte des neunten Jahrhunderts erfolgte eine Teilung dieses Fürstentums in Benevent und Salerno. 50 Jahre später verlor Salerno die Herrschaft über Capua, das ein selbständiges Fürstentum wurde. Gaeta, Neapel und Amalfi, die niemals die Hoheit von Benevent akzeptiert hatten, wurden Stadtrepubliken und hielten es für klug, wie Venedig, die nominelle Herrschaft des Kaisers in Konstantinopel anzuerkennen, nachdem die Karolinger ihre Ansprüche im Süden nicht durchsetzen konnten.

Mit dem Wegfall des kaiserlichen Schutzes hatte auch das Papsttum in Rom viel an Ansehen und politischer Bedeutung eingebüßt und war eine Domäne des lokalen Adels geworden. Seit dem Zusammenbruch des Karolingischen Kaisertums waren die Päpste ihrer universalen Stellung verlustig gegangen, was sich auch in den Papstbiographien widerspiegelt, die nicht über das Jahr 872 hinausgehen. Für die nächsten zwei Jahrhunderte verzeichnet die offizielle römische Geschichtsschreibung nur mehr die bloßen Namen der Päpste. Johannes VIII. (872–882) war der letzte Papst seiner Zeit, der sich seiner Verantwortung gegenüber den Moslems gewachsen zeigte. Im folgenden Jahrhundert regierte nur ein Papst länger als neun Jahre. Es gab in dieser Periode 30 Päpste, woraus resultiert, daß das durchschnittliche Pontifikat viel zu kurz für eine effektive Regierung war. Die meisten Päpste stammten aus Rom selbst und herrschten mit der Unterstützung der Aristokratenfamilie des Theophylakt, die selbst drei Päpste stellte, darunter Johannes XII. Während der karolingischen Vormachtstellung hatte das Papsttum große Kirchenländereien erworben. So konnte es, zumindest rechtlich, die Verluste an Gebieten wiedergutmachen, die von den Langobarden im Norden und von den byzantinischen Kaisern im Süden beschlagnahmt worden waren. Aber dieser Kirchenstaat erforderte ebensoviel Verwaltung wie die Domänen des Kaisers, und die schwachen Päpste wurden dieser Aufgabe nicht gerecht. Der Abenteurer Alberich I. (gest. 925), der erfolgreich gegen die Moslems gekämpft hatte, sowie sein Sohn Alberich II. übernahmen die Herrschaft in Rom, wozu die Päpste nicht fähig waren. Als Otto I. 962 in Italien zum Kaiser gekrönt wurde, lagen viele große Aufgaben vor ihm.

Ein mächtiger westlicher Kaiser für Italien war nach 963 um so nötiger, da der neue byzantinische Regent Nikephoros Phokas seine Autorität über Süditalien wieder geltend machen wollte. Otto erhielt deshalb die Unterstützung von Pandulf von Benevent und griff die Stadt Bari an. Doch andererseits wollte Otto auch die Anerkennung seiner eigenen Position in Italien durch den Herrscher in Konstantinopel erreichen und zeigte sich daher verhandlungswillig. Schließlich wurde der Konflikt auf diplomatischem Wege beigelegt. Otto verzichtete auf Apulien, blieb jedoch im Besitz von Capua und Benevent; zusätzlich wurde eine Heirat zwischen seinem Sohn, Otto II., und Theophano, der Nichte des neuen Kaisers Johannes Tzimiskes, arrangiert (972). Mit diesem Erfolg zufrieden, kehrte Otto I. nach Deutschland zurück, wo er 973 starb.

### Die sächsischen Kaiser

Das »deutsche« Königreich (Ostfrankenreich) war wie das Mittelreich und Frankreich durch seinen ersten Herrscher, Ludwig den Deutschen, noch vor seinem Tod (876) in drei Teile geteilt worden (865). Doch diesen neugeschaffenen Territorien im Südosten, Südwesten und Nor-

# Alpenpässe

Die Römer der nach-augusteischen Periode überquerten die Alpen, und römische Straßen ermöglichten es dem Kaiserreich, seine Truppen schnell in alle nördlichen Provinzen zu entsenden. Jedoch erhielten die Alpenpässe eher im Mittelalter als im Altertum ihre eigentliche Bedeutung. Aufgrund der Gregorianischen Mission gehörten die Angeln zu den ersten Barbarenvölkern, die auf möglichst direktem Weg regelmäßige Kontakte zur römischen Kirche unterhielten. Seit dem achten Jahrhundert verstärkte die erfolgreiche Missionierung Deutschlands durch die englischen und irischen Mönche den Wunsch nach guten Straßenverbindungen mit Italien noch mehr. Die Päpste lernten die Unterstützung durch den Norden zu schätzen, und die Knüpfung diplomatischer und politischer Verbindungen brachte schließlich die Franken als päpstliche Verbündete nach Rom und damit eine Wiederbelebung der römischen Reichsidee. In den kommenden Jahrhunderten war das mittelalterliche Kaiserreich, das auf der Stärke der Germanen im Norden beruhte, in italienische und römische Angelegenheiten verwickelt. Die Alpen mußten häufig überquert werden, oft von militärischen Einheiten in beträchtlicher Stärke. Die Bewohner und Herrscher der Bergregionen konnten sich ihren Verpflichtungen und den in sie gesetzten Erwartungen nicht entziehen. Um die Bedürfnisse der offiziellen wie privaten Reisenden zu befriedigen, entstanden längs der Routen Hospize, und man sorgte für Führer und Zerstreuungsmöglichkeiten. Diese Einrichtungen machten auch die Dienste von Händlern nötig, die ihre Waren zum Verkauf anboten. Obwohl die Alpenbarriere niemals unüberwindlich gewesen war, steht außer Zweifel, daß die völlige politische, ökonomische und kirchliche Neustrukturierung, die durch das Karolingerreich eingeleitet wurde, maßgeblich für den ungeheuren Aufschwung des Personen- und Warenverkehrs über die Alpen verantwortlich war.

Zu Beginn dieser Periode, als das deutsche Königreich sich noch nicht weit nach Osten erstreckte, kam den Pässen in Richtung Westen die größte Bedeutung zu; sie führten zum größten Teil durch die Länder Burgunds. Im zehnten Jahrhundert waren die Routen lange Zeit durch die Sarazenen bedroht, die von ihrer Basis in La Garde Freinet aus Überfälle im Alpenraum unternahmen. Doch

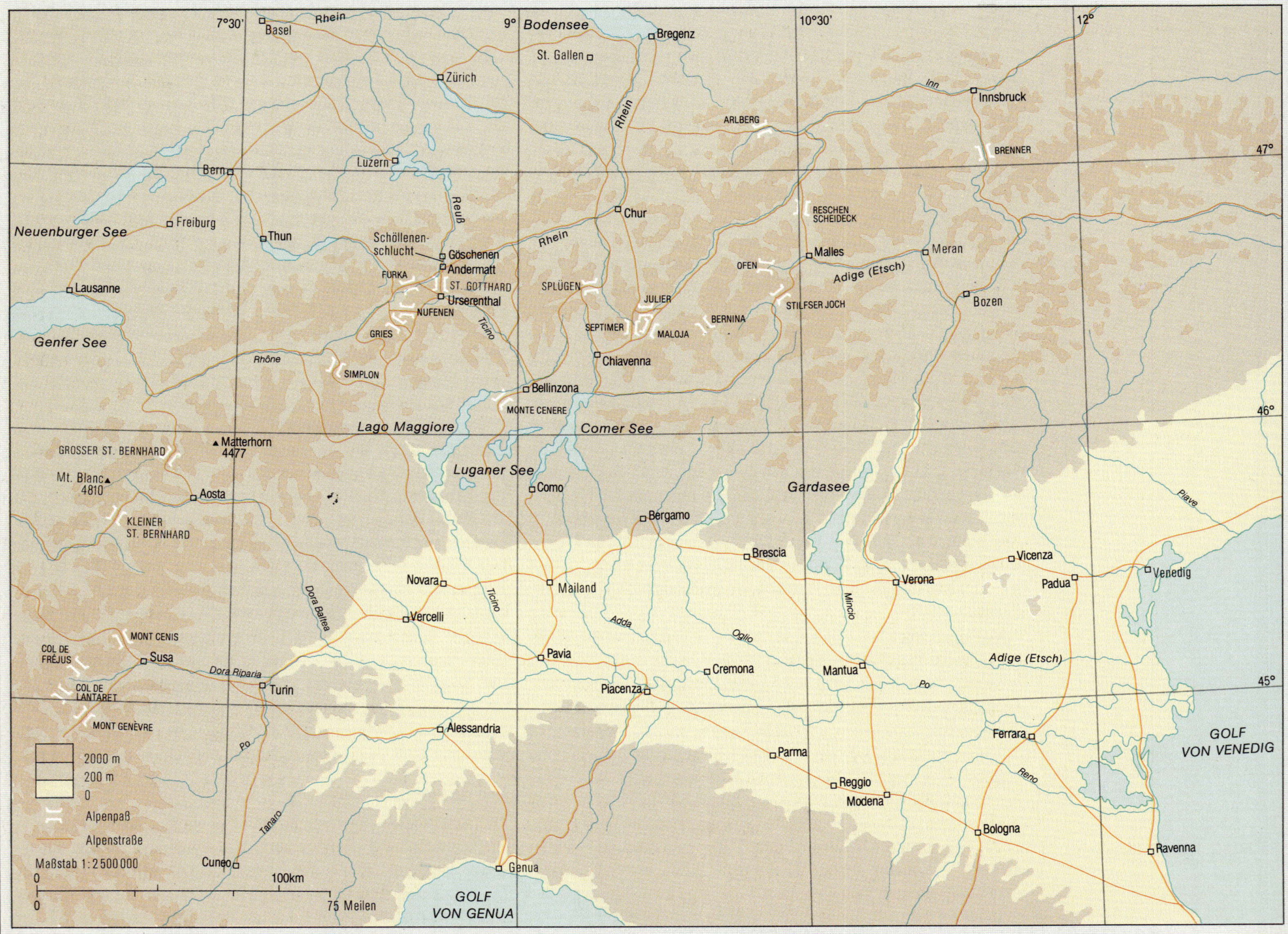

*Oben:* Obgleich sich Reisebeschreibungen bei mittelalterlichen Autoren finden, entstanden Zeichnungen, die einen Eindruck von den Gefahren der Routen und der Wildheit der Landschaft – wie hier von der Teufelsbrükke – vermitteln, nicht vor dem 18. Jahrhundert. Doch selbst solch dramatische Darstellungen werden den wirklichen Schwierigkeiten, denen die Reisenden einstmals ausgesetzt waren, nur bedingt gerecht.

*Links:* Der Reichtum der Po-Ebene zog viele Menschen über die Alpenpässe entlang des großen Bogens von Österreich bis zur Dauphiné. Die entscheidenden Pässe waren die im Mittelabschnitt, von größter Bedeutung für alle deutschen Könige von Italien bis hinein ins 14. Jahrhundert. Hatten sie Mailand als Zielpunkt, mußten die Reisenden von Basel oder Bregenz schwierigen und komplizierten Routen folgen, und es hing ebensosehr von der Jahreszeit und dem Wetter wie von der Dringlichkeit ihrer Geschäfte und der Größe ihrer Begleitung ab, welchen Paß sie wählten.

nach ihrer Vertreibung 972 konnten sich Kaufleute und Pilger wieder sicherer fühlen. Der deutsche König hoffte, mehr politischen Einfluß auf Burgund nehmen zu können. Es gab jedoch bis zum 13. Jahrhundert keinen direkten Weg über die Alpen, der die Verbindung zwischen dem Rheintal bei Basel und Mailand herstellte. Die Reisenden nach Italien wandten sich deshalb zuerst in östliche Richtung, hinter Chur mußten sie sich dann entscheiden, ob sie weiter nach Chiavenna und dann entlang des Comer Sees nach Mailand oder nach Bellinzona im Tessin wollten. Der Weg nach Chiavenna führte entweder über den Julierpaß (2287 m), der mehr Kletterei erforderte, oder über den Septimer (2311 m), der kürzer war, aber wegen seines Schnees in schlechtem Ruf stand.

Keine dieser Routen nach Italien konnte jedoch mit dem St. Gotthard-Paß konkurrieren, als dieser im frühen 13. Jahrhundert eröffnet wurde, denn er erschloß eine direkte Verbindung zwischen Basel und Mailand. Einer früheren Benutzung dieser Strecke hatte das Problem der Überwindung der Schöllenenschlucht zwischen Andermatt und Göschenen im Wege gestanden. Erst als eine Art Straße in die Felswand geschnitten und eine Brücke – die Teufelsbrücke – über die Reuß errichtet worden war, konnten vom Norden kommende Reisende ohne Schwierigkeiten das Urserental verlassen und Göschenen erreichen ohne einen anderen schwierigen Grat überwinden zu müssen. Danach war die Route leicht: im Tal der Reuß stromab und über oder entlang des Luzerner Sees. Die Strecke wurde zum ersten Mal von Albert von Stade 1236 beschrieben und zu dieser Zeit regelmäßig benutzt. Doch den größten Vorteil daraus zogen nicht so sehr die Reisenden und die Kaufleute, sondern die Schweizer Waldstätte.

Im Osten war offensichtlich der Brenner (1370 m) der bevorzugte Paß, doch seine Bedeutung wuchs erst, nachdem die Entwicklung Österreichs und Mitteleuropas den venezianischen Handel ermutigte, den direkten Weg nach Süddeutschland zu nehmen. Im Westen war die einfachste Route die über den Mont Cenis (2100 m), die Italien mit dem Herzen Frankreichs verband.

den blieb wenig Zeit sich zu behaupten. Nach der Absetzung Karls des Dicken (887) vereinigte Arnulf von Kärnten das Reich, zu dem seit 870 auch Lothringen gehörte. Als Arnulf 899 starb und ein Kind als Herrscher hinterließ (Ludwig das Kind, 899–911), wurde die Königswürde eine Fiktion, die tatsächliche Macht lag bei den führenden Geschlechtern der einzelnen Stammesherzogtümer: bei den Liutpoldingern oder Arnulfingern in Bayern, den Liudolfingern in Sachsen, den Konradinern und Babenbergern in Franken und den Burchardingern in Schwaben. Mit Ludwig erlosch das ruhmreiche Geschlecht der Karolinger, das erstmals alle deutschen Stämme unter einer Herrschaft vereinigt hatte.

Keines dieser Herzogtümer, außer Bayern, hatte eine lange Geschichte; um 911 stammte keiner der Herzöge von der königlichen Familie ab. Arnulf von Bayern hatte es jedoch fertiggebracht, einen seiner Verwandten als Herzog in Franken einzusetzen, und 911 wurde dieser Herzog Konrad zum deutschen König gewählt (911–918). Der Bayernherzog Arnulf versuchte jedoch, die Vorrangstellung seines Herzogtums zu bewahren, selbst gegen Konrads Nachfolger, Heinrich von Sachsen. Aber der sächsische Anspruch auf die Königswürde war stärker als die Wünsche der Herzöge. Von allen Königreichen auf den ehemaligen karolingischen Territorien erwies sich das deutsche als das fähigste. Den sächsischen Königen selbst gebührt dabei die meiste Anerkennung, vor allem dafür, daß sie unbeirrbar dem Druck widerstanden, ihr Land zwischen ihren Söhnen aufzuteilen. Statt dessen wurden die königlichen Brüder und Söhne mit der Regierung der Herzogtümer betraut, die als wichtige Bestandteile des Königreiches erhalten blieben, aber königlicher Kontrolle unterstanden. Die Herzogtümer waren weit davon entfernt, einheitlich zu sein, weder in ihren Gesetzen noch in der Bindung zwischen ihren führenden Familien. Die Herzöge gerieten leicht in Gegensatz zueinander, sei es, daß bestimmte geographische Konstellationen ihre Ambitionen weckten, oder daß eine Rivalität, wie die zwischen Schwaben und Bayern in bezug auf Italien, aufkam. Nur bei den Sachsen, dem zuletzt bekehrten deutschen Stamm, brachte der Aufstieg des Herzogs zum König und dann zum Kaiser ein Hochgefühl des Stolzes, das die sächsische Herrschaft bis ins elfte Jahrhundert beflügelte. Anders als ihre fränkischen Vorgänger breiteten sich die Sachsen jedoch nicht über das Reich aus und begründeten auch keine neue Aristokratie, denn sie und ihre Könige mußten an ihrer Ostgrenze gegen die Slawen einen langwierigen, lokal begrenzten Krieg führen.

Sowohl Heinrich I. wie sein Sohn Otto I. erlangten schließlich durch ihr erfolgreiches Vorgehen gegen die Magyaren hohes Ansehen. Heinrich I. begann nach dem Vorbild seines englischen Zeitgenossen Eduard des Älteren mit der Befestigung von Orten wie Quedlinburg und Merseburg und gab ihnen eine ständige Besatzung, indem er sie für jeden neunten seiner bäuerlichen Krieger als festen Wohnsitz bestimmte. Er erkaufte sich einen Waffenstillstand von neun Jahren, um seine militärischen Vorbereitungen abschließen zu können. Bei Wiederausbruch des Krieges war Heinrich siegreich (933), und auch sein Sohn Otto I. schlug die Magyaren zurück, als sie 937 wiederkamen. Unter der Führung von Ottos Bruder, Herzog Heinrich, wurden die Magyaren zum ersten Mal bis in ihr eigenes Territorium verfolgt. Bei ihrem Gegenangriff in Süddeutschland, provoziert durch die dort herrschenden politischen Unruhen, brachte ihnen Otto dann 955 in der Schlacht auf dem Lechfeld mit einem aus allen deutschen Stämmen gebildeten Heer die entscheidende Niederlage bei. Ihre Führer wurden gefangengenommen und hingerichtet.

Das Slawenproblem war nicht so leicht zu lösen. Sie waren seßhafte, Ackerbau treibende Stämme jenseits der Elbe, aber noch heidnisch. Das ganze zehnte Jahrhundert hindurch und länger dauerte der Krieg an dieser sehr breiten Front an. Die sächsischen Könige stammten von einer Familie mit großen Ländereien in Ostfalien ab, und sie hielten es für ihre Pflicht, den deutschen Einfluß in den Osten zu tragen. Die Sachsen drängten nördlich der Elbe nach Holstein und durch Jütland bis zu den Dänen und elbaufwärts bis zu den verschiedenen slawischen Stämmen, den Abodriten, Liutizen und Lausitzern vor, während im Süden die Slawen, Serben und Tschechen Franken und Bayern bedrängten. Unter Heinrich I. war Brandenburg, ein wichtiger Stützpunkt der Slawen, erobert und Meißen weiter im Süden militärisch befestigt worden. Otto I. machte von Anfang seiner Regierung an dann entschlossene Anstrengungen, die slawischen Länder zu kolonisieren und zu bekehren, und er errichtete zwei Grenzmarken an der Unterelbe und in der Elbe-Saale-Region. 947 hielt Otto die Lage für hinreichend stabil, um sechs neue Bistümer zu gründen: drei in Jütland, die dem Erzbischof von Hamburg unterstanden, und drei in Oldenburg,

*Links:* Magdeburg wird Christus übergeben, eine ottonische Elfenbeinarbeit (950–1000). Diese Platte von einer Altarverzierung wurde wahrscheinlich in Mailand oder Reichenau angefertigt. Die stark stilisierten Figuren und der einfache Faltenwurf sind beispielhaft für einen »Klassizismus«, der sich deutlich von dem der karolingischen Renaissance unterscheidet. Die Künstlichkeit der Darstellung wird durch das durchbrochene Hintergrundmuster noch betont.

**Das Deutsche Reich im zehnten Jahrhundert**
Das deutsche Königreich war aus der karolingischen Teilung von 843 entstanden, doch waren es die sächsischen Könige, die nach 919 als erste erfolgreich die einzelnen Herzogtümer zusammenhielten. Die größten Probleme bereiteten ihnen die Vorstöße in die slawischen Länder, was eine endgültige Festlegung der deutschen Ostgrenze für Jahrhunderte verhinderte. Zur gleichen Zeit ließ die Anziehungskraft, die Italien auf die Herzogtümer Bayern und Schwaben hatte, die deutschen Könige in den Süden ziehen und lud ihnen die Verantwortung für Italien und die Bürde des Kaiseramts auf. Das Deutsche Reich umfaßte Länder mit sehr verschiedenen historischen Traditionen, und die Fähigkeit der Herrscher, sie bis ins 13. Jahrhundert zusammenzuhalten, ist erstaunlich. Die in ihren Gebieten von den Bischöfen ausgeübte Autorität stand in der besten Tradition des spätrömischen Kaiserreichs. Mit zunehmendem Selbstbewußtsein der Monarchie schwand im allgemeinen die Macht der Herzogtümer. Das Ansehen seiner Herrscher eröffnete Deutschland Verbindungen zu Konstantinopel und Córdoba. Erstmals wurde Deutschland eine eigenständige Macht.

Havelberg und Brandenburg, die von Mainz abhängig waren. Erst nach seinem Sieg auf dem Lechfeld plante Otto eine neue Kirchenprovinz mit dem ostfalischen Magdeburg als Mittelpunkt. Magdeburg war lange schon seine bevorzugte Residenz gewesen und gehörte zur Mitgift seiner ersten Gemahlin. Hier befand sich ein neues, im Jahre 937 gegründetes Kloster, das St. Moritz geweiht war, der als Schutzheiliger der Soldaten in hohem Ansehen stand. Diese neue Kirchenprovinz wurde jedoch erst 13 Jahre später mit päpstlicher Unterstützung gegen die Wünsche des örtlichen Diözesanbischofs von Halberstadt und seines Erzbischofs in Mainz eingerichtet. Nach Ottos Vorstellungen sollte Magdeburg ein glanzvolles Kirchenzentrum mit Kardinälen, Diakonen und Subdiakonen werden: ein »Neues Rom« im Osten, konkurrierend mit Aachen und Konstantinopel. Bis zum Zeitpunkt der Realisierung des Vorhabens war jedoch Mieszko, der Herrscher Polens, bereits in freundliche Beziehungen zu Otto getreten. Dies hatte zur Folge, daß Polen als neue politische Kraft in Erscheinung trat. Unter diesen Umständen waren dem deutschen Einfluß im Osten Grenzen gesetzt. Weiter südlich hatte auch der Herrscher Böhmens, Wenzel I., das Christentum angenommen. Da die Bekehrung der Ungarn noch nicht in Aussicht stand, schützte Otto I. nach seinem Sieg 955 das Reich vor weiteren ungarischen Angriffen durch die Errichtung von Grenzmarken in Österreich und Kärnten. So blieben Ottos Ambitionen auf die Ostgrenzen seines Herrschaftsbereichs beschränkt.

Wie Karl der Große war Otto I. schon vor seiner Kaiserkrönung zum bedeutendsten Herrscher seiner Zeit geworden. Er tauschte Gesandtschaften mit Abd-ar-Rahman III., dem mächtigen Emir von Córdoba aus. Er unternahm Reisen durch sein Reich und zeigte sich seinen Untertanen bis hinunter nach Kalabrien. Mehr noch aber als unter Karl dem Großen ruhte die faktische Regierung auf den Schultern der Bischöfe, denn den ottonischen Herrschern stand keine Aristokratie fränkischer Prägung zur Verfügung, wie sie Karl der Große für staatliche Aufgaben heranziehen konnte. Das loyale Reichsbeamtentum wurde so zu einem Grundpfeiler der kaiserlichen Macht. Zusätzlich zum Kirchengut, das die Bischöfe und Äbte für ihn verwalteten, gab ihnen Otto weitere Ländereien, dazu Markt-, Zoll- und Münzrechte, und entzog diese Gebiete durch Verleihung der Immunität der Gewalt der Grafen und Herzöge. Weit stärker als unter den Karolingern war das ottonische Reich mehr darauf angewiesen, den Zeitgenossen in glanzvollem Licht zu erscheinen, die Stellung des Königs als gottgeweiht zu betonen und die schnell emporkommende Dynastie der Sachsen über die Stammesherzöge zu erheben. Die Geistlichkeit paßte sich dieser Situation an, und ihre Bedeutung für die Monarchie in dieser Phase steht im Gegensatz zu ihrer Stellung in Frankreich, wo die gesamte Kirchenstruktur durch die agressiven Territorialfürsten bedroht war.

Otto I. hatte sich bewußt Karl den Großen zum Vorbild genommen, aber er erwog nie eine Eroberung Frankreichs, um die Einheit des Westreiches wiederherzustellen. Anders als der große Karolinger hatte Otto I. bis zur Eroberung Italiens keine romanisch sprechenden Völker in seinem Reich, und seine Dynastie kam nur zögernd den Verpflichtungen nach, die sich aus ihrem römischen Rechtsanspruch ergaben. Otto I. versuchte, kaiserliche Lande in Süditalien zu erwerben (967–970), und sein Sohn Otto II. kämpfte dort gegen die Sarazenen (982). Aber erst dessen Sohn Otto III. verstand seine Regierung als eine »Erneuerung des Römischen Reiches« *(renovatio imperii romani)*, wobei er sich von seiner griechischen Mutter und seinem Lehrer Gerbert, den er zum Papst machte (Sylvester II., 999–1003), inspirieren ließ. Otto III. starb zu jung, als daß er viel von dem Erträumten hätte erreichen können, aber in einer Hinsicht hatte seine Regierung weitreichende politische Folgen. Ein böhmischer Prinz namens Voitech, der bei seiner Taufe den Namen Adalbert angenommen hatte, war 982 zweiter Bischof von Prag geworden. Er taufte den magyarischen Prinzen Stephan und starb schließlich den Märtyrertod in Preußen (997). Otto III., der ihn persönlich gekannt hatte, wurde ein Verehrer seines Kultes und unternahm im Jahre 1000 eine Wallfahrt zu seinem Grab in Gnesen. Er gründete hier ein neues Erzbistum mit drei Weihbischöfen in Kolberg, Krakau und Breslau. Dies machte die Hoffnungen, die sein Großvater für Magdeburg gehegt hatte, zunichte und reflektiert die entscheidende Veränderung, die besonders nach dem slawischen Aufstand von 983 stattgefunden hatte. Otto III. zog es vor, die Unabhängigkeit des aufstrebenden polnischen Staates zu bestätigen, statt eine Umkehrung der Entwicklung zu versuchen. Auf diese Weise schloß er die noch heidnischen Slawen zwischen zwei christlichen Mächten ein. Zur gleichen Zeit gab der Papst dem magyarischen Herrscher Stephan I. die Königskrone und schuf die Kirchenprovinz Ungarn.

Die Magyaren waren zuerst im Jahre 895 in die Tiefebene an der mittleren Donau vorgedrungen, und sie hatten bis zu ihrer Niederlage am Lech keine Neigung gezeigt, ihre nomadische Lebensweise aufzugeben und mit ihren Nachbarn in Frieden zu leben. Noch im zwölften Jahrhundert waren sie vorwiegend zeltbewohnende Hirten, die nur im Winter Zuflucht in primitiven Riedhütten suchten. Es ist kaum überraschend, daß sie es im zehnten Jahrhundert vorzogen, Beutezüge gegen ihre wohlhabenden Nachbarn zu unternehmen, besonders wenn nur geringer Widerstand zu erwarten war. Nachdem sie sich gezwungenermaßen auf ihr eigenes Gebiet beschränkt hatten, breiteten sie sich über die ganze Tiefebene aus, aber die wichtigsten Zentren ihres neuen Staates lagen entlang der Donau und in Pannonien.

Das Christentum kam zu den Magyaren aus vier Richtungen. In Konstantinopel erhielten um 950 zwei ihrer Fürsten die Taufe. Vom Westen her wurde die Missionierung durch Bischof Pilgrim von Passau betrieben. Von Nordwesten kamen Missionare aus Böhmen; am Ende des zehnten Jahrhunderts trafen andere aus Italien ein. Unter dem katholischen König Stephan I. (1000–1038), der mit einer Schwester Heinrichs von Bayern (des späteren Kaisers Heinrich II.) verheiratet war, wurde die Monarchie und die Kirche nach karolingischem Muster ausgerichtet. Der religiöse Mittelpunkt des Reiches war Esztergom, das früher slawonischen Christen Zuflucht geboten haben dürfte, und es gab besonders viele ungarische Bistümer an der Donau und in Pannonien, der ehemaligen römischen Provinz. Viel langsamer wurde die große Ebene zwischen der Donau und der Theiß in das neue politische Gefüge einbezogen. Bis zum Ende des elften Jahrhunderts jedoch hatte sich das Königreich bis nach Kroatien und Transsilvanien ausgedehnt.

Durch die Bekehrung der Magyaren und die abschließende Eroberung »Bulgariens« durch Byzanz, das dadurch seine nördliche Grenze bis Belgrad vorschob, war es zum ersten Mal für christliche Pilger möglich geworden, vom Rheinland bis Konstantinopel durch christliches Land zu reisen. Sie kamen nun in großer Zahl, um die heiligen Stätten in Jerusalem zu besuchen. Die Grabeskirche, die auf Befehl des Fatimiden-Kalifen im Jahre 1009 zerstört worden war, wurde auf Kosten des byzantinischen Kaisers 1038 wiederhergestellt. Die Konversion der Ungarn hatte nicht nur das Christentum gefestigt, sondern sie hatte den Christen auch eine nie zuvor gekannte Bewegungsfreiheit gegeben.

# Die mittelalterliche Kirche

Bis zum zwölften Jahrhundert bestand keine Möglichkeit, für die westliche Kirche eine zentrale Leitung zu schaffen. Doch die Notwendigkeit, das Kirchenrecht zu erläutern und durchzusetzen, verlieh um diese Zeit dem Bischof von Rom neuen entscheidenden Einfluß. Gleichzeitig brachten die Bemühungen um eine größere Einheitlichkeit der Ordensregeln und strengere Aufsicht über die einzelnen Klöster Mönchsorganisationen wie Cluny und Citeaux hervor. Diese Reformen trugen zur Stärkung der Zentralisierungstendenzen bei. Das Papsttum verfolgte jetzt die Vereinheitlichung von Kirchenrecht, Doktrin, Organisation und geistlicher Ausbildung. Es erlangte großen Einfluß auf alle monastischen Einrichtungen und wurde Schirmherr und Förderer von verschiedenen neuen Orden wie den Franziskanern. Es berief Kirchenkonzile, definierte Irrlehren, predigte Kreuzzüge und ernannte und kontrollierte die Bischöfe. Das Papsttum setzte Maßstäbe für die gesamte römische Kirche.

Es gab jedoch zahlreiche Mängel, und das kirchliche System erregte viel vernehmbares Mißfallen. Ein Teil des Unbehagens war auf das System selbst zurückzuführen, doch für vieles war die Schwierigkeit verantwortlich, den westlichen Kirchen, die sich über Jahrhunderte hin relativ eigenständig entwickelt hatten, nun einheitliche Bedingungen aufzuerlegen. Die Ideale des neuen Zeitalters sprachen auch mehr die Gebildeten und die kirchlichen Offizialen an als den Laienstand. Die Bischöfe versuchten, die vielen schon bestehenden Kirchen nach ihren Regeln zu organisieren, doch diese waren zu einer Zeit gegründet und gestiftet worden, als Uniformität nicht so geschätzt wurde. Sie entwickelten sich unter Völkern mit sehr verschiedenen Kulturen und Auffassungen vom christlichen Leben, die sich von denen der Bischöfe, die in scholastischem Recht geschult waren, oft stark unterschieden. Die Bekehrung der Europäer zum Christentum verdankte im allgemeinen mehr den örtlichen Heiligen, einflußreichen Klöstern, frommen Königen und großzügigen Wohltätern als Rom selbst. Als die neue Religion unter den Barbaren an Boden gewonnen hatte, ging die Bedeutung der großen monastischen Zentren auf Kosten lokaler Einrichtungen zurück. Jede Ansiedlung erhielt einen ansässigen Priester, der die sakralen Handlungen vollzog, und die Pfarrkirchen wurden von den Gemeinden und durch Spenden unterhalten. Diese Freigebigkeit war jedoch nicht nur recht schwankend, sondern in späteren Zeiten oft unangemessen groß. Versuche, die Pfarreien zu kontrollieren, stießen auf alle möglichen Schwierigkeiten. In nachkarolingischer Zeit wurde die Zahlung des Zehnten durch die Obrigkeiten erzwungen, was eine ehrliche Handhabung der Kirchenfinanzen erforderte. An Stelle des Kaisers suchten die Erzbischöfe die Angelegenheiten ihrer Provinzen zu regeln, aber ihre Gerichtsbarkeit wurde ihnen durch die mächtigen Klöster streitig gemacht, die es vorzogen, sich direkt den Päpsten zu unterstellen. Einige Bischöfe spielten in der Verwaltung ihrer Diözesen kaum eine Rolle. Die Bischöfe, denen es gelang, eine effektive Diözesan-Verwaltung aufzubauen, indem sie ihr Gebiet in kleinere, besser überschaubare Distrikte unterteilten, für die sie Archidiakone ernannten, mußten erkennen, daß jede Anstrengung unternommen wurde, um ihre Tätigkeit zu vereiteln. Ob Mönche, Klerus, weltliche Schirmherren

oder die Laienschaft, alle machten Ansprüche und Rechte geltend, die nicht summarisch abgelehnt werden konnten. Die Macht Roms war niemals groß genug, um eine gänzlich neue Ordnung aufzwingen zu können. Statt auf radikale Lösungen zu drängen, zog es das Papsttum vor, neue religiöse Bewegungen zu ermutigen, unter der Voraussetzung, daß man sich auf ihre Orthodoxie verlassen konnte. Als Ergebnis davon war die mittelalterliche Kirche in der Praxis eine äußerst komplexe Institution.

In den Kirchengemeinden war der amtierende Pfarrer oft nur ein Vikar, der an Stelle des legalen Amtsinhabers fungierte, dessen hauptsächliche Beschäftigung im Dienst des Bischofs, der römischen Kurie, des Königs oder hoher Adliger ihn von seiner Gemeinde fernhielt. Teile der Kirchenabgaben konnten einem fernen Kloster zustehen, und der Patron einer Kirche lebte nicht unbedingt in der Gemeinde. Der Diözesanbischof, der viel eher in öffentlichen und »weltlichen« Geschäften engagiert war, ließ sich gewöhnlich durch einen Stellvertreter oder einen Archidiakon vertreten. So bot die kirchliche Verwaltung auf örtlicher Ebene alles andere als ein einheitliches Bild.

Die religiöse Begeisterung der mittelalterlichen Menschen bereitete den Kirchenbehörden große Schwierigkeiten, was erklären mag, warum das Papsttum keine Wunder bewirken, warum Ketzer sich so lange halten konnten, und warum die Verfolgung von Nichtchristen, wie den Juden, trotz offizieller Mißbilligung stattfand. Es wäre historisch falsch, die offizielle Kirche mit dem Hauptteil der christlichen Bevölkerung gleichzusetzen. Historiker sind in der Vergangenheit zu sehr bereit gewesen, geistliche und gelehrte Kritik für bare Münze zu nehmen. Doch was auch immer die Schwächen der Kirche gewesen sein mögen, sie bot den Christen des späten Mittelalters den Rahmen zur Entwicklung des religiösen Lebens auf breiter Ebene. Die protestantische Reformation wandte sich nicht an eine gleichgültige Generation, sondern an eine, die ihre Religion ernst nahm.

*Oben:* Der hl. Dominikus predigt in Recanati; Ausschnitt aus einem Altarbild, das von Lorenzo Lotto 1508 für die Kirche des Heiligen geschaffen wurde, um an sein Wirken in dieser Stadt 300 Jahre zuvor zu erinnern. Dominikus predigt von einer hölzernen Kanzel aus, die neben den Portalstufen seiner Kirche aufgebaut ist.

*Links:* Urban VI. (1378–1389) empfängt die Schlüssel vom hl. Petrus, Relief vom Grabmal dieses Papstes im Vatikan. Die nach seinem Tod ausgeführte Darstellung stellt Papst und Heiligen auf eine Stufe und suggeriert, daß Urban den Schlüssel von Petrus selbst erhalten hat.

*Rechts:* Der erste große französische Theologe, der hl. Hilarius von Poitiers, wie er bei einem Bischofskonzil im vierten Jahrhundert den Vorsitz führt (Jean Fouquet, ca. 1460).

*Rechts außen:* Die tiefe Frömmigkeit vieler Laien im späten Mittelalter kommt auf öffentlicher wie privater Ebene zum Ausdruck. Ein ungewöhnliches Beispiel ist dieser Wandteppich des 15. Jahrhunderts aus Süddeutschland, der Szenen aus dem religiösen Leben einer frommen Frau zeigt. Auf diesem Ausschnitt kniet sie neben der Lilie, dem Symbol der Reinheit, und empfängt die Hostie von einem Mönch im Talar.

*Rechts:* Grundriß der Kathedrale und der Klosteranlage von Canterbury mit dem Wasserleitungssystem. Der Plan ist so anschaulich und exakt gezeichnet, daß man ein gutes Bild von dem ursprünglichen Aussehen des Gebäudekomplexes zur Zeit Beckets bekommt. Jedes Gebäude ist bezeichnet, doch muß der Plan beim Lesen verschiedentlich gedreht werden.

*Oben:* An das Ende dieser zweiten Canterbury-Kopie des Utrechter Psalters, geschrieben 1147, hat der Kopist nicht nur seine eigene Lobpreisung sondern auch dieses Selbstporträt gestellt. Es ist einmalig in der Kunst des zwölften Jahrhunderts, daß ein ganzseitiges Bild den Schreiber wie einen Evangelisten aus einem Evangeliar zeigt. Wenn auch wohl keine Ähnlichkeit im modernen Sinne vorliegt, so ist es vom Malerischen her doch ein glänzendes Porträt dieses gewiß nicht sonderlich bescheidenen Mannes. Um diese Zeit stand die romanische Kunst in England auf ihrem Höhepunkt.

*Oben rechts:* Ein Beispiel für die romanische Buchmalerei in Frankreich, aus einer Zisterzienser-Handschrift. Die hier gezeigte Illustration ist für den Künstler typisch. Er stellt mit sichtlichem Vergnügen an ihrer Ungeschicklichkeit Mönche bei körperlicher Arbeit dar. Dies mag die leicht herablassende Haltung widerspiegeln, die die Chormönche den arbeitenden Mönchen entgegenbrachten, doch ist die Satire so gedämpft, daß in ihr auch die Menschenliebe der Zisterzienser zum Ausdruck kommt, die oft wegen ihrer Strenge übersehen wird.

*Rechts außen:* Das Leben Guthlacs (667–714), des heiligen Eremiten von Crowland, wird hier in Rundbildern gezeigt, Federzeichnungen, die um 1200 entstanden sind, wahrscheinlich als Vorlagen für Glasmalereien. Der Stil des Zeichners belegt, daß die englischen Künstler aus der Zeit vor der Eroberung durch Wilhelm I. (1066) am linearen Bild festhielten. Die dargestellten Episoden illustrieren seine Annahme der Ordensregel, seinen Tod mit der Aufnahme seiner Seele durch die Engel und zeigen die Wohltäter des Klosters mit ihren Urkunden, während die vom Teufel besessene kleine Gestalt zur Rechten am Schrein des Heiligen kuriert wird.

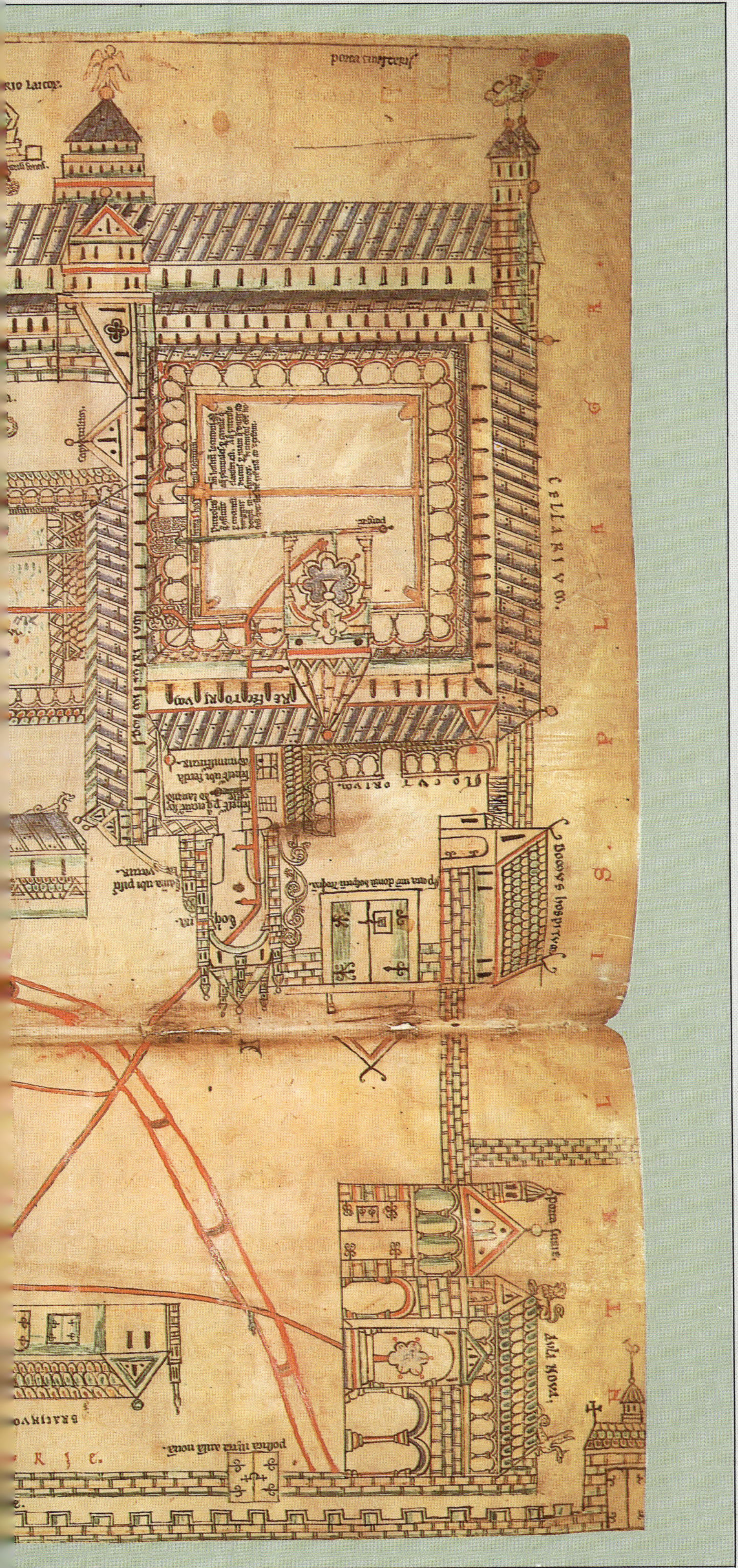
CELLARIVM.
Aula noua.

# DER AUFBRUCH DER CHRISTENHEIT

**Religiöser Reformeifer und Kreuzzugbewegung**

Die christlichen Staaten Europas gingen aus dem elften Jahrhundert mit einem tiefen Gefühl religiöser Verpflichtung und erfüllt von militärischem Unternehmungsgeist hervor. Beide Eigenschaften setzten sie im Verlauf der anschließenden Jahrhunderte ein, um den Einfluß des Westens zum erstenmal weit über die eigenen Grenzen hinaus geltend zu machen. Die kreative Kraft des Mittelalters erlebte ihre schönste Blüte in jenem Zeitraum, der auch die Epoche der Kreuzzüge, der Renaissance geisteswissenschaftlicher Lehrstätten und der Hinwendung zur Gotik in der Architektur werden sollte. Es ist darüber hinaus eine Periode des Bevölkerungswachstums, für das das neu erwachende Leben in den Städten den eindrucksvollsten Beweis liefert. Diese Erneuerung des Schaffensdrangs in der westlichen Welt läßt sich allerdings leichter darstellen als erklären, und die Begeisterung über die Errungenschaften der damaligen Zeit könnte uns blind machen für die komplexe Natur der bestehenden Probleme. So verleitet uns der Erfolg des organisierten, intellektuellen Katholizismus bei der Bekämpfung der unzufriedenen Abweichler – etwa der ketzerischen Katharer – nur allzu leicht dazu, die von der Kirche propagierte Analyse der zugrundeliegenden Konflikte kritiklos zu akzeptieren. Könnten wir selbst den Ursachen der Unzufriedenheit auf den Grund gehen, würden wir die im großen »Glaubenszeitalter« vorherrschenden Lebensbedingungen bald schon in einem weniger verklärten Licht sehen. Ganz ähnlich finden wir in dem Bemühen, die großen Völkerbewegungen jener Zeit zu verstehen, die Menschen unterschiedlichster Art im Namen Gottes gen Osten ziehen ließen, keinerlei Hilfe bei den Historikern, die die Bezeichnung »Kreuzzüge« erfunden haben. Für sie waren es militärische Operationen mit eindeutig militärischen Zielen. Der Glaubenseifer der mittelalterlichen Menschen muß uns in der heutigen Zeit heuchlerisch, ja sogar barbarisch vorkommen, da für uns Krieg und Frömmigkeit normalerweise Gegensätze sind. Unser modernes Trachten, das ganze Leben in Kategorien einzuteilen, geht auf die Bestrebungen des zwölften Jahrhunderts zurück, die Philosophie des Altertums zu verstehen, aber es vergingen Jahrhunderte, bis man diese Lektionen gelernt hatte. Die klare Unterscheidung von Inhalten, die wir für das Begreifen der Vergangenheit als unerläßlich erachten, kann durchaus selbst zum Hindernis für dieses Begreifen werden, wenn wir das auseinanderdividieren, was die Menschen zu jener Zeit zusammengehalten hat. Unsere ganze Auffassung einer zivilen Gesellschaft mit einem Berufsheer, das ausschließlich für die Verteidigung da ist, läuft den Lebenserfahrungen und -erwartungen des Mittelalters völlig zuwider. Ebensowenig lassen die jüngeren Erfahrungen bei der Kolonisierung von überseeischen Ländern verläßliche Rückschlüsse auf die Erschließung Europas durch bäuerliche Landnahmen zu, die sich im Verlauf der Jahrhunderte wohl eher zufällig ergaben und von den mittelalterlichen Chronisten meist unbemerkt blieben.

*Links:* Diese schlichte Bronzefigur voll Würde und Menschlichkeit aus dem Rheinland ist Ausdruck einer neuen Christusverehrung im zwölften Jahrhundert.

Die komplexe Natur der damaligen Verhältnisse in der westlichen Welt ist für uns noch mühsamer zu entwirren, weil es keine zentrale politische Macht gab, die die Hauptlast der Ereignisse trug. Das Karolingerreich zerfiel im Lauf der Auseinandersetzungen mit seinen barbarischen Feinden, und mit ihm verschwand die letzte Möglichkeit, die europäische Geschichte im Sinne seines römischen Vorläufers zu beschreiben. Das neue Europa war eine vielköpfige Hydra. Zugegeben, die deutschen Könige hatten durch den Erwerb des Kaisertitels eine gewisse Vormachtstellung errungen, doch es gelang ihnen trotzdem nicht, die anders gearteten Monarchien von Frankreich und England zu beeinträchtigen oder das Entstehen einer neuen Monarchie in Süditalien zu verhindern. Da die christliche Welt in verschiedene Monarchien aufgeteilt war, erreichte sie Einigkeit nur in der Religion, doch auch der Glaubenseifer nahm viele unterschiedliche Formen an. Mit der Christianisierung der Völker Nord- und Osteuropas ging die Ära des Chaos, die das Leben der Menschen so unsicher gemacht hatte, zu Ende. Sie konnten in ihren Gemeinschaften einen neuen Anfang wagen, der vor allem eine Reform des religiösen Lebens mit dem Ziel, Mißbräuche zu beseitigen, einschließen mußte. Nicht alle diese Mißbräuche hatten sich erst in den jüngsten unruhigen Zeiten entwickelt, doch alle Reformpläne setzten voraus, daß die Zeit reif sei für eine umfassende Erneuerung des Christentums.

Weite Teile der Geistlichkeit bewiesen ein recht arrogantes Selbstvertrauen bei der Vorlage von Plänen zur monastischen Erneuerung, die in dem Bestreben gipfelten, nicht nur den Ruf der römisch-katholischen Kirche wiederherzustellen, sondern sie selbst zur Mäzenin von Reformen in der gesamten christlichen Welt zu machen. Über ein Jahrhundert lang dauerte diese Zeit nahezu ungezügelten Experimentierens an, das nur der Papst in Rom einigermaßen unter Kontrolle halten konnte. Bis zum Ende des zwölften Jahrhunderts war diese Kontrolle jedoch eher theoretischer als institutioneller Natur. Soweit ein Zusammenhang zwischen den Ereignissen jener Jahre aufgespürt werden kann, scheint es sich um Resultate einer neuen Tatkraft und eines neuen Idealismus zu handeln, die hervorbrachen, sobald die unmittelbare Gefahr des Heidentums gebannt war. Dieser Idealismus war weit davon entfernt, sich mit begrenzten oder auf einzelne Staaten beschränkten Verbesserungen zu begnügen, sondern war in seinen Bestrebungen allumfassend und auf die Restauration der Christenheit als Ganzes sowie einen nicht nachlassenden Sturm gegen den Hauptfeind gerichtet – die Moslems. Es gab keinen festgelegten Plan für eine Erneuerung nach innen, der dann Aktionen nach außen folgen sollten: Die gesamte abendländische Christenheit brodelte vor Erregung und kochte vor Zorn.

Hier können nur einige Aspekte dieser Zeit kurz aufgezeigt werden. Auf dem Gebiet der Religion selbst war die bedeutendste Entwicklung der beispiellose Aufschwung des Klosterlebens – und der Zusammenbruch des Monopols der Benediktiner auf die religiöse Erweckung des Westens. Niemals zuvor hatte die Christenheit so viele verschiedene Programme für das Leben nach religiösen Regeln gesehen, niemals zuvor war die Zahl der neu gegründeten Klöster in allen Teilen der westlichen Welt so groß gewesen. Einen deutlicheren Beweis für das Streben nach mehr und reinerer Frömmigkeit kann man sich kaum vorstellen. Da die Kirche nun wieder Zölibatsregeln für die niedere Geistlichkeit durchzusetzen begann, wurde die

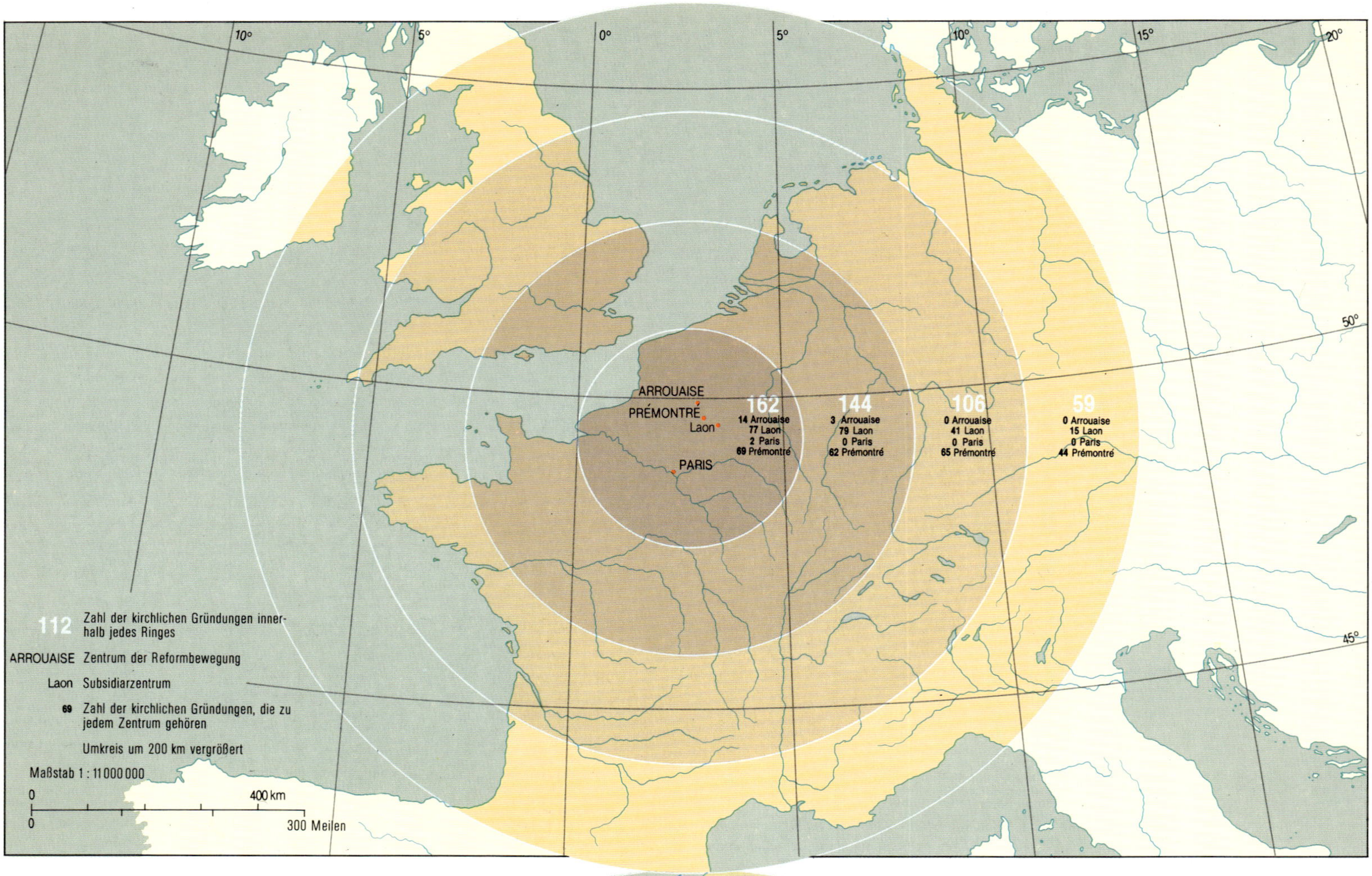

10°
5°
0°
5°
10°
15°
20°
50°
45°
ARROUAISE
PRÉMONTRÉ
Laon
PARIS
162
14 Arrouaise
77 Laon
2 Paris
69 Prémontré
144
3 Arrouaise
79 Laon
0 Paris
62 Prémontré
106
0 Arrouaise
41 Laon
0 Paris
65 Prémontré
59
0 Arrouaise
15 Laon
0 Paris
44 Prémontré
112 Zahl der kirchlichen Gründungen innerhalb jedes Ringes
ARROUAISE Zentrum der Reformbewegung
Laon Subsidiarzentrum
69 Zahl der kirchlichen Gründungen, die zu jedem Zentrum gehören
Umkreis um 200 km vergrößert
Maßstab 1 : 11 000 000
0
400 km
0
300 Meilen


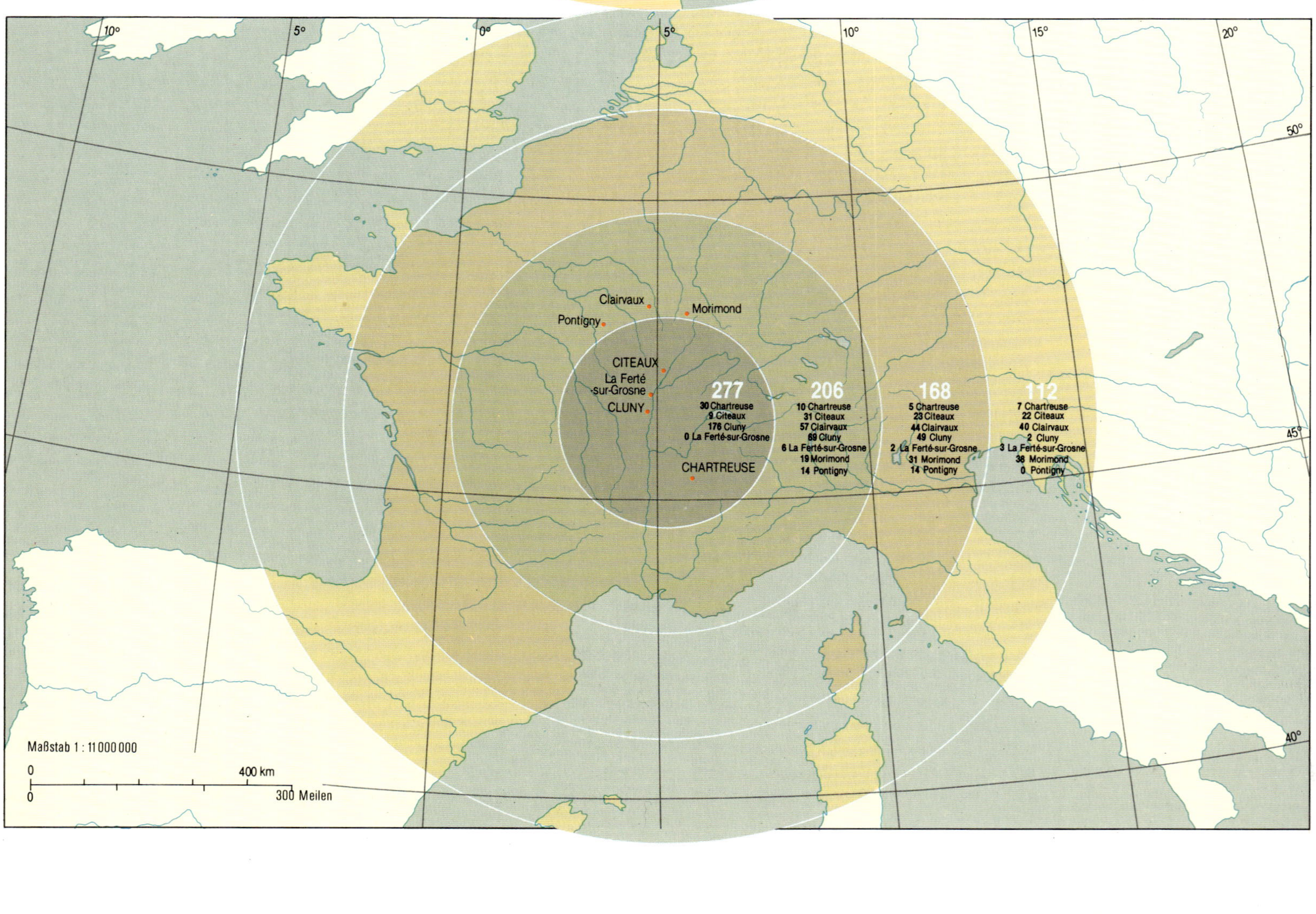

10°
5°
0°
5°
10°
15°
20°
50°
45°
40°
Clairvaux
Morimond
Pontigny
CITEAUX
La Ferté
-sur-Grosne
CLUNY
CHARTREUSE
277
30 Chartreuse
9 Citeaux
176 Cluny
0 La Ferté-sur-Grosne
206
10 Chartreuse
31 Citeaux
57 Clairvaux
69 Cluny
6 La Ferté-sur-Grosne
19 Morimond
14 Pontigny
168
5 Chartreuse
23 Citeaux
44 Clairvaux
49 Cluny
2 La Ferté-sur-Grosne
31 Morimond
14 Pontigny
112
7 Chartreuse
22 Citeaux
40 Clairvaux
2 Cluny
3 La Ferté-sur-Grosne
38 Morimond
0 Pontigny
Maßstab 1 : 11 000 000
0
400 km
0
300 Meilen

*Rechts:* Bestätigung des Ordens des heiligen Franz von Assisi, aus dem Zyklus in der Oberkirche von San Francesco in Assisi (von Giotto und seinen Schülern, zwischen 1296 und 1304). Die ungeheure Ausbreitung neuer Ordensregeln im zwölften Jahrhundert fand ihren Höhepunkt in der Bestätigung der Franziskaner durch den Papst, kurz vor dem Lateran-Edikt von 1216, das weitere Neugründungen verbot. Die Popularität der Franziskaner sicherte ihnen die Aufmerksamkeit der italienischen Maler des 13. Jahrhunderts; ihre Ordensregel verpflichtete sie zu einem Leben in Armut und Buße.

**Neue Klöster und Schulen im 12. und 13. Jahrhundert**
Die kirchliche Reformbewegung blühte besonders im zwölften Jahrhundert. Die Quellen der religiösen Inspiration, von den Historikern so eifrig gesucht, sind vermutlich weniger wichtig als die Umstände, die den Reformern Aufmerksamkeit und Unterstützung verschafften. Drei spezielle Elemente dieser Erneuerung sollten jedoch herausgenommen und kartographisch erfaßt werden. Der in Clermont und Vézelay (1145) gepredigte Zweite Kreuzzug scheint Menschen aus den verschiedensten Landesteilen zur Kreuzesnahme inspiriert zu haben. Monastische Reformer andererseits brauchten genügend Unterstützung innerhalb eines bestimmten Gebiets, bevor eine neue Gemeinschaft ins Leben gerufen werden konnte. Der Erfolg der cluniazensischen, der zisterziensischen und der katharischen Erneuerung im östlichen Frankreich weist eindeutig auf die große Bedeutung hin, die jene Region in der Reformbewegung spielte. Weniger klar greifbar scheinen die Auswirkungen der neuen Philosophie-, Rechts- und Grammatikstudien zu sein, etwa in den Domschulen des nördlichen Frankreich. Von diesen sowie der Rechtsschule von Bologna gingen zweifellos jene Ideen aus, welche die Kirche in diesem Jahrhundert vorwärtstrugen. Die allgemeine Begeisterung für religiöse Reform wurde von den kirchlichen Autoritäten keineswegs immer gebilligt, und einige dieser Bewegungen wurden mit dem Etikett der Ketzerei belegt.

Christenheit von Tausenden hingebungsvoller lediger Männer und Frauen beherrscht, und das zu einer Zeit, da die Bevölkerungszahl allgemein zunahm. Die Begeisterung für das klösterliche Leben verlieh der Gesellschaft einen asketischen Anstrich und beeinflußte speziell die zeitgenössischen Ideale des Dienens und des Rittertums; doch die Betonung lag eher auf den geistigen, im eigenen Inneren ausgefochtenen Kämpfen als auf dem Kampf gegen die realen Feinde des Glaubens. Der heilige Bernhard von Clairvaux, der bekannteste Sprecher des neuen Zisterzienserordens, überredete persönlich einen Pilger, der nach Jerusalem ziehen wollte, doch lieber in sein Kloster einzutreten und dort das »wahre« Jerusalem zu finden. Statt nun aber zu glauben, daß eine solche Einstellung die Unterstützung des Heiligen Landes durch den Westen beeinträchtigte, sollte man sich klarmachen, daß es für jene, die nicht von Gott zur Pilgerfahrt aufgerufen wurden, andere, nicht weniger wichtige religiöse Berufungen gab.

Dem Christentum gereichte dieser geteilte Idealismus keineswegs zum Nachteil, sondern er bot auf diese Art nahezu jedem etwas; denn wie man weiß, fühlten sich sogar die Ackerbauern von den religiösen Orden angezogen und strebten nach dem geistlichen Stand. Der Zisterzienserorden war bei Bernhards Tod im Jahr 1153 so groß geworden, daß man bemüht war, diese Entwicklung aufzuhalten, doch sie ging weiter, bis der Orden im 13. Jahrhundert in Osteuropa seine größte Verbreitung fand. Inzwischen hatten weiter im Westen die Mönchsorden der Dominikaner und Franziskaner das Ideal religiöser Reformen auch bis in Gebiete getragen, in denen Ketzerei und Armut vorherrschten. Als Lehrer und Prediger brachten sie, im Gegensatz zu den älteren monastischen Bestrebungen nach Wachstum der Klostergemeinschaft selbst, die christliche Lehre auch jenen, die nicht von sich aus danach riefen. Vom späten 11. bis ins frühe 13. Jahrhundert hielt diese Flut der Glaubensreformen an. Zwar waren nicht alle Neuerungen von Dauer und sanktioniert, ja nicht einmal der strengen Glaubenslehre entsprechend, doch die Sehnsucht nach Veränderung, das Vertrauen auf neue Regeln, das heißt neue Verhaltensmodelle, und die Bereitschaft der Christen, sich von diesen Neuerungen mittragen zu lassen, scheint grenzenlos gewesen zu sein. Nur das päpstliche Edikt, das die Gründung neuer Orden verbot, und die Vorschrift, daß neue Klöster eine der bestehenden Regeln übernehmen müßten, konnte schließlich mit der Zeit diese Bewegungen wirksam unter Kontrolle bringen.

Bei der Frage nach den Ursachen dieser Reformbegeisterung stößt man auf ein Gefühl der Unzufriedenheit mit den vorhandenen perfektionistischen Glaubensmodellen und den Degenerationserscheinungen innerhalb der Kirche. Damit ist jedoch noch nicht geklärt, wo die wahren Quellen der Inspiration lagen. Von dem Laienprediger Waldes von Lyon, der auf die seit Mitte des elften Jahrhunderts in Europa sich ausbreitende apostolische Armutsbewegung zurückgriff, wird ebenso wie über Franz von Assisi berichtet, daß sie ihre Glaubensinspiration in volkstümlichen Erzählungen fanden, deren Kern an ritterliche Eigenschaften appellierte. Geistliches Predigen war mit Sicherheit nicht der ursprüngliche Anstoß zur Reform. Zwar hatten die Kreuzzugspredigten erstmals die Macht der Prediger gezeigt, große Menschenmassen zu beeinflussen, doch kann der allgemeine religiöse Enthusiasmus nicht auf das Predigen als solches zurückgeführt werden. Bis zu den Tagen, da man es für notwendig hielt, die Ketzerei durch logische Exposition von der Kanzel her anzugreifen, hatte es auch seitens der Kirche kein offizielles Predigtprogramm gegeben. In den Anfangsstadien richtete sich die Predigt vor allem gegen die Unmoral des Klerus selbst und andere Verstöße gegen den christlichen Kodex. Es überrascht daher nicht, daß die Kirchenspitze ihr Mißfallen sowohl über die Prediger als auch über die Laien zum Ausdruck brachte, die versuchten, Glauben und Morallehre auf eigene Faust zu verbreiten. Dies zeigt, daß der religiöse Eifer in jenen Tagen oft dort auftrat, wo man ihn am wenigsten erwartete.

**Die Kreuzfahrerstaaten**
Mit dem Königreich Jerusalem, das auch zur Zeit seiner größten Ausdehnung nie mehr umfaßte als einen ca. 80 km tiefen und 300 km langen Küstenstreifen, wurde im Heiligen Land eine Lateinerherrschaft errichtet. Die ansässige Bevölkerung war an den Besatzungszustand gewöhnt; nur selten, und auch dann nur für ganz kurze Perioden war das Land unabhängig gewesen. Seine Geschicke wurden zumeist vom Süden aus durch Ägypten und vom Nordosten aus durch die Völker des Euphrat oder von Anatolien her bestimmt. Für direkte Verbindungen mit dem Westen waren die Könige von Jerusalem und die Herrscher der kleineren christlichen Lehnsstaaten (siehe Nebenkarte oben) auf italienische Seefahrer angewiesen. Von Richard I. wurde während des Dritten Kreuzzugs Zypern als wertvoller Stützpunkt erobert (1192), doch zu dieser Zeit war Jerusalem bereits in die Hände Saladins gefallen (1187). Das Schicksal der Lateiner im Heiligen Land hing im wesentlichen davon ab, ob die Moslems ihre Schwäche und Uneinigkeit überwinden konnten.
Als Saladin dann die islamischen Streitkräfte für einen heiligen Krieg gegen die Kreuzfahrer geeinigt hatte, machte die Rückeroberung rasche Fortschritte (siehe Nebenkarte unten). Trotzdem gelang es ihm bis zu seinem Tod 1193 nicht, die Christen ganz zu vertreiben, und Jerusalem kehrte 1229–1244 nochmals in den Besitz der Kreuzfahrer zurück, bis es schließlich endgültig an die Moslems verlorenging.
Nach seiner Errichtung durch Gottfried von Bouillon, den »Beschützer des Heiligen Grabes« (1099), hatten Balduin I. (1100–1118) und seine Nachfolger das Territorium des Königreichs erweitert, bis es nach etwa 30 Jahren seinen größten Umfang erreichte. Durch die Beherrschung der Handelswege in dieser Region und durch ihre mächtigen Festungsbauten hielten die Könige die Zügel der Politik fest in der Hand. Ihre größte Schwäche lag in dem Mangel an zuverlässigen Truppen. Deswegen wurde der Johanniterorden, hervorgegangen aus der Bruderschaft des Spitals von Jerusalem, neben der Krankenpflege auch mit Waffendienst betraut, während die Templer, die gegründet worden waren, um den Schutz der reisenden Pilger zu gewährleisten, außerdem Festungen bauten und ebenfalls militärische Pflichten übernahmen. Obwohl ihre Herrschaft nicht von langer Dauer war, kann man diesen christlichen Königen und ihren Vasallen den Respekt für ihre idealistischen Anstrengungen nicht versagen.

*Oben:* Die Winchester-Bibel ist die schönste der drei erhalten gebliebenen englischen illustrierten Bibeln aus dem zwölften Jahrhundert. Sie wurde für Bischof Heinrich von Blois (1129–1171) angefertigt. Dieses Initial (zum ersten Psalm) zeigt Jesus, wie er den Teufel austreibt, und die Qualen der Hölle.

Etwas verständlicher erscheint uns vielleicht die neue Begeisterung für das Studieren bei bedeutenden Gelehrten, belegt durch die Bereitschaft Tausender junger Männer (und möglicherweise auch einiger junger Frauen), sich einem akademischen Studium zu widmen. Abaelard, der berühmteste Pariser Lehrer des frühen zwölften Jahrhunderts, hatte selbst an den Universitäten von Paris, Lyon und anderswo studiert. Aus diesen Bestrebungen entwickelten sich festgelegte Studiengänge und Examina mit Aussichten auf eine Karriere des Absolventen. Jedoch waren die Universitäten nicht etwa Begründer dieser Wiederbelebung des Lernens, sondern ihre Produkte; im Grunde bestand ihre Funktion während des ganzen Mittelalters eher darin, die vorhandene Masse der Lehrmeinungen zu bewahren und zu verteidigen, als Wegbereiter für neue Studienfächer zu sein.

Was den juristischen Sektor betrifft, so liegen die praktischen Gründe auf der Hand, die im späten elften Jahrhundert Gesetzesreformen erforderlich machten und dadurch zum Studium des römischen Rechts und einer gründlichen Überprüfung des Kirchenrechts anregten. Doch solche praktischen Aspekte hatten wenig mit den großen Fortschritten in den Studienfächern Logik und Theologie zu tun, obwohl das letztere mit Sicherheit der Entwicklung des ersten viel zu verdanken hat. Zu einer Zeit, da die Klöster durch das Streben nach größerer geistlicher Vollkommenheit in ihren Grundfesten erschüttert wurden, gab es ganz offensichtlich weniger Einigkeit über die traditionelle Bedeutung des Bücherwissens für klösterliche Gemeinschaften. Dies ist möglicherweise der Grund, warum die Bischofsschulen in Nordfrankreich auch Studenten an sich zu ziehen begannen, die kein Klosterleben anstrebten. Wie und wo dieses Interesse an Gelehrsamkeit ursprünglich seinen Ausgang nahm, wissen wir nicht. Es ist jedoch unschwer einzusehen, daß die neuen Lehrfächer, in denen ein genauerer Gebrauch der Wörter und die intellektuelle Fähigkeit, klare begriffliche Unterscheidungen zu treffen, verlangt wurden, für die Bischöfe praktische Vorteile bei der Auswahl ihres Verwaltungspersonals mit sich brachten. Aber um es noch einmal zu wiederholen: Es gibt bei diesen Studienfächern keinen Hinweis darauf, daß ursprünglich praktische Erwägungen ein auslösender Faktor für ihre Einführung gewesen sind.

Als erstaunlichstes Phänomen dieser Periode mögen die Feldzüge erscheinen, die im Heiligen Land von den »Kreuzfahrern« unternommen wurden – Männern, die ihren Soldatenberuf auf Geheiß der Kirche gegen rein ideellen Lohn ausübten: Die Päpste verhießen allen, die sich bereit zeigten, Jerusalem aus den Händen der Ungläubigen zu erretten, Befreiung von Strafe für ihre Sünden. Doch die hauptsächlichen, auf Veranlassung der Päpste in den Jahren 1096, 1147 und 1189 begonnenen Kreuzzüge müssen historisch im größeren Zusammenhang des immer neuen Kampfes der Christen jener Zeit gegen die Ungläubigen – sowohl Moslems als auch Heiden – gesehen werden. Die Attacken der Normannen auf die Moslems in Italien waren in diesem Sinne ebensosehr Teil der Kreuzfahrerbewegung wie die damaligen Feldzüge in Spanien, die von den christlichen Königreichen gegen das zerfallende Kalifat von Córdoba geführt wurden. Andererseits muß man die Kreuzfahrerbewegung aber auch wegen ihres idealistischen, ja fast quixotischen Charakters deutlich von diesen beiden Unternehmungen unterscheiden. Die Feldzüge sowohl in Spanien als auch in Italien wurden aus bewußt gewinnsüchtigen Motiven geführt und waren durch sorgfältig berechnete politische Vorteile bestimmt. Die Kreuzfahrer, die im Heiligen Land gezwungenermaßen einiges politisches Geschick entwickeln mußten, befanden sich infolge ihres Mangels an politischem Realismus langfristig in einer schier hoffnungslosen Situation.

Der Erste Kreuzzug wurde von Papst Urban II. im Jahr 1095 gepredigt, vorgeblich in Erfüllung einer Bitte des byzantinischen Kaisers Alexios I. um westliche Militärhilfe gegen die Seldschuken, jedoch bald in ein Programm zur Rückeroberung Jerusalems von den Ungläubigen umfunktioniert. Nach einer Agitationsreise durch Norditalien und das südliche und südöstliche Frankreich rief der Papst im November auf dem Konzil von Clermont in einer berühmt gewordenen Rede zur Befreiung der morgenländischen Christen auf. Am festgelegten Termin (August 1096) brachen vier Kreuzfahrerheere mit etwa 30 000 Glaubensstreitern auf verschiedenen Routen nach Konstantinopel auf und versetzten den byzantinischen Kaiser, der nicht mit einem so gewaltigen Aufgebot gerechnet hatte, erheblich in Unruhe. Die Kreuzfahrer eroberten Nikaia für Byzanz von den Türken zurück und gründeten auf ihrem weiteren Vormarsch nach Osten vier lateinische Fürstentümer. Im Juni 1099 standen sie, inzwischen nur noch 12 000 Mann stark, vor Jerusalem, das nach fünfwöchiger Belagerung fiel. Gottfried von Bouillon wurde der erste Herrscher des lateinischen Königreichs Jerusalem, dem als wichtigste Lehnsstaaten das Fürstentum Antiocheia, die Grafschaften Edessa und Tripolis und die Herrschaft Tiberias unterstellt waren. Man muß sich die schwierige Situation dieser Kreuzritterstaaten vor Augen halten: Hunderte von Meilen von ihren Glaubensbrüdern entfernt, im Unfrieden mit ihren levantinischen Nachbarn und häufig auch miteinander, inspiriert eher von religiösen denn von politischen Idealen, waren sie dennoch gezwungen, sich mit den örtlichen Gegebenheiten zu arrangieren. Diese Staaten waren nicht das Ergebnis sorgfältiger politischer und militärischer Planung, sondern sie entstanden durch die Gewalttaten eines Heeres von Eiferern, das über das nichtsahnende Heilige Land hereinbrach, und sie konnten sich nur halten durch sporadische militärische Intervention oder Entsendung einflußreicher Regenten aus dem Westen. Die neu zusammengestellten Moslem-Truppen machten diesen blauäugigen Projekten schließlich ein Ende.

Doch gerade das idealistische Moment der Kreuzzugsidee war es, das ihr eine besondere Anziehungskraft verlieh, und dies darf in keiner Analyse außer acht gelassen werden. Darüber hinaus gab es jedoch auch handfeste Motive. Denn Alexios I. selbst mußte, nachdem er den militärischen Ruf Konstantinopels wiederhergestellt hatte, schließlich einsehen, daß die westlichen Hilfstruppen für seinen eigenen Kampf gegen die Ungläubigen unentbehrlich waren, und der Papst, der seine Bitten um Hilfe weiterleitete, hätte niemals gedacht, daß so viele Ritter und einfache Männer ihre Heimat verlassen und diesen unglaublichen Zug quer durch Europa antreten würden. Die vier Kreuzfahrerstaaten im Heiligen Land verschafften den Völkern des Westens einen nicht zu leugnenden Besitzanspruch im Mittleren Osten, den sie natürlich zu verteidigen suchten; ein Beispiel dafür ist etwa der Aufruf Eugenius' III. zur Befreiung der Grafschaft Edessa nach ihrer Einnahme durch den Emir Zengi (1143) und Urbans III. noch dringlichere Aufforderung zur Rückeroberung Jerusalems, nachdem es 1187 in die Hände Saladins gefallen war. Der zweite Kreuzzug (1147–1149) endete jedoch in einem schmachvollen Fiasko, obwohl er von den beiden mächtigsten Herrschern im Westen, dem Staufer Konrad III. und Ludwig VII. von Frankreich, geführt wurde; und im dritten Kreuzzug konnte Richard Löwenherz zwar den Küstenstrich zwischen Tyrus und Jaffa gewinnen, die heiligen Stätten aber blieben in moslemischer

Hand. Im 13. Jahrhundert hatte sich sogar eine feste Formel für die Kreuzzüge entwickelt: Der Aufruf des Papstes versprach ideellen Lohn für geleistete Militärdienste und rechtliche Vorteile für jene, die den Kreuzfahrereid abgelegt hatten. Idealistische Männer taten sich noch bis zum 15. Jahrhundert zusammen, um auf derartigen Expeditionen den einen oder anderen militärischen Sieg zu erringen, obwohl es niemals mehr gelang, den Moslems die verlorenen Kreuzfahrerstaaten wieder abzunehmen: Als letzter christlicher Vorposten im Heiligen Land wurde 1291 Akkon überrannt. Der Idealismus, jene Länder, in denen Jesus gelebt hatte, für die Christenheit zu halten, überlebte sämtliche Rückschläge und sogar das Ende der Bewegung. Er überlebte auch die Diskreditierung der Kreuzzugsidee, als sie von den Päpsten dahingehend umgedeutet wurde, daß Krieg gegen Ungläubige Krieg gegen alle aktiven Gegner der Kirche bedeute, also auch gegen Ketzer, Schismatiker und politische Feinde. Dadurch drohte die idealistische Auffassung durch die Vorstellung verdrängt zu werden, der Aufruf zu einem Kreuzzug diene vor allem dazu, eine Armee für den Papst aufzustellen und sie durch Erlaß des Kreuzfahrereides gegen Bezahlung zu finanzieren.

Während dieses ganzen Zeitraums war die Anziehungskraft der Kreuzzüge ein vielschichtiges, rätselhaftes und unberechenbares Phänomen. Alexios I. erwartete vermutlich Militärhilfe in Gestalt disziplinierter Einheiten unter ihren eigenen Führern, die als kaiserliche Hilfstruppen fungieren sollten; die Kreuzfahrerheere jedoch brachten, als sie in eindrucksvollen Massen eintrafen, unvermeidlicherweise Männer ohne politische Kenntnis des Orients mit, die überdies nicht gewillt waren, vom Ostkaiser Befehle entgegenzunehmen. Ihre Führer waren zwar etwas vernünftiger, aber nicht unbedingt geneigter, sich lediglich als Verbündete des Kaisers zu betrachten. Die Gründung der christlichen Staaten im Heiligen Land, die bewies, daß die Kreuzfahrer eine eigene Front gegen den Islam bilden konnten, brachte nicht die militärischen Vorteile, um die Herrschaft der Byzantiner über Anatolien wiederherstellen zu helfen. Die Feindseligkeiten zwischen griechisch-orthodoxen und lateinischen Christen sowie zwischen den Kreuzfahrerstaaten untereinander gaben den einheimischen Moslems Gelegenheit zu politischen Intrigen, und das Eindringen der Christen in die gespaltene moslemische Welt des Mittleren Ostens stimulierte eine Wiedergeburt der moslemischen Militärmacht,

Die Belagerung von Antiocheia, aus einer Übersetzung der Kreuzzugschronik des Wilhelm von Tyrus, entstanden in Akkon Ende des 13. Jahrhunderts. Diese Illustration einer Episode aus dem Ersten Kreuzzug gehört zu den frühesten bildlichen Darstellungen militärischer Operationen und gibt einen authentischen Eindruck von der Kriegführung in Syrien. Die Wappen auf den Schilden und Standarten sowie die Rüstungen sind jedoch für den Ersten Kreuzzug nicht richtig wiedergegeben.

die nicht vom Kalifen in Bagdad ausging, sondern von großen Feldherrn wie Nureddin und Saladin. Dieses von den Kreuzfahrern ausgelöste Neuerstarken war der Grund für die Rückgewinnung Ägyptens für die sunnitische Orthodoxie. Es blieb nur eine Frage der Zeit, bis die Kreuzfahrerheere vertrieben werden konnten und Konstantinopel dann, da es keine wirksame Hilfe aus dem Westen mehr bekam, anderen Moslems in die Hände fallen würde: den Osmanen. Vom militärischen Standpunkt aus waren die Kreuzzüge weder ruhmreich noch nützlich. Keines der ausgesprochenen oder unbewußten Ziele konnte auf Dauer verwirklicht werden.

Trotz des winkenden ideellen Lohnes und der rechtlichen Privilegien, ist es unwahrscheinlich, daß jene, die das Kreuz nahmen, eine kalkulierte Entscheidung trafen. Die drei großen Kreuzzüge von 1096, 1147 und 1189 wurden in einer Stimmung ungeheurer Begeisterung begonnen, in der der selbstlose Edelmut einiger weniger die Zögernden mitriß und andere wiederum so sehr beschämte, daß sie beschlossen, nicht weniger selbstlos zu handeln als diese. Für alle, die aufbrachen, war der Kreuzzug eine Herausforderung, sich dem Unbekannten zu stellen. Für keinen war er ein Abenteuer mit Aussicht auf ein irdisches Fürstentum – nicht einmal für jene, die nach der Gründung der Kreuzfahrerstaaten zu deren Herrschern wurden. Kein großer Fürst konnte erreichen oder auch nur erwarten, daß alle seine Gefolgsleute mit ihm kamen, denn auch auf jenen, die zurückblieben, lastete eine ungeheure Verantwortung. Für jeden, der ins Heilige Land zog, war dies ein ganz persönlicher, freier Entschluß.

**Der Kampf zwischen Papst- und Kaisertum**

Die Glaubensbewegungen wurden von den christlichen Herrschern des zwölften Jahrhunderts zwar patronisiert, doch standen diese im allgemeinen eher im Schatten der religiösen Idealisten. Einige Entwicklungen in den europäischen Königreichen sind jedoch der Beachtung wert. Die deutschen Könige waren unbestreitbar die mächtigsten Regenten in Europa; sie wandten sich um Inspiration an Rom und um Bündnisse an Byzanz, beherrschten jedoch auch meisterhaft den Umgang mit den politischen Realitäten. Der Lauf der abendländischen Geschichte wurde dann aber durch die Verlagerung des religiösen Idealismus auf eine institutionelle Ebene verändert. Kaiser Heinrich III., der die Bischöfe seiner Herrschaftsgebiete in Deutschland und Italien zu Mittlern für die Reinigung der Christenheit (Abschaffung der Simonie und der Priesterehe) machen wollte, hatte natürlich gewünscht, daß Rom selbst sich umfassend an diesem Werk beteiligte. Das Papsttum jedoch war eng mit den einheimischen römischen Adelsfamilien verbunden und auf diese universale Rolle nicht vorbereitet. Daher verhalf Heinrich von 1046 an, als Bischof Snidger von Bamberg auf seinen Vorschlag hin auf der Synode von Sutri als Clemens II. zum Papst gewählt wurde, zunehmend deutschen und italienischen Bischöfen auf den Stuhl Petri, die den reformistischen Kurs innerhalb der römischen Kirche durchsetzten. Unvermeidlicherweise wollte sich das derart reformierte und gestärkte Papsttum dann schließlich aus der Bevormundung der deutschen Könige lösen. Nach Heinrichs III. Tod (1056) wurde sein Sohn Heinrich IV. in eine Auseinandersetzung mit Papst Gregor VII. (1073–1085) verwickelt, der die Unterordnung der weltlichen unter die geistliche Gewalt verlangte, und die Bischöfe seines Reiches mußten nun notgedrungen zwischen den zwei miteinander verfeindeten Loyalitäten wählen. Gregor VII. richtete ein allgemeines Investiturverbot an den König und drohte ihm bei Nichtbeachtung den Kirchenbann an. Heinrich reagierte mit Gehorsamsverweigerung und der Absetzung des Papstes, dessen Wahl auf dem Reichstag und der Synode von Worms (1076) für ungültig erklärt wurde. 1084 erhielt Heinrich vom Gegenpapst Clemens III. die Kaiserkrone. Der Anspruch auf kuriale Weltherrschaft war damit vorläufig gescheitert. Die Streitfragen waren außerordentlich komplexer und teilweise auch wirrer Natur, und Zeitgenossen, die sich in polemische Auseinandersetzungen einließen, um Parteigänger zu gewinnen, vernebelten nur die ursprünglichen Konfliktpunkte und vertieften die Erbitterung, statt sich um eine Aussöhnung zu bemühen.

Die speziellen Probleme des Papstes und des römisch-deutschen Kaisertums gingen in Meinungsverschiedenheiten über das Wesen der geistlichen und der weltlichen Macht unter, und dies bewirkte, daß sich der Streit auf die übrigen Teile der Christenheit ausdehnte, wenn auch mit anderen Implikationen. Zum Teil wurde die Kontroverse von Papst und Kaiser 1122 (Wormser Konkordat) beendet. Der deutsche Kaiser verzichtete auf Investitur mit Ring und Stab, behielt jedoch das Recht der Regalieninvestitur, und der eigentliche Friede wurde von der Bedingung abhängig gemacht, daß er nur noch eine nominelle Rolle in Italien spielte. Im Jahr 1159, als die Kardinäle sich über

**Das Deutsche Reich unter den Saliern und Staufern**

Das Deutsche Reich wurde im Jahre 951 mit dem Königreich Italien und unter den Saliern 1037 mit Burgund vereinigt. Doch erst mit der Thronbesteigung des Staufers Friedrich I. »Barbarossa« 1152 kam es zu ernsthaften Versuchen, nach Beendigung des Investiturstreits das Reich zu erneuern. Die hartnäckigsten Gegner des Kaisers waren die lombardischen Städte, gegen die er nur wenig zuverlässige Unterstützung fand, und deren Bund er im Frieden von Konstanz (1183) anerkennen mußte. So bildeten die deutschen Länder weiterhin die Basis seiner Macht. Hier hatte er einen Ausgleich zwischen seinem Haus und seinen kaum weniger einflußreichen Rivalen, den Welfen, herbeigeführt, doch in dieser Zeit begannen die großen Adelsfamilien und die Fürstentümer sich verstärkt Geltung zu verschaffen. Friedrich I. und seine Nachfolger auf dem römisch-deutschen Kaiserthron wie auf dem deutschen Königsthron hatten mit fürstlicher Opposition zu kämpfen; das Reich war höchstens nach außen hin geeint. Friedrich II. bestätigte dann den weltlichen Fürsten die gleichen territorialen Herrschaftsrechte, wie er sie bereits den Kirchenfürsten zugestanden hatte. Unter dem Glanz des Heiligen Römischen Reichs begannen sich allmählich wieder die ursprünglichen Strukturen abzuzeichnen.

Szenen aus dem Leben Gregors VII. aus der *Chronik oder Geschichte von den zwei Staaten* des Otto, Bischof von Freising: eine im zwölften Jahrhundert angefertigte Kopie der Illustration aus der Originalhandschrift, die der Autor 1157 seinem Neffen Friedrich I. schenkte. Otto ging relativ kurz über den Streit zwischen Papst Gregor VII. und Kaiser Heinrich IV. hinweg, weil er fürchtete, alte Leidenschaften neu zu wecken; diese vier Szenen verraten starke Sympathie für die Position des Papstes und scheinen daher die persönliche Meinung des Autors wiederzugeben.

die Wahl eines Nachfolgers für Papst Hadrian IV. uneinig waren, begann eine weitere, lange Auseinandersetzung zwischen Papst und Kaiser, die erst 1177 beigelegt wurde. Über ein Jahrhundert lang lagen Reich und Papsttum zwar nicht ständig im Streit miteinander, jedoch war das alte karolingische Konzept eines christlichen Imperiums endgültig gescheitert. Seines sakralen Charakters beraubt, verlor das deutsche König-/Kaisertum seinen moralischen Anspruch auf die Führung der Christenheit und vor allem auf die Loyalität der italienischen Bischöfe. Das Papsttum andererseits wurde weitgehend als oberster und unumschränkter Leiter der Universalkirche anerkannt. Das römische Ideal der Universalität erwies sich auf geistlicher Ebene als ungeheuer attraktiv, während die alte römische Reichsidee ihre Glaubwürdigkeit auf Dauer völlig verlor.

Auf den ersten Blick mögen diese Auseinandersetzungen zwischen den deutschen Königen und den Päpsten nur für einen Teil der Christenheit interessant gewesen sein, doch ihre Bedeutung sollte nicht unterschätzt werden. Sie leiteten nicht nur den Untergang der Reichsidee ein und förderten von einem sehr frühen Stadium an ein päpstliches Programm zur Ausübung des Hirtenamts über die gesamte Christenheit, sie lösten außerdem eine heftige und beispiellose Debatte über das Wesen der Macht in der christlichen Gesellschaft aus und gaben den Anstoß zu einer genauen Erforschung der Grundlagen des Kirchenrechts. Das Papsttum ermutigte zahlreiche Männer und Frauen, mit der Idee eines christlichen Universalreiches zu brechen, und garantierte, daß das mittelalterliche Europa niemals wieder von einem einzelnen ehrgeizigen Herrscher eingeschüchtert werden konnte. Der karolingische Traum, das Römische Reich auf der Basis eines christlichen Europa wiederherzustellen, gehörte endgültig der Vergangenheit an.

Nur Friedrich II. (1210–1250) konnte die Päpste angesichts seiner gewaltigen Machtfülle nochmals in offene Furcht versetzen. Doch nicht in Deutschland, sondern in seinem Königreich Sizilien fand Friedrich die Unterstützung für den Kampf gegen die Päpste in Rom. Seine Stellung in Sizilien verdankte er den geschickten Schachzügen seines Großvaters Friedrich I. Nach seiner Niederlage bei Legnano (1176) hatte sich dieser zwar mit Papst Alexander III. ausgesöhnt, seine Ambitionen auf das sizilische Königreich jedoch bekräftigt, indem er seinen Sohn Heinrich VI. mit Konstanze, der Erbin von Sizilien, vermählte. Im Verlauf des kaiserlich-päpstlichen Kampfes war Sizilien zu einer begehrten Beute geworden.

### Das normannische Sizilien

Weniger als ein Jahrhundert zuvor war Sizilien unter großen Schwierigkeiten von Konstanzes Großvater, dem Grafen Roger, von verschiedenen Moslemfürsten erobert worden, deren Eifersüchteleien untereinander ihm überhaupt erst Gelegenheit gegeben hatten, dort Fuß zu fassen (1060). Während Roger etwa 30 Jahre lang auf der Insel beschäftigt war, ging sein Bruder Robert daran, seine Stellung als Herzog von Apulien zu einer Herrschaft über ganz Süditalien auszuweiten. Die beiden Brüder und ihre Gefolgsleute waren jedoch nur ein geringer Teil jener Masse normannischer Abenteurer, die sich, nachdem sie anfänglich ihre Dienste als Söldner an zerstrittene lokale Herrscher verkauft hatten, in Süditalien eine Machtposition schaffen konnten. Die Bewohner der Lombardei waren sowohl mit ihren eigenen langobardischen Fürsten als auch mit der nominellen Herrschaft des byzantinischen Kaisers in Bari unzufrieden. Die deutschen Könige, die in der ersten Hälfte des elften Jahrhunderts nach Italien kamen, waren bestrebt, die Hoffnung, die ihre Vorgänger geweckt hatten, auch weiterhin zu nähren – die Hoffnung nämlich, daß sie ihre Herrschaft eines Tages bis in den Süden ausdehnen und das Land vom Druck der Byzantiner befreien würden, während sie gleichzeitig gegen die Moslems marschierten. Die Langobarden machten sich diese Königsbesuche, so gut es ging, für ihre eigenen Zwecke zunutze, und auch ihre normannischen Verbündeten wurden von den Königen anerkannt und bestätigt. Doch ab etwa 1056 demonstrierten die Normannen ihre Selbständigkeit, und den Päpsten gelang es nicht, ihrer Herr zu werden. Papst Nikolaus II. beschloß, sich mit ihnen zu arrangieren, und erkannte Richard von Aversa als Fürst von Capua und Robert Guiscard als Herzog von Apulien an – gegen die Zusicherung normannischer Unterstützung (1059). Die Normannen kamen in der Folge zwar dem einen oder anderen Papst gegen seine Feinde zu Hilfe, doch im Endeffekt hatte die Anerkennung durch den Papst den normannischen Führern nur geholfen, ihre Mitstreiter zu organisieren und die langobardischen Fürstentümer zu beherrschen, denn Päpste, die sich mit den deutschen Königen stritten, konnten nicht zugleich die Normannen im Süden bekämpfen. Bis zu einem gewissen Grad gelang es den Päpsten zwar, Capua gegen Apulien auszuspielen, doch nachdem Robert sowohl das langobardische Fürstentum Salerno (1077) als auch Apulien erobert hatte, war das Gleichgewicht der Macht gestört. Die Päpste zeigten sich sehr geschickt in der Kunst, das Beste aus ihren begrenzten Möglichkeiten zu machen, und fanden sich niemals mit der Entstehung der mächtigen Normannenstaaten ab. Letztlich jedoch konnten sie nicht verhindern, daß Roger II. von Sizilien aus das gesamte südliche Italien unter seine Gewalt brachte und 1130 ein eigenes Königreich gründete. Ein Papst nach dem anderen mußte sich Rogers Wünschen fügen, und das Reich hatte gegen alle Wahrscheinlichkeit Bestand. Seine heterogene Bevölkerung und Religionsvielfalt verlangten zwangsläufig eine Regierung, die politische, weniger religiöse, Aspekte in den Vordergrund stellte.

Die Errichtung des normannischen Königreichs Sizilien fand zu einer Zeit statt, da der Papst und der deutsche König (sowie auch der byzantinische Kaiser) andere, unmittelbarere Probleme zu lösen hatten; doch schon während seiner Entstehung übte es einen bemerkenswerten Einfluß auf alle anderen Mächte aus. Die Normannen zeigten auf, daß Süditalien und Sizilien eine entscheidende Bedeutung für die Christenheit erlangt hatten, oder vielmehr, daß die Normannen sie zu wichtigen Faktoren machen konnten: Diese Gebiete lagen nicht länger an der Peripherie des lateinischen Einflußbereichs. So restaurierten die Normannen die lateinischen Kirchen, bauten neue Klöster und stellten die alten griechisch-orthodoxen unter ihren Schutz. Die Moslems Siziliens wurden ihres Glaubens wegen nicht verfolgt und waren somit die ersten Menschen ihrer Religion, die unter christlicher Herrschaft lebten. Doch die Normannen zeigten sich mit dem Erreichten noch nicht zufrieden. Sie dehnten ihren Konflikt mit den Byzantinern über die Adria hinweg bis in den Balkan aus und wagten es sogar, gegen den »Usurpator« Alexios I. Komnenos einen Gegenkaiser einzusetzen. Ebenso griffen sie die Moslems auf der Sizilien gegenüberliegenden Küste Nordafrikas an. Die normannischen Eroberungszüge in den Süden waren reine Abenteuer: Sie zogen so weit, wie Wagemut und örtliche Umstände es zuließen, und fanden sich nicht mit »natürlichen« Gren-

*Rechts:* Christus krönt Roger II. zum König von Sizilien – ein Mosaik in der Kirche Santa Maria del'Ammiraglio in Palermo. Diese ursprünglich orthodoxe Kirche wurde 1143 vom königlichen Admiral Georg von Antiocheia erbaut und von byzantinischen Künstlern, die bereits für König Roger in der Stadt arbeiteten, ausgeschmückt. Roger ist hier wie ein byzantinischer *basileus* dargestellt, in langer Dalmatika mit Stola und der juwelenbesetzten Krone, die ihm von Christus persönlich auf das Haupt gesetzt wird.

**Links: Das Normannenreich in Unteritalien**
Vor dem Eindringen der Normannen nach Unteritalien bestanden dort zahlreiche lokale Herrschaftsbereiche und rivalisierende Gerichtsbarkeitsansprüche. Es dauerte fast ein Jahrhundert, ehe Roger II., der Regent Siziliens, die verschiedenen normannischen Eroberungen in einem Königreich zusammenfassen konnte. Nach Rogers Tod (1154) behielt es noch für knapp 40 Jahre seine Unabhängigkeit; dann fiel es Rogers Schwiegersohn, dem Stauferkaiser Heinrich VI., als Erbe zu. Aber trotz seiner Aufteilung in Sizilien und Neapel (1282) brach das Königreich nie mehr in kleinste Teile auseinander. Insofern blieb das Werk der Normannen bestehen. Die ehemals halbautonomen Stadtrepubliken wie Neapel und Amalfi beteiligten sich nicht an den späteren Städtebünden, und auch die vielen kleinen Bistümer und nominalen Erzbistümer bereiteten dem König keine Schwierigkeiten; die zahlreichen Klöster, zumeist sehr alte Gründungen, häufig in oder in der Nähe von Städten, begrüßten die Stabilität, die das neue Regime bot. Der Feudaladel opponierte zwar oft gegen die königliche Herrschaft, spielte jedoch bis ins Spätmittelalter hinein bei der Regierung eine weniger wichtige Rolle als die königliche Verwaltung in Palermo, das im zwölften Jahrhundert eine der größten und vitalsten Städte der christlichen Welt geworden war.

*Rechts außen:* Der Wandteppich von Bayeux, 50 cm hoch und über 70 m lang (hier ein Ausschnitt), ist eigentlich eher eine Stickerei. Er zeigt die Ereignisse, die zur Eroberung Englands durch die Normannen führten, und wurde vermutlich vor 1082 von englischen Stickerinnen für den Dom von Bayeux angefertigt, dessen Bischof Odo ein Halbbruder König Wilhelms I. war.

zen ab. Trotz des Mangels an Geschlossenheit nahm es ihre Streitmacht mit allen auf, die sich gegen sie stellten. Sie kämpften gegen Griechen, Moslems, Langobarden, Deutsche und, falls nötig, sogar gegen Päpste. Es fällt schwer, in diesem Durcheinander von Kriegshandlungen eine bestimmte Strategie zu erkennen oder von einer inneren Logik zu sprechen. Der Erfolg der Normannen erscheint phänomenal, und ihr erster Historiker, der Mönch Amatus von Monte Cassino, bezeichnete ihn als schicksalhaft.

Eine gründliche Analyse zeigt, daß die normannischen Eroberungen weniger dauerhaft und stärker zufallsbedingt waren, als es die Heldenlegende gern zugeben möchte. Dennoch war es ihnen gelungen, in Unteritalien einen beträchtlichen Wandel einzuleiten. Ihre Führer hatten weder Ausbildung noch Traditionen, an die sie sich halten konnten, und doch besiegten sie Päpste, Kaiser und Fürsten. Ihre Kriege gegen die Moslems waren die Vorläufer der Kreuzzüge; den Byzantinern gaben sie einen Vorgeschmack dessen, was abendländische Militärmacht vermochte; die Päpste mußten erfahren, daß sie, obwohl päpstliche Vasallen und Verbündete, dennoch die Anerkennung durch den Papst zu ihren eigenen Bedingungen erzwingen konnten, und daß der Papst zwar den Kaiser des Westens demütigen, nicht aber die Normannen vor seinen Toren vertreiben konnte. Doch wie groß die Erfolge der Normannen in Italien auch gewesen sein mögen, so wurden sie von denen ihrer Landsleute in England noch bei weitem übertroffen.

### Die englische Monarchie seit 1066

Unter König Eduard dem Bekenner (1042–1066) war es zu engen Bindungen Englands an die Normandie gekommen. Eduard ernannte dann den normannischen Herzog Wilhelm zu seinem Erben, und nur dem Widerstand der Familie Godwineson ist es zuzuschreiben, daß aus Wilhelms geplanter friedlicher Thronbesteigung ein Eroberungskrieg wurde. In der Folge erhielt der jeweilige Herzog der Normandie für nahezu 150 Jahre die englische Königswürde. Genau wie in Italien, folgte der Eroberung schnell der Versuch, den normannischen Einfluß überall dort, wo es realistisch schien, auszuweiten. Wenn Krieg wenig erfolgversprechend war, versuchte man es mit Heirat, Erbschaften oder Bündnissen. Nicht ohne Rückschläge, doch stets mit Sinn für kontinuierliches Fortschreiten, konnte die englische Monarchie bis zum Ende des zwölften Jahrhunderts in Frankreich Ländereien erwerben, die größer waren als die des Königs von Frankreich selbst, und Verbindungen mit jedem größeren Herrscherhaus der christlichen Welt anknüpfen. Vor 1066 hatten die englischen Könige nur in den Randzonen der Christenheit eine beherrschende Rolle gespielt. Nach 1066 erlangten ihre normannischen Nachfolger auch auf dem Kontinent Bedeutung. Erst in den 90er Jahren des zwölften Jahrhunderts gelang es dem König von Frankreich, ein Stück über die Grenzen seines Reichs hinaus vorzudringen, und es sollte bis 1203/04 dauern, daß der Zusammenbruch der normannischen Herrschaft auf dem Festland unvermeidlich schien. Historikern fällt es leicht, diese auseinandergezogene Form des Reichs als unorganisch und viel zu anfällig zu bezeichnen. Die Chronisten seiner Blütezeit jedoch – und es gab viele, die seine Geschichte aufzeichneten – hegten nie Zweifel an seiner Lebensfähigkeit. Während dieser Zeit gehörte der Normannenstaat zweifellos zu den mächtigsten Reichen der christlichen Welt, und solange er existierte, spielten die Engländer wohl ihre ehrgeizigste Rolle in der europäischen Politik. Nicht zufällig wurde in jener Periode sogar ein Engländer Papst, der einzige, dem dies jemals gelang: Hadrian IV. (1154–1159).

In der Vergangenheit war es üblich, einen großen Teil des Erfolgs den Normannen selbst und ihrem »Feudalsystem« zuzuschreiben, das sie in die Lage versetzte, aus Institutionen, die überall sonst als mit einer effektiven Regierung unvereinbar galten, einen mächtigen Staat zu schaffen. Mit Sicherheit brachten die Normannen gewisse Eigenschaften ein, Tatkraft und Weitblick etwa, und wegen der besonderen Umstände der Eroberung Englands durch Herzog Wilhelm konnten sie sich ihren Staat mit einer einzigen Anstrengung schaffen: Die normannischen Landesherrn bildeten eine bemerkenswert homogene und disziplinierte Gruppe, im krassen Gegensatz bei-

**Das Angevinische Reich der Anjou-Plantagenets**
Seit der Thronbesteigung Wilhelms des Eroberers spielte der englische König auch eine wichtige Rolle auf dem Kontinent, zunächst aufgrund seiner Kronlehen in der Normandie und in Maine, und nach 1154 aufgrund seiner Besitzungen in Westfrankreich von der Loire bis zu den Pyrenäen. Seine Oberhoheit wurde den Herrschern am äußersten Rand der christlichen Welt, von Schottland bis zur Bretagne, aufgezwungen oder freiwillig von ihnen akzeptiert. Der König von Frankreich, der die Macht über das Gebiet von der Normandie bis zum Poitou zurückeroberte (1202–1226), konnte die Plantagenets jedoch nicht über den Kanal zurücktreiben. So blieben die englischen Könige weitere zweieinhalb Jahrhunderte ein wichtiger Faktor in der französischen Politik. Diese Karte zeigt nur die Anfänge ihrer Aktivitäten, umfaßt insgesamt aber die kompliziertere Geschichte von über 200 Jahren.

*Oben:* Das Domesday Book I (Reichsgrundbuch Englands) – hier aufgeschlagen – ist eine Bestandsaufnahme der Grundherrschaften und Lehnsbesitzungen ganz Englands südlich der Linie Tees–Ribble, ausgenommen die drei ostanglischen Grafschaften; diese letzteren sind im Domesday Book II – hier geschlossen – verzeichnet, das etwas kleiner ist und 1086 von anderen Schreibern verfaßt wurde. Die Bücher werden seit dem 17. Jahrhundert in dieser Truhe aufbewahrt, die mit drei Schlössern versehen ist und möglicherweise einst die Kronjuwelen Heinrichs VI. barg.

*Rechts:* Oxford Castle, Suffolk, England. Diese Burg, erbaut 1165–1173, hat König Heinrich II. nach erhaltenen Unterlagen im Laufe von acht bis neun Bauperioden über 1400 Pfund gekostet, sie war die bis dahin kostspieligste seiner Festungen. Das Holz für den Bau wurde von Scarborough, die Steine von Caen herbeigeschafft. Auch ihre Architektur war außergewöhnlich: ein achteckiger Bergfried mit drei vorspringenden Türmen und einem Vorbau; um die Verbindungsmauer herum wurde dann noch eine Reihe von rechteckigen Nebentürmen errichtet.

spielsweise zu den Normannen in Italien. Die Normandie war jedoch niemals für eine gute Regierung bekannt, und die Historiker haben die Ursprünge dieser mächtigen englischen Monarchie in jüngster Zeit bis weit vor der Eroberung zurückverfolgt. Die Normannen verstanden es, das bereits Vorhandene zu übernehmen und zu verbessern. Wichtiger noch: sie hatten ein weit dringenderes Motiv als ihre englischen Vorgänger, so schnell wie möglich ein funktionierendes System zu schaffen, denn ihre Verpflichtungen auf dem Kontinent machten es ihnen unmöglich, ihre gesamte Zeit den englischen Belangen zu widmen. Die Stärke des alten englischen Systems hatte auf seinen lokalen Institutionen beruht. Indem die Normannen den Bereich der königlichen Aufsicht erweiterten und die einzelnen lokalen Institutionen, die Feudalherren, die Kirche und die königliche Administration eng miteinander verflochten, schufen sie eine zusammenhängende politische Ordnung unter der zentralen Herrschaft des Königs. Kein anderer Monarch des zwölften Jahrhunderts hatte auch nur annähernd einen vergleichbaren Staatsaufbau zuwege gebracht, wie dies Heinrich I. (1100–1135) und, nach den Jahren der Bürgerkriege, in noch stärkerem Maße Heinrich II. (1154–1172) in England gelang. Es war die Kombination von Elementen sowohl der englischen als auch der französischen Gesellschaft, durch die diese einzigartige Verwirklichung der Königsgewalt möglich wurde.

Angesichts der ursprünglich dezentralen Regierungsstruktur Englands ist es unwahrscheinlich, daß diese Entwicklungen ohne französische Herrscher stattgefunden hätten. Die eigentliche Stärke des französischen Systems basierte nicht auf den lokalen Institutionen, sondern auf der Begabung einiger französischer Herrscher, die Zuneigung und Loyalität ihrer Militärtruppen fest an sich zu binden und von allen sich bietenden Möglichkeiten zu profitieren. Der bedeutendste von ihnen, Heinrich II. von England, demonstrierte seinen grundlegenden Opportunismus unter anderem durch die Heirat mit Eleanore von Aquitanien (1152), die ihn in den Besitz dieses großen Fürstentums brachte. Die Merkmale seiner Regierung in Aquitanien sind, anders als in England, nicht in weitgehenden Einzelheiten bekannt, doch war sie eindeutig erfolgreicher und dauerhafter als die seines Vorgängers Ludwigs VII., des ersten Ehemanns der Eleanore. Schon bald war Heinrich in der Lage, die Ressourcen des englischen Königreichs auf dem Kontinent einzusetzen, und Aquitanien, oder wenigstens die Gascogne, erwies sich als verläßlicherer Besitz, als die Normandie es jemals gewesen war. Die politischen Bindungen wurden über drei Jahrhunderte hinweg aufrechterhalten.

Natürlich nahm zu jener Zeit das Kontinentalreich die Aufmerksamkeit des Königs am stärksten in Anspruch, doch England wurde von ihm nie vernachlässigt. Wann immer nötig, kümmerte er sich um die englischen Angelegenheiten, obwohl die dortige geordnete Verwaltung dafür sorgte, daß es im Land weniger turbulent zuging als in anderen Teilen seines Herrschaftsbereichs. Die Loyalität, die England dem König gegenüber bewies, machte es zu seiner natürlichen Hilfsquelle. Zwar ist nicht eindeutig nachzuweisen, daß englisches Geld in die kontinentalen Besitzungen floß, doch wurden Engländer auf dem ganzen Festland mit Regierungsaufgaben befaßt, dienten in der königlichen Verwaltung und den Kirchen und gingen auf diplomatische Mission nach Spanien, Sizilien, Rom und Deutschland, von der Kontaktpflege mit Irland und Schottland ganz abgesehen. So ist es alles andere als erstaunlich, daß englische Chronisten jener Zeit einen weiteren Horizont als ihre Zeitgenossen in anderen Ländern besaßen.

Der Bedarf an qualifiziertem Personal für den königlichen Dienst brachte die englische Monarchie notwendigerweise mit den Zentren christlicher Gelehrsamkeit in Kontakt. Besonders Nordfrankreich, wo im zwölften Jahrhundert neue Schulen und Studienfächer entstanden, zog viele englische Studenten an und versah sie mit dem nötigen geistigen Rüstzeug. Auch englische Bischöfe unterhielten einen Stab ausgebildeter Geistlicher, vielleicht um so mehr, da zahlreiche von ihnen mit einem Klosterkapitel belastet waren, das für den Umgang mit den speziellen Geschäften des Bischofs schlecht geeignet war. Der Stab des Bischofs in derartigen Diözesen hatte gezwungenermaßen von ihren Kapiteln unabhängig zu sein. Doch vor allem der König bedurfte der Dienste gelehrter Männer. Thomas Becket, erster Kanzler Heinrichs II., hatte an der Universität von Bologna studiert und war als Erzdiakon von Canterbury für die Wahrnehmung der Rechtsinteressen des Erzbischofs in seiner Diözese verantwortlich. Für Heinrich II. spielte er jedoch eher die Rolle eines Faktotums. Zwei anderen königlichen Bediensteten verdanken wir jedoch wertvolle Aufzeichnungen über die tatsächliche Funktion, die das königliche Schatzamt und das

Gerichtswesen für Heinrichs »absolutistische« Regierung hatten: Richard Fitznigel mit seinem *Dialogue of the Exchequer* (Dialog über das Schatzamt) und die *Treatise on the Laws and Customs of the Kingdom of England* (Abhandlung über die Gesetze und Gewohnheiten des Königreichs England), die ehemals dem Justitiar Ranulf von Glanvill zugeschrieben wurden. Sie beweisen, daß die zeitgenössischen Fortschritte der Wissenschaft in England sehr schnell für praktische Zwecke genutzt werden konnten. Auch der Klerus spielte eine wichtige Rolle in der königlichen Verwaltung, ohne jedoch ihre grundlegend säkulare Funktion zu beeinflussen. Die Kleriker hielten treu an den kirchlichen Regeln fest, waren im allgemeinen jedoch der Ansicht, daß auch der König eine wichtige Rolle in Gottes Weltenplan spiele, und zögerten deshalb nicht, die königlichen Interessen zu befördern. Falls diese ihre Einstellung uns zuweilen recht weltlich erscheint, so sollten wir bedenken, daß unsere heutigen Wertmaßstäbe auf die damalige Zeit überhaupt nicht oder nur in geringem Maß anwendbar sind.

Zwar holten auch die Zeitgenossen Heinrichs II., Friedrich I. in Deutschland, Ludwig VII. in Frankreich und Roger II. in Sizilien, gelehrte Männer und Personen von Stand an ihre Höfe, doch war Heinrich viel stärker auf die Delegation von Regierungsaufgaben und damit auf ihre Dienste angewiesen. Das Herrschaftsgebiet des deutschen Königs war zweifellos ausgedehnter als sein eigenes, doch griff er viel stärker in das Leben seiner Untertanen ein, und seine Verwaltungsvorgänge erfaßten, soweit wir wissen, die Menschen an jedem Ort. Das hatte zur Folge, daß der König besser informiert war und konkreter eingreifen konnte, daß er aber auch einen ständigen Strom von Informationen benötigte, der wiederum Schreiber, Boten und Beamte erforderlich machte. Heinrich II. war ständig unterwegs, immer aufmerksam und aktiv und so unfähig zur Muße, daß er seine Erholung auf der Jagd suchte. Eher ein Mann der Tat als ein Intellektueller, besaß er dennoch einen scharfen Verstand und war nach den Maßstäben seiner Zeit sehr gebildet.

Seine besondere Begabung scheint auf dem rechtlichen Sektor gelegen zu haben. Er war ein anerkannter Schiedsmann in internationalen Streitfragen und ersann Möglichkeiten zur Beilegung von Rechtsproblemen, durch die die existierenden Institutionen nicht offenkundig unterminiert wurden. Da hier nicht der Platz ist, um sämtliche Vorzüge und Schwächen seiner Herrschaft aufzuzählen, sollten wir, statt uns mit seinen persönlichen Qualitäten zu beschäftigen, eher die gemeinsamen charakteristischen Merkmale englischer Regierungen zu jener Zeit herausstellen. Es war die Kombination traditionell englischer und kontinentaler Herrschaftsformen und die bewußte Umsetzung wissenschaftlicher Fortschritte in die Praxis, die es den normannischen und angevinischen Herrschern ermöglichten, aus ihren Ländern den mächtigsten Staat des zwölften Jahrhunderts zu formen. Dieser säkular ausgerichtete, straff organisierte Staat konnte jedoch nur durch eine Vielzahl schriftlicher Erlasse, Verfügungen etc. funktionieren. Vor dem Ende des zwölften Jahrhunderts hatte die englische Regierung die Bedeutung dieser Tatsache so klar erkannt, daß sie begann, ihre amtlichen Dokumente und Unterlagen zu archivieren. Die einzige andere europäische Regierung, die zur damaligen Zeit etwas Ähnliches tat, war – fast überflüssig zu sagen – die päpstliche. Diese beiden »Staaten« hatten trotz ihrer großen Unterschiede das Merkmal gemeinsam, daß sie ihre »Untertanen« bewußt dirigierten, und damit wiesen sie den anderen Gemeinschaften, die im Lauf der Zeit das gleiche Bedürfnis nach Geschlossenheit und Beständigkeit entwickelten, den Weg.

# Mirabilia Urbis Romae

Die Zahl der Pilger, Touristen und anderen Besucher, die im zwölften Jahrhundert nach Rom strömten, stellten an die Bewohner der Stadt noch nie dagewesene Anforderungen. Die Fremden sahen sich oft in ihren Erwartungen hinsichtlich der Unterbringung und Gastfreundschaft enttäuscht und beklagten sich über die römische Habsucht und mangelnde Liebenswürdigkeit. Das hielt sie jedoch nicht davon ab, weiterhin in die Stadt zu kommen. Sie scheinen für ihre Exkursionen auch das Reisehandbuch über die Wunder Roms, das um 1140 wahrscheinlich von Benedetto, dem Kanonikus der Peterskirche, geschrieben worden war, benutzt zu haben. Besucher waren offensichtlich von ihrer Fremdartigkeit betroffen, weshalb Benedetto versucht, die Wunder Roms für sie zu erklären. Besser interpretiert wird das Werk jedoch als ein Beispiel für den wiedererwachten Stolz der Römer auf ihr antikes Erbe lange bevor die Renaissance die Kultur des klassischen Altertums neu erweckte.

Man findet in dem Werk weder Anzeichen von Scham oder Bedauern über die heidnische Vergangenheit, noch eine bewußte Verklärung der christlichen Gegenwart – nur ein Gefühl dafür, daß die vergangene Größe der Gegenwart den Boden bereitet hat und durch sie angemessen vollendet wurde. Nach zehn kurzen Abschnitten, in denen er die Ausmaße der Stadtmauer, die Zahl der Tore, Triumphbogen, Hügel, Bäder, Paläste, Theater, Brücken und Friedhöfe aufzählt, berichtet Benedetto von der Vision, die Kaiser Augustus hatte, und wegen der er die berühmteste Seherin jener Zeit, Sibylle von Tibur, um Rat fragte. Sie offenbarte ihm die Vision der Jungfrau, die das Jesuskind in Armen hält. Diese Vision sei Augustus in dem Bereich seines Palastes zuteil geworden, den dann die Kirche Sta. Maria in Capitolio, die heutige Sta. Maria in Aracoeli einnahm. Keine eindrucksvollere Anekdote konnte dem Besucher geboten werden, um ihm einen angemessenen Eindruck von dem besonderen Rang zu geben, den Rom innerhalb der gesamten christlichen Welt einnimmt und seiner christlichen Bestimmung schon in heidnischer Zeit. Zur Erhärtung der Geschichte werden Inschriften als Beweise angeführt, und in der folgenden Stadtbeschreibung wird der Besucher weit häufiger gemahnt, den Inschriften die fällige Aufmerksamkeit zu schenken, als daß detailliert auf die verschiedenen antiken Baudenkmäler eingegangen wird.

Neben den Bauwerken behandelt Benedetto auch die wesentlichen Skulpturen wie die Plastik der rossebändigenden Dioskuren oder das Reiterstandbild Marc Aurels. Diese Beschreibungen sind eingebunden in eine Fülle von Legenden und Anekdoten, beispielsweise über die Statuen der Nationalhelden auf dem Kapitol. Jede von ihnen trug eine Glocke um den Hals, die geläutet haben sollen, wenn der Stadt von dort Rebellionen drohten. Der Reiseführer erzählt auch, wie der Monat August zu seinem Namen kam und wie Petri Kettenfeier im August in der Kirche von St. Peter ad Vincula begangen wurde. Die Verwechslung von Namen schmälert den Nutzen für den Historiker, doch Benedettos Bemühen, die Umformung heidnischer Bräuche in christlicher Zeit aufzuzeigen, verrät das überraschende Anliegen, Veränderungen in historischen Begriffen zu erklären, beispielsweise mit seiner Darstellung, wie Papst Bonifaz IV. von Kaiser Phokas das

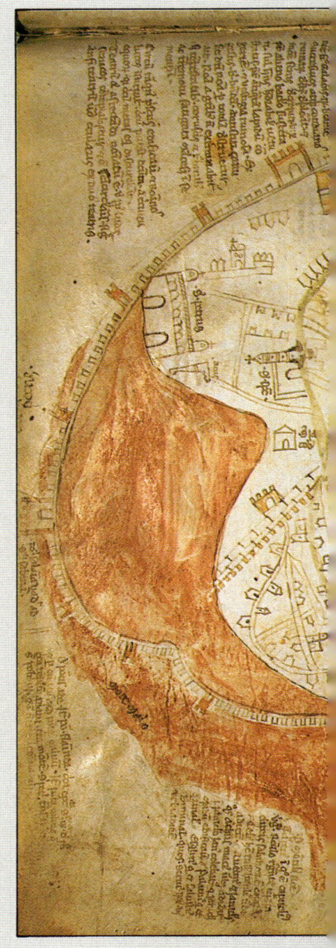

*Rechts:* Das Siegel Ludwigs des Bayern, der 1328 zum Kaiser gekrönt wurde. Dieses Siegel mit der Legende ROMA CAPUT MUNDI REGIT ORBIS FRENA ROTUNDI zeigt bedeutende Bauwerke der Stadt. Die Gebäude sind in der Anordnung dargestellt, wie sie der Besucher sieht, wenn er durch die Porta Flaminia hereinkommt.

*Unten:* Romkarte von Paolo di Venezia (1323). Die für seine *Magna Chronologia* entworfenen Karten belegen, daß Paolo eine allgemeine Vorstellung von den Umrissen der verschiedenen Länder hatte. Dieser Plan der Ewigen Stadt dürfte eine Karte des 13. Jahrhunderts zur Vorlage haben und kennzeichnet deutlich die Punkte, die die Reisenden am meisten interessierten – die Stadtmauern, die Tore, der Tiber, die Hügel, die antiken Bauwerke und die Kirchen. Ein großer Teil des Stadtgebiets ist hier unverbaut, und auch die Häuserzeilen sollen nur eine allgemeine Vorstellung geben. Die sorgfältige Gliederung der Gebäude und Straßen läßt gegenüber früheren Plänen einen Fortschritt in der Technik erkennen.

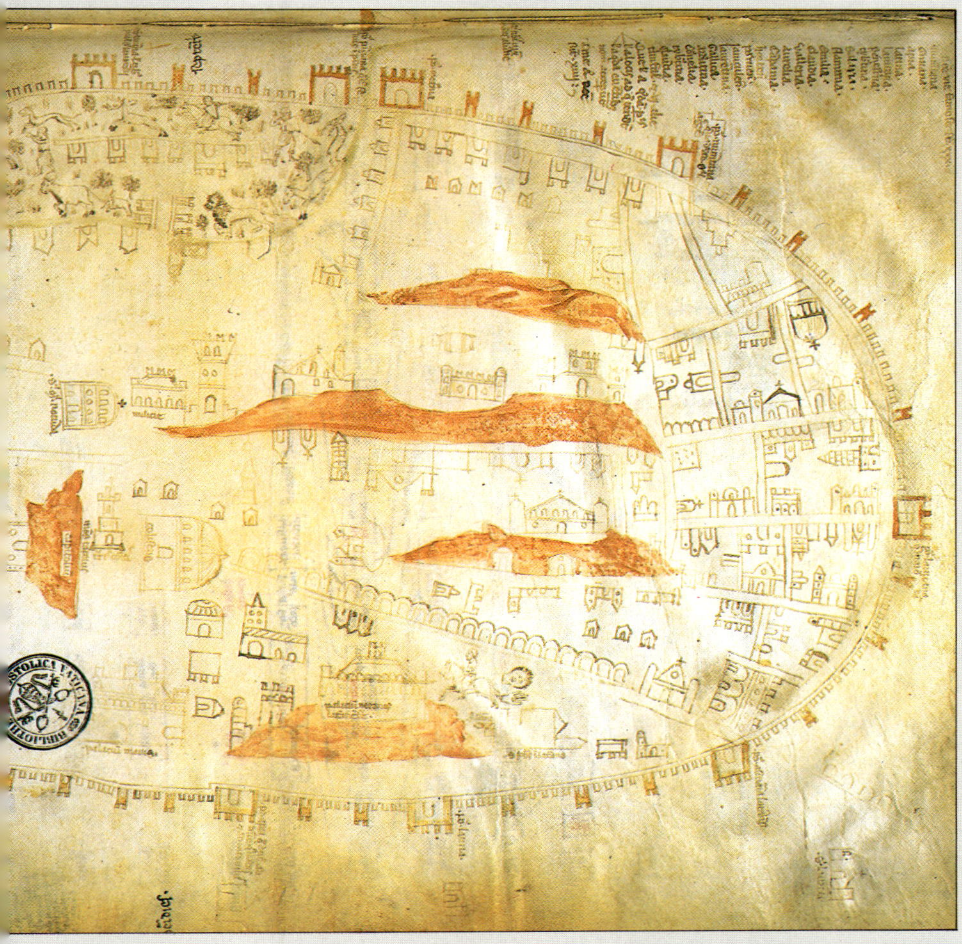

*Rechts:* Eine Zeichnung des 15. Jahrhunderts von der Bronzestatue des Marc Aurel. Dieses 164 n. Chr. errichtete Denkmal ist das schönste erhaltene Reiterstandbild der Antike. Die Zeichnung zeigt das wiedererwachte Interesse an der antiken Kunst, noch bevor die Wertschätzung klassischer Proportionen sich mit der Renaissance allgemein durchzusetzen begann.

Pantheon erhielt und es nun der Jungfrau Maria und allen Heiligen weihte.

Die Wechselwirkung zwischen römischer Vergangenheit und Gegenwart macht die Entscheidung schwierig, ob der Autor mehr daran interessiert war, was aus den römischen Bauwerken wurde oder wie er den Schmuck an und in den Kirchen erklären könne. Bei der Behandlung von Hadrians Grab (Castello San Angelo) sagt er, daß die originale Porphyrgruft seinerzeit im Lateran *ante folloniam* war und daß das *coopterium* sich in der Peterskirche über dem Grab des Präfekten Cinzio befand. Doch sein Interesse an der kaiserlichen Zeit um ihrer selbst willen wird deutlich in seinem Bericht über das Mausoleum des Augustus, und von einem Tempel des Gnaeus Pompeius meint er, daß er von erhabener Größe und Schönheit gewesen sei. Diese Bewunderung der antiken Vergangenheit scheint Benedetto auch auf ihre Institutionen auszudehnen, etwa wenn er den Tempel des Mars beschreibt, wo am 1. Juli die Konsuln gewählt wurden, und wo sie sechs Monate blieben. Wenn die gewählten Konsuln frei von allen Verbrechen waren, wurden ihre Konsulate bestätigt. Es ist wohl alles andere als Zufall, daß Arnold von Brescia in diesem Rom Mitte des zwölften Jahrhunderts die Wiedereinsetzung des Senats vorschlug. So ist auch Benedettos ausgesprochen anerkennendes Kapitel über das Kapitol keine Überraschung, das nahezu ohne alle christlichen Bezüge ist.

Des Autors Gelehrsamkeit mag nach modernen Maßstäben nicht außergewöhnlich sein, aber sein Interesse für das alte Rom, seine Genauigkeit bei der Identifizierung antiker Bauwerke, seine Bezugnahmen auf die Einrichtungen und Bräuche, die öffentlichen Bibliotheken und die Spiele, legen nahe, daß sein Buch eine überwiegend gebildete Leserschaft hatte. Es handelt sich über weite Passagen nicht nur um leeres Geschwätz zur Unterhaltung der Touristen.

Benedetto beginnt seine Romführung im Vatikan, er beschreibt das Castello San Angelo und den Campus Martius, bevor er zum Campidoglio und hinunter auf das Forum weitergeht. Dann folgen Palatin und Kolosseum, der Circus Maximus, die Hügel Caelius, Lateran, Esquilinus und Aventin, schließlich kehrt er nach Trastevere zurück. Der Autor schließt mit den Worten, daß er sein Bestes getan habe, zum Nutzen der Nachwelt aufzuzeichnen, wieviel Schönheit in Silber, Gold, Bronze, Elfenbein und Edelsteinen vorhanden war, und wie viele Tempel und Paläste von Kaisern, Konsuln, Senatoren und Präfekten es im vorchristlichen Rom gab – dies alles habe er in den frühen Annalen gelesen, von den Alten gehört oder mit eigenen Augen gesehen. Sein Buch inspirierte und informierte noch Petrarca im 14. Jahrhundert, wie viele vor ihm. Anhand dieses Werkes läßt sich ermessen, warum Rom weiter seine Faszination auf die Völker des Westens ausübte: Weder durch seine glanzvolle Vergangenheit noch als Sitz der Päpste allein, sondern durch eine Mischung aus heidnischen und christlichen Traditionen, die ohne Parallele war. Das Heidentum hatte für die Christen des zwölften Jahrhunderts seinen Schrecken verloren, was auch die Dichter und Gelehrten dieser Epoche beweisen, die keine Furcht zeigten, auf die antiken Texte zurückzugreifen.

# Pilgerfahrt nach Compostela

Obwohl die Reliquien der Heiligen an besonderen Orten aufbewahrt wurden, zogen sie Besucher aus der ganzen Christenheit an. Pilgerreisen setzten eine hinreichend stabile internationale Lage voraus, um die damit verbundenen Gefahren zu verringern; sie bedeuteten aber auch, daß die Menschen mit ihrer Heimat nicht so verwurzelt waren, daß sie den oft weiten Weg scheuten.

Im Römischen Reich des vierten Jahrhunderts war die Anziehungskraft der heiligen Stätten beträchtlich. Rom selbst zog Pilger zu den Schreinen des hl. Petrus und des hl. Paulus, besonders nachdem die moslemische Eroberung Jerusalems (638) eine Reise dorthin gefährlich gemacht hatte. Nunmehr erlegten die Männer der Kirche die Wallfahrt als Buße auf. Irische Mönche pflegten den Gedanken, daß das christliche Leben selbst eine Pilgerfahrt sei und in immerwährendem Exil zugebracht werden sollte; die langen Fahrten der Gläubigen zu den Schreinen erschienen daher als eine milde Form der Selbstverleugnung. Da wegen der unsicheren politischen Verhältnisse unvorhersehbare Schwierigkeiten drohten, blieb der Aufbruch zu einer Pilgerfahrt ein ungewöhnlicher Entschluß, der nur mit gebührender Feierlichkeit in die Tat umgesetzt wurde. Vom elften Jahrhundert an jedoch schlossen sich die Reisenden bewußt zusammen, um die Strapazen für den einzelnen weniger entmutigend zu machen.

Der hl. Jakobus in Spanien wird in keinem Text vor 700 erwähnt, und erst um 900 kam es zur Begründung eines Kults an jenem Ort in der Diözese von Iria, wo man ca. 830 das Grab des Apostels entdeckt zu haben glaubte. Obwohl hier in Compostela vor dem Ende des neunten Jahrhunderts eine Kirche erbaut wurde, gibt es bis zur Pilgerfahrt von Wilhelm, dem Grafen von Aquitanien (970–1029), keinen Hinweis, daß sich die Verehrung über Spanien hinaus erstreckt hätte. Gegen Ende des elften Jahrhunderts war der Kult dann bereits so festverwurzelt, daß der Papst den Bischof von Iria ermächtigte, seinen Sitz nach Compostela zu verlegen. Hier war im Jahre 1076 mit dem Bau einer neuen prächtigen Basilika zu Ehren des Heiligen begonnen worden. Jetzt hatte die Pilgerfahrt zu dieser Stätte internationale Anerkennung erfahren, und der Kult von Compostela wurde bald zu einem der bedeutendsten der westlichen Christenheit, denn nur Rom selbst war noch im Besitz der sterblichen Überreste eines Apostels.

Die Förderer der Verehrung fanden es zweckmäßig, die Geschichte von Jakobus' Aufenthalt in Compostela auszuschmücken. Sie füllten Lücken in bestehenden Berichten aus, um ihnen mehr Erhabenheit zu geben und eventuelle Zweifel zu zerstreuen. Unsere Hauptquelle ist eine Kompilation – *Liber Sancti Jacobi* (»Das Buch des heiligen Jakobus«) –, die wahrscheinlich in der Zeit des Erzbischofs Diego Gelmirez (1101–1139) angefertigt worden ist. In diesem Buch sind eine Anzahl von Texten vereinigt, darunter eine legendäre Geschichte Karls des Großen, die der bekannteste Teil des Werks wurde. Die Entstehungszeit dieses Textes ist ungewiß, doch er belegt die Bedeutung von Pilgerreisen aus den Kernländern des Karolingerreiches. Ferner enthält es einen Pilgerführer – der Verfasser stammte aus Frankreich –, der den Gläubigen die verschiedenen Stationen ihrer Reise quer durch Nordspanien von Puente la Reina aus erklären soll. Es werden vier Routen quer durch Frankreich erwähnt, die zu diesem spanischen Sammelpunkt führen. Daraus geht klar hervor, daß sich um die Mitte des zwölften Jahrhunderts eine beträchtliche Anzahl von Pilgern nach Compostela auf den Weg machte, von Orten jenseits St. Giles, Le Puy, Vézelay oder Tours, sogar von Italien, den Niederlanden und der Normandie. Andere Pilger kamen per Schiff aus den christlichen Ländern des Nordens. Am auffälligsten aber ist die Bedeutung der Franzosen für die Landrouten und besonders das Wirken von Cluny, das für die Geschichte des christlichen Spanien im elften und zwölften Jahrhundert so bestimmend war.

Es ist möglich, daß Pilger schon seit mehreren Generationen auf diesen Routen gekommen waren, aber alles spricht dafür, daß der Kult im späten elften Jahrhundert eine große Förderung erfuhr, als der cluniazensische Einfluß in Nordspanien seinen Höhepunkt erreichte. Sancho der Große von Navarra (1010–1030) hatte zuerst die Region von Najera-Logroño wiederbesetzt, und er machte die alten Pilgerstraßen, die die Überfälle der Sarazenen im zehnten Jahrhundert unterbrochen hatten, wieder sicher für Reisende. Die Kriege gegen die Moslems brachten christliche Soldaten nach Spanien wie auch nach Sizilien oder später ins Heilige Land, und sie wurden von Erzählungen über Karl den Großen und seine Adligen angespornt, die in früherer Zeit auf der Iberischen Halbinsel gekämpft hatten. Der Erfolg der christlichen Waffen, die 1095 Toledo eroberten, erfüllte die christlichen Königreiche des nördlichen Spanien mit neuer Zuversicht. Nach und nach wurden die Orte entlang der Route mit neuen Bauwerken geschmückt, deren Stil französische und mozarabische Elemente in sich vereinigte. Den Pilgern bot sich jetzt eine Fülle ausgezeichneter Rastorte, wo sie ihren religiösen Eifer auf dem langen Weg stärken konnten und wo auch bestens für ihr leibliches Wohl und die Unterbringung gesorgt wurde.

Der Pilgerführer im *Liber Sancti Jacobi* war vermutlich vor allem für Organisatoren und Leiter von Wallfahrergruppen gedacht. Etwa ein Drittel des Textes ist der ausführlichen Beschreibung von Compostela mit seinen Kirchen und der Basilika gewidmet, ein weiterer Teil den Heiligen, deren Schreine auf der französischen Seite der Pyrenäen lagen. Dennoch bietet der Text klare und detaillierte Informationen über die verschiedenen zu durchquerenden Gebiete Spaniens, über deren Bewohner, die Rastorte, die Hospize, die zu überschreitenden Flüsse und die Qualität ihres Wassers.

Der Verfasser setzt voraus, daß die Leser seinen Eindruck von den ungehobelten Menschen, denen man auf der Strecke begegnet, teilen werden. Reisende, die die breiten Flüsse bei Bayonne überqueren mußten, hatten erstaunlich hohe Summen an die Fährleute zu zahlen. Gegen diese wettert der Führer mit frustriertem Ärger. Er macht geltend, daß nur Händler, nicht aber Pilger Wegegeld zu zahlen hätten, und enthüllt, daß die Fährleute in Wahrheit diese Gebühren dem König von Aragón und anderen Herren aushändigten, während der einheimische Klerus diese Räuber nicht nur von Schuld freisprach, sondern sie sogar an den heiligen Altären empfing. Im ganzen macht er deutlich, daß sich die ganze Region verschworen

*Oben:* Das späte Auftauchen von Legenden über den hl. Jakobus – hier in Pilgertracht – läßt Zweifel an ihrem Wahrheitsgehalt aufkommen. Aber der Glaube, daß das Christentum in seinen dunkelsten Tagen die wunderwirkenden Reliquien der größten Heiligen besäße, war tief verwurzelt. Die Heiligenverehrung spielte in der volkstümlichen Religion eine wichtige Rolle und enthüllte ein verzweifeltes Verlangen nach mystischer Erfahrung.

*Rechts:* Das Benediktinerkloster in Silos stand abseits der Pilgerstraße, erlebte aber dennoch eine Blüte. Seine Kirche wurde in der Mitte des elften Jahrhunderts neu erbaut. Bald darauf entstand diese Skulptur, die Christus als Pilger zeigt, der entschlossen zum Weitergehen drängt, aber von den Jüngern in Emmaus genötigt wird, mit ihnen ein Mahl einzunehmen.

*Rechts außen:* Das Westtor von St. Jakobus, im Pilgerführer als das trefflichste von allen beschrieben, wurde 1168–1188 durch diesen Toreingang ersetzt, den Meister Matthias schuf. Sein Name erscheint auf dem Türsturz. Auf dem Tympanon sieht man einen triumphierenden Christus inmitten der Seligen, auf den Torpfosten links und rechts die Propheten und Apostel und direkt unter ihm den heiligen Jakobus.

hatte, den Pilgern das Fell über die Ohren zu ziehen. Der Autor kommt zu dem Schluß, daß nur die öffentliche Exkommunizierung solcher Übeltäter in St. Jakobus selbst diesen schändlichen Praktiken Einhalt gebieten könnte. Doch der Enthusiasmus der Pilger für den Heiligen machte sie unvermeidlich zum Opfer zynischer Ausbeutung. Die spanischen Bergbewohner sahen keinen vernünftigen Grund, warum alle Einkünfte des Pilgerhandels von Trödlern eingesteckt werden sollten, die vor der Basilika in Compostela die Reisenden ansprachen und Muschelzierat, Wein, Sandalen, Ledertaschen, Geldbörsen, Gürtel oder Heilkräuter anboten.

Glücklicherweise kann der Autor seinen Lesern versichern, daß Galicien für die Wallfahrer ein angenehmes Land ist – mit klarem Wasser und reichlich Obst, Roggenbrot, Apfelwein, Milch, Honig, Fischen, Schafen und Packtieren. Es besitze auch Gold, Silber, Tuche, Pelze und die Reichtümer der Sarazenen. Die Pilger würden feststellen, daß die Galicier trotz ihres cholerischen und streitsüchtigen Wesens in ihrer Lebensart »unserem französischen Volk« näherstünden als viele der anderen ungehobelten Stämme Spaniens.

Der Führer erweckt jedoch niemals den Eindruck, daß die Reise nach Compostela ein unterhaltsamer Ausflug oder eine gemächliche Vergnügungstour durch ungewöhnlich reizvolle Länder sei. Wenn die Reisenden von etwas anderem als den Schreinen der Heiligen gefesselt worden waren, so haben sie darüber keine Berichte hinterlassen. Ihre Wegstrecke war so lang und gefährlich, daß eine gewisse Bereitschaft, den Leib für geistliche Segnungen zu kasteien, unerläßlich schien. Die Leiden der Pilger sind heute vergessen, und nur die entlang der Route errichteten Baudenkmäler zeugen noch vom religiösen Idealismus jener Zeit. Die Pilgerfahrt zu diesem entlegenen galicischen Ort wurde während des ganzen Mittelalters beibehalten.

Die Pilgerstraßen durch Frankreich liefen in Obstabat, heute ein ruhiges Dorf (*unten*), zusammen. Über die Pyrenäen kamen die Pilger nach Estella, wo schöne Kapitelle aus dem elften Jahrhundert in San Pedro de la Rua erhalten geblieben sind (*ganz unten rechts*). Das wohl bemerkenswerteste romanische Bauwerk der Gegend ist die Kollegienkirche in Santillana (*ganz unten links*).

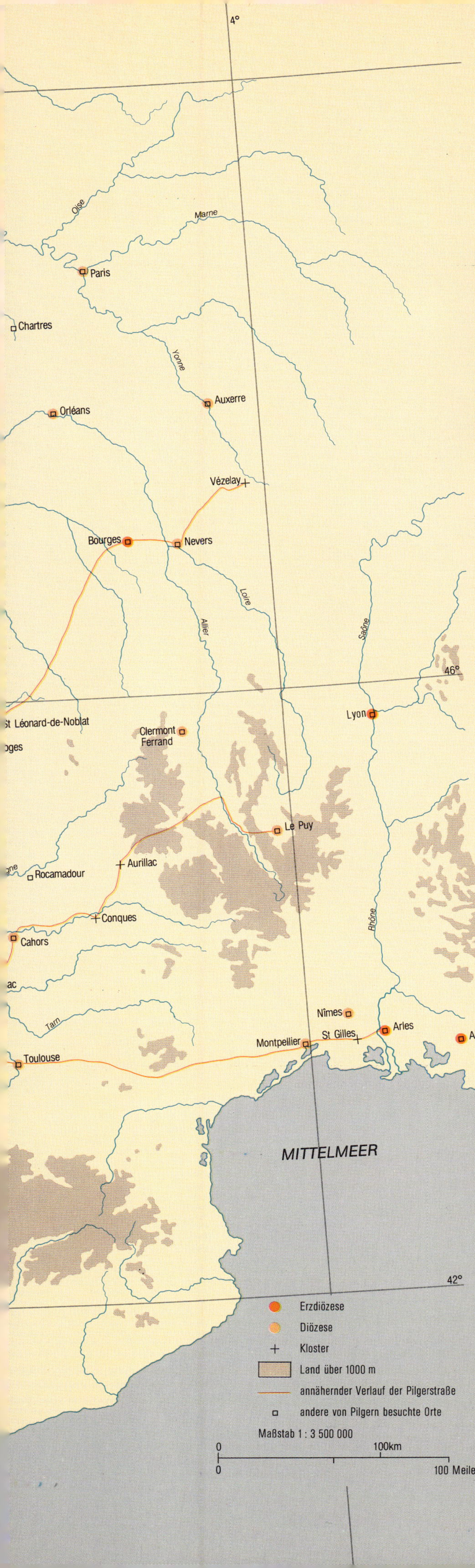

Die Bauwerke entlang der Pilgerrouten weisen verschiedene lokale Einflüsse auf. In Moissac wurde eine neue Kirche gebaut, nachdem die Abtei sich 1047 dem Cluniazenserorden anschloß. Die im Kloster arbeitenden Bildhauer vereinigten figurative und geometrische Stilelemente, von denen sie einige orientalischen Geweben und Teppichen entlehnten (*oben*). In Conques dokumentiert die Kirche aus der Mitte des elften Jahrhunderts (*oben rechts*) die Volkstümlichkeit des einheimischen Kinderheiligen St. Foy. In Arles (*rechts*) gewann der Kult ihres Schutzheiligen St. Trophime in der großen Zeit der Pilgerreisen nach Compostela wieder an Bedeutung.

# Burgen

*Unten links:* Abinger Motte in Surrey, England, rekonstruiert nach den Pfostenlöchern. Bis zur Mitte des zwölften Jahrhunderts wurden die meisten anglo-normannischen Burgen aus Holz gebaut. Sie hatten eine Palisade, die auf einem Erdwall errichtet war, und in der Mitte einen Wehrturm. Die dafür notwendigen Arbeiter wurden meist zwangsverpflichtet.

*Unten:* Bodiam, Grafschaft Sussex, England. Die Erlaubnis zur Befestigung dieser 16 km von der Küste entfernten Burg wurde 1385 gegeben. Sie ist von einem Burggraben umschlossen, der nur durch eine Brücke im Norden überquert wird. Der im Stil des 13. Jahrhunderts ausgeführte mächtige Festungsbau mit seinen vier Flügeln, den runden Ecktürmen und

*Unten:* Krak des Chevaliers in Syrien war die größte Festung, die von den Kreuzfahrern im Heiligen Land errichtet wurde. 1142–1271 wurde sie von den Rittern des hl. Johannes vom Spital zu Jerusalem (Johanniterorden) gehalten, ehe sie an den Mameluken-Sultan Baybar fiel. Die Kreuzfahrer verstärkten das bereits vorhandene moslemische Bollwerk mit zwei konzentrischen Wällen, die mit Türmen besetzt und durch einen breiten Burggraben getrennt waren.

Der Nutzen von Stadtbefestigungen wurde in den neuen Bevölkerungszentren nicht vor dem neunten Jahrhundert erkannt. Die Wikinger, die 886–888 Paris belagerten, konnten durch die Stadtmauern abgehalten werden; in England ließ König Alfred um dieselbe Zeit Burgen errichten und die Städte mit Mauern umschließen. Zur Errichtung und Verteidigung dieser Wehranlagen mußte die Obrigkeit ihre Untertanen zwingen, die Finanzierung, die Arbeiten und die Bemannung zu übernehmen. Ging die Ausübung öffentlicher Gewalt von den Königen in die Hände von Adelsherrn über, wie es vor allem in Frankreich im zehnten Jahrhundert geschah, dann hatten diese die Macht und oft ein Motiv, mit dem Bau eigener Festungen zu beginnen.

Burgen, die ständig gehalten werden sollten, waren aus Stein gebaut, was von Anfang an ausgebildete Maurer und entsprechende Zeit erforderte. Mußte es schnell gehen, genügten Erdwälle mit einer starken hölzernen Palisade, die einer kleinen Gruppe Soldaten Zuflucht boten. Eine angreifende Streitmacht führte wahrscheinlich Männer mit sich, die auf die rasche Erstellung solcher Verteidigungswerke spezialisiert waren, doch wurden dafür vermutlich auch Arbeitskräfte aus der Umgebung zusammengezogen. Nicht einmal die kleinste Burg konnte von einem Feudalherren errichtet werden, wenn er nicht über eine beträchtliche Macht – wie kurzfristig auch immer – über das betreffende Gebiet und über eine Truppe von Soldaten verfügte. Die einmal fertiggestellten Burgen mußten eigenen Vögten überlassen werden, und diese erkannten bald, daß sie zur Grundlage ihrer politischen Selbständigkeit werden konnten. Eine ausreichend mit Wasser und Vorräten versorgte Feste gab sogar recht unbedeutenden lokalen Herren die Möglichkeit, eine nachhaltige Unabhängigkeit zu behaupten.

Königen mit großer Militärmacht und politischem Durchsetzungsvermögen wie Heinrich II. von England fiel es nicht allzu schwer, mit widerspenstigen Burgvögten fertig zu werden, überflüssige Festen niederzureißen und treue Kastellane für die restlichen zu finden. Doch solche Herrscher bildeten die Ausnahme, und viele Burgen waren im wesentlichen weiterhin der Mittelpunkt autonomer »Staaten«. Die Grundfunktion einer Burg war immer die Verteidigung. Ihre Lage wurde in erster Linie nach diesbezüglichen Vorzügen gewählt: Landengen mit nur einem möglichen Zugang, steile Abhänge, Felsgrate und Bergkuppen. Daneben gab es in Ebenen oder auf Talsohlen die Wasser- und Tiefburgen, die von nassen bzw. trokkenen Schutzgräben umgeben waren. Im 12. und 13. Jahrhundert kam es zur verstärkten Entwicklung von Ringmauern mit Zwingern, von Schießscharten, Pechnasen und Wehrgängen. Der Einsatz von Schießpulvergeschützen machte ab Mitte des 15. Jahrhunderts neue Bauweisen nötig: dickere und niedrigere Ringmauern, Schießkammern und Abwehrringe aus Gräben und Wällen.

Im 13. Jahrhundert wurden die Burgen zugänglicher, wenn man sie nicht sogar kontrollierte. Die Städte besaßen eigene Verteidigungsmauern, die robust und dauerhaft sein mußten, und solche Wehranlagen beeinflußten auch den Festungsbau. Edward I. von England, der zahlreiche Burgen in Schottland und Wales errichten ließ, beschäftigte einen Architekten aus Savoyen, James of St.

den altmodischen »Kirchenfenstern« auf der Ostseite legt nahe, daß die grundlegenden Gebäude älter sind. Der Plan der Burg *(unten)* zeigt, wie die einzelnen Gebäude um den offenen viereckigen Burghof verteilt sind. Die Anlage ist zweigeschossig mit einem dritten Geschoß in den Türmen.
*Unten rechts:* Curemonte in Brive la Gaillarde, Corrèze. Diese zwei Burgen, die im 16. Jahrhundert restauriert wurden, als sie noch miteinander verbunden waren, befanden sich im späten Mittelalter im Besitz von mehreren gemeinsamen Eigentümern. Eine der Familien gab der Burg mit den zwei viereckigen Haupttürmen ihren Namen – Plas –, während die Burg mit den runden Türmen St. Hilaire hieß. Beide Gebäude waren von einer Mauer mit runden Türmchen eingefaßt. Im zwölften Jahrhundert gehörte der Platz den Herren von Curemonte, die wohl die ursprüngliche Befestigungsanlage errichteten, doch die gegenwärtigen Gebäude datieren wie die meisten Burgen der Region aus der Zeit der anglo-französischen Kriege.

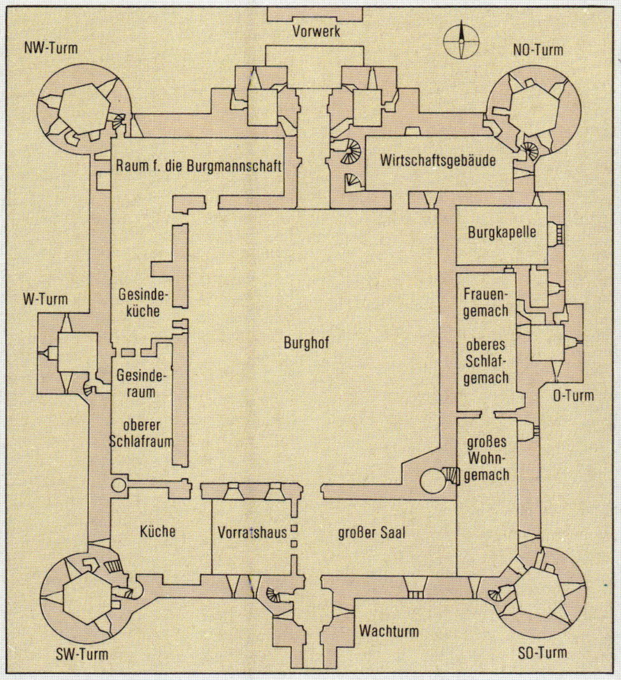

George, der in Caernarvon zeigte, wie Burg und Stadt gemeinsam zu verteidigen waren. Nur Festen von solcher Qualität konnten Angriffen wirksam standhalten. Und nur Burgvögte in abgelegenen und sehr schwer zugänglichen Orten waren jetzt noch imstande, ihre Unabhängigkeit zu bewahren. Überall sonst hatte die Burg ihre Bedeutung für die lokale Politik verloren.

Nahezu drei Jahrhunderte lang spielte die Burg eine zentrale Rolle im Leben der Feudalherren, Lehnsleute, Soldaten und der örtlichen Bevölkerung. Kein Burgherr hatte irgendein Interesse, gegen die eigenen Untertanen zu kämpfen oder sich selbst der Lebensmittelzufuhr oder der Arbeitskräfte zu berauben. Die Burg bot Mensch und Tier Schutz vor den in Abständen immer wiederkehrenden plündernden Horden, die meist von weither kamen. Sie verfügte über genügend Vorräte, um auch lange Belagerungen zu überstehen, und war stets mit dem nötigen Minimum an Streitkräften besetzt. Hier hielt der Feudalherr mit seiner Gefolgschaft hof, hierhin lud er seine Lehnsleute und Nachbarn zu Spiel und Unterhaltung und führte verschwenderisch seinen Reichtum, seine Freigebigkeit und, wenn nötig, seine Gerechtigkeit vor. Er rief seine Verwalter zu sich, damit sie Rechenschaft über ihr Amt ablegten, traf mit neuen Pächtern zusammen, erließ neue Vorschriften und bereinigte alte Streitigkeiten. Die Burg war Landhaus, Schatzkammer, Palast, Verwaltungs- und Amtssitz und das beständige Symbol lehensherrlicher Macht und Würde. Überall in Europa sind zumindest die Ruinen solcher Burgen noch zu sehen, einige an ganz erstaunlichen Plätzen. Während wir uns von ihrem ursprünglichen Äußeren ein gutes Bild machen können, bereitet die Vorstellung der Innenausstattung einige Schwierigkeiten. Der größte Teil der Burg stand allen Bewohnern gemeinsam zur Verfügung, hier lebten, aßen und schliefen sie, nur die Damen von Rang erhielten besondere Kemenaten. Burgen waren, ähnlich wie Klöster, einfache, schmucklose Gebäude, doch war man sich der Wichtigkeit von sanitären Einrichtungen bewußt. Die Abortanlagen der Burgen waren entweder als Mauerschächte oder als kleine Erker an den Außenmauern angelegt, öfter so, daß man sie als Gußerker zur Verteidigung verwenden konnte. Im übrigen versteckte man sie begreiflicherweise etwas, wie ja auch ihre spätmittelalterliche Bezeichnung »Heimlichkeit« lautete. Leise Hinweise auf die behagliche Ausstattung der Wohnräume mit Wandbehängen und -teppichen und auf die Bequemlichkeit der Betten und Gemächer geben nur die Ritterromanzen, und es scheint sicher, daß sie erst spät einen gewissen Komfort erhielten. Der wehrhafte Eindruck der Burgen sollte Feinde mit Furcht und Respekt erfüllen, doch Besucher, einmal in den Burghof eingelassen, wurden einbezogen in die weitläufige Familie des Burgherrn und nahmen am Geschehen der Gemeinschaft teil.

Das Leben auf den Burgen wandelte sich während der mittelalterlichen Epoche natürlich entsprechend den allgemeinen wirtschaftlichen und gesellschaftlichen Veränderungen, und am Beginn der Neuzeit war von der Ritterherrlichkeit des Mittelalters nur noch wenig übriggeblieben wie die Schilderung des Alltags in der väterlichen Burg Steckelberg in Hessen durch Ulrich von Hutten (1488–1523) anschaulich zeigt: »... von engen Mauern umschlossen, eingeengt durch Viehställe, Waffenschuppen, Pulverkammern und Geschützstände; alles voller Pech, Schwefel und Kriegsgerät. Überall im Haus riecht es nach Pulver, Vieh und Hunden und deren Exkrementen. Ein fortwährendes Kommen und Gehen von Bewaffneten, oft der zweifelhaftesten Sorte, von Bauern, die bei ihrem Herrn Hilfe suchen oder zur Arbeit auf den kümmerlichen Äckern am Burgberg bestellt sind, den ganzen Tag über Lärm und Geschrei. Schafe blöken, Rinder brüllen, Hunde bellen, und es ist nichts Seltenes, daß man des Nachts in den Wäldern die Wölfe heulen hört.«

# DIE POLITISCHE KONSOLIDIERUNG

## Autorität, Disziplin, Recht und Logik

Das zwölfte Jahrhundert bescherte der Christenheit allein schon durch seine Vitalität neue Probleme, die nur durch neue Ordnungssysteme gelöst werden konnten. So hatte zum Beispiel die Dynamik der monastischen Idee den Einflußbereich und die Geltung der Mönche enorm vergrößert, die Überfülle der Regeln unterminierte jedoch die Basis für den Glauben an das schlichte mönchische Leben als dem einzig erstrebenswerten Ideal für Christen. Das Mönchtum hatte selbst dazu beigetragen, indem es zu viele unterschiedliche Auslegungen erlaubte. Meinungsverschiedenheiten über das monastische Ideal und Rivalitäten zwischen den Orden machten eine Disziplinierung der Mönche von oben dringend erforderlich. Daher verfügte Papst Innozenz III. (1198–1216), daß die Benediktinerklöster zu Kongregationen zusammengefaßt werden und regelmäßige Versammlungen abhalten sollten – eine von den Zisterziensern inspirierte Idee –, und bestimmte darüber hinaus, daß keine neuen Regeln für das Klosterleben aufgestellt werden dürften. Zukünftige Reformer würden also eine der zahlreichen bereits existierenden Regeln ihren eigenen Zwecken anpassen müssen. Die monastische Bewegung wurde der päpstlichen Autorität und Rechtsprechung unterstellt, um das üppige Wachstum früherer Zeiten unter Kontrolle zu bringen und so der Christenheit nach den vielen Jahren des nahezu ungezügelten Experimentierens einen geordneten Rahmen zu schaffen.

Eine vergleichbare Entwicklung ergab sich bei der Kreuzfahrerbewegung. Obwohl die Eroberungsphase bereits vorüber war, als Saladin im Jahr 1187 Jerusalem zurückgewann, hatten die Kreuzfahrer schon die Notwendigkeit eingesehen, ihre Strategie ernsthaft zu überdenken. Begeisterung und Mut allein genügten nicht. Während des ganzen 13. Jahrhunderts blieb das Kreuzfahrerideal in Kraft, und die Christenheit gab ihre Hoffnungen trotz zahlreicher Enttäuschungen nicht auf. Es hatte den Anschein, als müßte das Heilige Land eher von der Flanke her eingenommen werden, als durch einen Frontalangriff. Die Teilnehmer des vierten Kreuzzugs (1202–1204) wurden von den byzantinischen Angelegenheiten so in Beschlag genommen, daß sie ihr Ziel aufgaben und statt dessen Konstantinopel eroberten (1204) – in der vagen Hoffnung, dies werde der Bewegung zum Vorteil gereichen, aber auch in Verfolgung der venezianischen Interessen am Levantehandel. Der fünfte Kreuzzug war gegen den Hauptfeind Ägypten (1218–1121) gerichtet, und auch die Kreuzzüge Ludwigs IX. richteten sich gegen Ägypten (1248–1254) und gegen Tunis (1270), wo er mit einem großen Teil seines Heeres umkam. Nur Friedrich II. griff – charakteristisch für ihn – Jerusalem kurzerhand frontal an, verspielte die Sympathien der Christen jedoch durch seine Verhandlungen mit Sultan Elkamil von Ägypten, obwohl er dadurch einen Teil von Jerusalem besetzen konnte (1228). Das Charakteristische an den Kreuzzügen des 13. Jahrhunderts war die sorgfältige Vorbereitung der Truppen und die kluge Einschätzung der politischen Realitäten; dies wirkte unvermeidlicherweise ernüchternd auf die Soldaten, doch die alte, blinde Begeisterung war nach den schweren Rückschlägen der jüngeren Vergangenheit als zu gefährlich erkannt worden.

In diesen und anderen Zusammenhängen bestand das Ergebnis der Erneuerungen des zwölften Jahrhunderts darin, daß die Menschen nun einzusehen begannen, wie wichtig es war, Probleme gründlich zu durchdenken und sich darauf verlassen zu können, daß ihre Herrscher verantwortungsbewußt handelten. Als eine Folge davon begannen sich in Europa feste politische Einheiten herauszukristallisieren. Neugründungen wie das normannische Sizilien gab es nicht mehr. Die alten Mächte übernahmen die neuen Aufgaben in Regierung und Verwaltung, schufen Sicherheit und stifteten Frieden zwischen rivalisierenden Parteien. Symbolisch für die veränderte Lage war vielleicht die Organisation der Universität Paris mit ihrem qualifizierten geistlichen Lehrkörper und dem System von Prüfungen und abgestuften akademischen Graden, das sich aus der weitaus spontaneren Lehrmethode des zwölften Jahrhunderts entwickelt hatte. Männer, die in solchen Organisationen erfolgreich sein wollten, mußten einen klaren Verstand besitzen, ihrer grundlegenden Ziele sicher sein und über viel Selbstvertrauen verfügen. Diese Charakteristika zeigten sich in gleichem Maße in der zeitgenössischen gotischen Architektur und Malerei, wo Ebenmaß, Ordnung und Klarheit vorherrschten.

Die unmittelbare Quelle dieses Selbstbewußtseins bei den führenden Männern des 13. Jahrhunderts war ihr Glaube an Gott und das Werk der Kirche. Während des ganzen Zeitabschnitts hatte die Christenheit in den meist aus römischen Familien stammenden Päpsten tatkräftige und fähige Führer, die jene Einheit des Christentums zu verwirklichen suchten, für die ihr Amt das Symbol darstellte. Der Primat des Heiligen Stuhls war im Abendland niemals ernsthaft in Frage gestellt worden. Doch während die Päpste in der Vergangenheit behauptet hatten, Stellvertreter des heiligen Petrus zu sein, nahmen sie vom 13. Jahrhundert an den Titel Stellvertreter Christi für sich in Anspruch, mit allem, was dies für die Oberhoheit innerhalb der christlichen Welt und für ihre Stellung gegenüber den weltlichen Herrschern implizierte. Aus dem römischen Adel stammend, waren sie in der Lage, die lokalen Probleme zu lösen, einen qualifizierten Beamtenstab für ihre eigene ausgedehnte Verwaltung anzuwerben und so den Kirchenbesitz in Mittelitalien ebenso zu kontrollieren, wie auch die Angelegenheiten der Christenheit als Ganzes wirksam zu lenken.

Als Römer vertraten sie die alte Universalidee, sie waren aber darüber hinaus nüchterne Realisten, und erkannten die Notwendigkeit, eine territoriale Basis für die Kirche zu haben, wenn ihre Arbeit erfolgreich sein sollte. Die Päpste dieses Zeitalters verfügten über die Gabe, sowohl die italienischen Belange als auch die der gesamten Christenheit so zu handhaben, als seien diese beiden Interessen miteinander vereinbar. Ihre Kriege mit den Stauferkaisern wurden zum Teil durch Abgaben finanziert, die anderen Teilen der christlichen Welt auferlegt wurden – Abgaben, die natürlich unbeliebt waren und teilweise beträchtlichen Widerstand hervorriefen. Nichtsdestotrotz kam einiges Kapital zusammen, und die Treue zu Rom, so gefährdet sie sein mochte, wurde kaum ernstlich untergraben. Die Päpste konnten trotz ihrer nicht geringen individuellen Fehler stets verhüten, daß wichtige Teile der Christenheit von ihnen abfielen.

**Rechts: Die Entwicklung des Kirchenstaats**
Die römische Kirche war schon früh in ihrer Geschichte großzügig mit Ländereien beschenkt worden. Durch die Angriffe der Langobarden, durch die Feindseligkeit der ikonoklastischen Kaiser und später durch moslemische Eroberungen ging ein großer Teil dieses Besitzes wieder verloren. Zum Ausgleich dafür überließen die Frankenherrscher den Päpsten größere italienische Gebiete. Nach Karl dem Großen wurden ihre Besitzrechte von späteren Kaisern immer wieder bestätigt und erweitert. Die tatsächliche Macht über diese Ländereien war jedoch nicht so leicht zu erringen. Das traf ebenso auf die Territorien zu, die von der frommen Gräfin Mathilde von Toskanien bei ihrem Tod 1115 der römischen Kirche vermacht wurden. Erst Ende des zwölften Jahrhunderts konnten die Päpste ihre nominellen Besitzungen in Italien ganz unter ihre Kontrolle bringen, doch blieben sie dabei stets auf das Wohlwollen des deutschen Kaisers angewiesen. Das Streben der Päpste nach wirklicher Unabhängigkeit der Kirchenländereien führte schließlich zum Bruch mit Friedrich II. und zur Konsolidierung der päpstlichen Besitzansprüche in Italien.

Im Rahmen ihrer geistlichen Aufgaben erkannten die Päpste, wie wichtig es war, tüchtige Mitarbeiter zu gewinnen. Innozenz III. hoffte, die Last, die auf den Schultern der römischen Kurie lag, zu erleichtern, indem er seine Bischofskollegen bewog, Eigenverantwortlichkeiten zu übernehmen. Nach den reichlich vorhandenen, von den englischen Bischöfen hinterlassenen Unterlagen zu urteilen, konnten die Bischöfe mit ihrem Eifer und ihrem Pflichtgefühl zwar viel dazu beitragen, dem Papst einen Überblick zu verschaffen und Fehler im System aufzudekken, doch sie konnten Mißbräuche nicht ausschalten und auch die Fülle der Geschäftsvorgänge nicht reduzieren, die zur letzten Entscheidung nach Rom geschickt wurden. Im 13. Jahrhundert gelangten der Papst und die Bischöfe zu der Ansicht, daß nur eine verbesserte Ausbildung der Pfarrgeistlichkeit die Probleme in den Gemeinden beheben könnte. Diese Aufgabe fiel den Bischofsschulen und schließlich den Universitäten zu. Zu jener Zeit jedoch waren die Universitäten Ausbildungsstätten für den höheren Klerus, nicht für die Gemeindepriester. Erst gegen Ende dieses Jahrhunderts ergriff Bonifazius VIII. (1294–1303) Maßnahmen, um der niederen Geistlichkeit ein paar Jahre Studium zu ermöglichen, indem er ihr die Genehmigung gab, die Einnahmen aus ihren Pfründen auch während der Abwesenheit von ihren Pfarreien für sich zu verwenden.

Die meisten Studenten waren bis dahin während des Studiums von ihren eigenen Familien oder von Gönnern abhängig. Mittlerweile wurden der Papst und die Bischöfe solange, bis in jeder Pfarrei gut ausgebildete Geistliche zur Verfügung standen, von den neuen, direkt dem Papst unterstellten Mönchsorden der Dominikaner und Franziskaner unterstützt. Beide Orden legten besonderes Gewicht auf die Predigt, die früher den Bischöfen und Äbten vorbehalten war, und auf das Prinzip der Armut, das heißt, sie lehnten Stiftungen für ihre Klöster ab und waren daher gezwungen, in städtischen Gemeinschaften zu leben und sich das Allernotwendigste zu erbetteln. Diese Selbstverleugnung an sich zeigt schon, wie sehr der ehemalige Klosterbrauch, Stiftungen anzuregen, um religiöse Bedürfnis-

*Links:* Innozenz III., aus dem alten Apsis-Mosaik von St. Peter, heute im Vatikan-Museum. Bei der Restauration dieses Apsis-Mosaiks zur Zeit Innozenz' III. (1198–1216) wurden zwei Arbeiten hinzugefügt, darunter dieses Porträt des jungen, schnurrbärtigen Papstes. Die kunstvolle Arbeit aus winzigen Steinchen und die Hervorhebung der Wangen lassen auf einen griechischen Künstler schließen. Damals stand das Papsttum auf seinem Höhepunkt, hatte aber noch nicht die Tiara als Symbol seiner Oberherrschaft eingeführt (erstmals 1342 belegt).

*Rechts:* Die Kathedrale Sainte-Cécile in Albi, begonnen 1282, fertiggestellt im 14. Jahrhundert. Sie ist in südfranzösischem Stil aus rosafarbenem Backstein erbaut und besitzt ein einziges, weites Schiff, dessen Gewölbe von Strebepfeilern gestützt wird. Diese Außenansicht verdeutlicht die Strenge und Erhabenheit ihrer Architektur. Das Südportal wurde später hinzugefügt. Sie ist das schönste gotische Bauwerk in Südfrankreich, der ehemaligen Hochburg der Ketzerei.

*Links:* Die Kanzel im Baptisterium zu Pisa wurde 1259 von Nicola »Pisano« geschaffen, geboren und aufgewachsen in Apulien, einem traditionellen Zentrum der Bildhauerkunst seit dem elften Jahrhundert. Die Kanzel unterscheidet sich in ihrer Form, den großflächigen Reliefs und in ihren Plastiken wesentlich von dem damals in der Toskana vorherrschenden gotischen Stil.

*Ganz links:* San Stefano, die Kreuzigungskirche, gehört zu einer Gruppe von neun Bologneser Kirchen, die ihr heutiges Aussehen im elften und zwölften Jahrhundert erhielten und die Stationen im irdischen Leben Christi symbolisierten. An dieser, der Piazza zugewandten Fassade befindet sich eine Außenkanzel: ein früher Hinweis auf die neue Bedeutung der öffentlichen Bußpredigt, bevor die Kirchen bewußt als große Auditorien gestaltet wurden.

*Unten links:* Der *ambone*, eine kanzelartige Bühne, die zum Verlesen der Episteln und des Evangeliums diente, in San Lorenzo fuori le mura in Rom. Im 12. und 13. Jahrhundert wurden die römischen Kirchen renoviert und mit kostbaren Dekorationen versehen. Dekorationen im »Cosmati«-Stil, bei dem Platten aus Marmor oder Porphyr von Mosaikstreifen gesäumt sind, waren besonders geschätzt. Diese Abbildung zeigt das schönste Beispiel eines Cosmati-*ambone*.

se zu befriedigen, Feindseligkeit und den Verdacht geweckt hatte, die Mönche zögen selbst den größten Nutzen daraus. Die neuen Orden versuchten diese Verdächtigungen zu widerlegen, indem sie allein von der Wohltätigkeit anderer lebten und so die Rolle der Mönche früherer Jahrhunderte umkehrten. Obwohl sich diese Orden in der gesamten Christenheit des 13. Jahrhunderts und sogar noch später außerordentlichen Ansehens erfreuten, waren sie anfänglich speziell mit dem Kampf gegen die Ketzerei in bestimmten Teilen Südfrankreichs und Mittelitaliens betraut worden. Die Dominikaner wollten die ketzerischen Albigenser durch polemische Diskussionen über Glaubensdoktrinen widerlegen; die Franziskaner versuchten die Menschen zurückzugewinnen, indem sie ihnen ein Beispiel demütigen Dienens gaben, ohne Kontroversen heraufzubeschwören. In der Praxis waren beide Orden schon früh dazu übergegangen, vor großen Zuhörermengen zu predigen, und mußten sich notwendigerweise in Universitätsstädten niederlassen, wo sie ihre Mitglieder ausbilden und unter der dortigen Studentenschaft neue Anhänger gewinnen konnten.

Der Erfolg der Mönche im Kampf gegen die Ketzer jener Zeit hat zweifellos dazu beigetragen, das allgemeine Vertrauen in die offizielle Kirche zu stärken. Vor allem die Albigenser hatten im zwölften Jahrhundert jedem Versuch, sie durch Predigt in den Schoß der Kirche zurückzuführen, widerstanden. Diese Unbeugsamkeit hatte schließlich Innozenz III. sogar dazu veranlaßt, einen Kreuzzug gegen sie zu predigen (1209), und erst in den 40er Jahren des 13. Jahrhunderts konnte ihr Widerstand gewaltsam gebrochen werden. Als die Dominikaner mit der Bekämpfung und der anschließenden Ausmerzung der Ketzer durch die Inquisition beauftragt wurden, kann man sich die psychologische Reaktion der Albigenser leicht vorstellen. Zwar wurde die Ketzerei durch die intellektuell überlegenen Dominikaner nicht ausgerottet, die Zeitgenossen aber glaubten dennoch an einen durchschlagenden Erfolg, weil die Kirche sich ihrer rechtmäßigen Position intellektuell so sicher war.

Auch an den Universitäten spielten die Mönche eine wichtige Rolle. Sie festigten dort das Vertrauen der Intellektuellen in die Glaubenswahrheiten. Die berühmtesten Lehrer der scholastischen Theologie waren allesamt Mönche: Albertus Magnus, Thomas Aquinas, Duns Scotus und Wilhelm von Occam. Anfang des 13. Jahrhunderts waren die Studien intellektuell am stärksten durch Aristoteles beeinflußt. Die Wiederentdeckung seiner Arbeiten über die Logik hatte bereits im zwölften Jahrhundert Interesse erregt, und sein Ruf unter den Logikern sicherte seinen anderen wissenschaftlichen Werken zumindest einen gewissen Respekt. Als diese jedoch im frühen 13. Jahrhundert einer größeren Allgemeinheit bekannt wurden, standen nicht wenige ihren offen unchristlichen Lehren, zum Beispiel über die Erschaffung und die Natur des Menschen, anfangs feindselig gegenüber. Ein weiterer Grund für diese Feindseligkeit war die Schwierigkeit, Aristoteles' Werke ohne die Hilfe von Kommentaren zu verstehen, und die einzigen Kommentare, die es Anfang des 13. Jahrhunderts gab, waren aus dem Arabischen übersetzt und von Moslems geschrieben worden. Der Argwohn gegen Aristoteles wurde daher – oftmals völlig unberechtigt – auf seine Befürworter übertragen. Dennoch ließen sich die christlichen Bewunderer des Aristoteles nicht entmutigen. Sie erkannten, daß aus diesen schwierigen Werken viel zu lernen wäre, und sie ließen sich von deren anstößigen Passagen nicht abschrecken. Einige besonders kühne Denker gingen noch einen Schritt weiter: Sie versuchten seine Doktrinen neu zu interpretieren und zu beweisen, daß sie auch für Christen annehmbar sein könnten. Andere, noch mutigere, begannen darüber nachzudenken, daß es möglicherweise zwei Wahrheiten gäbe: eine für die Religion, eine andere für die Wissenschaft. Die Universitäten des 13. Jahrhunderts blieben höchst streitbare Institutionen, und obwohl die Scholastik zu einem Begriff geworden ist, der relativ steriles Denken assoziiert, waren die Themen ungeheuer wichtig und äußerst anregend für die geistige Entwicklung der Christenheit. Zum erstenmal erwarb der Westen intellektuelles Selbstvertrauen. Als ein Zeichen für diesen Umschwung ist wohl Thomas Aquinas' *Summa contra gentiles* (»Summe gegen die Heiden«) anzusehen, eine Abhandlung, die angeblich in Auftrag gegeben wurde, um die Ausbildung dominikanischer Missionare auf den neu eroberten Balearen zu unterstützen. Sie gilt als rationale Exposition christlicher Theologie und basiert auf der Annahme, daß die Moslems aufgrund ihrer eigenen monotheistischen Tradition zur Annahme des Christentums bewegt werden könnten. Doch unabhängig von den guten Diensten, die sie für die Missionsarbeit geleistet haben mag – als intellektuelle Übung ist diese Abhandlung eine einzige Tour de force.

## Missionierung bei den Mongolen

Als erstaunlichste Leistung der neuen Orden muß zweifellos ihre erfolgreiche Missionstätigkeit außerhalb der christlichen Welt angesehen werden. Schon vor 1239 waren die Dominikaner in einige Länder östlich der mittleren Wolga gekommen, und zehn Jahre später erreichte Andreas von Longjumeau die Stadt Täbris. Etwa hundert Jahre lang konnte man Dominikaner in Zentralasien, in Indien und Samarkand finden; zur selben Zeit zogen die Franziskaner bis nach Peking, der Hauptstadt des Mongolenreiches, wo sie ein Bistum gründeten. Diese Missionare besaßen einen außergewöhnlich festen Glauben und einen erstaunlichen Mut. Sie waren jedoch keineswegs die einzigen Christen, die so weit im Osten lebten. In China gab es zu jener Zeit Nestorianer, und von den Mongolenherrschern war eine unbekannte Zahl Christen von Europa nach Asien verschleppt worden. Der Besuch zweier venezianischer Kaufleute, der Gebrüder Polo, am Hof des großen Chan (1275) beweist, daß auch andere unerschrokkene Europäer die weite Reise wagten, allerdings nicht, um menschliche Seelen zu retten, sondern aus reiner Lust am Abenteuer.

Die Mongolen waren im Jahre 1237 zum erstenmal in die christliche Welt eingefallen, als sie bei Raubzügen über die zentralasiatische Steppe hinaus Kiew in Rußland überfielen, weitere große Handelsstädte zerstörten und den größten Teil Rußlands in Besitz nahmen. Unter ihrem Führer Batu, dem Enkel Dschingis Chans, drangen

**Unten: Das Mongolenreich**
Die Geschichte der Mongolen ist, ausgenommen der Osten, zwar nicht unmittelbar mit der des mittelalterlichen Europa verknüpft, doch blieb die Existenz ihres Reiches nicht ohne Auswirkungen auf die Europäer. Trotz der von ihnen angerichteten Zerstörungen in Osteuropa (1237–1241) wurden sie von Anfang an als potentielle Verbündete gegen die Moslems angesehen. Sowohl Papst Innozenz IV. als auch König Ludwig IX. von Frankreich schickten Abgesandte, die den Vorschlag eines derartigen Bündnisses unterbreiten sollten. Die Berichte dieser unerschrockenen Männer, die den Hof des Chan in Karakorum erreichten, erfüllen uns heute noch mit Staunen, auch wenn sie nicht so weltberühmt sind wie die phantasievolleren Erinnerungen des Marco Polo. Kaufleute und Missionare vor allem hielten bis in die Mitte des 14. Jahrhunderts ständigen Kontakt mit dem gesamten mongolischen Asien.
Weit unmittelbarer und dauerhafter jedoch war der mongolische Einfluß auf die Russen, indem sie den Verlauf ihrer Geschichte änderten und sie lange in ihrer Entwicklung behinderten. Allerdings blieb der christlichen Welt das Schicksal des moslemischen Mittleren Ostens erspart. Das Kalifat in Bagdad wurde endgültig vernichtet, und der Kalif suchte Schutz bei den Mamelukensultanen von Ägypten. Anfang des 15. Jahrhunderts zerschlugen die Mongolen unter Timur Lenk auch das kleinasiatische Osmanenreich. Daher hatten die Christen gute Gründe, die Mongolen als potentielle Freunde zu begrüßen, auch wenn sich die Hoffnung auf ihre Bekehrung nicht erfüllte.

sie bis nach Europa vor, wo sich ihnen 1241 bei Liegnitz in Schlesien ein großes polnisch-deutsches Ritterheer entgegenstellte, das sie jedoch besiegen konnten. Nur der Tod des Großchans Ögödäi (Ügedei) in Zentralasien hielt Batu von einem weiteren Vormarsch ab. Er zog sich zurück, um die Frage der Nachfolgerschaft im Chanat zu regeln, und damit blieb Europa die mongolische Knechtschaft erspart. Die Mongolen gründeten an einem Nebenfluß der Wolga die Stadt Serai als Zentrum eines unabhängigen Reichs, das als das der Goldenen Horde bekannt ist. Von dort aus hielten sie fast 250 Jahre lang weite Gebiete Rußlands in Schach und verlangten den russischen Fürsten einen jährlich zu entrichtenden Tribut ab. Papst Innozenz IV. jedoch war von dem Ansturm einer so großen Macht, die bisher noch nicht dem Islam verpflichtet war, dermaßen tief beeindruckt, daß er Giovanni Carpini den Mongolen bis tief nach Asien hinein nachschickte, um ihnen ein Bündnis vorzuschlagen (1275–1277). Dieses Angebot wurde einige Jahre später von Ludwig IX. erneuert, der sich gleichfalls ihrer Freundschaft versichern wollte. Sein Gesandter Wilhelm von Rubruck meldete sich schließlich ebenso zurück wie sein Vorgänger Carpini, und beider Bericht über die Mongolen ermutigte viele, die Reise zu den Krimhäfen der Genueser Kolonie und anschließend quer durch die Steppe sogar bis nach Peking zu wagen. Über zwei Generationen lang, bis der Chan von Persien im Jahr 1300 zum Islam übertrat, hielten die Kontakte der Christen mit den Mongolen in Innerasien an, vor allem, nachdem diese im Jahre 1258 das Kalifat von Bagdad vernichtet und den Zorn des Mameluken-führers Baibar erweckt hatten, der sie 1260 in Syrien zurückschlagen konnte.

Diese Niederlage mag die Christen davon überzeugt haben, daß die Mongolen als potentielle Verbündete vermutlich doch nicht besonders wertvoll waren. Bis zum Ende des Jahrhunderts hatten sich die Mongolen dann für den Islam entschieden. Durch ihren Übertritt zum Glauben Mohammeds waren sie in der Lage, ihre Herrschaft in Zentralasien aufrechtzuerhalten, doch die Einheit ihres Reichs überlebte den Tod ihres Großchans Möngke im Jahre 1259 nicht. Die Mongolen in China (die Yüan-Dynastie) und Persien (die Il-Chan-Dynastie) konnten sich auf die lokalen Regierungs- und Verwaltungsstrukturen stützen und entwickelten eine bäuerlich-städtische Kultur, während die Chanate aus der Linie Tschagatais und die Chanate der Goldenen Horde ihren nomadischen Lebensstil beibehielten und ihre Untertanen und Nachbarvölker, wie etwa die Russen, nur durch Furchteinflößung in Unterwerfung halten konnten. Da sie jedoch die Gelegenheit, eine stabilere Gesellschaftsform zu entwickeln, nicht nutzten, war es nur eine Frage der Zeit, bis sich das Blatt wenden sollte. Im letzten Drittel des 14. Jahrhunderts unterwarf der neue Herrscher über das ehemalige Gebiet der Il-Chane, Timur Lenk (Tamerlan), das gesamte westliche Asien einschließlich des kleinasiatischen Reichs der Osmanen. Doch sein Staat konnte nach seinem Tod 1405 nicht einmal eine einzige Generation lang überdauern, und vor allem die Osmanen machten sich bald daran, ihre alte Position zurückzugewinnen, und sie waren kühn genug, im Jahr 1422 sogar einen Angriff auf Konstantinopel zu wagen.

### Christentum und Islam

Das vorsichtige und respektvolle Verhalten der russischen Fürsten gegenüber der Goldenen Horde bis ins 15. Jahrhundert hinein zeigt deutlich die Stärke der islamischen Mächte gegenüber dem christlichen Europa. Die lateinischen Kreuzfahrer hatten den Islam in seinem Kernland angegriffen, doch er hatte sich nach und nach wieder formiert und neue Streitkräfte aufgestellt, um das christliche Element innerhalb seiner Grenzen zu vertreiben. Die Christen außerhalb der islamischen Einflußsphäre waren hinsichtlich der Chancen für einen Gegenangriff überraschend optimistisch gewesen. Der feste Glaube Ludwigs des Heiligen, der trotz seiner Niederlage in Ägypten anschließend noch vier weitere Jahre in Syrien zubrachte, um den dortigen Widerstand zu stärken, repräsentiert nicht nur den lateinischen Glaubenseifer in seiner Hochzeit, sondern trug offenbar auch dazu bei, die Zuversicht anderer zu stärken. Erst am Ende des 13. Jahrhunderts wurden diese Hoffnungen anscheinend zerstört, als die Mamlucken Ägyptens die letzten christlichen Hochburgen im Heiligen Land überrannten (1291) und gleichzeitig die Mongolen Westasiens zum Islam übertraten. Der Islam hatte seine Stellung in Asien und Nordafrika zurückerobert. Das Vordringen der Osmanen in den Balkan

*Rechts:* Dieser große Gebäudekomplex – Hospital, Medrese und Mausoleum – wurde 1284–1285 von Sultan Qlawan in Kairo errichtet. Er stellt eine architektonische Leistung ohnegleichen dar. Die variationsreich gestaltete Fassade mit ihrem Fenstermaßwerk und den Zinnen gibt dem Komplex auch von außen ein attraktives Aussehen. Der Einfluß christlicher Baukunst im Osten scheint hier erkennbar zu sein: ein weniger häufiges Beispiel kulturellen Austauschs als der umgekehrte Fall.

*Ganz rechts:* Marco Polo bricht von Venedig aus zu seiner Chinareise auf, aus *Li Livres du graunt Caam* von Marco Polo, um 1400.

in der zweiten Hälfte des 14. Jahrhunderts war aus islamischer Sicht lediglich die Wiederaufnahme des lange unterbrochenen Auftrags zur Verbreitung des wahren Glaubens. Dies war auch die Zeit einiger berühmter moslemischer Gelehrter, wie zum Beispiel des Historikers und Philosophen Ibn Chaldun (1332–1406), und es war die Zeit, da Konstantinopel, das Zentrum der östlichen Christenheit, schließlich von den Osmanen erobert wurde (1453). Der Reisende Ibn Battuta, der die »ganze Welt«, das heißt die ganze islamische Ökumene, besuchte, zeigte sich – keineswegs verwunderlich – den unbedeutenden Völkern Westeuropas gegenüber, die am Rand seines großen islamischen Kulturkreises lebten, absolut gleichgültig: Nie hätte er es sich träumen lassen, daß eines Tages auch ihre große Zeit kommen würde.

Der mächtigste unter den Moslemstaaten des späten 13. Jahrhunderts, der mit der Christenheit konfrontiert wurde, war Ägypten. Saladin hatte das Land 1171 zum sunnitischen Islam zurückgeführt, und nun war es zur eigentlichen Basis für die Bemühungen um Eliminierung der Kreuzfahrerstaaten im 13. Jahrhundert geworden. Ludwigs IX. Feldzug gegen Ägypten brachte ihm nicht nur eine Niederlage ein, sondern war auch Anlaß für die Einsetzung der Mameluken-Dynastie, mit der die türkischen Militärsklaven an die Macht kamen. Von dieser Zeit an machte Ägypten wieder seinen Einfluß in der islamischen Welt geltend. Es war reich an Getreide, besaß eine große Bevölkerung und spielte eine wesentliche Rolle im Handel durch seine Verbindungen über den Indischen Ozean und in das Innere Afrikas, von wo es Silber und Sklaven bezog. Sultan Baibars (1260–1277) dehnte seinen Herrschaftsbereich nicht nur nach Syrien, sondern auch nach Numidien und zu den Berbern aus. Er förderte das wirtschaftliche Wohl seines Landes und erwies sich als frommer Moslem, indem er Moscheen und Medresen baute und den orthodoxen Glauben stützte. Sein Nachfolger Qlawan (1279–1290) setzte diese Politik fort, und er ist wegen der Errichtung des ältesten, noch bestehenden islamischen Krankenhauses in Kairo berühmt. Sultan al-Nasir (1298–1340) war gleichfalls sehr aktiv, obwohl die Schwierigkeiten während der späteren Jahre seiner Regierung den Untergang des Systems bereits vorausahnen ließen. Die zweite Mameluken-Dynastie (1382–1517) hat eine weniger hervorragende Geschichte aufzuweisen, konnte sich jedoch halten, bis sie beim Siegeszug der Osmanen vertrieben wurde – zu einem Zeitpunkt, da die Portugiesen bereits ins Rote Meer vorgedrungen waren. Ägyptens Macht im 14. und 15. Jahrhundert wurde von den Christen nie unterschätzt, und zahlreiche Reisende waren von diesem Land so tief beeindruckt, daß sie sehr positive Berichte nach Hause mitbrachten. Europa konnte dem Islam seinen Respekt nicht versagen.

Die Konsolidierung dieser großen islamischen Staaten, die den kleinen Fürstentümern des elften und zwölften Jahrhunderts ein Ende bereitete, führte jedoch nicht dazu, daß der Islam im Westen wieder an Boden gewann. Einer der entscheidenden Unterschiede zwischen diesem und früheren Höhepunkten islamischer Macht war die Tatsache, daß der westliche Mittelmeerraum nicht zurückgewonnen werden konnte. Die normannische Eroberung Siziliens für das Christentum wurde kein einziges Mal angefochten. Hingegen gab Sizilien, durch seine wiederholten Überfälle auf das benachbarte Tunis ärgerliche Beweise für seine anhaltende Feindseligkeit. Auch die Balearen wurden den Moslems Mitte des 13. Jahrhunderts entrissen, während auf dem spanischen Festland die Könige von Aragón und Kastilien nach Süden vordrangen. Um 1300 blieb den spanischen Moslems nur noch das verstümmelte Königreich Granada, nahezu zwei Jahrhunderte lang ein Vasallenstaat Kastiliens, das kulturell jedoch nicht weniger glanzvoll als die anderen zeitgenössischen Moslem-Höfe war. Das Kastilien Peters I., des Grausamen (1350–1369), stand, was die Blüte der Architektur und der handwerklichen Künste betraf, tief in der Schuld seiner moslemischen Vasallen. Es ließ zu jener Zeit weder in politischer noch in religiöser Hinsicht den Willen erkennen, die Moslems oder den Islam zu vernichten. Der Islam hatte sich durch seine überragenden kulturellen Leistungen die Anerkennung der spanischen Christenheit erworben.

**Ägypten unter den Mameluken**
Das mamlukische Ägypten war der stärkste, den mittelalterlichen Christen bekannte, Moslemstaat. Seit der Auflösung der islamischen Einheit war Ägypten wieder zur wichtigen politischen Macht aufgestiegen, doch seine religiöse Unorthodoxie hatte ihm die Führungsposition in der islamischen Welt verwehrt, die ihm aufgrund seines Reichtums, seiner Bevölkerungszahl und seiner strategischen Bedeutung zukam. Nach der Eroberung durch den orthodoxen Saladin 1171 übernahm es dann sehr schnell die Führung innerhalb des Islam. Seine Militärelite, die türkische Sklavenarmee der Mameluken, etablierte ein Regime, das über zweieinhalb Jahrhunderte dauerte. Die Mameluken eliminierten die christlichen Außenposten in Palästina, hielten die Mongolen an der syrischen Grenze in Schach und dehnten ihre Hegemonie über die heiligen Stätten Arabiens aus. Ägypten unterhielt eine wirksame Provinzverwaltung im Nildelta wie auch nilaufwärts und eroberte im Süden Nubien bis nach Äthiopien. Moslemische wie christliche Kaufleute zogen Nutzen aus seiner Präsenz an der Küste des Roten Meeres, durch die den Moslems der Zugang zum Horn von Afrika und nach Indien offengehalten wurde.

Die christlichen Königreiche des Nordens – klein, arm und dünn besiedelt – waren durch den Zusammenbruch des Kalifats von Córdoba (1038), die Rivalitäten zwischen den Nachfolgereichen (den *taifas*) und die wiederauflebende Moslem-Macht in Nordafrika (der Almoraviden, anschließend der Almohaden) tief in die Politik der Moslemstaaten weiter im Süden hineingezogen worden. Der anfängliche Energieausbruch, der in der Eroberung Toledos 1085 durch die Christen gipfelte, wurde gefolgt von einem großen Glaubenskreuzzug, wie es im zwölften Jahrhundert wohl nicht anders zu erwarten war, und die Reconquista fand dann ihren vorläufigen Abschluß mit der Einnahme von Córdoba (1235), Murcia, Jaén und Sevilla (1248) durch die kastilischen Truppen unter Ferdinand III. So wurde das Königreich León-Kastilien, das innerhalb von 50 Jahren sein Territorium verdoppelt hatte, zur Hegemonialmacht auf der Iberischen Halbinsel, allerdings waren die hinzugewonnenen Gebiete nach der Flucht der Moslems sehr stark entvölkert.

Der neue König von Kastilien, Alfons X., der Weise (1252–1284), versuchte, Bewohner des Nordens zur Umsiedlung nach Andalusien zu bewegen. Weite Landstriche wurden den Kirchen zugewiesen, den militanten Orden und dem Adel – mit dem Ziel, die neuerworbenen Ländereien schnellstmöglich wieder zu kultivieren. Die Assimilierung dieser Territorien, die fünf Jahrhunderte

**Spanien um 1300**
Die dramatischsten Veränderungen im mittelalterlichen Spanien fanden in der zweiten Hälfte des 11. und in der ersten Hälfte des 13. Jahrhunderts statt. Als Folge dieser Ereignisse wurde die moslemische Macht in Spanien auf das Königreich Granada begrenzt – und selbst dieses erkannte die Oberherrschaft Kastiliens an, obwohl es noch über zwei Jahrhunderte fortbestand. Während dieses Zeitraums war die Iberische Halbinsel in fünf Königreiche aufgeteilt – Portugal, Kastilien, Navarra, Aragón und Granada –, die alle ihre eigenen Interessen und Bündnisse verfolgten.

*Rechts:* Diese Kopie der Abhandlung Friedrichs II. über Vögel und Falknerei, angefertigt für seinen Sohn Manfred, König von Sizilien (1258–1266), ist der beste Beweis für die Existenz des Originaltextes. Er muß zahlreiche Illustrationen enthalten haben, die in der Kopie vermutlich getreu wiedergegeben sind. Nur die Illustrationen für die ersten zwei von insgesamt sechs Büchern wurden fertiggestellt.

lang unter der Moslemherrschaft gestanden hatten, nahm die Energien der Regierung stark in Anspruch. Pläne, die Reconquista durch die Eroberung des Königreichs Granada zu vervollständigen, kamen daher erst 1492 nach einem harten zehnjährigen Kampf zur Ausführung. Zwei Jahrhunderte lang stellten die spanischen Königreiche alle Feindseligkeiten gegen die Moslems ein, ja, sie duldeten den weiteren Verbleib von Moslems und Juden in einem erstaunlich großen Ausmaß, bis sich am Ende des 14. Jahrhunderts die neu erwachte Intoleranz in einem ungeheuren Pogrom manifestierte.

### Friedrich II. und das Königreich Sizilien

Während Kastilien das südliche Spanien überrannte, führte der Kreuzfahrereifer König Jakob I. von Aragón hinunter zur Ostküste und übers Meer zu den Balearen. Infolgedessen hatte Aragón am Ende seiner Herrschaft eher die Form eines Seereichs mit Barcelona als Mittelpunkt angenommen, wobei Aragón selbst der unbedeutendste Teil des königlichen Herrschaftsbereichs war. Jakob I. und seine Nachfolger wandten sich ebenso entschlossen dem Meer zu, wie die Könige von Kastilien sich auf dem Festland ausgebreitet hatten. Die spanischen Könige des 13. Jahrhunderts waren, nachdem sie ihre dringendsten Probleme zu Hause gelöst hatten, überdies bereit, führende politische Rollen in der christlichen Welt zu übernehmen. Früher schon war der König von Aragón durch seinen Besitz in der Provence mit dem Kaiserreich in Beziehung getreten. Der Niedergang der Staufermacht, vor allem nach dem Tod Friedrichs II., berührte die Interessen der späteren Könige zwangsläufig ebenfalls. Überraschender ist vielleicht die Bereitschaft Alfons' X. von Kastilien, sich in die Angelegenheiten des deutschen Reichs hineinziehen zu lassen. Als Enkel Friedrichs II. nahm er im Jahr 1257 die Wahl auf den deutschen Königsthron an und trat den Titel erst 1274 wieder ab. Kastilien war zu weit entfernt, um eine feste Verbindung aufrechtzuerhalten, die sogar Kaiser Karl V. drei Jahrhunderte später als Last empfand. Die Intervention des Königs von Aragón in Sizilien hingegen war ernstzunehmenderer Natur. Peter III. heiratete eine Enkelin Friedrichs II. und akzeptierte 1282 das Angebot der Sizilianer, das Königreich zu übernehmen und ihnen bei der Vertreibung des französischen Königs Karl von Anjou zu helfen. Von diesem Zeitpunkt an bis 1860 wurde Sizilien von Königen aus dem spanischen Herrscherhaus regiert.

Im zwölften Jahrhundert war Sizilien die Basis des Normannenreiches gewesen; in der ersten Hälfte des 13. Jahrhunderts wurde es das Fundament der Macht Friedrichs II. im Kaiserreich. Von 1282 an war es entweder eine Provinz der Krone von Aragón oder ein halb-autonomes Königreich, das in den folgenden beiden Jahrhunderten nur eine untergeordnete Rolle spielte. Solange seine Herrscher Ressourcen aus dem zentralen Mittelmeerraum nach Palermo ziehen konnten, hatte Sizilien seine Blüte. Sobald Nordafrika jedoch für die Christen nur noch aus Handelsgründen interessant war, kehrte Sizilien zu seiner Rolle als Anhängsel Italiens oder der Krone von Aragón zurück. Selbst unter Friedrich II. war Sizilien fast ganz sich selbst überlassen geblieben, denn obwohl Friedrich vom Alter von drei Jahren an 15 Jahre dort verbracht hatte, besuchte er es später nur noch fünfmal, und nur einmal für die Dauer von knapp zwei Jahren; nach 1233 setzte er keinen Fuß mehr auf die Insel.

Historiker haben für das Kaiserreich während des 13. Jahrhunderts keine großen Zukunftsaussichten gesehen. Die zeitgenössischen Chronisten hingegen scheinen diese Skepsis nicht geteilt zu haben. Das Papsttum war bis weit ins 14. Jahrhundert hinein sehr auf der Hut vor seiner Macht. Deutschland war ein Land, das in diesem Zeitraum seine demographischen und kulturellen Grenzen sehr schnell ausweitete. Der größte Staat der christlichen Welt mag sich in den Augen der Historiker im Zustand fortschreitenden Zerfalls und auf der Schwelle zur Auflösung befunden haben; für den Dichter Dante repräsentierte Kaiser Heinrich VII., als er 1310 in Italien eintraf, jedoch noch immer die Macht des einen, allumfassenden christlichen Staates.

Friedrich II. ist in die Geschichtsschreibung als der brillanteste Herrscher seiner Zeit eingegangen. Er scheint eine Ausnahme gewesen zu sein, kein Glied in einer langen Kette. Er übernahm keine bestimmte Politik und gab keine bestimmte Politik an seine Nachfolger weiter. Anfangs ein getreuer Vasall des Papstes, wurde er bald zu dessen gefürchtetem Feind. Unglaubliche Geschichten wurden über ihn verbreitet, hauptsächlich vom papsttreuen Klerus. In späteren Zeiten haben die geschickten Verhandlungen des Kaisers mit moslemischen Herrschern, seine Förderung von Wissenschaft und Kultur, seine eigenen ornithologischen Beobachtungen, niedergelegt in seiner Abhandlung über die Falknerei, ihm großen Beifall und zudem den Ruf eingetragen, seiner Zeit weit voraus zu sein. Sämtliche Bücher über ihn verraten staunende Anerkennung. Noch heute hat Friedrich nichts von seiner großen Faszination eingebüßt.

Friedrichs Vater, Heinrich VI., hatte im Jahre 1186 Konstanze, die Erbin von Sizilien, geheiratet. Als er vorzeitig starb, ehe die Vereinigung der beiden Staaten entsprechend fortgeschritten war, wollten die deutschen Fürsten Friedrich, der damals zwei Jahre alt war, als Herrscher nicht anerkennen. Daraufhin ernannte ihn seine Mutter zu ihrem Erben von Sizilien und vertraute seine Erziehung dem Papst an. Im Alter von knapp 20 Jahren wurde Friedrich jedoch durch seine Abstammung und päpstlichen Druck in die Streitigkeiten um den Kaiserthron hineingezogen. Sein Sohn Heinrich erhielt 1212 die Krone Siziliens – noch ehe Friedrich selbst als König in Deutschland anerkannt wurde –, doch Friedrich hatte nicht die Absicht, sein Erbe teilen zu lassen, und Papst Honorius III. gab seinem nachhaltigen Drängen nach. Heinrich wurde zum deutschen König gewählt und Friedrich erhielt Sizilien zurück. Immer wieder wird behauptet, Friedrich habe

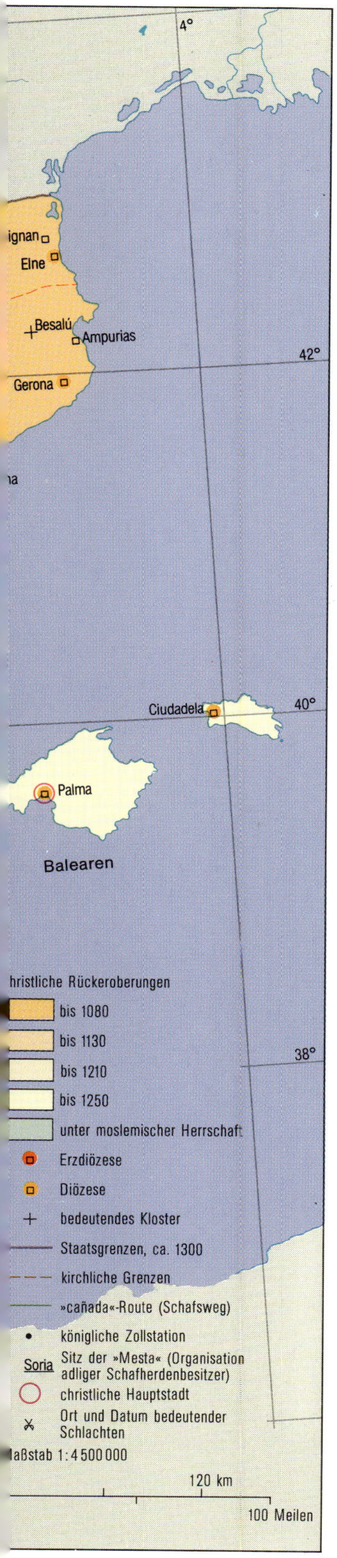

die deutschen Interessen vernachlässigt, denn er verbrachte zwar als junger Mann acht aktive Jahre dort, doch später kehrte er nur zwischen 1235 und 1237 für zwei kurze Besuche zurück.

Im gesellschaftspolitischen Bereich trat er durch die Bestätigungen gleicher Privilegien (Markt-, Münz- und Zollrecht, Befestigungshoheit, Gerichtsbarkeit) für die Kirchenfürsten (1220), als Lohn für die Ernennung seines Sohnes Heinrich von Sizilien zum römischen König, und für die weltlichen Fürsten in den Jahren 1231/32 hervor. Der Gebrauch, den spätere Fürsten von diesen Privilegien machten, als es keinen starken Kaiser mehr gab, ist kein Beweis für ihre politische Bedeutung zu Friedrichs Zeiten. Zutreffender wäre es wohl, zu sagen, daß Friedrich II. seine Macht in Deutschland erhalten und von dort militärische Unterstützung für seine lombardischen Feldzüge im Jahr 1235 bezogen hat; dafür spricht auch, daß die späteren Pläne des Papstes, einen Gegenkönig aufzustellen, in Deutschland nicht sehr populär waren. Auch nach Friedrichs Tod blieb die Macht der Staufer erhalten. Daß es ihm gelang, die Anerkennung seiner Söhne Heinrich und dann Konrad als seine Nachfolger zu erreichen, hätte mit der Zeit zweifellos zu einer Erbmonarchie sowohl im Kaiserreich als auch im deutschen Königreich geführt; was die Staufer politisch und physisch vernichtete, waren nicht die Fehler, die sie in Deutschland machten, sondern die erbitterte Feindschaft einer ganzen Reihe von Päpsten, deren erster Gregor IX. war.

Friedrich mag vielleicht nicht so fromm gewesen sein wie Ludwig IX. oder Heinrich III., aber er war auf gar keinen Fall ein eingeschworener Skeptiker und Feind des Papsttums als solches. Aber er bekam Streit mit den Päpsten sowohl hinsichtlich seiner Kontrolle über die Bischöfe von Sizilien als auch der Ansprüche des Papstes auf den Kirchenstaat. In seiner Jugend war er von Papst Innozenz III. gezwungen worden, die Zugeständnisse des Welfenkaisers Otto IV. zu bestätigen, mit der Zeit jedoch mußten Innozenz' Nachfolger einsehen, daß man den Kaiser nicht behandeln konnte, als sei er nichts weiter als ein päpstlicher Vasall in Sizilien. Nachdem der Friede geschlossen war und Friedrich II. für eine ungestörte Verwaltung in Deutschland gesorgt hatte, wandte er sich den Belangen des sizilischen Königreichs zu und zeigte keinerlei Ehrgeiz, einen Kreuzzug zu beginnen. Dies war es, was anfangs den Zorn Gregors IX. herausgefordert hatte, und erst nachdem er vom Papst gebannt worden war, entschloß sich Friedrich schließlich, doch noch ins Heilige Land zu ziehen (1228–1229). Seine Vertragsverhandlungen über Jerusalem kränkten den Papst noch tiefer. Gre-

*Ganz oben links:* Figuren am Westchor des Naumburger Doms, 1250–1270. Ehemals wichtiges Handelszentrum an der Kreuzung zweier Handelsstraßen in Mitteldeutschland, wurde Naumburg im späteren 13. Jahrhundert architektonisch erneuert, als der Dom im hochgotischen Stil wiederaufgebaut und erweitert wurde. Die zwölf Stifterfiguren am Westchor dieser doppelchörigen, dreischiffigen Pfeilerbasilika sind in ihrer lebensvollen Charakterisierung einzigartig und zeigen, daß die Bildhauer mehr anstrebten als einen anonymen Tribut an die Toten.

*Oben:* Ludwig von Frankreich in der Abtei St. Denis, ca. 1260. Beim Tod seines Sohnes und Erben Ludwig im Jahre 1260 gab Ludwig IX. diesen prunkvollen Sarkophag in Auftrag, auf dem eine realistische Plastik des Verstorbenen ruht, während das Sockelrelief einen langen Zug von Trauernden zeigt. Kurz danach nahm der König die Ausstattung des königlichen Grabgewölbes in St. Denis selbst in die Hand und ließ Statuen seiner Vorgänger als Könige von Frankreich anfertigen. Diese etwas morbide Vorliebe für die Vergangenheit wurde begleitet von einem neu erwachten Interesse an den alten Chroniken.

gor IX. sah sich allerdings gezwungen, ihm bei der Rückkehr Absolution zu erteilen, doch nach 1236 brach seine Feindschaft wieder offen aus. Die erneute Bannung Friedrichs drei Jahre später leitete dann einen erbitterten Machtkampf zwischen Kurie und Kaisertum ein, der mit allen erdenklichen Mitteln geführt wurde.

Das ganze Ausmaß der Schmähungen, mit denen Friedrich von den Anhängern des Papstes überschüttet wurde, läßt darauf schließen, daß sie nur so stark übertrieben, um ihre eigenen Zweifel zu kaschieren. Ludwig IX. jedenfalls scheint Friedrich niemals wirklich für einen Feind der Christenheit gehalten zu haben. Trotz einiger Rückschläge war Friedrich zum Zeitpunkt seines Todes 1250 weit davon entfernt, vom Papsttum besiegt worden zu sein, und spätere Päpste fürchteten sich weiterhin vor seinen Staufer-Nachfolgern. Wenn die Entschlossenheit des alternden Pontifex schließlich die Ambitionen der kaiserlichen Familie durchkreuzte und sie wirksam ausschaltete, lag der eigentliche Grund darin, daß die Führung der Christenheit durch den Papst um die Mitte des 13. Jahrhunderts keinen Platz mehr für einen römischen Kaiser ließ. Das Papsttum bevorzugte eine Anzahl von Königen, an die es sich nach Belieben wenden konnte, sobald es die Unterstützung der weltlichen Mächte benötigte.

Es ist durchaus möglich, daß Friedrich II. selbst ebenfalls seine Rolle als König von Sizilien bevorzugte, dem er, speziell durch die Konstitutionen von Melfi im Jahre 1231, seine besondere Aufmerksamkeit widmete. In Neapel gründete er 1224 sogar eine Universität mit dem ausdrücklichen Ziel, Beamte für sein Königreich auszubilden. Als

ENGLAND
NORDSEE
HEILIGES RÖMISCHES REICH
FLANDERN
ARTOIS
HENNEGAU
PONTHIEU
KANAL
VERMANDOIS
COUCY
POTÉES
CLERMONT
VALOIS
NORMANDIE
BRETAGNE
PERCHE
MAINE
ANJOU
BLOIS
TOURAINE
THOUARS
POITOU
SANCERRE
NEVERS
BURGUND
CHÂTEAUROUX
BOURBON
LA MARCHE
BEAUJEU
ANGOULÊME
SAINTONGE
LIMOUSIN
AUVERGNE
FOREZ
GOLF VON BISKAYA
PÉRIGORD
GÉVAUDAN
DAUPHINÉ
SAVOYEN
GUYENNE
AGENAIS
TOULOUSE
GASCOGNE
ARMAGNAC
CASTRES
LANGUEDOC
BÉARN
NAVARRA
BIGORRE
COMMINGES
MIREPOIX
FOIX
ROUSSILLON
ARAGÓN
MITTELMEER
Guernsey
Jersey
Isle d'Oléron
St. Davids
London
Canterbury
Bath
Wells
Salisbury
Winchester
Chichester
Exeter
Brügge
Gent
Liège (Lüttich)
St. Omer
Thérouanne
Tournai
Arras
Cambrai
Eu
Amiens
Corbie
Longueville
Fécamp
Noyon
Laon
Prémontré
Rethel
Rouen
Beauvais
Soissons
Reims
Royaumont
Senlis
Verdun
Metz
Bayeux
Lisieux
Harcourt
St. Clair
Évreux
Meaux
Châlons
Coutances
Paris 12. Jahrhundert
Toul
St. Pol de Léon
Tréguier
St. Malo
Avranches
Mt. St. Michel
St. Evroult
Dreux
Montfort
Nogent-le-Roi
St. Brieuc
Sées
Chartres
Troyes
Clairvaux
Sens
Quimper
Rennes
Le Mans
Orléans
Fleury
Pontigny
Langres
Auxerre
Vannes
Blois
Vézelay
Dijon
Angers 1229
Tours
Besançon
Nantes
Fontevrault
Cîteaux
Bourges
Autun
Nevers
Chalon-sur-Saône
St. Pierre le Moutier
La Ferté
Poitiers
Cluny
Mâcon
La Rochelle
Charlieu
Charroux
Limoges
Clermont-Ferrand
Lyon
Belley
Saintes
Angoulême
Vienne
Tulle
Ventadour
Grenoble
Périgueux
Turenne
Aurillac
Le Puy
Valence
Bordeaux
Die
Marmande
Cahors
Mende
Bazas
Agen
Rodez
Orange
Moissac
Uzès
Avignon
Lectoure
Albi
Apt
Nîmes
Beaucaire
Arles
Lodève
Aix
Auch
Toulouse 1229
Montpellier 1289
Dax
Bayonne
Carcassonne
Béziers
Agde
Marseille
Lescar
Oloron
Tarbes
Narbonne
Lourdes
Conserans
St Betrand
Elne
Urgel
Ripoll
Gerona
Somme
Oise
Aisne
Marne
Seine
Loire
Vilaine
Cher
Vienne
Creuse
Allier
Yonne
Saône
Doubs
Maas
Schelde
Charente
Dordogne
Lot
Tarn
Garonne
Rhône
Isère
Durance
4°
0°
50°
46°
Grenze des französischen Königreichs im 13. Jahrhundert
Krondomäne 1259
Apanagen der Brüder Ludwigs IX.
andere Lehen der französischen Krone
Lehen des englischen Königs nach dem Vertrag von Amiens 1279
Lehen des englischen Königs nach dem Vertrag von Paris 1259
Kirchenbesitz
Graftschaftsgrenze
Erzdiözese
Diözese
bedeutendes Kloster
Universität mit Jahr der Gründung
Hauptstoßrichtung der Albigenserkriege (1209–1229)
Maßstab 1 : 4 500 000
0
200 km
0
150 Meilen

**Frankreich unter Ludwig dem Heiligen** Die Geschichte Frankreichs im 13. Jahrhundert war geprägt durch den Kampf der Kapetinger gegen die Plantagenet-Herrschaft im Westen des Landes und den entscheidenden Vormarsch der Nordfranzosen nach Süden gegen die Albigenser. Ludwigs IX. erfolgreiches Eingreifen in den Streit um das flämische Erbe eröffnete dem Königshaus neue Möglichkeiten. Die Apanageländer, die seinen Brüdern aus diesen Erwerbungen zugeteilt wurden, garantierten zu Ludwigs Lebzeiten eine Kapetinger-Vorherrschaft im Reich, die nicht herausgefordert werden konnte. Heinrich III. von England folgte 1259 dem Beispiel Jakobs I. von Aragón und schloß Frieden mit Ludwig. Durch die unmittelbare Machtausübung in den südlichen Lehnsländern Beaucaire und Carcassonne wurde erstmals eine dauerhafte königliche Präsenz in Südfrankreich hergestellt. Ludwigs Frömmigkeit sicherte ihm die Loyalität des Klerus, und die Kirche machte sich um die Einrichtung von Universitäten und Klosterschulen verdient. Unter den Dominikanern wurde die Enquête, die gerichtliche Untersuchung, eingeführt und die Ketzerei weitgehend ausgerottet. Die relativ stabile Stellung der Monarchie unter Ludwig IX. (1226–1270) ermöglichte es dem König, dem Kreuzzug viel Zeit zu widmen, ohne daß dadurch seine Herrschaft erschüttert wurde.

Kaiser jedoch, als Staufer, konnte man kaum von ihm erwarten, daß er sich dem Papst als seinem Lehnsherrn unterwarf. Nicht einmal seine normannischen Vorgänger hatten den Papst mit mehr als höflicher Ehrerbietung behandelt. Friedrich war der erste Monarch seit Theoderich, der über den größten Teil Italiens herrschte. Diese Tatsache genügte schon, um nicht nur den Papst, sondern auch die italienischen Städte zu beunruhigen, die befürchteten, der neue Kaiser werde die Frage der kaiserlichen Privilegien wieder aufwerfen, die ihnen 1183 von seinem Großvater Friedrich I. »Barbarossa« zähneknirschend zugestanden worden waren.

Die persönliche Einstellung Friedrichs II. war vermutlich stark konservativ: Er wollte seine Familienrechte wahren. An institutionellen Neuerungen wie etwa dem Appellationsgericht des französischen Königs war er nicht interessiert. Er kannte auch nicht Ludwigs Problem, der sich die Loyalität neuer Untertanen erobern mußte. Doch das Erlöschen seiner Dynastie beraubte ihn posthumer Elogen. Bis in die heutige Zeit hinein ist er ein faszinierendes Rätsel geblieben.

### Frankreich unter Ludwig IX.

Der berühmteste Kämpfer der Christenheit gegen den Islam war im 13. Jahrhundert Friedrichs Verbündeter Ludwig IX. von Frankreich (1226–1270), der sechs Jahre (1248–1254) seiner Regierungszeit dem Dienst Christi in der Levante widmete und nach seiner Rückkehr in die Heimat mit viel Energie einen weiteren Kreuzzug plante. Als dieser 1270 begann, wurde er nach Tunis, gegen die moslemischen Feinde seines Bruders Charles, des Königs von Sizilien, umdirigiert – nicht etwa als Entsatzfeldzug, sondern im Rahmen des Kampfes gegen die nordafrikanischen Moslems. Ludwigs erster Kreuzzug hatte sich selbstverständlich gegen Ägypten gerichtet. Dort wurde der König gefangengesetzt, gegen ein Lösegeld jedoch wieder freigelassen, und er verbrachte anschließend noch vier Jahre im Heiligen Land, wo er die bedrängten Christen mit seinem eigenen festen Glauben inspirierte und ihnen bei der Verstärkung ihrer Verteidigungsstellung half. Aus historischer Sicht könnte vielleicht der Einwand erhoben werden, der König von Frankreich und seine Vasallen hätten zu Hause weit wichtigere Christenpflichten ihren Untertanen gegenüber zu erfüllen gehabt als den Christen im Osten gegenüber, zu Lebzeiten Ludwigs jedoch wurden die Unternehmungen des Königs wahrscheinlich nicht kritisiert. Daß er seine Aufgaben im Königreich vernachlässigte, konnte man keinesfalls behaupten, und es wäre ein Fehler anzunehmen, für die Regierungsangelegenheiten sei seine ständige persönliche Anwesenheit erforderlich gewesen. Während seines langen Aufenthalts im Osten übernahm Blanca von Kastilien, seine Mutter, die Regierungsgeschäfte, die schon während seiner Minderjährigkeit darin großes Geschick bewiesen hatte. Ludwig der Heilige, im Jahr 1295 kanonisiert, wurde zum Vorbild für all seine Nachfolger der Dynastie, und die späteren Monarchen Frankreichs konnten auf seinen institutionellen Neuerungen aufbauen.

Die Probleme, mit denen Ludwig während seiner Regierungszeit zu kämpfen hatte, entsprangen den unerwarteten Folgen der Regentschaft seines Großvaters. Philipp II. (1180–1223) hatte das Wesen der Kapetingerherrschaft verändert. Nach zweihundertjähriger Lethargie wurde das Königtum plötzlich zu einer starken Führungsmacht in Frankreich. Den Anfangserfolgen bei der Rückeroberung des Vermandois (die ihm den vom Chronisten Rigord ersonnenen Beinamen Augustus eintrug) fügte Philipp die wesentlich bedeutenderen Gewinne im Kampf gegen König Johann von England hinzu. Der Besitz dieser reichen und wohlregierten Provinzen von Anjou bis zum Kanal brachte Philipp auch den großen Vorteil, daß er nun auf regierungserfahrene Männer bei seinen weiteren Plänen zurückgreifen konnte.

In seine Regierungszeit fiel auch der erfolgreiche Vormarsch der nordfranzösischen Barone in die südlicheren Landesteile, die seit dem neunten Jahrhundert nicht mehr unmittelbar von Franken regiert worden waren, und die sich in Kultur, Recht, Sprache und sogar religiöser Einstellung deutlich von den Eroberern unterschieden. Der Kampf gegen die südfranzösischen Albigenser hatte als Vorwand für diesen »Kreuzzug« gedient. Obwohl König Philipp gar nichts damit zu tun hatte, eröffnete die Vertreibung des Königs von Aragón aus dem größten Teil dieser Region im Anschluß an die Niederlage bei Muret im Jahr 1212 die Möglichkeit zur Ausweitung des französischen Herrschaftsbereichs im Süden, und nachdem sein Sohn und Nachfolger Ludwig VIII. dem jungen Heinrich III. von England das Poitou auf recht ungalante Weise entrissen hatte, unterstand auch dieses Gebiet der kapetingischen Dynastie. Ludwig IX. war der erste französische König, der den neuen Verantwortlichkeiten nachkam, die ihm durch die Veränderungen im frühen 13. Jahrhundert auferlegt wurden. Er hegte nicht den Ehrgeiz, sein Reich zu vergrößern, er wollte nur die neuen Untertanen mit seiner Herrschaft aussöhnen und eine Möglichkeit finden, das gegenseitige Verhältnis harmonischer und gerechter zu gestalten. Seine Kreuzzugsideale trugen vermutlich nicht unwesentlich dazu bei, daß viele Menschen seine Regierung bereitwilliger akzeptierten, obwohl es falsch wäre, anzunehmen, er habe die Kreuzzüge nur als Mittel zu politischen Zwecken benutzt. Ludwig besaß sehr konkrete Vorstellungen von den Pflichten des Königs – und von seinen Rechten.

Er zögerte zum Beispiel nicht, seine Position in der französischen Kirche gegen päpstliche Übergriffe zu verteidigen. Streitsüchtig war Ludwig jedoch nicht, sondern er sah sich mehr als Schlichter. Sein Hauptaugenmerk galt dem Abstellen von Mißbräuchen in der Verwaltung und der Reorganisation der Gerichte. Bevor er zu seinem ersten Kreuzzug aufbrach, befahl er eine Untersuchung der königlichen Verwaltung im gesamten Reich, um dadurch unerledigte Beschwerdefälle zu klären. Nach seiner Rückkehr im Jahr 1254 startete er dann eine Reihe von Maßnahmen zur Beseitigung von administrativen Mißbräuchen, die in seiner Abwesenheit aufgetreten waren, und begann mit einer umfassenderen Reform der Gerichtshöfe. Ludwig besaß nicht die Macht, die Gesetze des gesamten Königreichs zu ändern, doch es gelang ihm, in seinen eigenen Domänen den gerichtlichen Zweikampf zu verbieten. Seine wichtigste Rechtsreform bestand in der Einführung des Verfahrens der *enquête* oder gerichtlichen Untersuchung, wie sie bei den Kirchengerichten üblich war, in seine eigenen Hofgerichte und die Appellationsmöglichkeit seiner Vasallen an das Pariser *parlement.* Zu diesen Vasallen zählte Ludwig auch seine Brüder, für die sein Vater die Zuteilung ausgedehnter Ländereien als Apanage arrangiert hatte, sowie Heinrich III. von England, der durch den Vertrag von Paris im Jahre 1259 in seiner Eigenschaft als Herzog von Aquitanien zu seinem Vasallen wurde. Dies machte den Feindseligkeiten zwischen den beiden Königreichen ein Ende, die begonnen hatten, als Johanns französische Besitzungen von Philipp II. beschlagnahmt worden waren. Eine Zeitlang erfüllte dieses Friedensabkommen auch Ludwigs Erwartungen, allmählich entstanden jedoch durch die Vertragsbindungen selbst Probleme: als nämlich beide Könige weniger an ihre gegenseitigen Verpflichtungen denn an ihre Stellung als souveräne Herrscher zu denken begannen.

# DAS WACHSTUM DER STÄDTE

Ebenso, wie für die klassischen Gelehrten das Wiederaufleben der lateinischen Studien das Ende des Mittelalters und die Renaissance des Lernens bedeutet, so scheint für Wirtschafts- und Sozialhistoriker der neue Aufstieg der Städte den Zusammenbruch der Feudalordnung zu markieren. Indem viele von ihnen Fortschritt mit Städten gleichsetzen, bedürfen sie nicht erst der marxistischen Dialektik, um sich von der »offensichtlichen« Tatsache zu überzeugen, daß der Aufschwung der Städte, die Zunahme der Stadtbevölkerung und die Förderung von Handel und Industrie Zeichen für Wohlstand und Fortschritt sind. Geboren in einer geldorientierten Industrie- und Stadtgesellschaft halten wir unsere Überlegenheit über das stagnierende Landleben für gegeben. Die gleichen Vorurteile gab es mit ebenso großer Selbstverständlichkeit bei den mittelalterlichen Kanzlisten, die sich über die Landbewohner, auf deren Knochenarbeit damals notwendigerweise der gesamte Wohlstand beruhte, lustig machten. Bis das Land überhaupt einen Überschuß für den Markt produzierte, zielte die mittelalterliche Wirtschaft, ebenso wie die aller bäuerlichen Gesellschaften, nicht höher als auf die Selbstversorgung eines jeden Gemeinwesens. Die kostspieligste Einrichtung der kaiserlich-römischen Regierung, das Heer, war nach dem Zusammenbruch des Reichs keine Belastung mehr für die Wirtschaft, denn von da an lag die Verteidigung bei den jeweiligen lokalen Gemeinschaften und den Waffen tragenden Bürgern. Im Laufe der Zeit begann das Land, von den Kosten für das Militär befreit, aufzublühen. Als die Bevölkerung allmählich zunahm, wurden immer neue Böden unter den Pflug genommen. Die Gemeinwesen, die sich herausbildeten, entdeckten bald die Vorteile der Spezialisierung. Die

Ambrogio Lorenzettis *Darstellung der Guten Regierung* im Palazzo Pubblico von Siena, 1338–1340. Die Fresken in diesem Sitzungssaal des Rathauses sind Allegorien der Folgen des guten und des schlechten Regierens zur Belehrung der Sienesischen Behörden. Der Zyklus über die gute Regierung ist besser erhalten als der über die schlechte. Sehr hübsch stellte Lorenzetti das Glück und den Wohlstand dar, die eine gute Regierung sowohl der Stadt als auch dem Land beschert, indem er eine Kavalkade die glückliche Stadt verlassen und durch die Landschaft reiten läßt.

Selbstversorgung trat an die zweite Stelle hinter dem Tauschhandel. Die lokalen Gewalten, soweit es sie gab, mußten größere Gebiete in ihren Schutz einbeziehen. Von ihnen mußte außerdem die offizielle Genehmigung zur Errichtung befestigter Handelsposten eingeholt werden, wo der Warenverkehr ungefährdet vonstatten gehen konnte, und die von den Kaufleuten ungehindert zu erreichen waren. Die Städte begannen im gesamten Wirtschaftssystem des Westens eine wichtige Rolle zu spielen. Einige waren so günstig gelegen, daß sie auf dem Wasserweg auch mit Waren aus großer Entfernung beliefert werden konnten; die meisten kamen jedoch nicht ohne das einheimische Angebot an Lebensmitteln, Arbeitskräften und Rohstoffen aus. Außerhalb Italiens gelang es nur wenigen Städten, die unmittelbare ländliche Umgebung ihrer politischen Kontrolle zu unterwerfen. Während in der Antike die Kultivierung des Landes von kleinen Städten ausgegangen war, kam im Mittelalter die Bestellung des Bodens zuerst: In diesem Sinn waren die mittelalterlichen Städte Parasiten. Die Stadt war nicht der Samen, aus dem eine neue Zivilisation erwachsen sollte: Sie war das Zeichen dafür, daß die Gesellschaft genügend Wohlstand erworben hatte, um spezialisierten Händlern ein Leben unter den veränderten Bedingungen zu ermöglichen.

Vermutlich noch vor dem Ende des westlichen Kaiserreichs hatten die *civitates* ihre alte soziale und wirtschaftliche Funktion als Kern neuer Siedlungen verloren. Sobald das Reich den Bürgerfrieden garantierte, brauchten kleinere Siedlungen sich nicht mehr selbst zu verteidigen. Die von den Einwanderern zunächst erreichten Küstengebiete waren inzwischen kolonisiert worden, und ein tieferes Eindringen ins Landesinnere erforderte die Errichtung einzelner Landgüter, von denen aus das brachliegende Umland gerodet wurde. Auch die Bürger des Reichs – möglicherweise bis auf jene der wohlhabendsten großen Städte – begannen die sozialen Annehmlichkeiten ihrer eigenen Landgüter höher zu schätzen als jene, die ihnen die Städte bieten konnten. Wenn diese urbanen Siedlungen nunmehr ihren Niedergang antraten, so lag das daran, daß die spätrömische Gesellschaft keine Verwendung mehr für sie hatte. Die in den Westen eindringenden Barbaren, anfänglich wohl vom Glanz und Reichtum der römischen Städte geblendet, hatten noch weniger Veranlassung als die Römer selbst, sie weiter florieren zu lassen, und praktisch auch gar keine Vorstellung, wie man dies anstellen sollte.

Die römischen Städte, die bis ins Mittelalter bestehen blieben, hatten das nur den christlichen Bischöfen zu ver-

danken. Diese schätzten die *civitates* als Verwaltungszentren für ihre Gerichtsbarkeit, für die der kaiserliche Terminus »Diözese« – Verwaltungsbezirk – übernommen wurde. Ebenso wie das Reich, organisierte auch die Kirche ihre Verantwortungsbereiche nach geographischen Gesichtspunkten. Die Bischofssitze waren relativ gleichmäßig über die christliche Welt verteilt, mit einer merklich größeren Dichte in Italien, wo es allerdings starke regionale Unterschiede gab. Nur wenige Bischofssitze veränderten in späterer Zeit ihren Standort. In Britannien, in Deutschland sowie weiter im Osten mußten sie ohnehin gezwungenermaßen an neuen Orten errichtet werden. Ihre daraus resultierende Verteilung war noch weniger einheitlich als in römischer Zeit, denn die Sitze entstanden in bereits existierenden Christengemeinden und waren nicht, wie in der Antike, Kern einer neuen Siedlung. Diese neuen Städte mögen anfangs durchaus systematisch angelegt worden sein, im Mittelalter jedoch quollen sie, falls sie erfolgreich waren, schon bald über, und der Grundplan wurde von neuen Bezirken und Überbauungen überlagert. Keine kaiserliche Regierung kontrollierte ihre Entwicklung oder erließ städtebauliche Vorschriften.

Die Bischofsstädte des mittelalterlichen Europa entsprachen weitestgehend den antiken *civitates* mit ihren administrativen und kulturellen Aufgaben. Sobald das Episkopat dann ein Programm christlicher Erneuerung in Gang gesetzt hatte, entwickelten sie eine vermehrte Aktivität. Kathedralen wurden wiederaufgebaut, ergänzt durch bischöfliche Paläste, Gebäude für Kanoniker und Mönche, Schreine und Kirchen, Unterkünfte für Pilger, Häuser, Hütten und Werkstätten für Händler und Handwerker, die in solchen Städten benötigt wurden. Doch die Zivilverwaltung des mittelalterlichen Europa funktionierte im Gegensatz zur kirchlichen weiterhin unabhängig von den Städten, denn sie unterschied sich in ihrem Wesen grundlegend von der des Römischen Reichs.

Unter den Völkern des Nordens waren es die Engländer und die Franzosen, die als erste königliche Regierungssitze einrichteten. Bis zum 13. Jahrhundert hatten sich ihre Kanzlisten, Richter und Schatzmeister alle in Verwaltungszentren wie Westminster oder Paris niedergelassen. Solange jedoch die Könige weiterhin persönlich umherreisten, um sich um ihre Ländereien zu kümmern, mit ihren Untertanen zusammenzutreffen und wichtige Regierungsgeschäfte zu tätigen, konnte es vorkommen, daß selbst so große Institutionen wie die »Parlamente« oftmals außerhalb der Hauptstädte zusammengerufen wurden. Zwar konnten die Verwaltungsvorgänge zum Teil in festen Kanzleien erledigt werden, die mühevollere Aufgabe jedoch, mit den mächtigen, womöglich unabhängigen Landesherren zu verhandeln, mußte vom König persönlich vor Ort bewältigt werden. Auf solchen Reisen logierten die Regenten ebensooft in den großen Festungen wie in den Städten. In Italien erhielten vom 13. Jahrhundert an einige städtische Verwaltungen die Machtbefugnis über die umliegenden Landbezirke, und eine Handvoll von ihnen wurde sogar so mächtig, daß sie Fürsten und Gutsherren des Umlandes ihrer Munizipalverwaltung unterstellen konnten. Die meisten »Stadtstaaten« jener Zeit besaßen jedoch nur äußerst begrenzte Territorien und Verpflichtungen. Das mittelalterliche Europa wurde weit häufiger von Fürsten mit großem Landbesitz regiert, die ihre Aufgabe weniger als Verwaltung eines bestimmten Gebietes auffaßten, sondern als Regelung der Beziehungen zwischen Menschen verschiedener »sozialer« Schichten: von grundherrschaftlichen Abhängigkeiten über Pacht- und Lehnsverhältnisse bis zu Fragen, wie den dem König oder Kaiser zu schuldenden Abgaben. Da sie die Macht über die jeweilige Region ausübten, waren ihre Privilegien und ihr Wohlwollen unerläßlich, wenn die Städte gedeihen sollten.

Eines jener Gebiete, die in der Zeit des Mittelalters erschlossen wurden, war die Norddeutsche Tiefebene. Im zehnten Jahrhundert hatten befestigte Stellungen errichtet werden müssen, um die Grenze gegen Eindringlinge aus dem Norden und Osten zu sichern. Aus diesen Vorposten entwickelten sich Städte und Zentren neuer Bistümer; Privilegien, wie die Einrichtung besonderer Gerichtshöfe zum Schutz der Kaufleute und die Befreiung von Zöllen, förderten die Besiedelung und lockten den Handel an. Ohne das Wohlwollen und die Unterstützung der großen militärischen und politischen Mächte wären diese Städte bei den Invasionen der immer noch heidnischen Völker von jenseits der Grenzen mit Sicherheit hinweggefegt worden.

Wenn das Neuerstehen ansehnlicher städtischer Siedlungen, wenigstens im zwölften Jahrhundert, auch wie die Wiederkehr der »Zivilisation« nach Jahrhunderten der Barbarei gewirkt haben mag, so sollte man doch die oberflächlichen Gemeinsamkeiten zwischen den mittelalterlichen und den antiken Städten und die seltenen Fälle, in denen »Kontinuität« plausibel erscheint, nicht überbewerten. Nach römischen Maßstäben war die mittelalterliche Stadt nicht zivilisierter als das Land. Die Mächtigen dieses Zeitalters ließen sich nicht in den Städten nieder, und für die Regierung der ländlichen Gebiete spielten die Städte so gut wie keine Rolle. Sie traten hauptsächlich als Einheiten einer neuen Wirtschaftsform in Erscheinung, als Zentren der Manufaktur und des Warenhandels. Sie verkörperten daher eine neue Arbeitsteilung innerhalb der Gesellschaft. Sie waren einerseits eine notwendige Ergänzung der Verbesserungen auf dem landwirtschaftlichen Sektor, der ausreichende Überschüsse produzierte, um sie auf den Markt zu bringen und die nicht-bäuerlichen Bevölkerungsteile zu ernähren, und dafür von ihnen bestimmte Werkzeuge oder Erzeugnisse wie Tuche oder Wein erwartete, die er selbst überhaupt nicht oder nicht in dieser Qualität herstellen konnte. Andererseits bildeten die Städte die Knotenpunkte eines kommerziellen Netzes in einer Welt, die nicht mehr so homogen war, wie in römischer Zeit. Europa bestand jetzt aus verschiedenen Regionen mit starken regionalen Besonderheiten. Das Karolingische Kaisertum hatte dieser Welt die ökonomischen Bedingungen beschert, die eine Spezialisierung auf regionaler Ebene ermöglichten. Die Städte erstreckten sich entlang der Handelsstraßen und großen Flüsse, auf denen der Warenverkehr bis ins moslemische Spanien, nach Byzanz und bis in den hohen Norden verlief. Die Städte waren integrale Bestandteile dieser mittelalterlichen Welt, keineswegs zivilisierte Inseln inmitten eines Meeres von Barbarei. Eine Stadt mochte sehr wohlhabende und einflußreiche Männer beherbergen, doch im Gegensatz zu den Fürsten waren sie nicht an der Übernahme öffentlicher Aufgaben interessiert – sie waren Händler, die sich vor allem um ihre eigenen Geschäfte kümmerten. Das Land erhoffte sich von der Stadt nicht etwa Führung, sondern wirtschaftliche Vorteile – nicht zuletzt als Ort, an den man seine Söhne schicken konnte, damit sie jene Spezialkenntnisse erwarben, die der gesamten Wirtschaft dienten, etwa in den verschiedenen Handwerkszweigen. In dieser Hinsicht verdanken die modernen Städte dem mittelalterlichen Erbe zweifellos mehr als dem antiken.

Die Entwicklung und die rechtliche Stellung der Städte war je nach den lokalen politischen Verhältnissen verschieden. In England etwa spielten die Monarchen seit Alfred dem Großen zunächst eine bestimmende Rolle beim Bau von Burgen oder befestigten Verteidigungspunkten, die sie dann per Gesetz zu Marktflecken ernannten. Den Bedarf des Handels an hartem Geld befriedigten die Könige, indem sie landesweit standardisierte Münzen prägen ließen, und sie verbrieften allen städtischen Siedlungen besondere Freiheiten und Privilegien. Viel später, unter Eduard I. (1272–1307), wurden in Wales ähnlich befestigte Städte errichtet, um seine neuen Eroberungen zu sichern. Zu jener Zeit gab es nur geringe Möglichkeiten für die englischen Städte, unabhängig zu werden. Einzig London schaffte es, die Privilegien einer Kommune zu erhalten. Im Königreich Aragón war die Situation ganz ähnlich wie in England, obwohl Barcelona eine Zeitlang größere Privilegien beanspruchte als London sie besaß, und dies gegen den entschiedenen Widerstand des Königs. Weder einzeln noch vereint konnten die Städte den jeweiligen Monarchien trotzen. In jedem Königreich wog das individuelle Schicksal der einzelnen Städte schwerer als eventuelle Gemeinsamkeiten.

**Die Städte innerhalb des deutschen Kaiserreichs**

Die Entwicklung im deutschen Kaiserreich war insofern verschieden, da die Kaiser, die innerhalb einer quasi »föderativen« Regierung wirkten, bestimmte Städte zu freien Reichsstädten ernannten, um sie sich direkt zu unterstellen und damit dem Druck der Landesfürsten zu entziehen. Als die Kaiser dann ihre effektive Macht verloren, waren diese Städte bestrebt, ihre Autonomie zu verteidigen. In Italien vor allem überließen die Kaiser aufgrund ihrer chronischen Schwäche nach 1122 die antiken Städte der nominellen Herrschaft der Bischöfe. Dies erleichterte es ihren Bürgern, Konzessionen zu erzwingen. Solch günstige Voraussetzungen für die urbane Autonomie machten jedoch nicht alle Städte blind für die Vorteile, die ihnen der Schutz der großen Herren bot, und ermöglichten es auch nicht allen, die nach Unabhängigkeit strebten, sie auch zu erringen.

Zu den blühendsten Städten im Italien des elften Jahrhunderts zählten die Seerepubliken des Südens wie Amalfi, die der Nominalherrschaft Konstantinopels unterstanden. Von den 30er Jahren des elften Jahrhunderts an mußten sich alle unabhängigen Städte dieser Region mit der neuen normannischen Monarchie arrangieren. Zu jenem Zeitpunkt litten die weiter nördlichen italienischen Zentren bereits unter Überbevölkerung, da durch die Kreuzzüge immer mehr Menschen aus dem Norden in den Mittelmeerraum gekommen waren. Eine gewisse Opposition gegen die Herrschaft der deutschen Kaiser in Italien gab es zu jenem Zeitpunkt nur auf lokaler Ebene. Zu einer umfassenden Bewegung mit dem Ziel, die praktische Unabhängigkeit der Städte zu erreichen, wurde sie erst in der folgenden Generation bei den Auseinandersetzungen des Lombardenbundes mit Friedrich I., dessen Kaiserrechte 1183 bestätigt wurden, der den Städten allerdings die Regalien innerhalb ihrer Mauern überlassen mußte. Dies trug jedoch nicht zur Wiederbelebung der älteren Stadtrepubliken des Südens bei, wo die kaiserliche Herrschaft eine echte Unabhängigkeit im Keim erstickte. Die anders geartete Entwicklung in Norditalien war den Unzulänglichkeiten der kaiserlichen Regierung und dem festen Entschluß einiger Städte zu verdanken, diese Fehlentwicklungen mit Hilfe eigener städtischer Verwaltungen zu korrigieren.

Friedrich I. forcierte den Streit mit den Städten noch, als er versuchte, den Niedergang seiner Vormachtstellung in Italien aufzuhalten, indem er sich auf angeblich gesetzliche Rechte berief, die ihm von zeitgenössischen Lehrern römischer Rechtsprechung zugestanden worden waren. Die Städte leisteten erfolgreich Widerstand, überzeugt von der auf jüngster Gewohnheit beruhenden Überlegenheit ihrer Rechte, eigene Magistrate zu ernennen. In diesem Fall war es wohl wirklich der Kaiser, der mit den Traditionen brach, und nicht die Städte. Aber nicht alle Städte wandten sich unwiderruflich gegen ihn. Die Angst vor dem aggressiven Mailand trieb beispielsweise dessen Rivalen ins kaiserliche Lager zurück. Wäre die deutsche Position in Italien gefestigter gewesen, hätte Friedrich zweifellos noch mehr Unterstützung finden und den gleichen umfassenden Schutz bieten können wie seine Herrscherkollegen in England und Sizilien. Obwohl der Hauptschwerpunkt des Zwistes in dem Gegensatz zwischen Rechtstheorie und Gewohnheitsrecht lag, läßt der Sieg der Städte darauf schließen, daß sie bereits in der Lage waren, angemessene militärische, diplomatische und politische Unterstützung zu finden, ganz zu schweigen von ihren ökonomischen Ressourcen. Einen politischen Plan für die Regierung Norditaliens hatten sie jedoch ebensowenig wie die Hoffnung, ihre Städtebünde weiterführen zu können.

Als mit Kaiser Friedrich II. im folgenden Jahrhundert eine entschlossenere Regierung für Norditalien drohte, wurde der Kampf wiederaufgenommen. Diesmal jedoch unterwarfen sich, obwohl der Kaiser auf lange Sicht keinen Erfolg hatte, viele Städte der Herrschaft militärischer Führer, die sich die Stellung lokaler Despoten anmaßten. Einzelne Städte konnten so zwar ihre Unabhängigkeit bewahren, verloren jedoch ihre republikanischen Freiheiten. Außerdem waren diese Despoten eifrig darauf bedacht, ihren Herrschaftsbereich zu vergrößern und die Ämter an ihre Familienmitglieder zu vergeben. Eine nach der anderen wurden die kleineren unabhängigen Städte von den Stadtstaaten einverleibt. Nur den größten unter ihnen gelang es, diese Männer einer gewissen öffentlichen Kontrolle zu unterstellen. Im Laufe von Generationen waren daher die meisten Stadtrepubliken Norditaliens zu Patrimonien »fürstlicher« Clans geworden, die in die Adelsfamilien Nordeuropas einheirateten und sich nicht weniger aristokratisch gebärdeten als diese.

**Neue Städte in der Rheinregion**

Die Verteilung der mittelalterlichen Städte in Europa zeigt, daß das ursprüngliche kirchliche System zwangsläufig durch neue, hauptsächlich wirtschaftliche Gesichtspunkte überlagert wurde. Die Konzentration von Städten im Gebiet des alten Mittelreichs deutet im Grunde darauf hin, daß die Karolinger die Sicherheit des Warenverkehrs vom Mittelmeer herauf garantieren konnten. Dieser kam auf dem kürzesten Weg, über Norditalien, über die Alpen und an der Seine entlang, und dann vor allem durchs Rheinland, das seit Karl dem Großen kein Grenzgebiet mehr war, sondern ein Korridor, der dem Osten wie dem Westen die reichen Regionen der christlichen Deutschen und anderer Völker erschloß. In römischer Zeit hingegen waren die Verkehrsrouten in nördlicher Richtung auf dem Seeweg bis zur Provence und von dort aus die Rhone hinauf verlaufen. Am italienischen Ende dieser Handelsstraßen war eine Neugründung von Städten kaum erforderlich, da diese bereits in ausreichender Zahl vorhanden waren und die Invasionszeiten bemerkenswert gut überstanden hatten. Die ottonischen Kaiser hatten den dortigen Bischöfen die Verwaltung übertragen, in der neben Geistlichen auch Laien mitwirkten. Mehrere Seestädte hingegen, darunter auch Venedig, unterstanden der nominellen Oberherrschaft der byzantinischen Kaiser. Weiter im Norden, entlang des Rheins, waren sämtliche großen Städte Bischofssitze, errichtet an der Stelle alter, römischer Ortschaften. Im Rheindelta jedoch war die ehemalige römische Struktur durch friesische und fränkische Siedlungen grundlegend verändert worden. Diese Region konnte erst in karolingischer Zeit für das Christentum ge-

*Oben:* Die Belagerung von Chartres 1568. Solche Gemälde von Städten, wie sie von einem erhöhten Standpunkt aus erscheinen mochten, tauchten in Europa gegen Ende des 15. Jahrhunderts auf und wurden um 1568 zu einer auch von Politikern und Militärs hochgeschätzten, etablierten Kunstform. Diese Ansichten, zum größten Teil Stiche, geben den besten Eindruck vom äußeren Bild der Städte im Mittelalter.

wonnen werden, und zwar weniger durch die Anstrengungen der ansässigen Bischöfe als durch die Aktivitäten englischer, irischer und aquitanischer Missionare, die die Kirche von Grund auf neu organisieren mußten. Der seit dem vierten Jahrhundert bestehende Bischofssitz von Tongern wurde zuerst nach Maastricht und im frühen achten Jahrhundert nach Lüttich verlegt. Nördlich des Rheins war die römische Stadt Utrecht wenig früher zum Bischofssitz geworden. Die Übergriffe der Normannen hatten hier nachhaltigen Einfluß auf die Entwicklung der Städte. Indem sie die kleineren weniger stark heimsuchten, konnten sich diese schneller erholen und die Führung übernehmen. Im elften Jahrhundert hing die Entwicklung der einzelnen Städte in der Rheinregion neben anderen Faktoren von der kirchlichen Organisation ab. Die westlich von Lüttich gelegenen Niederlande wurden Teil der Kirchenprovinz Reims. Der Bischofssitz von Tournai war seit dem sechsten Jahrhundert mit dem 120 Kilometer entfernten Noyou zusammengelegt worden, und dieses Bistum wurde nicht vor 1146 getrennt. In gleicher Weise kam der Bischofssitz von Arras nach Cambrai und kehrte nicht vor 1093 dorthin zurück. Auch die berühmtesten Städte der Region, wie Brügge, Gent und Ypern, verdankten ihre Bedeutung keineswegs einem römischen Ursprung. Sie entwickelten sich im Laufe des neunten und zehnten Jahrhunderts, zu einer Zeit, aus der es nur

*S. 127:* Vittore Carpaccios *Wunder der Reliquie des wahren Kreuzes* (1494–1495) in der Galleria dell' Accademia, Venedig. Dieses Gemälde ist bemerkenswert für die verschiedenen, ineinander übergehenden Szenen, die einen guten Eindruck von Venedig am Ende des 15. Jahrhunderts geben. Venedig war, obzwar damals schon elegant und prunkvoll, immer noch hauptsächlich ein Handelszentrum. Zu jener Zeit erfüllte der Expansionsdrang der Stadt das übrige Italien mit Furcht.

wenige aussagekräftige Unterlagen gibt. Der Name Brügge ist nordischen Ursprungs. Um das Jahr 1000 war der Ort zum *portus* geworden, zu einem Handelsknotenpunkt und Machtzentrum des Grafen von Flandern.

Solange der Rhein die Grenze der Zivilisation darstellte, ging die Entwicklung der gesamten Region nur zögernd voran. Erst unter den Karolingern hatte das Rheindelta durch die Besiedelung und Bekehrung Norddeutschlands die Chance erhalten, aus seiner geographisch vorteilhaften Lage am größten Wasserweg Westeuropas Nutzen zu ziehen. Von Flandern aus erstreckte sich die Vermehrung der städtischen Zentren bis nach Brabant, Holland und Zutphen, und entlang der Nordseeküsten bis zur Ostsee. Die Organisation der Hanse im 13. Jahrhundert bewies, daß die Handelsstädte des Nordens zwar ihre Unabhängigkeit schätzten, doch auch die Vorteile eines Bündnisses zu würdigen wußten. Brügge wurde zum großen kommerziellen Zentrum. Vom frühen 14. Jahrhundert an sandten Venedig und Genua, die führenden Häfen des Levantehandels, regelmäßig Handelsflotten via Gibraltar und der Biscaya nach Flandern. Zu diesem Zeitpunkt hatten die reichen Bürger der Städte im Norden die Seefahrt aufgegeben; sie empfingen jetzt die ausländischen Kaufleute in ihrer Heimatstadt und engagierten sich in ehrgeizigen Manufakturprojekten, vor allem in der Tuchherstellung.

**Der Ostseehandel der Hanse**

Bereits vom zehnten Jahrhundert an hatten die Wikinger im Norden befestigte Handelsposten eingerichtet und den Handel gefördert, doch es fällt schwer, eine Kontinuität von dieser frühen Zeit bis ins 13. Jahrhundert aufzuspüren. Jetzt lag der Handel dieser Region in den Händen verschiedener deutscher Städte. Von den skandinavischen Stützpunkten waren nur wenige daran beteiligt, höchstens als Warendepots, auch Wisby, ehemals Zentrum des Handels mit der russischen Stadt Nowgorod, die der Umschlagplatz des osteuropäischen Warenverkehrs war, der von Byzanz über das Schwarze Meer und durch Litauen an den Finnischen Meerbusen verlief, spielte keine wesentliche Rolle mehr. Handelsstreitfälle wurden von dort an die Gerichte in Lübeck verwiesen, das in der zweiten Hälfte des 13. Jahrhunderts die Führung des Städtebundes übernommen hatte, der sich »Düdesche Hanse« nannte. »Hanse« ist der mittelhochdeutsche Ausdruck für Genossenschaft, eine Bezeichnung, die speziell für den Zusammenschluß von Kaufleuten in fremden Häfen gebraucht wurde. Um 1300 erlangte das Lübecker Recht in etwa 19 Städten Gültigkeit, die alle zwar autonom, doch eng miteinander verbunden waren. Lübeck selbst war 1143 gegründet worden und hatte 1226 das kaiserliche Privilegium erhalten. Es strebte keine politische Macht über andere Städte an, doch mit der Übernahme seines Rechts durch das alte Hamburg im Jahre 1232 wurde seine Vorrangstellung besiegelt. Zu dieser Zeit hatte sich der Drang der Deutschen nach Osten schon erheblich verstärkt. Der Deutschritterorden ließ sich in Masowien nieder, das später als einziges Fürstentum Mitglied der Hanse wurde.

Die Kaufleute der führenden Ostseestädte wie auch anderswo begannen sich zusammenzuschließen, um ein gemeinsames Handelsrecht durchzusetzen und vereint gegen die Piraten und andere Feinde des Handels vorgehen zu können. Einer der Gründe für diese politische Zusammenarbeit war das Fehlen eines starken Herrschers in dieser Region, in dessen Namen normalerweise Gesetze erlassen worden wären. Nach dem Tod Friedrichs II. (1250) konnte nicht mehr an den Kaiser appelliert werden. Handel und Kommerz nahmen zu, während die Länder Osteuropas für die Kolonisierung erschlossen wurden. Polnische Fürsten christlichen Glaubens kämpften noch immer gegen die heidnischen Preußen und hießen die Hilfe aus dem Westen willkommen. Landwirtschaftliche Produkte aus dem östlichen Hinterland, die auf den Flüssen zu den Ostseehäfen verschifft wurden, waren dem Zugriff verschiedener politischer Mächte ausgeliefert. Auch die Küsten der Nordmeere unterstanden der Jurisdiktion verschiedener kleiner Fürsten. Städte wie Hamburg und Lübeck allerdings vermochten sich zu behaupten, und die Kaufleute entdeckten, daß ihnen genügend Mittel zur Verfügung standen, um ihre Küstengewässer selbst zu schützen. So entstand eine politische Kooperation zwischen den Mitgliedern der Hanse, für die es im übrigen

Europa nichts Vergleichbares gibt. Die Hanse, zu der 1300 etwa 30 größere und mehr als 100 kleinere Städte gehörten, beherrschte die Mündungen der großen mitteleuropäischen Ströme, Rhein, Weser, Elbe und Weichsel, auf denen die Waren zur Ost- und Nordsee verschifft wurden. Sie kontrollierte den Handel Nordeuropas und hatte das zeitweilige Monopol der Heringsfischerei in der Ostsee sowie des Handels zwischen dem Kontinent und England.

Hauptgegner der Hanse war der König von Dänemark, denn er besaß die beste Möglichkeit, eine alternative Regierungsform für die Region zu schaffen. Dänemark verfolgte auch nach der Wikingerzeit hauptsächlich seine maritimen Interessen. Seine Machtstellung in Scania (heute Teil des südlichen Schweden) blieb erhalten, und so konnte es die Ostsee nach Belieben schließen oder den Handelsverkehr zwischen Ost- und Nordsee kontrollieren. Für Städte mit Ostseehandel wie Lübeck war aber der ungehinderte Zugang zu den Häfen Flanderns für eine erfolgreiche Geschäftstätigkeit unerläßlich. Trotz der auf der Hand liegenden Vorteile einer geregelten Thronfolge für die Kontinuität der dänischen Politik hatten die Könige wenig Erfolg mit ihrem Versuch, das Selbstbewußtsein der stolzen Hansestädte zu schwächen. Erik VI. (1286–1319) beherrschte alle wendischen Städte bis auf Stralsund; Waldemar IV. (1340–1375) eroberte Scania und plünderte Wisby. Sein Angriff veranlaßte die Hanse, sich mit den Schweden zu verbünden. Unter gemeinsamen Anstrengungen gelang es, Waldemar den demütigenden Frieden von Stralsund (1370) aufzuzwingen, durch den der Hanse das Monopol der scanischen Heringsindustrie, die volle Handels- und Verkehrsfreiheit ihrer Kaufleute in ganz Dänemark und Schonen und das Recht zur politischen Intervention in Dänemark selbst zugesprochen wurden. Allerdings machte die Hanse von ihrem Mitspracherecht bei der dänischen Thronfolge nur wenig Gebrauch. Um die Hanse niederzwingen zu können, mußten die Dänen die Schweden für sich gewinnen. Margarete, Waldemars Tochter, war die Urheberin eines Plans, durch den die skandinavischen Kronen gegen die Hanse vereinigt werden sollten.

Im 13. Jahrhundert bildeten die skandinavischen Völker keine politisch zusammenhängende Gruppe. In Schweden hatte der Hochadel, der das Land regierte, vor allem seine regionalen Interessen verfolgt. Die stärkste Anziehungskraft übte eine Ausdehnung nach Westfinnland aus. Die Grenze nach Rußland blieb bis 1323 fließend. Zu dieser Zeit wurden die Schweden und Norweger gemeinsam von Magnus Erikson (1319–1355) regiert. Von ihrem ehemals ausgedehnten Seereich hatten die Norweger nach der Abtretung der Hebriden und der Insel Man an die Schotten (1266) nur Grönland behalten. Die vereinigte Monarchie unter König Magnus funktionierte zwar gut genug, um einen neuen Weg zu weisen, doch erst 1397 gelang es Erik dem Pommer tatsächlich, alle drei skandinavischen Königreiche unter eine Krone zu bringen. Jedes von ihnen behielt sein eigenes Recht, und der Zusammenschluß erwies sich als ziemlich instabil, vor allem nach dem Tod Königin Margaretes im Jahre 1412. Dennoch beunruhigte die Gefahr, die von dieser politischen Vereinigung ausging, die Hansestädte so sehr, daß sie sich zu einer Reorganisation ihres eigenen Bundes entschlossen, um von neuem zu erstarken und ihre politische Reaktion zu koordinieren.

Neue Regelungen wurden vereinbart, die Lübeck eine klarer definierte Rolle zuwiesen (1418). Eine Oberste Versammlung, der »Hansetag«, der in Lübeck zusammentrat, wann immer es erforderlich war, repräsentierte nahezu einhundert Mitglieder des Bundes. Diese Neuorganisation ermöglichte es den Städten im Jahre 1426, gegen Dänemark eine Blockade zu errichten. Besonders schwer davon betroffen waren die schwedischen Bergbauregionen, und dies wiederum zog in Schweden Unabhängigkeitsbestrebungen nach sich. Obwohl die Blockade erfolgreich war, konnte die Hanse ihre alte Machtstellung nicht zurückerobern. Mittlerweile hatte nämlich der König von Polen den Deutschrittern und ihren Städten die Herrschaft über die Ostseeküste abgerungen, während der Herzog von Burgund in den Niederlanden den einheimischen Seehandel so kräftig förderte, daß die Holländer dazu übergingen, der Hanse in der Ostsee Konkurrenz zu machen, wo sie natürlich mit der Unterstützung der Dänen rechnen konnten. Den schwersten Schlag erlitt sie jedoch, als 1494 ihr Handelskontor in Nowgorod von den Russen geschlossen wurde. Die Blütezeit der Hanse war endgültig vorüber.

**Städtische Entwicklung im Spätmittelalter**

Das Engagement der Hanse auf politisch-militärischem Gebiet ist ein Beweis dafür, daß ökonomische und soziale Organisationen mit juristischer Autonomie früher oder später gezwungen waren, den militärischen Preis für ihre Unabhängigkeit zu zahlen. In der vorherrschend bäuerlichen Gesellschaft waren die Stadtbewohner stark in der Minderheit, und sie konnten ihre Autonomie nur bewahren, indem sie ihre Städte zu kleinen Staaten mit eigenen Territorien und Landbevölkerungen entwickelten und den Charakter ihrer Stadtverwaltungen so veränderten, daß sie ihre neuen »souveränen« Pflichten erfüllen konnten. In Deutschland gelang es vielen Freien Reichsstädten, auch mit geringen Territorien zu bestehen, weil die große Zahl der kleinen Fürstentümer im Reich die Bildung einiger weniger mächtiger Staaten verhinderte. In den Niederlanden wurde das Streben von Brügge und Gent nach dem Status der Stadtrepublik durch den Neid vieler kleiner Nachbarn durchkreuzt, durch die starke Verstädterung dieser Region – die ihnen kaum ein Hinterland ließ – und durch die Entschlossenheit der Grafen von Flandern wie auch der Herzöge von Burgund, die politische Herrschaft über die Städte zurückzugewinnen. Nur in Italien gelang es einigen Städten – Mailand, Venedig, Florenz und ein paar kleineren –, aus städtischen Zentren entwicklungsfähige Staaten zu machen. Weiter im Norden war Bern in ähnlicher Weise erfolgreich, während die diesbezüglichen Bestrebungen von Zürich vereitelt wurden. Das Herzogtum Mailand schluckte zahlreiche kleinere Städte, die dadurch auf Dauer allerdings kaum mehr verloren als ihren Bürgerstolz.

Diese neue politische Organisation bedeutete nun keineswegs den Zusammenbruch des Stadtlebens als solches; aber die Städte mußten ihren Charakter verändern, sich den Gegebenheiten des 15. Jahrhunderts anpassen, wie sie es schon im zehnten und zwölften Jahrhundert getan hatten. Die neue politische Ordnung zu jener Zeit erforderte zwangsläufig die Einsetzung von Regierungen mit festem Sitz, in Kapitalen, die von den Städten viele typische Züge übernahmen, etwa das korporative System in Verwaltung und Bildungswesen oder den Stil zeremoniellen Prunks und religiöser Streitgespräche. Von jetzt an waren die Städte führend bei der Veränderung europäischer Wertmaßstäbe. Sie hatten aufgehört, sich psychologisch von ihrer ländlichen Umgebung abzuschließen. Ihre Bürger erwarben Landgüter und begannen dort Obstgärten, Ziergärten und Parks anzulegen.

Dieser Wandel im mittelalterlichen Stadtleben spiegelt die vielen Veränderungen wider, die im Verlauf der Jahrhunderte in den verschiedenen Teilen des Kontinents vor sich gegangen waren. Anfangs waren die Städte schneller gewachsen, weil sie die unternehmungslustigsten Ele-

mente einer vitalen Bauernschaft an sich zogen. Am Ende des 13. Jahrhunderts verlangsamte sich die Expansion – aus Gründen, die nicht so leicht zu erklären sind. Europa hatte vermutlich den Sättigungsgrad erreicht: seine wirtschaftlichen Bedürfnisse wurden durch die vorhandenen Städte gedeckt. Sobald es keinen unbefriedigten Bedarf nach Manufakturprodukten und Rohstoffen mehr gab, begannen die Städte immer verzweifelter miteinander zu konkurrieren, um ihre Märkte nicht zu verlieren. Zu diesen Schwierigkeiten kamen die Folgen der großen Pestwellen, von denen die Städte besonders hart getroffen wurden, weil sie der Ansteckung einen günstigen Nährboden boten. Die Einwohnerzahl der Städte wurde stark reduziert, doch sie erholten sich auch relativ schnell wieder, indem sie Zuwanderer aus der bäuerlichen Bevölkerung anlockten, vor allem Männer mit Spezialkenntnissen. Es ist sogar möglich, daß sich nach dieser Krise eine stabilere Wirtschaftsordnung herausbildete, durch die die Städte insgesamt ihre Stellung im Verhältnis zum Land verbessern konnten. Mit Sicherheit brachte die Pest nicht so destruktive Folgen für die weitere Entwicklung der Städte mit sich, wie sie die Völkerwanderungen tausend Jahre zuvor gehabt hatten. In dieser Hinsicht müssen die Darlegungen einiger zeitgenössischer Historiker über die Auswirkungen der Pest auf das Stadtleben als irreführend angesehen werden. Die mittelalterlichen Stadtverwaltungen selbst betrachteten die Frage der Einwohnerzahl nur als eines von vielen Problemen, und nur die moderne Fixierung auf Bevölkerungszahlen konnte bewirken, daß dieser Aspekt in der Forschung als so scheinbar ausschlaggebend dargestellt wird.

Das Erscheinungsbild der mittelalterlichen Städte ist schwieriger zu beschreiben, als man gemeinhin annehmen möchte. Von den Gebäuden der Zeit vor dem 13. Jahrhundert existieren heutzutage nur noch wenige: hauptsächlich Kirchen, die seitdem des öfteren aus- und wiederaufgebaut wurden und nun zumeist als »historische Stätte« konserviert werden, gehegt, gepflegt und abgeschirmt, um sie vor dem modernen Vandalismus zu schützen. Nur mühsam erinnert man sich daran, daß sogar diese großen Kirchen im Mittelalter durchaus keine »altehrwürdigen« Baudenkmäler inmitten jüngerer Bauten darstellten. Zwar waren sie mit der größten Sorgfalt errichtet worden, beherrschten aber vermutlich ein in seinem baulichen Charakter vergleichsweise homogenes Stadtbild. Erst im späten 15. Jahrhundert begannen Künstler die Städte so zu zeichnen, daß man einen Eindruck von ihrem tatsächlichen Aussehen bekam. Nur mit viel Phantasie gelingt es heute, sich eine Vorstellung vom Leben in den damaligen Städten zu machen, und selbst hierbei muß man berücksichtigen, wie stark sie sich in ihrer Blütezeit ständig veränderten. Die Verhältnisse im zwölften waren von denen des 15. Jahrhunderts grundlegend verschieden, dies gilt für Florenz ebenso wie für England und Deutschland. Unter dem historischen Mikroskop verwandelt sich der Punkt auf der Landkarte, der »Stadt« bedeutet, in eine wimmelnde Masse sich unablässig verändernder Individuen.

**Die Nordmeere**
Das hier kartographisch erfaßte Gebiet Nordeuropas besteht zum großen Teil aus Meeren, und die Landflächen waren im Mittelalter zumeist sehr dünn besiedelt. Die Siedlungen entlang der Küsten und Flüsse boten Zugang zu den Haupthandelsrouten, die für den Wohlstand der Region wesentlich waren. Keiner einzelnen politischen Macht gelang es, ihre Autorität über das gesamte Territorium auszudehnen; durch ihre Bedeutung für den Handel errangen die Hansestädte jedoch überall eine besondere Stellung. Ihre Kontore von Nowgorod bis London und von Dortmund bis Bergen machten sie zu unentbehrlichen Mittlern, die sich nicht einmal von Königen einschüchtern ließen. In Dänemark entstand ein Plan zur Vereinigung der skandinavischen Königreiche, der 1397 verwirklicht wurde. Dadurch wurden jedoch ebenso viele neue Probleme geschaffen wie alte gelöst. Der langsame Niedergang der Hanse war allerdings mehr auf den Unternehmergeist holländischer Kaufleute zurückzuführen als auf die skandinavischen Völker.

# DRITTER TEIL

# GESELLSCHAFT UND KULTUR

# STÄDTISCHE GESELLSCHAFT

Die Annahme, mittelalterliche Städte seien von Anfang an planlose Ansammlungen von Straßen und Häusern gewesen, muß angesichts jener mittelalterlichen Kleinstädte zurückgewiesen werden, die nahezu in ihrer ursprünglichen Gestalt erhalten geblieben sind. Während diese jedoch niemals über ihren grundlegenden Anlageplan hinauswuchsen, mußten andere sich schon bald den veränderten Bedingungen anpassen, und selbst den Stadträten gelang es nur selten, die Entwicklung durch gezielte Planung zu steuern. Innerhalb des begrenzten städtischen Areals besaß eine jede Bodenparzelle einen sehr hohen potentiellen Wert, und je dichter am Marktplatz sie lag, desto begehrenswerter war sie. Bevor man die Mauern niederriß und die Stadt vergrößerte, um den neuen Bedürfnissen gerecht zu werden, unternahm man alle Anstrengungen, den vorhandenen Grund bestmöglich auszunutzen. Ehe sie an den Bau neuer Mauern dachten, erschöpften die Stadtbehörden jede nur vorstellbare Alternative, und erst wenn bereits illegale Außenquartiere entlang der Landstraßen vor ihren Toren entstanden waren und somit die Notwendigkeit bestand, den geschützten Bereich zu erweitern, wurde der Umfang der Stadt neu festgelegt, wobei man künftiges Wachstum in die Planungen einbezog. Innerhalb dieser neuen Mauern wurde Raum für offene Plätze, Klöster, Marktplätze, Gemüse- und Obstgärten bereitgestellt. Einige Städte scheinen im 13. Jahrhundert selbst diese erweiterten Grenzen überschritten und einen zweiten Ringwall errichtet zu haben. Florenz begann um 1290 mit dem Bau neuer Mauern, die jedoch erst 1334 fertig wurden. Kurz darauf hat eine Reihe von Katastrophen die Bevölkerungszahl vermutlich drastisch reduziert oder wenigstens ein weiteres Wachstum so weit verhindert, daß die bei der Planung zugrunde gelegten Zahlen nicht mehr erreicht wurden. Erst Mitte des 19. Jahrhunderts wuchs Florenz dann bis an und über diese Mauern hinaus. Das Florenz der Renaissance war daher weit offener und weniger stark verbaut, als sein heutiges Erscheinungsbild auf den ersten Blick vermuten läßt. Die Stadt wurde beherrscht von dem wuchtigen Rathaus und dem Dom Santa Maria del Fiore (erbaut 1296–1436), über dessen Oktogon sich die prachtvolle Kuppel von Brunelleschi wölbte, ein Triumph frührenaissancistischer Architektur.

Die bemerkenswertesten städtischen Bauwerke, ob weltlicher oder kirchlicher Art, symbolisierten stets das trotzige Selbstbewußtsein ihrer Bewohner und den Stolz auf die geistige Tradition und die Unabhängigkeit ihrer Stadt. Hauptsorge jeder Stadtverwaltung war es, sich die Kontrolle über die eigenen Belange zu sichern, damit diese nicht von Außenstehenden behindert werden konnten: Das war der wahre Ausdruck des Bürgerstolzes. Doch in gewisser Hinsicht blieb die Freiheit eine Fiktion: Mochten Unabhängigkeit und feste Mauern auch den Eindruck einer autarken Gesellschaft vermitteln, so konnte nicht eine einzige Stadt unter den damaligen Bedingungen wirtschaftlich wirklich unabhängig sein. Die Stadtmauern schlossen die Stadtbevölkerung ein und die Bauern draußen auf ihren Feldern aus, doch trennten sie keineswegs zwei in sich abgeschlossene Welten.

Die Städter nahmen zwar ständig Zuwanderer aus der ländlichen Umgebung auf, lehnten jedoch den Zwang der sozialen Bindungen, der dort herrschte, rigoros ab: Lehensherrschaft, Betonung verwandtschaftlicher Beziehungen, kooperatives Bearbeiten des Bodens je nach Jahreszeit. In den urbanen Zentren wohnten Händler und Handwerker, Reich und Arm, potentielle Konkurrenten, Rivalen, ja sogar Feinde dicht beieinander. Der soziale Friede schien nur durch besondere Bemühungen der Geistlichkeit – direkt in den Pfarreien oder Klöstern, indirekt durch Bruderschaften und Gilden – gewahrt werden zu können. Handel und Industrie zogen reisende Kaufleute, Kunden und versierte Handwerker an, und die Aktivitäten dieser Fremden waren – anders als auf dem Land – nur schlecht zu kontrollieren. Die Bevölkerung einer Stadt war von Natur aus mannigfaltig und schwer zu regieren. Die damaligen Schemata für das Regieren entstammten der Verwaltung von Gutshöfen und boten kaum Hoffnung auf Erfolg. Städte, die Aussicht hatten, zu wirtschaftlicher Blüte zu gelangen, hätten sich nie damit zufriedengegeben, die Verwaltung ihrer inneren Angelegenheiten in die Hände traditioneller Regenten zu legen.

Wenn die Hauptprobleme der Städte auch sozialer und ökonomischer Art waren, so fanden sie ihr Ventil während dieser Zeit jedoch eher im religiösen Bereich. Mancherorts hatte der residierende Bischof das ganze Ausmaß der Kritik am kirchlichen Establishment zu tragen. Vom zwölften Jahrhundert an wurden die armen Weber als potentielle religiöse Aufwiegler angesehen, und im 13. Jahrhundert schwärmten Dominikanerprediger, Franziskaner und andere Ordensbrüder durch alle größeren Städte Europas, um der Ketzerei Paroli zu bieten und sich durch freiwillige Armut mit den Unterprivilegierten zu verbrüdern. Die meisten Städte waren bereits in mehrere Pfarrgemeinden eingeteilt, und die komplexe Natur des städtischen Kirchenlebens zog auch eine Änderung des Betreuungsschemas auf dem Land nach sich. Die Sakramentsrituale mindestens bedurften der Ergänzung durch Belehrung, Ermahnung, Gebetsversammlungen und gemeinsame Andachtsübungen. Die Atmosphäre in den Städten leistete religiösen Erregungszuständen, die sich zu Unruhen auswachsen konnten, Vorschub. Die berühmteste ereignete sich in Florenz unter der Führung des Dominikanermönchs Savonarola, der 1498 hingerichtet wurde. Der Grund für derartige Unruhen ist höchstwahrscheinlich auf dem sozialen Sektor zu suchen – in dem Leben innerhalb eines umschlossenen Areals, zusammen mit Menschen, die sich in Stand, Reichtum, Wohndauer, Geschäfts- und Handwerkszweig stark voneinander unterschieden, in diesen Gemeinwesen mit ihren fluktuierenden Zahlen von Arbeitslosen, Arbeitsunfähigen und Parasiten. Die aufrührerische Natur der Städter, die so ganz anders waren als die Bourgeoisie der Sozialtheorie, fiel schon den frühesten mittelalterlichen Chronisten auf, die sich mit ihnen beschäftigten. Jene Geschichtsschreiber konnten als Außenstehende kaum Sympathie oder Verständnis für die Verhältnisse in den Städten aufbringen, und erst im 13. Jahrhundert warfen Stadtchroniken und Sammlungen von Gewohnheitsrechten allmählich von innen her etwas mehr Licht auf ihre Entwicklung. Diese Aufzeichnungen bestätigten die Engstirnigkeit der städtischen Weltanschauung und Wertordnung. Weit davon entfernt, den Feudalherrn gegenüber Klassenbewußtsein zu beweisen, zeigten die Städter damals tief eingewachsenen Groll gegen die rivalisierenden Städte in ihrer Nachbarschaft. Die fanatische Treue der Bewohner zu ihrer Heimatstadt muß es sowohl den neu Zugewanderten als auch den durchreisenden Kaufleuten sehr erschwert haben, sich den jeweils vorherrschenden Idiosynkrasien anzupassen.

Jenseits ihrer Mauern sahen sich die Städte mit Problemen konfrontiert, die von ihren Verwaltungen logischerweise noch weniger gelöst werden konnten, und vor deren Auswirkungen selbst die Stadtbefestigungen nicht schützten. Anfangs beruhte das Wachstum der städtischen Bevölkerung auf dem Zuzug von Personen aus kleineren Orten und vor allem aus der ländlichen Umgebung. Als das Wachstum der Städte stagnierte, mußte die Bevölkerungszahl von anderswoher aufgestockt werden. Städte jedoch, die eine gewisse optimale Größe erreicht hatten, wurden weit anfälliger für die Verknappung von Lebensmitteln und Rohstoffen, ohne die ihre relativ zahlreichen Bewohner nicht existieren konnten; daher mußten die Stadtregierungen ihr Verhältnis zur Landbevölkerung revidieren. Die Städte konnten zum Beispiel die Zuwanderung fördern, indem sie günstige Bedingungen boten, vor duktivität in weitem Maße von Lehnsverpflichtungen abhing, hatte daher unter außerordentlich hohen Abwanderungsraten zu leiden.

Die Grundherren befanden sich allerdings ebenfalls in einem Dilemma: Sie wollten ausreichend Arbeitskräfte für ihre Güter behalten und zugleich die Städte als Absatzmärkte für ihre Erzeugnisse begünstigen. Bauern, die der Grundherrschaft entfliehen wollten, brauchten die Gewißheit, daß die städtischen Freiheiten von den lokalen Fürsten respektiert wurden. Eine grundlegende Unvereinbarkeit zwischen den Ansprüchen der Städte und der Grundherren bestand jedoch nicht. Die Städte boten Absatzmöglichkeiten für den Überschuß der Güter und gaben den Grundherren andererseits die Möglichkeit, ihren Profit für die zahlreichen angebotenen Handelswaren auszugeben. Diese Herren waren ihre besten Kunden und überdies unentbehrliche Ordnungsgewalten draußen im Land, das die Kaufleute auf ihrem Weg zum Markt durchreisen mußten. Sie hielten das Brigantentum im Zaum, und ihren Beamten Zölle zu zahlen, war zwar ärgerlich, aber immer noch besser, als sich von illegalen Räubern freikaufen zu müssen.

### Handel und Transport

Die mittelalterlichen Städte hingen von vorauskalkulierbaren Ressourcen ab. Speziell in den Niederlanden hatten sie sich in relativ geringer Entfernung voneinander entwickelt, vor allem, weil ihre geographische Lage die Versorgung mit Verbrauchsgütern aus größerer Distanz erlaubte. Doch je entfernter die Bezugsquelle lag, desto geringer war die Möglichkeit der Städte, die Versorgung hinreichend zu garantieren. Es gab keine zentrale politische Macht wie im Römischen Reich, die den Warentransport geschützt hätte. Der Transport über Land erforderte oft die Zahlung vieler verschiedener Zollabgaben, damit die Kette der von den Fürsten garantierten Schutzmaßnahmen nicht abriß. Die Beförderung auf dem Wasserweg war zwar weniger kostspielig, die Gefahr eines Schiffbruchs oder Überfalls durch Piraten jedoch beträchtlich. In jedem Fall beruhte die Entwicklung der Städte auf der Existenz eines möglichst engmaschigen Handelsnetzes und auf der Produktivität des ländlichen Umfeldes.

Eine zentrale Rolle für den mittelalterlichen Kommerz spielten die Routen über das Mittelmeer, die zuerst von den italienischen Städten befahren wurden. Während der Kreuzfahrerzeit hatten die Christen den Moslems Konkurrenz gemacht und sich einen beträchtlichen Handelsanteil gesichert. Die beiden italienischen Städte Venedig und Genua beherrschten den gesamten Levantehandel und profitierten vor allem von der Einnahme des Byzantinischen Reichs durch die Lateiner im Jahre 1204. Ein Viertel seines Gebiets wurde Venedig unterstellt. Die Inseln versorgten Venedig jahrhundertelang mit Häfen, Seeleuten und landwirtschaftlichen Produkten. Kreta blieb bis 1667 venezianische »Kolonie«. Die Genuesen waren in dieser Hinsicht weniger erfolgreich, doch indem sie den Griechen ihre Seefahrerdienste anboten, sicherten sie sich einen Stützpunkt in der Ägäis. Bei einer Reihe von Kriegen mit den Venezianern im 14. Jahrhundert erwiesen sie sich als beachtliche Gegner. Für beide Städte waren die Kontrolle des Handels durch Konstantinopel und der Zugang zum Schwarzen Meer die Grundlage für ihren Wohlstand und für ihre führende Stellung im Westen.

Bis ins späte 13. Jahrhundert hinein scheint sich der internationale Handel Westeuropas auf die großen Messen in der Champagne konzentriert zu haben, zu denen italienische Kaufleute in Scharen über die Alpen kamen. Der Nachteil dieses Überlandhandels lag von Anfang an auf der Hand. Von der Gefahr der Überfälle durch Straßenräuber abgesehen, war die Menge der Waren, die per Packtier über die Alpen auf den Markt geschickt werden konnten, stark begrenzt. Erst als sich die Städte der nördlichen Küstengewässer den Bünden anzuschließen begannen, die den Seetransport schützten, wurde eine Seeverbindung des Mittelmeerhandels mit dem Norden interessant. Sogar Venedig, jene italienische Stadt, die durch ihre günstige Lage am besten geeignet war, über die Ostalpen hinweg und den Rhein oder die Donau hinab mit den Ländern des Nordens Handel zu treiben, schlug jetzt diese Route ein, trotz der längeren Seereise, zu der es im Vergleich zu Genua gezwungen war. Das Hauptrisiko der langen Fahrt bildete das offene Meer hinter dem englischen Kanal. In diesen Gewässern wurde die Piraterie jedoch seit dem 13. Jahrhundert durch das neu erwachte Interesse des Königs von England an den Häfen entlang der Biscaya-Küste stark behindert. Die Allianz zwischen dem Herzog von Gascogne und dem König von Kastilien bescherte der Region eine neue Sicherheit, die vor allem von den italienischen Händlern zu ihrem Vorteil genutzt wurde. Sobald die Seewege regelmäßig befahren wurden, schien es fast keine Grenzen mehr für das Warenangebot zu geben.

Als noch der Überlandtransport per Packtier üblich war, konzentrierten sich die Kaufleute gezwungenermaßen auf den Handel mit hochwertigen Produkten. Vom 14. Jahrhundert an bot der Seehandel dann die Möglichkeit, auch an die Verschiffung von Massengütern wie Getreide oder Wolle über beträchtliche Entfernungen zu denken. Die Stadtbewohner konnten jetzt mit regelmäßiger Belieferung rechnen. Während der Hungersnot im Jahre 1315/16 wurde Flandern dank des Unternehmergeistes einiger florentinischer Kaufleute ausnahmsweise sogar von Sizilien aus mit Getreide versorgt. Auch Wein wurde aus spezialisierten Regionen wie dem Bordelais nach England oder Frankreich verschifft. Sobald sie fest auf die Lieferungen aus dem Rheinland oder der Gascogne zählen konnten, gaben die Engländer den Weinanbau gänzlich auf. Andere wichtige Lebensmittel, die von weither angeliefert wurden, waren Salz aus der Biscaya und Fisch aus der Nordsee. Was die Manufakturwaren betraf, so mußten die wachsenden Städte Rohstoffe importieren und Märkte für ihre Produkte finden. Der Kampf um die schrumpfenden Absatzmärkte bewog einige Zentren zur Spezialisierung, denn Qualitätswaren konnten

**Der Handel im 14. Jahrhundert**
Die großen Handelsstraßen waren mit einem Netz zahlloser kleiner Verkehrsadern verbunden, durch die im 14. Jahrhundert fast keine europäische Ansiedlung mehr isoliert und auf Selbstversorgung angewiesen blieb. Der Prozeß, in dessen Verlauf all diese kleinen Adern in einem großen System zusammengefaßt wurden, muß viele Generationen gedauert haben. Anfang des 14. Jahrhunderts beschlossen die Stadtregierungen von Venedig und Genua, regelmäßige Fahrten vom Mittelmeer bis nach Brügge zu unternehmen. Dies brachte den Seehandel des Nordens, wo die Hanse tonangebend war, mit dem des Mittelmeers in ständigen Kontakt. Auf diese Weise beteiligten sich viele westeuropäische Völker am Warenhandel – mit Nordafrika, mit Ägypten, mit dem Schwarzen Meer; die alten Routen durch Rußland wurden allmählich aufgegeben. Die Existenz der Kreuzfahrerstaaten und die Eroberung Zyperns und anderer Teile des Byzantinischen Reichs durch die westliche Christenheit gaben den Kaufleuten ein Gefühl der Sicherheit, beeinträchtigt nur vom Vormarsch der Osmanenheere im 15. Jahrhundert.

Schwieriger als bei den Seerouten ist die karthographische Darstellung sämtlicher Landwege, die von den Händlern in dieser Zeit benutzt wurden. Für sie waren vor allem die Messen wichtig. Bezeichnender jedoch war wohl die Spezialisierung einzelner Regionen auf Produkte wie Salz, Wein oder Edelmetalle. Die Menschen wurden vom Handel mit fernen Ländern abhängig. Noch bemerkenswerter war die Spezialisierung der Industrie, vor allem der Tuchherstellung, denn hier wurden die Märkte nicht aufgrund natürlicher Schätze, sondern aufgrund von Unternehmergeist, Wettbewerb und die Herstellung von Qualitätsgütern erobert.

*Vorhergehende Seite:* Die Stadt Cordes (Tarn) wurde 1222 von dem Grafen Raymond von Toulouse gegründet, um den Wiederaufbau der durch die Albingenserkriege verwüsteten Region zu unterstützen. Sie wurde auf einem Hügel erbaut und besaß doppelte Verteidigungsmauern. Ihre Bevölkerung nahm rasch zu, so daß im frühen 14. Jahrhundert ein neuer Mauerring errichtet werden mußte, hinter dem sofort ein weiterer Bezirk entstand. Im 13. und 14. Jahrhundert war Cordes ein Zentrum von Handel und Industrie und konnte sich aufgrund seiner günstigen natürlichen Lage sowie seiner starken Befestigung gegen alle Angriffe behaupten.

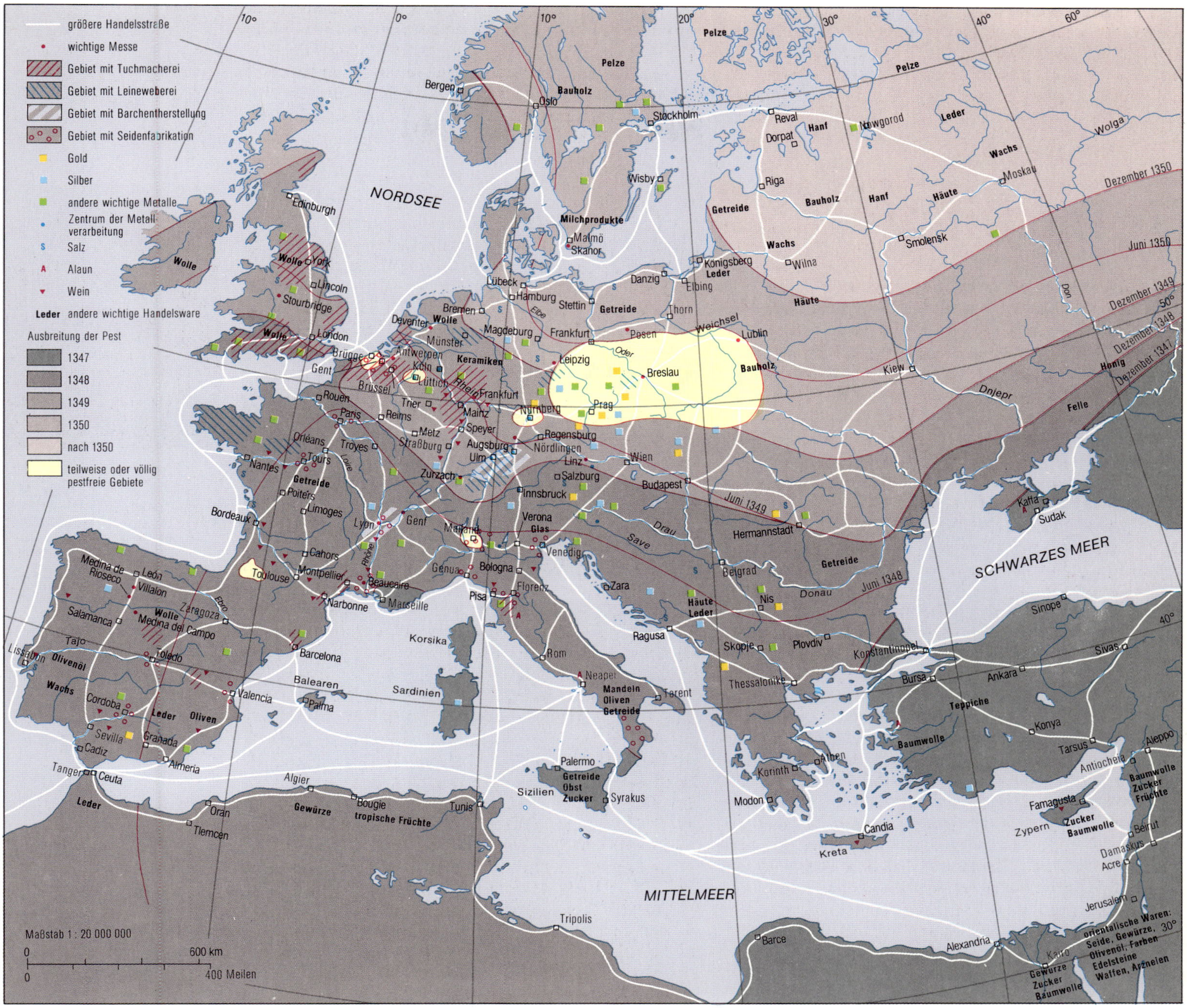


ihren Preis halten. Die Tuchindustrie hatte sich schon sehr früh in Flandern angesiedelt – vielleicht wegen des leichten Zugangs zu den Schafherden in den Marschen des Rheindeltas. Im zwölften Jahrhundert benötigte diese Industrie jedoch zusätzlich englische Wolle zur Ausschöpfung ihrer Kapazität. Im 14. Jahrhundert, zu einer Zeit, da die Engländer ihre eigene Tuchindustrie aufzubauen begannen, wurde Wolle in großen Mengen aus Kastilien eingeführt. Dieses im Norden hergestellte Tuch wurde jedoch nicht immer als Fertigprodukt verkauft. Italienische Kaufleute erwarben hochwertige Tuche, um sie in den Werkstätten ihrer eigenen Städte weiterzuverarbeiten. Ohne die volle Nutzung der Schiffahrtswege ist eine mittelalterliche Industrie in diesem Umfang nicht vorstellbar. Doch blieb der Handel wegen der zahlreichen Gefährnisse riskant. Einige Unternehmer machten ein Vermögen, doch selbst die gesündesten Handelsfirmen konnten durch eine Serie von Rückschlägen ruiniert werden. Die Kaufleute erdachten Möglichkeiten, sich vor den schlimmsten Risiken zu schützen. Die Entstehung der Hanse gehört zu den Zeichen dieser Zeit. Die italienischen Firmen verließen sich lieber auf Teilhaberschaften, sie gaben und nahmen Kredite und ersannen Versicherungsprogramme. Eine vernünftige Vorsichtsmaßnahme war oft die Streuung der Geschäfte, doch sie erforderte gründliche Beaufsichtigung der vielen untergeordneten Firmen. Die Erfolgreichen zogen sich nicht selten vom Geschäft zurück. Ihre Familien erwarben Landgüter und damit einen höheren sozialen Rang außerhalb der Stadt. Die städtische Aristokratie schien sich als weniger stabil zu erweisen als die auf dem Land. Es war die kontinuierliche Aktivität auf einem bestimmten Gebiet, nicht die Verfolgung von Familieninteressen, die ganz Europa in das kommerzielle Netz hineinzog. Im 14. Jahrhundert gab es keine Region der christlichen Welt, die nicht in irgendeiner Weise am internationalen Handel beteiligt war.

*Ganz unten:* Die steinerne Donaubrücke in Regensburg, über 300 m lang, wurde 1135–1146 errichtet und ersetzte eine frühere Pontonbrücke. Die Donau ist hier relativ einfach zu überbrücken, was die frühe Bedeutung der Stadt für den Handel erklärt. Der 1275 begonnene Dom ist eines der wenigen Beispiel bayrischer Gotik. Daneben sind an bedeutenden mittelalterlichen Bauwerken noch die romanischen Kirchen St. Emmeram und St. Jakob (mit dem »Schottenportal«), die gotische ehemalige Dominikanerkirche und das gotische Alte Rathaus erhalten.

*Unten Mitte:* Die Luftansicht von Rothenburg zeigt, wie stark die Stadtmauern den Höhenlinien folgen und wie gut der Ort durch diese natürlichen Vorteile geschützt war.

*Unten:* Rothenburg vom Kirchturm aus gesehen. Die ansehnlichen Häuser im Vordergrund mit ihren schlichten gestaffelten Giebeln zeugen sowohl vom Reichtum wie vom Geschmack ihrer Bürgerschaft.

*Unten:* Topplerschlößchen im Rosenthal bei Rothenburg. Diese abgelegene Festung wurde 1388 durch den Bürgermeister Toppler zum Schutz der Stadtmühlen und zur Überwachung der Zugangsstraßen errichtet, sie war ursprünglich von Wasser umschlossen und nur über eine Brükke erreichbar.

# Rothenburg

Ein Teil Rothenburgs ob der Tauber wurde 1356 durch ein Erdbeben zerstört. Die Wohlhabenheit der Stadt erlaubte einen vollständigen Wiederaufbau in einem Zug, der ihr das noch heute erhaltene einheitliche und harmonische Gepräge gab. Die Ruine der Stauferburg zeigt, daß die Bedeutung dieser Gegend schon in früherer Zeit erkannt worden war. Rothenburg hatte sich seit dem zehnten Jahrhundert auf der Terrasse über dem tiefen Taubertal entwickelt und war ein Marktzentrum für das reiche umliegende Agrargebiet. 1274 wurde es Reichsstadt. Die Mauern des 14. Jahrhunderts wurden im 17. Jahrhundert mit neuen Toren verschönert.

*Unten:* Dieses Tor in den Dinkelsbühler Stadtmauern des 15. Jahrhunderts besitzt eine Gallerie, die den Verteidigern Schutz bot.

*Ganz unten:* Die Ansicht der Segringerstraße in Dinkelsbühl mit dem Gasthof Drei Mohren zeigt die klare und organische Anlage der Stadt.

# Regensburg

Diese große mittelalterliche Stadt verdankte ihren Wohlstand der Lage an einer leicht zu überbrückenden Stelle der Donau. St. Bonifatius machte sie 739 zum Zentrum eines Bistums. Regensburg war seit Anfang des zehnten Jahrhunderts die bevorzugte Residenz der ostfränkischen Herrscher und später der bayrischen Stammesherzöge. Ihre Stellung als Reichsstadt (seit 1245) ermutigte die Bürger, sich dem durch Kirche und Adel ausgeübten Druck zu widersetzen. Sie trat 1286 dem Rheinischen und 1381 dem Schwäbischen Städtebund bei. Die Regensburger Kaufleute trieben Handel mit ganz Europa.

# Dinkelsbühl

Sein Reichtum erwuchs aus dem Patronat der Stauferherrscher, die die Stadt um 1180 gegründet hatten. 1273 wurde Dinkelsbühl Reichsstadt und prosperierte bis ins nächste Jahrhundert, als mit dem Bau neuer Stadtmauern begonnen wurde. Ihre geographische Lage für den Handel war um diese Zeit nicht schlecht, wenn auch hauptsächlich als lokaler Markt. Es gab Tuchmacherei und Werkzeugindustrie, etwa für Sicheln und Sensen. Die Handwerker waren bis 1387 nicht zur Verwaltung der Stadt zugelassen.

*Unten:* Die Guildhall von Lavenham, ursprünglich die Halle der Corpus Christi Gilde, wurde wahrscheinlich nicht vor 1529 erbaut. Das Fachwerkgebäude hat reiche Schnitzereien.
*Unten Mitte:* Das Holztor der Little Hall in Lavenham aus dem späten 15. Jahrhundert zeigt den Einfluß des Perpendikularstils.

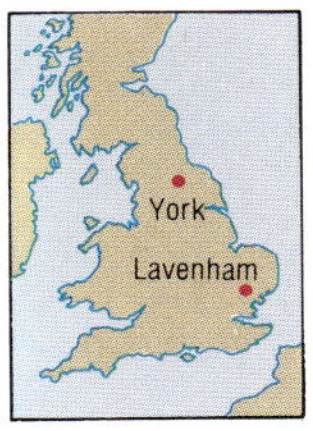


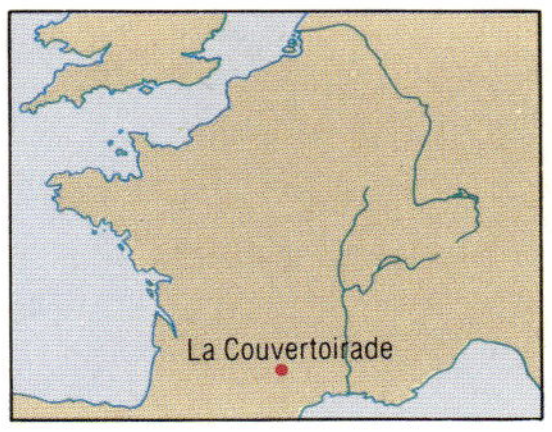

# La Couvertoirade

Dieses befestigte Dorf wurde auf einem Felsen im Tal der Dourbie erbaut und wird überragt von einer auf dem Gipfel des St. Guiral (1349 m) errichteten Burg. La Couvertoirade gelangte 1182 in den Besitz der Templer, die hier im frühen 13. Jahrhundert ein Kastell erbauten, nach der Auflösung des Ordens 1312 ging das Dorf an die Hospitaliter über. Der heute noch erhaltene Wall entstand 1439, um einen eingeschlossenen Bereich zu schaffen, in dem Reisende mit ihren Tieren Zuflucht vor den Söldnertruppen finden konnten, die die Causses durchstreiften. Durch die neue Mauer verlor die ursprüngliche Templerburg etwas von ihrer Bedeutung, sie diente jetzt als Scheune und als letzter Zufluchtsort. Für den Verfall des Verteidigungswerks sind eher sein Alter als Kriegsschäden verantwortlich.

*Unten:* The Shambles ist die berühmteste alte Straße Yorks mit Fachwerkhäusern, deren Auskragungen sich fast berühren. Die Häuser wurden sorgfältig restauriert und bilden eine malerische Kulisse für Touristen.
*Seite 136/37:* La Couvertoirade liegt an der Pilgerstaße nach Compostela zwischen Millau und Lodève auf der Causse de Larzac. Über das Dorf wird erstmals 1142 berichtet. Neben seiner Bedeutung für die Pilger wurde die Gegend auch von den militanten Orden wegen der guten Weidegründe geschätzt, wo sie ausdauernde Kriegspferde züchteten.

# Lavenham

Lavenham ist eine Marktstadt an einem Nebenfluß des Stour in Westsuffolk. Sie trat vor allem durch ihren Wollhandel hervor. Ihre größte Wohlhabenheit erreichte sie im 15. Jahrhundert, als die Kirche neu gebaut wurde. Während vergleichbare Städte seitdem ihr mittelalterliches Erscheinungsbild verloren haben, hat Lavenham seinen alten Charakter bewahrt, zum Teil als Folge seines Niedergangs und neuerdings durch entschlossene Anstrengungen zur Restauration.

# York

Seine Lage machte York bis in die moderne Zeit zur Hauptstadt Nordenglands. Die Römer errichteten hier ein Lager, das von englischen Siedlern und dann von den Dänen benutzt wurde. 735 wurde York Sitz des Primas von Nordengland, obgleich es niemals erfolgreich mit der Macht Canterburys konkurrieren konnte. Unter den Dänen, die es 867 eroberten, gewann es an Bedeutung, aber nachdem die vereinigte englische Monarchie sich endgültig im Süden etabliert hatte, entwickelte sich wirklicher Reichtum im Norden erst seit dem zwölften Jahrhundert. Die ausgedehnte Schafhaltung in den Tälern Yorkshires lieferte das Rohmaterial für Wollexport und Tuchherstellung und regte den Handel an. Die Festlegung der Grenze mit Schottland brachte anfangs neue Sicherheit, doch als die Kriege wieder aufflammten, wurde York noch einmal ein wichtiger militärischer Stützpunkt. Seine Stadtmauern, die einen Umfang von vier Kilometern haben, wurden im 14. Jahrhundert gleichzeitig mit der gotischen Kathedrale wiederaufgebaut, als die Stadt in die blühendste Periode ihrer Geschichte eintrat.

# San Gimignano

San Gimignano verlor 1354 seine Selbstverwaltung an Florenz. Der folgende Niedergang der Stadt erklärt, warum seine mittelalterlichen Gebäude besser erhalten geblieben sind als in vielen anderen italienischen Städten, doch haben von den 72 bekannten Geschlechtertürmen nur 15 überdauert. Die Türme weisen auf eine gewalttätige Lokalgeschichte hin, doch diese Auseinandersetzungen hinderten die Stadt nicht, im zwölften Jahrhundert die Autonomie zu beanspruchen und das Valle d'Elsa zu beherrschen. Sie verdankte ihre besondere wirtschaftliche Bedeutung dem Anbau von Safran, einem wertvollen Rohstoff für Medikamente und Farben.

*Rechts:* Der Palazzo del Popolo in San Gimignano wurde 1280 begonnen und 1323 als Sitz der Podestà, der obersten Stadtbehörde, erweitert. Eine frühe Verordnung besagte, daß kein anderer Turm in der Stadt höher sein dürfte als der des Palastes, von dem man einen guten Blick auf das umliegende Land hat.

*Unten:* Von der Straße her wirkt der hohe Turm selten so gewaltig wie hier. Die schmale Architektur des Palazzo del Popolo und seiner Eingänge verbindet sich harmonisch mit späteren Erneuerungen.

*Rechts:* Durch ihre Anlage auf Hügeln erwecken viele mittelalterliche toskanische Städte einen recht streitbaren Eindruck. Das war sicher beabsichtigt, und San Gimignano bildete keine Ausnahme: Die Stadt bot den Bewohnern des umliegenden Landes einen guten Schutz.

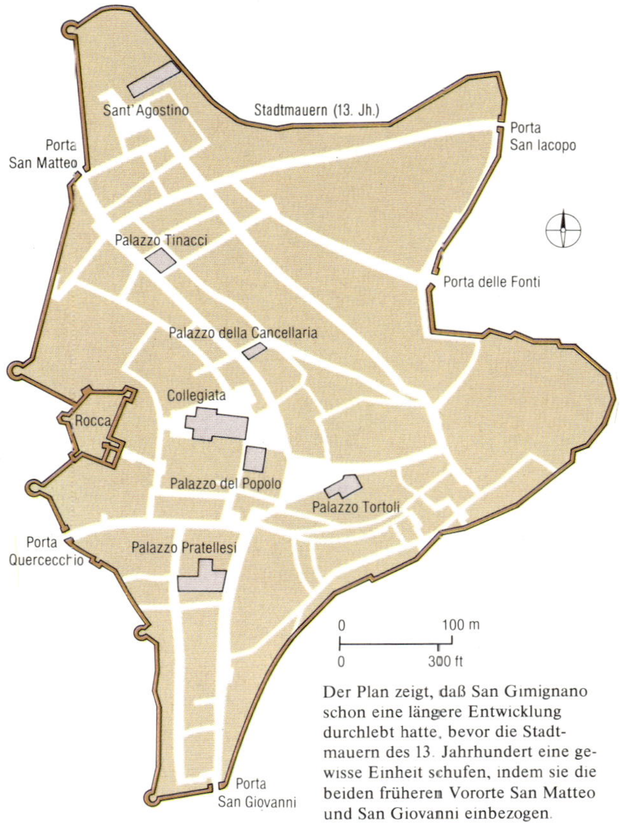


Der Plan zeigt, daß San Gimignano schon eine längere Entwicklung durchlebt hatte, bevor die Stadtmauern des 13. Jahrhundert eine gewisse Einheit schufen, indem sie die beiden früheren Vororte San Matteo und San Giovanni einbezogen.

# Florenz

Unter den mittelalterlichen Städten der Toskana nimmt Florenz eine besondere Stellung ein, da es in der Ebene erbaut wurde. Bis zur Mitte des 13. Jahrhunderts war seine Geschichte keineswegs ungewöhnlich. Zu dieser Zeit ließ die Stadt eigene Silber- und Goldmünzen schlagen, und der Ruf ihrer Wertbeständigkeit garantierte die finanzielle Bedeutung von Florenz während der gesamten Periode. Florenz hatte keinen Seehafen und verdankte seine Wohlhabenheit mehr seinem Gewerbe als dem Handel. Es belieferte u. a. die wichtigen Märkte in Frankreich. Die florentinischen Kaufleute und Tuchmacher übernahmen zusammen mit Mitgliedern anderer Gilden 1282 die Stadtregierung und bewahrten ihre »republikanischen« Einrichtungen auch, nachdem die tatsächliche Macht in die Hände einer Oligarchie und dann der Familie Medici (1434) überging. Die Florentiner debattierten mit Vorliebe über das Wesen der Politik, und diese intellektuelle Neigung wurde durch die vielen Schulen der Stadt bestärkt. Die Erziehung in der Landessprache hatte einen ungewöhnlich hohen Bildungsstand zur Folge, und die Blüte der toskanischen Literatur seit Dante ließ Florenz große Hoffnungen auf seine Bürger setzen. Die intellektuellen Leistungen wurden allerdings noch übertroffen durch die Arbeiten der Handwerker, Maler, Goldschmiede, Bildhauer und Architekten.

*Unten:* Die Porta Soprana in Genua. Dieses massive Tor mit seinen beiden Türmen, beredtes Zeugnis vom Reichtum des mittelalterlichen Genua, bildete einen Teil des Verteidigungssystems, als die Stadtmauern Mitte des zwölften Jahrhunderts erweitert wurden.

# Genua

Die natürlichen Vorzüge des Genueser Hafens trugen dazu bei, daß diese Gegend seit früher Zeit besiedelt war, doch die Glanzzeit in der unabhängigen Geschichte der Stadt begann mit dem Erfolg des ersten Kreuzzuges, der die Genueser in die Levante brachte. Die Stadt gründete zahlreiche Niederlassungen in Syrien, Palästina, Nordafrika, Kleinarmenien und am Schwarzen Meer. Genua blühte auf, weil es unter allen Mittelmeerhäfen für den Handel mit dem Nordwesten Europas am günstigsten lag. 1284 schlug es seinen nächsten Rivalen Pisa aus dem Feld und behauptete sich auch gegen Venedig. Die erste Ausdehnung der Stadt über die Grenzen des zehnten Jahrhunderts erfolgte 1155, als neue Stadtmauern gebaut wurden, doch im 14. Jahrhundert mußte sie diese abermals vergrößern. Anders als Venedig hatte Genua keine festen konstitutionellen Formen entwickelt, und die Rivalität zwischen den Adelsfamilien blieb eine Quelle der Schwäche, selbst als 1339 die Dogenherrschaft eingeführt wurde.

*Links außen:* Der Ponte Vecchio in Florenz. Bereits seit dem späten zehnten Jahrhundert hatte an dieser Stelle, wo der Arno am schmalsten ist, eine Brücke bestanden. Die gegenwärtige Brücke von 1345 ersetzte eine andere, die 1330 von den Fluten weggerissen worden war. Zu beiden Seiten des Übergangs wurden Läden errichtet.

*Links:* Der Dom Santa Maria del Fiore mit Kampanile, der sich hoch über dem gleichmäßigen Niveau der mittelalterlichen Gebäude erhob, gab Florenz seit der Mitte des 14. Jahrhunderts ein neues Stadtbild.

# Avila

Avila ist eine antike Stadt mit christlichen Traditionen, die auf die Zeit vor Konstantin zurückgeht. Nachdem das Land von den Moslems zurückerobert worden war, wurde sie Sitz eines Bistums. Wegen ihrer hohen Lage (1131 m) ist es dort im Winter sehr kalt, doch im Sommer bietet sie ein angenehmes Klima. Avila war deshalb ein beliebter Aufenthaltsort für die kastilischen Könige in ihrer Jugend, und es besaß auch viele vornehme Paläste. Durch diese Verbindungen kam der neue französische »gotische« Baustil sehr früh in die Stadt, die bis ins 17. Jahrhundert hinein ihre Bedeutung behielt. Bemerkenswert ist die Kathedrale, mit deren Bau nach 1091 begonnen wurde (Kreuzgang aus dem 14. Jahrhundert), und das spätgotische Dominikanerkloster Santo Tomás.

# Alquézar

Alquézar, auf den Bergen zu beiden Seiten des Flusses Vero gelegen, war ursprünglich von den Moslems als Stützpunkt im Hinblick auf die Region Sobrarbre in den Pyrenäen errichtet worden. Die Stadt wurde 1067 von König Sancho Ramirez eingenommen, der sie als Basis für seine weiteren Feldzüge in die Täler von Cinca und Alcanadre benutzte. Die Bedeutung Alquézars im späten elften und frühen zwölften Jahrhundert für diese militärischen Zwecke erklärt die besonderen Anstrengungen, die unternommen wurden, um christliche Siedler anzuziehen und Stadtmauern sowie eine Kirche neben der Burg zu bauen. Die gegenwärtige, im 16. Jahrhundert entstandene Kirche hat einen Kreuzgang mit Skulpturen aus der Zeit der ersten christlichen Wiederbesiedlung. Mit der Konsolidierung der aragonesischen Eroberungen verlor Alquézar dann jedoch seine besondere Anziehungskraft für die Könige. Dies ist vielleicht der Grund dafür, daß das mittelalterliche Stadtbild trotz verschiedentlichen Wiederaufbaus weitgehend erhalten geblieben ist.

*Links:* Die an den Felsen gepreßte kleine Stadt Alquézar wird von ihrer aus dem elften Jahrhundert stammenden Burg beherrscht.

*Unten:* Die Stadtmauern von Avila wurden von Casandro und Florin de Pituenga erbaut, nachdem es Ende des elften Jahrhunderts von den Moslems zurückerobert worden war. Sie sind 12 m hoch und 3 m dick. In einem Abstand von 20 m erheben sich runde Türme, und es gibt insgesamt acht Tore. Die Kathedrale auf der höchsten Stelle der Stadt ist mit ihrer Apsis mit dem Verteidigungswerk verbunden. Die Mauern sind oft restauriert worden, stellen aber eines der schönsten Beispiele mittelalterlicher Stadtbefestigungen dar, obgleich die Stadt spätestens seit dem 13. Jahrhundert über die Wälle hinausgewachsen war.

# Stadtverwaltung

Das 14. Jahrhundert war die Glanzzeit der städtischen Selbstverwaltung. Die Rathäuser, die seit Ende des 13. Jahrhunderts erbaut wurden, fest und wie Burgen mit Uhrtürmen und Zinnen versehen, bezeugten die Unabhängigkeit der Städte und die Bereitschaft, ihre Rechte zu verteidigen. Der florentinische Ruf nach »Freiheit« muß jenen, die Jean-Jacques Rousseau gelesen haben, verwirrend und irreführend erscheinen. Die städtische Unabhängigkeit beinhaltete niemals das Bürgerrecht für alle Bewohner. Wer nicht zu den Kreisen gehörte, die Zugang zu den Ämtern hatten, konnte selten auf Dauer erfolgreich Druck ausüben. Die Regierung wurde von jenen ausgeübt, die über die Muße, den Ehrgeiz, die Verbindungen und vor allem genügend Anteil am Eigentum oder Reichtum der Stadt verfügten, um an ihrem Wohlergehen interessiert zu sein. Die Mehrheit der Bewohner ging ihren alltäglichen Beschäftigungen nach. Die nachdrücklichen Ansprüche, die Familie, Arbeit, Gilde, Bruderschaft, Pfarrei oder Stadtviertel stellten, verlangten den meisten Bürgern mehr als genug Beteiligung an der Verwaltung auf einer Ebene ab, wo sie die meisten Sachkenntnisse besaßen. Nur wer hier Einfluß erlangte, konnte nach offiziellen Ämtern streben. Die Freiheit der Stadt erforderte Verhandlungen mit großen Feudalherren, Königen, selbst Päpsten und deshalb beträchtliche politische Erfahrung. Nur wenige Stadtverwaltungen konnten die Bürden der Unabhängigkeit lange tragen. Die meisten städtischen Autoritäten hatten ihre Stellung nur erreicht, indem sie andere Gruppen unterdrückten, und keiner Stadt blieben innere Unruhen erspart. Diese waren nicht nur das Ergebnis ökonomischer Interessenkonflikte, sondern beruhten auch auf persönlichen Fehden, auf Rivalitäten zwischen ganzen Stadtvierteln und der starken sozialen Diskriminierung der jüngst vom Lande zugezogenen Menschen.

Die städtischen Finanzen basierten entweder auf Darlehen, die von reichen Bürgern zu festen Zinsen gegeben wurden oder auf indirekter Besteuerung auf Wein, Salz oder Waren, die in die Stadt zum Markt gebracht wurden; alles vergleichsweise einfache Wege, um zu Einnahmen zu kommen. Mittelalterliches Stadtleben war nicht idealer oder fortschrittlicher als das auf dem Land. Seine Institutionen, obwohl sie auf breiterer Grundlage standen als die feudalen, erwiesen sich nicht als volkstümlicher oder dauerhafter. Städte wie Venedig, die als Zentren von Staaten überdauerten, waren bereits aristokratisch. Im 15. Jahrhundert mußten Brügge, Barcelona und andere große Städte zu einem neuen Einvernehmen mit den Fürsten kommen, denn die veränderten Bedingungen begünstigten städtische Unabhängigkeit nicht länger.

*Links:* Auf Bitten des Bürgermeisters wurde Robert Ricart 1479 Stadtschreiber von Bristol und diente der Stadt wahrscheinlich nahezu 30 Jahre. Diese Illustration aus dem Archivband, in dem er die lokalen Bräuche aufzeichnete, zeigt die Ernennung eines neuen Bürgermeisters, wahrscheinlich seines Gönners, am 29. September 1479 in der Guildhall. Der alte Bürgermeister hält ein Buch, auf das der Eid zu sprechen ist.

*Unten:* Ambrogio Lorenzettis Allegorie »Die Gute Regierung« (1338–1340) aus dem Rathaus von Siena. Dieses Fresko befindet sich an der Wand gegenüber dem Fenster in der Sala della Pace und bildet so das Mittelstück der Dekoration. Auf der rechten Seite wird eine Gruppe von Städtern von einer großen Gestalt dominiert, die die Gemeinde Siena symbolisiert. Sie wird von den drei göttlichen Tugenden überwacht und ist von den vier Kardinaltugenden wie Großmut und Friede begleitet. Auf der linken sitzt Justitia unter der Weisheit, mit der einen Hand verteilt sie Strafe und Belohnung, mit der anderen Verantwortung und Mildtätigkeit gemäß der Lehre des Aristoteles. Unter Justitia wiederum sitzt Concordia.

# Handel

Die meisten der großen mittelalterlichen Städte verdankten ihren Wohlstand mehr dem Handel als der Industrie. Sie lagen an geschützten Plätzen mit leichtem Zugang zu den europäischen Meeresrouten: Venedig, Genua, Bristol, London, Brügge, Lübeck. Ihre Rolle im Handel führte dazu, daß die frühere Bedeutung großer internationaler Märkte schwand, denn nun wurde es möglich, Güter in größerer Menge zu verschiffen. Im Landesinneren jedoch waren solche Märkte weiterhin für den lokalen Handel attraktiv. Als mit obrigkeitlicher Erlaubnis Wochenmärkte durchgeführt wurden, erhielt eine Anzahl privilegierter Siedlungen den Rang von Marktstädten. In England, wo Märkte sorgfältig über das Land verteilt wurden, war es durch dieses System für die meisten Dorfbewohner zum nächsten Markt nicht weiter als eine bequeme Tagesreise. Jetzt konnten die überschüssigen Agrarerzeugnisse sehr leicht veräußert werden.

Spätestens seit dem 13. Jahrhundert garantierte der Besucherstrom in den englischen Städten die rasche Verbreitung von Informationen im Land; dies begünstigte ein Gemeinschaftsgefühl, das weit über den jeweiligen Wohnort hinausreichte. In anderen Teilen Europas ergab sich eine ähnliche Entwicklung eher in gewissen Gebieten als in ganzen Königreichen. Die Einrichtung von Märkten, der Schutz von Zugangstraßen, die Überwachung der Maße und Gewichte der Händler – all das bedeutete Einmischung der Behörden, die über die Marktgrenzen hinaus Vorschriften durchsetzen konnten. Bald wurden auf den Märkten nicht nur landwirtschaftliche Produkte, sondern alle möglichen Waren gehandelt. Örtliche Selbstversorgung trat zunehmend in den Hintergrund, und Geld war frei im Umlauf. Diese Bedingungen entwickelten sich in den verschiedenen Teilen Europas zu verschiedenen Zeiten, doch unter den gleichen Auflagen. Der internationale Handel wurde von den Ländern aufrechterhalten, über deren Wasserstraßen die Güter zum Meer und zurück transportiert wurden, während der Schutz von kleinen Handelsplätzen im Inland von den Klöstern, Bischöfen und anderen Feudalherren abhing.

*Rechts:* Die Festlegung von Gilderegeln wurde seit dem 13. Jahrhundert allgemein üblich, als die Vorteile von Körperschaften gegenüber individuellen Unternehmen sichtbar wurden. Der Kontrolle von Kauf und Verkauf kam besondere Bedeutung zu, und die Errichtung von Ständen oder Geschäften in speziellen Straßen gab den Kaufleuten die Möglichkeit gegenseitiger Kontrolle. Entlang dieser Tuchhändlergasse sind auf beiden Seiten die Ladentische und Gestelle der Händler zu sehen, auf denen die Artikel geprüft werden, während andere Ware von Leinen zwischen den Verkaufsbuden herabhängt.

*Unten:* Genua war eine der frühesten europäischen Städte, die für ihre Geldwechsler oder Bankiers bekannt war, deren Wirken wir aus notariellen Verträgen des zwölften Jahrhunderts kennen. In dieser Szene zählen die Buchhalter die Münzen vor ihrer Anweisung an Witwen und Kinder. Die große Truhe scheint den Schatz zu enthalten. Frühes Bankgewerbe stand vor dem Problem, Münzen der vielen Geldwerte zu wechseln, die von verschiedenen Obrigkeiten in ganz Europa geschlagen wurden.

*Links:* Das geschäftige Treiben in den großen europäischen Hafenstädten ist ein in der mittelalterlichen Malerei eher seltenes Motiv. Selbst in diesem Bild von Hamburg werden die einzelnen Beschäftigungen der Leute im Vordergrund von den großen Schiffen, Dreimaster-Koggen des 15. Jahrhunderts, dominiert. Um sie zu entladen, brauchte man Leichter und einen großen Kran am Kai. Die Gehilfen in der Mitte erwarten die Lieferung von Waren. Rechts diskutieren Kaufleute oder Geldanleger in aufwendiger Kleidung und russischen Pelzmützen den Erfolg des Unternehmens. Im Büro sitzen die Hafenbehörden oder die Schiffseigner. Das Bild gibt die vielen für die Häfen charakteristischen Aktivitäten wieder.

*Links:* Segnung des Lendit-(Juni) Marktes in St. Denis. Die kirchliche Segnung des Handels war ein fester Bestandteil in der Durchführung dieses berühmten Marktes. Diese Illustration stammt aus der liturgischen Ordnung der Handlung. Sie ist bemerkenswert wegen der großen Zahl der gezeigten Gasthöfe mit ihren Wirtshausschildern. Auch ein Schafhirt hat seine Herde auf den Platz geführt, denn der Markt erstreckte sich über die ganze Ebene von St. Denis.

# Gewerbe und Industrie

Die frühesten mittelalterlichen Gilden waren die der Kaufleute in den Städten, doch seit dem 13. Jahrhundert erschienen neben Vereinigungen von Doktoren und Rechtsgelehrten besondere Handwerkergilden. Als Ludwig IX. von Frankreich ein Buch über die Bräuche der verschiedenen Gewerbe zusammenstellen ließ, zeigte die Befragung, daß wirksame Regeln sich aus der mündlichen Weitergabe durch angesehene Geschäftsleute entwickelt hatten. Es überrascht nicht, daß Gildevorschriften, die im 13. Jahrhundert in den Städten schriftlich niedergelegt wurden, besonderes Gewicht auf die religiösen Pflichten der Mitglieder legten, wie etwa den gemeinsamen Besuch der Andachten. Daneben standen Sozialfürsorge für die Familien verstorbener Mitglieder sowie mehr berufliche Angelegenheiten im Vordergrund. Die Gilden legten die korrekte Durchführung der Lehrlingsausbildung fest, boten ein Tribunal für die Klärung von Streitigkeiten und lenkten die gewerbliche Produktion (Qualität, Absatz, Preis, Verdienst).

Dabei war es von Stadt zu Stadt verschieden, welche Gewerbe sich zu Gilden zusammenschlossen, welche untergeordnete Mitglieder von mächtigen Gilden wurden, und welchen die Organisation überhaupt verwehrt wurde. In Florenz wurde die Mitgliedschaft in gewissen Gilden Voraussetzung für die Wahl zur Stadtverwaltung. In London schlugen Versuche, die *wards* (eine regionale Unterteilung) als Einheiten der Lokalverwaltung durch Gilden zu ersetzen, fehl. In allen Städten zeigte die Organisation von Gilden, daß der Zusammenschluß zu Gruppen nicht auf »gebildete« Kreise wie Rechtsgelehrte oder Studenten beschränkt war.

Zentrum der handwerklichen Aktivitäten waren die kleinen Werkstätten unter Meistern, die ihre Arbeitskräfte persönlich kannten. Einige von ihnen machten sich selbständig, doch das System garantierte nicht, daß jeder von den täglich entlohnten Arbeitern (Gesellen) selbst Meister werden konnte. Arbeiter in nichtorganisierten Gewerben waren über zu viele Unternehmen verstreut, als daß sich eine Organisation um die substantielle Verbesserung ihrer Lage hätte kümmern können. Mit den vielen daran beteiligten Gewerben war die Tuchindustrie wahrscheinlich die einzige, die für manufakturelle Fertigungsmethoden anfällig war. Der Gebrauch der Wasserkraft im Prozeß der Mechanisierung zwang sie schließlich aufs Land, wo auch die Gildevorschriften nicht wirksam waren. Das mittelalterliche Interesse an mechanischen Erfindungen war bedingt durch den akuten Mangel an Arbeitskräften auf jedem Gebiet. Eine Gesellschaft, die die Sklaverei abgeschafft hatte, mußte die menschliche Arbeitskraft unterstützen, wo immer Erfindungsgeist einen Weg zeigte. Maschinen sollten nicht die kostspielige Handarbeit ersetzen, sondern helfen, alle anfallenden Aufträge auszuführen.

In der frühen Periode des Mittelalters fanden die meisten Veränderungen in der Landwirtschaft statt: Wassermühlen werden seit dem achten Jahrhundert erwähnt, und im zwölften Jahrhundert wurde das Pferd beim Pflügen eingesetzt. Der Gebrauch der Wasserkraft für das Antreiben von Sägemühlen, beim Walken und der Papierherstellung zeigt, daß ihre Verwendungsmöglichkeiten beständig ausgeweitet wurden. Die Windkraft konnte

*Unten:* Die meisten Geschäftsleute, die Glasmalereien in Kirchen finanzierten, widmeten ihren Schutzheiligen Tafeln. In Semur zogen es 1465 die Tuchhändler vor, den Prozeß der Tuchverarbeitung malen zu lassen, um an ihren Beruf zu erinnern. Die gezeigten Szenen enthalten das Sortieren, Kämmen, Herausheben des rauhen Tuchs und das Glätten. Einige Werkzeuge sind deutlich erkennbar. Verschiedene Stadien der Herstellung sind weggelassen worden, aber die zahlreichen Gewerbe, die mit der Tuchmanufaktur verbunden waren, werden hier gut dargestellt.

*Links:* Dieses Bild zeigt eine Anzahl von Arbeitern mit verschiedenen mittelalterlichen Werkzeugen und die Art der Holzkonstruktionen im frühen 15. Jahrhundert. Es ist eine von vier ganzseitigen Illustrationen aus dem Bedford-Stundenbuch und stellt Noah beim Bau der Arche dar. Die Tiere werden gerade hinter dem Bauplatz zusammengetrieben.

nicht so schnell voll genutzt werden. Windmühlen tauchen im zwölften Jahrhundert auf. Sie wurden auf einer Basis errichtet und waren transportabel. Im 14. Jahrhundert wurden sie in Holland systematisch für Entwässerungsprojekte eingesetzt. Die Holländer bauten Windmühlen für Friesland und das Rheinland. Mechanische Erfindungen wurden nicht vor dem 15. Jahrhundert üblicher Bestandteil des täglichen Lebens. Neben Uhren zur Zeitmessung verwendete man zumindest in den Städten Winden und Kräne zum Anheben schwerer Lasten. Wie weit die Einführung einiger dieser Vorrichtungen zurückliegt, ist ungewiß. Die Leiter gotischer Baustellen hatten jedenfalls alle Ursache, Wege zu finden, um die Baumaterialien in die Höhe zu ziehen.

Der Wunsch nach militärischer Überlegenheit war ebenfalls ein ständiger Ansporn für Innovationen. Die Armbrust, 1139 durch das Laterankonzil als zu mörderische Waffe verbannt, wurde dennoch weiter verwendet und verbessert. Katapulte, erstmals im neunten Jahrhundert von Norwegern eingesetzt, wurden den stärkeren Verteidigungsanlagen der Burgen angepaßt. Die Erfindung des Schießpulvers, seit der späten Hälfte des 13. Jahrhunderts oft erwähnt, brachte natürlich eine neue Qualität in die Kriegführung. Gleichzeitig gingen die Metallarbeiter an die Verbesserung der Ritterrüstungen, obgleich neue Verfahren in der Stahlherstellung von den Chronisten nicht erwähnt wurden. Die beachtlichen Fortschritte der Bergbauindustrien des 15. Jahrhunderts zeigte erstmals Georg Bauer (Agricola) in seinem 1556 veröffentlichten Buch über Metallurgie auf.

Die Einführung von Maschinen in einzelnen Industrien resultierte aus anderen Zwängen. Die Mechanisierung des Walkens in der Tuchindustrie mag nahelegen, daß hierfür Arbeitskräfte nicht leicht zu finden waren. Doch auch der Wunsch nach Beschleunigung der Arbeit spielte eine Rolle. Auf die Erfindung des Wollkämmens im 14. Jahrhundert folgte schnell dessen Mechanisierung. Das Spinnrad verdrängte den Spinnrocken. In der Kerzenherstellung wurde das Wachs durch Tierfette ersetzt. Die Branntweinbrennerei war eine neue Industrie, die sich arabische Kenntnisse zunutze machte und zuerst im zwölften Jahrhundert in Salerno bekannt wurde. Ihre Bedeutung für die Seeleute bedarf keiner Betonung. Auch die Navigation wurde verbessert durch den Gebrauch des Kompasses vor 1200, des Heckruders, der Winkelmesser (Astrolabien) und der Seekarten, nicht zu sprechen von den ständigen Veränderungen im Schiffsbau. Auch Brillen waren wie Uhren eine mittelalterliche Erfindung.

Am Ende des Mittelalters traten anerkannte Fachleute der neuen Technologien zunehmend in den Dienst der großen Herrscher. Leonardo da Vinci war keineswegs der erste dieser Art. Mariano di Jacopo, Il Taccola, aus Siena hat eine illustrierte Beschreibung seiner Leistungen in drei schönen Bänden hinterlassen. Er war Notar und Schatzmeister einer Studentenherberge sowie Ingenieur, Holzschnitzer und Miniaturmaler. Er entwarf Brücken und Hafeneinrichtungen und bot an, die Wasserwerke Kaiser Sigismunds zu beaufsichtigen. Deutschland brachte ebenfalls viele Männer dieses Typs hervor. Ihre Aktivitäten bauten auf den Leistungen ihrer Vorgänger auf und waren keineswegs vom Geist der Renaissance inspiriert.

# Alltagsleben

Miserikordien am Chorgestühl (vorderer Rand der Klappsitze) dienten den Geistlichen beim Gottesdienst als Stütze. Die ältesten erhaltenen Beispiele stammen aus dem 13. Jahrhundert. Anfangs sehr schlicht, wurden sie später häufig mit kunstvoll ausgearbeiteten Schnitzereien verziert. Halbversteckt und unaufdringlich konnten sie als Gesäßstützen zu boshaftem Witz inspirieren. Biblische Darstellungen sind selten, einen hohen Anteil machen Szenen aus dem Alltagsleben aus, manchmal rauh, oft witzig, teilweise auf Kosten der Frauen. Hier werden einige ungewöhnliche Beispiele dieses Genres gezeigt.

Ein Stein im Schuh?

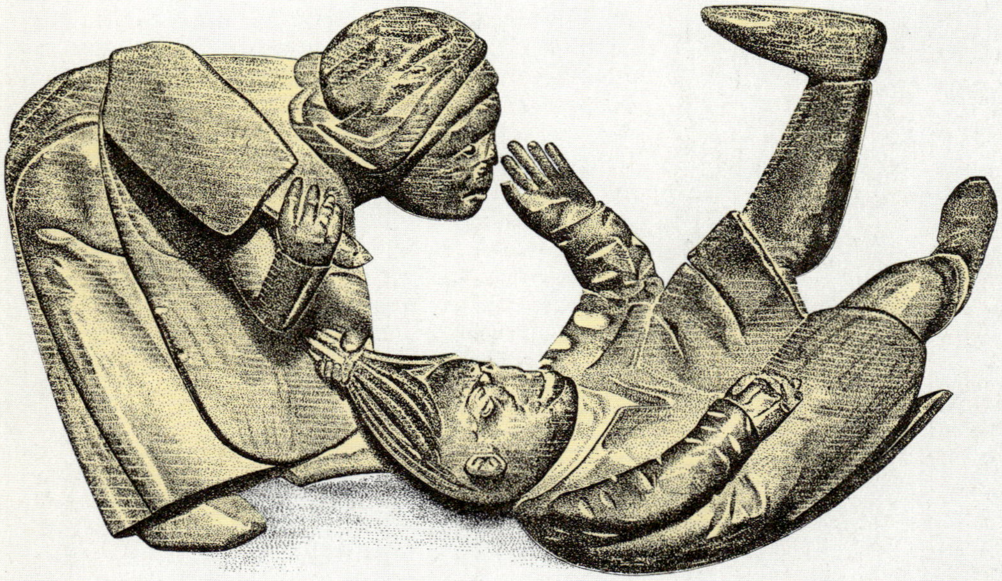

Der Ehemann bezieht Prügel

Zwei Frauen beim Zubereiten eines Vogels

Entlausung

Die Ale-Verkäuferin

Am Kamin

Mutter und Kind

Ein Mädchen beim Entkleiden

# Reisen

*Ganz unten links:* Das flämische Gemälde aus dem frühen 16. Jahrhundert mit der Darstellung von Festlichkeiten zum 1. Mai zeigt, daß Einzelreisende zu Pferde zwar schneller waren, daß man zu Wasser jedoch oft in angenehmer Gesellschaft reisen konnte. Ein Mann im Heck rudert, ein anderer im Bug stößt das Boot vom Brückenpfeiler ab, und die Musikanten spielen ungestört weiter.

*Unten Mitte:* Illustration zum satirischen Roman von Gervais du Bus. Maskierte Musikanten mit ihrer drolligen Erscheinung und ihrer lauten fröhlichen Art gehörten zu den beständigsten Reisenden der Zeit. Sie unterhielten ihre Mitreisenden und ihre Gastgeber, wo immer sie Unterkunft und Zuhörer fanden. Die Gestalten geben auch eine Vorstellung von der Art von Musik, die damals zum besten gegeben wurde.

Trotz der mittelalterlichen Arbeitsbedingungen, die die Menschen an ihre Ortschaften banden, war die Bevölkerung in bezug auf das Reisen erstaunlich flexibel und robust. Der Zeitabschnitt begann mit Massenwanderungen der germanischen Völker und endete, als die Europäer die Kolonisierung Amerikas vorbereiteten. Mittelalterliche Herrscher reisten ständig in ihren Besitzungen umher, oder sie gingen auf Reisen, um andere Herrscher zu treffen und heilige Orte aufzusuchen. Christliche Pilger jeden Standes zogen ins Heilige Land, nach Compostela und Rom. Wenn auch das Christentum nicht so nachdrücklich wie der Islam auf einer Pilgerfahrt bestand, so brach man vermutlich mit mehr Enthusiasmus auf, und auch die Zahl der besuchten Orte war sicher größer. Die Schwierigkeiten beginnen, wenn wir uns die Reisebedingungen vorzustellen versuchen. Große Teile Europas waren von gepflasterten römischen Straßen durchzogen, doch es gab keine kaiserliche Regierung mehr, die für ihre Ausbesserung sorgte. Trotzdem haben sie über viele Jahrhunderte hinweg den zahllosen Füßen und Pferdehufen standgehalten. Es war schließlich die Abnutzung durch das Räderwerk der Fahrzeuge, das die Straßen ruinierte. Instandhaltungsarbeiten mußten auf lokaler Ebene unternommen werden, wo jedoch Brücken und Furte vorrangig waren. Straßenbau war zu dieser Zeit ein noch wenig erforschtes Metier. Brücken wurden von örtlichen Wohltätern finanziert, und Zölle halfen die Last zu erleichtern. Wenn immer möglich, benutzten die Reisenden die großen Flüsse, vermieden aber das offene Meer. Kaufleute beförderten ihre Waren mit Maultierkarawanen und auf den Wasserstraßen.

Viele Reisen wurden bis zu einem gewissen Grad unfreiwillig gemacht, denn selbst Pilgerfahrten konnten als Strafe auferlegt werden, und die Reisenden konnten niemals – anders als Touristen heute – Komfort und Bequemlichkeit erwarten. Während des gesamten Mittelalters spielte die Gastfreundschaft eine zentrale Rolle, und natürlich fiel diese Aufgabe oft den Klöstern zu. Es gab zu jener Zeit kein System von Poststationen, das die Errichtung von Herbergen und Wirtshäusern entlang der Routen ermutigt hätte.

Große Pilgergruppen konnten kaum mit Verpflegung und fester Unterkunft rechnen. Sie mußten darauf vorbereitet sein, sich selbst zu versorgen und in Zelten zu nächtigen. Selbst Könige und Adlige reisten auf so unbequeme Art. Obgleich den begleitenden Damen die besondere Fürsorge galt, konnten auch ihnen beträchtliche Unannehmlichkeiten nicht erspart werden. Im Interesse des Geschäfts ertrugen Kaufleute vergleichbare Mühsal. Auf den großen internationalen Märkten waren Hunderte von Menschen in Zelten einquartiert. Während des 14. Jahrhunderts deuten der Niedergang der Märkte und die Konzentration der Geschäfte in Brügge auf die weit verbreitete Tendenz, den Handel bequemer zu gestalten. Jetzt konnten die Reisenden von den klösterlichen Hospizen auf komfortablere Schenken und Herbergen ausweichen.

*Rechts:* Der kunstvoll ausgearbeitete, von zwei Pferden gezogene Wagen von einem Chorgestühl in Amiens belegt, daß selbst gegen Ende des Mittelalters in bezug auf Bequemlichkeit oder Schnelligkeit wenig Fortschritt erzielt worden war, selbst wenn das Gefährt stabil gebaut und hübsch verziert ist.

*Links:* Die Flotte Wilhelms des Eroberers, die ausfährt, um England zu erobern – hier in der Darstellung auf dem Teppich von Bayeux –, wurde in weniger als sechs Monaten zusammengestellt. Zum Transport der Pferde wurden spezielle Schiffe verwendet. Der Herzog war vom Wind abhängig. Seine Schiffe hatten keine Seitenruder, nur ein Steuerruder.

*Unten:* Reisende vor den Mauern Pekings, aus dem *Livre de merveilles* von Odoric de Pordenone. Das Werk wurde aus verschiedenen Reiseberichten über den Osten zusammengestellt, und die Illustratoren versuchten, all die geschilderten wunderbaren Eindrücke bildlich festzuhalten. Bei der Darstellung der mongolischen Hauptstadt ließ der Künstler seiner Phantasie teilweise freien Lauf, wie die felsige Landschaft und die »Dachfenster« auf den Mauern zeigen. Diese prunkvolle Handschrift wurde im frühen 15. Jahrhundert von Jacques Coëne, einem Flamen, geschaffen.

# Bildung und Erziehung

*Rechts:* Hugo von Sankt Viktor unterrichtet seine Schüler. Er war in Deutschland geboren und erzogen worden, trat 1116 in die bedeutende Augustinerabtei von Sankt Viktor in Paris ein und wurde 1133 Prior. Seine Werke hatten tiefgreifenden Einfluß auf die Entwicklung der Scholastik und Mystik, und er war einer der angesehendsten Lehrer seiner Zeit. Dieses Bild belegt auch, welch herausragende Stellung die Klöster für die Ausbildung im zwölften Jahrhundert einnahmen.

*Links:* Nikolaus von Lyra (1270–1349), ein Franziskaner aus der Normandie, der in Paris lehrte, war der berühmteste Bibelexeget des späten Mittelalters. Auf dieser Illustration aus dem 15. Jahrhundert hält er in der Universitätsaula seine Vorlesung.

Schulunterricht ist die einzige Form der Ausbildung junger Leute, über die einige Einzelheiten aus dieser Zeit bekannt sind. Sein Umfang war auf das Lesen und Schreiben beschränkt, ursprünglich auch nur in Latein, wie es für zukünftige Geistliche verlangt wurde. Die Unpopularität des Unterrichts beruhte auf der offensichtlichen Tatsache, daß das Wissen der Jugend geradezu eingebleut werden mußte. Obgleich mittelalterliche Erwachsene selbst gegenüber jüngeren Kindern weniger Nachsicht zeigten, als heute als angemessen gilt, war man hauptsächlich aus einem anderen Grund für Strenge: Heranwachsende konnten noch nicht ahnen, welche Vorteile ihnen die Beherrschung des Lateinischen im späteren Leben bringen würde. Diese Schüler kamen nicht aus geistlichen Familien und traten nicht in die Fußstapfen eines gebildeten Angehörigen. Während sie den Unterricht besuchten, eiferten ihre Brüder den älteren Verwandten nach und konnten auf diesem Wege schnell Gleichberechtigung erlangen. Reiten oder Pflügen zu lernen schien gewiß interessanter als die Grundlagen der Grammatik.

In Italien und Südfrankreich öffnete der Schulbesuch Laien den Weg zu einigen geschätzten Berufen wie dem des Juristen oder Arztes, doch überall im mittelalterlichen Europa bildeten die von Bischöfen und Mönchen geführten Schulen vorrangig Personal für die kirchlichen Institutionen aus. Nur im elften Jahrhundert wurde den Geistlichen mehr abverlangt, als die ältere Bildung zu meistern. Dispute über umstrittene Punkte des Kirchenrechts zwangen den Klerus, das formale Recht des römischen Kaiserreichs zu studieren; sie erkannten auch, daß die Ausbildung in formaler Logik und Argumentation sowohl akademische wie praktische Vorteile brachte. Es entstanden einige große Zentren für diese höhere Ausbildung. Die Lehrer in Paris und die (älteren) Studenten in Bologna gründeten Vereinigungen *(universitates),* um ihre Interessen zu schützen, und diese wurden zu Modellen vergleichbarer Institutionen in ganz Europa. Die begabtesten jungen Akademiker fanden ihren Weg in die Verwaltungen von Kirche und Staat und zwangen damit die übrige Beamtenschaft, selbst Bücher in die Hand zu nehmen und neues Wissen zu erwerben. Als Bildung öffentliche Anerkennung errang, wurden neue Schulen errichtet. In den Städten bereiteten der Unterricht in der Nationalsprache und einige Rechenkenntnisse die Schüler nicht nur auf den geistlichen Stand sondern auch auf andere Berufszweige vor. Nördlich der Alpen war es jedoch hauptsächlich die Ermutigung von kirchlicher Seite, die zur Stiftung von Schulen führte. Die Geistlichkeit förderte darüber hinaus die religiöse Unterweisung, indem sie geeignete Bücher in der Landessprache herausgab. Als ein gebildetes Publikum für nationalsprachige Literatur entstand, wurden zunehmend auch andere Werke verfaßt. Ohne diese Entwicklung hätten Dantes *Divina Commedia* im frühen 14. Jahrhundert in der Toskana oder Chaucers Gedichte in England am Ende desselben Jahrhunderts keine Beachtung gefunden.

*Rechts:* Der Rektor, der Lehrkörper und die Studenten von Winchester College aus der *Brevis Chronica,* geschrieben 1463. Im Hintergrund sieht man die Schulgebäude, einschließlich des ursprünglichen Turms, der 1474 abgerissen wurde. Im Schulhof üben sich zwei Männer in ritterlichem Zweikampf, vorne sind die Studenten um die Lehrer versammelt.

**Augustinus und Aristoteles**
Die gelehrte Welt des Mittelalters hatte formell vier lateinische Kirchenväter anerkannt: Ambrosius, Hieronymus, Augustinus und Papst Gregor I. Augustinus *(oben)*, Bischof von Hippo Regius, war der bedeutendste und kritischste Geist seiner Zeit. Seine profunde lateinische Bildung auf jedem religiösen und weltlichen Gebiet sicherte ihm zusammen mit der Rationalität seines Denkens und seiner sprachlichen Brillanz Einfluß und Anerkennung im ganzen Westen. Seine tiefgründigen Reflexionen über die christliche Offenbarung, in die er seine außerordentlich präzise Kenntnis der Antike einbrachte, eröffneten eine neue intellektuelle Epoche. Die mittelalterliche Begeisterung für seine Lehre war nicht das Ergebnis absinkenden intellektuellen Niveaus, sondern die bescheidene Fortsetzung des Anspruchs, den er zu Lebzeiten gestellt hatte. Kein Denker des Mittelalters schrieb so lebendig über die Situation des Menschen, denn niemand vor ihm hatte die eigene »Persönlichkeit« so sehr zum Ziel seiner Reflexionen gemacht.

Mit der Wiederbelebung des Interesses an der Logik wurden auch die großen intellektuellen Leistungen von Aristoteles *(ganz oben)* neu entdeckt. Dies war an sich überraschend, denn in der Antike hatte er stets im Schatten Platos gestanden. Die Faszination, die Aristoteles auf die westliche Geisteswelt auszuüben begann, hat seit dem zwölften Jahrhundert nicht nachgelassen. Die meisten seiner Schriften waren relativ schwer zugänglich. Sie mußten erst systematisch erfaßt und dann aus dem Griechischen oder Arabischen übersetzt werden, zusammen mit den arabischen Kommentaren, ohne die Aristoteles unverständlich schien. Diese Schwierigkeiten machen es um so erstaunlicher, daß Aristoteles nicht nur als Logiker sondern auch als Naturwissenschaftler und Metaphysiker zu einer Autorität wurde, dem noch die Wissenschaftler der Neuzeit verpflichtet sind. Mittelalterliche Gelehrsamkeit erhob mit Recht keinen Anspruch auf Originalität, doch indem sie solche Denker der Antike zu ihren Mentoren wählte, gewann sie einen spezifischen Charakter.

# Naturwissenschaft und Medizin

Das naturwissenschaftliche und medizinische Wissen der Antike wurde in Konstantinopel und anderen Städten des Ostens gepflegt, wo es dann die Moslems erwarben. Der Islam breitete sich von Spanien bis Indien aus, und die moslemische Wissenschaft wurde an den Höfen der großen Herrscher zwischen Sevilla und Choresmien gefördert. Die mathematischen Kenntnisse Indiens gelangten in das Mittelmeergebiet, und die Vielfältigkeit der Länder des Islam trug zur Intensivierung der Forschungen bei. Anders als das Byzantinische Reich war der islamische Raum in der Regel ohne dominierenden kulturellen Mittelpunkt. Es war wichtig für sein geistiges Leben, daß Gelehrte in vielen Städten wirken konnten. Die moslemischen Beiträge zum wissenschaftlichen Fortschritt konzentrierten sich bezeichnenderweise mehr auf die Zusammenstellung von enzyklopädischen Werken als auf die Theorie. Nach der ersten großen Phase der Assimilierung von nichtislamischem Wissen unter den Abbasiden-Kalifen im neunten Jahrhundert gingen fromme Moslems daran, die philisophischen Implikationen der fremden Lehren für ihre eigene Religion zu erforschen. Dies förderte einerseits eine religiöse Erneuerung und andererseits eine neue philosophische Betrachtungsweise, aber beides trug nicht dazu bei, wissenschaftliches Denken voranzutreiben. Die Moslems fanden wie ihre Zeitgenossen in der christlichen Welt die Antworten auf ihre schwierigsten Fragen in den heiligen Büchern oder bei ihren Glaubensgelehrten, den Ulema.

In der Antike hatte man über genügend naturwissenschaftliche Kenntnisse verfügt, um die für das tägliche Leben notwendigen technischen Hilfsmittel herzustellen, und das Hauptinteresse lag nunmehr auf politischem und spirituellem Gebiet. Das wissenschaftliche und technische Wissen der Antike war in einigen großen Bibliotheken wie der von Alexandreia und in einigen besonderen »Schulen« niedergelegt, aber es wurde nie ein Bestandteil des gewöhnlichen Schullehrplans. Nach dem Untergang des Römischen Reiches erfolgte die Weitergabe an die folgenden Generationen durch Handbücher wie die von Boethius und durch die noch bestehenden, meist klösterlichen Schulen. Der Zusammenbruch der römischen Macht im Westen vereinfachte die Verwaltungsarbeit in einem solchen Ausmaß, daß eine obligatorische Erziehung selbst für die höhere »Beamtenschaft« unnötig wurde. Nur Geistliche beschäftigten sich noch mit Zweigen wie der Astronomie, aber nicht für naturwissenschaftliche Zwecke, sondern um liturgische Feste zur richtigen Zeit feiern zu können. Im Verlauf der Jahrhunderte wurde ein neues Bildungsmodell verbindlich, das nur schwer umzustoßen war. Lediglich einige wenige Gelehrte, die wie Gerbert den Ruf von Zauberern erwarben, studierten die lange vernachlässigten Wissenschaftsgebiete. Im zwölften Jahrhundert ermöglichten die engeren Kontakte mit den Moslems besonders in Spanien und Sizilien einer größeren Zahl von Gelehrten den Zugang zur islamischen Forschung. Leonardo Fibonacci beispielsweise veröffentlichte 1202 sein *Liber abaci* (Buch vom Rechenbrett), die erste gründliche Darlegung der arabischen Zahlzeichen, der Null und des Dezimalsystems durch einen christlichen Autor. Nicht vor dem 13. Jahrhundert begann der Westen die volle Bedeutung zu ermessen, die das neue Wissen für die herkömmlichen Wahrheiten besaß. Das wiedererwachte Interesse an der Naturwissenschaft zeitigte wahrscheinlich ziemlich schnell gewisse praktische Erfolge – den Gebrauch der Magnetnadel für die Navigation, die Erfindung der Brille aufgrund neuer Kenntnisse in der Optik – aber sonst schienen die Naturwissenschaften im wesentlichen eine Herausforderung der geoffenbarten Wahrheiten zu sein. Versuche, beide Standpunkte auszusöhnen, wie der des Thomas von Aquin, wurden damals weithin nicht akzeptiert. Einige Fortschritte wurden bei naturwissenschaftlichen Beobachtungen gemacht, doch

*Rechts:* Astrolabien sind Instrumente zur Beobachtung von Himmelskörpern, zur Messung von Entfernung und Höhe, zur Feststellung der Breite und zur Zeitbestimmung. Das Instrument wurde erstmals von einem Griechen aus Alexandreia im sechsten Jahrhundert beschrieben, doch stammt es wahrscheinlich aus der babylonischen Astronomie. Moslemische Gelehrte hatten Zugang zu dem alten Wissen des Ostens, und die ältesten erhaltenen Astrolabien entstanden in der islamischen Welt des zehnten Jahrhunderts. Die Moslems fertigten größere und bessere Instrumente, doch erzielten sie in der Beobachtungsmethode keine wirklichen Verbesserungen. Jedes Instrument mußte für die geographische Breite eines bestimmten Ortes konstruiert werden, wobei vorausgesetzt wurde, daß die Frühlings-Tagundnachtgleiche zu einer bestimmten Zeit eintritt. Solche Instrumente dienten astronomischen und astrologischen Zwecken und wurden nicht vor dem späten 15. Jahrhundert in der Schiffahrt verwendet. Das hier gezeigte Astrolabium entstand 1068 in Toledo.

*Links:* Das *Tacuinum Sanitatis,* ein Gesundheitshandbuch, wurde von dem christlichen Arzt Abul Hasan al-Mukhtar ibn Butlan (gest. 1063) aus Bagdad verfaßt. In Italien erschienen im 14. Jahrhundert mehrere illustrierte Ausgaben in Latein, als das Wiederauftreten der Pest das Interesse an vorbeugender Medizin geweckt hatte. Diese Zusammenfassung des medizinischen Wissens aus dem elften Jahrhundert bot offensichtlich genaue, verläßliche und verständliche Informationen für Laien, die sich um ihre Gesundheit sorgten. Die Methode des Handbuchs wird anhand der Bildunterschrift zum Kürbis deutlich (*links*): »Er ist seiner Natur nach kalt und feucht; er ist am besten frisch und grün; er stillt den Durst; sein Nachteil ist, daß er stark abführend wirkt; durch Salzwasser und Senf kann dies behoben werden; er stellt folglich eine beliebte kalte Erfrischung dar, besonders geeignet für cholerische Temperamente, für die Jugend, im Sommer, in allen Regionen, besonders im Süden.«

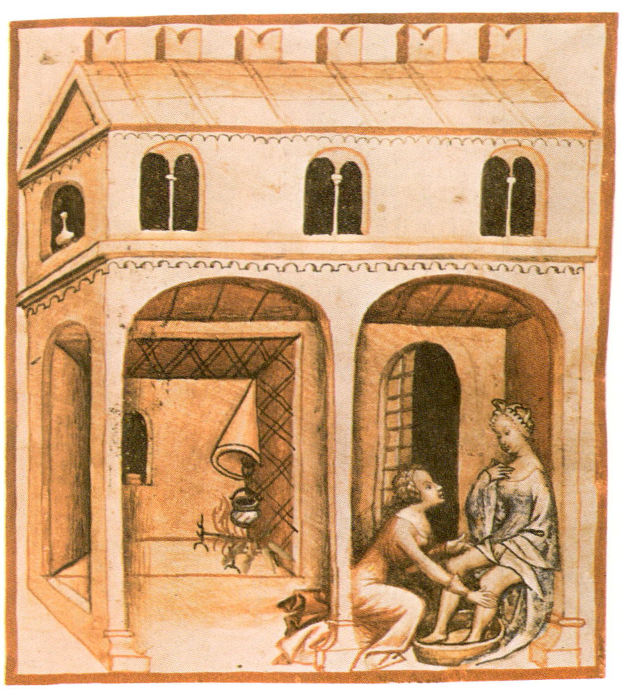

im ganzen setzten sich die neuen Studien nicht durch, und die »wissenschaftliche Revolution« erfolgte nicht vor dem 17. Jahrhundert.

Das alte Interesse an der Astronomie war die Grundlage für das Verständnis der Natur der Erde und ihrer Stellung im Universum, aber auf einer weniger theoretischen Ebene brachte sie auch praktische Vorteile für Seeleute und Bauern. Das maßgebliche Werk für die mittelalterliche Astronomie war der *Almagest* des Ptolemäos. Trotz der Einwände, die u. a. der maurische Astronom al-Bitrudschi im zwölften Jahrhundert gegen die ptolemäische Himmelsmechanik erhob, blieb dieses System bis zu den Tagen des Kopernikus in Kraft. Die volkstümlichen astronomischen Kenntnisse wurden von einer Generation an die nächste ohne die Hilfe von Schulen weitergegeben, selbst unter den Barbaren des Nordens, die bei der Himmelsbeobachtung weniger begünstigt als die Völker des Mittelmeerraums waren. Allerdings war das naturwissenschaftliche Wissen des Volkes ebenso wie in der Antike stark mit abergläubischen und mystischen Elementen durchsetzt. Ihr Aberglaube hinderte die Menschen jedoch nicht, beispielsweise die Nordsee zu durchfahren oder neue Länder zu kolonisieren. Die Einfachheit ihrer Lebensbedingungen sollte uns nicht zu der Annahme verleiten, sie für Primitive zu halten, die nur auf den eigenen begrenzten Lebensraum eingeengt waren.

Die volkstümlichen Vorstellungen im Mittelalter sind ein schwer faßbares Thema, weil die grundlegenden Zeugnisse hierfür aus Büchern stammen, deren Autoren zumindest in Ansätzen eine völlig andere Erziehung besaßen. So umfaßt die englische Heilkunde vor der normannischen Eroberung, wie wir sie aus Handschriften kennen, nicht nur Kräuterrezepte, die auf der Kenntnis von Mittelmeerpflanzen in den Klostergärten beruhten, sondern auch Zaubersprüche, die auf unterschiedliche Gottheiten Bezug nehmen. Eine solche Verknüpfung mit

*Links und rechts:* Die Illustrationen zum *Tacuinum Sanitatis* sind manchmal recht hilfreich bei der Identifizierung von Pflanzen. Zum größten Teil sind sie jedoch so nichtssagend wie der Text selbst. Als Zeugnis des populären Geschmacks in wissenschaftlicher wie künstlerischer Hinsicht ist das Buch trotz seiner Mängel von unschätzbarem Wert. Die wenig interessanten häuslichen Szenen wie jene *(links außen)*, die die Eigenschaften heißen Wassers illustriert, und die konventionellen Personifizierungen wie die des Westwinds *(links)* zeigen, daß die Künstler nach Vorlagen arbeiteten, ohne daß eine persönliche Handschrift erkennbar wird. Szenen wie der Metzgerladen *(rechts)*, der die Eigenschaften des Kalbfleisches illustriert, gehören zur mittelalterlichen Genremalerei. Als solche erweitern sie unsere Kenntnis vom täglichen Leben zu jener Zeit.

*Unten:* Die Klinik des Chirurgen, aus einer illustrierten Ausgabe (15. Jahrhundert) von Guy de Chauliacs *Chirurgia.* Der Autor war einer der berühmtesten Chirurgen des 14. Jahrhunderts, und diese Fassung seines Werkes wurde vermutlich für praktische Ärzte herausgegeben. Der Arzt wird mit seinem Handbuch gezeigt, das vor ihm aufgeschlagen liegt. Er behandelt drei Patienten mit Geschwüren an Arm, Auge und im Genitalbereich. Die Leidenden deuten auf ihre Gebrechen und erhoffen sich Linderung.

*Ganz unten:* Eine Zeichnung aus einem Manuskript des Pseudo-Dioscorides Herbal (zwölftes Jahrhundert). Die Darstellung ist sehr lebhaft im Stil und zeigt zusammenfassend die Behandlung des Grauen Stars. Solche Zeichnungen geben einen ziemlich irreführenden Eindruck von der damaligen medizinischen Praxis. Sie dienten ursprünglich lediglich als Illustration zum Text.

abergläubischen oder heidnischen Bräuchen läßt uns die frühe mittelalterliche Medizin reichlich fremd erscheinen. Man muß sich jedoch darüber im klaren sein, daß die alte Arzneimittelkunde und Blutegelbehandlung nicht mit der modernen Medizin vergleichbar ist. Natürlich kann es auch sein, daß die Krankheiten, die mit Blutegeln behandelt wurden, damals völlig andere waren als heute. Für die Therapie wurden gern tierische Substanzen wie »Drachenblut«, Viperngalle, Froschlaiche, zuweilen auch Kot verwendet, eine der beliebtesten Arzneien war das *theriacum*, eine Mischung aus verschiedensten Bestandteilen, darunter das Fleisch von Giftschlangen.

Die Tatsache, daß die Mehrheit der Bevölkerung auf dem Land lebte und daß die Städte klein waren und es zwischen ihnen wenig Verkehr gab, verringerte die Ausbreitungsgefahr ansteckender Krankheiten – man denke etwa an die Epidemie, die 542 in Konstantinopel und den Orten, die mit dieser Stadt in Verbindung standen, grassierte. Aber auch auf dem Lande litten die Menschen an verschiedensten Krankheiten und Unfallverletzungen; bei magerer Kost traten Mangelerscheinungen hinzu. Wie diese einzelnen Beschwerden kuriert wurden, wissen wir nicht, doch wurden die leichteren von ihnen vermutlich mit leidlichem Erfolg behandelt, während andere unheilbar blieben. Die Kindersterblichkeit war zweifellos hoch, aber nicht unbedingt so hoch wie zur Zeit der industriellen Revolution. Schwere Krankheit wurde als göttliche Bestrafung hingenommen. Weil in diesen Fällen keine Heilung durch Blutegel oder Arzneien in Aussicht stand, hatte es wenig Sinn, die Krankheiten zu erforschen und ihre einzelnen Symptome festzuhalten. Die unexakte Sprache, die mittelalterliche Chronisten in bezug auf Krankheiten verwenden, zeigt, daß ihrer Beschreibung keine besondere Aufmerksamkeit galt; und dies macht es heute für Wissenschaftler schwierig, die Natur der Probleme genau zu erfassen. Die Volksheilkunde benutzt noch den Begriff »Influenza«, der aus einer Zeit stammt, als die »Einflüsse« der Atmosphäre als Ursache für Infektionen angesehen wurden, und die Medizingeschichte spricht oft vom »Schwarzen Tod« in fast apokalyptischen Worten, statt die Pest und ihre Symptome nüchtern beim Namen zu nennen.

Von Asien aus erreichte die Pest im Herbst 1347 Europa und breitete sich über den Kontinent aus, indem sie anfangs wohl vor allem durch den Schiffsverkehr rasch weitergetragen wurde. Von der Pest ist bekannt, daß sie auf Menschen durch Flöhe übertragen wird, die gemeinhin Parasiten der Hausratte sind, einem Nagetier, das sich üblicherweise in den Dächern von Holzhäusern einnistet. Diese Tatsachen waren den Menschen im 14. Jahrhundert nicht bekannt, sie hatten keine Vorstellung, wie sich die Krankheit ausbreitete noch wie ihr vorgebeugt werden konnte. Durch die erhaltenen Berichte ist heute jedoch eine gewisse Dokumentation der Epidemie möglich. Die Verbreitung der Pest von Asien aus, wo sie endemisch war, zeigt deutlich, welch enge Verbindungen das westliche Europa dort bis 1347 geknüpft hatte. Ein Jahrhundert früher war noch kein Westeuropäer über den »Fruchtbaren Halbmond« der Moslems hinausgelangt, und es war erst 50 Jahre her, daß Marco Polo aus dem legendären Kathay wieder nach Venedig zurückgekehrt war. Ferner weiß man, daß die Krankheit sehr wahrscheinlich von infizierten Ratten auf genuesischen Galeeren von der Krim eingeschleppt wurde. Ihre Flöhe infizierten die Ratten auf den Küstenschiffen Europas und schließlich die in den Städten und auf den Booten und Wagen, die ins Landesinnere fuhren, wo ihre Auswirkungen schwächer wurden. Um 1347–1350 gab es nur wenige Teile Europas, die nicht irgendwie in das Handelsnetz von Städten und Schiffahrt einbezogen waren. In früher Zeit hätte sich keine Epidemie so rasch ausbreiten können.

Im Jahrhundert zuvor hätten auch die medizinischen Kenntnisse nicht ausgereicht, um die Pest genau zu beschreiben, wenn die Ärzte sie auch weder heilen noch erklären konnten. Immerhin versuchten sie, Theorien aufzustellen, und vor allem bemühten sich die Behörden wenigstens an manchen Orten, diese Krankheit als eine öffentliche Angelegenheit zu behandeln. Dies ist das erste Zeugnis, welches wir besitzen, daß eine Krankheit öffentliches Interesse fand. Die hohe Sterblichkeitsrate und die Art und Weise, mit der sie offensichtlich wahllos Reiche

*Unten:* Diese Handschrift aus dem 13. Jahrhundert enthält 96 Illustrationen. Die hier gezeigten beziehen sich auf den Text von Roger von Salernos *Chirurgia* (ca. 1170), dessen Werk die Medizinkenntnisse von Salerno in Westeuropa verbreitete. Der Chirurg, der stets in einem langen ärmellosen Gewand und mit Kappe dargestellt wird, um seinen Berufsstand hervorzuheben, untersucht die erkrankten Patienten. Es handelt sich augenscheinlich um Erkrankungen des Unterleibs, des Schenkels, der Leistengegend, des Knies, der Füße und des Beines. Der praktische Nutzen solcher Illustrationen ist äußerst begrenzt, und da sie keine Bildunterschriften haben, müssen sie durch Verweise auf den Text erklärt werden. Ihr historischer Wert liegt vor allem darin, daß sie das wachsende Ansehen der Ärzte im Mittelalter bezeugen, die in allen Fragen der Gesundheit – von der Wundbehandlung bis zu den Heilbädern – allgemein anerkannte Autoritäten wurden.

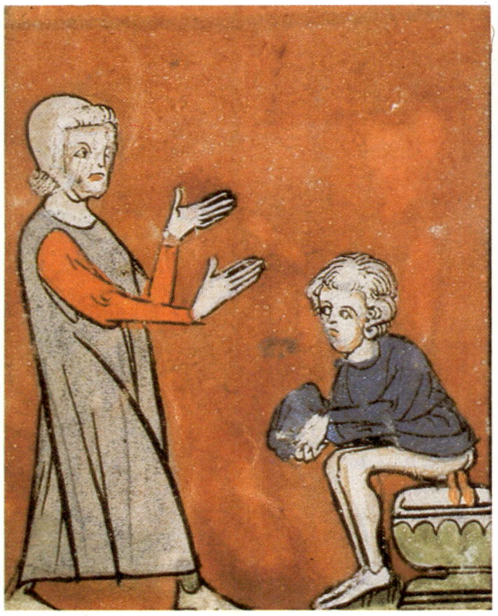
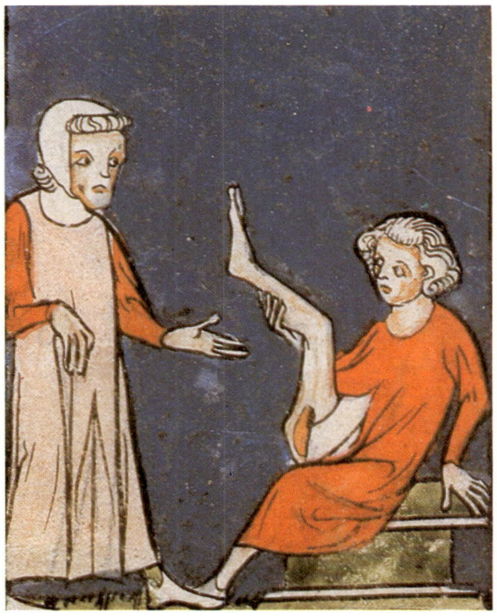

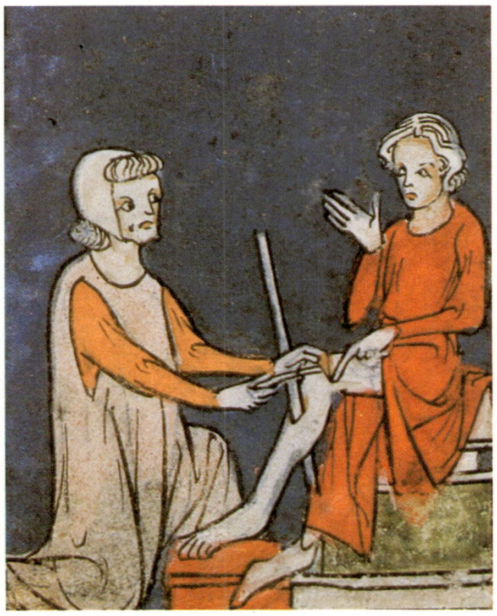

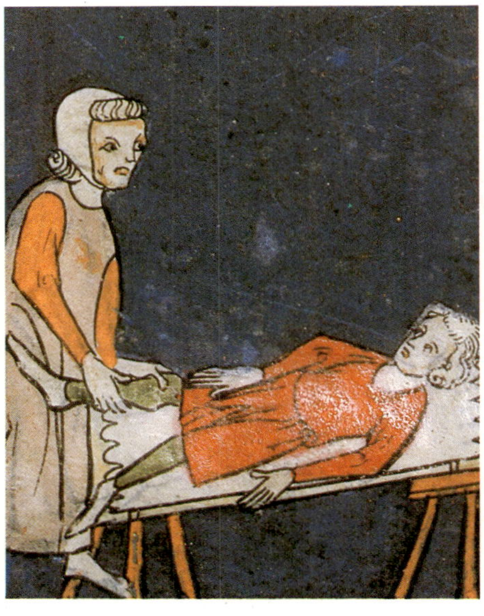

und Arme, Alte und Junge, Gute und Schlechte heimsuchte, erschütterte auch bei einigen das Vertrauen in die Auffassung, daß sie eine Gottesgeißel wäre. In vieler Hinsicht leitete daher die Pest in der Mitte des 14. Jahrhunderts eine neue Periode ein. Bis zum zwölften Jahrhundert war das Studium der Medizin in Westeuropa auf die Schulen von Salerno beschränkt gewesen. Dann begann sie sich als Lehrfach in den Universitätsstädten zu etablieren. Einige der fertigen Ärzte fanden als persönliche Ratgeber bei den Herrschern Anstellung, andere bildeten Gilden, und die größeren Städte zogen wahrscheinlich die bedeutenderen Gruppen von Berufsmedizinern an.

Unabhängig von den Fortschritten in der Medizin, hatte sich in Europa seit dem zwölften Jahrhundert die Zahl der Hospitäler vervielfacht. Früher hatten die Klöster Krankensäle für ihre Brüder unterhalten. Vor dem zwölften Jahrhundert waren die Städte offensichtlich nicht groß genug gewesen, um besondere Hospize für die Kranken zu brauchen, wenn auch bereits Häuser für Leprakranke gegründet worden waren. Als König Ludwig VIII. im Jahre 1226 Statuten für die Leprahospitäler erließ, schätzte man die Zahl der Aussätzigen in Frankreich auf etwa 2000. Stellt man jedoch das geringe Wissen über das Wesen der Krankheit und die Ungenauigkeit der Beobachtung und vor allem der Diagnostizierung in Rechnung, ist anzunehmen, daß die Bezeichnung Lepra für eine Vielzahl von Gebrechen verwendet wurde. Mehrere Jahrhunderte lang scheint sie eine gefährliche Geißel der Menschen gewesen zu sein, bis sie auf unerklärliche Weise im 14. Jahrhundert ausstarb. Aber die Errichtung von Hospitälern für bestimmte Zwecke ging weiter. Ludwig IX. von Frankreich zum Beispiel gründete um 1260 in Paris ein Hospital für die Blinden, ein Waisenhaus entstand 1326. Eine weitere Verbesserung der Volksgesundheit wurde durch die öffentlichen Badehäuser erreicht, die seit dem 13. Jahrhundert allgemein verbreitet waren. Der hemmungslose Genuß der Freuden des gemischtgeschlechtlichen Badens und seine Begleiterscheinungen veranlaßten jedoch die Behörden, diese Einrichtungen wieder zu schließen. Die Folge davon war, daß das Mittelalter oft fälschlich für eine Zeit gehalten wurde, die dem Baden weitgehend ablehnend gegenüberstand.

Ein etwas unappetitlicher Aspekt sollte vielleicht auch kurz behandelt werden: mit dem Aufschwung der Medizin und Anatomie kam auch die Sezierung des menschlichen Körpers in Mode. Sie wurde anfänglich vielleicht durch das von Juristen gezeigte Interesse an Autopsien und deren Förderung durch ihre Universitätskollegen angeregt. Obwohl seit dem 14. Jahrhundert seziert wurde, waren Verbesserungen des anatomischen Wissens nicht ersichtlich, da der Anatom kaum mehr tat, als in medizinischen Büchern beschriebene Organe zu identifizieren. Man machte keinen systematischen Versuch, neue Erklärungen für Gebrechen zu finden, die denen der maßgebenden Autoritäten zuwiderliefen. In dieser Hinsicht spiegelt die Medizin die kulturellen Tendenzen jener Zeit wider. Weder die Vertreter der theoretischen noch der angewandten Naturwissenschaft hatten die Erwartung, daß sie die Kenntnisse der Alten wesentlich verbessern konnten. Ihre Ausbildung beruhte daher ganz bewußt mehr auf Büchern als auf Experimenten.

# LANDBEVÖLKERUNG

Die Geschichte der mittelalterlichen Bauernschaft ist, allgemein gesprochen, eine Geschichte der Beherrschung der Umwelt. Drei Faktoren, die fast während dieser ganzen Zeit wirksam waren, machen deutlich, welch wichtige Rolle dabei jede einzelne Siedlung spielte: Zum einen fehlte eine übergeordnete politische Instanz, die das Wirtschaftsleben bestimmte, und es gab – von wenigen Ausnahmen abgesehen – kein einheitliches Geldsystem. Ferner war die bäuerliche Gesellschaft nicht mit festen Steuern zur Finanzierung einer Zivilverwaltung oder des Militärs belastet – die Steuerlast, wenn überhaupt eine auferlegt wurde (wie zum Beispiel der Kirchenzehnt), war lokal, gewöhnlich indirekt und wurde oft nachlässig gehandhabt; schließlich existierte vor dem 13. Jahrhundert kein internationaler Handel für die lebensnotwendigen Produkte, so daß jede Ortschaft mehr oder weniger autark sein mußte.

Unter diesen Bedingungen hatte die bäuerliche Wirtschaft nicht mehr zu erleiden als Naturkatastrophen oder Verwüstungen durch Kriege. Die Regierung oder die großen Feudalherren stellten keine hohen Anforderungen an die Produktivität. Im Laufe der Jahrhunderte weitete sich die Landwirtschaft auf die noch nicht erschlossenen Gebiete Europas aus. Es entwickelte sich eine regionale Spezialisierung auf bestimmte Erzeugnisse, die ihrerseits die Wiederaufnahme des Handels mit Grundprodukten wie Wein, Wolle, Salz oder Getreide möglich machte. Viele moderne Historiker, durch die demographischen Probleme unserer Zeit inspiriert, nehmen an, daß die Bevölkerungszunahme in einigen Gebieten zu Versorgungsengpässen führte. Im frühen 14. Jahrhundert scheint die lange Periode des Aufschwungs durch Hungersnöte und Krankheiten unterbrochen worden zu sein, auf die eine länger als ein Jahrhundert dauernde ökonomische Krise folgte. Diese Theorie ist wohl übertrieben pessimistisch. Die vereinzelten Probleme, die hauptsächlich in den urbanen Regionen auftraten, können durch den bis dahin noch nie dagewesenen und unvorhersehbaren Einfluß, den der wachsende Handel auf Stadt und Land nahm, einleuchtend erklärt werden. Die bäuerliche Wirtschaft mußte sich neuen Bedingungen anpassen: sie mußte die großen Städte mit Lebensmitteln und Rohstoffen versorgen und zugleich neue Industrien akzeptieren, die sich beispielsweise die Wasserkraft nutzbar machten wie die Walkindustrie. In dieser Zeit geben die historischen Aufzeichnungen erstmals Aufschluß über Einzelheiten des Wirtschaftslebens, wobei sie Katastrophen natürlich besonders herausstellen. Trotzdem darf man annehmen, daß das Land sich auf die städtischen Bedürfnisse im späten Mittelalter einstellte und eher blühte statt zu stagnieren. Die Verheerungen durch Epidemien trafen das Land weniger stark als die Städte und hatten nicht die schwerwiegenden Folgen, die ihnen oft zugeschrieben werden.

Das Verständnis der mittelalterlichen Landwirtschaft wird durch die bruchstückhaften, oftmals auf einzelne Bereiche und Orte beschränkten Unterlagen sehr erschwert. Unser Wissen beruht weitgehend auf den Aufzeichnungen der großen Landeigner, besonders der Klöster, Könige und Großgrundbesitzer. Wenig ist hingegen über die vielen kleinen Grundherrschaften oder über die Arbeitsbedingungen auf dem Feld bekannt, außer wo sie als rechtliche Verpflichtungen gegenüber den Herren festgelegt waren. Je mehr wir uns dem eigentlichen Problem der Landbestellung nähern, um so dürftiger werden die Informationen. Statt jedoch die Lasten zu betonen, die in den Texten des 13. Jahrhunderts beschrieben werden, sollten wir unser Augenmerk auf die Tatsache lenken, daß in vielen Teilen Europas Siedler von den neuen, den Moslems abgenommenen Ländern oder von den günstigen Bedingungen in Osteuropa angezogen wurden. Es ist unmöglich zu sagen, wie weit diese Neusiedler reisten, aber keine Region bildete eine isolierte Einheit. Die Arbeitsbedingungen und die rechtliche Stellung der Landbevölkerung differierten stark zwischen den einzelnen Regionen, und innerhalb einer einzigen Siedlung existierten beträchtliche soziale Unterschiede. Es gibt keine einheitliche Begriffsbestimmung der mittelalterlichen »Leibeigenschaft«, außer daß sie mit der antiken Sklaverei nicht vergleichbar ist. In einigen Teilen Europas, besonders auf ärmeren Böden, war das Land eingezäunt und wurde von einzelnen Familien bestellt. Der größte Teil der Agrarflächen verlangte jedoch das Zusammenwirken vieler Arbeitskräfte. Die offenen Felder wurden in Streifen bearbeitet und regelmäßig durch die Dorfgemeinde zugeteilt, die auch die Felder und Tiere vor Dieben und Marodeuren zu schützen hatte. Diese Gemeinden vereinigten nicht Menschen gleichen sozialen Ranges. Von Anfang an gab es Grundherren, auch kirchliche, in deren Auftrag die Höfe bewirtschaftet wurden. Doch bis zu welchem Grad die Grundherren oder ihre Aufseher tatsächlich die dörfliche Wirtschaft bestimmen konnten, ist ungewiß, wahrscheinlich setzte sich die lokale Verwaltung durch. Die Feudalherren verfügten nicht über überlegene technische Hilfsmittel oder Kenntnisse und waren nicht darauf vorbereitet, mehr Kapital zu investieren oder neue Absatzmärkte für die Erzeugnisse zu öffnen, was spätere Agrarreformer konnten. Bestenfalls hofften sie, ihre Erträge durch bessere Buchhaltung oder strengere Durchführung der Arbeitspflicht zu verbessern. Solche Pläne kamen spät und waren wenig wirksam oder währten nicht lange. Aufzeichnungen aus England zeigen, daß im 14. Jahrhundert viele Grundherren die direkte Verwaltung aufgaben und statt dessen Land an die Bauern verpachteten. Die vorherrschenden Arbeitsbedingungen in der Landwirtschaft und auf dem Dorf ließen ihnen viel eigene Initiative. Ihre Lehen waren durch Gewohnheitsrecht geschützt, und sie konnten nicht leicht wieder eingezogen werden. Einen Pächter zu vertreiben, um ihn durch einen anderen unter denselben Bedingungen zu ersetzen, brachte nichts ein. Einige Landarbeiter waren Tagelöhner, doch da solche Männer, die kein Land besaßen, ein besseres Auskommen in der Stadt finden konnten, wanderten viele von ihnen ab. Während des gesamten Mittelalters herrschte ein chronischer Arbeitskräftemangel. Abgesehen von der niedrigen Zuwachsrate der Bevölkerung, kurzer Lebenserwartung und hoher Kindersterblichkeit gab es eine beträchtliche Zahl Geistlicher, die sowohl unproduktiv wie größtenteils kinderlos waren.

*Links:* Der Monat März aus *Les Très Riches Heures du Duc de Berry,* gemalt von den Brüdern Limburg, 1411 bis 1416. Ländliche Beschäftigungen erscheinen nicht selten auf mittelalterlichen Zeichnungen, besonders in Darstellungen der entsprechenden Arbeiten zum jeweiligen Monat.

# Die soziale Rangordnung

*Ganz unten:* Diese bemerkenswerte Miniatur aus dem *Livre des Tournois du Roi René* zeigt die große Prachtentfaltung bei den Turnieren des 15. Jahrhunderts. Der *bon roi René* war einer der größten französischen Schirmherrn solcher Festlichkeiten zu jener Zeit. Die Künstler wurden sowohl mit der Ausschmückung der Turniere als auch mit ihrer Protokollierung beauftragt. Die Vielfalt der Waffen ist so spektakulär, daß sie sogar das Interesse der adeligen Damen findet. Das Bild vermittelt auch einen guten Eindruck von der verschwenderischen Pracht der zeitgenössischen Mode in der Zivil- wie in der Militärkleidung. Die offiziellen Leiter des

Im zwölften Jahrhundert wurde die effektive Macht im christlichen Europa von verschiedenen Königen und, auf lokaler Ebene, von den großen Grundherren ausgeübt. Einige von ihnen waren privilegierte Klöster oder Bischöfe, die meisten jedoch gehörten dem weltlichen Militäradel an. Die Kleriker erwarben durch ihre Ausbildung und ihren göttlichen Auftrag andere Wertmaßstäbe als der Adel, aus dem sie stammten, doch blieben ihnen gewisse Charakteristika gemeinsam. Der weltliche Adel erhielt keine Schulbildung, verdankte seine grundlegende Weltanschauung also seiner Herkunft und seiner frühen Erziehung. Das generelle Desinteresse der adeligen Herrn an allem Geschriebenen macht es für den Historiker außerordentlich schwierig, ihre Wertmaßstäbe zu erfassen. Als im zwölften Jahrhundert eine aristokratische Literatur in den Landessprachen entstand, beeinflußte diese die Erziehung, indem sie ein neues höfisches Ideal förderte. Doch hiervon abgesehen, beförderte sie vermutlich auch die anderen traditionellen Werte, die sich der historischen Forschung entziehen.

Die barbarische Gesellschaft scheint von Anfang an in fest umrissene soziale Ränge eingeteilt gewesen zu sein, mit unterschiedlicher Bewertung des einzelnen innerhalb jeden Ranges. Hierbei spielte vermutlich die Verwendbarkeit im Krieg eine zentrale Rolle. Ein gut ausgerüsteter Adeliger war um vieles wertvoller als ein einfacher Freier. Sklaven, die keine Waffen tragen durften, standen am Ende dieser Werteskala. Die Tatsache, daß der Wert des Mannes in der Schlacht so wichtig war, ist ein Beweis für die große Bedeutung, die die Kriegführung in diesen frühen Gesellschaftsformen besaß. Während des Mittelalters fanden schnelle und radikale Veränderungen in der Kampftechnik statt, vom Einsatz der Kavallerie bis hin zur Verwendung von Pikenieren und Kanonen. Dies hatte zwangsläufig Folgen für die soziale Unterteilung, doch die Überzeugung von ihrer Notwendigkeit an sich wurde nicht erschüttert. Die wichtigsten Soldaten brauchten natürlich eine sehr gründliche Ausbildung. Die Adeligen übten sich von klein auf im Kampf und stählten ihren Körper bei der Jagd und auf Turnieren.

Der Adel war auf das Land festgelegt und zeigte wenig Interesse an den Städten. Sein Leben spielte sich auf den eigenen Gütern oder denen der Verwandten und Bekannten ab. Durch Erbfolge, Heirat oder Lehen verschiedenster Herrn vergrößerten sie ihre Besitzungen. Die ausschließliche Bindung an Königtum und Nationalität lehnten sie als Einschränkung ihrer Rechte ab. Ihr Bewußtsein, einer privilegierten Gesellschaftsschicht anzugehören, nahm im Laufe der Zeit noch zu.

Im zwölften Jahrhundert mußte der europäische Adel lernen, mehr zu erwirken als nur örtlich begrenzten Respekt. Seine Mitglieder sahen sich mit klerikalen Forderungen nach Unabhängigkeit von den weltlichen Mächten konfrontiert, und auch die Städte forderten nachdrücklich die Autonomie. Die Könige wurden von gebildeten Beamten über ihre Rechte und Pflichten belehrt, und so war der Adel schließlich gezwungen, einen eigenen idealistischen Ritterkodex zu formulieren. Er entwickelte einen neuen Stolz auf seine adeligen Vorfahren und drückte dies durch heraldische Symbole aus. Von den Gebildeten lernten die Adeligen, ihre Wertvorstellungen in

Turniers, in der Mitte, tragen ihrer Würde entsprechende Kleidung in einem etwas altmodischeren Stil.

*Unten:* Das Schachspiel war in Westeuropa spätestens seit dem elften Jahrhundert bekannt, im Hochmittelalter wurden jedoch geistig weniger anspruchsvolle Spiele populär, wie etwa das Backgammon. Auf diesem sehr kunstvoll geschnitzten Backgammonbrett werden Männer beim spielerischen Zweikampf mit Schwertern und Stangen und beim Steinestoßen gezeigt.

*Rechts:* Diese Emailarbeit wurde zum Gedenken an einen großen Ritter des zwölften Jahrhunderts, Gottfried von Anjou, angefertigt. Es heißt, er habe seine Lektüre des Werkes über römische Kriegskunst von Vegetius auf die Eroberung feindlicher Burgen angewandt. Gottfried, der mit etwa 40 Jahren starb, wird hier als kühner Streiter gefeiert, dessen Schwert Räuber in die Flucht schlug.

landessprachliche Dichtungen zu fassen; von den Kaufleuten erwarben sie häuslichen Luxus und eine Kleidung, die ihren vornehmen Sozialstatus betonte. Einzelpersonen mochten die gesellschaftliche Leiter emporklimmen, an dem dem Adel gebührenden Respekt aber wurde nicht ernsthaft gerüttelt.

Der Klerus betonte, moralische Werte müßten wichtiger sein als adlige Geburt, doch hatte er wenig Erfolg mit dem Versuch, die Überzeugung zu unterminieren, daß manche Menschen anderen gesellschaftlich überlegen seien. Der Adel nutzte auch die Vorteile, die er im Diesseits hatte, um sich üppige Grabmäler bauen zu lassen und Messen zu stiften, damit die Priester für die ewige Ruhe ihrer edlen Seelen beteten. Heutzutage ist es kaum vorstellbar, in welchem Maße die soziale Rangordnung damals für völlig natürlich und für die Gesellschaft sogar als unerläßlich erachtet wurde. Die mittelalterlichen Menschen litten nicht so sehr unter den »Klassen«unterschieden« wie unter der Allgegenwart des Klerus. Die Macht des Adels wurde nicht abgelehnt, denn sie garantierte ein hohes Maß an Kontinuität und erlaubte es, Schutz und Unterstützung für die verschiedensten lokalen Belange zu finden, vom Auschmücken der Kirchen bis zur Ausbildung eines vielversprechenden Bauernjungen. Im Dienst des Feudalherrn zu stehen, verschaffte Vorteile, die im modernen Handels- und Industrieleben unbekannt sind. Jene, die gegen deren Rolle opponierten, wurden nicht etwa als Kämpfer für die Freiheit gefeiert, sondern als soziale Außenseiter abgelehnt.

# Jagd und Fischerei

Die Einschränkung der Jagdrechte, das Abgrenzen reservierter Gebiete und der Schutz des Wildes vor wahllosem Abschlachten schon im Mittelalter weist darauf hin, in welchem Ausmaß die bäuerlichen Siedlungen bereits die Wildnis zurückgedrängt hatten. Dies galt allerdings nur für dicht besiedelte Länder wie England, in Spanien oder in Osteuropa waren solche Maßnahmen nicht notwendig. Trotzdem lagen hinter den urbar gemachten Zonen Nordeuropas noch immer ausgedehnte Wälder mit ihrem scheinbar unerschöpflichen Vorrat an Rohmaterialien und Wild. Die Dörfler sammelten dort Beeren und Honig, den einzigen im früheren Mittelalter bekannten Süßstoff, trieben dorthin ihre Schweine zur Mast (mit Bucheckern und Eicheln), versorgten sich mit Häuten und Fellen und fanden die Rohstoffe für die Eisengewinnung und Glasmacherei, ganz zu schweigen von dem Holz für ihre Häuser und Gebrauchsgegenstände. Der Kienapfel wurde zum Anmachen des Feuers verwendet und sein Samen – zumindest in der Provence und im Alpenraum – getrocknet und verzehrt. Die Kastanie bildete in vielen ländlichen Gegenden eine wichtige Ernährungsgrundlage. Die bäuerlichen Bevölkerungsteile deckten ihren Fleischbedarf neben der Schweinehaltung vorwiegend durch die Jagd. Als die Könige und Grundherren das edle Wild für ihre eigene Tafel reservierten, fielen andere Tiere den Pfeilen und Schlingen des einfachen Volkes zum Opfer. Auch der Fischbestand in den Flüssen und Seen ging langsam zurück, der am weitesten verbreitete Süßwasserfisch war damals vermutlich der Aal. Kaufleute verdienten ein Vermögen mit dem Heringsfang und der Herstellung von Salz- und Räucherfisch. Im hohen Norden jagten Seeleute nach Seehundfellen und Walroßzähnen. Die Gutsherren gingen dazu über, Fischteiche für den eigenen Gebrauch anzulegen. Allmählich begann sich eine Abnahme der scheinbar unermeßlichen Reserven bemerkbar zu machen. Man mußte damit beginnen, Tiere für die Fleischversorgung zu züchten, Steine statt Holz zu verwenden und die Jagd für die breite Masse zu unterbinden.

*Links:* Vögel aus einem englischen Skizzenbuch von ca. 1380/90. Es ist das einzig erhalten gebliebene Musterbuch aus der Werkstatt eines englischen Künstlers im Mittelalter. Es enthält eine Vielzahl von Sujets (jedoch keine Gebäude), ist aber besonders bemerkenswert wegen der acht Seiten mit Vogelzeichnungen, von denen einige benannt sind, wie hier etwa der Dompfaff. Diese umfassende Sammlung von Vogelbildern ist kein Zeichen für wissenschaftliches Interesse, sondern für die Vielzahl von Motiven, die im Spätmittelalter als Vorlage für Stickereien und Schnitzarbeiten verwendet wurden.

Gaston Febus, Graf von Foix (1343–1391), verfaßte sein *Livre de la chasse* für seinen Freund Philipp, Herzog von Burgund. Es ist die am schönsten illustrierte und technisch präziseste mittelalterliche Abhandlung über die Jagd, geschrieben zu einer Zeit, als die Begeisterung des Adels für die Finessen dieses Sports ihren Höhepunkt erreicht hatte. Der Text bezeugt die lange Erfahrung des Autors. Febus' Vorliebe galt der Hirsch- und Wildschweinjagd, zu der man grüne, beziehungsweise graue Livrée trug *(oben und ganz links)*, doch beschäftigte er sich auch mit dem Fallenstellen und dem Erlegen von Füchsen *(links)*. Auch das Thema Erfrischungen wird nicht vergessen *(Mitte links)*, aber die letzten Freuden eines solchen Jagdausflugs waren ein gründliches Bad und ein bequemes Bett.

# DIE KÜNSTE

Bis zur italienischen Renaissance wurde keine Trennung zwischen den schönen und den angewandten Künsten gemacht, ja nicht einmal zwischen Kunst und Handwerk. Die Techniken, die erforderlich waren, um Schuhe herzustellen, Holzstatuen zu schnitzen oder Kirchen zu bauen, wurden von »handfertigen« Männern erworben, ohne daß sie aus Büchern lernten. Die »Gebildeten« beschränkten sich auf intellektuelle Fragen und gingen in ihren Schriften kaum jemals auf deren Arbeit ein. Die Gebrauchs- und Kunstgegenstände, mit denen sich die Menschen umgaben, änderten sich mit der Mode, und nie wurden sie aufgrund ihres spezifischen Wertes in Museen oder Sammlungen aufbewahrt. Noch 1508 ließ Papst Julius II. die wenig zuvor in den vatikanischen *stanze* enstandenen Gemälde kurzerhand von Raffael übermalen. Erst nach Raffaels Tagen wurden seine Arbeiten eifersüchtig als »Kunst« gehütet.

Um den mitterlalterlichen Kunstwerken gerecht zu werden, sollte man sie in Gedanken in ihre natürliche Umgebung versetzen – Statuen in Domnischen, Triptychen auf die Altäre, Reliquiare in ihre Schreine –, das heißt, sie überhaupt nicht als Kunstwerke behandeln. Ihre Schöpfer arbeiteten auf Bestellung, und wir wissen von keinem, der es vorgezogen hätte, um der reinen Kunst willen in Armut zu leben. Die Handwerker nahmen Aufträge, wo sie sie bekommen konnten. Solange die Menschen stark an ihren Wohnsitz gebunden waren, errangen talentierte Handwerker meist nur lokalen Ruhm, im zwölften Jahrhundert jedoch wirkten Architekten, Bildhauer und sogar Maler an den verschiedensten Plätzen. So begabt jedoch der Einzelne auch sein mochte – sein Können verdankte er den Lehrmeistern, und je besser die Lehre, desto stärker war man darauf bedacht, die Geheimnisse nur den Mitgliedern der Bruderschaft zugänglich zu machen. Mittelalterliche Handwerker waren keine Einzelgänger, sondern gesellige Menschen. Wenn der Ruhm dem einen Aufträge einbrachte, wurde erwartet, daß die gesamte Werkstatt davon profitierte, ob es sich nun um den Bau eines Doms handelte oder um seine Innenausmalung. Für den modernen Menschen mag es ganz natürlich erscheinen, Malerei, Bildhauerei und Architektur als getrennte Kunstrichtungen anzusehen. Im Mittelalter dagegen war das Kunstwerk die Kirche selbst. Man verglich nicht ein Gemälde mit dem anderen, sondern sah jedes einzelne in seiner Verbindung mit den anderen religiösen Gegenständen; man schätzte sie nicht als Produkt menschlicher Fertigkeiten, sondern verehrte sie als Darstellung der heiligen Mysterien, von denen man sich selbst kein Bild machen konnte.

Die *Maestà*, von Duccio 1308–10 für die Kathedrale von Siena gemalt, erfreut sich heute einer zunehmenden Wertschätzung, vor allem seit ihrer Restaurierung. Auf diesem Abschnitt des Altarbildes sieht man den auferstandenen Jesus, der sich in der trauernden Maria zeigt.

# Architektur

Als Konstantin der Große das Römische Reich erneuerte, gab er ihm auch eine neue Hauptstadt, Konstantinopel, das sogar Rom ausstechen sollte. Über 1000 Jahre lang demonstrierte Konstantinopel den Glanz und die Größe der römischen Kultur. Keine Stadt im ganzen Westen kam ihr je gleich. Die dortigen Barbarenherrscher benutzten zwar die bestehenden römischen Städte für ihre Zwecke, planten oder bauten jedoch niemals in großem Umfang selbst. Neue Forts und Festungen waren zumeist Außenposten an den Grenzen ihrer Machtbereiche mit vorrangig militärstrategischen Aufgaben. Auch nachdem sie »seßhaft« geworden waren, blieben die Herrscher und die großen Herren der neuen Reiche ruhelos, reisten ständig in ihren Ländern umher und verweilten niemals lange an einem Ort. Die unternehmungslustigeren von ihnen verbrachten den Sommer mit Feldzügen und kannten ihre Zelte besser als ihre Paläste. Der erste englische König, der sich um den Komfort und die Ausschmückung seiner Burgen bemühte, war Heinrich III.; seine Nachfolger dagegen waren weiterhin im Feld aktiver. Auch das einfache Volk zeigte wenig Interesse an der Errichtung dauerhafter Behausungen. Die Häuser in den mittelalterlichen Dörfern bestanden entweder ganz aus Holz oder auch aus Fachwerk, ausgefüllt mit Flechtwerk und Lehm. Da die Menschen hier sehr eng beieinander wohnten, müssen sie oft die zerstörerische Kraft des Feuers erlebt haben. Beim Wiederaufbau verließ man sich, wenn auch Handwerker hinzugezogen wurden, hauptsächlich auf die Mithilfe der Nachbarn. Die Häuser waren zwangsläufig sehr einfach in ihrer Konstruktion. Sie dienten nicht nur als Wohnung, sondern mußten auch Schutz vor Plünderern bieten und genügend Platz zur Lagerung von Getreidevorräten und anderen Lebensmitteln; im Winter beherbergten sie zusätzlich das Vieh. Jahrhundertelang muß der dörfliche Hausbau nach modernen Maßstäben primitiv geblieben sein, und Architektur scheint in diesem Zusammenhang kaum der angemessene Ausdruck. Als man im 13. Jahrhundert in Westeuropa große Burgen aus Stein errichtete, wurden für das Planieren des gewählten Standorts und für die Bauplanung Militärtechniker eingesetzt.

Die feste Steinbauweise setzte sich in den Barbarenreichen zuerst für die Kirchen durch. Vor Konstantin waren die Bedürfnisse der Gläubigen von den Gemeinden aus eigenen Mitteln befriedigt worden, und ihre Kirchen hatten sich daher an kein Vorbild gehalten. Nach der Bekehrung des Kaisers jedoch begann die römische Regierung selbst herrliche Basiliken für die allgemeine Versammlung und die entsprechenden Zeremonien zu bauen. Die Lateranbasilika in Rom konnte Tausende von Menschen gleichzeitig aufnehmen. Derartige Kirchen mußten die späteren Generationen beeinflussen, als diese darangingen, Versammlungskirchen kleineren Maßstabs zu errichten. Außerdem wurden jedoch Kirchen, die nicht zur regelmäßigen Benutzung in dieser Form gedacht waren, über den Schreinen der Heiligen oder an »Heiligen Stätten« errichtet. Einige von diesen blieben klein, während andere, sobald der Kult eine gewisse Berühmtheit erlangte, vergrößert werden mußten. Wurde ein solcher Ort zum Sitz von Bischöfen oder Klöstern, stellten die regelmäßigen liturgischen Gottesdienste neue Anforderungen an das Bauwerk. Die Sakralbauten in Rom und im Heiligen Land wurden mit der Zeit zu Vorbildern für alle Kirchen in der westlichen Welt. Die Barbarenvölker des Nordens, die keine Erfahrung mit der Steinbauweise hatten, mußten die notwendigen versierten Handwerker eigens aus dem Süden kommen lassen.

Die karolingische Renaissance war vermutlich der umfassende Versuch, ein neues kaiserliches Kirchenbauprogramm in die Wege zu leiten. Da diese nach römischem Vorbild gestaltet wurden, hat man ihnen die Bezeichnung *romanisch* gegeben. Das technische Hauptproblem war das Bearbeiten der Steine. Die massive Bauweise spricht von dem Streben der Steinmetzen nach Solidität und Sicherheit; die wuchtige Form wurde durch dekorative Friese und Kapitelle aufgelockert. Als sie allmählich mehr Sicherheit erlangten, begannen die Steinmetzen die Konstruktion abzuändern, sie versuchten höher und offener zu bauen, doch mit hinreichend stabilen Säulen für das Gewicht der mächtigen Steingewölbe. Im Norden brauchten die Gotteshäuser außerdem größere Fenster, damit mehr Licht ins Innere fiel. Um diesen Bedürfnissen gerecht zu werden, wurde ein neuer Baustil, die *Gotik*, entwickelt. Steinmetzen, denen es gelang, die damit verbundenen technischen Probleme zu lösen, brachten ihn aus seiner ursprünglichen Heimat in Frankreich in andere Teile der christlich-lateinischen Welt, wo er einen »Nationalcharakter« annahm. Der gotische Stil bot eine Fülle von Möglichkeiten, und er entwickelte sich während des ganzen Mittelalters weiter, bis er im 16. Jahrhundert von der aus Italien kommenden Renaissance-Architektur verdrängt wurde.

*Links:* Die Hagia Sophia (»Heilige Weisheit«) in Konstantinopel wurde unter Kaiser Justinian zwischen 532 und 537 errichtet, ihre Baumeister waren Anthemios aus Tralles und Isidoros von Milet. Sie ersetzte einen Vorläuferbau Konstantins des Großen aus den Jahren 326–360. Die Basilika mit ihrer gewaltigen Kuppel (Durchmesser 33 m) ist das bedeutendste Beispiel byzantinischer Architektur.

**Gotische Kirchen und die Verteilung der Universitäten**
Zu ihrer Zeit galten die gotischen Kathedralen, die in ganz Europa entstanden, noch nicht vor allem als architektonische Meisterwerke, sondern als öffentliche, Gott geweihte Gebäude. Die Hervorhebung gotischer Bauwerke auf Kosten anderer Kirchen, die denselben Zwecken dienten, spiegelt moderne Vorlieben, nicht aber die zeitgenössische Betrachtungsweise wider. Das religiöse Leben war in älteren Kirchen nicht weniger intensiv als in den neuen.

Der internationale Ruf von Universitäten wie Paris oder Bologna lockte Studenten aus ganz Europa an. Auch als die Zahl der Universitäten zunahm, änderte sich dies nicht grundlegend, denn einige kleinere Universitäten waren von nur lokaler Bedeutung. Im Italien des 15. Jahrhunderts waren die geistigen Aktivitäten allerdings keineswegs auf die Universitäten beschränkt. Fürstenhöfe und republikanische Verwaltungen zogen Gelehrte, Künstler und Erfinder an. Zu den zeitgenössischen intellektuellen Zentren müssen die Höfe sämtlicher großen Herrscher des Mittelalter von der Zeit Karls des Großen an gezählt werden. Dieser Hinweis soll etwaige Mißverständnisse ausräumen, die sich durch die bloße Verzeichnung von Universitäten auf dieser Karte ergeben könnten.

# Gotische Dome

Die französischen Baumeister des zwölften Jahrhunderts entdeckten als erste, wie man große Gebäude errichten konnte, deren Stabilität nicht auf der Dicke ihrer Mauern beruhte. Man wußte inzwischen, wie man den Schub auf bestimmte Teile des Bauwerks übertragen konnte: auf die Rippen und Strebepfeiler, die sein Skelett bildeten. Das Ergebnis war eine dynamische, stabile Architektur von bisher unerreichter Höhe, die gleichzeitig den Eindruck großer Anmut und Lichtfülle vermittelte. Handwerker, die diese Konstruktionsgeheimnisse kannten, waren sehr gesucht. Ungefähr ein Jahrhundert lang zogen französische Steinmetzen auf Bestellung von Ort zu Ort, da eine große Nachfrage nach Kirchen in diesem neuen gotischen Stil bestand. Erst dann wurden ihre Fertigkeiten hinlänglich bekannt und für die ansässigen Steinmetzen in allen Teilen der westlichen Welt erlernbar. Doch bis dahin hing die Errichtung der gotischen Bauwerke von diesen französischen Handwerkern ab. Ein Baumeister mit ungefähr 30 Fachkräften übernahm die Verantwortung für eine Bausaison. Der Meister entwarf die Schablonen für die Steinmetzen, und für die gröberen Arbeiten, einschließlich der Fuhrdienste, wurden Einheimische herangezogen. Der langsam festwerdende Mörtel bedingte längere Arbeitspausen, besonders an den Bögen und Gewölben, bevor das Gerüst entfernt und ein neuer Arbeitsgang begonnen werden konnte. Zu diesem Zeitpunkt stand es dem Meister frei, sein Team anderswo einzusetzen.

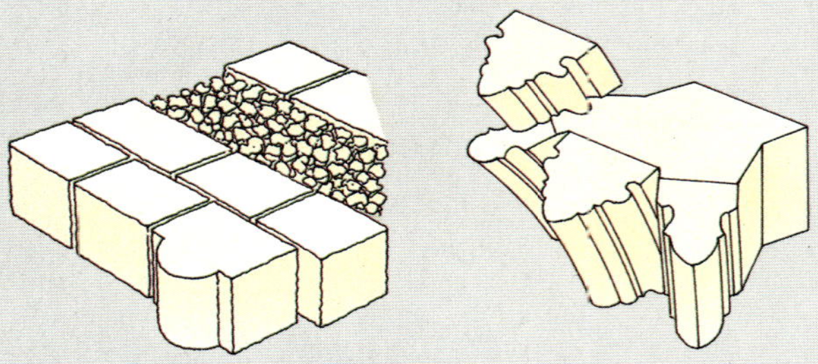

*Oben:* Romanische Bauwerke erhielten ihre Stabilität durch massive Mauern mit einem Kern aus Bruchstein. In der Gotik lastete das Gewicht des Gebäudes nicht auf den Mauern sondern auf den Strebebogen und Strebepfeilern. Sie mußten aus exakt zugeschnittenen Steinen, die genau aneinanderpaßten, errichtet werden. Die Abbildung zeigt die komplizierten Schnitte, die für die Steine erforderlich waren.

*Rechts:* Die hier abgebildeten Werkzeuge der Steinmetzen sind auch heute noch bekannt. Mittelalterliche Steinmetzen benutzten sie, um die Steine zu brechen und sie entsprechend den Musterschablonen in die geeignete Form zu bringen. Für den exakten Schnitt waren beträchtliche handwerkliche Fertigkeiten nötig.

*Oben:* Steinmetzzeichen, die angaben, welcher Steinmetz den Stein geschnitten hat. Da solche Zeichen bei den Arbeiten von Handwerkern mit regulären Verträgen oft fehlen, darf man annehmen, daß sie von Steinmetzen verwendet wurden, die auf Stücklohnbasis arbeiteten.

*Unten:* Wenn die großen Steinblöcke geschnitten waren, mußten sie zur Baustelle transportiert und dann in ihre genaue Position hochgezogen werden. Ohne Maschinen wäre diese Kraftleistung unmöglich gewesen. Dieser Lastenaufzug, dessen zwei wesentliche Teile die Winde und das Tretrad waren, scheint im zwölften Jahrhundert neu zu sein und wird oft in bebilderten Handschriften gezeigt.

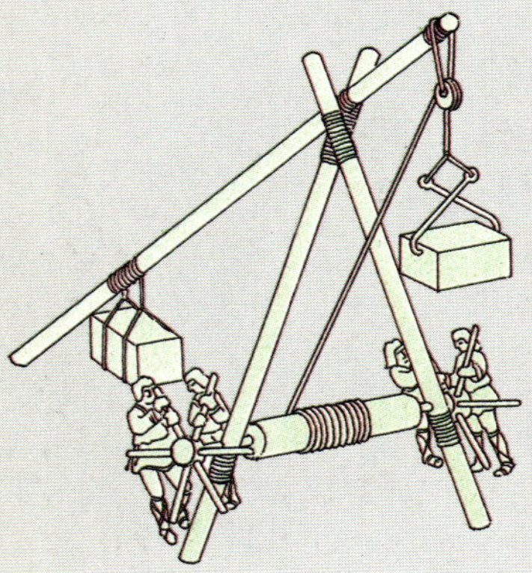

*Links:* Strebebogen tauchten zuerst bei Kirchen in Paris und Reims um 1175 auf, und die Kathedrale von Chartres war das erste Bauwerk, das gänzlich nach dem neuen System entworfen wurde (1194). Wenn die Strebebogen das Gewicht des hohen Gewölbes trugen, konnten die Galerien weggelassen, die Seitenschiffe unmittelbar über den Gewölben überdacht und große Lichtgaden auf niedrigerer Ebene eingesetzt werden, um den Lichteinfall zu vergrößern.

*Unten:* Diese Schnittzeichnung soll eine Vorstellung vom Aufbau einer großen gotischen Kirche geben. An solchen Projekten waren eine Vielzahl unterschiedlicher Handwerker beteiligt. Die Meister der Steinmetzen wie die der Zimmerleute, die die Aufsicht hatten, trugen eine ungeheure Verantwortung.

*Unten:* Für das Gewölbe bedurfte es des Könnens sowohl der Zimmerleute wie der Maurer, obgleich die Leistung der ersteren weniger offenkundig ist. Das Gewölbe war während des Baus von einer Holzkonstruktion verdeckt, dem sogenannten Lehrgerüst, das einen Rahmen für die Gewölberippen schuf. Sie wurden durch den Schlußstein zusammengefügt, der die Rippen exakt am höchsten Punkt des Gewölbes zusammenhält. Zwischen die Lehrgerüste wurden dann Bretter für die Gewölbesteine gelegt. Wenn der Mörtel fest geworden war, konnten die Stützen entfernt und das Gewölbe erstmals in seiner ganzen Schönheit bewundert werden.

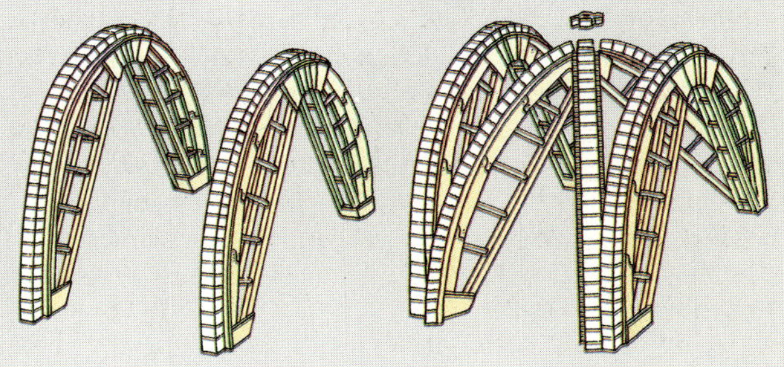

*Unten:* Als die neue Kathedrale in Chartres geplant wurde, war beabsichtigt, daß Türme an den Portalen des Querschiffs, als seitliche Chorabschlüsse und über der Vierung die beiden dann tatsächlich ausgeführten Türme an der Westfassade ergänzen sollten. Damit hätte die Kathedrale insgesamt neun Türme gehabt, eine mystische Zahl, von der bekannt ist, daß sie für Chartres von Bedeutung war. Mehr als ein Vierteljahrhundert später wurde der ursprüngliche Plan Schritt für Schritt aufgegeben.

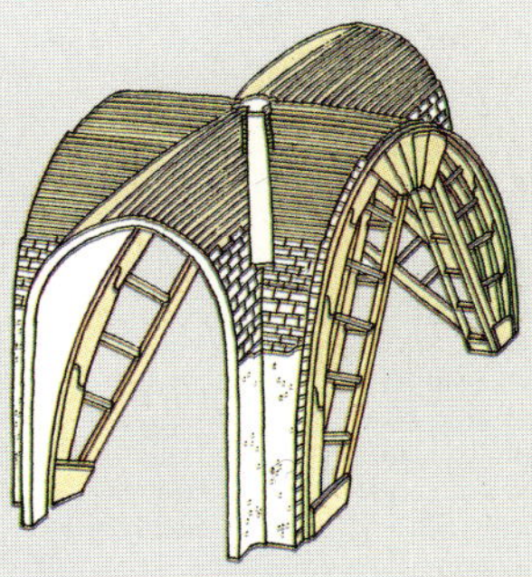

*Links:* In einem Zeitraum von etwa 100 Jahren entstanden in französischen Kathedralen etwa 20 Rosenfenster, von denen keines dem anderen völlig glich, obwohl sie teilweise aus identischen Elementen zusammengesetzt waren. War der Stein einmal nach dem Plan des Meisters geschnitten, konnte er auch ohne dessen Hilfe gesetzt werden. Jedes Rosenfenster in Chartres erforderte ungefähr 300 qm Glas. An ihrer Verglasung muß ein Team von sechs Glasern zwei oder drei Jahre gearbeitet haben.

*Rechts:* Von den vorspringenden Querschiffen abgesehen, zeigt diese Außenansicht, daß die Kathedrale den ursprünglichen Plänen entsprechend gebaut wurde. Auffallend ist der dramatische Kontrast von Farben und Rhythmus.

*Nebenbild links:* Der harmonische Eindruck des Innenraums beruht auf dem Gleichgewicht verschiedener, scheinbar kontrastierender Elemente. Die dicken Säulen, zwei Meter im Durchmesser, kontrastieren mit den konkaven Seitenschiff-Apsiden. Die horizontalen Simse finden ein Gegengewicht durch die Fensternischen des Seitenschiffs mit ihren in die Wand eingelassenen Spitzbogenöffnungen im oberen Stockwerk.

*Nebenbild rechts:* Das Detail gibt eine Vorstellung von den verschiedenen Fassadendekorationen zu beiden Seiten der Portale, von den verwendeten Materialien und den Fertigkeiten, die erforderlich waren, um diese reiche und glitzernde Wirkung zu erzielen. Die spiralförmig gedrehten Säulen in Cosmati-Arbeit harmonieren sehr gut mit dem Westportal in neuerem französischem Stil.

# Orvieto

Der Entschluß zum Bau einer neuen Kathedrale in Orvieto wurde 1284 gefaßt; die Arbeiten begannen 1290. Zwei große Zeichnungen mit den ursprünglichen Bauentwürfen sind uns erhalten geblieben. Trotz besonderer Vorsicht entstand um 1309, als der erste Dachbalken eingefügt wurde, eine gewisse Besorgnis hinsichtlich der Stabilität der Konstruktion. Deshalb wandte man sich an den sienesischen Architekten Lorenzo Maitani, der während der nächsten 20 Jahre die Leitung der Bauarbeiten und die Aufsicht über die Ausführung der Dekorationen an der unteren Westfassade inne hatte. In seine Zeit fiel auch der Bau des Chores. Später wurden an den ursprünglich rechteckig geplanten Bau Querschiffe angefügt, um einen kreuzförmigen Grundriß zu erhalten. Die Konzeption der Kathedrale beruhte auf der Kombination kontrastierender Elemente, was am augenfälligsten bei der durchgängigen streifenförmigen Verarbeitung von Travetin- und Basaltstein wird. Die Fassade ist besonders abwechslungsreich gestaltet mit vier horizontalen Bändern, prächtigen Portalen, Spitzgiebeln, Skulpturen, Mosaiken und dem Rosenfenster.

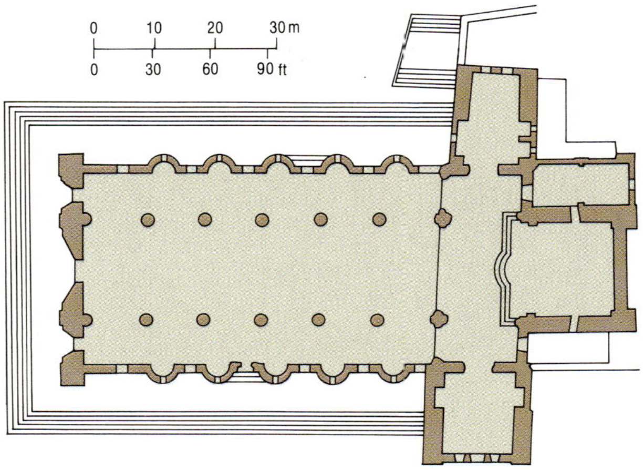


*Unten:* Die Erschaffung Evas, vom unteren Teil der Westfassade, wird Maitani zugeschrieben. Eine Analyse hat ergeben, daß die Skulpturen in den Grundzügen angelegt und dann abschnittsweise wurden. Nur einige Details sind vollständig ausgearbeitet. Möglicherweise wurden das Blattwerk und die Haare von verschiedenen Bildhauern geschaffen. Die beiden Engelsfiguren, die ganz fertiggestellt sind, zeugen von der großen Kunstfertigkeit der Meister.

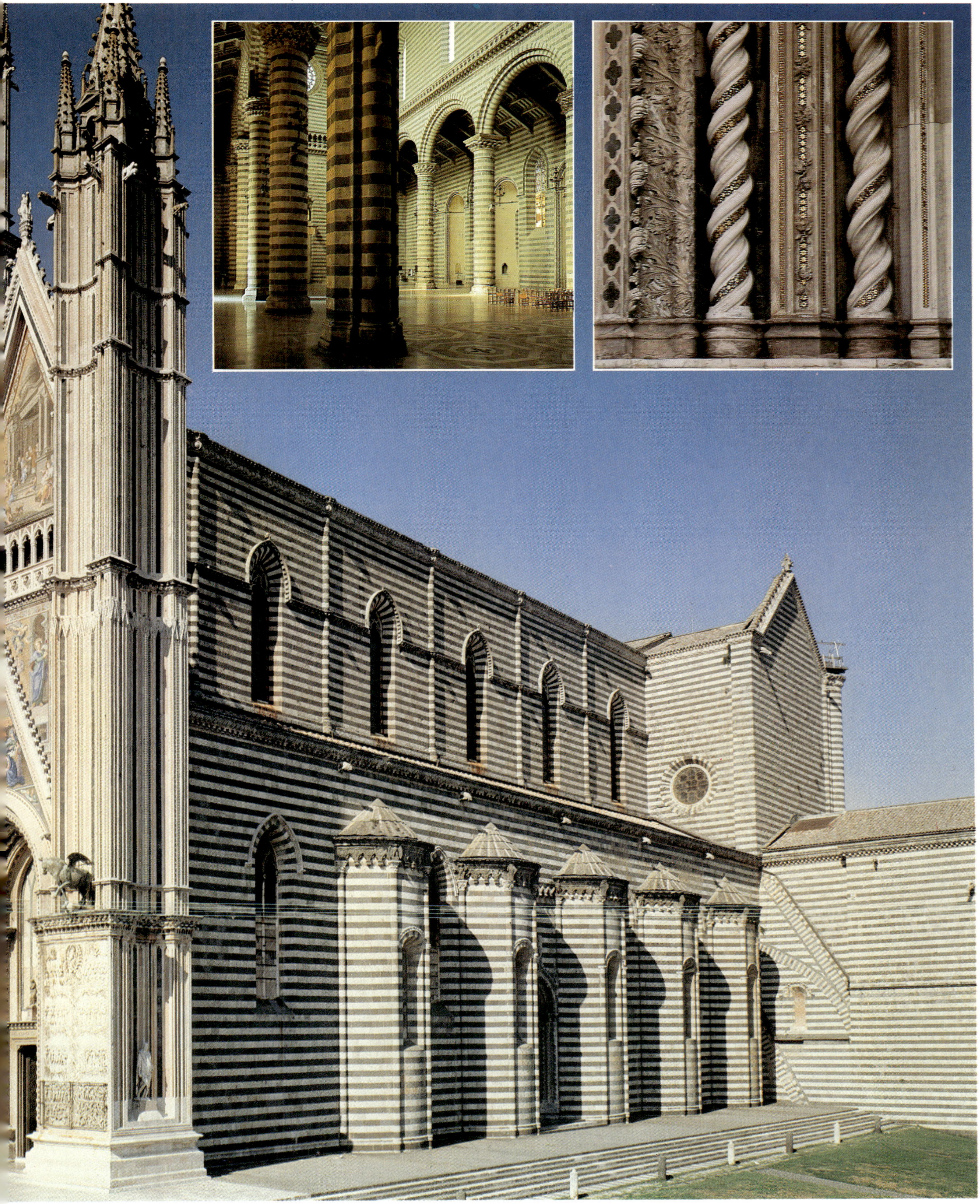

# Plastik

Die Bildhauer der Antike fanden ihre Inspiration vor allem in der anthropomorphen Götterwelt der Griechen. Die Barbaren des Westens erhielten einen flüchtigen Eindruck von dieser Tradition durch die Verbreitung des Christentums. Die erhaltenen Kunstwerke der Barbarenvölker lassen darauf schließen, daß sie ursprünglich nicht an der Darstellung von Menschen interessiert waren, weder als Rundplastik noch als Relief. Zu der Zeit ihrer Wanderungen waren die Statuen im Römischen Reich nur noch öffentliche Bildnisse von Kaisern. Darstellungen von Christus und den Heiligen sind in Mosaik und Schnitzerei, etwa in Elfenbein, bekannt, nicht aber in Stein. Die römische Vorliebe für Bauten aus Backstein statt aus Marmor engte auch den Spielraum der Bildhauer bei der Gebäudegestaltung ein, obwohl herrliche Portale beweisen, daß diese Fertigkeiten, wenigstens in Italien, mit der Invasion der Germanen nicht völlig zum Erliegen kamen. Doch die zurückgehende Nachfrage nach bearbeitetem Stein zog vermutlich einen schwerwiegenden Niedergang der bildhauerischen Technik nach sich. In der Nähe von Steinbrüchen wurde die Kunst weiter gepflegt, aber der Transport von Steinblöcken über große Entfernungen war zu jener Zeit sicherlich ein schwieriges, kostspieliges und riskantes Unterfangen.

Das neu erwachte Interesse der Karolinger und Ottonen an der römischen Kultur kam auch der Bildhauerei zugute. In Italien und Südfrankreich studierten Bildhauer die zahlreichen noch vorhandenen antiken Skulpturen und verbesserten so ihre Technik. Der Hauptantrieb war jedoch das umfangreiche Kirchenbauprogramm, das im elften Jahrhundert in Gang gesetzt wurde und den Steinmetzen jetzt wieder eine gesicherte, angesehene und lukrative Beschäftigung bot. Die Steinmetzmeister übernahmen die Leitung der Baustellen, und die Organisation des Handwerks erstreckte sich auch auf die Unterweisung junger Männer in den Geheimnissen der Loge. Die Geschicktesten gelangten bald über das bloße Behauen von Steinblöcken hinaus. In der romanischen Periode schufen sie bereits Arkaden, Kragstücke, Friese und Kapitelle und versahen einige Kirchen mit reich dekorierten Giebelfeldern, die zum Mittelteil gewaltiger Westportale wurden. Die wuchtigen romanischen Kirchen lebten ursprünglich von einem Zierat in Form von Steinreliefs. Doch die Steinmetzen lernten bald, ganze Westfassaden künstlerisch zu gestalten und den Bauwerken mehr Höhe und Lichtfülle zu geben. Die Bildhauerarbeiten hörten auf, lediglich Ornament zu sein. Die Kirchen selbst wurden zu riesigen, dreidimensionalen Kunstwerken. Die Steinmetzen versahen die Außenfassaden mit dekorativem Steinwerk und schufen Nischen, in denen wiederum Rundplastiken ihren Platz fanden. Der gotische Stil löste in Italien als Gegenreaktion eine Hinwendung zur antiken römischen Baukunst aus, wie etwa das Werk der Familie Pisano zeigt. Doch ging diese Abkehr nicht abrupt vor sich. So weist die von Nicola Pisano 1266–1268 geschaffene Kanzel im Sieneser Dom noch starken gotischen Einfluß auf. Vom 13 Jahrhundert an fehlte es den Bildhauern nie mehr an Aufträgen. Sie lieferten Ausstattungen für Kirchen wie Kanzel, Altar und Lettner, Taufbecken und Grabmähler, und sie schufen Springbrunnen und öffentliche Gebäude für die Städte.

*Oben links:* Römische *Augusti* des dritten Jahrhunderts, vermutlich Diocletian und Maximian darstellend. Beide tragen zeitgenössische Militärkleidung und halten in der einen Hand einen Reichsapfel. Diese gedrungenen gnomenhaften Gestalten vermitteln nicht den Eindruck von Majestät, doch drücken sie gemeinsame Macht und Harmonie aus.

*Oben:* St. Petrus am Südportal der Klosterkirche von Moissac, ca. 1115. Der Vergleich mit einer früheren Darstellung des Apostels im Kloster Moissac zeigt, welch große Fortschritte die Bidlhauer inzwischen gemacht hatten. Petrus mit den Schlüsseln zertritt hier den Löwen des Teufels, während er den Blick zu Christus erhebt. Die Haltung ist unnatürlich, die Komposition jedoch kraftvoll und spannungsreich.

*Links:* Pforte im Kloster Ely, 1130/40. Dieses Portal ist sehr anspruchsvoll gestaltet, mit Arabesken aus Laubwerk, Vögeln und Tieren. Im Bogenfeld wird ein bartloser Christus inmitten einer Aureole von Engeln flankiert. Die Arbeit hat eine englische Handschriftenzeichnung zur Vorlage, deren Großartigkeit jedoch von dem Bildhauer nicht erreicht wurde.

*Unten:* Ein Osterleuchter von ca. 1170 in San Paolo fuori le mure, Rom. Dieser 6 m hohe Leuchter ist von seinen Schöpfern, Nicolo d'Angelo und Pietro Vassalletto, signiert. Seine Basis besteht aus halb menschlichen, halb tierischen Geschöpfen. Ganz oben trägt eine Gruppe von Phantasiegestalten eine klassische Vase. Der Ständer ist in Abschnitte aufgeteilt, wobei die untere Hälfte Szenen vom Tod und der Auferstehung Christi zeigt. Für die verschiedenen Elemente orientierten sich die Künstler u.a. an klassischen Sarkophagen.

*Oben:* Die Westfassade der Kathedrale von Rouen. Diese prächtige, doch nicht vollendete Fassade hat stark unter dem letzten Krieg gelitten. Ihr Maßwerk im Flamboyantstil kann nicht präzise datiert werden, gehört aber vermutlich in die Zeit, als Karl VIII. und Ludwig XI. von Frankreich in Italien Krieg führten.

*Links:* Die neue Kathedrale zu Reims wurde 1210 entworfen. Diese Figuren an der inneren Mitteltür stellen Melchisedek und Abraham dar. Der Priesterkönig reicht Abraham, gekleidet in der Kriegstracht des 13. Jahrhunderts, die Hostie.

# Holzhandwerk

*Ganz unten links:* Die Schnitzereien an den Türen von Sta. Sabina sind vermutlich die Arbeit syrischer Handwerker. Sie zeigen 18 Szenen aus dem Alten und dem Neuen Testament. Hier wird Petrus vom Herrn beschämt, den er – wie vorhergesagt – noch vor dem Hahnenschrei verleugnet hat. Die Ausführung ist roh, doch in Proportion, Gestik, Raumaufteilung und Architektur ist der klassische Einfluß noch unverkennbar.

*Unten:* Eine Holzmadonna aus der Kirche von Griske, Sunnøre, in Norwegen. Die Madonnenverehrung entstand im zwölften Jahrhundert im Rahmen einer neuen emotionalen Besinnung auf das menschliche Leben und Leiden Christi.

Den mittelalterlichen Handwerkern ging es nicht vorrangig um die Verwirklichung künstlerischer Ideen, ihre Arbeiten dienten meist konkreten Zwecken. Die Metallhandwerker zum Beispiel fertigten gezielt Figuren und Reliefs für Taufbecken und Altäre, sie schufen keine »reine« Kunst. Dies gilt in gleichem Maße für die Holzarbeiten jener Periode, von denen leider nur wenige erhalten geblieben sind – der Zahn der Zeit hat an diesem Material naturgemäß besonders stark genagt.

Bis zum zwölften Jahrhundert wurden die meisten Gebäude aus Holz errichtet, es war reichlich vorhanden und leicht zu verarbeiten. Brände erforderten häufigen Wiederaufbau, und die Häuser waren offenbar nur für kurze Lebensdauer konzipiert. Allerdings beweisen die frühen Herrschaftssitze der Barbaren, daß die Handwerker bereits weite Hallen konstruieren und überdachen konnten. Auch die Steinarchitektur brachte die Zimmerleute nicht um ihr Brot. Die frühen Steinkirchen hatten gewöhnlich Holzdächer, und als in der Gotik Steingewölbe errichtet wurden, waren die Zimmerleute – vom Dachstuhl selbst abgesehen – auch für das Zentrieren und den Gerüstbau unentbehrlich. Die erforderlichen massiven Gewölbekonstruktionen können heute noch in manchen Kathedralen bewundert werden.

Die Holzschnitzarbeiten des Mittelalters werden leichter übersehen, obwohl es noch einige bezaubernde Beispiele wie die Miserikordien gibt. Allerdings ist nur noch ein Bruchteil der einst für die Kirchen geschaffenen reichen Holzdekorationen vorhanden. Die frühesten, noch existierenden Holzschnitzereien, wie etwa das Gerokreuz aus dem zehnten Jahrhundert, die geschnitzten Türen – ebenfalls in Köln – aus dem elften Jahrhundert und die Madonnenfiguren in Essen und Paderborn, brauchen den Vergleich mit keiner Periode der Holzschnitzkunst zu scheuen und beweisen, daß die Handwerker schon damals über eine beträchtliche Ausdruckskraft verfügten. Die Holztüren von Sta. Sabina in Rom, geschaffen im fünften Jahrhundert, belegen, daß es schon zu Beginn des Mittelalters eine Holzschnitzkunst gab, ohne daß man jedoch ihre Geschichte zurückverfolgen könnte.

*Unten:* Die Kirche von Borgund, Søgne, in Norwegen, ca. 1150. Alle Holzkirchen Norwegens entstanden in der Zeit von 1000–1300; von den belegten 700 Sakralbauten existieren heute noch 25. Ihr Bauplan war teilweise von den Steinbasiliken beeinflußt. Im Lauf der Jahrhunderte verbesserten die Handwerker ihre Technik und erzielten größere Wetterfestigkeit. Die Kirche besitzt einen Arkaden-Wandelgang aus Holz; die halbrunde Apsis wurde später hinzugefügt.

*Ganz unten links:* Das Dachgerüst dieser Landkirche in Garway, Herefordshire, mit den Rundbalken, dem Kehlgebälk und den zwei Reihen zugespitzter Kleeblattstreben demonstriert die Fertigkeiten englischer Handwerker. Für die Errichtung der kunstvollen und reich dekorierten Holzdächer größerer Gebäude waren spezialisierte und erfahrene Zimmerleute notwendig. Leider sind nur noch wenige dieser mittelalterlichen Konstruktionen erhalten.

*Unten:* Dieser Strohdachdecker mit seinem Rechen bildet das Ende einer Kirchenbank in Ixworth Thorpe, Suffolk, England. Trotz der etwas plumpen Ausführung sind Gesicht und Gestalt ausdrucksvoll, und die leicht herausfordernde Pose erinnert an den Dachdecker, wie er rittlings auf dem Dachfirst sitzt.

*Ganz unten rechts:* Lindenholzengel von Tilman Riemenschneider (1460–1531). Dieser thüringische Künstler ist der bedeutendste und am gründlichsten dokumentierte deutsche Holzschnitzer seiner Zeit. Mehrere, heute noch erhaltene Altäre, darunter der Creglinger Marienaltar und der Rothenburger Heiligblutaltar, zeugen von der Kraft und Feinheit seiner Technik und der auffallenden Trauer in vielen seiner Werke.

# Glasmalerei

Emmanuel Viollet-le-Duc (1814–1879) schrieb über ein Kindheitserlebnis in Notre Dame de Paris, daß er, wenn die Sonne durch die Rose des südlichen Querschiffs schien und die Orgel zu spielen begann, fest überzeugt war, daß das Fenster singe. Abt Suger von Saint-Denis hingegen verwies sieben Jahrhunderte zuvor mehr auf den praktischen Nutzen der Glasmalerei. Die Fenster in seiner Klosterkirche hatten den Zweck, dem einfachen, schriftunkundigen Volk Episoden aus der Bibel zu »erzählen«. So stark uns diese Fenster heute emotional ansprechen – zu ihrer Zeit sollten sie lediglich instruktiv wirken und durch ihren Farbenreichtum den Blick auf sich ziehen – ähnlich wie unsere modernen Reklametafeln.

Zweifellos hatten auch die frühmittelalterlichen Kirchen bereits bunte Glasfenster, doch die noch vorhandenen Bruchstücke lassen kein definitives Urteil über die Art ihrer Gestaltung zu. Gregor von Tours (ca. 538–593) soll die Fenster der Martinskirche mit Glas »mannigfaltiger Farben« ausgeschmückt haben, und Erzbischof Adalbero von Reims ließ um 980 für seine Kathedrale Scheiben herstellen, die »Geschichten enthielten«. Die Farbe war zu jener Zeit augenscheinlich noch aufgemalt und nicht auf das Glas aufgeschmolzen. Doch auch ein Christuskopf aus Wissembourg im Elsaß aus der zweiten Hälfte des elften Jahrhunderts gibt keinen Hinweis darauf, daß die Glasmaler in der Erzähltechnik bereits fortgeschritten waren. Im frühen zwölften Jahrhundert war diese Kunst dann so weit entwickelt, daß Suger sechs Fenster mit biblischen und allegorischen Szenen in Auftrag gab, von denen noch 16 Scheiben, allesamt restauriert, erhalten sind. Suger wählte die Themen aus und ließ sich dabei von dem Bibelgelehrten Rupert von Deutz (ca. 1075–1129/30) beraten, was vermutlich bedeutete, daß es keine früheren Bilder gab, die von den Handwerkern als Vorlage benutzt werden konnten. Eines dieser Fenster, mit dem Stammbaum Christi, wurde fast unmittelbar darauf für die Kathedrale von Chartres kopiert. Dort sind auch drei weitere Fenster aus dieser Periode erhalten. Überall in Nordfrankreich, vor allem in Le Mans und Poitiers, belegen Fenster mit biblischen Episoden, die sich zuweilen über die ganze Glasfläche erstrecken (die Kreuzigungsszene in Poitiers ist acht Meter hoch), daß die Glasmalerei bereits in relativ kurzer Zeit einen sehr hohen Standard erreicht hatte.

Vom 12. bis zum 16. Jahrhundert florierte die Glasmalerei im Einklang mit der gotischen Architektur. Die gotischen Baumeister errichteten bewußt hoch aufragende Kirchen, die zu Ehren Gottes von Licht durchflutet waren. Große Fenster mit einfachem oder, wie in den frühen Zisterzienserkirchen, mit ganz schlicht gemustertem Glas hätten den Intentionen der Architekten auf den ersten Blick wohl eher entsprochen. Farbiges Glas war zwar weniger lichtdurchlässig, doch dafür besaß es andere Vorzüge. Das Leuchten der vielen verschiedenen Farben verstärkte bei den Gläubigen vermutlich das Gefühl, dem Mysterium Gottes nahe zu sein. Aus diesem Grund wurden die Fenster zu einem der am sorgfältigsten geplanten Bestandteile gotischer Bauten. Die Glasmaler erhielten, genau wie die Steinmetzen, fest umrissene und zeitlich begrenzte Aufträge und reisten nach Fertigstellung bestimmter Bauabschnitte zu anderen Orten weiter.

Nach einem verheerenden Brand in Chartres im Jahre

*Oben:* Suger, Abt von Saint-Denis, 1122–1151. Er beschreibt in dem Bericht über seine Amtszeit, wie sorgfältig er seine Kirche wiederaufgebaut und verschönert hat. In besonderem Maße weist er auf die vielen neuen bemalten Glasfenster hin, deren Schönheit und Kraft den Geist vom Materiellen zum Immateriellen emporhebe. Er zitiert auch Verse, die ihn möglicherweise bei der Wahl der Motive inspiriert haben. Suger erkannte auch den materiellen und künstlerischen Wert der Fenster und ernannte einen offiziellen Handwerksmeister, der sie instandhalten sollte. Sie wurden jedoch 1793 mutwillig zerstört und in ihrer heutigen Form Mitte des 19. Jahrhunderts durch Emmanuel Viollet-le-Duc restauriert. Diese Restaurierung wirkt aus heutiger Sicht jedoch recht schwerfällig.

*Rechts:* Der Christuskopf aus dem elften Jahrhundert aus der Abteikirche von Wissembourg (Elsaß) vermittelt eine Vorstellung von der wunderbaren Ausdruckskraft des Mediums Glas, obwohl zu jener Zeit die szenische Darstellung nicht, oder nur wenig entwickelt war.

*Unten:* Moses und das Goldene Kalb, eine von 16 erhaltenen Scheiben aus der Klosterkirche Saint-Denis. Diese Arbeiten sind um so bemerkenswerter, da es keine Vorlagen gab, auf denen die Handwerker aufbauen konnten.

1194 mußte die Kathedrale restauriert werden, und aus dieser Zeit stammen auch die relativ vollständigen, heute noch erhaltenen Fenster. Zwischen 1200 und 1235 wurden über 100 Fenster eingesetzt, mit einer Fläche von insgesamt 2000 Quadratmetern. Mehrere Glasmaler arbeiteten dabei zusammen und wurden von einer großen Zahl von Stiftern bezahlt – von König Ludwig IX. und seiner Mutter Bianca von Kastilien über den Grafen von der Bretagne bis hin zu vielen kleinen Händlern, Kaufleuten, Handwerkern und sogar Wasserträgern. Sie alle wollten ihren – wenn auch oft bescheidenen – Beitrag leisten. Der Wunsch nach bildlicher Darstellung ihrer eigenen Schutzheiligen ist vermutlich die Erklärung dafür, daß mehrere Fenster der Kathedrale Heiligen gewidmet sind – Nikolaus von Myra, Thomas Becket und dem einheimischen Heiligen, Bischof Lublin. Die Glasmalereien in den späteren Kathedralen von Bourges oder Reims, obwohl von Chartres inspiriert, zeigen hingegen ein weit systematischeres zusammenhängenderes Konzept. Man profitierte zwar von den Beispielen in den bereits bestehenden Kirchen, ohne sie jedoch jemals einfach zu imitieren. Die bedeutendsten Glasarbeiten in Deutschland sind jene in St. Kunibert in Köln, St. Elisabeth in Marburg (jeweils aus dem 13. Jahrhundert) und die Chorfenster der Klosterkirche zu Königsfelden (14. Jahrhundert). Es ist zu diesem Zeitpunkt kaum möglich, einzelne Meister zu identifizieren, wahrscheinlich haben sie ihre Technik ebenso wie die Steinmetzen mit der größeren Erfahrung ständig verändert und verbessert.

Der Höhepunkt der Glasmalerei wurde in Ludwigs IX. Sainte-Chapelle zu Paris erreicht, die zur Aufnahme des Dornenkreuzes und eines Splitters vom Kruzifix Jesu errichtet wurde – Reliquien, die der König aus Konstantinopel mitgebracht hatte. Die Kapelle besitzt 15 große Fenster und eine Westrose, die 1134, meist biblische Szenen zeigen. Ein Fenster ist der Geschichte des heiligen Kreuzes gewidmet, bis zur Ankunft des besagten Splitters in Paris. Genau wie in Chartres, sind auch hier die Arbeiten mehrerer Werkstätten auszumachen, ohne daß die har-

*Links:* Die Fenster der Kathedrale von Chartres aus dem zwölften Jahrhundert demonstrieren die Fortschritte in der »Erzähltechnik«. Zyklen an der Westseite stellen im Jesse-Fenster den Stammbaum Christi dar, in mittleren Lanzettfenster sein Leben und unten, beginnend mit der Verklärung bis hin zur Auferstehung, die Leidensgeschichte. Die Handwerker erzielten jetzt bereits feinste Farbabstufungen, der Haupteffekt beruht jedoch auf dem Spiel des Lichts. Die Westrose, die Christus beim Jüngsten Gericht zeigt, wurde beim Wiederaufbau im 13. Jahrhundert hinzugefügt.

*Unten:* Im 14. Jahrhundert wurden die einzelnen Bestandteile der Scheiben zunehmend größer und auch die Farben waren nicht mehr so fein und pulsierend. Diese Darstellung der hl. Katharina, angetan mit Krone und Stola, befindet sich im Regensburger Dom und datiert von 1343.

*Oben:* Die Scheiben vom Auferstehungsfenster der St.-Lorenz-Kapelle (Mitte des 14. Jahrhunderts) im Straßburger Dom zeigen, wie die Glasmalerei dem gotischen Architekturstil mit seiner eleganten Figurenzeichnung angepaßt wurde. Die Szenen sind vermutlich zeitgenössischen Illustrationen nachempfunden.

*Rechts:* Diese Fensterrose in Notre Dame in Paris wurde ca. 1270 von Jean de Chelles und Pierre de Montreuil geschaffen, ungefähr 40 Jahre später als die Rose von Chartres. Das Muster ist jetzt rein geometrisch.

monische Wirkung dadurch beeinträchtigt würde. Die Vollendung der großen Kathedralen und der geringere Umfang der Bautätigkeit im 14. Jahrhundert begünstigten vermutlich die Entstehung lokaler Werkstätten, die sich mit weniger anspruchsvollen Arbeiten an neuen Kapellen und mit Restaurierungen befaßten. Seit Ende des 13. Jahrhunderts wurden die üppigen Farbkompositionen in den großen Kathedralen zunehmend durch die Grisaillemalerei mit ihren schmalen Linien in Rot oder Blau auf einer einfarbig grauen Grundfläche abgelöst. Die Glasmaler vervollkommneten ihre Technik bis ins 16. Jahrhundert hinein und paßten ihren Stil den Neuerungen in anderen Kunstzweigen an. Änderungen im Geschmack jedoch und die Wiederentdeckung der klassischen Baukunst veranlaßten sogar katholische Länder, sich von der Glasmalerei abzuwenden, während die Glasfenster in den reformierten Staaten weitgehend der Zerstörungswut zum Opfer fielen.

Die Technik der Glasmalerei wurde erstmals von Theophilus in seinem Handbuch der verschiedenen Künste aus dem frühen zwölften Jahrhundert beschrieben. Zunächst mußte das Glas selbst hergestellt werden. Das einfachste Glas besaß ursprünglich eine eher grünliche Farbe und war milchig. Um es einzufärben, mußte man es mit einem Farbstoff, pulverisiertes Glas mit Beimengungen verschiedener Metalloxide – Kobalt für Blau, Kupfer für Rot oder Grün, Mangan für Purpur, überziehen und anschließend brennen, damit die Farboxide mit dem Glas verschmolzen. Aus den Glasplatten wurden dann entsprechend einer Musterzeichnung einzelne Stückchen herausgeschnitten und durch dünne Bleistreifen miteinander verbunden; zum Verbleien verwendete man im Mittelalter gegossene oder gehobelte Bleistangen. Die Engländer stellten selbst kein farbiges Glas her, sondern importierten es entweder aus Deutschland oder aus Frankreich, vermutlich, weil Kobalt, die Basis metallischer Oxide, ausschließlich in Böhmen und Sachsen erhältlich war. Diese Tatsache weist außerdem darauf hin, daß zu der Zeit, als die Glasmalerei in England Fuß faßte – in Canterbury vermutlich nach 1174 –, dieser Kunstzweig auf dem Kontinent bereits fest etabliert war. Die Herstellungstechniken von Glas und Farben wurden verschiedentlich verbessert, vor allem im 14. Jahrhundert, als man für das Einfärben eine Flüssigkeit verwendete, die Silber enthielt.

Die Glasmaler, die die Fenster entwarfen und ausführten, stellten das Glas nicht selber her. Für den Entwurf griffen sie wohl verschiedentlich auf Handschriftenillustrationen zurück, und für die Ausführung vielleicht auf die Technik der Cloisonné-Emailmalerei. Diese war vermutlich vor dem Jahre 1000 durch Venezianer nach Frankreich importiert worden. Auch hier mußten Metallstreifen geformt, in einem Muster auf eine Oberfläche gebracht und anschließend, mit verschiedenfarbigen Glasstückchen ausgelegt, in einem Ofen gebrannt werden. Genau wie in anderen hochgeschätzten Handwerkszweigen jener Zeit war jedoch bald eine gewisse Spezialisierung notwendig, um den Anforderungen der neuen gotischen Architektur gerecht zu werden, in der Fenster aus farbigem Glas ein integraler Bestandteil waren. Mit der Ablösung der Gotik verfiel auch die Kunst der Glasmalerei.

# Musik

Musikinstrumente und Tänzer werden auf mittelalterlichen Gemälden und als Schnitzereien häufig gezeigt. Der Dudelsackpfeifer *(ganz unten links)* vom Ende einer Holzbank wirkt relativ plump, während der spanische Tänzer *(links)* mit seinen wirbelnden Tanzschritten bemerkenswert präzise dargestellt ist.
Die Musikanten spielen in den hier gezeigten Beispielen so lebensecht auf ihren Instrumenten, daß man vermuten kann, daß die Künstler mit deren Umgang vertraut waren. Einigen Handschriften sind Notenschriften beigefügt; unter dem Lautenspieler *(links)* sind Notenlinien gezogen, um Tonlage und wechselnde Intervalle deutlich zu machen. Diese Art der Notenschrift wurde hauptsächlich für den polyphonischen Chorgesang verwendet.

Mittelalterliche Musik wird von der gegenwärtigen Generation wieder gespielt und geschätzt und ist daher kein esoterisches Interessengebiet für Gelehrte mehr. In verschiedener Hinsicht jedoch wird dadurch ihr Verständnis erschwert. Denn nichts könnte dem Charakter der damaligen weltlichen Musik weniger entsprechen als eine Aufführung im Konzertsaal oder das Abhören einer Schallplatte, da die Spielleute alles andere als eine gedämpfte Reaktion von ihrer Zuhörerschaft erwarteten. Abgesehen von der umstrittenen Frage, wie man aufführbare Fassungen alter Musik erstellen soll, besteht das Hauptproblem darin, die Rolle der Musik in historischen Gesellschaftsformen richtig einzuschätzen. Ohne diesen Hintergrund lassen sich die wenigen erhaltenen Notenschriften nur schwer in einen Kontext einordnen.

Im Fall der Kirchenmusik wissen wir genug, um zu erkennen, daß die schlichten einstimmigen Gesänge der Mönche erst im elften Jahrhundert harmonisch angereichert wurden; bis zu jener Zeit bestand die einzige Notenschrift in den Neumen, die – über die Worte gesetzt – lediglich das Steigen und Fallen des Tons anzeigten. Erst die Entwicklung der Harmonie durch die Komposition zusätzlicher Melodienführungen für andere Stimmen, während der »Tenor« die Grundmelodie beibehielt, führte mit der Zeit zur Komposition originaler polyphonischer Werke. Seit dem 13. Jahrhundert entstand als wichtige Gattung der mehrstimmigen Vokalmusik die Motette, die bis zu sechs verschiedene Stimmen mit verschiedenen Texten zusammenfaßte. Die Kirchenmusik profitierte natürlich von der Tatsache, daß die Kleriker die theoretischen Schriften über die Musik kannten, etwa jene von Augustinus und Boethius.

Weit weniger ist über die weltliche Musik bekannt. Zu 264 der insgesamt über 2500 überkommenen Minneliedern sind zwar die Melodien erhalten, doch meist nur in der Form von Neumen und Ligaturen. Die Minnesänger und Troubadoure, Dichter und Komponisten in einer Person, begleiteten ihren Vortrag in der Regel mit der Harfe und Fiedel. In England war das Roundel sehr beliebt, eine Musikgattung, bei der verschiedene Stimmen zu festgelegten Zeitpunkten in die gleiche Melodie einfielen. Im 13. Jahrhundert scheinen bestimmte Volkslieder so populär gewesen zu sein, daß die Franziskaner schicklichere Texte für diese Weisen ersinnen mußten. Erstaunlich vielfältig waren die mittelalterlichen Musikinstrumente, sowohl bei den Schlaginstrumenten (Trommeln, Tamburine, Zymbeln, Glocken), den Saiteninstrumenten (neben Harfe und Fiedel Zither, Leier, Psalter, Laute, Viola, Monochord, Gitarre) wie den Blasinstrumenten (Dudelsack, Pfeife, Flöte, Trompete, Horn, Flageolett, Clarino) – um nur eine kleine Auswahl zu nennen. Bei der Vorführung hatte die Virtuosität des Sängers oder Instrumentalisten freies Spiel. Doch wissen wir weder, ob das mittelalterliche Pendant des irischen Fiedlers überall verbreitet war, noch ob der Chorgesang unisono populärer war als der Sologesang. Von allen Zweigen der mittelalterlichen Künste ist über die Musik am wenigsten bekannt.

*Oben:* Ein Trompeter aus dem Luttrell Psalter. Dieser Psalter wurde ca. 1340 für Sir Geoffrey Luttrell of Irnham in Lincolnshire geschrieben und wird allgemein für einen Beweis dafür gehalten, daß das hohe Niveau der Handschriftenillumination in England nicht gewahrt werden konnte.

*Oben links:* Eine frühe Zeichnung eines Harfenspielers. Aus einer Sammlung angelsächsischer Lyrik, um 1000.

# Literatur

*Ganz unten links:* Der *Virgilius Vaticanus* (Cod. Lat. 3225) ist der älteste bekannte illustrierte Codex, vermutlich aus dem vierten Jahrhundert. Der Text wurde von einem einzigen Schreiber verfaßt, mehrere Miniaturisten arbeiteten an den Abbildungen. Sie sind bemerkenswert wegen ihres reinen klassischen Stils und ihres Gefühls für Proportionen. Solche Bücher waren bis ins 16. Jahrhundert hinein die Hauptmöglichkeit für Künstler, sich einen Eindruck von klassischer Kunst zu verschaffen.

*Unten:* Der Liederdichter Wernher von Teufen. Miniatur aus der *Manesischen Handschrift.* Diese Handschrift (Heidelberger Universität Cod. Pal. Germ. 848), entstand in Zürich ca. 1300, stellt die umfangreichste mittelalterliche Sammlung früher deutscher Lyrik dar und enthält das Werk von 140 Dichtern, mit 137 bildlichen Darstellungen der Verfasser.

*Ganz unten rechts: Lancelot du Lac* (British Library Add. Ms. 10294). Diese Darstellung der Hand, die sich aus dem See streckt, um König Arthurs Schwert zu ergreifen, stammt aus einer reich illustrierten Handschrift vom Anfang des 14. Jahrhunderts des Prosaromans *Lancelot du Lac.* Sie wurde vermutlich aus der Walter Map, einem Höfling Heinrichs II., zugeschriebenen lateinischen Version von ca. 1230 übersetzt. Der Roman war in England beim französischsprechenden Adel sehr beliebt.

Im Frühmittelalter lag die Pflege der antiken Literatur ausschließlich in den Händen des Klerus, der jedoch heidnischen Autoren wie etwa Vergil ablehnend gegenüberstand. Als die heidnische Klassik dann keine Gefahr mehr für das Christentum darstellte, änderte sich diese Einstellung. Zwischen 1050 und 1200 kam es zu einer Blüte der mittellateinischen Literatur mit deutlichen klassischen Bezügen. Die antike Literatur hatte auch Einfluß auf die neue französische und deutsche höfische Dichtung, die sich verstärkt nach dem Ersten Kreuzzug entwickelte: das höfische Epos und die Troubadour-Lyrik. Ältere volkssprachige Literatur ist nur vereinzelt überliefert, doch wurde das Englische bereits sehr früh in der Lyrik wie in Gesetzestexten verwendet; bereits im zehnten Jahrhundert hatte es sowohl in England wie in Wales und Irland ein hohes Niveau erreicht. Frühe Werke in den Volkssprachen sind die Heldensagen wie die französischen *Chansons de geste* aus der Karolingerzeit, der sächsische *Heliand* (vermutlich um 830 entstanden) und das altenglische Stabreimepos *Beowulf,* das älteste und als einziges vollständig erhaltene altgermanische Heldenepos. Die heute bekannte Textform stammt wahrscheinlich aus dem zehnten Jahrhundert, doch geht der Ursprung der Dichtung auf das sechste Jahrhundert zurück. In den Heldenepen werden vor allem die Eigenschaften und Taten großer Krieger gepriesen: eines der besten Beispiele hierfür ist das *Rolandslied*, ein in Tiraden abgefaßtes französisches Gedicht über eine Episode während des karolingischen Feldzugs in Spanien (778). Die älteste Handschrift dieses Gedichts wurde mehr als drei Jahrhunderte später angefertigt. Die Frage seiner genauen Entstehungszeit und ob es von einem einzigen (anonymen) Verfasser stammt, gibt Anlaß zu lebhaften Kontroversen. Das *Rolandslied* trägt so eindeutig den Stempel christlicher Vorstellungen vom Kampf gegen die Moslems und feudaler Herrschaftsideen, daß man es nicht als repräsentativ für »heidnische« Zeiten ansehen kann. In den späteren Nachdichtungen wie der des Pfaffen Konrad von 1170 ist die Stilisierung Karls des Großen als Glaubenskämpfer noch verstärkt.

Die mittelalterliche Literatur in den verschiedenen Landessprachen erwuchs aus den Versromanen, die Ereignisse und Episoden aus der antiken und keltischen Vergangenheit zum Thema hatten, wobei sie die literarischen Stilmittel ihrer lateinischen Quellen adaptierten. In Frankreich verfaßte Chrétien von Troyes zwischen 1160 und 1190 seine großen höfischen Epen wie *Erec, Yvain* und *Perceval*, die wichtigsten Vertreter der Gattung in Deutschland sind Heinrich von Veldeke (*Eneit*), Hartmann von Aue (*Armer Heinrich*), Wolfram von Eschenbach (*Parzifal*) und Gottfried von Straßburg (*Tristan*). Diese Dichtungen preisen die Kardinaltugenden des Ritters (Tapferkeit, Gerechtigkeit, Weisheit, Bescheidenheit) und schaffen so ein idealisierendes Abbild der höfischen Gesellschaftsform. Im Mittelpunkt des Minnesangs steht der Frauendienst, wobei die *frouwe* zu einem für den Ritter unerreichbarem Ideal hochstilisiert wird. Seine Hauptvertreter sind Reinmar von Hagenau, Heinrich von Morungen und Walther von der Vogelweide. Höfische Epik wie Minnesang bestärkten und formten die höfischen Werte, doch entstand zwischen Forderung und Realität (besonders der Hohen Minne) ein unaufhebbarer Widerspruch.

Neben diesen für exklusive Kreise bestimmten Dichtungen sind eine Fülle anderer Gedichte, Lieder und Erzählungen für den populären Geschmack, Tierfabeln und humorvolle Anekdoten erhalten, die einen Eindruck von der Vielfalt der mittelalterlichen Literatur geben.

# Illumination von Handschriften

Im Gegensatz zu Werken der Architektur und Bildhauerei waren die meisten mittelalterlichen Handschriften nicht für die breite Öffentlichkeit bestimmt, und selbst heute noch haben höchstens Gelehrte mit exklusivem Zugang zu Handschriftensammlungen jemals Gelegenheit, derartige Kleinode in Ruhe zu studieren. Die für begrenzte Leserkreise geschriebenen und illuminierten Texte waren vielfältiger Natur. Liturgische Werke wurden so sorgsam und prächtig ausgestattet, als seien sie für das Auge Gottes selbst geschaffen; es war nicht ungewöhnlich, daß für eine einzige Initiale ein ganzer Tag und für eine vollständige Titelseite eine ganze Woche aufgewendet wurde. Gebetsbücher für die Gläubigen, wie etwa die spätmittelalterlichen Stundenbücher für den Adel, kombinierten zuweilen erhabene Darstellungen mit profanen und komischen Szenen – im Westen waren die kirchlichen Vorschriften hinsichtlich Thema und künstlerischer Gestaltung weniger streng als in Byzanz. Sobald eine hinreichende Anzahl von Universitätsstudenten und lesekundigen Gläubigen einen festen Markt garantierte, begannen professionelle Künstler, vor allem in Paris, in organisierter Form Bücher von hoher Qualität zu produzieren. In früheren Zeiten jedoch, als die Handschriften eine weit eingeschränktere Verbreitung fanden, wurden Text und Illustration höchstwahrscheinlich im selben Kloster hergestellt, obwohl Schreiber und Miniaturist nicht immer identisch waren. Manche Texte wurden allerdings von ihren Verfassern illustriert, wie zum Beispiel von Matthew Paris, der in seine Historien sowohl ganze Bilder wie auch Randskizzen einfügte. Einige Werke, etwa Bestiarien, brauchten die Illustrationen, wenn sie für die Leser von Nutzen sein sollten. Auch medizinische und astronomische Abhandlungen waren zur Erläuterung der Themen mit Bildern versehen. Von Beginn des Mittelalters an stellten umfangreiche Bibelillustrationen eine große Herausforderung für die geistlichen Buchmaler dar. Miniaturen zu den Psaltern oder zum Buch der Apokalypse verlangten ihnen ein hohes Maß an Phantasie ab, und so ist es kaum überraschend, daß Glasmaler und andere Künstler sich oft von diesen Handschriften inspirieren ließen.

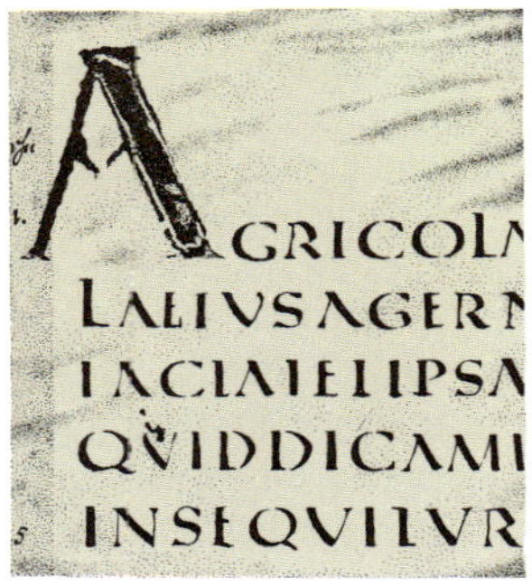

*Unten:* Der *Codex Augusteus,* Vatikanische Bibliothek, Ms. Lat. 3256. Diese italienische Handschrift aus dem vierten Jahrhundert von Vergils *Georgica* ist in Capitalis quadrata geschrieben, kräftig und ebenmäßig, ohne Zeichensetzung, jedoch mit breiten Rändern und schmückenden, farbigen Initialen – eine Prachthandschrift des späten Kaiserreichs. Die Initialen sind hier noch nicht speziell verziert.

*Unten:* Der St.-Omer-Psalter, British Library, London, Ms. Yates Thompson 14. Die ca. 1330 in Ostanglia entstandene Handschrift läßt die Extreme erkennen, zu denen die rein dekorative Verwendung der Initialen durch englische Künstler auf dem Höhepunkt der gotischen Buchmalerei führte. Der erste Psalm ist mit der Wurzel Jesse (Stammbaum Christi) illustriert, und die Ränder sind mit kleinen menschlichen und tierischen Figur belebt.

*Links:* Das *Book of Kells,* ca. 800 (Trinity College, Ms. 58). Diese berühmte Seite ist ein weiteres Beispiel für die rein dekorative Gestaltung von Initialen. Die Ausschmückung der griechischen Buchstaben Chi Rho, die hier für den Namen Christi verwendet werden, erinnert an Goldschmiedearbeiten.

*Unten links:* Ein schönes Beispiel für die klare Schrift, die im Laufe des neunten Jahrhunderts von den mönchischen Schreibern entwickelt wurde (Pierpont Morgan Library, New York). Die Buchstaben sind eindeutig antiken römischen Inschriften nachempfunden.

*Unten Mitte:* Eine Benediktinerbibel von ca. 1070 (Bibliothèque Nationale, Paris, Ms. Lat. 254). Die klare Minuskelschrift der Karolingerzeit wurde auch in späteren Jahrhunderten noch benutzt, doch das Hauptaugenmerk der Miniaturisten galt jetzt häufig der Verzierung der Initialen, etwa mit komplizierten, ineinander verschlungenen Figuren von Menschen und Tieren und mit Blattwerk.

*Unten rechts:* Eine Handschrift von Plinius' *Historia Naturalis,* Siena, ca. 1460. Der Buchstabe teilt die Illustration in drei Abschnitte, in denen der Künstler sich auf den Inhalt des Textes bezieht: Metalle und Mineralien, darunter auch das Arbeitsmaterial des Malers selbst.

# VIERTER TEIL

# DAS AUSGEHENDE MITTELALTER

# EUROPA IM 14. JAHRHUNDERT

**Europäische Staaten im Schmelztiegel**

Die klaren Ziele der Herrscher des 13. Jahrhunderts und die energische Verfolgung ihrer Interessen hatten sie am Ende dieses Zeitraums vor unvorhergesehene Schwierigkeiten gestellt. Das Pontifikat war zu einem Amt geworden, das sehr schwer auszuüben war, und so folgte auf einen ehemaligen Eremiten, Cölestin V., ein römischer Adliger und Kirchenrechtler, Bonifaz VIII. Seine Probleme mit den Kardinälen sowie den Königen von Frankreich und England lösten eine Folge von Ereignissen aus, die das Papsttum im 14. Jahrhundert ins Exil nach Avignon führten und den Päpsten den Ruf eintrugen, unter dem Einfluß Frankreichs zu stehen. Der französische König jedoch lernte die moralische Unterstützung, die ihm die Päpste zukommen ließen, sehr zu schätzen. Die Gewaltpolitik Philipps IV. hatte in Flandern eine heftige Reaktion ausgelöst, und seine Truppen wurden im Jahre 1302 in der Schlacht von Kortrijk von den Aufgeboten der flandrischen Städte geschlagen. Mit Söhnen als Nachfolgern, die nach kurzer Regierungszeit starben und ausschließlich Töchter hinterließen, schien Philipp und sein Geschlecht Gottes Strafe für die Kränkung seines Stellvertreters ereilt zu haben. Die neue französische Königsdynastie der Valois führte einen hundertjährigen Krieg, um ihre Thronrechte gegen Herausforderer wie den König von England zu verteidigen. In Spanien wurden die großen Feldzüge des 13. Jahrhunderts gegen die Moslems eingestellt, und die Christen bekämpften sich statt dessen gegenseitig, sogar in Bürgerkriegen. In England wandte sich König Eduard I. gegen die Schotten, ohne sie allerdings wirksam unterwerfen zu können. Zwei seiner Nachfolger im Königsamt wurden entthront und ermordet. So ist es keineswegs überraschend, daß das 14. Jahrhundert in dem Ruf steht, von Chaos, Katastrophen und Schrekken beherrscht gewesen zu sein.

Der König von Frankreich war außer sich, daß er in Flandern von einfachen Städtern, und der König von England, daß er von den rebellischen Schotten besiegt worden war; die Historiker sollten sich jedoch hüten, königliche Klagelieder nachzusingen, sondern ihr Augenmerk auf jene Gruppen richten, die sich bis dahin noch nicht bemerkbar gemacht hatten. Die ausschließliche Beschäftigung der Historiker mit Königen und ihren Archiven kann zu einer bedauerlichen Verzerrung der Realitäten führen. Weder in Schottland noch in Flandern konnten die Könige ihren Willen durchsetzen. In Flandern hatten sich die »französischen« Städte Brügge und Gent, die Philipp IV. als Souverän des Landes übernommen hatte, durch ihren Widerstand gegen seine Herrschaft endgültig der Kontrolle durch Paris entzogen.

Nicht alle diese Unabhängigkeitsbestrebungen des 14. Jahrhunderts waren ähnlich erfolgreich. Der Staat der Deutschen Ordensritter im Ostsee-Küstengebiet erfreute sich anderthalb Jahrhunderte lang der praktischen Souveränität, bevor er ins Königreich Polen-Litauen eingegliedert wurde. Die unabhängigen christlichen Fürstentümer in der Levante unterwarfen sich im späten 15. Jahrhundert den Osmanen. Das autonome Herzogtum Bretagne wurde Ende desselben Jahrhunderts wieder in den Schoß der französischen Monarchie zurückgeführt. In dieser Ära vermochten die großen Herrscher die Ereignisse jedoch nicht mehr so souverän zu lenken, wie sie es zwei Jahrhunderte zuvor zumindest versucht hatten. Überall mußte die politische Kontrolle gelockert werden, und dies bedeutete, daß mehr Kommunen in der Lage waren, ihre Unabhängigkeit zu fordern und auch zu erhalten, wie beispielsweise die großen italienischen und deutschen Städte. Die französische Monarchie mußte der Entstehung separater Provinzverwaltungen zustimmen. In Spanien wurde die Vorherrschaft Kastiliens durch die Entstehung stärkerer politischer Institutionen in den benachbarten Königreichen Aragón, Navarra, Portugal und Granada wie auch durch Zwistigkeiten innerhalb der eigenen Aristokratie geschwächt. Um alle politischen Einheiten jener Zeit zu beschreiben, wäre viel Platz nötig, und dem feinmaschigen Netz ihrer gegenseitigen Beziehungen könnte man nur durch eine außerordentlich detaillierte Schilderung gerecht werden. Die einzelnen Veränderungen hingegen anhand von allgemeinen Faktoren erklären zu wollen, würde ihre Vielfalt verschleiern und zuviel voraussetzen.

In ihrer frühen Periode hatte man für die christliche Welt noch eine vergleichsweise einfache Struktur voraussetzen können, was sich durch die späteren Ereignisse jedoch als schlechthin ungerechtfertigt erwies. Ursprünglich hatte es ein einziges Römisches Reich gegeben, fest und sicher von Konstantinopel aus regiert, einen einzigen Papst in Rom, und ein wiederhergestelltes Westreich unter der Herrschaft Karls des Großen und seiner deutschen Nachfolger. Der Versuch, die von Rom vertretene Ordnung wiederherzustellen, hatte die päpstliche Macht zwar gefestigt, die Deutschen aber gedemütigt. Andere Königreiche hatten Geltung erlangt, und die Zahl der Könige in der westlichen Christenheit wuchs. Um 1273 mußte der Papst sich mit dem Gedanken an die Teilung in ein deutsches und ein italienisches Königreich vertraut machen, obwohl Dante auch 1311/1312 noch an eine universale Monarchie dachte. Es gab daher ein gewisses Zögern, die Möglichkeit einer geteilten christlichen Welt zu akzeptieren. Die alte Form des Reichs war für Europa ungeeignet, konnte aber nicht so leicht durch eine andere ersetzt werden. Das Königtum, das barbarischen Ursprungs war, wurde sehr schnell von Despoten und Emporkömmlingen an sich gerissen, und seine Dauerhaftigkeit mußte sich erst erweisen. Das Modell des Kaiserreichs verdankte dem Beispiel von Byzanz mehr als jeder politischen Theorie, und es war vermutlich vor allem die Auflösung dieses byzantinischen Systems, die dazu beitrug, daß auch die christliche Welt wieder in den Schmelztiegel zurückgestoßen wurde. Im Westen wurden sich die Menschen vage ihrer eigenen Stärke gegenüber dem Osten bewußt, und sie gingen nun verstärkt daran, eigene politische Organisationsformen zu entwickeln. Indem sie dies taten, legten sie den letzten, noch vorhandenen Respekt vor dem römischen Erbe ab.

Die lateinische (oder westliche) Einmischung in die Angelegenheiten des Ostreichs während der Kreuzzüge gipfelte in der Eroberung Konstantinopels im Jahre 1204 und der Einsetzung eines lateinischen Kaisers. Durch das lateinische Imperium wurde die Position von Byzanz keineswegs gestärkt, denn das westliche Herrschaftskonzept war nicht kaiserlicher, sondern fürstlicher Natur und lief darauf hinaus, das Reichsgebiet unter den lateinischen

*Rechts oben:* Der Papstpalast in Avignon wurde unter Benedikt XII. (1333–1342) im strengen Stil einer Festung begonnen, um die Residenz gegen die marodierenden Söldnerhaufen verteidigen zu können. Er wurde von Clemens VI. in etwas üppigerem Stil ergänzt und von Innozenz VI. (1352–1362) vollendet. Dieser großzügige Gebäudekomplex war Kulisse für den glanzvollsten Hof Europas im 14. Jahrhundert.

*Rechts unten:* Die Burg in Karitaina in Südgriechenland wurde 1254 von den Franken errichtet. Die hier abgebildete Brücke, die unterhalb der Stadt den Alpheios überquert, stammt vermutlich aus derselben Zeit. Einer Inschrift zufolge wurde sie 1439 von einem Türken im Dienst der Palaiologen von Mistra wiederaufgebaut.

Verbündeten aufzuteilen. Der lateinische Kaiser selbst wurde 1261 von Michael Palaiologos vertrieben, doch das wiederhergestellte Byzantinische Reich vermochte nicht, alle von den anderen lateinischen Herrschern übernommenen Territorien zurückzugewinnen, geschweige denn die kaiserliche Autorität wiederherzustellen. Gegen Ende des 13. Jahrhunderts existierten daher sowohl das Ostreich wie das Westreich nur noch dem Namen nach. Das Kaiseramt behielt dagegen weiterhin sein Prestige und lockte immer wieder Anwärter an, sogar solche mit einiger realer Macht. So etwa Stephan Dušan, Herrscher von Serbien; er strebte nach der Kaiserkrone, erlitt in Konstantinopel eine Niederlage und tröstete sich 1346 mit der Krönung zum Kaiser der Serben in Skopje. In Deutschland schreckte der Untergang der Stauferkaiser Männer von geringerem Geschlecht nicht ab, und die Kaiserwürde wanderte von einem Herrscherhaus zum anderen, bis es den Luxemburgern und ihren Erben direkter Linie, den Habsburgern, gelang, sie zum Familienbesitz zu machen. Während diese Reiche ihr Schattendasein fortsetzten, trachteten lokale Fürsten im Südwesten, im Nordosten und in Frankreich nach größerer Beute, die sie sich ohne Furcht vor dem entschlossenen Eingreifen mächtiger Regenten erkämpfen konnten.

### Der Niedergang von Byzanz

Die Byzantiner in ihrer Blütezeit und später die Osmanen sicherten ihrem Reich Dauerhaftigkeit, indem sie innenpolitische Zwistigkeiten ausschließlich am Herrscherhof selbst zuließen, und für die Verteidigung nach außen stehende Heere und eine starke Flotte unterhielten. Zwischen dem 13. und 15. Jahrhundert jedoch war keine Macht mehr in der Lage, Heere in angemessener Stärke aufzustellen, geschweige denn Land- und Seestreitkräfte so zu kombinieren, daß die Reichseinheit gewährleistet wurde. Die Gründe dafür müssen vielschichtig gewesen sein und bleiben umstritten. Bereits im späten zwölften Jahrhundert mehrten sich die Anzeichen, daß die Byzantiner die Kontrolle über ihr Herrschaftsgebiet verloren. Die Dynastie der Komnenen, die dem Reich wieder politisches Selbstbewußtsein verlieh, war nicht in der Lage, die Türken zu vertreiben, die sich nach der Schlacht bei Mantzikert 1071 in Anatolien niedergelassen hatten. Die Regenten mußten einsehen, daß sich ihre Macht durch die Kontrolle über die Küstengebiete aufs Meer verlagert hatte. Doch schon gab es Anzeichen für die zunehmende Stärke der italienischen Seemächte, vor allem aufgrund der Kreuzzüge. Nach dem Tod des Manuel Komnenos im Jahre 1180 stritten rivalisierende Familien um die Nachfolge auf dem Kaiserthron, und sowohl 1191 als auch 1204 wurden unvermeidlicherweise Kreuzfahrer aus dem Westen in diese Auseinandersetzungen hineingezogen. Die Besetzung Konstantinopels durch die Lateiner trug offensichtlich auch nichts dazu bei, die Byzantiner wieder zu einen; im Gegenteil, sie kämpften untereinander um die nominelle Herrschaft über das Reich. Die byzantinischen Kaiser, nach 1261 wiedereingesetzt, fanden ihr Territorium unter zahllose griechische, lateinische und slawische Potentaten aufgeteilt. Denn auch die Slawen hatten die Chance genutzt, die ihnen der Zusammenbruch der Kaisermacht bot, um eigene, neue Fürstentümer zu gründen. Man muß nicht unbedingt vermuten, daß es sich dabei um primär nationalistische Aktionen handelte: In Ermangelung der gewohnten Autorität mußten zwangsläufig neue Autoritäten gefunden werden. Bis zu einem gewissen Grad hinterließen diese »National«-Staaten ein wertvolles Erbe, doch waren sie der Bürde des Regierens ohne Ausnahme auf Dauer nicht gewachsen, als diese sich erwartungsgemäß verstärkt bemerkbar machte.

ADRIATISCHES MEER
SCHWARZES MEER
BULGARISCHES REICH
THESSALONIKE
EPIROS
KAISERREICH NIKAIA
SELDSCHUKENKÖNIGREICH IKONION
KGR. ARMENIEN
HZM. ATHEN
ACHAIA
ÄGÄIS
MITTELMEER
St. Panteleimon
Skopje
Philippopel (Plowdiv)
Klokotnitsa 1230
Theotokos
Adrianopel (Edirne)
1205
Verissa
Sinope
Amastris
Herakleia
St. Theotokos
Dyrrachium (Durazzo) 1205 an Venedig
Ochrida
Johannes Prodromos
Prodromos
Serres
Philippi
Rhaidestos
Herakleia
Chalkedon
Konstantinopel
Nikomedeia
Deabolis
Thessalonike
Theotokos
Kosmosoteira
Skalote
Marmara-Meer
Nikaia
Sakarya
Ankara
Kizil Irmak
Gallipoli
Madyta
Parium
Kyzikos
Sygriane
Maleinos
Olympus
Pogoniane
Athos
Nea Petra
Lemnos
Korfu 1207 an Venedig 1214 an Epiros 1259 an Sizilien
Pinios
Larisa
Meteora
Arta
Nikopolis
Lesbos
Mytilene
Kotyaion
Tuzgölü
Neopatras
Naupaktos
Skiros
Ton Sosandron
Lembos
Smyrna
Kephalonia
St. Lukas
Levadhia
Theben
Euböa
Chios
Nea Mone
Gediz
Ikonion
Patras
Taxiarchon
Daphni
Athen
Chlemoutsi
Mega Spelaion
Korinth
Andros
Samos
Meander
Latmos
Laodikaia
Zakinthos
Argos
Ikaria
Milet
Karitaina
Philosophon
Brontochion
Pilos
Mistra
Johannes Theologos
Paros
Naxos
Modon
Koron
St. Nikon
Monemvasia
Sta. Martha
Kos
Attalia
Kerigo
Amorgos
Rhodos
Myra
Karpathos
Kreta
Chania
Rhethymnon
Candia
Frangocastello
Sitia
Zypern
Nikosia
Nea Sion
Ausdehnung des Byzantinischen Reiches nach 1204
Lateinisches Kaiserreich
Despotat Epiros
venezianische Erwerbung
Bulgarisches Reich
größte Ausdehnung des Bulgarischen Reichs (1242)
Kaiserreich Nikaia
Ausdehnung des Kaiserreichs Nikaia (1246)
Erzdiözese
Kloster
bedeutender Schlachtort und Jahr
Maßstab 1 : 9 000 000
0
300 km
0
200 Meilen
15°
20°
25°
30°
35°
40°
35°

KROATIEN
UNGARN
SÜDKARPATEN
BOSNIEN
DINARISCHE ALPEN
DALMATIEN
SERBIEN
BULGARIEN
HUM
MONTENEGRO
RAŠKA
ZETA
MAČVA
MITTEL-BALKAN
RHODOPE-GEBIRGE
MAKEDONIEN
ALBANIEN
PINDOS-GEBIRGE
EPIROS
THESSALIEN
ÄGÄIS
Sisak
Kostajnica
Požega
Našice
Bac
Caransebes
Dubica
Save
Brod
Djakovo
Donau
Čerević
Indija
Armenis
Prijedor
Otok
Mangyales
Sremska Mitrovica
Korenica
Bosanska-Krupa
Banja Luka
Podnovlje
Bukovica
Modriča
Schakava
Tordinci
Belgrad
Kovin
Bela Crkva
Usora
Bijeljina
Hram
Smederevo
Braničevo
Orsova
Turnu Severin
Una
Vrbas
Drina
Jajce
Totzach
Zvornik
Obrovac
Travnik
Bobovac
Ljubovija
Zadar
Lašva
Sutjeska
Olovo
Srebrenica
Pašman
Skradin
Visoko
Užice
Požega
Morava
Parakin
Glamoč
Kreševo
Vrhbosna (Sarajevo)
Vidin
Drniš
Šibenik
Duvno
Goražde
Žiča
Ibar
Kruševac
Solin
Split
Omiš
Imotski
Foča
Brač
Makarska
Mostar
Pljevlje
Studenica
Niš
Nevesinje
Prijepolje
Mileševo
Ras
Novi Pazar
Jopočani
Hvar
Neretva
Gacko
Savnik
Kossovo 1389
Poganovo
Sredec (Sofia)
Iskr
Lovec
Nicopolis (Nikopol)
Vis
Korčula
Ston
Nikšić
Morača
Priština
Trebinje
Peć
Gračanica
Novo Brdo
Ragusa (Dubrovnik)
Risan
Dečani
Kustendil
Philippopel (Plowdiv)
Maritsa
Cetinje
Prizren
Kotor
Drin
Staro Nagoričane
Rila
Scutari
Kumanovo
Bar (Antivari)
Skopje
Kratovo
Ulcinj
Nerezi
Štip
Melnik
Kruje
Debar
Strumica
Mesta
Durazzo (Dürres)
Prilep
Vardar
Monastir (Bitola)
Ochrida
Elbasan
Struma
Serres
Thessalonike
Aliakmon
Valona (Vlore)
Athos
serbische Grenze 1196
serbische Grenze 1355 nach den Eroberungen von Stephan Dušan
Republik Ragusa
wichtiges Weizenanbaugebiet in Serbien
wichtiges Bergbaugebiet in Serbien
Land über 1000 m
Metropolitensitz
orthodoxe Diözese
röm.-katholische Erzdiözese
röm.-katholische Diözese
Franziskanerkloster
Kloster
Burg
Hauptstraße
Maßstab 1 : 4 000 000
0
150 km
0
100 Meilen
16°
18°
20°
22°
24°
44°
42°
40°

**Links: Griechenland und der Balkan**
Südeuropäische Nationalisten ziehen für ihre Forderung nach Autonomie gern die mittelalterliche Geschichte dieser Region heran. Eingezwängt zwischen das alte Byzantinische und das neue Osmanische Reich, erfreuten sich die mittelalterlichen Staaten hier einer zeitweiligen, unsicheren Unabhängigkeit. Das Eindringen von Abenteurern aus Nah und Fern und die Etablierung von Handelsmächten wie etwa Venedig behinderten jedoch die kontinuierliche Entwicklung dieser Staaten.

Das Byzantinische Reich war mit keinem modernen Nationalstaat zu vergleichen und besaß keinen homogenen Charakter, es sei denn, was die Religion betraf. Mit der Infiltration der Lateiner traten dann die Unterschiede zwischen den religiösen Praktiken deutlich zutage. Der festen Kontrolle durch den Kaiser beraubt, verschlimmerte die orthodoxe Kirche das Problem noch selbst, indem sie die Einsetzung autokephaler Metropoliten wie etwa auf Zypern duldete. Die Bulgaren und Serben leisteten diesem Vorbild schnell Folge. Nachdem sich die kirchliche Aufsicht so auf lokale Ebene verlagert hatte, fiel es Ketzern wie den Bogumilen in Bosnien leichter, ihrer Autorität zu trotzen. Die Geschichte dieser Region widersteht mehr als zwei Jahrhunderte lang jedem Versuch, sie in ein bestimmtes Schema einzuordnen bzw. so etwas wie einen roten Faden herauszugreifen. Die Historiker können sich daher auf das Schicksal der Osmanendynastie konzentrieren, die sich bereits 1329 in Bithynien etabliert hatte. Die Osmanen nutzten den byzantinischen Bürgerkrieg zwischen Johannes V. und Johannes VI. Kantakuzenos, und hatten um 1389 Serbien in ihre Gewalt gebracht. Zeitgenössische Chronisten scheinen dennoch kein Gespür für die osmanische Gefahr gehabt zu haben und hofften anscheinend, die Osmanenherrschaft würde sich als ebenso kurzlebig erweisen wie die der anderen Militärmächte, etwa der Katalanen, die von 1311 bis 1388 in Athen saßen, oder die der Navarronen in Morea. Als Moslems waren die Osmanen vermutlich weniger gut bekannt als ihre christlichen Gegner, und ihre Rolle in Kleinasien kam daher völlig überraschend. Trotz der bemerkenswert langen Gnadenfrist, die den Christen durch die eher zufällige Niederlage der Osmanen gegen Timur Lenk im Jahre 1402 gewährt wurde, um sich auf die Rettung des Reiches vorzubereiten, fand sich kein christlicher Herrscher oder Staat, der sich den Osmanen wirksam entgegenstellte oder es an militärischer Stärke und Selbstbewußtsein mit ihnen hätte aufnehmen können.

Hinzu kam, daß viele Bewohner des Reiches die moslemische Herrschaft mit ihrer althergebrachten religiösen Toleranz der drohenden Tyrannei einer einzigen, erzwungenen christlichen Tradition vorzogen. Die lateinischen Mächte, die sich in der Ägäis hielten, waren im Grunde auf ihre Seemacht angewiesen und außerstande, große Heere aufzubieten und zu unterhalten, die sich mit denen der Osmanen messen konnten. Die Balkanstaaten, Serbien und Ungarn befanden sich bezüglich ihrer Militärkraft in einer ähnlichen Situation, und außerdem war Byzanz für sie von Land her weit schwieriger zu entsetzen.

**Unten: Das Osmanenreich**
Vier Jahrhunderte lang garantierten die Osmanen den Ländern ihres Reiches, sowohl jenen mit christlicher wie auch moslemischer Tradition, nach der Zeit der politischen Wirren eine stabile Regierung. Nach seinem Zusammenbruch kam es wieder zu größeren politischen Schwankungen – wenn auch anderer Art. Diese Karte vermittelt daher im Gegensatz zu gegenüberliegenden ein weit weniger verwickeltes Bild der Ereignisse, weil die Osmanen ihr Imperium von einer gesicherten Basis aus über das Marmarameer hinaus erweiterten.

Sie konnten zwar das Vordringen der Osmanen nach Mitteleuropa aufhalten, sie aber nicht nach Kleinasien zurückdrängen.

Die Osmanen operierten in einem Gebiet, das der Herrschaft zahlreicher Kleinfürsten unterworfen war, die alle vom Kaiserreich träumten. Am entschlossensten und beharrlichsten wurden die christlichen Interessen wahrscheinlich von Gruppen wie den Johannitern auf Rhodos vertreten, die sich zwar der ständigen Kreuzfahrt verschrieben hatten, aber kein politisches Konzept entwikkelten, wie man den Sturz der Osmanen einleiten konnte, oder den Venezianern, deren Hauptinteresse dem Handel, nicht aber dem Kaiserreich galt. Während des ganzen 14. Jahrhunderts blieben die Hauptfeinde der Venezianer die Genuesen, ihre kommerziellen Rivalen. Für beide waren die ägäischen Gebiete eher Kolonien, die zum Nutzen der Heimat ausgebeutet wurden. Trotz ihrer Beteiligung an den späteren Kämpfen gegen die Osmanen konnte sich keiner dieser italienischen Stadtstaaten für die Thronfolge in Konstantinopel selbst anbieten. Indem Byzanz seine Monopolstellung in Handel und Industrie und damit seine reichen Profite an Italien verlor, betätigten sich diese Lateiner eher als Blutsauger. Ihr Bleiben war daher zwangsläufig nicht von Dauer.

Die meisten westlichen Herrscher, deren Ressourcen für alle kaiserlichen Verpflichtungen ausgereicht hätten, saßen zu weit von Byzanz entfernt, um nach der dortigen Thronfolge zu streben. Während der Krise nach der Schlacht von Mantzikert (1071) hatten die Normannen in Süditalien versucht, ihre Macht bis auf den Balkan auszudehnen, und im 13. Jahrhundert zeigte sich Karl von Anjou, der in den 60er Jahren das Normannenreich übernommen hatte, erneut an byzantinischen Gebieten interessiert. Dieser Ehrgeiz führte zu einer angevinischen Herrschaft in Griechenland, die entlang der dalmatinischen Küste bis nach Ungarn hinein reichte, also zu einer Art angevinischem Seereich, das zwangsläufig als Herausforderung auf Venedig wirkte, obwohl es eher politische als kommerzielle Interessen vertrat. Der Vorstoß gegen Konstantinopel wurde jedoch von Kaiser Michael VIII. (1261–1282) zurückgeschlagen, der sich mit Karls Feinden in der Heimat verbündet hatte, woraufhin Sizilien in die Hände des Königs von Aragón überging und Friedrichs II. mächtiges Königreich geteilt wurde.

Die Königreiche von Neapel und Sizilien schwächten sich in der Folge gegenseitig durch wiederholte Kriege und eine Teilung, die zwei Jahrhunderte lang dauerte, bis die Spanier 1499 schließlich Neapel eroberten, doch sie erhielten neue Kraft durch die Königreiche, zu denen sie von da an gehörten. Der angevinische Machtbereich erstreckte sich quer über die Adria, seine italienische Kapitale in Neapel war geographisch jedoch zu ungünstig gelegen, um auf kommerziellem Gebiet mit Genua und Venedig konkurrieren zu können, die die großen Märkte im Norden belieferten. Auch scheinen die angevinischen Herrscher anders als ihre normannischen Vorgänger keine Vorstellung von den potentiellen Möglichkeiten einer Seemacht gehabt zu haben. Die finanziellen Angelegenheiten des Königreichs Neapel selbst wurden von den Guelfen, den angevinischen Verbündeten, von der Toskana aus verwaltet.

Größere Vorteile hatten die Spanier von der Erwerbung Siziliens im Jahre 1282. Die Könige von Aragón, die außerdem Grafen von Barcelona mit Besitzungen entlang der Mittelmeerküste bis nach Montpellier hinauf waren, hatten in der vorangegangenen Generation die Balearen erobert und saßen weiter unten an der Küste in Valencia. Speziell von Barcelona aus war mit königlicher Unterstützung im westlichen Mittelmeer ein erfolgreiches Handelsimperium aufgebaut worden, trotz der Feindseligkeit der aragonesischen Barone. Diese interessierten sich, genau wie ihre Kollegen in Neapel, mehr für ihre eigenen Ländereien als für den Handel oder die Expansion des Reichs. Die Könige von Aragón hielten jedoch an Sizilien fest und versuchten außerdem, Korsika und Sardinien zu annektieren. Unternehmungslustige Kaufleute aus Sizilien wagten sich sogar bis in die Ägäis hinein, und eine Söldnertruppe eroberte das Herzogtum Athen, das sie während eines großen Teils des 14. Jahrhunderts als Lehen des Königs von Aragón behielt.

Derartige Aktivitäten erhellen, wie instabil die Lage im Mittelmeerraum blieb, solange es keinen starken Herrscher in Byzanz gab, sie zeigen aber auch, daß es vom Westen her keine Möglichkeit gab, mehr als eine oberflächliche Präsenz auf See zu bewerkstelligen. Mit den Mitteln, die den Westeuropäern zur Verfügung standen, konnten sie keine großen Landmassen halten. Das Byzantinische Reich, das sich im Osten so lange behauptet hatte, war seiner Macht verlustig gegangen und fand keine christlichen Staaten, die seine Verpflichtungen übernehmen konnten. Die osmanischen Eroberer gehörten nicht einer römischen, sondern einer moslemischen Kulturtradition an. Das oströmische Reich lag jetzt endgültig in den letzten Zügen.

### Böhmische Herrschaft im Deutschen Reich

Obwohl das Kaiserreich im Westen keine dem Osten vergleichbare Grundlage oder Tradition besaß, verlor die Reichsidee nur allmählich an Anziehungskraft. Ihren effektiven Einfluß auf Italien hatten die Kaiser in der Praxis bereits nach dem Tod Friedrichs II. im Jahre 1250 eingebüßt; einzig die Deutschen hielten an dem Konzept eines christlichen Universalreiches fest, und zeigten wenig Interesse an Plänen zur Reduzierung des Anspruchs auf begrenztere, nationale Ziele. Der König der Römer wurde von den Kurfürsten gewählt und erst nach der mit päpstlicher Genehmigung stattfindenden Krönung als Kaiser bezeichnet; von 1338 an galt er dann vom Zeitpunkt der Wahl an offiziell als Souverän. Kurfürsten waren der König von Böhmen und sechs deutsche Fürsten, drei geistliche und drei weltliche, die man als repräsentativ für sämtliche Reichsfürsten ansah. Obwohl dieses Wahlgremium im modernen Sinne nicht repräsentativ genannt werden kann, zeigte es doch, daß sich das Reich aus äußerst unter-

*Rechts:* Diese venezianische Festung in Frangocastello an der Südküste Kretas, erbaut 1371, erinnert daran, daß die stillen Strände mehrere Jahrhunderte lang militärischen Schutzes bedurften, weil viele Mächte um die Kontrolle über die Ägäis kämpften.

**Rechts unten: Die Länder der Krone von Aragón**
Die Länder der Krone von Aragón waren von den Herrschern des Hauses Barcelona, deren Interessen sich entlang der Nordwestküste des Mittelmeers von der Provence bis nach Murcia und zu den Inseln – den Balearen, Sizilien, Sardinien und sogar noch darüber hinaus – erstreckten, stark vermehrt worden. Der aragonesische Adel hielt sich von diesen Unternehmungen fern: Er war eher den Katalanen und Valenzianern verwandt. Die Angevinen, die die Provence (1246–1482) und Neapel (1266–1435) vereinnahmten, wurden die natürlichen Feinde und Rivalen der Katalanen. Dieser Streit nahm die späteren Kriege zwischen den Königen von Frankreich und Spanien voraus, in denen Italien die Hauptbeute war. Im Mittelalter dehnte sich der Konflikt bis auf Griechenland aus.

*Unten:* Die Burg des Johanniterordens auf Rhodos, wo sich von 1310–1522 ihr souveräner Ritterstaat befand. Über zwei Jahrhunderte lang verteidigten die aus Akkon vertriebenen Johanniterritter das von ihnen besetzte Rhodos gegen die Moslems. Ihre Herrschaft stützte sich nicht nur auf die natürliche Fruchtbarkeit der Insel, sondern vor allem auf die mächtigen Verteidigungsbauten, die sie mit Hilfe einheimischer Arbeitskräfte im Verlauf einiger Jahre errichteten. Die Burganlage umfaßt den Palast des Großmeisters, die Kathedrale und die Häuser der sieben (später acht) »Zungen« des Ordens. Der Einfluß französischer und spanischer Befestigungsarchitektur ist unverkennbar.

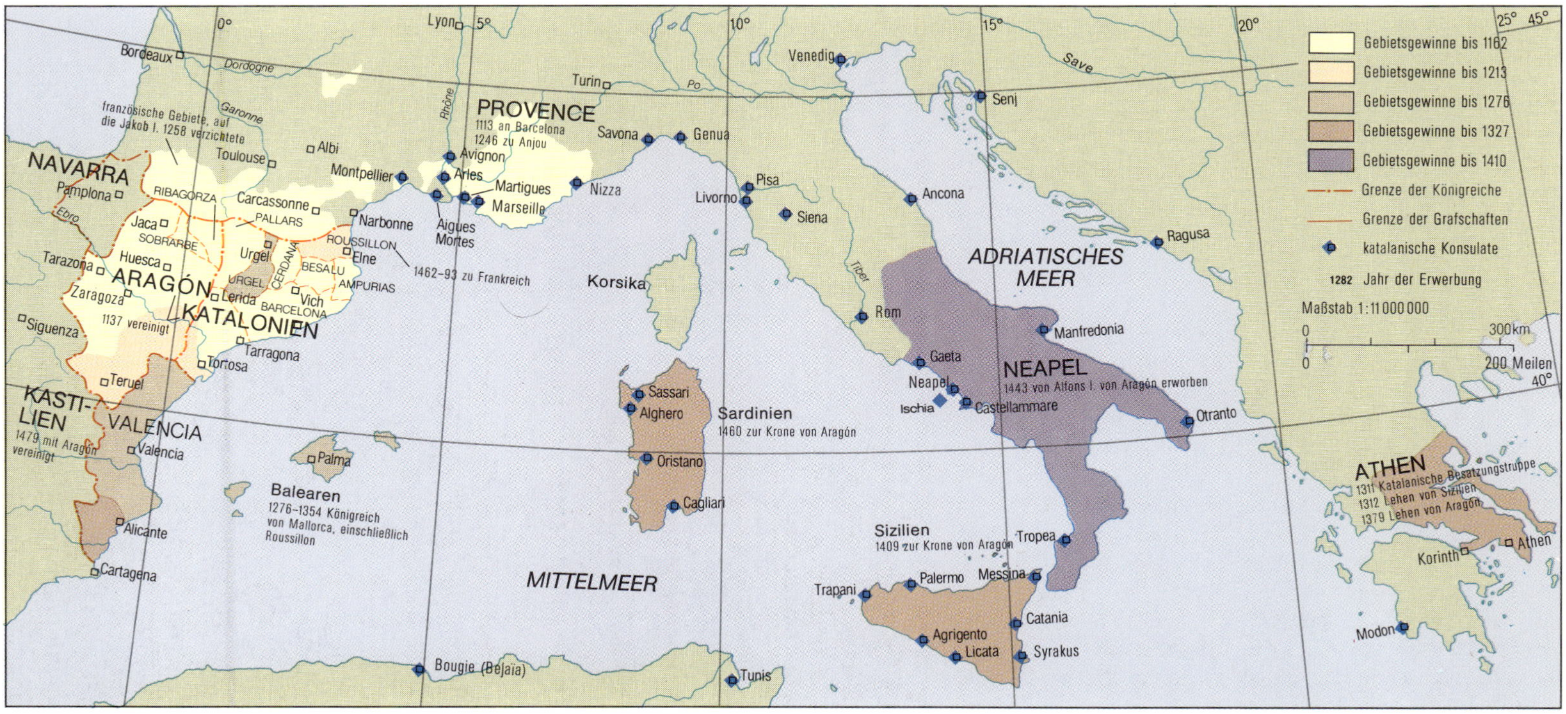
Gebietsgewinne bis 1162
Gebietsgewinne bis 1213
Gebietsgewinne bis 1276
Gebietsgewinne bis 1327
Gebietsgewinne bis 1410
Grenze der Königreiche
Grenze der Grafschaften
katalanische Konsulate
1282 Jahr der Erwerbung
Maßstab 1:11 000 000
0
300 km
0
200 Meilen
0°
5°
10°
15°
20°
25°
45°
40°
Bordeaux
Dordogne
Garonne
Lyon
Rhône
Turin
Po
Venedig
Save
Senj
französische Gebiete, auf die Jakob I. 1258 verzichtete
NAVARRA
Pamplona
Ebro
RIBAGORZA
Toulouse
Albi
Carcassonne
PALLARS
Jaca
SOBRARBE
Urgel
CERDANA
ROUSSILLON
Elne
BESALU
AMPURIAS
Narbonne
1462–93 zu Frankreich
Tarazona
Huesca
ARAGÓN
URGEL
Zaragoza
Lerida
Vich
BARCELONA
KATALONIEN
1137 vereinigt
Siguenza
Tarragona
Tortosa
Teruel
KASTI-LIEN
1479 mit Aragón vereinigt
VALENCIA
Valencia
Alicante
Cartagena
Montpellier
PROVENCE
1113 an Barcelona
1246 zu Anjou
Avignon
Arles
Martigues
Marseille
Aigues Mortes
Nizza
Savona
Genua
Pisa
Livorno
Siena
Ancona
Tiber
Rom
Korsika
Palma
Balearen
1276–1354 Königreich von Mallorca, einschließlich Roussillon
Sassari
Alghero
Sardinien
1460 zur Krone von Aragón
Oristano
Cagliari
MITTELMEER
Bougie (Bejaïa)
Tunis
ADRIATISCHES MEER
Ragusa
Manfredonia
Gaeta
NEAPEL
1443 von Alfons I. von Aragón erworben
Neapel
Ischia
Castellammare
Otranto
Sizilien
1409 zur Krone von Aragón
Tropea
Trapani
Palermo
Messina
Catania
Agrigento
Licata
Syrakus
ATHEN
1311 Katalanische Besatzungstruppe
1312 Lehen von Sizilien
1379 Lehen von Aragón
Korinth
Athen
Modon

**Böhmen**

Die Tschechen waren die ersten Slawen, die in die Politik des katholischen Westeuropa hineingezogen wurden. Im 14. Jahrhundert spielte der König von Böhmen eine Schlüsselrolle in den Angelegenheiten des deutschen Kaiserreichs. Zu jener Zeit stammten die Könige von Böhmen jedoch schon nicht mehr aus dem einheimischen tschechischen Adel. Die herausragende Stellung Böhmens beruhte nicht nur auf seiner strategisch bedeutsamen Lage und seinem Reichtum an Bodenschätzen, sondern ebenso auf dem Machtstreben seiner Regenten. Immer wieder versuchten sie, ihre Herrschaft auf Österreich, Schlesien, Polen, Ungarn und Brandenburg auszudehnen. Diese Verwicklung in die große europäische Politik wirkte sich stimulierend auf Böhmens wirtschaftliches und geistiges Leben aus. In Prag wurde 1348 die erste Universität des Deutschen Reichs gegründet. Die religiöse Begeisterung suchte sich aufgrund des Mangels an fester Führung durch Kirche und Staat während des Schismas nach 1378 ein Ventil in der Ketzerei; dies führte zur Isolation Böhmens innerhalb der christlichen Welt. Die Karte illustriert das ganze Ausmaß von Böhmens politischem Engagement und zeigt die in die Hussitenkriege verwickelten Städte- und Bauernbünde. Im Jahrhundert vor der deutschen Reformation versetzten diese Häretiker die europäische Christenheit in Angst und Schrecken. In Böhmen, wo sich römisch-katholische und orthodoxe Traditionen begegneten, und wo die traditionelle Frömmigkeit sich gegen die Sophisterei der Theologen wehrte, existierten starke Unterschiede in Glaubensfragen. Nach kurzer jagiellonischer Herrschaft (Vereinigung mit Polen 1471 und Ungarn 1490) fielen die böhmischen Länder 1526 an die Habsburger.

schiedlichen Interessen und Völkern zusammensetzte, die alle dennoch für eine fortgesetzte Mitgliedschaft im Reich waren. Die spezifischen Rechte und Pflichten des Herrschers aufzuzählen, würde bedeuten, ein Sammelsurium von Machtvollkommenheiten aufzulisten, von denen keine für sich besonders eindrucksvoll war; trotzdem war die Rolle des Kaisers keineswegs rein dekorativ und nominell.

Im 13. Jahrhundert hatten die Päpste die Wahl unbedeutender Gegenkandidaten der Staufer unterstützt, doch die Fürsten gelangten zu der Erkenntnis, daß nur Männer von wirklichem Ansehen für das Amt geeignet waren. Um die Mitte des 14. Jahrhunderts hatten nur Mitglieder der angesehensten deutschen Fürstenhäuser eine Chance, gewählt zu werden, deren hoher Rang, zum Beispiel als König von Böhmen, ihre Position als König der Römer zu stärken vermochte. Diese neue Struktur bedeutete jedoch, daß andere Territorien des alten Kaiserreichs, die durch diese Entwicklung ausgeschlossen waren, zum Abfall neigten und auf eigene Faust alternative politische Treuebündnisse suchten: Italien zum Beispiel, das nur hin und wieder von einigen, wenigen Kaisern besucht wurde, lernte, auch ohne deren nominelle Macht zu bestehen. Auch Brabant und Holland hatten faktisch die kaiserliche Genehmigung erhalten, wie souveräne Staaten zu handeln; andere taten es ohne Genehmigung. Im Westen einigten sich Teile des Reichs eigenmächtig mit den Königen von Frankreich. Nur im Osten verhinderte das Wiederaufleben der polnischen Macht eine derartige Aufteilung. Die Fürsten des Ostens schätzten die Vorteile ihrer Mitgliedschaft im Reich viel zu hoch ein, als das Risiko der Unabhängigkeit auf sich zu nehmen.

Die Tatsache, daß sich das Reich nicht auf einer zentralistischen Grundlage weiterentwickelte, wie es anscheinend andere westeuropäische Staaten, vor allem Frankreich, zu jener Zeit taten, hat ein genaueres Studium dieser Epoche lange weniger interessant gemacht, und so fand jener Zeitabschnitt bei Historikern und auch Literaturwissenschaftlern relativ wenig Beachtung. Zwar zogen einige wenige große Fürstenhäuser und Städte die Aufmerksamkeit auf sich, konnen ihrer Zeit jedoch nie ihren Stempel aufdrücken, und wollte man ihnen tatsächlich gerecht werden, so müßte man auch jene Dutzende von Kleinstaaten, Fürstentümern, Bistümern, Klöstern, Städten, Landesherrschaften und Rittergütern berücksichtigen, die alle dem Kaiser unmittelbar unterstellt und dabei effektiv souverän waren. Nur die italienischen und Schweizer Souveränstaaten innerhalb des Reichs werden heute als solche anerkannt; in der Praxis jedoch waren die deutschen Staaten, oftmals klein und zuweilen sogar aus territorial weit verstreuten Teilen bestehend, nicht weniger von Bedeutung. Ihre Bauwerke und ihre Kultur wirkten zwar auf die anderen Europäer nicht so anregend wie jene des spätmittelalterlichen oder des Italiens der Renaissance, hinterließen jedoch einen nicht weniger nachhaltigen Eindruck von der Vitalität jener Epoche. Lediglich ihre Namen aufzuführen, wäre sinnlos; selbst eine kartographische Darstellung würde nur wenig über die politischen Verhältnisse und die komplizierten Beziehungen zwischen diesen verschiedenen Staaten aussagen.

Auf seine eigene Art blieb das Deutsche Reich ein Mikrokosmos des gesamten Europas. Unter der Ägide im wesentlichen lokaler, durchaus nicht ehrgeiziger Verwaltungen wurden den Gemeinden des 14. und 15. Jahrhunderts alle Errungenschaften der mittelalterlichen Zivilisation zugänglich gemacht. Die erhaltenen Gebäude, Kunst-und Gebrauchsgegenstände jenes Zeitalters zeugen von dem hohen Niveau, das nicht nur die Fürsten an ihren Höfen, sondern auch die Stadt- und Dorfbewohner erreicht hatten. Genau berechnen läßt sich der Wohlstand dieser Volksmehrheit nicht. Bildliche Darstellungen des Alltagslebens weisen jedoch eindeutig auf nie zuvor dagewesenen Komfort und allgemeines Wohlergehen der Menschen hin, etwa Darstellungen mit spielenden Kindern oder mit trinkender und feiernder Landbevölkerung. Die damaligen düsteren Mahnungen an Tod, Krankheit und Armut kamen nicht aus dem Volk, sondern entsprangen dem Bestreben des Klerus, einen gewissen Sinn für Proportionen wiederherzustellen. Und daran war das Kaiserreich wesentlich beteiligt. Die kleinen Fürstentümer dagegen scheinen die politischen Bedürfnisse des Volkes durchaus erfüllt zu haben.

Das auffallendste Merkmal am Deutschen Reich war in dieser Zeit jedoch die beherrschende Stellung, die in ihm die Könige von Böhmen einnahmen. Schon König Ottokar II. von Böhmen hatte im 13. Jahrhundert die Kaiserkrone angestrebt, war jedoch von König Rudolf von Habsburg 1278 in der Schlacht auf dem Marchfeld besiegt worden. Der Sohn von Ottokars Enkelin dagegen, Karl IV. von Luxemburg, benutzte seine Machtbasis in Böhmen, um die Reichsangelegenheiten im Interesse seiner Familie zu regeln, und versuchte, möglicherweise weil er selbst nicht eindeutig Tscheche war, die deutschen Vorbehalte gegen Böhmens Rolle abzubauen. Mit dem Reichsgrundgesetz von 1356 (Goldene Bulle) wurde die dynastische Erbwahl zugunsten der Luxemburger gesichert. Es ist interessant, einmal darüber nachzudenken, wie sich Mitteleuropa entwickelt haben könnte, wenn diese vielversprechenden Anfänge fortgedauert hätten. Leider wurde Böhmen im frühen 15. Jahrhundert jedoch von religiösen Unruhen erschüttert, die es nicht nur vom übrigen Reich trennten, sondern das Deutsche Reich selbst seiner starken Mitte beraubten. Böhmen fiel an die österreichischen Habsburger – mit verhängnisvollen Folgen.

Das Königreich Böhmen war jedoch über 100 Jahre lang einer der dynamischsten und wohlhabendsten Staaten innerhalb des gesamten kaiserlichen Herrschaftsgebiets gewesen. Das in seinen Bergen abgebaute Gold und Silber stellte einen Großteil von Europas Grundvorrat an Edelmetallen dar. Die Bergbaustädte wuchsen in dieser Periode erstaunlich schnell – sie lagen über das wichtige Straßennetz verteilt, das Italien mit der Ostsee verband. Prag, Böhmens Hauptstadt, war nicht nur königliche Residenz, sondern ein expandierendes urbanes Zentrum, wo 1348 auch die erste deutsche Universität gegründet wurde. Die Verbreitung abweichender religiöser Ideen in Böhmen wurde vermutlich durch den Ausbruch des großen Kirchenschismas (1378) und durch die politischen Umstände gefördert, die zur Absetzung Wenzels IV. von Böhmen als Kaiser führten ((1400). Im gewissen Sinne jedoch war die ungeheuere Begeisterung für die hussitische Reformbewegung in ganz Böhmen, vor allem nach ihrer Verdammung durch das Kirchenkonzil von Konstanz (1414–1418) nur der passende Abschluß für die große Zeit der böhmischen Wiedergeburt. Hatte König Karl IV. eine böhmische Hegemonie im Reich geplant, so richteten die Tschechen selbst ihre Bestrebungen auf Ziele, die von ihren geistlichen Führern für angemessener gehalten wurden. Der Verlauf der Ereignisse folgte jedoch, unabhängig von den Absichten des Königs und der Reformer, einer eigenen Logik. Als Kaiser Sigismund 1437 starb, war es nicht nur die Dynastie der Luxemburger, die damit endete: Nein, eine ganze Reichsidee und damit die Zukunftsaussichten für Mitteleuropa waren total zusammengebrochen. Selbst den Böhmen, die doch fremde Heere zurückgeschlagen hatten, fiel es in der Folge schwer, religiöse Disziplin aufrechtzuerhalten und zugleich einen eigenen Staat zu bewahren. Diese Ereignisse waren den Reform-

plänen für das Gesamtreich, deren Ausarbeitung verhängnisvollerweise den Theoretikern überlassen wurde, keineswegs förderlich. Mittlerweile hatte dieses Reich zu schrumpfen begonnen. Die Schweizer zeigten, wie man es anstellen mußte, eine wirkliche Autonomie zu erreichen, indem sie den Kaiser gegen die Habsburger ausspielten; der Herrscher von Mailand hatte sich vom Kaiser den Titel eines Reichsherzogs erkauft und sich zum mächtigsten Herrscher in ganz Italien aufgeschwungen.

Nach dem Tod Ottokars II. hatten die böhmischen Könige eine Zeitlang versucht, ihren Machtbereich nach Polen hinein auszudehnen; ihr Vorhaben, sich dort durch eine Krönung in Krakau als Herrscher zu etablieren, war einer der Faktoren gewesen, welche die Polen veranlaßten, auf die Wiedervereinigung des geteilten Piastenreichs hinzuarbeiten (siehe Seite 191). Der König von Böhmen blieb ein hartnäckiger Feind der neuen Piastenmonarchie, und es gelang ihm tatsächlich, die schlesischen Fürstentümer für sein eigenes Reich zu erobern; dennoch konnte er letztlich die Bemühungen anderer Fürsten um die Wiedervereinigung der Piastenländer nicht vereiteln. Nach anderthalb Jahrhunderten der Teilung erschien Polen wieder auf dem Plan. Dies war die erste von mehreren historischen Erneuerungen Polens.

**Polen und Litauen**
Die Karte verdeutlicht die Probleme, die sich bezüglich der territorialen Festlegung Polens ergeben, als es sein Gebiet von seinem Herzstück aus in alle Richtungen erweiterte. Polens ursprüngliche Ambitionen im Westen wurden durch das beharrliche Vordringen der Deutschen, vor allem entlang der Ostseeküste, durchkreuzt. So verlagerte Polen die Richtung seiner Expansion mehr nach Süden und erreichte letztlich den Zusammenschluß mit den orthodoxen Litauern. Trotz aller Schwierigkeiten gelang es der Jagiellonen-Dynastie, ihren großen Staat zusammenzuhalten, dessen Einfluß durch ihre dynastischen Verbindungen mit anderen Königshäusern sogar noch wesentlich weiter reichte. Dieser mächtige Staat bestand bis zum 18. Jahrhundert, als er bei der ersten der polnischen Teilungen jener Zeit zerschlagen wurde.

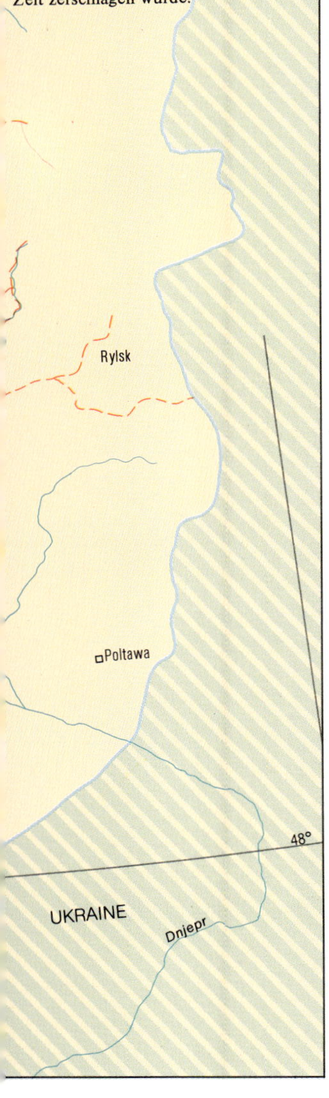


## Die Wiederherstellung Polens

Polen (vom slavonischen *pole* = Feld oder Ebene) erscheint als politische Einheit in der Ostseeregion zwischen Oder und Weichsel zum erstenmal unter Mieszko I. (963–992), der dem deutschen König Otto I. für die Länder westlich der Oder (Stettin, Pommern und Lubusz) tributpflichtig war. Die Anfänge kirchlicher Organisation datieren im Jahre 1000, als durch Otto III. eine Erzdiözese in Gnesen mit den Bistümern Kolberg, Breslau und Krakau errichtet wurde, während ein älteres Bistum in Posen von Magdeburg abhängig blieb. Die Herrscher der polnischen Piasten-Dynastie versuchten ihren Einflußbereich überall dort auszudehnen, wo sich ihnen eine Möglichkeit bot. Dabei kam ihnen zugute, daß es in diesem Teil Osteuropas keine klar definierten Grenzen gab. Sie drangen zu verschiedenen Zeiten sowohl tiefer nach Deutschland und – weit abenteuerlicher – ostwärts nach Ruthenien ein. Zu ihrer Hauptstadt aber wurde von Kasimir I. (1038–1058) Krakau gemacht, dessen Sohn Boleslaw II. nach der Besetzung Kiews (1061) im Jahre 1076 zum König gekrönt wurde. Der Druck der deutschen Herrscher auf die polnischen Gebiete im Westen wuchs immer stärker an, vor allem seit der Mitte des zwölften Jahrhunderts, so daß sich die Piastenherrscher mehr auf den Osten zu konzentrieren begannen. Nach dem Tod Boleslaws III. (1107–1138) wurden seine Territorien zwischen seinen Söhnen aufgeteilt, und nahezu zwei Jahrhunderte lang entwickelte sich Polen im Rahmen mehrerer, deutlich voneinander abgegrenzter Herzogtümer; sogar der Königstitel wurde bis 1294 fallen gelassen. Diese Zeit der Teilung hatte dauernde Folgen für Polen. Die Fürsten von Schlesien, die am Ende dieser Periode selbst die Königswürde anstrebten, wollten lieber Mitglied des böhmischen Reichs unter den Luxemburgern werden, als einen weiteren Piasten als König von Polen anzuerkennen. Böhmische Ambitionen auf Krakau waren weniger erfolgreich, denn Krakau wurde immer wieder in die Politik der Ukraine hineingezogen. Die Belange von »Klein«-Polen kümmerten die Bewohner des polnischen Kernlandes, die im späten 13. Jahrhundert unter erneutem Druck der Deutschen standen, herzlich wenig. Das Eintreffen deutscher Kolonisten, die ehrgeizigen Pläne Brandenburgs, die Ansiedlung der Deutschen Ordensritter, das alles trug dazu bei, Pommern von den anderen Teilen Polens zu trennen und das Herzogtum in Ost- und Westpommern aufzuteilen. Die verschiedenen Versuche der Böhmen und der Herrscher von »Groß«-Polen, die Piastenmonarchie wiederaufleben zu lassen, blieben erfolglos, bis Wladislaw der Kurze 1320 in Krakau gekrönt wurde. Dem wiedererstandenen Königreich Wladislaws fehlten aber noch sowohl Schlesien als auch Pommerellen, und nicht einmal seinem Sohn Kasimir III. gelang es, mehr als geringe Korrekturen der Westgrenze zu erreichen.

Kasimir hatte keinen Sohn, der ihm auf dem Thron folgen konnte, und so ging die Krone zunächst an seinen Neffen König Ludwig von Ungarn (1370–1382) und anschließend an Ludwigs jüngere Tochter Jadwiga über, die mit dem Herzog Jagiello von Litauen vermählt wurde. Unter der Jagiellonen-Dynastie stieg Polen zum mächtigsten Staat Osteuropas auf, doch die Nachteile der Verquikkung polnischer Interessen mit denen anderer Völker wie der Ungarn und der Litauer waren beträchtlich. Zugegebenermaßen ermöglichte es die Verbindung mit Litauen den Polen, den Deutschen Orden zu besiegen und die Herrschaft über Pommern zurückzuerlangen, das Zugang zu den Ostseehäfen und die Vorteile der vom Deutschen Orden in seiner Blütezeit in Preußen gegründeten Stadtsiedlungen bot. Die vorübergehende Ausdehnung des jagiellonischen Einflusses bis nach Ungarn und Böhmen

*Oben rechts:* Krakau spielte von Anfang an eine führende Rolle im kulturellen Leben des Königreichs Polen. 1000 wurde es Bischofssitz und 1038 Hauptstadt unter den Piastenherrschern. Der hier gezeigte Dom entstand um 1018. Er wurde im 14. Jahrhundert im gotischen Stil wiederaufgebaut und 1712 restauriert.

machte dem ehemals von jenen Regionen ausgeübten Druck auf die Polen ein Ende, obwohl Schlesien nicht zurückgewonnen werden konnte. Durch die Verbindung mit Litauen war außerdem die Ostgrenze des polnischen Einflußbereiches festgelegt, denn die Litauer blieben orthodox, und die Polen mußten ihre Infiltrationsversuche nach Osten aufgeben. Die beginnende Rivalität mit den Herrschern von Moskau wurde eher als spezifisch litauisches Problem angesehen.

Die Schwierigkeiten der jagiellonischen Dynastie mit ihren weiträumigen Territorien und ihr Krieg gegen die Türken lenkte sie zweifellos von den polnischen Belangen und von ihren Bestrebungen ab, den politischen Apparat der Monarchie weiterzuentwickeln. Ludwig von Ungarn hatte die Anerkennung seines Königtums in Polen erkauft, indem er den Großgrundherren, die ihm Schwierigkeiten hätten bereiten können, bestimmte Privilegien verlieh. Durch ihre Kontrolle über die Besteuerung und ihre zunehmenden Möglichkeiten, die eigenen Besitzungen zu erweitern, um von den Ostseehäfen aus die Kornmärkte beliefern zu können, wurden diese Grundherren zu einer Macht im Land, die sich mehr um ihren eigenen Besitz als um das Königreich als Ganzes kümmerte: Diese nebulöse Verantwortlichkeit überließen sie ihren Monarchen. Das kulturelle Leben Polens wurde vor allem von der lateinischen Geistlichkeit geprägt, die den orthodoxen Litauern feindlich gesinnt und den Jagiellonenkönigen gegenüber ihrer Herkunft wegen argwöhnisch blieb. Die 1364 in Krakau gegründete Universität begann eine wichtige Rolle bei der Ausbildung der Geistlichkeit und der Konsolidierung ihrer Verbindungen mit der Kirche im Westen, vor allem in Italien, zu spielen. Im selben Zeitraum ließen sich überdies nach und nach italienische Kaufleute in Polen nieder. Der Kult der einheimischen polnischen Heiligen wie des heiligen Stanislaw verband sich mit der Pflege polnischer Geschichte in lateinischer sowie populär-religiöser Literatur in der Landessprache zur Förderung eines starken polnischen Identitätsbewußtseins. Die päpstliche Kanzlei benutzte die Bezeichnung »Polen« hartnäckig, um eine Region zu definieren, die sonst – charakteristischerweise – undefinierbar erschien; auch als die anfänglich fluktuierenden Grenzen des Königreichs durch die Jagiellonen stabilisiert worden waren, machte die Verbreitung des dynastischen Schutzmantels im östlichen Europa die säkulare Definition so unmöglich wie eh und je.

Zur Entwicklung Polens in diesen fünf Jahrhunderten trugen neben den bestimmenden politischen Ereignissen auch andere Faktoren bei. Der Prozeß des Wurzelfassens innerhalb definierter Grenzen, der Bekehrung zum Christentum und der Erschließung neuer Länder zur Kultivierung erforderte die Mitarbeit zahlreicher Gruppen. Das Vordringen deutscher Siedler entlang der Ostsee-Küstengebiete wurde von den Polen nicht durchweg bekämpft, sondern die Kolonisten wurden sogar durch günstige Bedingungen angelockt. Neue Städte oder wenigstens einige städtische Handwerker erhielten die Privilegien ihrer Heimatländer. Eine starke Ausdehnung des zisterziensischen Einflusses auf dem Land erfolgte im 13. Jahrhundert und überschnitt sich daher mit dem Eintreffen anderer Mönche, vor allem der Dominikaner. Deren früheste Niederlassungen entstanden, wie nicht anders zu erwarten, in den großen Städten Danzig, Breslau und Krakau. Ihre spätere Verbreitung bis in die Städte entlang der schlesischen Oder und Weichsel ist ein Beweis für das Wachstum der urbanen Zentren in jener Zeit.

### Ungarn und die großen Dynastien

Die Erneuerung Polens im 14. Jahrhundert war einer der dauerhaftesten Erfolge dieser Periode, und seine Stellung hob sich damit vorteilhaft von der seines Nachbarn Ungarn ab, mit dem es kurzfristig einen gemeinsamen Herrscher hatte: Ludwig den Großen (1370–1382). Inzwischen jedoch war Ungarn selbst Teil des großen angevinischen Dominiums geworden, das sich nach der Eroberung Süditaliens durch die Angevinen entwickelt hatte, so daß die ungarischen Herrscher allmählich dazu neigten, eher in dynastischen als nationalen Zusammenhängen zu denken. Dies bedeutet, daß sich in Ungarn bereits ein Gegensatz zwischen der Auffassung der Herrscher und der

**Ungarn**
Seit seiner Etablierung als christliches Königreich hatte Ungarn in den beiden folgenden Jahrhunderten den Umfang seines Territoriums verdoppelt. Im Spätmittelalter schoben seine Herrscher die Grenzen sogar noch weiter vor. Nur der Vormarsch der Osmanen auf dem Balkan setzte den ungarischen Ambitionen ein Ende. Drei Jahrhunderte lang herrschte in Ungarn eine einheimische Dynastie, obwohl es zwischen ihren Angehörigen verschiedentlich zu Fehden kam. Nach 1301 waren die ungarischen Könige meist Ausländer mit internationalen Verpflichtungen, die sie stark beanspruchten, was sich vor allem in ihrer Haltung beim Kampf gegen die Osmanen bemerkbar machte. Der Reichtum des Königshauses war durch die Kontrolle über den Erzabbau so groß, daß die Herrscher nicht unbedingt auf die Kooperation ihrer Untertanen angewiesen waren.

*Rechts oben:* Die Westfassade der Jàk-Abtei. Während der Mongoleninvasion in Ungarn im Jahre 1241 wurden zahlreiche Gebäude der frühen christlichen Epoche zerstört. Beim Wiederaufbau, wie hier in Jàk Mitte des 13. Jahrhunderts, herrschte der romanische Stil vor.

*Rechts unten:* Die Belagerung Belgrads durch die Osmanen 1521 aus türkischer Sicht, im Topkapi-Museum, Istanbul. Zu Beginn des 16. Jahrhunderts hatten die Osmanen gelernt, Feldartillerie wirksam einzusetzen, ihre Kanonen wurden allerdings oft von Ungarn gegossen.

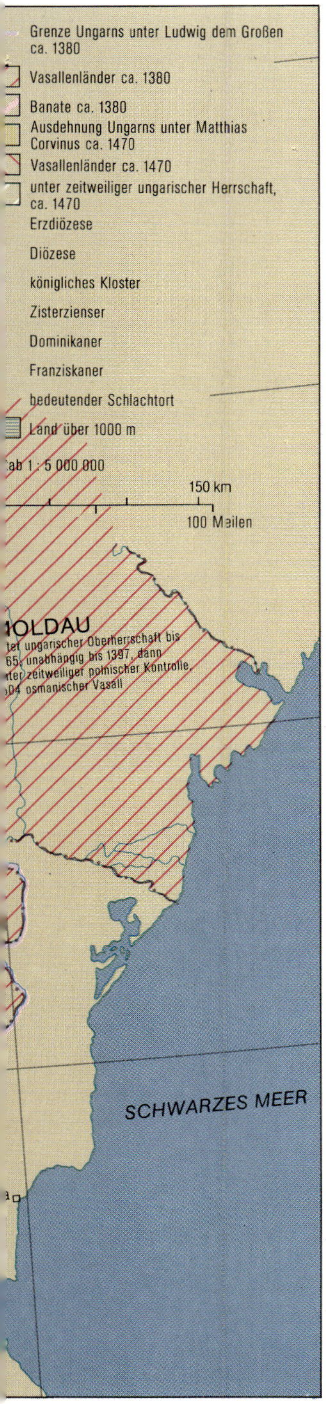


ihrer Untertanen herausgebildet hatte, ähnlich wie jener im Polen der Jagiellonen. Auch die ursprünglichen Gründe dafür sind verwandt: das Fehlen klar definierbarer Grenzen des Königreichs oder, anders ausgedrückt, das Fehlen effektiven Widerstands der Nachbarn gegen die ungarische Expansion, sogar unter der Dynastie der einheimischen Arpaden.

Bis die Magyaren das Christentum und damit zugleich eine seßhafte Lebensweise annahmen, hatte es in der Region, in der Nomaden und Räuber nach Belieben umherstreiften, keine organisierten Ansiedlungen gegeben. Die Übernahme des römischen Katholizismus und die vom Papst übersandte Königskrone für Stephan I. (1000–1038) förderten die Ausdehnung des lateinischen Christentums so weit, daß es auf Gebiete der orthodoxen Mission übergriff. Stephan selbst eroberte im Osten Siebenbürgen für sein Reich, später kamen noch Kroatien und Ragusa hinzu (1189–1204). Religiöser Eifer veranlaßte dann Feldzüge zur Ausrottung der ketzerischen Bogumilen in Bosnien und der Herzegowina (1237–1284), die ebenfalls an Ungarn fielen. Die Heirat mit einer französischen Prinzessin im späten zwölften Jahrhundert begründete politische Verbindungen, die sich ein Jahrhundert später festigten, als die Angevinen Könige von Neapel wurden. In ihren Ambitionen auf Konstantinopel durch die Sizilianische Vesper (1282) gestört, wandten sich die Angevinen Ungarn zu, das leicht über die Adria zu erreichen war. Karl Robert wurde 1290 in Zagreb zum König von Ungarn gekrönt und nach dem Tod Andreas' III., des letzten Vertreters der einheimischen Arpaden-Dynastie, im Jahre 1301 im ganzen Königreich anerkannt.

Ein die Adria einschließendes angevinisches Reich forderte natürlich die Gegnerschaft Venedigs heraus, und Ludwig der Große errang am Ende einer von aktivem Eingreifen zur Kontrolle der dalmatischen Küste gekennzeichneten Regierungszeit 1381 das venezianische Dalmatien durch Zession und eroberte die Herzegowina bis zur Neretwa. Nach Ludwigs Tod im Jahre 1382 gaben Streitigkeiten um die Thronfolge den Bosniern und Venezianern die Möglichkeit, sich neu zu behaupten, so daß Ungarn nun keine bedeutenden Seestützpunkte mehr besaß. Ludwigs Tochter Maria heiratete Sigismund von Luxemburg, den Bruder des Kaisers, und so wurde Ungarn zum erstenmal in die deutsche Politik hineingezogen. Sigismund war sich seiner Verantwortung als christlicher Herrscher im Kampf gegen die Osmanen auf dem Balkan wohl bewußt. Große Hoffnungen wurden 1396 in einen Kreuzzug gesetzt, doch die Niederlage des Kreuzheeres im selben Jahr bei Nikopolis war demütigend. Sigismund selbst wurde schon bald tief in die Probleme des Königreichs seines Bruders, Böhmen, verstrickt: das Schisma der lateinischen Kirche, die ketzerischen Hussiten und die Schwierigkeiten des deutschen Königreichs nach seiner Wahl zu dessen König im Jahre 1411. Ungarn hatte unvermeidlicherweise die Hauptlast der erneuten Vorstöße der Osmanen von den 50er Jahren des 15. Jahrhunderts an zu tragen, vor allem nach dem Mißerfolg Wladyslaws III., dem Neffen Sigismunds, mit seinem Kreuzzug in Warna 1444. Der größte Erfolg der Ungarn war die Verteidigung von Belgrad unter Johann Hunyadi im Jahre 1456, dessen Sohn Matthias Corvinus Herrscher von Ungarn wurde (1450–1490): Er war der letzte einheimische König.

Im 15. Jahrhundert war Ungarn alles andere als ein geeintes Land. Es umfaßte zahlreiche Völker, darunter auch orthodoxe Bulgaren und eine beträchtliche Anzahl ketzerischer Bogumilen, die zu unterdrücken der eifrigen katholischen Geistlichkeit nicht gelang. Der lange Zeitraum unter fremden Herrschern, der Ungarn ins Scheinwerferlicht internationaler Politik rückte, brachte keine

institutionelle Entwicklung der Monarchie. Die eigenen Besitzungen und Bergbaumonopole machten die Krone so reich, daß sie ihre Untertanen nicht zwingen mußte, sich an ihren Projekten zu beteiligen; so konnten sich die Großgrundbesitzer ohne königliche Einmischung ihren eigenen Interessen widmen. Ausländische Kaufleute, vor allem Italiener, und die Geistlichkeit spielten bei der Heranbildung einer Schicht von Gebildeten und Unternehmern keine Rolle. Das Vorrücken der Osmanen von Süden her bedeutete, daß das Reich schon vor dem Fall Belgrads 1521 auf eine bescheidene Größe geschrumpft war; die Niederlage bei Mohács machte seiner stets gefährdeten Unabhängigkeit endgültig ein Ende, obwohl es zur Hälfte in habsburgischen Händen fortbestand.

Sowohl Polen als auch Ungarn gerieten als katholische Königreiche unvermeidlich mit den orthodoxen Völkern an ihren Grenzen aneinander, die sich zu diesem Zeitpunkt überall in der Defensive sahen. Der Zusammenbruch des Byzantinischen Reichs (1204) und die Mongolenherrschaft in Rußland (1237) bedeuteten, daß die christliche Orthodoxie ihre traditionellen weltlichen Beschützer verloren hatte, ohne daß große Hoffnung bestand, einen neuen zu finden. Es ist kaum überraschend, daß die Autorität des Patriarchen von Konstantinopel durch das Auftauchen mehrerer autonomer Erzbischöfe bedroht wurde, daß fromme Christen sich einer Erneuerung der klösterlichen Tradition zuwandten, oder daß die Gebetspraxis der mystischen Hesychasten Anhänger fand. In der Mönchsrepublik auf dem Berg Athos begannen orthodoxe Männer aus ganz Osteuropa eine traditionelle Frömmigkeit zu pflegen, die es der orthodoxen Welt ermöglichte, die Jahrhunderte politischer Eklipse zu überstehen. Solche Männer erkannten die nominelle Oberherrschaft der Moslems anstandslos an, und die Mönche auf dem Berg Athos selbst schlossen problemlos Frieden mit den Osmanen.

**Die Geschichte Rußlands**

Zu jener Zeit waren die Russen, fast ohne Wissen der Lateiner, ebenfalls damit beschäftigt, nach dem großen Schock der Mongoleninvasionen ihr kirchliches und weltliches Leben zu reorganisieren. Die früheste Organisation der Russen als eindeutige politische Gruppe datiert aus dem zehnten Jahrhundert, als sich die Städte mit Kiew verbanden und, inzwischen zum orthodoxen Christentum bekehrt, von den Nachkommen skandinavischer Kriegerkaufleute regiert wurden. Bis dahin hatte die Kolonisierung der angrenzenden Waldgebiete kaum begonnen, und die Weite des Landes sowie die geringe Anzahl der Siedler gestalteten den Fortschritt, genau wie anderswo in Osteuropa, langsam und gemächlich. Überdies verlief er vergleichsweise undokumentiert. Zweifellos waren es die politischen Unruhen in den Kiewer Städten während des zwölften Jahrhunderts, durch die sich Emigranten veranlaßt sahen, in die Wälder zu ziehen und neue Siedlungen zu gründen. Zu jener Zeit bestand noch kein Bedarf an Getreideexporten, so daß die Kolonisierung meist die Folge von politischer Unzufriedenheit war. Die Bauern konnten sich frei bewegen und brauchten nicht verlockt oder überredet zu werden, damit sie das Land bearbeiteten. Sie konnten sich ihre Selbständigkeit jahrhundertelang erhalten und neue Siedlungen mit Hilfe eigener Organisationen verwalten. Wie weit sich diese Niederlassungen bereits entwickelt hatten, als die Mongolen 1237 das Kiewer Reich überrannten, ist nicht bestimmbar. Die erste Reaktion bestand natürlich darin, die verbliebenen Stadtbevölkerungen in die Wälder zu jagen. Die Mongolenherrschaft in der südlichen Steppe und an der Wolga setzte die Russen unter einen starken Druck, und so blieben sie mehr als zwei Jahrhunderte lang ein vorwiegend bäuerliches Volk.

Die am längsten anhaltende Folge der Mongolenherrschaft war nicht so sehr die Last des Tributzahlens als die Teilung der russischen Völker selbst. Kiew, fürstliche Hauptstadt und religiöse Basis des orthodoxen Metropoliten zugleich, erhielt einen Herrscher, der nach den Mongolenüberfällen Unterstützung vom Papst im Westen bekam. Nach seinem Tod besetzten die Mongolen das Territorium, und der orthodoxe Metropolit fühlte sich unter diesen Umständen so unbehaglich, daß er 1308 nach Moskau umsiedelte. Die Kleinrussen oder Ukrainer blieben orthodox, doch nachdem die Mongolen vor den Polen und Litauern zurückweichen mußten, fand die Ukraine jahrhundertelang engen Kontakt zu den Ländern im Westen. Unter litauischer Führung versuchte sie ihre bestimmende Rolle in der russischen Politik wieder zurückzuerobern, bezeichnenderweise war sie aber schon nicht mehr in der Lage, die Großrussen im Norden zu besiegen. Die Weißrussen (Bjelorussen) entlang des Dnjepr wurden ebenfalls von den Litauern bedrängt; auch sie bildeten sich jetzt als eigenständige Gruppe heraus.

*Links:* Die russische Stadt Susdal wurde Mitte des zwölften Jahrhunderts architektonisch erneuert, und die Kathedrale, innerhalb des Kremls (Zitadelle), wurde 1222 wiederaufgebaut. Nur ihr unterer Teil überstand die schweren Verwüstungen bei der Mongoleninvasion von 1238, von denen sich die Stadt nur langsam erholte. Ihre fünf Kuppeln erhielt die Kathedrale Ende des 14. Jahrhunderts, und in ihrer jetzigen Form wurde sie 1528 fertiggestellt.

Die Großrussen, die sich im 13. und 14. Jahrhundert zum führenden Volk Rußlands entwickelten, waren wohl schon lange vor den Mongolenüberfällen zahlreicher und mächtiger als die anderen Völker gewesen, doch erst die Mongolenherrschaft bewirkte ihren Aufstieg zur Macht, indem sie das Kiewer Reich zerschlugen, während sie selbst durch die Wälder ihrer nördlichen Heimat etwas gegen die Mongolenmacht abgeschirmt waren. Nowgorod überstand als einzige Kiewer Stadt von Bedeutung den Mongoleneinfall, aber sie wurde nicht zum Zentrum der großrussischen Erneuerung. Das neue Rußland wurde, wie es einem auf Landwirtschaft statt auf Handel basierenden Land anstand, von Fürsten geführt, deren erster, der zu Ruhm gelangte, Alexander Jaroslawski, Fürst von Wladimir, war (1246–1263), der dann zum großen Helden Newskij wurde. Diesen Namen verdankte er seinem Sieg über Nowgorod an der Newa (Beiname: Newskij) im Jahre 1240; kurz darauf (1242) besiegte er die Deutschordensritter am Peipussee. Nowgorod verlor seine Unabhängigkeit zwar erst in der zweiten Hälfte des 15. Jahrhunderts vollständig, doch es akzeptierte die Herrschaft der Fürsten von Wladimir, die von da an in Rußland bestimmend wurden. Alexander Newskij ging überaus vorsichtig und diplomatisch mit seinen mongolischen Nachbarn um, und nur deren Stillhalten ist es zu verdanken, daß seine Nachfolger ihren bedeutenden Ruf bei den russischen Völkern aufbauen konnten.

Nach Newskijs Tod teilten sich seine Söhne in die Besitzungen, von denen Moskau an den Jüngsten fiel – ein Beweis für die geringe Stellung, die diese Stadt damals noch einnahm. Im Verlauf eines halben Jahrhunderts hatte sich jedoch der russische Metropolit in Moskau niedergelassen und es zum religiösen Zentrum ganz Rußlands gemacht. Diese Tatsache an sich war schon bedeutend, doch auch die mißliche Lage Rußlands im 14. Jahrhundert trug zweifellos wesentlich zu einer Vertiefung der russischen Frömmigkeit bei, und daß Moskau in religiösen Angelegenheiten die Führung übernahm, hatte notwendigerweise wichtige Konsequenzen. Die Entwicklung des Klosterlebens, vor allem durch den heiligen Sergius von Radonesch, war speziell wegen des Beitrags der Mönche für die russische Kultur bedeutsam, auf dem Gebiet der religiösen Literatur und Malerei, durch ihre Verbindungen zu den orthodoxen Klöstern auf dem Berg Athos und durch die Neubelebung der orthodoxen mystischen Hesychasten-Bewegung. Außerdem erhielten die Mönche Ver-

**Rechts: Rußland**
Das moderne Rußland hat sich unmittelbar aus den Fürstentümern entwickelt, die nach der Mitte des 13. Jahrhunderts im Schatten der mongolischen Besatzungsmacht existierten. Die Mongolen begnügten sich im allgemeinen damit, durch die Fürsten Tributzahlungen eintreiben zu lassen, schreckten aber auch vor direkten Eingriffen nicht zurück. Die alte russische Metropole Kiew spielte keine aktive Rolle in der russischen Politik mehr. Der orthodoxe Metropolit zog nordwärts und ließ sich schließlich in Moskau nieder.
In dieser Zeit waren die Russen nicht nur von der übrigen Christenheit isoliert, sondern zerfielen selbst in miteinander konkurrierende Völker. So kennzeichnete die Sprachgrenze zwischen den Groß- und den Kleinrussen gleichzeitig den Bereich der eigenständigen Politik der Ukraine. Rückblickend scheint diese Periode durch den unaufhaltsamen Aufstieg Moskaus zur führenden Macht Großrußlands charakterisiert gewesen zu sein. Damals war die ständige Rivalität Moskaus mit anderen Fürstentümern des Nordens Beweis für die ungebrochene Lebenskraft einheimischer Traditionen und die Gleichgültigkeit der Russen gegenüber der Notwendigkeit einer politischen Einigkeit beim Kampf gegen die Mongolen. Die Stärke Rußlands basierte auf den Menschen, die unermüdlich Wälder rodeten und den Boden kultivierten; zu ihnen zählten unter anderem Mönche, deren Gemeinschaften zu dieser Zeit einen großen Aufschwung erlebten. So wurde das mittelalterliche Rußland, ehemals ein Land verbündeter Handelsrepubliken, ein Land der Bauern. Die Bischöfe spielten eine weniger herausragende Rolle als die Mönche. Erst Mitte des 15. Jahrhunderts begann sich unter dem Großfürsten von Moskau und dem russischen Metropoliten das künftige Zarenregime in seinen Umrissen abzuzeichnen. Die Russen erkannten die 1439 in Florenz beschlossene Union von Katholiken und Orthodoxen nicht an und fühlten sich von 1453 an als die wahren Erben des Byzantinischen Reichs.

*Ganz rechts:* Eine Ikone aus dem 14. Jahrhundert (Nowgoroder Schule). Die anthropomorphische Darstellung der Dreieinigkeit geht vermutlich auf balkanischen Einfluß zurück. Die Handelsstadt Nowgorod war für das mittelalterliche Rußland ein Fenster zum Westen.

Metropolitensitz
Diözese
monastisches Zentrum
Kloster
Großfürstentum Moskau
bis 1300
bis 1389
bis 1425
bis 1462
Maßstab 1 : 7 000 000
0
200 km
0
150 Meilen
30°
35°
40°
45°
50°
55°
Onegasee
Ladogasee
FINNISCHER MEERBUSEN
Peipussee
Valamo
Konewizki
Roschdestwenski
Staroladoschski
Staroladoschski
Ladoga
Newa
Oreschek
Wedenski
Tichwin
Wolchow
Nowgorod
Otenski
Tartu
Schtscheremenski
Pskow (Pleskau)
Swjatogorki
Pskowsko-
Petscherski
Borowitsch
Lowat
Aleksandro-
Oschtschewenski
Kowschinski
Ferapontow
Aleksandro-
Kuschenski
Belosersk
Schtschechonski
Kirillo-Beloserski
Blagoweschtschenski
Nikitski
Spaso-
Kamenni
Wologda
Woskresenski
Weliki
Ustjug
Michailo-
Archangelzki
Suchona
Pawel-Obnorski
Korniliew
Galitsch
Krasnocholmski
Poschechonski
Awramjew
Unscha
Makarew
Kostroma
Uglitschski
Jaroslawl
Rostow
Torschok
Twer
Wolga
Pereslawl
Nikolajewski
Tichonow
Gorodezki
Feodorowski
Gorodez
Susdal
Nischni Nowgorod
Petscherski
Polozk
Troitsko-
Sergiewski
Wladimir
Makarewo
Wolga
Kasan
Josifow
Wolokolamski
Swenigorodski
Moskau
Dwina
Gschazk
Wjasma
Moschaisk
Borowski
Pafnutjew
Serpuchow
Oka
Kolomenski
Murom
Bolgar
Smolensk
Nikolo
Radowizki
Kasimow
Golutwin
Rjasan
Minsk
Dnjepr
Pustinski
Koselski
Kaluga
Kirow
Tichwinski
Tula
Kulikowo Pole
Saransk
Odojew
Don
Bolchowski
Pensa

30°
40°
50°
60°
55°
50°
Onegasee
Kargopol
Ladogasee
FINNISCHER MEERBUSEN
HERRSCHAFTSGEBIET
VON NOWGOROD
Ustjug
OBONEGO
WODSKAJA
Vologda
Wjatka
Kirow
Nowgorod
Borowitsch
BESCHEZK
Galich
Kholm
SCHELONSKAJA
DEREWSKAJA
Kostroma
Jaroslawl
Torzhok
Rostow
CHANAT
KASAN
Nizhnii
Novgorod
Twer
Polotsk
Susdal
Wladimir
Kasan
Moschaisk
Moskau
Murom
Kolomna
WEISS-
RUSSEN
Smolensk
Bolgar
GROSS-
RUSSEN
Rjasan
Pronsk
GROSSFÜRSTENTUM
LITAUEN
Koselsk
Belew
Odojew
FÜRSTENTUM
RJASAN
Gomel
Starodub
APANAGE-
FÜRSTENTÜMER
Nowosil
Dankow
Jelez
Nowgorod
Sewersk
Wolga
Tschernigow
Gluchow
Tataren
Kiew
Perejaslaw
Goldene Horde
Dnjepr
Klein-
russen
Sarai
CHANAT
KRIM
CHANAT
ASTRACHAN
Don
russische Herrschaftsgebiete
im 14. Jahrhundert
Maßstab 1 : 15 000 000
0
300 km
0
200 Meilen
Asow
Sprachgrenzen
ASOWSCHES
MEER
Klein-
russen
Grenze der bewaldeten Steppe

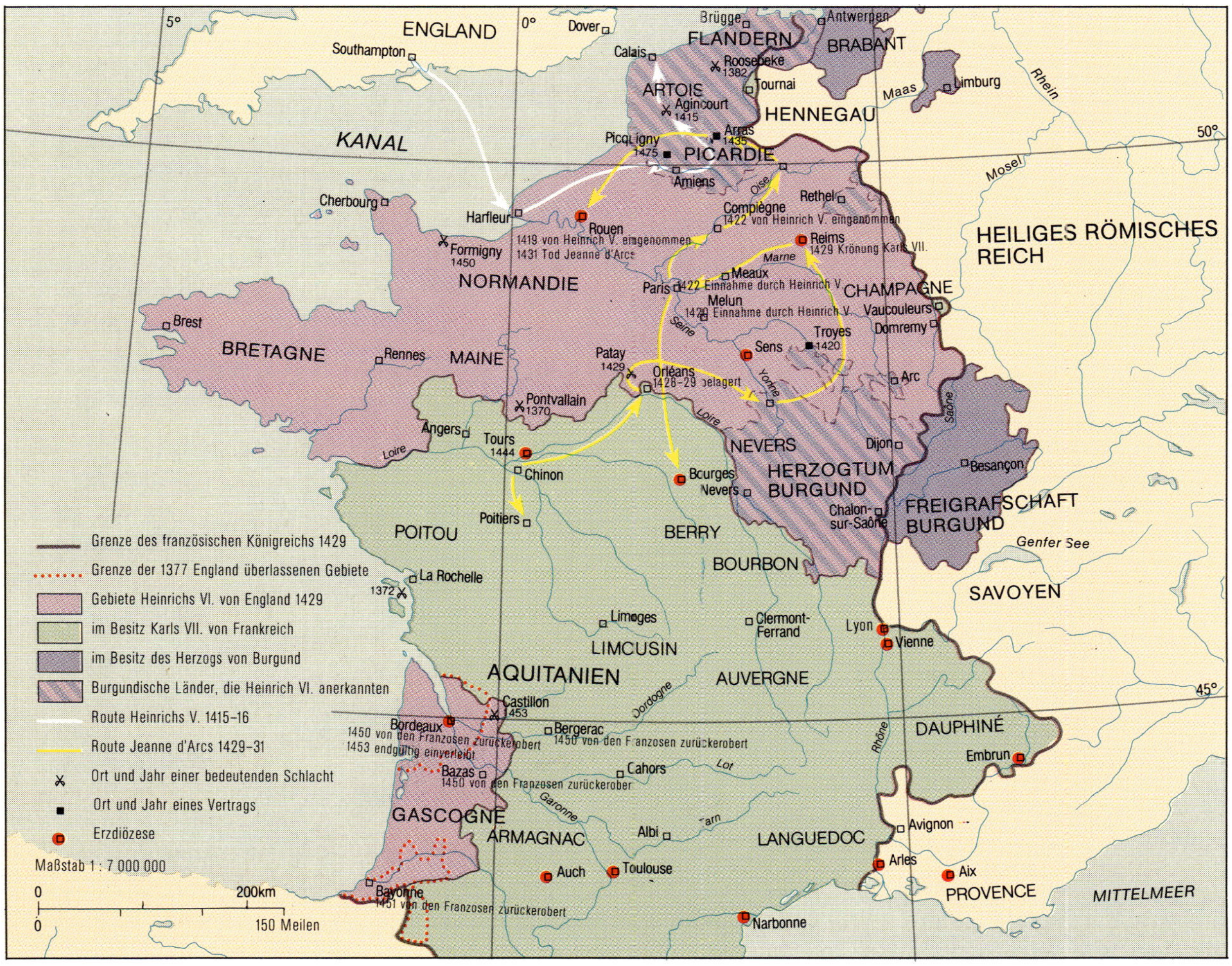


**Der englisch-französische Krieg**
Nach Wiederaufflammen des Kriegs zwischen England und Frankreich im Jahre 1294 zogen sich die Auseinandersetzungen bis in die Mitte des 15. Jahrhunderts hin, wenn auch häufig von Waffenstillständen unterbrochen. Verschiedene Versuche, den Frieden herzustellen, indem man die Stellung des englischen zum französischen König neu definierte, schlugen fehl. Beide Parteien suchten den Beistand anderer Mächte. Die Neutralität des Papstes in Avignon wurde angezweifelt, und als es 1378 zum Großen Schisma kam, machten sich beide Seiten die innere Schwäche der Kirche zunutze. So trug der Krieg auch dazu bei, die Religionsausübung zu behindern, Kreuzfahrerpläne zu verzögern und der Ketzerei Vorschub zu leisten. Frankreich litt als Hauptschlachtfeld am meisten unter den Söldnerheeren, sowohl im Krieg selbst als auch nach Friedensschluß, als sich diese ihrer Auflösung widersetzten. Die großen Fürsten Frankreichs waren gespalten bezüglich des Herrschaftsanspruchs der Valois-Dynastie, der Kompetenz der einzelnen Könige und bezüglich politischer Alternativen. Die erbitterten Fehden der Fürsten und Adligen machten diese Zeit zur schwierigsten Periode in der Geschichte des mittelalterlichen Frankreich.

günstigungen von den tatarischen Oberherren, so etwa das Privilegium, keine Steuern von ihren Besitzungen zahlen zu müssen. Die Mönche billigten die unterwürfige, respektvolle Haltung den Tataren gegenüber, und das half den Herrschern der Dynastie, friedliche Beziehungen zu diesen aufrechtzuerhalten. Iwan I. Kalita (»Geldsack«) war der erste Moskauer Herrscher, der von den Tataren das Recht erhielt, für sie die Steuern der Christen einzutreiben, was es ihm ermöglichte, Einfluß auf alle Russen zu gewinnen. Iwan vererbte die Macht seinem Sohn. Vermutlich ist es für die Kontinuität der russischen Geschichte von Bedeutung, daß es in keiner Generation Mangel an fähigen männlichen Nachkommen gegeben hat, und daß die Moskauer Herrscher durch die Bank überaus langlebig waren: Von 1359 bis 1584 regierten nur ganze sechs Monarchen.

Die durch Tatarengunst errungene Position geriet natürlich in Gefahr, als deren Reich schwächer zu werden begann, nachdem die Ming-Dynastie der Mongolenherrschaft in China 1386 ein Ende bereitete. Doch die Tataren besaßen noch etwa 100 Jahre lang ausreichend Kraft für eine aggressive Politik. Ihre Niederlage auf dem Kulikower Feld im Jahre 1380 war eher symbolisch als entscheidend. Von ihrem Chanat in Kasan aus (errichtet 1445) stellten sie eine ständige Bedrohung für Moskau dar, bis sie die Stadt 1535 erobern konnten. Im Jahre 1445 nahmen die Tataren sogar Wassili II. persönlich gefangen, der allerdings ein relativ schwacher Herrscher war. Die Fürsten von Moskau hatten überdies Auseinandersetzungen um die Macht in Rußland mit anderen Herrschern wie denen von Twer zu bestehen, die erst 1484 beendet wurden. Sie mußten sich auch gegen die Litauer wehren, während deren Feldzug von 1368 in Moskau die Mauern einer steinernen Zitadelle – des Kremls – errichtet wurden, gegen Tugtamisch, dem Vasallengeneral Timurs des Lahmen (1382), und gegen die Bojaren des Fürstentums, die Wassili II. dreimal seiner Macht enthoben. Dennoch überstand Wassili II. diese so turbulente Regierungszeit und ernannte sich selbst zum Herrscher über ganz Rußland. In diese Zeit fiel auch die Einsetzung des ersten autokephalen Metropoliten der Kirche, als die Russen sich weigerten, die formelle Vereinigung von Orthodoxen und Lateinern anzuerkennen, die auf dem Konzil zu Florenz 1438 beschlossen worden war. Als Konstantinopel von den Osmanen im darauffolgenden Jahr erobert wurde, nahm Iwan III. für sich in Anspruch, der rechtmäßige Erbe Roms zu sein (Moskau als »Drittes Reich«). Doch die Entwicklung des zaristischen Rußland – das Anwachsen der grundherrlichen Macht und die Leibeigenschaft der Bauern – gehört eigentlich bereits in die nachfolgende Zeit. In den zwei Jahrhunderten unter den Mongolen hatte sich Rußland weniger durch die Mongolenherrschaft selbst denn als Reaktion auf diesen Druck in seinem Wesen gründlich verändert.

**Der Hundertjährige Krieg**

Die Geschichte der verschiedenen Völker Osteuropas in diesem Zeitraum sowie die neue Bedeutung der gesamten Region spiegelt bis zu einem gewissen Grad die positiven, wenn auch vielfältigen Errungenschaften des 14. Jahrhunderts wider. Wenn wir die anhand dieser Gebiete neu gewonnenen Vorstellungen von Dynastien, Adel, Städten und Nationen auf den Westen übertragen, sind wir möglicherweise sogar in der Lage, den großen Krieg zwischen den Königen von England und Frankreich in weniger anachronistischen Zusammenhängen zu sehen, als dies oft geschehen ist. Die große Bedeutung der letzten Kapetinger als Könige von Frankreich beruhte nicht auf ihrer eigentlichen Macht, sondern auf dem glücklichen Zufall, daß sie die ersten kontinentalen Herrscher waren, die ein hochentwickeltes institutionelles System aufbauten und sich der uneingeschränkten Unterstützung des Papstes erfreuten. Philipp IV. (1285–1314), der aggressivste aller Kapetinger, mußte sich jedoch sowohl der Herausforderung seines mächtigsten Vasallen, Eduard, Herzog von Aquitanien und König von England, als auch jener des Papstes Bonifaz VIII. stellen, der tief unglücklich darüber war, daß ihn seine Parteinahme für den Klerus dazu zwang, Philipp zu maßregeln. Die Feindschaft des Papstes dauerte jedoch nur kurze Zeit, und eine Folge südfranzösischer Päpste in ihrer Residenz in Avignon verlieh den französichen Königen auf viele Jahrzehnte das beruhigende Gefühl einer sogar noch engeren, ganz speziellen Verbindung mit dem Papsttum. Nun vermittelte der Papst persönlich den Frieden zwischen Philipp und Eduard, doch deren Nachfolger sahen sich außerstande, den Frieden langfristig aufrechtzuerhalten, und die Phasen des Friedens blieben ebenfalls ständig von Zwistigkeiten gekennzeichnet, wo nicht in Taten, so doch in Gedanken. Die Ressourcen der beiden Könige waren sehr ungleich verteilt, so daß die Möglichkeiten des Königs von England, den Krieg wiederaufflammen zu lassen, stets davon abhingen, ob er innerhalb des französischen Königreichs ausreichend Verbündete für seine militärischen Interventionen fand.

Die militärische Front veränderte sich je nach den Umständen, und die anvisierten Ziele Eduards variierten von der Forderung auf den Thron Frankreichs bis zu gemäßigteren, doch ebenso unannehmbaren Ansprüchen wie die Anerkennung seines souveränen Status in seinen Lehensbesitzungen. Auf dem Spiel stand in beiden Fällen der zentralistische Staat, der sich bis zur Zeit Philipps IV. ungehindert entwickelt hatte. Diese Auseinandersetzungen waren recht irritierend, nicht nur für den Herzog von Aquitanien, sondern weit mehr noch anfänglich für den Grafen von Flandern und später auch für andere Fürsten wie etwa die Herzöge von der Bretagne und von Burgund. Die großen Fürsten Frankreichs, darunter die flämischen und englischen, standen alle miteinander in verwandtschaftlicher Beziehung. Der Erfolg des französischen Apanage-Systems hatte sich in den ersten ein, zwei Generationen zum Vorteil des Königs ausgewirkt, führte im Laufe der Zeit aber unvermeidlicherweise zu deutlich ausgeprägten Seitenlinien des Königshauses. Rivalitäten zwischen ihnen lösten Konflikte aus, weniger mit der Absicht, das Reich zu zerstückeln, als um den »Prinzen von Geblüt« mehr Handlungsfreiheit zu sichern, als ihnen das wachsende Beamtenheer des Königs zugestehen wollte. Die Könige von England, die den Krieg gegen Frankreich bei all ihren Untertanen, ob hoch oder niedrig, populär zu machen verstanden, hielten bis zum Ende eisern an dem fest, was sie als ihre Rolle innerhalb des französischen Königreichs und des französischen Herrscherhauses verstanden. Für sie konnte der Krieg niemals zu jener nationalen Sache werden, als die ihn ihre Untertanen manchmal zu sehen schienen und die er in der Legende wurde. England selbst litt unmittelbar unter dem Krieg nur insofern, als in den Küstengebieten und den ständig von Unruhen heimgesuchten Grenzregionen Überfälle und Plünderungen vorkamen. Die Kämpfe wurden auf französischem Boden ausgefochten und von französischen Schriftstellern aufgezeichnet, deren bedeutendster, Jean Froissart, aus Hainault stammte. In den Werken dieses berühmten Geschichtsschreibers und Lyrikers wurde die Chronik des Krieges zu einer nostalgischen Klage um das Ritterideal.

Der lange Zeitraum, in dem aufeinanderfolgende Generationen englischer Könige den Krieg immer wieder

aufleben ließen, gibt zu der Vermutung Anlaß, er habe tiefgreifende Folgen für die gesellschaftliche und politische Entwicklung Englands gehabt. Es ist jedoch schwierig, die unmittelbare Auswirkung des Krieges auf die Ereignisse präzise herauszuschälen, da so viele andere Faktoren ebenfalls eine Rolle gespielt haben. Das wichtigste Ergebnis war wohl, daß der englische König letztlich bis auf Calais (von den Engländern 1347 erobert) jeden Fußbreit französischen Boden verlor: ein großer Triumph für den französischen Herrscher. Er hatte seinen schlimmsten Feind aus dem Land vertrieben und dem Staat riesige neue Territorien angegliedert. Er hatte außerdem im Endstadium des Krieges die Möglichkeit gefunden, sein Reich mit Steuern zu belegen und ein stehendes Heer zu unterhalten. Das verlieh ihm eine unvergleichlich starke Stellung. Die Vergrößerung seiner Besitzungen hatte jedoch das Regieren sehr erschwert: Die Monarchie mußte einige ihrer Machtbefugnisse delegieren, wenn auch nicht an die Feudalherren, so doch an Gruppen von Juristen, Beamten und Militärführern. Die Apanagefürsten wurden allmählich verdrängt, doch die Privilegien der Provinzen wurden von den Königen allergnädigst bestätigt, weil sie sich dadurch die Unterstützung der einzelnen Regionen zu sichern hofften. Die Herrschaft Karls VII. (1722–1761) stellte daher mehr als eine Restauration des Regierungsstils Philipps IV. dar. Und wenn der König von England auch aus den französischen Ländern vertrieben worden war, so entzog sich die Provinz Flandern, um die Philipp IV. so unendlich schwer gekämpft hatte, noch immer der königlichen Kontrolle. Überdies hatte Frankreich selbst ebenfalls wiederholt Invasionen, Plünderungen, Niederlagen und Verheerungen erlitten, und vor allem seine Vormachtstellung in Europa verloren. Die Allianz mit dem Papst, die der französischen Monarchie im 13. Jahrhundert so sehr geholfen hatte, war während des großen Schismas auch keine größere Hilfe als die eigenen weltlichen Verbündeten, und vom Beginn des Renaissance-Papsttums an erfreuten sich die französischen Könige überhaupt keiner besonderen päpstlichen Gunst mehr. Die Jahrzehnte des Krieges hatten deshalb schwerwiegende Folgen für das französische Königreich. In dieser Zeit ständigen Kampfes, des Chaos und der Zerstückelung bildete allein die Valois-Dynastie selbst den Garant für eine gewisse Kontinuität. Nur wenige ihrer Mitglieder waren dieser Verantwortung allerdings gewachsen, doch als Gott selbst die Jungfrau von Orléans auszusenden schien, um die Krönung des bedauernswerten Karls VII. in Reims (1429) zu sichern, lebte die Treue der Franzosen zu ihrer Dynastie wieder auf. Das Vertrauen auf eine göttliche Vorsehung, die für einen Thronfolger sorgte, garantierte von nun an den Fortbestand des Reichs. Nicht die französische Nation war durch den Krieg geschaffen worden, sondern das Prinzip der Königsdynastie hatte seine Bestätigung erhalten.

Für England war eine bedeutende Folge des Krieges mit Frankreich der Fortbestand des unabhängigen Königreichs Schottland. In der zweiten Hälfte seiner Regierung hatte Eduard I. von England (1271–1307) die Herrscher

*Links oben:* Adelsgesellschaft vor den Mauern von Paris, eine Illustration aus Froissarts Chronik der Ereignisse in Westeuropa, vor allem jener des anglo-französischen Krieges von 1325 bis 1400.

*Oben:* Calais war über 200 Jahre lang in englischer Hand und im 16. Jahrhundert, aus dem diese Zeichnung stammt, das einzige Territorium, das den Engländern in Frankreich geblieben war. Das Bild vermittelt einen guten Eindruck vom Aussehen der Stadt im Mittelalter, mit ihren Befestigungen, dem Hafen und dem schmalen Einlaß in den Hafenkanal.

*Links:* Diese Kopie der lateinischen Handschrift über den Prozeß gegen Jeanne d'Arc ist ein authentischer Beweis für ihr Leben und Schicksal, und stellt, trotz aller offensichtlichen Voreingenommenheit, eine wichtige Quelle für den Historiker dar. Die Initialillustration ist nichts weiter als eine symbolische Darstellung der Ereignisse und erhebt keinen Anspruch auf Lebensähnlichkeit, obwohl der Bericht von Schreibern verfaßt wurde, die tagelang mit ihr zusammen im Gerichtssaal saßen.

**England und Wales**

Die Geschichte des mittelalterlichen England war über vier Jahrhunderte lang mit jener Frankreichs verknüpft. Vom 13. Jahrhundert an traten jedoch seine spezifischen Züge deutlicher hervor. Die englische Sprache erschien in der Schrift, und noch bevor Caxton die Druckerkunst einführte, hatte sich eine literarische Einheitssprache entwickelt. Auf institutioneller Ebene war die fortschrittlichste Einrichtung das königliche *Parliament*, in das der König große Männer in eigenständiger Funktion und als Sprecher für die *Shires*, die Grafschaften, und Städte berief, die bereits fest etablierte Gemeinschaften bildeten. Das mittelalterliche Wales war kein politisch in sich geschlossenes Gebiet. Vor dem 13. Jahrhundert hatte kein einziger der Waliser Fürsten die Oberherrschaft über die anderen erlangt. Als dann die Fürsten von Gwyneth dieses Ziel anstrebten, war der größte Teil des modernen Wales unter zahlreiche Lords, sowohl Waliser als auch Engländer (oder Anglo-Normannen), aufgeteilt. Die walisische Kirche war der Jurisdiktion des englischen Königs und des Erzbischofs von Canterbury unterstellt. Eduards I. unmittelbare Herrschaft in Wales nach 1284 veränderte die Situation nur in den ehemaligen Gebieten der Fürsten von Gwyneth.

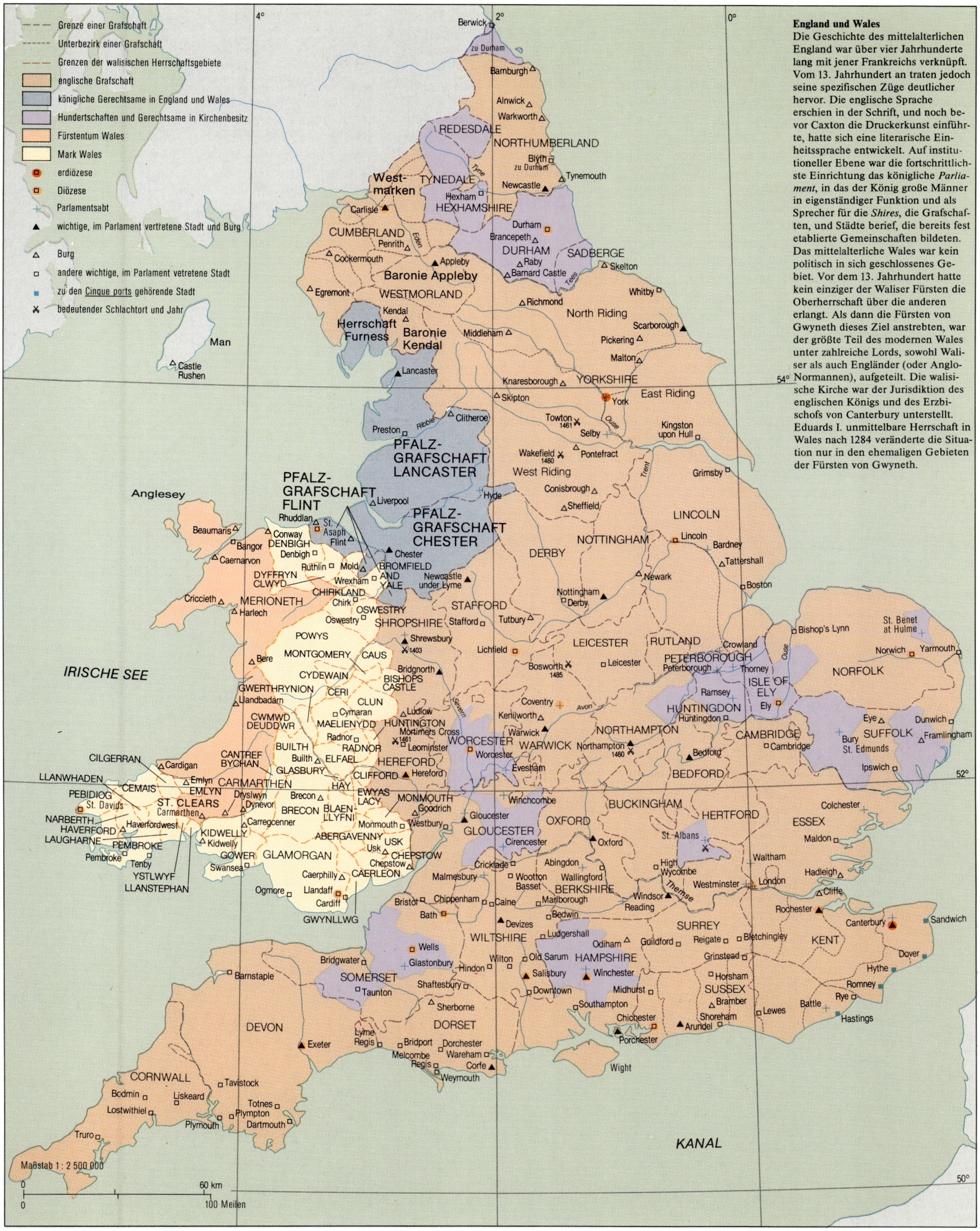

von Schottland mehrmals nach seinem Belieben bestimmt, doch seine Machtstellung dort erwies sich, obwohl er den Schotten seine Lösungen scheinbar erfolgreich aufzwang, als eine Illusion. Auch sein Enkel Eduard III. (1327–1377) versuchte vorübergehend, sich zum Herrn von Schottland zu machen, doch sämtliche Bemühungen um die schottische Krone wurden durch die Entschlossenheit der Schotten, ihr Land selbst zu regieren, vereitelt. In dieser Hinsicht zeigten die Schotten eine ganz ähnliche Einstellung wie jene anderen, kleineren »Nationen« Europas, die allen Bestrebungen, sie einem dynastischen Reich einzuverleiben, widerstanden.

Um 1300 jedoch waren die Schotten noch keine sehr weit entwickelte Nation. Erst in der vorangegangenen Generation hatte ihr König die Herrschaft über das Hochland und die Inseln von den Norwegern zurückgewonnen. Der Machtschwerpunkt lag in der Küstenebene, in dem schmalen Landgürtel zwischen den Flüssen Clyde und Forth, und dann weiter nach Norden bis Perthshire sowie nach Süden bis in die Täler der Borders hinein. Dieses Land war Anfang des zwölften Jahrhunderts in eine feudalistische Monarchie umgewandelt worden, und sein mächtigster Herrscher, David I. (1124–1153) hatte die Südgrenze zeitweilig bis Northumbrien, Cumbria, Lancashire und bis zum Ribble vorgeschoben. Dieser Übergriff hatte die englischen Regenten natürlich zum Gegenschlag provoziert. Siege Heinrichs II. und König Johanns zogen die offizielle Unterwerfung des schottischen Königs unter den englischen nach sich, und dies wurde zur Grundlage von Eduards I. Anspruch auf die Oberherrschaft über Schottland. Zahlreiche englische Barone besaßen in Südschottland Ländereien, und wäre Eduard I. nicht so versessen darauf gewesen, seine Rolle zu festigen und zu sichern, die Aussichten auf einen Zusammenschluß der beiden Königreiche wären nicht schlecht gewesen. Sein herrisches Auftreten den Schotten gegenüber jedoch erregte deren Zorn. Als mit Robert Bruce (1306–1329) den Schotten ein starker Führer erwuchs, nahmen sie freudig die Gelegenheit wahr, um die Engländer zu bekämpfen und ihre traditionelle Unabhängigkeit zu festigen.

Schottland war zu weit von der Basis des englischen Königs im Süden entfernt; es war zu arm, um für jene englischen Barone, die nach dem Lohn militärischer Abenteuer trachteten, attraktiv zu sein. Weit interessanter waren die Kriege mit Frankreich. Schottland, das an dem Bündnis mit Frankreich festhielt, konnte den Kampf trotz seiner Schwächen unter der neuen Dynastie der Stuart (seit 1371) weiterführen. Es hatte eigene Erzbischöfe in St. Andrews (1472) und Glasgow (1492) und eigene Universitäten in St. Andrews (gegründet 1410), Glasgow (1451) und Aberdeen (1495). Mit England wurde es erst vereint, als sein eigener protestantischer König, Jakob VI., im Jahre 1603 die englische Krone erbte.

All diese Ereignisse während des 14. und frühen 15. Jahrhunderts hatten gezeigt, daß die kleineren Nationen weitgehend in der Lage waren, auch den mächtigsten Königen jener Zeit Paroli zu bieten; aus diesem Grund entstanden in Europa nicht wenige große kontinentale

*Unten:* Die Burg von Eileen Donan, erbaut 1220 von Alexander II. an der Stelle einer früheren Festung. Gelegen an einem kritischen Punkt genau gegenüber von Skye, untermauerte sie die königliche Herrschaft in den Highlands.

**Schottland**
Während des Mittelalters war die Bevölkerung Schottlands, genau wie auch heute, in den Lowlands konzentriert. Dieser Teil, wo früher Feudalherrschaften eine 1249 offiziell festgelegte Grenze bestimmt hatten, wurde im 14. und 15. Jahrhundert Schauplatz ständiger militärischer Auseinandersetzungen. Etwa zur selben Zeit brachte die Auflösung des Norse-Reichs dem König von Schottland die unmittelbare Herrschaft über die Highlands und die Inseln. Das mittelalterliche Schottland jedoch wurde von den Bewohnern der mittleren Region beherrscht, wo der König seine Burgen hatte und wo sich der Klerus, die Städte und Sheriffs konzentrierten. Seine politische Unabhängigkeit war an das Bündnis mit Frankreich geknüpft. Während des langen Krieges gegen die Engländer wuchs bei den Schotten die Hoffnung, eine Eroberung abwehren zu können, und im Laufe der Jahrzehnte entwickelten sie eigene, unabhängige Institutionen.

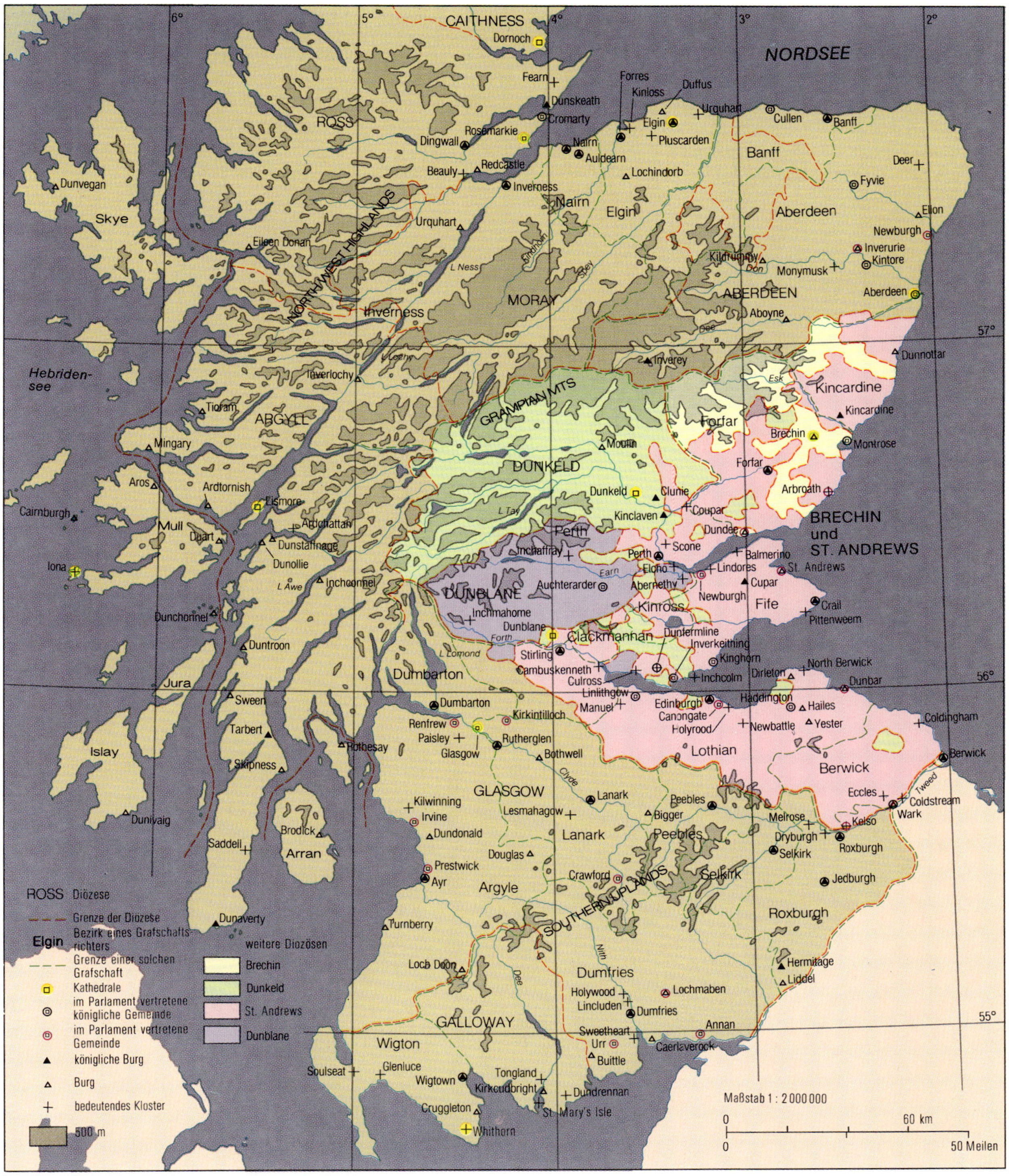


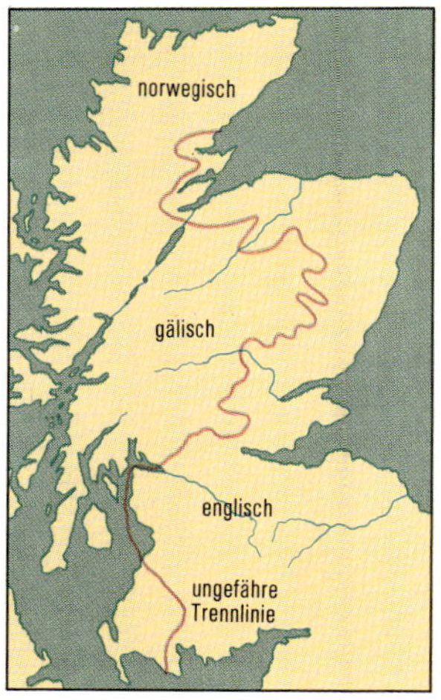


Reiche, wie es im 18. Jahrhundert der Fall war, sondern es blieben überall zahlreiche kleine politische Einheiten bestehen. Einige dieser Staaten waren kaum größer als Städte und konnten sich gewöhnlich wegen ihrer maritimen Lage und ihrer auf dem Handel beruhenden Stärke die Unabhängigkeit bewahren. Aber die meisten Staaten benötigten sowohl ein hinlänglich großes Territorium, um über die erforderlichen Ressourcen für ihre Bevölkerung verfügen zu können, als auch die Homogenität, die den gemeinsamen Rechts- und Religionsinstitutionen entsprach. Einige von ihnen taten sich unter gemeinsamen Herrschern zusammen – allerdings unter der Voraussetzung, daß ihre Eigenständigkeit nicht beeinträchtigt wurde. Sowohl der römische als auch der orthodoxe Katholizismus förderten den Gebrauch der jeweiligen Landessprache für Gebet und Andacht, was dazu führte, daß sich die Völker allmählich durch ihre Sprache als kulturelle Einheiten zu definieren begannen. Die von der lateinischen Geistlichkeit überall im Westen angemaßte beherrschende Stellung als Führer ihrer Herde wurde jedoch mit der Zeit unvermeidlicherweise von Loyalitäten anderer Art gefährdet.

Niemals zuvor hatte es so viele und so hervorstechende Könige und Edelleute gegeben wie zu jener Zeit, aber sie mußten mit zahllosen anderen, die nicht weniger stolz auf ihre Errungenschaften waren, um Aufmerksamkeit wetteifern. Es war ein Zeitalter, das gesellschaftliche Hierarchien zwar noch respektierte, sich aber auch an der allgemeinen Sündhaftigkeit der Menschheit weidete und es hinnahm, daß Päpste und Monarchen genauso schlecht sein konnten wie alle anderen. Es war daher ein Stück Realismus, das die Effektivität der Macht wichtiger werden ließ als angebliche Ideale. Nur wenige Staaten dieser Ära machten sich Gedanken über die Legalität ihrer Position. Vor allem in Italien schoben die Stadtstaaten ihre Grenzen vor, so weit sie konnten, und verschafften sich, falls überhaupt, die Rechtstitel dafür erst später. Während des Großen Schismas von 1378–1415 und der damit einhergehenden politischen Auseinandersetzungen fehlte der christlichen Welt ein allgemein aktzeptierter Richter und Mittler. Was nicht mit den Waffen ausgekämpft werden konnte, mußte unter den verschiedenen Herrschern diskutiert und verhandelt werden. Infolgedessen lag die Verantwortung für das Wohlergehen der Christenheit in den Händen vieler verschiedener Potentaten und konnte von den wenigen traditionellen Autoritäten nicht zurückerlangt werden. Europa hatte eine außerordentlich komplexe politische Gestalt angenommen.

**Links: Irland**
Trotz der Eroberungen, die Heinrich II. in die Lage versetzten, 1162 die Herrschaft über Irland zu beanspruchen, konnten die englischen Könige nie die Kontrolle über die ganze Insel erlangen. Nach Johann reiste nur ein einziger englischer Monarch des Mittelalters dorthin: Richard II. Auch viele Nachkommen der alten anglo-normannischen Siedler verloren das Interesse. Die englische Herrschaft über die Kelten war also mehr nominell. In den am schwersten zugänglichen Gebieten, dem Norden und dem Westen, bewahrte das keltische Irland seine Identität und drang allmählich in die englischen Regionen vor. Kämpfe waren an der Tagesordnung, ebenso aber auch Heiraten zwischen Kelten und einheimischen anglo-irischen Familien, deren Loyalität häufig geteilt war. Die vertrauenswürdigsten Männer aus diesen Familien amtierten später als königliche Gouverneure; der Hauptsitz der Verwaltung befand sich in Dublin, während das irische *Parliament* an verschiedenen Orten zusammentrat. Um 1485 beschränkte sich der faktische englische Herrschaftsbereich auf den sogenannten Pale um Dublin herum. Auch die kirchliche Organisation bietet kein einheitliches Bild, obwohl im zwölften Jahrhundert vier offizielle Kirchenprovinzen eingerichtet wurden. Von den Bischöfen von Tuam abgesehen, waren viele der späteren Bischöfe Engländer oder Anglo-Iren, keine Kelten. Die Verteilung der Städte, in denen es Klöster gab, wie die der Zisterzienser, läßt darauf schließen, daß der religiöse Eifer außerhalb der keltischen Gebiete etwas ausgeprägter war.

**Rechts: Das Deutsche Reich im Spätmittelalter**
Obwohl das Reich fast ohne Ausnahme von Mitgliedern der Familien Luxemburg (1346–1437) und Habsburg (ab 1438) regiert wurde, berücksichtigten die Modalitäten der Königswahl die reale Macht der großen Fürsten, in deren Namen die Kurfürsten ihre Stimme abgaben. In der »Goldenen Bulle« von 1356 wurden die Rechte der sieben Kurfürsten letztgültig bestimmt; gleichzeitig kam man überein, daß die Kurfürstentümer nicht geteilt werden dürften. Dies veranlaßte auch die anderen weltlichen Fürsten, ihren Besitz nicht mehr unter ihren Erben aufzuteilen. Allmählich wurden die Familienbesitzungen wieder vereinigt. Die bunte Landkarte Deutschlands zu jener Zeit war jedoch hauptsächlich auf die vielen klerikalen Domänen der Bischöfe und Klöster sowie auf die Ländereien der zahlreichen Reichsstädte zurückzuführen. Im 14. Jahrhundert ließ die Zerstückelung der Besitzungen dem einzelnen Mitglied selbst distinguierter Familien nur sehr wenig Macht. Bemerkenswerterweise gelang es den Schweizern in dieser Periode, ihren habsburgischen Feinden mehrere gravierende Niederlagen zu bereiten. Gleichzeitig lösten sich die Niederlande vom Reich und fielen an die Herzöge von Burgund. Die Auflösung des alten Burgunderreichs im Westen, von der der König von Frankreich am stärksten profitierte, fand später im Nordosten ihre Parallele in der Festigung der polnischen Herrschaft über die Länder des Deutschen Ordens. Die Erosion an der Peripherie leitete jedoch nicht die Auflösung des Deutschen Reiches selber ein. Seine kulturelle, wirtschaftliche und religiöse Vitalität blieb, vielleicht gerade wegen der nur locker verbundenen politischen Struktur, weiter ungebrochen.

Grenze des Deutschen Reiches 1378
Länder des Hauses Luxemburg
Länder des Hauses Habsburg
Länder des Hauses Wittelsbach
Länder des Hauses Wettin
Länder des Kurfürstentums Sachsen
andere Herzogtümer, Landgrafschaften und Markgrafschaften des Reiches
Reichslande und Reichsstädte
Kirchenländer
Abtei
MAINZ weltliches oder geistliches Kurfürstentum
6°
8°
10°
12°
14°
16°
54°
52°
50°
48°
46°
OSTSEE
SCHLESWIG
Schleswig
Kiel
HOLSTEIN
Stralsund
Rostock
Kolberg
KAMMIN
Lübeck
Wismar
Güstrow
Ritzebüttel
Ratzeburg
Schwerin
POMMERN
Hamburg
Stettin
BREMEN
SACHSEN-LAUENBURG
Lauenburg
MECKLENBURG
KGR. POLEN
FRIESLAND
1345–46 zum Hause Wittelsbach
Ems
Oldenburg
Lüneburg
Bremen
Elbe
BRAUNSCHWEIG-LÜNEBURG
Verden
Soldin
Ruppin
UTRECHT
Hoya
Havelberg
MITTELMARK
NEUMARK
Warthe
Gnesen
Aller
BRANDENBURG
Oder
BRAUNSCHWEIG-WOLFENBÜTTEL
ALTMARK
OSNABRÜCK
1324 an die Wittelsbacher
1373 an die Luxemburger
Lebus
HOLLAND
1346 an die Wittelsbacher
Osnabrück
Minden
Hannover
Braunschweig
Brandenburg
Frankfurt
Tecklenburg
Utrecht
Weser
Hildesheim
Magdeburg
GELDERLAND
Herford
MAGDEBURG
Nijmegen
Münster
LIPPE
Detmold
Jüterbog
Cleve
Goslar
Halberstadt
Wittenberg
Cottbus
Oder
Glogau
MÜNSTER
Corvey
Quedlinburg
LAUSITZ
Hertogenbosch
Paderborn
Walkenried
ANHALT
SACHSEN
1339 an die Wittelsbacher
1368 an die Luxemburger
Dortmund
Soest
Göttingen
SCHLESIEN
Essen
PADERBORN
Nordhausen
Brügge
Duisburg
Werra
Eichsfeld
Merseburg
Leipzig
Liegnitz
Antwerpen
Gent
JÜLICH
WESTFALEN
Kassel
Elbe
Meißen
Breslau
BRABANT
1355 an die Luxemburger
1404 zu Burgund
MARK
Waldeck
Mühlhausen
Naumburg
Görlitz
FLANDERN
1384 zu Burgund
Maas
KÖLN
HESSEN
Dresden
Jülich
Zeitz
Altenburg
MEISSEN
Brüssel
Köln
Erfurt
Zittau
Aachen
BERG
Marburg
Hersfeld
THÜRINGEN
Lüttich
Rhein
LIMBURG
Bergen
Namur
LÜTTICH
NASSAU
FULDA
HENNEBERG
Zwickau
Glatz
Neisse
Fulda
Wetzlar
HENNEGAU
1346 an die Wittelsbacher
1384 zu Burgund
Stablo
Malmedy
Koblenz
VOGTLAND
Eger
Cambrai
Nassau
FALKENSTEIN
Königgrätz
Prüm
Mosel
Gelnhausen
Coburg
Karlsbad
Elbe
Frankfurt
Prag
PIKARDIE
Main
Mainz
WÜRZBURG
Schweinfurt
Waldsassen
Eger
Kuttenberg
Karlstein
LUXEMBURG
Aschaffenburg
SPONHEIM
MAINZ
Bamberg
Trier
Würzburg
OBER-PFALZ
1373 an die Wittelsbacher
KGR. BÖHMEN
1310 an die Luxemburger
Luxemburg
Worms
Lorsch
BAMBERG
Kaiserslautern
PFALZ
HOHENLOHE
Windsheim
Reims
Meuse
Taus
Brünn
Marne
Speyer
Schöntal
Rothenburg
Nürnberg
Verdun
NÜRNBERG
Moldau
Metz
Wimpfen
Heilbronn
Hohenburg
MÄHREN
BAR
Weissenburg
Hall
Dinkelsbühl
Weissenburg
Regensburg
Budweis
Bar
BADEN
Ellwangen
Hagenau
Herrenalb
Aalch
Bopfingen
Eichstätt
Straubing
Seine
Toul
METZ
Baden
Gmünd
Nördlingen
Hirsau
Weil
Esslingen
BAYERN
ÖSTERREICH
1282 an die Habsburger
Straßburg
Bebenhausen
Giengen
Dillingen
Passau
CHAMPAGNE
WÜRTTEMBERG
Reutlingen
BURGAU
Landshut
Alpirsbach
Ulm
Freising
Isar
Wien
Donau
Schlettstadt
Zwiefalten
Zusmarshausen
Augsburg
LOTHRINGEN
Rottweil
Lech
München
SCHAUMBERG
Colmar
Biberach
Münster
HOHENBERG
Buchau
Memmingen
Waidhofen
KGR. FRANKREICH
Freiburg
Ravensburg
Kaufbeuren
Luxeuil
Mühlhausen
BREISGAU
Überlingen
Leutkirch
Salzburg
Rhein
Kempten
SUNDGAU
Konstanz
Saône
Basel
Buchhorn
Wangen
Isny
STEIERMARK
1282 an die Habsburger
Lindau
Inn
Dijon
BASEL
Zürich
St. Gallen
MONTFORT
SALZBURG
Besançon
VORARLBERG
Innsbruck
Doubs
SCHWEIZER EIDGENOSSENSCHAFT
TIROL
1335 an die Luxemburger
1342 an die Wittelsbacher
1363 an die Habsburger
Gurk
Chalon-sur-Saône
BURGUND
Chur
KÄRNTEN
1335 an die Habsburger
Fribourg
Disentis
Brixen
Lausanne
Genfer See
CHUR
PATRIARCHAT AQUILEIA
Rhône
SITTEN
Genf
Belluno
St. Moritz
TRIENT
Trient
KRAIN
1335 an die Habsburger
Rhône
Gorizia
KGR. UNGARN
Lyon
Aosta
SAVOYEN
Como
Triest
Vienne
VERONA
Vicenza
VENEDIG
Verona
Venedig
Mailand
Padua
LANGUEDOC
Grenoble
Po
MAILAND
Turin
Mantua
Valence
DAUPHINÉ
Maßstab 1 : 5 000 000
ADRIATISCHES MEER
Po
0
150 km
0
100 Meilen
Embrun
MODENA
Bologna
Genua
Ravenna

# Petrarca: Der Vater der Renaissance

Zu seiner Zeit war Petrarca als Dichter und Gelehrter berühmt. Er hatte keine wichtigen öffentlichen Posten inne, obwohl er von zahlreichen bedeutenden Persönlichkeiten hofiert wurde und ihnen als Ratgeber, Unterhändler und Sprecher zur Seite stand. Seine historische Bedeutung jedoch beruht auf der Tatsache, daß er der erste Mensch des Mittelalters war, der sich so völlig in sich selbst und das Problem einer erfüllten Lebensführung vertiefte, daß er eine Vielzahl von Schriften hinterließ, aus denen seine Biographie mit bislang nicht gekannter Präzision rekonstruiert werden kann. Petrarcas Lebensstil war für die damalige Epoche so ungewöhnlich, daß seine Zeitgenossen gleichermaßen fasziniert wie befremdet waren, und seither übte sein Beispiel eine starke Anziehungskraft auf die europäische Geisteswelt aus.

Die mittelalterliche Gesellschaft war in der Form organisiert gewesen, daß alle Menschen im Verlauf ihres Arbeitslebens zusammenwirken mußten. Die Menschen gehörten zu den und klammerten sich an die Gemeinschaften, in die sie hineingeboren worden waren oder denen sie freiwillig beitraten. Einzige Ausnahme waren die Eremiten, die der organisierten Gesellschaft bewußt den Rücken kehrten, um ein abgeschiedenes Dasein in der Wildnis zu führen. Petrarca lebte zwar gern auf dem Land und genoß das Alleinsein, aber ein Einsiedler war er nicht. Er brauchte das anregende Gespräch, er schrieb und empfing laufend Briefe, er trat für den Wert der Literatur und das Studium der Vergangenheit ein, und er benutzte seinen persönlichen Einfluß und seine Begabung, um seinen Freunden und Bekannten behilflich zu sein. Er schätzte seine Unabhängigkeit, erwog aber niemals, sich völlig von der Welt zurückzuziehen. Daß er ein »privates« Leben führen konnte, verdankte er keineswegs dem Luxus eines eigenen Vermögens. Die Erbschaft seines Vaters ermöglichte es ihm lediglich, seine Studienzeit in aller Ruhe zu beenden. Petrarcas Vater war Notar in Florenz gewesen und zur selben Zeit wie Dante von der siegreichen aristokratischen Partei der *neri,* der Schwarzen, im Jahr 1302 verbannt worden, so daß Petrarca in dem Bewußtsein aufwuchs, ein aus seiner Heimat Vertriebener zu sein. Dies war der entscheidende Faktor, der ihn der natürlichen sozialen und politischen Bindungen beraubte, deren sich die meisten seiner Zeitgenossen erfreuten. Er studierte Recht an den berühmtesten Universitäten seiner Zeit (Montpellier und Bologna), entwickelte aber bald eine starke Liebe zur antiken Literatur und wurde, als er seinen Lebensunterhalt selbst verdienen mußte, Kopist von Handschriften in Avignon. Er fand die Protektion des einflußreichen römischen Kardinals Giovanni Colonna, dessen Hauskaplan er 1330 wurde. Von da an bezog er seine Einkünfte aus den Kanonikaten von Kathedralen in Lombez, Pisa, Parma und Padua. Diese Ämter wurden gewöhnlich mit Männern im Dienst großer Prälaten besetzt und verpflichteten ihn nicht zu seelsorgerischer Tätigkeit, obwohl er in der Zwischenzeit die niederen Weihen empfangen hatte.

Außergewöhnlich an Petrarca war, daß er nach wenigen Jahren den Palast seines Gönners in Avignon verließ, in Vaucluse ein kleines Haus erwarb und sich hauptsächlich literarischen Interessen widmete – mit dem Segen seiner geistlichen Vorgesetzten. So verdankte er sehr viel der auf-

*Links:* Petrarca, Miniatur von Altichiero. Petrarca ist einer der ersten mittelalterlichen Menschen, der nachweislich nach dem Leben porträtiert wurde, weil der Wunsch entstand, ein Abbild von ihm zu besitzen – dies ist allein schon ein Tribut an seinen Ruhm. Altichiero malte ein Fresko-Porträt für Francesco da Carrara kurz nach dem Tod des Dichters, das sehr stark beschädigt ist. Diese Zeichnung vermittelt uns eine relativ gute Ähnlichkeit.

*Unten:* Simone Martinis Illustration zu Petrarcas Vergil, der sich bereits im Besitz seines Vaters befunden hatte, was er freimütig vermerkte. Petrarcas intellektuelles Interesse konzentrierte sich hauptsächlich auf Werke der römischen Antike, aber er schätzte auch die zeitgenössische Kunst und vor allem die Arbeit Martinis, der dieses Titelblatt ca. 1338 nach Petrarcas eigenen Anweisungen malte.

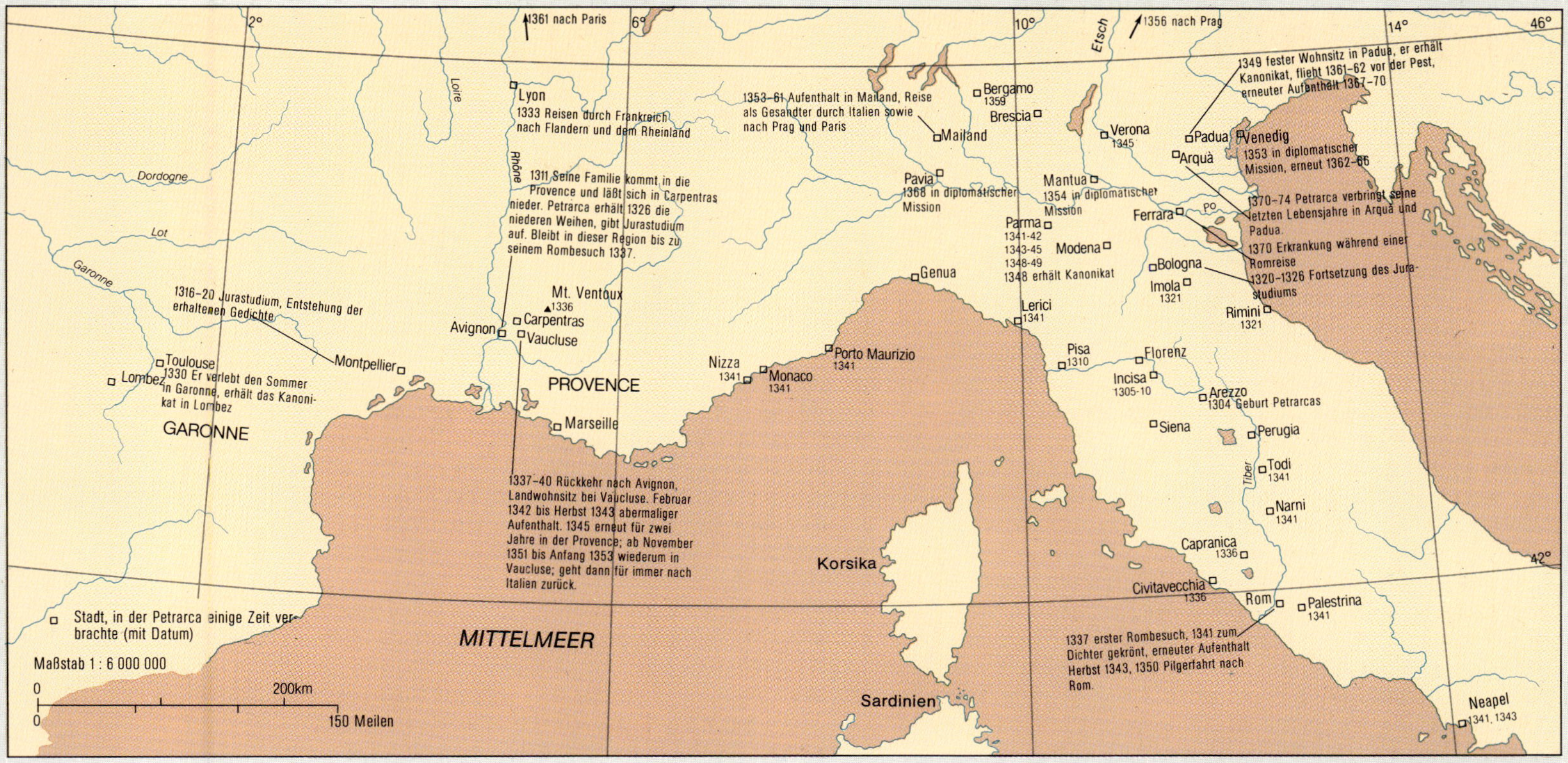


*Oben:* Die Landkarte zeigt Petrarcas Reisen, hauptsächlich zu beiden Seiten der Alpen innerhalb eines schmalen Gürtels. Aufgrund seiner ausgedehnten Korrespondenz lassen sich seine Reisen detailliert festlegen. Daß er für lange Zeiträume in einer Anzahl verschiedener Orte leben konnte, spiegelt die Lebensbedingungen im Mittelalter wider, die die Mobilität von Künstlern und Gelehrten wie auch der Aristokratie förderten. Petrarca hatte jedoch die starke Neigung, sich ein ständiges Zuhause zu schaffen, wo er seine Bibliothek unterbringen und seiner geliebten Gartenarbeit nachgehen konnte.

geklärten Protektion von Kirchenfürsten, die den Wert der Literatur und der Gelehrsamkeit zu schätzen wußten.

Petrarca gab sich jetzt ganz seinen Studien hin, wobei er sich auf die großen lateinischen Schriftsteller Cicero und Livius konzentrierte. Er ergänzte seine Arbeit durch Reisen auf der Suche nach Handschriften, durch Korrespondenz mit anderen Gelehrten und die Vorbereitung textkritischer Ausgaben. Von Manuskripten, die nicht käuflich waren, fertigte er selbst Abschriften an, er beschäftigte eigene Kopisten und forderte die Einrichtung öffentlicher Bibliotheken. In all dem war Petrarca ein Vorläufer der späteren Renaissance-Wissenschaft. Zu jener Zeit wurden an den Universitäten vor allem die Fächer Jura, Medizin, Logik und Theologie gelehrt, Literatur wurde vernachlässigt und für nebensächlich gehalten. Petrarca und seine Gönner hatten kein Programm zur Rehabilitierung der Literatur als Studienfach. Sucht man eine Erklärung für ihren eigenen, offensichtlichen Enthusiasmus, so war es vielleicht die Entdeckung, wieviel ihnen diese Studien persönlich gaben. Petrarca selbst entwickelte ein spezielles Interesse für die römische Geschichte. Er verfaßte Biographien berühmter Römer und ein großes lateinisches Epos über den Helden Scipio Africanus *(Africa)*. Am berühmtesten ist Petrarca wohl für seine »Italienischen Gedichte« (*Il canzoniere*), Dichtungen in einer auch Dante bekannten Tradition, die als literarisches Genre sowohl von den Italienern am Papsthof als auch von den Provençalen, mit denen sie verkehrten, gepflegt wurde. Petrarcas damaliger literarischer Ruhm jedoch beruhte auf seinem Africanus, für den er am 8. April 1341 in Rom zum Dichter *(poeta laureatus)* gekrönt wurde.

Seine Beschäftigung mit der Vergangenheit löste in Petrarca den Wunsch aus, das alte Rom wiedererstehen zu lassen. Er bat Päpste und Kaiser, der Stadt bei ihrer Verschönerung zu helfen; er pries Cola di Rienzo, einen anderen Enthusiasten des antiken Rom; durch seine Schriften suchte er die Bewunderung für alles, wofür Rom einst gestanden hatte, neu zu beleben. Immer häufiger kehrte er während der 40er Jahre in seine italienische Heimat zurück, und 1353 verließ er sein Landhaus in Vaucluse für immer. Mit zunehmendem Alter wurde seine Religiosität tiefer, jedoch widerstand er der Versuchung, seinem Bruder in den Kartäuserorden zu folgen. Seine schwankende Haltung zwischen Weltlichkeit und Askese kommt in der Schrift *De contemptu mundi* zum Ausdruck, doch stellte er sich gegen den Ausschließlichkeitsanspruch der religiösen Reformer. Sein Gefühl für die Größe des römischen (heidnischen) Erbes veranlaßte ihn, weit stärker die geistige Gemeinsamkeit zu betonen, die ihn zum Beispiel mit Cicero verband, als den Unterschied hinsichtlich der Religion. Der Nachdruck lag mehr auf den moralischen Werten von Religion und Philosophie, wie sein letztes Hauptwerk *De remediis utriusque fortunae* zeigt, an dem er über zwölf Jahre arbeitete (1354–1366) und das christliches mit stoischem Gedankengut verbindet.

Petrarca war ständig mit Schreiben und wissenschaftlichen Forschungen beschäftigt, doch war er kein Mann, der ein Werk fertigstellte und unmittelbar darauf das nächste begann. Ständig redigierte und verbesserte er seine Schriften, und einige wurden niemals vollendet. Über 40 Jahre lang war die Muse, die ihn zu seiner Lyrik inspirierte, jene Laura gewesen, die er 1327 in Avignon erblickt hatte, eine Vision, zu der er immer wieder zurückkehrte. Dieser für ihn unerreichbaren Dame widmete er eine Fülle von Sonetten, Kanzonen, Sestinen und Balladen, indes wußte er das Geheimnis ihrer Person so gut zu wahren, daß man sie allgemein für eine Eingebung seiner dichterischen Phantasie hielt. Petrarca hatte einige Liaisons, die ihm zwei Kinder einbrachten, doch machte ihn sein Lebensstil unvermeidlich zum Einzelgänger. Er empfand keine starken Familienbindungen, gehörte keiner Gemeinschaft an und hatte keine offiziellen Schüler, die sein Werk fortsetzten. Zuletzt zog er sich aus der Stadt wieder in sein Landhaus in Arquà zurück, wo er im Jahr 1374 starb. Man hat Petrarca den »ersten modernen Menschen« genannt (Renan), und er hat in der Tat als erster das irdische Dasein und den weltlichen Ruhm in den Mittelpunkt gestellt. Indem er mit Nachdruck für das Recht des Menschen eintrat, die Schönheiten und Freuden des Diesseits in ihrer ganzen Fülle zu genießen, ist er zum Wegbereiter der Renaissance geworden.

# AM BEGINN DER NEUZEIT

**Tradition und Wachstum im 15. Jahrhundert**

Die Vielzahl der bis zum 14. Jahrhundert errichteten Königreiche gab Europa eine größere institutionelle Mannigfaltigkeit, gestaltete die internationalen Verhältnisse jedoch komplizierter. So hatte der Krieg zwischen England und Frankreich nicht nur dazu beigetragen, daß Schottland seine Unabhängigkeit erkämpfen und französische Provinzen wie Flandern und die Bretagne ihre Stellung stärken konnten, sondern er griff bis nach Spanien über. Dort wurde Peter I. von den Engländern gegen seinen Halbbruder Heinrich von Trastamara unterstützt, den die von Heinrich um Hilfe gebetenen Franzosen schließlich auf den Thron hoben. Im Laufe der Zeit rief die Überlegenheit Kastiliens den Widerstand der Portugiesen hervor, und diese wiederum erhielten Beistand von England. Auch Deutschland konnte sich nicht den Auswirkungen des Krieges entziehen, obwohl seine Zersplitterung bewirkte, daß keine der beiden kriegführenden Parteien besonderen Wert auf Hilfe von dort legte. Während des Krieges war die moralische Unterstützung durch die Päpste von Avignon den französischen Interessen höchst förderlich gewesen, und beide Seiten machten sich das Große (Abendländische) Schisma von 1378–1415 skrupellos zunutze, um weitere Feldzüge mit dem Vorwand des Kampfes gegen Schismatiker zu rechtfertigen.

Dieser Vorwand wirkte niemals sehr überzeugend, und es wurden von Anfang an Anstrengungen gemacht, die Spaltung zu beenden, doch das erwies sich als äußerst schwierig. Es waren innerkirchliche Probleme entstanden, und viele Geistliche zögerten, ein geeintes Papsttum wiederherzustellen, weil sie die Spaltung zur Durchführung von Reformen nutzen wollten. Um das Schisma zwischen den zwei Päpsten zu beenden, die beide von ihrer unanfechtbaren Stellung überzeugt blieben, waren Neuerungen und Einfallsreichtum vonnöten. Die Kirche hatte sich so lange darauf verlassen, daß der Papst endgültige Entscheidungen traf, daß sie unsicher wurde, sobald es zwei miteinander rivalisierende Päpste gab. In Böhmen fiel der Zusammenbruch der päpstlichen Autorität mit der Schwäche König Wenzels zusammen, der es zuließ, daß der römische Katholizismus von den abweichenden Glaubensmeinungen zurückgedrängt wurde. Anderswo konnte die Ketzerei jedoch nicht so leicht triumphieren, und das Schisma wurde schließlich beendet, ohne allzuviele Zugeständnisse im Hinblick auf Reformen zu verlangen. Dem deutschen König Sigismund gelang es nicht, sich mit seinen Erneuerungsplänen gegen die romanischen Nationen durchzusetzen, doch letztlich war die offizielle Einheit der christlichen Welt eben doch viel zu wichtig. In der Praxis wurden die regionalen Sonderentwicklungen der Kirchen am wirksamsten von den Herrschern geschützt, die, falls notwendig, Konkordate mit dem Papst aushandelten.

Auf den ersten Blick scheint das 15. Jahrhundert mit seinen großen Aristokraten, den extravaganten Glaubenseinstellungen, seiner universalen Kirche und dem Wiederaufleben der traditionellen Ordnung ein glanzvolles Zeitalter gewesen zu sein. Historiker jedoch entdecken unter diesem Mantel die brutale Tatkraft neu entstehender Monarchien, die ersten Anzeichen radikaler Religionslehren, eine Kriegführung mit Kanonen und Pikenieren statt ritterlicher Kavallerie, eine wirtschaftliche Realität, die bestimmt wird von Geld, Handel und Industrie statt von aristokratischen Grundherren. Es scheint jedoch charakteristisch für jene Periode zu sein, daß man auf der Schwelle der Erneuerung zu schwanken begann und sich (anders als im folgenden Jahrhundert) weigerte, die Entwicklung zu beschleunigen. In dieser Hinsicht sind sowohl der Herzog von Burgund, der in ritterlich-mittelalterlicher Pracht lebte, als auch die Florentiner, die zu schreiben, zu denken und zu leben versuchten wie die Römer der Republik ein Beweis dafür, wie unfähig oder unwillig die Menschen waren, ihren eigenen Realitäten ins Auge zu sehen.

Die Europäer hatten im 14. Jahrhundert so lange unter schmerzhaften Wirren gelitten, daß viele von ihnen eine gewisse Wiederherstellung der vertrauten, legitimen Ordnung begrüßten: etwa die des universalen Papsttums (1417), oder die Krönung Karls VII. im Reims 1429 zum französischen König. Im deutschen Reich ging die kaiserliche Thronfolge von dem Luxemburger Sigismund (1411–1437) auf seinen habsburgischen Schwiegersohn Albert II. (1438–1439) und von da an jahrhundertelang an die Habsburger über (1439–1806). Im Osten verliehen die Jagiellonen Polen-Litauen neue Stärke und boten die Möglichkeit einer dynastischen Einheit mit Ungarn und Böhmen. Das Wiederaufleben der Osmanenmacht auf dem Balkan unter Sultan Murad II. (1421–1451) stieß auf keine besondere Aufmerksamkeit, und als Konstantinopel 1453 an Sultan Mohammed II. fiel, und von da an als Istanbul osmanische Hauptstadt wurde, hinderte das die Europäer nicht daran, sich weiterhin mit ihren eigenen Angelegenheiten zu befassen. Sie hatten allerdings ein gerütteltes Maß an Problemen zu bewältigen und suchten verzweifelt einen Weg zu einer neuen Ordnung. Dabei hielten sie weniger von den Reformprogrammen der Intellektuellen, wie sie etwa vom Konzil zu Basel (1431–1449) formuliert wurden, als vom Patentrezept einer aristokratischen Regierung, die rivalisierende Territorien in einem Staat zusammenfassen sollte. Als die französischen Monarchen nach dem anglo-französischen Krieg die Ordnung in ihrem eigenen Königreich wiederherstellten, suchten die Söldnerhaufen natürlich anderswo ein neues Betätigungsfeld.

Nach 1494 brachen in Italien internationale Kriege aus (hervorgegangen aus den Ansprüchen des Hauses Anjou auf Neapel), eine erste Warnung vor den potentiellen Gefahren, die dem übrigen Europa drohten, sobald die großen kontinentaleuropäischen Mächte den Frieden im Inneren gefestigt hatten. Aber es trifft wahrscheinlich zu, daß es damals, so furchtbar sich spätere Kämpfe zwischen einzelnen Herrschern auch auswirken sollten, weniger blindes Abschlachten und mehr Chancen dafür gab, die Kriegführung unter Kontrolle zu bringen oder sie sogar mit Hilfe der Diplomatie ganz und gar überflüssig zu machen. Die Städte schützten sich durch dicke, neue Stadtmauern und Festungen, die einem Beschuß mit Kanonen standhalten konnten – Mauern, die erst im 19. Jahrhundert geschleift wurden, damit die Städte sich endlich ausdehnen konnten. Die Tage der plündernden Soldateska waren vorbei, die Kosten der Kriegführung begünstigten die Verteidiger, nicht die Angreifer. Nach und nach veran-

*Die Arnolfini-Hochzeit* (1434) von Jan van Eyck (ca. 1390–1441). Dieser berühmte Maler, Freund und Berater des Herzogs Philipp des Guten, verbrachte seine letzten zwölf Lebensjahre in Brügge. Er war der erste flämische Maler, der seine Arbeiten signierte, und durch ihn wurde die flämische Malerei in aller Welt berühmt.

laßte die praktische Erfahrung mit diesen Tatsachen die Menschen vermutlich dazu, ihre Hoffnung in eine fürstliche Regierung zu setzen und etwas optimistischer in die Zukunft zu blicken.

In kultureller Hinsicht war das 15. Jahrhundert das Zeitalter von Männern wie Johannes Gutenberg, der großen flämischen und italienischen Maler, der Musiker wie John Dunstable und Guillaume Dufay sowie der exzentrischen Genies wie Leonardo da Vinci. Die Gönnerschaft der Herrscher war wichtig für den Erfolg ihrer Projekte, doch ihr technisches Können mußten sie sich selbst erwerben, und auch zu ihrer künstlerischen Inspiration trug der staatliche Bereich nichts bei, es sei denn, daß die Interaktion von Fürstenhöfen und Künstlern wesentlich für deren Arbeit war. Die politische Entwicklung hatte Gesellschaften geschaffen, die Nutzen aus diesen Künsten zu ziehen vermochten. Es ist kein Zufall, daß die Druckerkunst in den deutschen Rheinstädten entstand, oder daß es Florenz war, statt Siena oder Mailand, wo Anfang des 15. Jahrhunderts Architektur, Bildhauerei und Porträtmalerei neu belebt wurden. Der Erfolg der Buchdruckerkunst macht außerdem deutlich, daß die Fürsten auf diesem Gebiet wenig zählten. Es war die Nachfrage der »Massen« nach gedruckten Büchern, Schriften und Bildern, die wesentlich war, und darum stillte die Buchdruckerkunst dieses Bedürfnis eben dort, wo die »Zahl« der Lesekundigen am größten war. Im Gegensatz dazu konnten Seefahrer und Visionäre in solchen Gesellschaften keine Unterstützung finden. Weder die Genuesen noch die Engländer hätten aus den Entdeckungen des Kolumbus Nutzen ziehen können, wären sie in ihrem Namen erfolgt. Eine der Stärken Europas jener Zeit war die Tatsache, daß seine politischen Einheiten zwar vergleichbar waren, in ihrer Zusammensetzung jedoch beträchtlich differierten. Die Unterschiedlichkeit der europäischen Kultur ist stets sowohl eine ihrer Stärken als auch einer ihrer irritierenden Züge gewesen.

*Links:* Seine geniale Phantasie inspirierte Leonardo da Vinci auch zur Skizzierung von Luftfahrzeugen, etwa dieses frühen »Hubschraubers« (ca. 1486–1490).

## Ein neuer Faktor in Westeuropa: Burgund

Die scheinbar traditionelle Rückkehr zu aristokratischer Herrschaft darf jedoch nicht über das Maß an politischer Neuerung hinwegtäuschen, das in dieser Periode stattfand. Die hervorstechendsten europäischen Herrscher waren Mitte des 15. Jahrhunderts ganz zweifellos die Herzöge von Burgund. Dennoch war Burgund nicht die eigentliche Basis ihrer Macht, und der Herzogstitel im Rahmen des französischen Königreichs gibt ein falsches Bild von ihrer Souveränität. Sie waren echte Aristokraten, Abkömmlinge des französischen Königshauses, und trotzdem waren sie ebenso bemerkenswerte Neuerer. Ihre Stellung hatten sie ursprünglich Karl V. von Frankreich zu verdanken, der für seinen jüngsten Bruder Philipp von Burgund die Hand der Thronerbin von Flandern erwarb – hauptsächlich um zu verhindern, daß diese mit einem Feind seines Reichs verheiratet wurde (1369). Philipp von Burgund (der Kühne) verhielt sich durchaus loyal, dennoch wurden die Hoffnungen Karls V. durch die Ereignisse in den Niederlanden enttäuscht. Er hatte gehofft, indem er die Politik Philipps IV., wenn auch mit anderen Mitteln, fortsetzte, diese Gebiete allmählich problemlos integrieren zu können. Doch die Niederlande wurden von Johann, dem Sohn Philipps des Kühnen, mutig geeint und zu einem mächtigen, unabhängigen Staat geformt. Die Unfähigkeit des Nachfolgers auf dem französischen Königsthron, Karl VI., sein Reich wirksam zu regieren, lastete Philipp dann eine zusätzliche Bürde auf, der er mit Würde und Gewissenhaftigkeit nachkam; nach seinem Tod jedoch erwartete sein Sohn, die Rolle des Vaters in Frankreich übernehmen zu können, und Ludwig von Orléans,

*Oben:* Die Ermordung des Johann ohne Furcht 1419 auf der Brücke von Montereau, eine Miniatur aus der Chronik des Enguerrand de Monstrelet (Mitte des 15. Jahrhunderts). Sie war die Rache für den Mord an Herzog Ludwig von Orléans im Jahre 1407. Als unmittelbare Folge davon kam es zu einem Bündnis der Burgunder mit Heinrich V. von England, das den Engländern durch den Vertrag von Troyes 1420 die Herrschaft über Nordfrankreich sicherte.

**Links: Die Niederlande unter den Herzögen von Burgund**
Vor der Mitte des 15. Jahrhunderts hatten die Herzöge von Burgund die vielfach geteilten Niederlande unter ihrer Herrschaft vereinigen können. Dadurch machten sie die Hoffnungen mehrerer anderer großer europäischer Herrscherhäuser, vor allem der Wittelsbacher und der Luxemburger, zunichte. Wichtiger noch: Sie betrogen die Könige von Frankreich um Flandern, das ein königliches Lehen war. Ludwig XI. konnte 1477 zwar die Somme-Städte für sich zurückerobern, aber nicht verhindern, daß die vereinten Niederlande zu den Habsburgern überliefen. Die vier Herzöge von Burgund, die dadurch die politische Landkarte der Rheinanliegerstaaten veränderten, griffen ursprünglich auf die Familientradition der Grafen von Flandern zurück: Sie schlossen Ehebündnisse, um ihre Erbteile zu vergrößern. Das Herzogtum Burgund selbst, verliehen von König Karl V. von Frankreich an seinen Bruder Philipp, grenzte an die Grafschaft Nevers, die Philipps Frau von ihrer Großmutter geerbt hatte. Der Plan, das dynastische Netz so weit zu spannen, daß es sowohl Burgund als auch die Niederlande umfaßte, war letzten Endes gar nicht so verwegen, da die Länder dazwischen unter den Einfluß der Burgunder gerieten. Obwohl am Ende um eine eigene Krone und eine dauerhafte eigene Dynastie betrogen, erfreuten sich die Herzöge zeit ihres Lebens eines wohlverdienten Respekts, und sie förderten Kultur und Bildung in einem zuvor nie dagewesenen Maße.

der Bruder Karls VI., erhob – kaum überraschend – Einspruch gegen die Forderung. Die politische Loyalität der Burgunder und Armagnacs (die Königspartei wurde vom Grafen von Armagnac geführt) bewirkte die Teilung des Königreichs, und so wurde der Herzog von Burgund zu einer sehr umstrittenen Figur und sah sich gezwungen, eine unabhängigere Position einzunehmen. Er zog sich aus Paris zurück und stützte sich auf die Niederlande als seine persönliche Machtbasis. Von der Armagnac-Partei 1419 ermordet, wurde Johann von seinem Sohn Philipp dem Guten gerächt: Er ging ein Bündnis mit Heinrich V. von England ein, das es diesem ermöglichte, Karl VII. seine Bedingungen aufzuzwingen. Das anglo-burgundische Bündnis dauerte bis 1435. Es wurde in jenem Teil Frankreichs, der nicht unter englischer Herrschaft stand, sehr übelgenommen. Mittlerweile nutzte Philipp diese Jahre, um seine politische Machtstellung in den Niederlanden auszubauen.

Die Anfänge der Bemühungen, eine souveräne Macht in den Niederlanden zu begründen, gingen jedoch schon auf Philipps des Guten Urgroßvater Ludwig von Maele zurück, der als Graf von Flandern genügend Autorität zurückgewonnen hatte, um mit seinen Städten fertigzuwerden. Er half den städtischen Patriziern nicht nur gegen die Rebellionen der Bürger, sondern unterstützte auch die ländlichen Industrien, um die wirtschaftliche Kraft der Städte zu schwächen. Vor allem führte er ein oberstes Appellationsgericht ein (1369) und machte damit dem lokalen Partikularismus ein Ende und setzte einheitliche Gesetze innerhalb seiner Territorien durch. Er und seine Erben, die Herzöge von Burgund, hielten den Anspruch der Städte auf Unabhängigkeit für unvereinbar mit ihren eigenen politischen Zielen. Die geschwächte Position des Tuchhandels von Brügge im späten 14. Jahrhundert erleichterte es dem Herzog, den Kaufleuten seine Vorschriften aufzuzwingen. Was die Brügger Bürger durch Unterwerfung unter seine Autorität verloren, wurde jedoch durch die Tatsache ausgeglichen, daß ihr eigenes Recht sich in den Niederlanden durchzusetzen begann. Seinen persönlichen Besitzungen in Frankreich (Herzogtum Burgund, die Grafschaften Mâcon, Auxerre und Bar-sur-Seine) fügte Philipp der Kühne noch Nevers hinzu, das seine Frau von ihrer Großmutter nach deren Tod im Jahre 1382 erbte. Diese Erbschaft umfaßte die Ländereien des Artois, die seine Dominions in den Niederlanden vergrößerten. Im Jahre 1392 kaufte Philipp auch noch die Grafschaft Charolais.

Der Zwist mit der Orléans-Partei verschaffte den Burgundern vorübergehend Ansprüche auf das Herzogtum Luxemburg, wo sie die von Kaiser Sigismund unterstützte, einheimische Aristokratie zum Gegner hatten. Erst unter Johanns Nachfolger Philipp erwarb der Herzog die Erbrechte der Elisabeth von Görtz und erreichte, daß die Luxemburger sich ihm wieder unterwarfen (1451). Auch das Bistum Lüttich bekam von der Zeit Johanns an die Macht Burgunds zu spüren, doch Karl der Kühne, Johanns Enkel, sah sich noch immer gezwungen, die Bürger der Stadt hart anzufassen (Lüttich wurde 1468 geplündert), und seine Erbin verzichtete 1477 auf ihren Anspruch auf das Fürstbistum. Sein Status bewahrte ihm die nominelle Unabhängigkeit, obwohl die Bischöfe später mit den Herrschern der Niederlande kollaborierten.

Herzog Philipp der Gute (1419–1467) leistete den größten Beitrag zur Konsolidierung der Niederlande – nicht so sehr durch Erbschaften wie durch Eroberungen und offene Einschüchterung. Über seine Tante gliederte er 1420 das Elsaß seinem Reich ein, kaufte in den Jahren 1421–1429 Namur, trat 1430 die Erbfolge von Brabant-Limburg an und sicherte sich 1433 den Anspruch auf Holland und Hainault (zusammen mit Friesland und Seeland). Durch den Friedensschluß mit dem König von Frankreich und den Verzicht auf Rache für die Ermordung seines Vaters erhielt er einen Teil der Besitzungen seines Großvaters zurück sowie die Somme-Städte mit Ponthieu und Boulogne-sur-Mer (1435). Mit Erfolg erhob er Anspruch auf Luxemburg. Sein Sohn Karl der Kühne bekam als Dank für militärische Hilfe von dem Habsburger Sigismund das Elsaß und 1473–1475 auch Lothringen. Im Jahre 1472 nahm er sich Geldern und Zutphen mit Gewalt. Außerdem ernannte er die Bischöfe von Utrecht, Cambrai, Tournai und Thérouanne.

So brachten die Herzöge systematisch all die verschiedenen Territorien der Niederlande unter eine gemeinsame Herrschaft; offener Widerstand, etwa der Städte Brügge (1436–1437) und Gent (1450–1453), erwies sich als sinnlos. Die kommerziellen Möglichkeiten Antwerpens wurden von 1442 an gefördert; nun konnte nichts mehr den Niedergang Brügges aufhalten, der letztlich durch die Versandung des Hafens herbeigeführt wurde. Der Wohlstand der Region als Ganzes ermöglichte es den Herzögen, auch ihre persönliche finanzielle Lage zu verbessern. 1455 stiegen ihre Einkünfte auf schätzungsweise 900000 Dukaten pro Jahr, das war etwa genausoviel wie in Venedig und doppelt soviel wie die Einkünfte des Papstes oder der Herzöge von Mailand, ihrer nächsten Rivalen. Von ihren politischen Ambitionen abgesehen, waren die Herzöge großzügige und feinsinnige Förderer von Musik und Malerei. Obwohl die Burgunder auf Dauer keinen autonomen Staat schaffen konnten, blieben die Niederlande ein wichtiger Machtfaktor. Dies ermöglichte es dem in Gent geborenen Kaiser Karl V. (1510–1556), auf dem Höhepunkt seiner Regierungszeit ganz Europa zu beherrschen. Die führende Position der Niederlande ging auch in den nachfolgenden Religionskriegen trotz gewisser Einbußen nicht verloren.

### Das Entstehen der Schweizer Eidgenossenschaft

Karl der Kühne von Burgund wurde bei seinen militärischen Unternehmungen von den Schweizern gestoppt, die mittlerweile bewiesen hatten, daß sie trotz ihrer kleinen Zahl ein Faktor waren, mit dem man rechnen mußte. Die Schweiz ist der ungewöhnlichste Staat ganz Europas, und er entstand völlig unerwartet im Verlauf des 14. und 15. Jahrhunderts. Im Jahre 1291 schlossen sich die Wald-

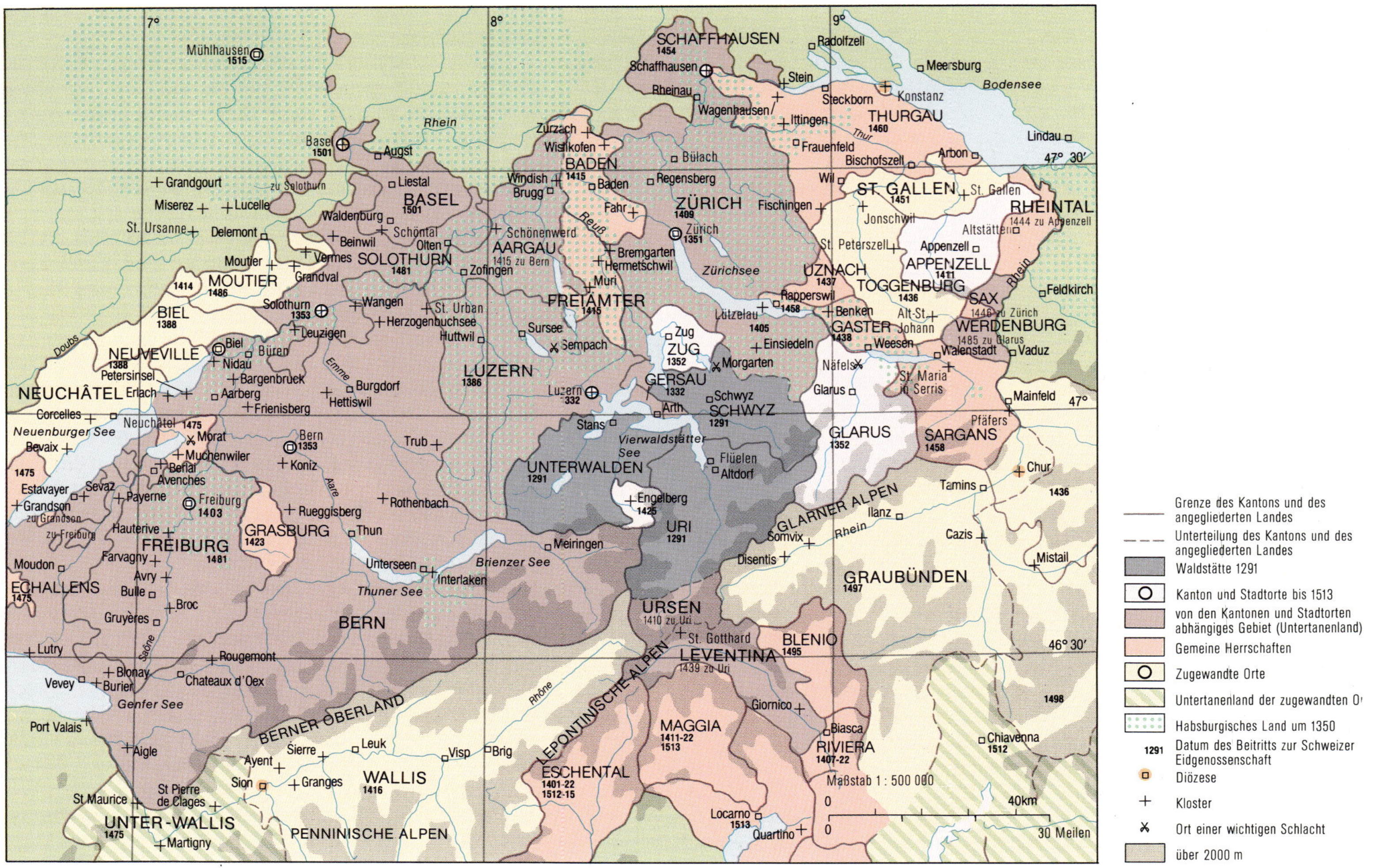


**Die Schweizer Eidgenossenschaft**
Nur eine Karte mit sehr großem Maßstab kann der komplizierten Struktur der Schweiz mit ihren besiedelten Tälern und ihren Verbindungen quer über die Berge hinweg gerecht werden. Die Darstellung ihrer historischen Entwicklung stellt den Karthographen vor große Schwierigkeiten, da sie nicht kontinuierlich von einem festen Kern aus verlief. Gründungsmitglieder des Bundes waren die bäuerlichen Kantone rings um den Vierwaldstättersee. Zu diesen Landkantonen gesellten sich die freien Städte, vor allem Bern und Zürich, wobei Bern sich ein eigenes Territorium zulegte, was Zürich nicht gelang. Die alten Autoritäten – Adel, Bischöfe, Mönche – konnten den Freiheitsdrang der Schweizer nicht behindern, deren Hauptgegner die Habsburger, ursprünglich als Grafen von Aargau, waren. Die habsburgischen Interessen in Österreich nach 1276 führten dann eher zu einer Schwächung ihrer Position gegenüber den Schweizern; am Ausgang des Mittelalters hatten diese dann die Anerkennung ihrer effektiven Unabhängigkeit erreicht, ihre Grenzen aber noch nicht bis auf den heutigen Stand ausgedehnt.

stätte Schwyz, Uri und Unterwalden (Talgenossenschaften von Rodungsfreien) zu einem gegenseitigen Schutz- und Trutzbündnis zusammen. Zwei Jahrhunderte später war aus diesen bescheidenen Anfängen eine politische Einheit von zehn verbündeten Kantonen geworden, deren faktische Unabhängigkeit vom Deutschen Reich anerkannt wurde. Doch zurück zu ihrer Entstehungszeit.

Das gesamte Territorium der heutigen Schweiz lag innerhalb der Grenzen des Deutschen Reichs von 1037, daher wirkte sich dessen Geschichte auch auf ihre Entwicklung aus. Weder die Bistümer noch die Klöster dieser Region waren wirklich unabhängig geworden; die Geschicke des Landes hingen eher vom Tatendrang einiger ehrgeiziger Adelsfamilien ab. Sie nutzten, wie der Adel überall im Reich, jede Gelegenheit, um ihre Position zu stärken und stabile Herrschaften aufzubauen. Überdies förderten sie das Wachstum der Städte: Im Verlauf des 13. Jahrhunderts stieg die Zahl der Schweizer Städte von 16 auf 80. Obwohl dies die tatsächlichen Bedürfnisse wohl überstieg, steht fest, daß sich das Wirtschaftsleben während dieses Zeitraums sehr rasch entwickelte. Vor allem erschlossen die Routen zwischen Rhein und Norditalien über den St. Gotthard zum erstenmal auch die Zentralschweiz und verliehen ihr eine große strategische und handelspolitische Bedeutung. Dies lenkte die Aufmerksamkeit auf den Streckenabschnitt, der bis auf den Stättpaß verlief – durch die Täler der Aar, der Reuß und über den Vierwaldstättersee mit seinen ländlichen Ansiedlungen Schwyz, Uri und Unterwalden. Am nördlichen Ende dieser Region hatte das bemerkenswerteste Mitglied des Hauses Habsburg, Graf Rudolf IV., seine Besitzungen bereits zur Zeit seiner Wahl zum italienischen König im Jahre 1273 gefestigt. Obwohl diese Krönung den Weg für den späteren Ruhm seines Hauses und für die Erwerbung von Österreich im Jahre 1282 bereitete, lenkte ihn die neue Aufgabe von seinen ursprünglichen Ambitionen in der Schweiz ab, und so erhielten die Schweizer ihre große Chance. Hinzu kam, daß sie infolge der Unfähigkeit der Habsburger, Rudolfs Krone zu behalten, Unterstützung bei anderen Königen fanden und sich ihre Privilegien von diesen bestätigen ließen. Eine lange Zeit hindurch waren die Habsburger aufgrund ihrer Stellung im Reich den Schweizern gegenüber trotzdem im Vorteil, und so konnte sich der Bund nur langsam entwickeln.

Die Talgenossenschaft Uri hatte im Jahre 1231 von Friedrich II. ein Privileg erhalten, durch das ihr die Reichsunmittelbarkeit zuerkannt wurde – vermutlich in Anerkenntnis der großen Bedeutung der Verkehrsstrecke zum St. Gotthard. In der Praxis bedeutete dies, daß Uri – wenigstens nach Friedrichs Tod – seine Richter selbst ernennen durfte. Durch ein der Talgenossenschaft Schwyz im Jahre 1240 gewährtes Privilegium befreite Friedrich auch sie von der Gerichtsbarkeit der Habsburger und unterstellte sie direkt dem Reich. Die Habsburger erkannten den kaiserlichen Akt nicht an, weil er kurz nach dem Streit Friedrichs mit dem Papst erfolgt war. Es gelang ihnen jedoch nicht, zu verhindern, daß auch diese Talgenossenschaft ihre Rechtsangelegenheiten eigenständig regelte, bis die Wahl Rudolfs auf den italienischen Königsthron diesem kraft seiner Amtsgewalt die Möglichkeit zum Eingreifen verschaffte. Wie schwer Rudolfs Regierung auf diesen Kantonen lastete, ist nicht bekannt, doch versprach er, keinen Mann unfreier Herkunft zum Richter über die freien Schweizer einzusetzen. Nach seinem Tod (1291) bildeten die drei Talgenossenschaften (Unterwalden war inzwischen hinzugestoßen) einen »Ewigen Bund« zur gegenseitigen Hilfe wider alle Feinde. Außerdem fügten sie ihrem Vertrag eine Klausel bei, nach der kein Richter, der sich sein Amt erkauft hatte oder nicht aus dem Tal stammte, Anerkennung finden durfte. Der Bund richtete sich anfänglich nicht ausdrücklich gegen die Habsburger und war möglicherweise die Erneuerung eines bereits früher bestehenden Bündnisses, doch wird in diesem Zusammenschluß von 1291 gewöhnlich der erste Schritt zur Bildung der Schweizer Eidgenossenschaft gesehen.

Die Überzeugung der Talgenossenschaften von ihrem traditionellen Recht auf eigene Gerichtsbarkeit und der konstitutionelle Charakter ihrer kaiserlichen Privilegien ließen sie natürlich nach Bestätigung ihres Status durch die Rivalen der Habsburger im Kampf um die deutsche Königskrone suchen. Ihre Stellung wurde von Adolf von Nassau (1297) und Heinrich VII. von Luxemburg (1309) anerkannt. Zwar konnten sich die Habsburger der Entwicklung vorerst nicht offen entgegenstellen, doch gaben sie ihre Ambitionen in dieser Region nicht auf, und sie behielten weiterhin die Vogtei Freiburg und die Städte Luzern und Zug. Die Gelegenheit zu einem Entscheidungskampf mit dem Bund kam 1315, zu einem Zeitpunkt, da Friedrich von Habsburg mit Ludwig von Bayern um die deutsche Krone kämpfte. Friedrichs Bruder Leopold führte einen Feldzug gegen Schwyz, um die Talgenossenschaft für einen Überfall auf das Kloster von Einsiedeln zu bestrafen (dessen Schutzherren die Habsburger waren). Dieser Überfall resultierte aus einem lang andauernden Zwist über die Weiderechte in den Bergen. Leopolds Streitmacht wurde am Morgarten von den Truppen der Talgenossenschaften Schwyz und Uri vernichtend geschlagen. Der Sieg verhalf den Schweizern zu internationalem Ruhm und veranlaßte sie, eine Neufassung ihres Vertrages vorzunehmen, in der der »Ewige Bund« zum erstenmal ausdrücklich die Habsburger Feudalherrenrechte auf dem Territorium des Bundes bestritt, während die lehnsrechtlichen Bindungen an das Reich und die Oberherrschaft des Kaisers anerkannt wurden. Diese eindeutige Zielsetzung gegen die Habsburger und der Beweis, daß sie in der Lage waren, eine mächtige Adelsarmee zu besiegen, ermöglichte es den Verbündeten, die nachfolgenden unsicheren Jahre zu überstehen. Da eine aktive Unterstützung des deutschen Königs gegen die Habsburger nicht in Aussicht stand, mußte sich der Bund notwendigerweise um neue Mitglieder erweitern, damit er nicht zerrieben wurde.

Der erste Schritt dazu war eindeutig die Sicherstellung des Beistands von Luzern. Im Jahre 1332 wurde der Stadtort zum festen Verbündeten der Eidgenossenschaft, obwohl er weiterhin im Besitz der Habsburger blieb und seine eigenen Gesetze nicht änderte, um der Rechtsgemeinschaft des Bundes beizutreten. Die Habsburger erhoben keinen Einspruch gegen diese seltsame Allianz ihrer Stadt mit ihren eingeschworenen Feinden, und Luzern blieb bis 1385 in ihrem Besitz. Die Waldstätte hatten gezeigt, daß sie ihre Macht erweitern konnten, indem sie eine Stadt als Verbündeten hinzugewannen, ohne die Neuerwerbung offiziell in den Bund aufzunehmen. Noch ungewöhnlicher war der Zusammenschluß mit Zürich im Jahre 1351. Die Reichsstadt war in die Hand Rudolf Bruns gefallen, der 1336 zum ständigen Bürgermeister ernannt worden war. Als die Habsburger ihm 1350 auf Betreiben einiger exilierter Bürger den Krieg erklärten, schloß er sich mit der Eidgenossenschaft als deren traditionellem Gegner zusammen. Während der darauffolgenden Kämpfe traten auch die Habsburger Besitzungen Näfels (Glarus) und Zug dem Bündnis bei. Im Frieden von Regensburg 1355 kehrten diese beiden Städte zwar wieder unter die Habsburgische Herrschaft zurück, doch die Habsburger mußten die widerspenstige Eidgenossenschaft zähneknirschend anerkennen.

Etwa zur gleichen Zeit, 1353, sah auch der expandierende Stadtstaat Bern, weiter im Westen gelegen, einen Vorteil darin, sich dem »Ewigen Bund« anzuschließen. Dadurch wollte Bern verhindern, daß dieser seine bäuerlichen Untertanen im Lütschin- und Bodelital unterstützte. Der Anschluß Zürichs als auch Berns, die beide eine eigenständige städtische Tradition besaßen, hatte rein opportunistische Gründe, und sie waren weit davon entfernt, die Habsburger als ihre unversöhnlichen Feinde zu betrachten. Im Jahre 1382 bat Bern die Eidgenossenschaft um militärische Hilfe bei seinem Krieg gegen Rudolf II. von Keburg-Burgdorf, einen Verwandten der Habsburger. Als Folge davon stieß das Gebiet von Bern nun unmittelbar an die habsburgischen Besitzungen im Norden. Luzern nutzte 1385 die Situation aus und schuf sich ein eigenes Territorium, indem es sich habsburgisches Land aneignete und deren Ansprüche auf die Stadt abwies. Für Leopold III. war nunmehr der Augenblick zum Eingreifen gekommen. Die vier Waldstätte schlugen jedoch sein Heer und töteten Leopold selbst in der Schlacht von Sempach am Ostufer des Sempacher Sees im Schweizer Mittelland im Juli 1386. Eine Vergeltungsarmee unter Führung Alberts III. von Österreich, Leopolds Bruder, wurde von den Glarner Bauern im Jahre 1388 bei Näfels besiegt. Bern verleibte sich daraufhin die Habsburger Vogteien Büren und Nidau ein. Ein 1389 ausgehandelter Waffenstillstand wurde bis 1415 verlängert. Der Bund hatte sich mittlerweile zu einem ernstzunehmenden politischen und militärischen Machtfaktor entwickelt und setzte sich nun aus den acht alten Orten Schwyz, Uri, Unterwalden, Luzern, Zürich, Bern, Glarus und Zug zusammen.

Der Eidgenossenschaft fehlten jedoch immer noch gemeinsame Institutionen, und dieser Mangel wurde auch nicht behoben; dennoch hatte sich ein Gefühl der Verbundenheit herausgebildet, das sich über das ganze nächste Jahrhundert hinweg erhalten sollte, einer Zeit, in der die Eidgenossen allmählich von einer defensiven zu einer mehr offensiven Politik übergingen. So wurden die Bauern von Appenzell als Alliierte aufgenommen, nachdem sie sich von der Herrschaft des Abts von St. Gallen befreit hatten (1411). Vier Jahre später führte Bern die Bundesgenossen bei der Eroberung des habsburgischen Aargau, des ersten Untertanenlandes, an. Das Land wurde jedoch nicht unter ihnen aufgeteilt, sondern gemeinschaftlich verwaltet. Nicht immer allerdings konnten die Mitglieder des Bundes zu einer gemeinsamen Politik finden, denn die Interessen der Städte deckten sich nicht unbedingt mit denen der ländlichen Gebiete. So scheiterten Mitte des 15. Jahrhunderts die Ambitionen Zürichs, einen Stadtstaat von ähnlicher Bedeutung wie Bern weiter im Westen zu errichten, am militärischen Widerstand von Schwyz und Glarus. Im Laufe des harten Kampfes hatte Zürich sogar die Unterstützung von Österreich gesucht.

Dieser Krieg lenkte die Aufmerksamkeit des französischen Königs auf die Kampfkraft der Schweizer, und er zog sie in die internationalen Auseinandersetzungen hinein. Die Schweizer wurden sich ihrer eigenen Macht bewußt und zögerten nicht, sie einzusetzen. Im Jahre 1460 wurde Thurgau erobert, und 1466 schloß Bern einen Verteidigungspakt mit der Reichsstadt Mülhausen, die unter Sigismund von Österreich um ihre Unabhängigkeit fürchtete. So bekam es die Schweiz wiederum mit den Habsburgern, und Sigismund mit Karl dem Kühnen, Herzog von Burgund, zu tun. Durch die Vermittlung Frankreichs entstand ein Bündnis zwischen Habsburgern und Eidgenossen, die jetzt den Burgundern eine geeinte Front

*Links:* Eine Landkarte der Schweiz von Konrad Türst, ca. 1497. Der Südosten mit dem Bodensee (links) liegt oben. Man erkennt das Bemühen um eine realistische Darstellung.

**Italien im 15. Jahrhundert**
Als Friedrich II. 1250 starb, konnten zahlreiche italienische Städte aufgrund des Zusammenbruchs der kaiserlichen Autorität die praktische Unabhängigkeit gewinnen. Doch nur wenigen gelang es, ihre Freiheit bis zum 15. Jahrhundert zu behaupten. Damals wurde Italien wieder von mehreren mächtigen Dynastien beherrscht, deren erfolgreichste die Visconti in Mailand waren. Ihr Herzogtum ging 1450 an die Sforza über. Der Staat mit den größten Ressourcen und Möglichkeiten schien jedoch Venedig zu sein, das seinem Kolonialreich von 1402 an auch italienische Territorien hinzugefügt hatte. Venedig war eine Republik mit einem auf Lebenszeit gewählten aristokratischen Dogen. In der Republik Florenz kaschierte der gewählte Regierungsausschuß von 1434 an kaum noch die wirkliche, von den Medici ausgeübte Macht. Im Verlauf jenes Jahrhunderts waren die Grenzen dieser Staaten zwar umstritten, doch hatten sie eine dauerhafte Gestalt angenommen und achteten auf ein gewisses Gleichgewicht der Macht. Als dieses System 1494 zusammenbrach, bekamen die italienischen Staaten – mit Ausnahme Venedigs – die bitteren Folgen der Fremdherrschaft zu spüren.

entgegenstellten. Der Sieg der Schweizer über Karl in der Schlacht von Murten 1476 bewies ihre militärische Überlegenheit selbst über die besten Soldaten ganz Europas. Diese entscheidende Verteidigung ihrer Unabhängigkeit bereitete den Weg für die Aufnahme von Freiburg und Solothurn als weitere Bundmitglieder durch den Vertrag von Stans (1481). Als die Eidgenossen sich der Reichsreform Maximilians I. widersetzten, war die Folge eine letzte militärische Auseinandersetzung mit dem Hause Habsburg (Schwabenkrieg), die damit endete, daß die Schweizer faktisch aus dem Reich ausschieden (Frieden von Basel, 1499). Unmittelbar danach traten Basel und Schaffhausen der Eidgenossenschaft bei (1501), und 1513 wurde Appenzell vollgültiges Mitglied. So gehörten dem Bund jetzt neben den acht alten, fünf neue Orte an. Daneben bestanden Verträge mit zugewandten Orten wie St. Gallen, Rottweil und Neuenburg. Die Gemeinen Herrschaften wurden von den Orten gemeinsam verwaltet. Der friedfertige Ruf der Schweizer heutzutage macht es ziemlich schwer, sich das militärische Renommee vorzustellen, das diese Gebirgler im Mittelalter genossen und das sie zu den begehrtesten Söldnern ihrer Zeit werden ließ. Die Schweiz spielte im europäischen Kräftespiel jener Tage eine eigene, unverwechselbare Rolle.

### Die Staaten Italiens

Im Gegensatz zu Burgund und der Schweiz scheinen sich die italienischen Staaten des 15. Jahrhunderts auf eine weit traditionellere Art gebildet zu haben, doch der Schein kann häufig trügen. Der größte italienische Staat zum Beispiel, das Königreich Sizilien mit der Hauptstadt Neapel, war im Jahre 1130 entstanden. Dennoch bot seine Geschichte alles andere als ein kontinuierliches Bild. Am Ostersonntag 1282 brach in Palermo eine Volkserhebung gegen das Haus Anjou aus (Sizilianische Vesper). Die Franzosen wurden von der Insel vertrieben und Peter III. von Aragón vom sizilianischen Parlament zum König ausgerufen. Sizilien wurde von den festländischen Reichsteilen (das jetzige Königreich Neapel) getrennt, die unter der Herrschaft der Anjou verblieben. Von 1343 an jedoch kannte Neapel fast ein Jahrhundert lang keine stabile Regierung. Nach dem Tod Roberts des Weisen kam zunächst dessen Enkelin Johanna I. mit einer Reihe von Ehemännern an die Macht, dann Karl III. von Durazzo, der aus der ungarischen Linie der Anjou stammte. Erst mit der Herrschaft seines Sohnes Ladislaus II. kehrte so etwas wie Kontinuität in die Politik zurück, doch dieser verhielt sich eher wie ein Condottiere (Söldnerführer) denn wie ein König, und seine Lage wurde noch dadurch erschwert, daß das römische Papsttum jetzt der Kirchenspaltung ein Ende machen wollte. Als er im Jahre 1414 überraschend starb, war es an seiner Schwester Johanna II., mit ihren aufeinanderfolgenden Ehemännern zusammen Neapel zu regieren. Die ganze Zeitspanne hindurch bemühte sich Alfons V. von Aragón, Neapel wieder mit Sizilien zu vereinigen, was ihm schließlich 1442 gelang. Nach Alfons' Tod erhielt sein unehelicher Sohn Ferrante Neapel, während sein Bruder Johann II. über Sizilien wie auch über die anderen Staaten der Krone von Aragón herrschte. So erlebte das Königreich Neapel, der größte und festgegründetste Staat Italiens, im 15. Jahrhundert einen ständigen und oft willkürlichen Wechsel seiner Regierung. Gegen Ende des Jahrhunderts leiteten die Rivalitäten der Könige von Frankreich und Spanien um die Thronfolge Ferrantes dann die Zeit der spanisch-habsburgischen Herrschaft in Italien ein.

Neapels Nachbar, der Kirchenstaat, schwankte in seiner Politik mehr als die meisten anderen Staaten. Da er jeweils neu zu wählenden Päpsten unterstand, war eine politische Kontinuität, wie sie anderswo durch dynastische Interessen gesichert wurde, völlig ausgeschlossen. Darüber hinaus wurde der Papst zu Beginn des 15. Jahrhunderts durch das Große Schisma von den italienischen Belangen abgelenkt. Nach dessen Beendigung im Jahre 1417 ging Martin V. (1417–1431), ein Papst aus der mächtigen Familie der Colonna, energisch an die gründliche Reorganisation des Kirchenstaates. Sein venezianischer Nachfolger, Eugenius IV., ein ehemaliger Zisterzienserabt, war weniger geeignet, eine derartige Politik fortzusetzen, vor allem, da er es mit dem Baseler Konzil zu tun hatte, das ihm schwer zu schaffen machte. Er wurde praktisch aus Rom vertrieben und konnte erst 1444 zurückkehren. Nun war die Bühne bereit für die Renaissancepäpste, die sich mehr als weltliche Fürsten, Künstler und Gelehrte sahen denn als geistliches Oberhaupt der Christenheit. Während dieser zehn zumeist kurzen und umstrittenen Pontifikate standen politische Erwägungen und sogar rein weltliche Zielsetzungen nicht selten im Vordergrund, wodurch der innere Verfall der Kirche beschleunigt wurde. Diese Päpste stießen wohl nicht einmal bei den anderen italienischen Staaten auf große Gegenliebe, aber sie vermittelten durchaus den Eindruck, der Bürde ihres Amtes gewachsen zu sein, und ihr persönlicher Ruf tat zu jener Zeit dem Respekt des Auslands vor dem Stuhl Petri keinen Abbruch. Ihr Bemühen um den Kirchenstaat schien für die Italiener im Einklang mit der legitimen Pflicht des Papsttums zu stehen, und die Maßnahmen zur architektonischen Verschönerung der Stadt Rom durch zahlreiche neue Bauwerke wurden von den humanistischen Intellektuellen begrüßt und unterstützt.

Die Päpste des späten 15. Jahrhunderts, die sich anschickten, die italienische Politik zu beherrschen, um den Respekt vor der Kirche wiederherzustellen, mußten mit anderen Staaten wetteifern, die sich auf weniger historische Ansprüche oder Traditionen stützten. Der mächtigste und geachtetste von ihnen war Venedig. Lange Zeit eine isolierte Seerepublik, deren Handelsmacht sich die Adria hinab bis in die Ägäis erstreckte, hatte die Stadt nach dem Friedensschluß mit seinem Rivalen Genua (1380) Anfang des 15. Jahrhunderts begonnen, ausgedehnte Herrschaftsbereiche in Italien selbst zu erwerben. Beim Tode des Mailänder Herzogs Giangaleazzo im Jahre 1402 nahm es sofort seine Chance wahr, um sich Vicenza, Verona und Padua einzuverleiben. Nachdem so der erste Schritt getan war, wandten sich die Venezianer weiteren Eroberungen zu (Brescia, Bergamo, Legnago, Udine) und hatten um 1429 ihre Grenze zu Mailand bis an die Adria vorgeschoben. Auf diese Weise hatten sie sich ein ausgedehntes Territorium geschaffen, das ihre überseeischen Besitzungen ergänzte. Insofern war das Venedig des 15. Jahrhunderts in der Tat eine ganz neue italienische Macht, und auch viele Venezianer empfanden Unbehagen angesichts dieser Verlagerung der Interessen von der See auf das Festland. Venedig besaß jedoch, wie der Doge Foscari dargelegt hat, gar keine Möglichkeit mehr zu einer alternativen Politik. In früheren Zeiten hatte ihre Sicherheit auf der Teilung des Festlands und der Tatsache beruht, daß eine einzelne Macht weder eine vereinte Front gegen sie zustandebringen noch die Handelswege Venedigs durch die Po-Ebene und über die Alpenpässe blokkieren konnte. Der Erfolg der Mailänder Expansion Ende des 14. Jahrhunderts bedrohte jedoch den Wohlstand Venedigs. Die Venezianer mußten also die Kontrolle über dieses Gebiet zurückerlangen, den status quo wiederherstellen, oder sich mit ihrem Untergang abfinden. Hinzu kam, daß sich die Türken allmählich zu einem gefährlichen Gegner im Mittelmeerraum entwickelten und einen Teil der außeritalienischen Besitzungen Venedigs er-

*Seite 214/15:*
Der Dogenpalast in Venedig. Bei der Vergrößerung der Sala del Maggior Consiglio Mitte des 14. Jahrhunderts mußten auch die darunterliegenden Loggien umgebaut werden. Später kam ein Balkon auf der Seite der Piazetta hinzu, und schließlich wurde nach 1424 die Vorderfront in Richtung auf San Marco erweitert. Das zarte Muster der Mauern, die zwei unterschiedlich gegliederten Loggien und die islamisch anmutende Dachverzierung, geben dem Palast eine fast schwerelose Wirkung.

obern konnten. So begaben sie sich ganz gezielt auf das für sie neue Terrain und beschlossen, ihre eigene Prioritätenfolge ebenfalls umzustellen. Vor allem mußten sie jetzt lernen, wie man italienische Städte und Territorien regiert, da sie bis dahin lediglich Erfahrungen mit griechischen und slawischen Völkern gehabt hatten.

Die einzelnen Regierungs- und Verwaltungsformen italienischer Staaten in dieser Zeit sind nicht eingehend untersucht worden, doch es besteht Grund zu der Annahme, daß es auf der Halbinsel lokale Unterschiede gab. Generell läßt sich sagen, daß die ursprünglichen republikanischen Stadtverfassungen zunehmend durch *Signorien* abgelöst wurden, wobei der republikanische Anschein oft gewahrt blieb. Sobald die (gewählten) *Signori* jedoch die Anerkennung ihrer Stellung vom Papst oder Kaiser erlangt hatten, entwickelten sich die Signorien zu erblichen Grafschaften oder Fürstentümern über Untertanen. Wichtiger als diese Variationen ist allerdings die Tatsache, daß die »Selbst«-Verwaltung der einzelnen Städte überall der Kontrolle einer Handvoll großer, »hauptstädtischer« Zentren unterworfen war, die mit ihnen in der Praxis mehrere Regionalstaaten bildeten, so daß Venedig in dieser Hinsicht nicht allein vor neuen Problemen stand. Etwa ein Dutzend Städte wurden zu Kapitalen kleinerer Staaten, normalerweise unter einer herrschenden Dynastie. Die mächtigste Dynastie war die Familie Visconti in Mailand, die ihre Rivalin, die Familie Torriani, im Wettlauf um die Macht über die größte Stadt des italienischen Festlands ausgestochen hatte. Mailand war im vierten Jahrhundert Reichsstadt gewesen; sein Erzbischof war der mächtigste italienische Prälat nördlich von Rom. Seinen Erfolg verdankte es der für den italienischen Handel mit dem Norden günstigen Lage. Die deutschen Könige hatten Mailand als ihren Hauptfeind in der Lombardei angesehen, doch nicht einmal die Zerstörung der Stadt bis auf die Grundmauern brachte mehr als einen vorübergehenden Erfolg. Nachdem die Familie Visconti fest im Sattel saß, schien Mailand in der Lage zu sein, mindestens ganz Norditalien zu einem einzigen, großen Staat zu vereinen. Giangaleazzo Visconti, der 1385 das gesamte Gebiet der Visconti für sich errang, erweiterte seinen Herrschaftsbereich sehr bald, indem er sich Verona und Padua, die im Besitz der Familie Carrara waren, aneignete und überdies die Oberhoheit über die toskanischen Städte wie Siena und Pisa erwarb. Um seiner Position Legalität zu verleihen, kaufte er sich vom deutschen König den Titel Herzog von Mailand. Doch als er 1402 überraschend starb, brach sein Staat auseinander – allerdings nur vorübergehend.

Venedig hatte die Gelegenheit genutzt, um weitergehende Pläne Mailands zu durchkreuzen, bevor das Herzogtum von Filippo Maria Visconti konsolidiert wurde. Giangaleazzo hatte sich möglicherweise bei seinen ehrgeizigen Unternehmungen übernommen. Zweifellos versetzte seine aggressive Politik Staaten wie Venedig und Florenz in Unruhe, die sich ihre Unabhängigkeit bewahren wollten. Mailand, die potentielle Führungsmacht über ein geeintes Norditalien, war zu einem gefürchteten Tyrannen geworden. Wechselnde Koalitionen stellten sich ihm entgegen und zwangen es in die Defensive zurück. Als Herzog Filippo Maria (1412–1447) den Staat seines Vaters wenigstens teilweise wiederherstellte, behielten ihn seine Nachbarn aufmerksam im Auge. Da er jedoch keinen eigenen Sohn hatte, wurde Filippo der Zukunft gegenüber schließlich gleichgültig. Trotzdem brachte Mailand die Norditaliener unter seine Regionalregierung zurück, und nach Filippo Marias Tod forderte der große Condottiere Francesco Sforza, sein Schwiegersohn, Gehorsam von den abhängigen Territorien. Die neue Dynastie (1450–1499) wurde zu einem stabilisierenden Faktor innerhalb Italiens.

Bei seinen Bemühungen um den Erhalt der mailändischen Macht fand Sforza die Unterstützung von Cosimo de' Medici, dem Senior unter den florentinischen Politikern. Dieser beendete die alte feindselige Haltung der Stadt Florenz, weil er erkannte, daß Mailand die florentinische Unabhängigkeit nicht mehr gefährdete. Aus der Zerschlagung des Staates Mailand wäre vermutlich eine weit größere Gefahr für die Sicherheit der Halbinsel Italien als Ganzes erwachsen. Doch auch Florenz hatte sich verändert. Im Jahre 1450 erfreute sich Cosimo einer hervorragenden Stellung im politischen Leben, die er jedoch keineswegs einer amtlichen Position verdankte. Zu Giangaleazzos Zeiten war Florenz von Ausschüssen regiert worden, die regelmäßig alle paar Monate von den Gildenführern gewählt wurden, um zu verhindern, daß ein Einzelner eine zu große Macht errang. Cosimo übte seine »Tyrannei« eher unauffällig aus, doch seine faktische Vorrangstellung wurde in Florenz anerkannt, obwohl der komplizierte Apparat der Wahlausschüsse beibehalten wurde, um die Fiktion der Republik zu wahren. Die Gründe für diese institutionelle Veränderung waren komplex und sind in der Forschung umstritten, doch ein wichtiger Grund war auf jeden Fall die neue Verantwortlichkeit des Stadtstaates für eine Anzahl bisher unabhängiger Nachbarstädte wie Arezzo (seit 1384) oder Pisa (seit 1406), Erwerbungen, die die militärische Verteidigungsposition von Florenz und seinen wirtschaftlichen Wohlstand verbessern sollten, vor allem aber zur Sicherung der Versorgung mit Lebensmitteln und Rohstoffen dienten. Besser bekannt als diese institutionelle Entwicklung im Florenz des frühen 15. Jahrhunderts ist wohl der bemerkenswerte Ausbruch schöpferischer Kraft, dokumentiert durch den kühnen Entwurf Filippo Brunelleschis, den Florentiner Dom mit einer Zweischalenkuppel zu krönen, und die bemerkenswerten Arbeiten der zeitgenössischen Bildhauer Donatello und Lorenzo Ghiberti sowie des jungen Malers Masaccio, ganz zu schweigen von den Leistungen der großen humanistischen Denker Coluccio Salutati, Leonardo Bruni und Poggio Bracciolini. Schon zu jener Zeit begann Florenz zahlreiche Künstler und Gelehrte aus ganz Italien anzuziehen, die neue Techniken erlernen und neue Dimensionen des menschlichen Bewußtseins erschließen wollten.

Der überwältigende kulturelle Glanz von Florenz hat uns für die Beiträge der anderen italienischen Städte jener Zeit auf den Gebieten von Kunst und Wissenschaft nahezu blind gemacht. Der Mailänder Dom zum Beispiel, geplant von Giangaleazzo Visconti und Mittelpunkt einer internationalen Debatte über die damit zusammenhängenden technischen Probleme, ist ein richtungweisendes Bauwerk des 15. Jahrhunderts mit nachhaltiger Wirkung auf andere italienische Architekten. Der Wohlstand der Mailänder war jedoch dahin, und Florenz stärkte seinen Einfluß auf andere italienische Kulturzentren, indem es während der dunkelsten Tage des Schismas und des Konziliarismus die Stellung des Papsttums als Schirmherr der Künste usurpierte. Doch allmählich wurden sämtliche Hauptstädte der italienischen Staaten zu künstlerischen und kulturellen Mittelpunkten. Reich geworden durch ihre dominierende Stellung innerhalb der eigenen Region und verschönert zu Ehren ihrer Herrscher, trugen diese Zentren auch dazu bei, wankelmütige Untertanen zu beeindrucken und mit neuer Loyalität zu erfüllen. Die neuen Machthaber, die sich der günstigen Umstände bedienten, um ein Vermögen anzuhäufen, räumten der Förderung der Künste und dem Wiederaufbau ihrer Kapitalen absolute Priorität ein. Alle großen Städte Italiens legen noch heute Zeugnis für diese Politik ab, doch es war Rom, das bei weitem am stärksten von ihr profitierte. Obwohl es als letztes der großen Zentren von der Entwicklung erfaßt wurde, waren die Päpste, nachdem sie wieder Bauherren geworden waren, in der Lage, Künstler und Architekten von überall her anzuziehen, hauptsächlich aber aus Florenz. Es waren zumeist Männer auf dem Höhepunkt ihrer Schaffenskraft.

**Spanien, Deutschland und Frankreich**

Die erstaunliche Entwicklung in den Gebieten des ehemaligen karolingischen Mittelreichs, in Burgund und in Italien im 15. Jahrhundert wirkt, nimmt man sie als Anhaltspunkt für die Zukunft dieser Regionen, ein wenig irreführend. Tatsächlich sollten sie im folgenden Jahrhundert von den großen Mächten – von Spanien, dem Deutschen Reich und von Frankreich – politisch in den Schatten gestellt, wenn nicht sogar überwältigt werden. Am Ende des 15. Jahrhunderts waren diese Großmächte so weit, daß sie den Schauplatz beherrschten, doch hatten sie sich bisher meist darauf beschränkt, mit dem Säbel zu rasseln, und sie ließen nicht erkennen, daß sie zu Größerem fähig waren. Die spätere Macht Spaniens zum Beispiel beruhte auf der Vereinigung Kastiliens mit Aragón (ab 1479), und auf den Reichtümern Amerikas, von denen man auch nach der Entdeckung der Neuen Welt im Jahre 1492 noch nichts ahnte. Der Aufstieg Spaniens traf die übrigen Europäer weitgehend unvorbereitet. Nur Englands Könige waren in der jüngsten Vergangenheit – wegen ihrer Interessen in der Gascogne – beharrlich darauf bedacht gewesen, die iberischen Herrscher zu hofieren. Zwar hatte Italien seit der Sizilianischen Vesper (1282) schon aragónesische Interventionen erlebt, eigentlich aber nur im Rahmen ihrer allgemeinen Mittelmeerpolitik. Im Hinblick auf Italien war das also höchstens eine behutsame Warnung gewesen. Sizilien, von Neapel getrennt, bedeutete für den Rest der Halbinsel kaum eine Gefahr. Außerdem hatte Sizilien während des 14. Jahrhunderts eigene Herrscher, die zwar dem regierenden Haus Aragón entstammten, dennoch aber souverän waren; erst als diese sizilianische Linie 1409 ausstarb, wurde Sizilien von Aragón aus direkt regiert. Die neue Dynastie aus Kastilien, die (bis auf Alfons V.) nach 1413 über Aragón herrschte, war ebenfalls mehr an den Angelegenheiten der Iberischen Halbinsel interessiert als an der Weiterführung der alten katalanischen Politik im Mittelmeerraum. Alfons' Bruder Johann II. mußte sich gezwungenermaßen mit ernsthaften Unruhen in Katalonien, vor allem in Barcelona, befassen. Die spanischen Probleme waren vor der Eroberung von Granada (1492) zu schwerwiegend, als daß sich die spanischen Monarchen ausschließlich auf auswärtige Angelegenheiten hätten konzentrieren können, wie es König Ferdinand in den letzten 20 Jahren seines bemerkenswerten Lebens tat.

Auch Deutschland war im 15. Jahrhundert ganz mit sich selbst beschäftigt. Zwischen der Zeit, da die Konzilsbewegung große Hoffnung auf eine kirchliche Erneuerung geweckt hatte, und den Tagen Martin Luthers kam es zu einem gewissen Abflauen der religiösen Reformbemühungen, obwohl der mißlungene Versuch der Reichsfürsten, bei ihrem Kampf gegen kirchliche Mißbräuche päpstliche Unterstützung zu erhalten, erneut Erbitterung hervorrief. Ein Teil des deutschen Idealismus jener Zeit wurde in weltliche Kanäle gelenkt, auf einzelne Fürstenhäuser und auf das Reich als ganzes. Die militärische Schwäche Kaiser Sigismunds gegenüber den moslemischen Türken und den ketzerischen Hussiten rief ein Gefühl der Scham hervor, Reformpläne jedoch hatten keinen Erfolg, vor allem weil der langlebige Kaiser Friedrich III. seine Kräfte auf die Wiedervereinigung der verstreuten Besitzungen seines habsburgischen Hauses konzentrierte. Einen beachtenswerten Beitrag zur Entwicklung Deutschlands leisteten die Fürsten mit der Gründung zahlreicher Universitäten: Wien (1365), Heidelberg (1385), Tübingen und Mainz (1476). Es dauerte nicht lange, da besaß jedes größere deutsche Fürstentum eine eigene Universität, und dies hatte sowohl unmittelbare als auch langfristige Folgen für die geistige und kulturelle Entwicklung Deutschlands.

Obwohl es keine völlig neuen Studienfächer gab und die Absolventen für den Dienst bei ihren lokalen Fürsten und Prälaten vorgesehen waren, trugen die wachsende Zahl gebildeter Menschen im ganzen Land und die neuen Korporationen, die in einem Dutzend führender Städte gegründet wurden, zu einer einzigartigen kulturellen Blüte bei. Mit der Einführung der Druckerpresse war es möglich geworden, Bücher und Schriften in großer Zahl zu vervielfältigen, und bei der Vorbereitung dieser Editionen arbeiteten erfahrene Handwerker mit den entsprechenden Gelehrten eng zusammen. Nürnberg wurde in dieser Zeit zum größten Handelszentrum nördlich der Alpen und östlich des Rheins. Es war nicht nur der Geburtsort und die hauptsächliche Wirkungsstätte Albrecht Dürers (1471–1528), des einzigen nördlichen Künstlers, der Leonardo da Vinci vergleichbar ist, sondern in dieser Stadt traf man auch die großen Kartographen und Kosmographen an – nicht weil sie sich hier im Zentrum der Entdeckungen selbst befanden, sondern weil hier sämtliche Aufzeichnungen über die damals bekannte Welt zu beschaffen waren, bis hin zu den neuesten Berichten der spanischen und portugiesischen Seefahrer.

Die dritte große europäische Macht, Frankreich, bewies ihre Stärke höchst eindrucksvoll durch Karls VIII. Triumphzug durch Italien im Jahre 1494. Bis zu jenem Zeitpunkt waren die französischen Könige des 15. Jahrhunderts jedoch mit dem Problem beschäftigt gewesen, die eigene Dominanz über ihre Verwandten und Vasallen zu sichern, deren mächtigste, die Herzöge von Burgund und Aquitanien, eine vom Reich unabhängige Stellung inne hatten. Die körperliche und geistige Schwäche Karls VI. (1380–1422) bewirkte, daß sich in den späteren Jahren seiner Regierung chaotische Zustände breitmachten. Noch vor seinem Tod marschierte der englische König in Frankreich ein (1415), und anschließend wurde das Elend durch offenen Krieg zwischen den Parteigängern seines Sohnes, Karl VII., und seines Enkels, Heinrich VI. von England, verlängert. Karl VII. eroberte die verlorene Posi-

*Links:* Christus aus der *Schlüsselübergabe* (ca. 1430) von Donato di Niccolò di Betto Bardi (Donatello; 1386–1466), dem herausragenden Vertreter der Florentiner Frührenaissance. Die zahlreichen, von der Klassik beeinflußten Bildhauerarbeiten Donatellos wirkten auch auf die florentinische Malerei des 15. Jahrhunderts ein. In diesem Relief erzielte Donatello sogar in Marmor einen malerischen Effekt. Er arbeitete zumeist für klerikale Auftraggeber.

*Rechts:* Albrecht Dürers (1471–1528) Porträt seines Vaters, geschaffen 1497, ist eindeutig deutsch im Stil und gibt keinen Hinweis darauf, daß die kurz zuvor stattgefundene Italienreise den Maler stilistisch beeinflußt hätte.

tion allmählich durch stetige Überfälle auf englische Besitzungen in Frankreich und die qualitative Verbesserung seiner Truppen zurück. Währenddessen jedoch konnte er die Fürsten nicht unter Kontrolle halten. Das Ende des Krieges gegen England (1453) fiel in eine Zeit fortgesetzter Zwistigkeiten im Innern. Sein Nachfolger, Ludwig XI. (1461–1483), gewann nach und nach die Herrschaft über das gesamte Königreich zurück. Sein Hauptgegner, Karl der Kühne von Burgund, fiel allerdings nicht Ludwigs direktem Angriff, sondern dem eigenen übereilten Eingreifen in der Schweiz zum Opfer. Zum Glück für Ludwig starben während seiner Regierungszeit einige Nebenlinien seiner Familie aus, so daß deren Apanagen wieder an die Krone fielen. Sein kränklicher Erbe Karl VIII. (1483–1498) war dann trotz seiner persönlichen Bedeutungslosigkeit nach mehr als anderthalb Jahrhunderten der erste französische Regent, der selber Politik initiieren und nicht nur auf die anderer reagieren mußte. Dies zeigte eindrucksvoll, daß die Ressourcen des Königs an Soldaten und Geld stärker wogen als alle persönlichen Qualitäten.

Die Macht der großen Nationen nach 1494 darf aber die bedeutenden Beiträge der Völker des einstigen Mittelreichs nicht vergessen machen, der Aristokraten, Bauern und Bürger von der Nordsee bis zum Mittelmeer, die im 15. Jahrhundert der europäischen Kultur ihren Stempel aufgedrückt hatten. Ihre Errungenschaften wirkten nachhaltig auf alle ihre Nachbarn ein, ausgenommen im Südosten, wo die Osmanen eine kulturelle Grenzlinie zogen. Diese Völker bildeten weder eine politische Einheit, noch besaßen sie große politische Macht, aber sie hatten maßgeblich dazu beigetragen, Europa zu dem zu machen, was es nun war; sie bauten auf dem Werk ihrer Vorgänger auf, wie sie die Basis für eine fruchtbare Weiterentwicklung unter ihren Nachfolgern legten. Es spielt keine Rolle, ob man ihre Leistungen gewohnheitsmäßig mit dem Etikett »mittelalterlich« versieht, oder sie, weil wir sie übernommen haben, als »modern« hinstellt. Sie beweisen nur, daß das sogenannte »Mittelalter« bis zu seinem Ende nichts von seiner bemerkenswerten Vitalität und schöpferischen Kraft eingebüßt hat.

# Buchdruck

Durch die vermehrte Herstellung von Papier seit Ende des 14. Jahrhunderts (die erste Papiermühle in Deutschland wurde 1390 bei Nürnberg errichtet) war es möglich geworden, religiöse Bilder in großer Zahl zu produzieren. Man verwendete hierzu Holztafeln, von denen einige mit eingeschnitzten bzw. eingeschlagenen Buchstaben versehen wurden. Der große Erfolg bewog einige Handwerker, auch nach Möglichkeiten zur Vervielfältigung von Texten zu suchen. Die frühen Stadien dieser Experimente, die nicht detailliert erforscht werden können, führten zu der Entdeckung, wie man identische Lettern aus einer einzigen Form gießen konnte, welches Metall man dafür benutzen und wie man das Schriftbild setzen mußte. Die zentrale Gestalt in der Geschichte des frühen Buchdrucks ist Johannes Gutenberg, der vermutliche Erfinder des Druckens mit beweglichen Metalllettern. Die Typenstempel waren anfänglich aus Blei, später auch aus Eisen oder Kupfer. Das früheste datierbare größere Druckerzeugnis ist die 42zeilige lateinische »Gutenbergbibel«. Sie hatte eine Auflage von zwischen 100 und 200 Exemplaren, von denen heute noch 40 erhalten sind. 1457 entstand in der Mainzer Gemeinschaftsdruckerei von Gutenberg und J. Fust das prachtvolle *Psalterium Moguntinum,* und 1465 Ciceros *De officiis.* Straßburg und Bamberg waren die einzigen anderen Städte, in denen vor 1460 Buchdruck betrieben wurde. Im Laufe des folgenden Jahrzehnts etablierte sich diese Kunst dann noch in mehreren anderen deutschen Städten, und unternehmungslustige deutsche Handwerker brachten sie anschließend ins Ausland, nach Venedig, Rom und Paris. Um 1500 hatten mehr als 250 europäische Städte eigene Druckerpressen, doch am erfolgreichsten war die neue Erfindung in den großen Handelszentren wie Venedig oder Nürnberg. Die rapide Entwicklung des Buchdrucks beweist, welche immense Nachfrage nach Druckerzeugnissen bestand.

Unter den 15 europäischen Städten, in denen mehr als 1000 Inkunabeln hergestellt wurden, waren acht deutsche, fünf italienische und zwei französische, so daß Deutschland seinen Vorsprung nur knapp halten konnte. Die Konzentration der Buchdruckereien in großen Städten wie Venedig mit 150 Werkstätten, oder Paris mit 50, belegt, wie bedeutsam der Vertrieb für den kommerziellen Erfolg war. Bald wurden auch Illustrationen gedruckt (unter Verwendung von Holzschnitten); das früheste illustrierte Buch, der *Edelstein,* kam 1462 in Bamberg heraus. Auch Gravuren fanden Verwendung, und in mehreren deutschen Städten sowie in Venedig entstanden bald schon gedruckte Landkarten. Werke antiker Autoren oder Bibeln in Latein oder der Landessprache bedurften der Mitarbeit von Gelehrten und wandten sich an anspruchsvollere Käufer. Die wissenschaftlichen Traditionen Italiens im 15. Jahrhundert erklären, warum dort die Drucker in einigen Städten griechische Lettern für Bücher schnit-

*Rechts oben:* Die Darstellung einer Druckerpresse (von 1520) wurde von dem Pariser Buchdrucker Jodocus Badius von Assche als sein Druckerzeichen benutzt. Der Holzschnitt hat eine Zeichnung Albrecht Dürers aus dem Jahr 1511 zur Vorlage. Man sieht drei Handwerker (in der Mitte der Drucker) bei ihrer Arbeit.

*Rechts:* St. Christophorus (1423). Dieser zweitälteste datierte Holzschnitt diente als Druckvorlage. Die Vervielfältigung religiöser Motive sollte die große Nachfrage nach billigen Andachtsbildern decken. Der Holzschnitt des Patrons der Pilger und Reisenden entstand im Karthäuserkloster Buxheim in Bayern.

Suo Re
no diui
cte Ma
canonic
Saluten
recte a
omnis
cōfiteat
humili
cum q
A quo
siastica
magis c
tate/eti
bus pre
cepta t
itaq pr
patrum

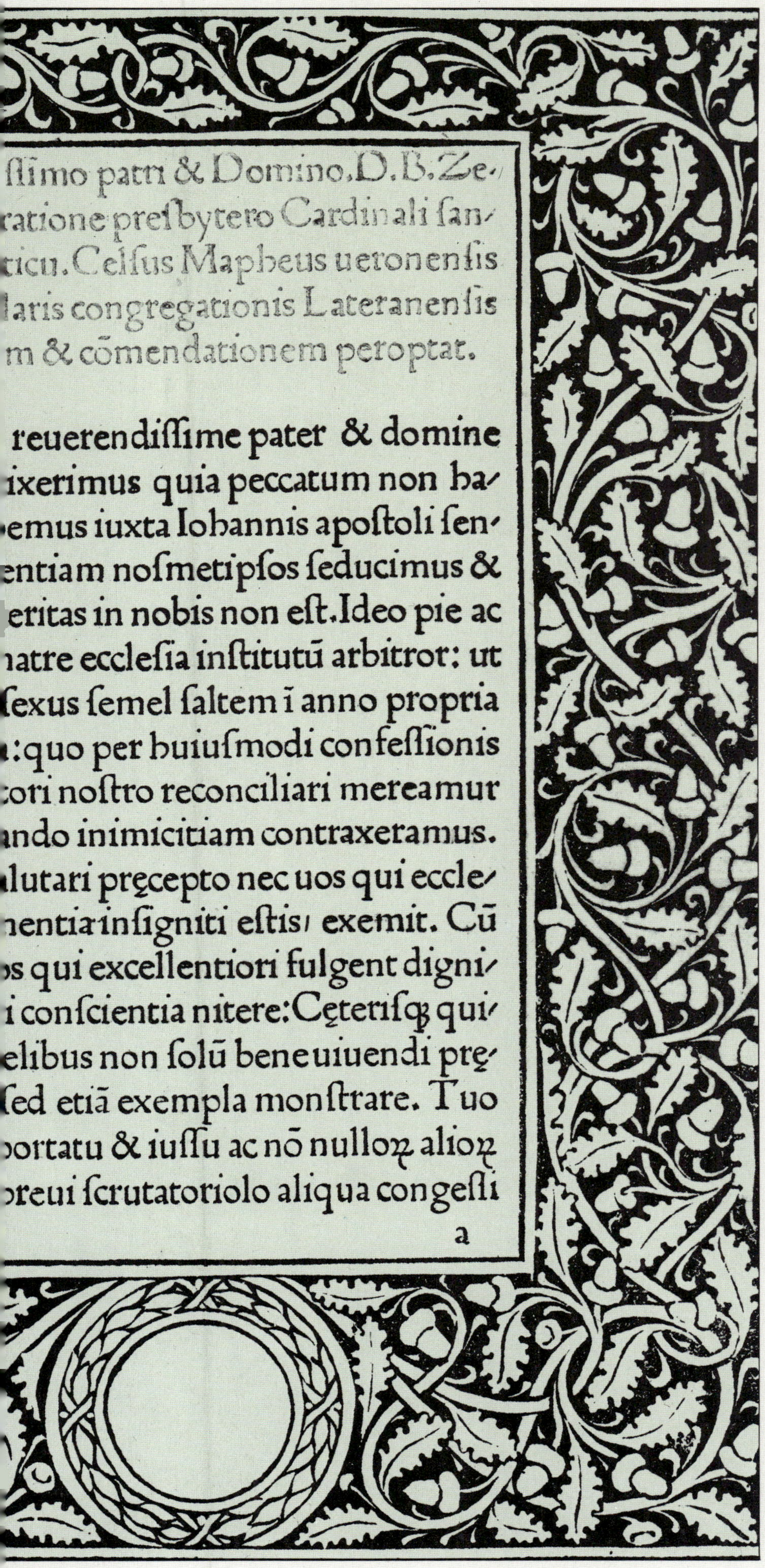
ſſimo patri & Domino.D.B.Ze
ratione preſbytero Cardinali ſan
ticu.Celſus Mapheus ueronenſis
laris congregationis Lateranenſis
m & cõmendationem peroptat.

reuerendiſſime pater & domine
ixerimus quia peccatum non ha
emus iuxta Iohannis apoſtoli ſen
entiam noſmetipſos ſeducimus &
eritas in nobis non eſt.Ideo pie ac
atre eccleſia inſtitutũ arbitror: ut
ſexus ſemel ſaltem ĩ anno propria
:quo per huiuſmodi confeſſionis
ori noſtro reconciliari mereamur
ndo inimicitiam contraxeramus.
lutari pręcepto nec uos qui eccle
nentia inſigniti eſtis exemit. Cũ
s qui excellentiori fulgent digni
i conſcientia nitere: Cęteriſq; qui
elibus non ſolũ beneuiuendi prę
ſed etiã exempla monſtrare. Tuo
ortatu & iuſſu ac nõ nulloꝝ alioꝝ
reui ſcrutatoriolo aliqua congeſſi
a

*Links:* Celso Maffeis (1425–1508) *Monumentum,* gedruckt 1478 in Venedig. Der Holzschnitt für den Rand stammt von Bernhard von Augsburg. Das Schriftbild hat eine italienische Handschrift zur Vorlage, die sich an die karolingische Minuskel anlehnt.

*Unten:* Zwei Spielkarten, gedruckt von Jean de Dale in Lyon (ca. 1470); sie stammen aus einem Satz von 56 Karten, einer der bedeutendsten Kartensammlungen des 15. Jahrhunderts. Die Drucker wandten sich damit auch profaneren Produkten zu.

ten. Der Druck hebräischer Texte in Italien und Spanien spiegelt ebenfalls einen ziemlich spezialisierten lokalen Markt wider. Die große Zahl der holländischen Ausgaben klassischer Texte und anderer Lehrbücher beruhte auf den bedeutenden Bildungsreformen, die hier eingeleitet wurden.

Ihren Erfolg verdankten die Buchdrucker jedoch hauptsächlich der Tatsache, daß sie einen bis dahin unbefriedigten Bedarf an religiösen Werken deckten – von ganzen Bibeln bis zu einzelnen Blättern mit Holzschnitten religiöser Sujets. Überraschend sind vielleicht die zahlreichen landessprachlichen Bibeln, die im 15. Jahrhundert erschienen: 18 Ausgaben in Deutschland, 16 in Italien sowie katalanische, tschechische und holländische Versionen. Die größte Nachfrage galt jedoch der lateinischen »Vulgata« (133 Editionen, davon 71 in Deutschland), die zu attraktivem Preis und mit präzisem Text angeboten wurde.

Obwohl kommerziell von geringer Bedeutung, sind die landessprachlichen Texte heutzutage interessanter, denn sie geben wichtige Hinweise auf die literarischen Vorlieben jener Zeit. Im allgemeinen standen französische Prosaromane in der Gunst des Publikums an erster Stelle. In Italien jedoch verkauften sich die drei großen toskanischen Schriftsteller Dante, Petrarca und Boccaccio besonders gut (allerdings bei weitem nicht so gut wie Cicero). Andere Standardtitel gehörten zu der populären enzyklopädischen Richtung, wie etwa Brunetto Latinis *Tesoro* oder das jüngere, heutzutage völlig vergessene allegorische Epos von Federico Frezzi. In Spanien überwogen landessprachliche Werke die lateinischen, wobei kastilische Texte dreimal so beliebt waren wie katalanische. Der Anteil religiöser Druckerzeugnisse in der Landessprache belief sich auf insgesamt ein Viertel. In französischer Sprache wurde der Markt nicht nur von Paris, Lyon und anderen Zentren in Frankreich beliefert, sondern auch von Genf und Brügge. In Rouen wurde Heimatgeschichte sehr geschätzt. Die Anpassung an den Markt zeigt sich deutlich an den Niederlanden, wo Bücher auf Flämisch, Französisch, Englisch und Friesisch erschienen. In England produzierten die Druckereien von Caxton und seinen Nachfolgern mehr landessprachliche Texte als irgendwo sonst in Europa, weil die Kunden alle lateinischen Werke vom Kontinent beziehen konnten.

# Kartographie

Im Lauf des 14. und 15. Jahrhunderts erlebte die Kartenherstellung eine Renaissance; neben Länder- und Landschaftskarten wurden jetzt auch vermehrt Seekarten gezeichnet. Ohne diese präziseren Seekarten ist das Zeitalter der Entdeckungen, das mit Kolumbus beginnt, nicht vorstellbar. Der Wunsch nach Verbesserung der kartographischen Technik zeigte sich in dem neuerwachten Interesse für das Werk des Ptolemäos. Seine *Geographia* wurde von Jacopo d'Angelo von Scarperia, der 1406 in Rom arbeitete, aus dem Griechischen ins Lateinische übertragen, und kurz darauf wurden auf der Grundlage eines anderen griechischen, aus Konstantinopel stammenden Textes neue Karten zu dieser Übersetzung gezeichnet. Nahezu 50 Handschriften der *Geographia* aus dem 15. Jahrhundert sind heutzutage bekannt, alle auf italienisch; sie erschien zuerst 1475 und dann, mit Karten, 1477. Die große Zahl der italienischen Ausgaben unterstreicht das Interesse im Land selbst, doch auch in Ulm kam 1482 eine Ausgabe heraus, für die neue Karten in Auftrag gegeben wurden. Mit Hilfe der *Cosmographia* des Ptolemäos wurde das Kartenzeichnen mit mathematischen Mitteln gelehrt, und die Studenten setzten ihre Kenntnisse bald für praktische Zwecke ein. Man nimmt an, daß Ptolemäos von Kreisen aufgegriffen wurde, die sich für angewandte Mathematik interessierten; zu ihnen zählten im Italien des 15. Jahrhunderts natürlich auch die florentinischen Künstler. Die Kunst der Maler, Zeichner und schließlich (für den Druck) auch der Kupferstecher war eng miteinander verknüpft; zu jener Zeit spielten die Maler eine sehr wichtige Rolle bei der Kartenherstellung, obwohl die große Nachfrage allmählich den spezialisierten Beruf des Kartographen schuf.

Die frühesten Karten, die genaue Angaben über Entfernungen und Kurs enthielten, erschienen im 13. Jahrhundert; sie dienten als Navigationshilfe auf See und wurden zusammen mit dem Magnetkompaß verwendet, der vermutlich durch die Araber nach Westeuropa kam. Dieser war hier zumindest seit dem späten zwölften Jahrhundert bekannt, als er von Wissenschaftlern zum erstenmal beschrieben wurde. Im Jahr 1270 erkundigte sich Ludwig IX. von Frankreich an Bord eines Schiffes ängstlich nach seiner Position, die ihm dann auf einer Karte gezeigt wurde. Die älteste erhaltene Seekarte entstand um 1275 in Pisa, ihre sorgfältige Ausführung läßt jedoch annehmen, daß die kartographische Technik schon mehrere Jahre zuvor verfeinert worden war. Um derartige Karten zusammenstellen zu können, brauchte der Kartograph ein Nachschlagewerk, das die Häfen des Mittelmeers mit ihrer ungefähren Lage zueinander und den entsprechenden Entfernungen verzeichnete. Solch ein Werk, *Lo Compasso da Navigare* genannt, wurde ca. 1250 verfaßt. Es ist daher wahrscheinlich, daß moderne Seekarten bereits seit Mitte des 13. Jahrhunderts hergestellt wurden.

Vor der Einführung des magnetischen Kompasses hatten die Seefahrer keine Karten gekannt – sie orientierten sich traditionsgemäß an den Sternen. Es muß die Entdekkung und Benutzung des Kompasses gewesen sein, die zur Entwicklung zuverlässiger Karten mit Maßstabsangaben führte. Um sie jedoch wirksam einsetzen zu können, mußte der Steuermann hinreichend viel von Mathematik verstehen, damit er einfache Berechnungen anstellen so-

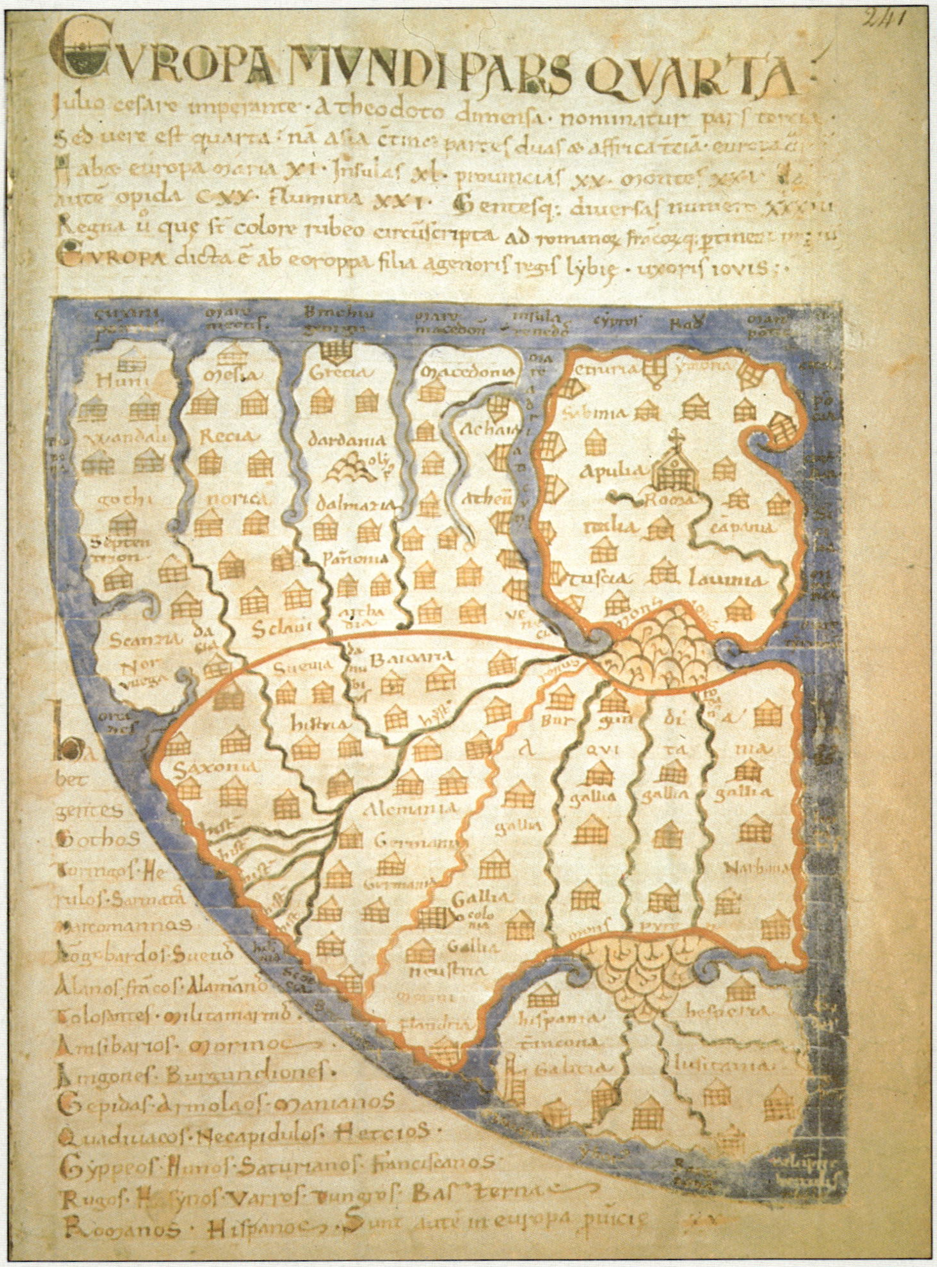


*Oben:* Der *Liber Floridus* von Lambert von Ardres, ca. 1120. Europa umfaßt auf dieser Darstellung ein Viertel der Erde, Afrika ein zweites und Asien die Hälfte, daher der hier gezeigte Quadrant. Obwohl sehr schematisch dargestellt, entspricht die Verteilung der Provinzen in etwa den tatsächlichen Verhältnissen.

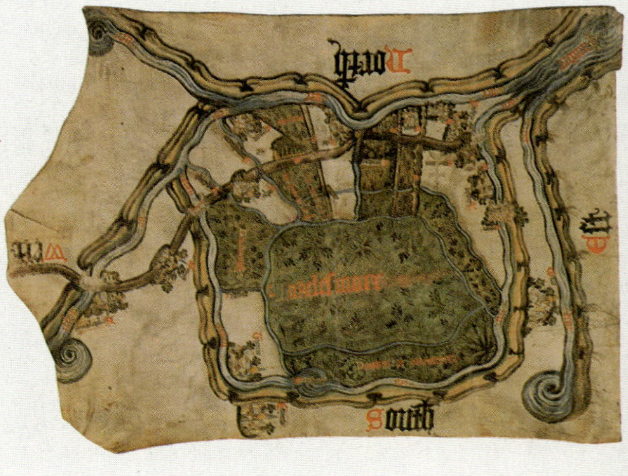

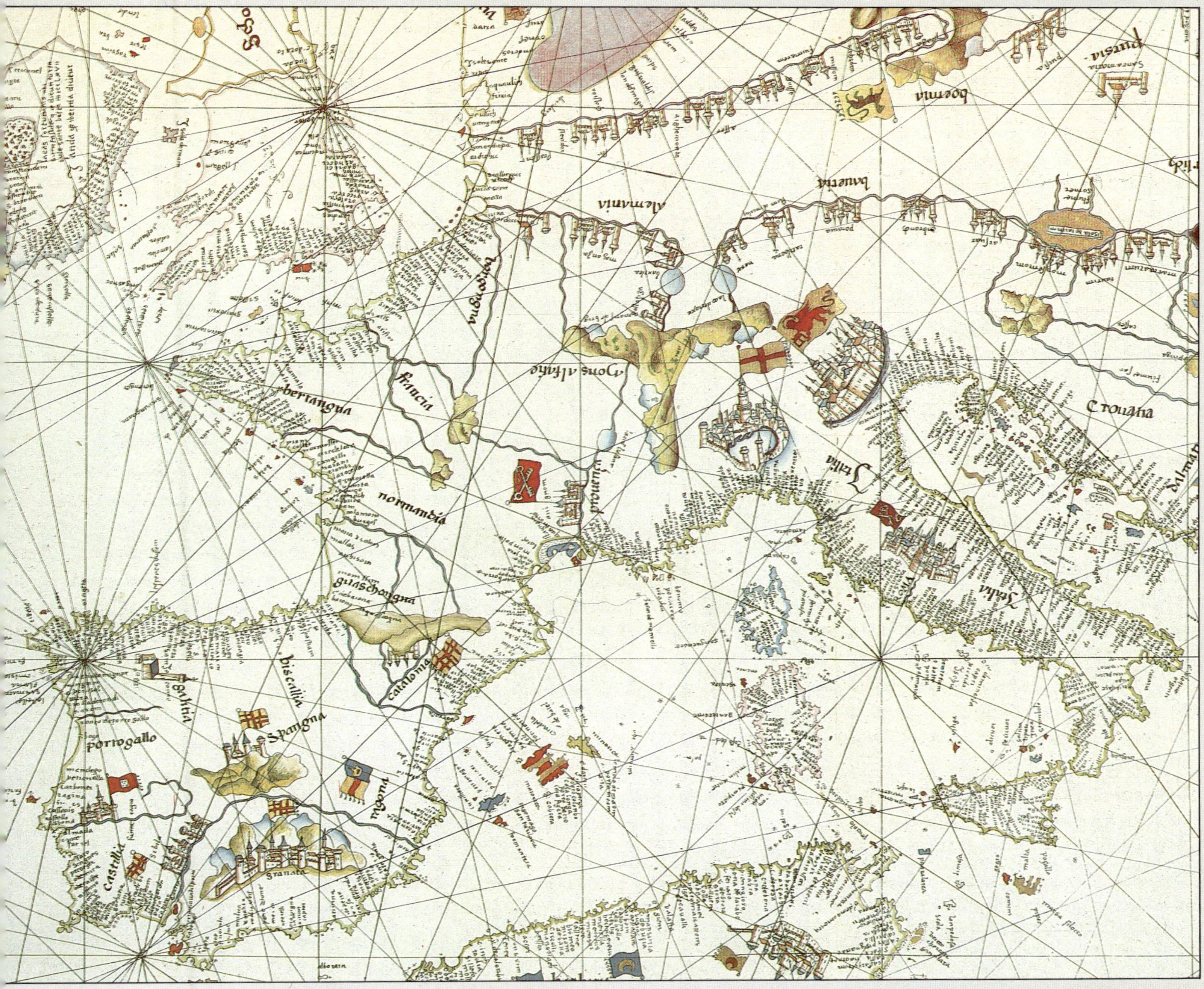


*Oben:* Die Portolano-Karte aus dem Jahr 1497 von Fredicci d'Ancona vermittelt einen relativ guten Eindruck von Westeuropa, wobei jedoch der Küstenlinie mehr Aufmerksamkeit zuteil wird als dem Landesinnern.

*Links:* Das Original dieser Landkarte von Inglemoor wurde ursprünglich für ein Gerichtsverfahren um Torfstechrechte 1405/08 gezeichnet. Die Flüsse, die die Grenzen des Moorgebiets bilden, treten deutlich hervor, doch muß die Karte beim Lesen mehrfach gedreht werden. Innerhalb des eingeschlossenen Gebiets sind Brücken, Dörfer, Wegkreuze und eingezäunte Flächen zu erkennen, das Moor selbst ist mit Blumen kenntlich gemacht. Die Technik ähnelt jener, die bei dem Grundriß der Kathedrale von Canterbury aus dem zwölften Jahrhundert verwendet wurde (siehe Seite 84).

wie Lineal und Zirkel benutzen konnte. Es ist nicht verwunderlich, daß die Italiener diese Bedingungen zuerst erfüllten, doch auch die Katalanen, vor allem die von Mallorca, erwarben sich schon bald einen hervorragenden Ruf als Kartenhersteller. Der früheste noch erhaltene Atlas mit mehreren Karten wurde im Jahre 1375 auf Mallorca für König Karl V. von Frankreich gefertigt. Dieses Exemplar hatte natürlich eine bessere Chance, zu überdauern, als die dünnen Pergamente, die die Mittelmeer-Steuerleute vermutlich benutzten. Dennoch gibt es genügend frühe Beispiele, um zu erkennen, wie man mit den Techniken experimentierte und sie im Lauf des 14. Jahrhunderts verbesserte. Sowohl in Venedig als auch in Genua wurden prachtvolle Karten geschaffen. Der Venezianer Marino Saundo beispielsweise, der über das Problem schrieb, wie man das Heilige Land von den Moslems zurückerobern könne, schickte sein Buch zusammen mit einem Satz entsprechender, von Pietro Visconti (ca. 1320) angefertigter Karten an den Papst. Christoph Kolumbus griff bei der Planung seiner Reise auf die Karte des Florentiners Toscanelli zurück, die seine eigenen (falschen) Berechnungen zu bestätigen schien.

Es war die Erkenntnis, welch großen Nutzen die Verwendung von Koordinatentafeln für die Kartenherstellung haben würde, die die Gelehrten auf Ptolemaios zurückgreifen ließ, denn auch er hatte sich mit diesem Problem befaßt. Schritt um Schritt lernten die Kartographen, wie man von der Darstellung kleiner, überschaubarer Gebiete zur Erfassung ganzer Regionen und Länder überging. Von Ptolemaios lernten sie außerdem, wie man Weltkarten herstellte, und als die Seefahrer neue Länder entdeckten, wurden auch sie sogleich kartographisch erfaßt; so sind etwa die Kanarischen Inseln bereits auf dem Laurentianischen Portolano von 1351 verzeichnet, und die afrikanische Westküste auf der von dem Venezianer Andreas Bianco 1448 in London angefertigten Karte. Um 1500 erschienen bereits exakt vermessene Landkarten, teilweise mit Meilenangaben für die Straßen für Lothringen, das Elsaß und das Rheingebiet. Der erste europäische Straßenatlas *(Itinerarium Orbis Christiani)* kam 1579/80 heraus, und der niederländische Geograph und Kartograph Mercator löste 1569 in seiner großen Weltkarte auch das Problem der Winkeltreue; die nach ihm benannte Mercatorprojektion wird noch heute verwendet.

# NACHWORT: DIE ENTDECKUNGSFAHRTEN

Noch vor dem Ausgang des 15. Jahrhunderts hatten die Europäer bereits den Seeweg nach Indien und Amerika entdeckt. Konfrontiert mit Völkern völlig anderer Kulturen ließen sie zwar nicht von ihren bisherigen Streitigkeiten ab, um sich auf die Ausbeutung dieser Länder zu konzentrieren, doch die europäische Geschichte bewegte sich von da an in einer ganz neuen Dimension. Wenn das Mittelalter hier zu Ende gehen sollte, so nicht deshalb, weil endlich die Furcht ad absurdum geführt wurde, man könne vom Rand der Erde herabfallen. Das Zeitalter der Entdeckungen resultierte vielmehr aus der bewußten Anwendung und Weiterentwicklung aller damals bekannten wissenschaftlichen, nautischen und schiffbaulichen Kenntnisse und war die Antwort auf die konsequente Monopolisierung des Orienthandels durch die Türken – insbesondere nach dem Fall Konstantinopels im Jahre 1453. Zu dieser Zeit verlor der Mittelmeerraum, wenigstens symbolisch, seine jahrtausendealte Vorrangstellung. Die Europäer waren mutig genug geworden, den Anker zu lichten und die Gestade ihres zentralen Meeres zu verlassen. Mehr als 1000 Jahre lang war man bestrebt gewesen, die klassische Kultur für den Norden nutzbar zu machen. Nichts drückt die Beendigung jener Periode besser aus, als die Tatsache, daß die Entdeckungsfahrten statt von den Genuesen, Mallorcanern und Katalanen nunmehr von den Portugiesen, Spaniern, Bretonen, Engländern und Holländern unternommen wurden. Von den Atlantikhäfen aus brachen wagemutige Seefahrer in alle Teile der Welt auf. Die erste Erdumseglung gelang der von dem Portugiesen Fernão de Magalhães (Magellan) geleiteten Expedition im Jahre 1519.

Das mächtige, von den Portugiesen vom 16. Jahrhundert an errichtete Reich gründete sich auf eine kleine Monarchie ohne bemerkenswerte Vergangenheit, dies ist an sich schon ein Beleg für das Wesen der mittelalterlichen Gesellschaft. Die Iberische Halbinsel war von ihrer natürlichen Beschaffenheit her nicht zur politischen Einheit prädestiniert. Von der Zeit der römischen Herrschaft abgesehen (als sie aus fünf Provinzen bestand), hatte sie nur für 60 Jahre (1580–1640) eine einheitliche Regierung. Im Mittelalter war sie gewöhnlich in mehrere Königreiche geteilt, deren Bevölkerung vielsprachig war und zumindest drei traditionellen Religionen anhing: der christlichen, der islamischen und der jüdischen. Kein anderes Territorium des ehemaligen Römischen Reichs erfreute sich einer so dauerhaften Vielfalt von Kulturen, die nebeneinander bestehen konnten, ohne daß das Land je, wie in Italien, auf das institutionelle Niveau der Munizipalität herabsank. Auf der Iberischen Halbinsel wurde stets ein gewisses Gleichgewicht zwischen den Interessen von Stadt und Land, zwischen Land- und Seemacht gewahrt.

Von den großen Seefahrernationen Europas war Portugal mit die letzte, die sich herausbildete, so wie es die letzte Monarchie gewesen war, die in Spanien selbst entstand. Doch wenn Portugal auch erst im zwölften Jahrhundert den ersten eigenen König (Alfons-Heinrich, 1109–1185) hatte, so existierte doch innerhalb des Königreichs León vom Ende des zehnten Jahrhunderts an schon eine Grafschaft Portugal, deren Ursprung sogar noch weitere 100 Jahre zurückgeht, bis zur Zeit der christlichen Rückeroberungen. Ursprünglich ein Grenzland, festigte es seine Stellung südlich des Douro erst im elften Jahrhundert. Bis dahin war die Grafschaft mehrere Generationen lang in der Hand einer Familie aus Galizien gewesen, die sich der Gunst der Könige von Léon erfreute. Nach der Eroberung der Stadt Coimbra (1064) dehnte sie sich weiter aus. Sie unterstand in der Folge mehreren, von den Königen ernannten Grafen, bevor Alfons VI. sie zur Mitgift seiner Tochter Teresa bestimmte, als diese um 1095 den Grafen Heinrich von Burgund heiratete. Dieser Verbindung entsprangen die ersten neun portugiesischen Könige. Das Gebiet wurde durch Kriege gegen die Moslems vergrößert, und im Jahre 1147 wurde mit Hilfe englischer Kreuzfahrer, die ins Heilige Land wollten, Lissabon erobert. Doch erst ein Jahrhundert später, als sich Portugal noch weiter nach Süden, über die Provinz Algarve hinaus bis an die 160 Kilometer entfernte Südküste erstreckte, wurde Lissabon zur Hauptstadt. Auch zur Zeit seiner größten Ausdehnung war das portugiesische Territorium relativ bescheiden, das Land war eingezwängt zwischen Kastilien und dem Meer. Zu seiner weiteren Expansion stand ihm nur der Atlantische Ozean offen.

Bis zum Ende des 14. Jahrhunderts gab es keinen unmittelbaren Anstoß, die alte Aversion gegen das stürmische Meer im Westen zu überwinden. Zu dieser Zeit schlugen die Portugiesen einen Kurs nationaler Erneuerung ein – Folge von Bemühungen der kastilischen Trastamara-Dynastie, sich das Königreich nach dem Tod des letzten legitimen Herrschers aus dem Haus Burgund einzuverleiben. Da Kastilien mit Frankreich verbündet war, erhielten die Portugiesen beim Kampf um ihre Unabhängigkeit Hilfe von England, ein Bündnis, das mindestens zwei Jahrhunderte zurückdatierte. Der erfolgreiche Ausgang des Krieges zwang Portugal nicht nur, der übrigen Halbinsel den Rücken zu kehren, sondern die Veränderung des politischen, gesellschaftlichen und wirtschaftlichen Lebens nach dem entscheidenden Sieg bei Aljubarrota (1386) brachte mit der Avis-Dynastie Männer an die Macht, die konsequent die neuen Möglichkeiten nutzten. Der erste Beweis für diesen neuen Geist war der Feldzug, der zur Eroberung Ceutas führte (1415), und die darauffolgende Landerwerbung in Nordafrika, wo der Zuckeranbau entwickelt wurde. Wenige Jahre später begannen die Portugiesen die Besiedlung Madeiras (weniger als ein Jahrhundert zuvor entdeckt), wo sie Zucker und Getreide anbauten, um die Ressourcen ihres Heimatlandes zu ergänzen. Außerdem waren sie knapp an Arbeitskräften. Anfänglich holten sie sich Sklaven von den Kanarischen Inseln, die sie durch ihre Eroberungszüge in Marokko erworben hatten. Nordafrika wurde schon bald auch ein wichtiger Goldlieferant. Auf der Suche nach dem Goldfluß (Senegal), von wo aus das Gold quer durch die Sahara nach Nordafrika transportiert wurde, gingen die Portugiesen dann an die Erforschung der Atlantikküste. Nach dem Fehlschlag von König Eduard Duartes imposanter militärischer Expedition gegen Tanger im Jahre 1437 erfolgte die Expansion während der nächsten Jahre hauptsächlich durch Kolonisierung, Handel und Entdeckungsreisen, statt durch militärische Mittel. Der berühmteste Förderer der Entdeckungsfahrten war Prinz Heinrich der Seefahrer. Er war allerdings ganz auf das Programm militärischer Eroberungen in Marokko konzentriert und spielte als

**Portugal**
Nur wenige der im elften Jahrhundert entstandenen Feudalstaaten konnten überleben und zu souveränen Staaten werden. Die besonderen Umstände bei der christlichen Rückeroberung Spaniens von den Moslems hatten die Grafen von Portugal in die Lage versetzt, ein eigenes Königreich zu errichten. Über zwei Jahrhunderte lang wurde es von einer einzigen Dynastie regiert. Als diese ausstarb, fiel Portugal fast der Eroberung durch die Kastilier zum Opfer, wurde aber vor allem durch ein Bündnis mit den Engländern gerettet, die nach Spanien kamen, um dem französischen Einfluß auf Kastilien entgegenzuwirken. Das trotzige Portugal, das seine Unabhängigkeit bei Aljubarrota (1386) erfolgreich verteidigte, wurde unter der neuen Avis-Dynastie zu einem völlig anderen Staat. Vom übrigen Spanien durch die feindseligen Kastilier getrennt, richteten die Portugiesen ihre Aktivitäten nach außen – zunächst auf Marokko gegen die Moslems, und dann auf die Kolonisierung Madeiras. Die Avis-Dynastie gewann auch die Unterstützung der Städte. Obwohl im Adel noch der Kreuzfahrereifer weiterlebte, war das 15. Jahrhundert für das Königreich eine Zeit der Entdeckungsfahrten und Erfindungen. Die Portugiesen wurden die erste Nation an der Atlantikküste, die ihre Hoffnungen auf überseeische Besitzungen setzte.

Schirmherr der Reisen zwischen 1415 und 1460 in Wirklichkeit eine weniger wichtige Rolle als sein Bruder, der Regent Peter, wie auch große Handelsherren und der Adel. Die portugiesischen Anstrengungen auf diesem Gebiet resultierten also nicht aus den ehrgeizigen Plänen eines einzelnen Mannes. Die Bedeutung Heinrichs des Seefahrers liegt vor allem darin, daß er die systematische Sammlung und Auswertung aller Nachrichten über den Schwarzen Kontinent veranlaßte und die Meßinstrumente und Methoden der Navigation verbessern ließ, auf ihn ging auch die Einrichtung der ersten Seefahrtsschule der Welt zurück.

Die zielstrebige Erforschung der afrikanischen Küste wurde zunächst mit relativ kleinen Schiffen unternommen, mit denen 1431 die Umseglung des Kap Bojador gelang. Für die Heimreise waren die Seefahrer auf die Küstenströmungen und -winde angewiesen: sie fuhren weit auf das offene Meer hinaus und nutzten die Gegenströmungen bei den Azoren (wiederentdeckt 1427). Im Laufe der Jahre lernten die Portugiesen diese Art Seefahrt mit großer Sicherheit und Präzision zu beherrschen. Gegen 1445 war das Unternehmen weit weniger mühsam geworden: dank eines neuartigen hochseetüchtigen Schiffes, der Karavelle, die etwa 1440 eingeführt wurde. Die Karavelle konnte von erfahrenen Steuerleuten mühelos manövriert und die Kenntnis von Winden und Strömungen dadurch weit besser genutzt werden.

Ungefähr zur selben Zeit brachten die Portugiesen die ersten schwarzafrikanischen Sklaven von ihren Eroberungszügen in Nordmauretanien (auf etwa 20°N) ins Land, obwohl der Sklavenhandel erst zu einem wirklich großen Geschäft wurde, nachdem sie Anfang 1460 in den Golf von Guinea vorgedrungen waren. In diesen Jahren hatte König Johann II. von Kastilien Interesse an diesen

*Rechts:* Heinrich der Seefahrer (1394–1460), Ausschnitt aus einem zeitgenössischen Triptychon in Lissabon. Als Prinz von Portugal und Schirmherr der Seefahrer war er ausschlaggebend an dem Plan zur Erforschung Westafrikas durch die Portugiesen beteiligt.

*Ganz rechts:* Ein Holzschnitt zur Illustration von Columbus' Bericht von seiner ersten Reise, verfaßt 1493. Die Inseln tragen die Namen, die er selbst einigen der Westindischen Inseln gegeben hat. Als er Cuba erreichte, war er so sicher, daß es sich um das asiatische Festland handelte, daß er dem Großchan der Mongolen einen Botschafter sandte.

**Links: Entdeckungen im 15. Jahrhundert** Die Entdeckung Amerikas (1492) und das Eintreffen der Portugiesen in Indien (1497) waren der Höhepunkt der während des ganzen 15. Jahrhunderts mit großer Begeisterung begonnenen Entdeckungsreisen. Zu der Geschichte dieser Unternehmungen muß man auch die früheren Pläne zählen, etwa die Absicht der Genuesen, 1291 rund um die Küste Afrikas Schiffe in den Fernen Osten zu schikken. Das Wiedererstarken der Moslems in der Levante führte zu Bemühungen, eine alternative, südliche Route nach Indien zu finden – bevor man sich über die wahre Ausdehnung des afrikanischen Kontinents klar wurde. Die katholische Rückeroberung der Balearen weckte Zutrauen in die eigenen Navigationskünste und machte die Christen mit den Ergebnissen moslemischer geographischer Forschungen bekannt. Seefahrer wagten sich so weit in den Atlantik hinaus, daß sie sowohl die Kanarischen Inseln als auch Madeira entdeckten. Iberische Seefahrer aus den Atlantikhäfen, vertraut mit den Segelschiffen des Nordens, waren sogar noch besser befähigt, der Herausforderung des Ozeans zu begegnen, als die Mittelmeerfahrer: Ihre Navigationstechnik wie auch ihre Schiffe waren besser. Sowohl militärische als auch ökonomische Gründe veranlaßten vor allem die Portugiesen, sich ihren moslemischen Feinden in Nordwestafrika zur See entgegenzustellen, wo sie einige Vorteile besaßen. Doch selbst nach der Entwicklung der neuen Karavelle dauerte es noch ein halbes Jahrhundert, bis Indien erreicht wurde. Während dieser gesamten Periode wurde die Grundlage zu der verläßlichen Kenntnis von Winden, Tiden, südlichen Sternen wie auch der afrikanichen Völker gelegt, und die Portugiesen gewannen immer mehr Zutrauen in ihre seemännischen Fähigkeiten.

Entdeckungen genommen, doch da sein Nachfolger Heinrich IV. (1454–1474) den Wettstreit mit Portugal nicht fortführte, begann der Kampf zwischen Kastilien und Portugal im Golf von Guinea erst zur Zeit Isabellas (1474–1504). Die Zwistigkeiten wurden schließlich 1479 im Vertrag von Alcaçovas beigelegt, wodurch die Portugiesen als Ausgleich für die Aufgabe ihrer Ansprüche auf die Kanarischen Inseln von Kastilien die Anerkennung ihres Monopols zur Erforschung und zum Handel mit allen Ländern südlich der Kanarischen Inseln erhielten, ein Vertrag, der 1481 vom Papst ratifiziert wurde. Die Kirche war intensiv an allen Unternehmungen interessiert, die die Moslems in Afrika zu schwächen versprachen, und hoffte, die Entdeckungsfahrten würden schon bald problemlosen Zugang zu den afrikanischen Christen unter dem sagenhaften Priesterkönig Johannes ermöglichen. Der Papst war sich nicht bewußt, daß er durch die Schlichtung der iberischen Streitigkeiten und die daraus resultierende Förderung seines christlichen Auftrags die Welt zur Ausbeutung durch die Christenheit teilte.

Während Alfons V. (1438–1481) von Portugal sich hauptsächlich für Feldzüge sowohl in Marokko als auch in Kastilien interessiert hatte, führte sein Sohn und Nachfolger Johann II. (1481–1495) die Förderung von Entdekkungsfahrten energisch und systematisch fort. Noch vor seiner Thronbesteigung hatte er Schiffsreisen geplant, um einen Seeweg nach Asien zu finden. Zu dieser Zeit war bereits bekannt, daß die afrikanische Küste nach Süden abbog, statt wie ursprünglich angenommen vom Golf von Guinea aus weiter nach Osten zu verlaufen. Die portugiesischen Entdecker verbrachten mehrere Jahre damit, nach Süden vorzudringen, und hinterließen an bestimmten Punkten Steine mit Inschriften, die ihre Fortschritte markierten. Schließlich, im Jahre 1488, umschiffte Bartolomeu Diaz, durch einen heftigen Sturm weit abgetrieben die Südspitze Afrikas, das später sogenannte Kap der Guten Hoffnung.

Im selben Jahr, in dem Diaz von Portugal aufbrach, schickte sich eine weitere königliche Expedition an, einen Landweg nach Äthiopien zu entdecken. Zwar traf Pedro de Covilhão schließlich dort ein, aber erst, nachdem er dem König von Kairo aus geschrieben und ihm eine wahrhaft unglaubliche Reise geschildert hatte, auf der er, als Kaufmann verkleidet, von Ägypten nach Aden und von dort aus nach Indien gelangt war. Um 1490 hatten die Portugiesen daher eine Möglichkeit gefunden, in den Indischen Ozean vorzudringen, indem sie sich das arabische Seefahrtsnetz für ihre eigenen Zwecke zunutze machten. So bediente sich etwa die 1498 von Vasco da Gama geleitete Expedition von der Ostküste Afrikas bis nach Calicut eines arabischen Lotsen.

In der Zwischenzeit hatte Johann II. längst die phantastischen Pläne des Christoph Kolumbus zurückgewiesen, der Indien auf der westlichen Seeroute erreichen wollte, da er fest davon überzeugt war, daß die Bemühungen, das sagenumwobene Land durch die Umsegelung Afrikas zu finden, unmittelbar vor dem Erfolg standen. Kolumbus ging nach Kastilien, und so wurde Amerika im Auftrag und mit finanzieller Unterstützung Königin Isabellas entdeckt und in Besitz genommen. Vor seinem Tod 1495 erwirkte Johann II. noch vom Borgia-Papst Alexander VI. eine weitere Entscheidung über die Ansprüche Spaniens und Portugals, nach der den Spaniern die geheimnisvollen Länder westlich des 370 Seemeilen hinter den Kapverdischen Inseln verlaufenden Meridians und Portugal das Recht auf die bereits bekannten Reichtümer des Ostens zugesprochen wurden. Für die Spanier erwies sich dies als ein Risiko, das sich wahrhaft lohnte. Im Jahre 1494 jedoch konnten die Portugiesen durchaus davon überzeugt sein, daß ihr König ihre Interessen und jahrelangen Anstrengungen erfolgreich verteidigt hatte. Die Portugiesen hatten sich mit Schiffen, Seekarten, nautischen Instrumenten und geographischen Kenntnissen ausgerüstet, mit deren Hilfe sie gegen den Rest der Welt antreten konnten. Mit den Ressourcen des Mittelalters hatte Portugal Europa in die Neuzeit hinübergeführt.

# STAMMBÄUME

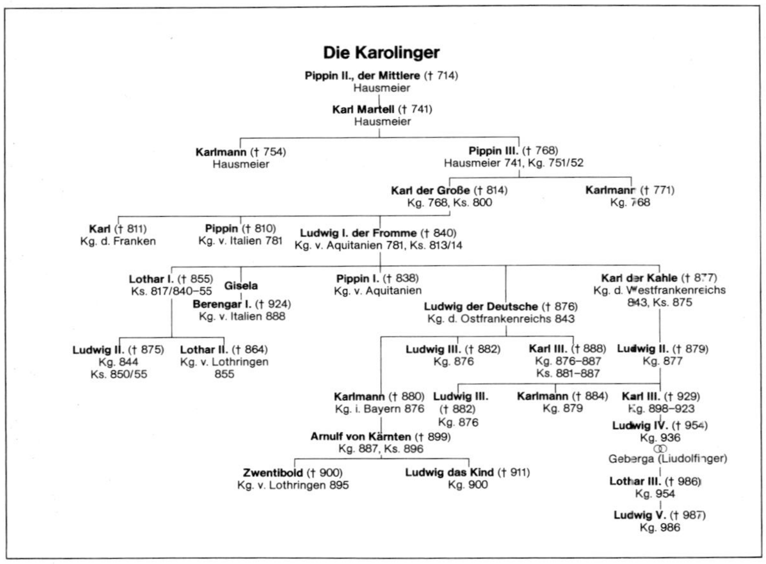
Die Karolinger
Pippin II., der Mittlere († 714)
Hausmeier
Karl Martell († 741)
Hausmeier
Karlmann († 754)
Hausmeier
Pippin III. († 768)
Hausmeier 741, Kg. 751/52
Karl der Große († 814)
Kg. 768, Ks. 800
Karlmann († 771)
Kg. 768
Karl († 811)
Kg. d. Franken
Pippin († 810)
Kg. v. Italien 781
Ludwig I. der Fromme († 840)
Kg. v. Aquitanien 781, Ks. 813/14
Lothar I. († 855)
Ks. 817/840–55
Gisela
Berengar I. († 924)
Kg. v. Italien 888
Pippin I. († 838)
Kg. v. Aquitanien
Ludwig der Deutsche († 876)
Kg. d. Ostfrankenreichs 843
Karl der Kahle († 877)
Kg. d. Westfrankenreichs
843, Ks. 875
Ludwig II. († 875)
Kg. 844
Ks. 850/55
Lothar II. († 864)
Kg. v. Lothringen
855
Ludwig III. († 882)
Kg. 876
Karl III. († 888)
Kg. 876–887
Ks. 881–887
Ludwig II. († 879)
Kg. 877
Karlmann († 880)
Kg. i. Bayern 876
Ludwig III.
(† 882)
Kg. 876
Karlmann († 884)
Kg. 879
Karl III. († 929)
Kg. 898–923
Arnulf von Kärnten († 899)
Kg. 887, Ks. 896
Ludwig IV. († 954)
Kg. 936
Geberga (Liudolfinger)
Zwentibold († 900)
Kg. v. Lothringen 895
Ludwig das Kind († 911)
Kg. 900
Lothar III. († 986)
Kg. 954
Ludwig V. († 987)
Kg. 986

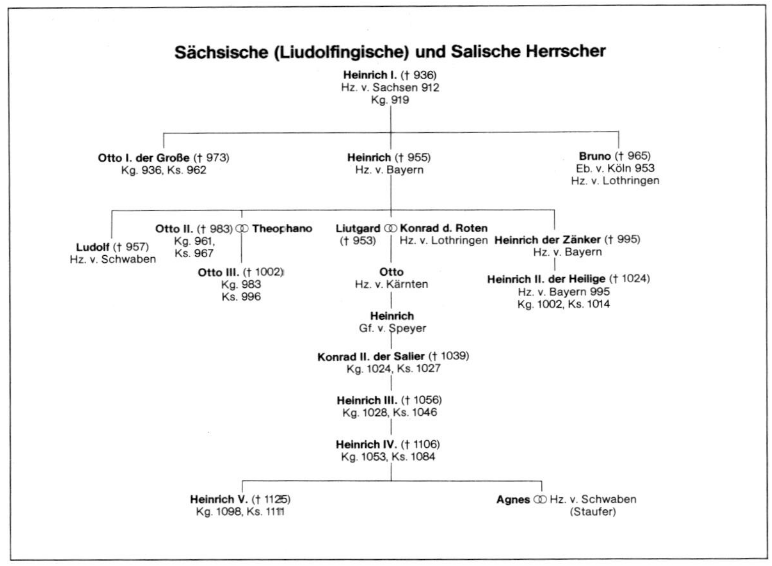
Sächsische (Liudolfingische) und Salische Herrscher
Heinrich I. († 936)
Hz. v. Sachsen 912
Kg. 919
Otto I. der Große († 973)
Kg. 936, Ks. 962
Heinrich († 955)
Hz. v. Bayern
Bruno († 965)
Eb. v. Köln 953
Hz. v. Lothringen
Ludolf († 957)
Hz. v. Schwaben
Otto II. († 983) Theophano
Kg. 961,
Ks. 967
Liutgard Konrad d. Roten
(† 953) Hz. v. Lothringen
Heinrich der Zänker († 995)
Hz. v. Bayern
Otto III. († 1002)
Kg. 983
Ks. 996
Otto
Hz. v. Kärnten
Heinrich II. der Heilige († 1024)
Hz. v. Bayern 995
Kg. 1002, Ks. 1014
Heinrich
Gf. v. Speyer
Konrad II. der Salier († 1039)
Kg. 1024, Ks. 1027
Heinrich III. († 1056)
Kg. 1028, Ks. 1046
Heinrich IV. († 1106)
Kg. 1053, Ks. 1084
Heinrich V. († 1125)
Kg. 1098, Ks. 1111
Agnes Hz. v. Schwaben
(Staufer)

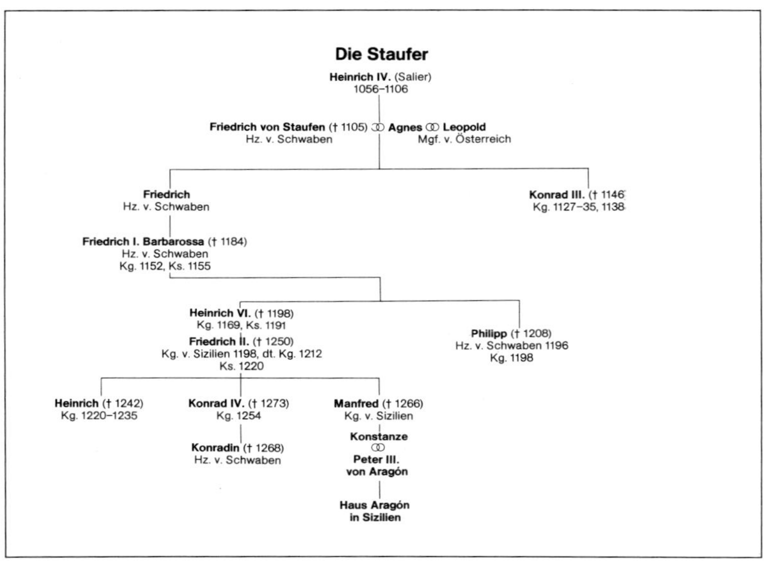
Die Staufer
Heinrich IV. (Salier)
1056–1106
Friedrich von Staufen († 1105) Agnes Leopold
Hz. v. Schwaben
Mgf. v. Österreich
Friedrich
Hz. v. Schwaben
Konrad III. († 1146)
Kg. 1127–35, 1138
Friedrich I. Barbarossa († 1184)
Hz. v. Schwaben
Kg. 1152, Ks. 1155
Heinrich VI. († 1198)
Kg. 1169, Ks. 1191
Friedrich II. († 1250)
Kg. v. Sizilien 1198, dt. Kg. 1212
Ks. 1220
Philipp († 1208)
Hz. v. Schwaben 1196
Kg. 1198
Heinrich († 1242)
Kg. 1220–1235
Konrad IV. († 1273)
Kg. 1254
Manfred († 1266)
Kg. v. Sizilien
Konradin († 1268)
Hz. v. Schwaben
Konstanze
Peter III.
von Aragón
Haus Aragón
in Sizilien

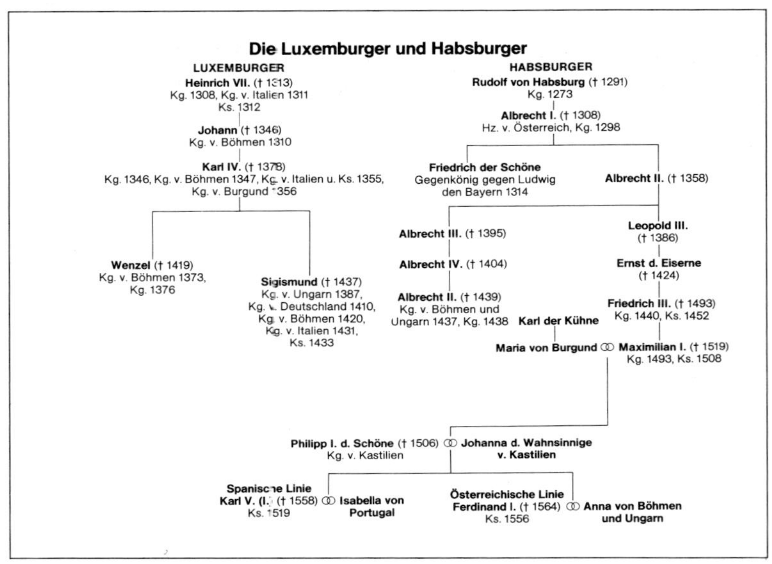
Die Luxemburger und Habsburger
LUXEMBURGER
Heinrich VII. († 1313)
Kg. 1308, Kg. v. Italien 1311
Ks. 1312
Johann († 1346)
Kg. v. Böhmen 1310
Karl IV. († 1378)
Kg. 1346, Kg. v. Böhmen 1347, Kg. v. Italien u. Ks. 1355,
Kg. v. Burgund 1356
Wenzel († 1419)
Kg. v. Böhmen 1373,
Kg. 1376
Sigismund († 1437)
Kg. v. Ungarn 1387,
Kg. v. Deutschland 1410,
Kg. v. Böhmen 1420,
Kg. v. Italien 1431,
Ks. 1433
HABSBURGER
Rudolf von Habsburg († 1291)
Kg. 1273
Albrecht I. († 1308)
Hz. v. Österreich, Kg. 1298
Friedrich der Schöne
Gegenkönig gegen Ludwig
den Bayern 1314
Albrecht II. († 1358)
Albrecht III. († 1395)
Leopold III.
(† 1386)
Albrecht IV. († 1404)
Ernst d. Eiserne
(† 1424)
Albrecht II. († 1439)
Kg. v. Böhmen und
Ungarn 1437, Kg. 1438
Karl der Kühne
Friedrich III. († 1493)
Kg. 1440, Ks. 1452
Maria von Burgund
Maximilian I. († 1519)
Kg. 1493, Ks. 1508
Philipp I. d. Schöne († 1506) Johanna d. Wahnsinnige
Kg. v. Kastilien
v. Kastilien
Spanische Linie
Karl V. (I.) († 1558) Isabella von
Ks. 1519
Portugal
Österreichische Linie
Ferdinand I. († 1564) Anna von Böhmen
Ks. 1556
und Ungarn

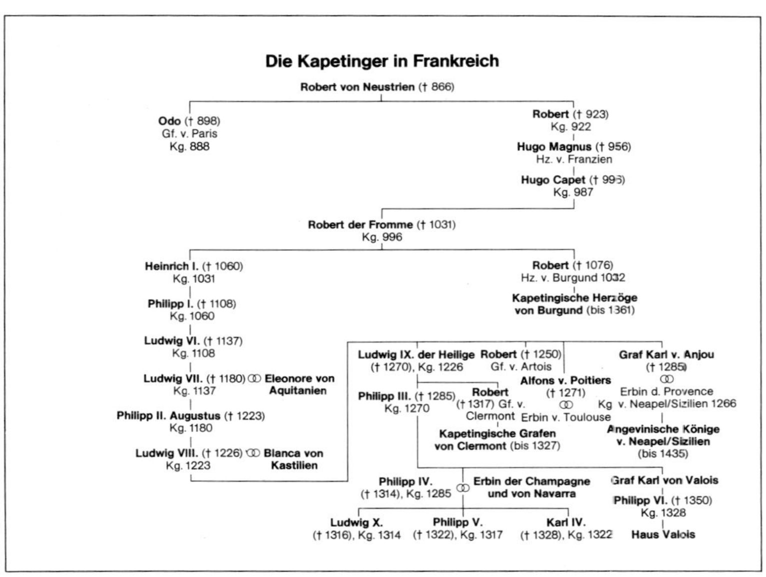
Die Kapetinger in Frankreich
Robert von Neustrien († 866)
Odo († 898)
Gf. v. Paris
Kg. 888
Robert († 923)
Kg. 922
Hugo Magnus († 956)
Hz. v. Franzien
Hugo Capet († 996)
Kg. 987
Robert der Fromme († 1031)
Kg. 996
Heinrich I. († 1060)
Kg. 1031
Robert († 1076)
Hz. v. Burgund 1032
Philipp I. († 1108)
Kg. 1060
Kapetingische Herzöge
von Burgund (bis 1361)
Ludwig VI. († 1137)
Kg. 1108
Ludwig VII. († 1180) Eleonore von
Kg. 1137
Aquitanien
Philipp II. Augustus († 1223)
Kg. 1180
Ludwig VIII. († 1226) Blanca von
Kg. 1223
Kastilien
Ludwig IX. der Heilige
(† 1270), Kg. 1226
Robert († 1250)
Gf. v. Artois
Graf Karl v. Anjou
(† 1285)
Alfons v. Poitiers
(† 1271)
Erbin d. Provence
Kg. v. Neapel/Sizilien 1266
Philipp III. († 1285)
Kg. 1270
Robert
(† 1317) Gf. v.
Clermont
Erbin v. Toulouse
Kapetingische Grafen
von Clermont (bis 1327)
Angevinische Könige
v. Neapel/Sizilien
(bis 1435)
Philipp IV.
(† 1314), Kg. 1285
Erbin der Champagne
und von Navarra
Graf Karl von Valois
Philipp VI. († 1350)
Kg. 1328
Ludwig X.
(† 1316), Kg. 1314
Philipp V.
(† 1322), Kg. 1317
Karl IV.
(† 1328), Kg. 1322
Haus Valois

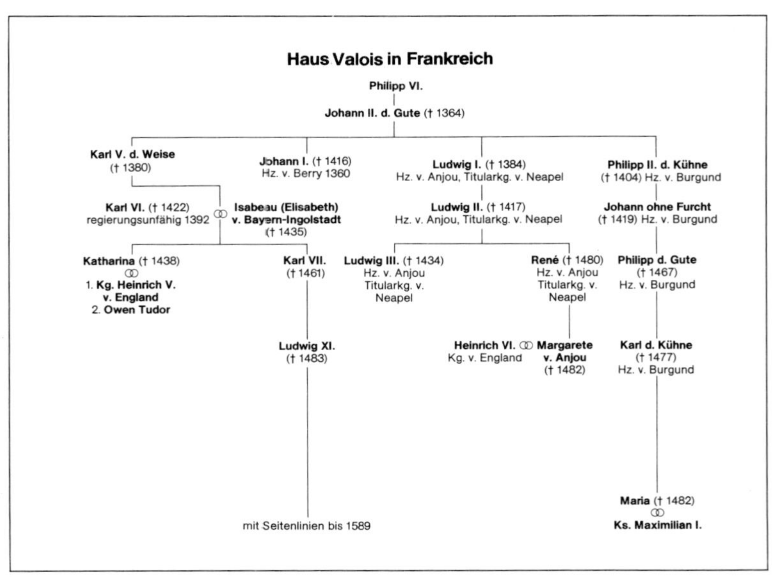
Haus Valois in Frankreich
Philipp VI.
Johann II. d. Gute († 1364)
Karl V. d. Weise
(† 1380)
Johann I. († 1416)
Hz. v. Berry 1360
Ludwig I. († 1384)
Hz. v. Anjou, Titularkg. v. Neapel
Philipp II. d. Kühne
(† 1404) Hz. v. Burgund
Karl VI. († 1422)
regierungsunfähig 1392
Isabeau (Elisabeth)
v. Bayern-Ingolstadt
(† 1435)
Ludwig II. († 1417)
Hz. v. Anjou, Titularkg. v. Neapel
Johann ohne Furcht
(† 1419) Hz. v. Burgund
Katharina († 1438)
1. Kg. Heinrich V.
v. England
2. Owen Tudor
Karl VII.
(† 1461)
Ludwig III. († 1434)
Hz. v. Anjou
Titularkg. v.
Neapel
René († 1480)
Hz. v. Anjou
Titularkg. v.
Neapel
Philipp d. Gute
(† 1467)
Hz. v. Burgund
Ludwig XI.
(† 1483)
Heinrich VI. Margarete
Kg. v. England
v. Anjou
(† 1482)
Karl d. Kühne
(† 1477)
Hz. v. Burgund
Maria († 1482)
Ks. Maximilian I.
mit Seitenlinien bis 1589

**Die Könige von England bis 1066**

| | |
|---|---|
| *Westsächsische Herrscher* | |
| Egbert | 802–839 |
| Ethelwulf | 839–855 |
| Ethelbald | 855–860 |
| Ethelbert | 860–865/66 |
| Ethelred | 865/66–871 |
| Alfred der Große | 871–899 |
| Eduard der Ältere | 899–924 |
| Ethelstan | 924–939 |
| Edmund | 939–946 |
| Edred | 946–955 |
| *Englische Herrscher* | |
| Edwy | 955–959 |
| Edgar | 959–975 |
| Eduard der Märtyrer | 975–978 |
| Ethelred II. | 978–1016 (1013–1014 auf der Flucht) |
| *Dänische Herrscher* | |
| Sven Gabelbart | 1013–1014 (König von Dänemark 986–1014) |
| Knut der Große | 1016–1035 |
| Harald Hasenfuß | 1035–1040 |
| Hardeknut | 1040–1042 |
| *Englische Herrscher* | |
| Eduard der Bekenner | 1042–1066 |
| Harald Godwinson | 1066 |
| Edgar Etheling | 1066 (gewählt in London, nicht gekrönt, † nach 1125) |

**Die Könige von England 1066–1485**

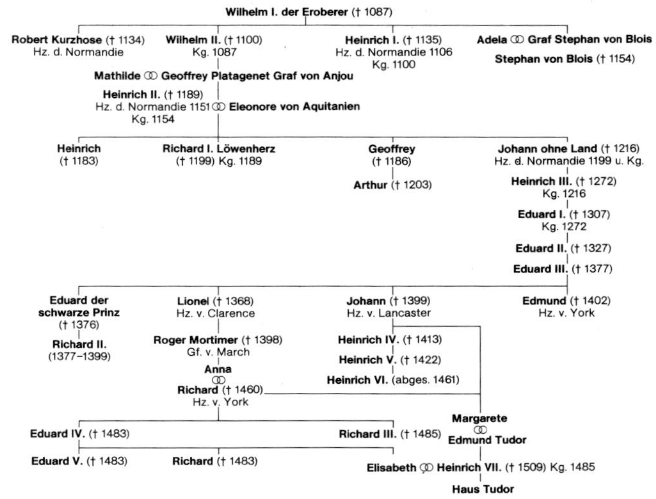


# FACHBEGRIFFE

**Alamannen** Das Volk »aller Mannen«, bedrängte seit dem frühen dritten Jahrhundert den römischen Limes im Maingebiet und ließ sich anfänglich in Südwestdeutschland nieder. Ihre Expansion setzte sich in den folgenden Jahrhunderten fort, doch wurden sie schließlich, vor allem durch den Widerstand der Franken, auf elsässisches Gebiet beschränkt. 746 wurden sie von den Karolingern endgültig unterworfen. Im neunten Jahrhundert bürgerte sich für sie als Stammesname Schwaben ein.

**Alanen** Ein ursprünglich in Turkestan beheimatetes Volk, ihr Reich am Kaspischen Meer wurde 375 von den Hunnen zerstört. Die Überlebenden flohen nach Westen, wo Gruppen unter verschiedenen Anführern entweder in den Dienst des Römischen Reichs traten oder sich germanischen Stämmen anschlossen, so den Vandalen bei ihrem Zug nach Spanien (409). In beiden Fällen ging ihr gesonderter Volkscharakter im Lauf des fünften Jahrhunderts allmählich verloren.

**Albigenser** Eine nach der Stadt Albi, ihrem frühesten »Bistum« (gegründet 1167), benannte Gruppe der Katharer. Kirchliche Bekehrungsversuche provozierten den Mord an dem päpstlichen Legaten Peter von Castelnau 1208, woraufhin Papst Innozenz III. zum Kreuzzug gegen sie aufrief. Die Albigenserkriege wurden 1229 beendet, doch war der katholische Sieg nicht vollständig. Die Inquisition wurde eingesetzt, um die Ketzerei endgültig auszurotten, doch dauerte es ein weiteres Jahrhundert, bis sie völlig unterdrückt war.

**Angeln** Volk aus dem »Angel«-Land an der Ostküste Schleswigs; sie werden erstmals im ersten Jahrhundert von Tacitus erwähnt. Mitte des fünften Jahrhunderts drangen sie zusammen mit den »Sachsen« in die römische Provinz Britannien ein.

**Apanage** Seit dem 13. Jahrhundert zugewiesenes Territorium zum Unterhalt der nachgeborenen Brüder der französischen Könige.

**Arianismus** Lehre des Arius von Alexandreia, wonach Christus mit Gott nicht wesenseins, sondern nur wesensähnlich sei. Der Arianismus wurde 325 auf dem Konzil von Nizäa verurteilt, jedoch von den Goten, Vandalen und Langobarden bis zum sechsten Jahrhundert beibehalten.

**Awaren** Ein Nomadenvolk aus dem Gebiet nördlich des Kaspischen Meers, das nach der Zerstörung seines Reiches durch die Turkstämme, Zuflucht im Westen suchte. Sie ließen sich an Donau und Theiß nieder und gründeten durch Unterwerfung der benachbarten Slawenstämme ein eigenes Reich (568). Die Bildung slawischer und bulgarischer Staaten setzte ihrer Expansion Grenzen, und im späten achten Jahrhundert wurde ihr Reich durch Karl den Großen vernichtet.

**Banat** Bezirk, der von einem *Ban* regiert wurde. Er trug die militärische Verantwortung für bestimmte slawonische Gebiete, die dem Königreich Ungarn unterstellt waren.

**Barbaren** Ein griechischer Ausdruck, der ursprünglich alle nichtgriechischen Völker bezeichnete. Von den Römern wurde die Bezeichnung auf alle Völker angewandt, die nicht zum Imperium Romanum gehörten.

**Bilderstreit** Bewegung gegen die Bilderverehrung in der orthodoxen Kirche. Sie wurde durch Kaiser Leon III. (717–741) eingeleitet und erst 843 beendet.

**Bogomilen** Die nach dem bulgarischen Priester Bogomil (= Gottlieb) benannten Anhänger einer Strömung des Neumanichäismus, die schon im zehnten Jahrhundert im Bulgarischen Reich eine führende Rolle spielten. Sie breiteten sich trotz der Verfolgung durch die Kirche über den Balkan aus und verschwanden erst nach den osmanischen Eroberungen des 14. Jahrhunderts.

**Burh** Festung oder mit Mauern umgebene Siedlung, die in Kriegszeiten Zuflucht bot.

**Burgunder** Dieses ursprünglich aus Skandinavien stammende Volk siedelte im ersten Jahrhundert zwischen Oder und Weichsel und ist im dritten Jahrhundert am Main nachweisbar. Sie gründeten Anfang des fünften Jahrhunderts ein Reich am Mittelhein, das 436 von den hunnischen Hilfstruppen des römischen Heermeisters Aëtius vernichtet wurde. 443 wurde der Rest des Volkes im Gebiet des Genfer Sees angesiedelt. Sie dienten als römische Hilfstruppen und schufen sich gegen Ende des fünften Jahrhunderts ein eigenes Königreich zwischen Lyon und Genf, das jedoch 533–34 von den katholischen Merowingern erobert wurde.

**Cañada** Bergschlucht oder Tal, für den Schafstrieb der Fernweidewirtschaft (Transhumanz) quer über die Iberische Halbinsel benutzt.

**Cinque Port** Ursprünglich einer der fünf Häfen (Hastings, Dover, Sandwich, Romney und Hythe), die besondere Privilegien dafür besaßen, daß sie den englischen Königen Seestreitkräfte stellten.

**Diözese** Ursprünglich ein römischer Regionalbezirk, durch die Reformen Diocletians einer der insgesamt zwölf Verwaltungsbezirke. Die Bezeichnung Diözese wurde für die viel kleineren Amtsbezirke der Bischöfe übernommen. Jeweils mehrere Diözesen gehörten zu einer kaiserlichen Provinz, die in kirchlicher Hinsicht einem Metropoliten oder Erzbischof unterstand.

**Domäne** Ländereien, die unmittelbar einem Landes- oder Gutsherren unterstanden, im Gegensatz zu dem Vasallen überlassenen oder verpachteten Land, für das der Grundherr nur nomineller Besitzer blieb.

**Exarch** Titel der Statthalter einer Provinz im Byzantinischen Reich, vor allem in Italien seit dem sechsten Jahrhundert. In der orthodoxen Kirche des Mittelalters der Vertreter des Patriarchen.

**Franken** Westgermanische Stammesgruppe am Mittel- und Niederrhein, seit dem dritten Jahrhundert bezeugt. Chlodwig I. setzte sich gegen die verschiedenen fränkischen Gaukönige durch und begründete die polische Einheit des Gesamtstammes. Die Franken waren das erste Germanenvolk, das zum Katholizismus übertrat.

**Freiheit** *siehe* **Gerechtsame**

**Friesen** Westliche Nachbarn der Sachsen und Angeln an der Nordseeküste, die eine etwas unbestimmte Rolle bei der Besiedlung Britanniens spielten. Augenscheinlich haben sie ihre Expansion aber mehr auf die von den Sachsen verlassenen Gebiete auf dem Kontinent konzentriert. Sie wurden 785 von Karl dem Großen unterworfen und durch angelsächsische Missionare christianisiert.

**Gerechtsame** Legale Befreiung von der königlichen Gerichtsbarkeit für bevorzugte Feudalherrn, Bischöfe oder Personen ähnlichen Rangs. Eine der Gerechtsame entsprechende Rechtsstellung war *Freiheit.* Seit dem zwölften Jahrhundert mußten sich die Feudalherrn ihre traditionellen Privilegien oft von den Königen bestätigen lassen.

**Gilde** Anfänglich eine Vereinigung von Kaufleuten mit dem Monopol auf den Handel in der jeweiligen Stadt. Als Organisationen der Handwerker entwickelten sich später die Zünfte.

**Goten** Ostgermanische Stammesgruppe, die ursprünglich in Südskandinavien beheimatet war. Zwischen 150 und 180 wanderten die Goten nach Südrußland. Ab 269 trennten sie sich in West- und Ostgoten. Die Westgoten zogen über den Balkan und weiter über Italien nach Gallien, wo sie nach einem Föderatenvertrag mit Rom 409 das Tolosanische Reich gründeten, das sich unter Eurich bis nach Spanien ausdehnte. Nach der Niederlage gegen den Frankenkönig Chlodwig I. verblieben ihnen nur noch die spanischen Gebiete, wo sie sich bis zur Eroberung durch die Araber 711 halten konnten. Die Ostgoten wanderten nach der Eroberung ihres russischen Reiches durch die Hunnen zur Donau und ließen sich als Verbündete von Byzanz in Pannonien nieder. 489 fielen sie unter Theoderich in Italien ein. Das Ostgotenreich wurde 553 von den Byzantinern unterworfen.

**Guelfen und Ghibellinen** Bezeichnung für die propäpstliche bzw. kaiserliche Interessen vertretende Partei in Italien. Ursprünglich die Bezeichnung für die Parteien, die aus dem Gegensatz zwischen Welfen und Staufern beim Thronstreit zwischen Friedrich II. und Otto III. entstanden.

**Häresie** Theologische Auffassung, die im Gegensatz zur »orthodoxen« oder »katholischen« Lehre steht.

**Hunnen** Die Hunnen drangen um 350 über die Wolga vor, vernichteten das Reich der sarmatischen Alanen, eroberten 375 auch das südrussische Ostgotenreich und dehnten ihre Herrschaft allmählich bis in die Donau- und Theißebene aus. Unter Attila (441–453) unternahmen sie Vorstöße ins Byzantinische Reich und bis nach Italien und Gallien. Nach ihrer Niederlage auf den Katalaunischen Feldern zogen sie sich in die Theißebene zurück. Unter Attilas Nachfolgern zerfiel das Reich, und im sechsten Jahrhundert gingen die Hunnen in anderen Völkerschaften auf.

**Hussiten** Von Jan Hus (1415 vom Konzil zu Konstanz verurteilt und auf dem Scheiterhaufen hingerichtet) abgeleitete Bezeichnung für verschiedene kirchenreformerische Bewegungen in Böhmen. Die wichtigsten Gruppen waren die Kalixtiner (Utraquisten), die freie Predigt, apostolische Armut und Säkularisation des Kirchenguts forderten, sowie die Taboriten, die darüber hinaus sozialrevolutionäre Ziele verfolgten.

**Jüten** Nordgermanisches Volk, das sich laut Beda von Jütland aus in Kent, auf der Insel Wight und in Teilen von Hampshire niedergelassen hat. Im fünften Jahrhundert sind Jüten auch als Euten in Flandern nachweisbar, doch bleibt ihre Geschichte weitgehend im dunkeln.

**Kalif** Bezeichnung für die Nachfolger Mohammeds als Oberhaupt der moslemischen Gemeinschaft.

**Kanton** Bezeichnung für die einzelnen Gliedstaaten der Schweizer Eidgenossenschaft.

**Katharer** Vom Griechischen *katharós,* »rein« oder »vollkommen« abgeleitete Bezeichnung für die dualistischen Häretiker, die sich an Bogomils Lehre anlehnten. Sie waren im zwölften und dreizehnten Jahrhundert unter verschiedenen lokalen Namen in weiten Teilen Westeuropas verbreitet, so als Albigenser in Südfrankreich und als Patarini in Norditalien.

**Kommune** Eine selbständige Stadtgemeinde (Stadtstaat), die durch Eidesschwur etabliert wurde; anfänglich in Norditalien seit dem elften Jahrhundert.

**Kreuzzug** Die militärischen Unternehmungen, zu denen nach 1095 zur Unterstützung der östlichen Christenheit aufgerufen wurde, hießen ursprünglich »Pilgerfahrten«. Der Ausdruck »Kreuzzug« resultierte aus dem Brauch, auf die Kleidung der streitbaren Pilger Stoffkreuze zu nähen.

**Kurfürsten** Die im Heiligen Römischen Reich seit Ende des zwölften Jahrhunderts die Königswahl entscheidenden Fürsten. Bei der Doppelwahl von 1257 traten erstmals die sieben Kurfürsten (die Erzbischöfe von Köln, Trier und Mainz, der König von Böhmen, der Pfalzgraf bei Rhein, der Herzog von Sachsen-Wittenberg und der Markgraf von Brandenburg) als alleinige Wähler auf. In der Goldenen Bulle von 1356 wurde die Mehrheitswahl als Reichsgrundgesetz festgelegt.

**Landgraf** Seit dem zwölften Jahrhundert der Titel für Grafen, die in dem König unmittelbar unterstellten Gebieten (Landgrafschaften) königliche Rechte vertraten.

**Langobarden** Die Langobarden, ursprünglich aus Skandinavien stammend, fielen 568 in Italien ein und schufen sich ein eigenes Reich, das bis zur Eroberung durch Karl den Großen 774 bestehen blieb. Die langobardischen Herzogtümer hingegen konnten ihre Selbständigkeit bis ins zehnte Jahrhundert bewahren.

**Lehen** Nutzungsrecht am Grundbesitz eines Lehnsherrn, das zu Dienst (Kriegsdienst, Hoffahrt) und Treue dem Lehnsherrn gegenüber verpflichtete; der Lehnsherr seinerseits hatte für den Schutz der Lehnsleute zu sorgen.

**Majordomus** Der fränkische Hausmeier (Vorsteher des königlichen Haushalts), der in der späten Merowingerzeit faktisch das Reich regierte.

**Mark** In karolingischer und ottonischer Zeit Bezeichnung für ein Grenzgebiet, das zur militärischen Sicherung des Reiches diente. Die Marken unterstanden Markgrafen, die aufgrund ihrer besonderen Machtstellung oft einen herzogähnlichen Status hatten.

**Merowinger** Fränkische Herrscherdynastie, die nach Gregor von Tours von Merowich (Meroveus), dem Großvater des Reichsgründers Chlodwig abstammte. Nach Chlodwigs Tod 511 wurde das Frankenreich verschiedentlich unter den Königssöhnen aufgeteilt, und seit dem siebten Jahrhundert verloren die merowingischen Teilherrscher zunehmend an realer Macht; der letzte merowingische König Childerich III. wurde 751 abgesetzt.

**Metropolit** Bischof, der die Aufsicht über eine Kirchenprovinz hat; in der westlichen Kirche war er ein Erzbischof, in der östlichen Kirche war er ranghöher als der Erzbischof, unterstand aber dem Patriarchen.

**Monophysitismus** Eine christliche Lehre, nach der Christus nur eine (göttliche) Natur besitzt. Nach dem Konzil von Chalkedon 451, das die beiden Naturen Christi streng voneinander trennte, begannen die Absplitterungen der syrischen und koptischen Kirchen.

**Pale** Bezeichnung für einen Bezirk mit vereinbarten Grenzen, auf den ein gesondertes Recht angewendet wurde, wie in Calais und Dublin unter englischer Herrschaft.

**Parlament** Das englische *Parliament* ging aus den Beratungen am königlichen Hof hervor, zu denen außer Hofangehörigen auch hohe geistliche und weltliche Herrn zusammenkamen. Im 13. Jahrhundert wurde es ein wichtiger Machtfaktor, und 1376 trennte es sich in ein Oberhaus (hoher Adel und Geistlichkeit) und ein Unterhaus (Gentry und Bürger). In Frankreich entwickelte sich das *Parlament* aus dem Hoftag und wurde zum höchsten königlichen Gerichtshof. Bis zum 15. Jahrhundert trat es in Paris zusammen, dann entstand zusätzlich eine Reihe von Provinzparlamenten.

**Patriarch** Titel der Bischöfe von Antiocheia, Alexandreia und Rom, später auch den Bischöfen von Konstantinopel und Jerusalem verliehen.

**Pentapolis** Diese kaiserliche Provinz in Italien wurde 752 von den Langobarden besetzt, Pippin schenkte sie nach seinem italienischen Feldzug dem Kirchenstaat. Sie entsprach ungefähr Flaminia und umfaßte die fünf an der Küste gelegenen Bischofssitze Rimini, Pesaro, Fano, Senigaglia und Ancona.

**Ritter** Ursprünglich die Bezeichnung für einen berittenen und meist gepanzerten Krieger (*Equites* im antiken Rom), im Mittelalter Angehöriger des Ritterstandes. Die Aufnahme in die Ritterschaft war an bestimmte Zeremonien gebunden (Ritterschlag, Schwertleihe, Schwertnahme), doch bildeten sie bis ins 13. Jahrhundert keinen geschlossenen Stand, als sich der Begriff allmählich auf den niederen Adel verengte. Seine Blüte erlebte das Rittertum in staufischer Zeit, als es zum Träger einer spezifisch ritterlich-höfischen Kultur wurde. Das Ritterideal (Hohe Minne, Treue, Bescheidenheit) prägte sich im Minnesang und im höfischen Epos aus. Als Folge der sinkenden militärischen Bedeutung und aus wirtschaftlicher Not entstand im Spätmittelalter das Raubrittertum.

**Kontor** Handelsniederlassung, Lagerhaus oder Speicher deutscher Kaufleute im Ausland oder fern ihrer Heimatstadt.

**Sachsen** Die Sachsen dehnten sich seit dem dritten und vierten Jahrhundert von ihrem Ursprungsgebiet nördlich der Elbe über ganz Nordwestdeutschland aus. Teile von ihnen eroberten nach 450 zusammen mit Jüten und Angeln England. In den Sachsenkriegen Karls des Großen wurden die Festlandsachsen gewaltsam unterworfen. Ende des neunten Jahrhunderts bildete sich das sächsische Stammesherzogtum der Liudolfinger, die von 919–1024 die deutschen Könige stellten.

**Sarazenen** Diese Bezeichnung wurde im Römischen Reich und dem lateinischen Westen für die Nomadenvölker der syrisch-arabischen Wüste gebraucht und während der Kreuzzugszeit auf die Araber und alle Moslems ausgedehnt.

**Schisma** Spaltung zwischen der römischen (katholischen) und der griechischen Kirche, aber auch innerhalb der römischen Kirche im Mittelalter (Großes Abendländisches Schisma).

**Sheriff** Vorsteher einer englischen Grafschaft. Ein königlicher Beamter mit richterlichen und administrativen Funktionen.

**Sizilianische Vesper** Der Aufstand begann am 31. März (Ostermontag) 1282 in Palermo und richtete sich gegen die französische Herrschaft Karl von Anjous in Sizilien. Daraufhin intervenierte Peter III., König von Aragón, auf der Insel. Der Aufstand führte zur Teilung des früheren normannischen Königreichs in die einzelnen Königreiche Neapel (angevinisch) und Sizilien (aragonesisch).

**Strategus** Militärkommandant im Byzantinischen Reich.

**Sueben** Die Sueben überschritten 406 gemeinsam mit anderen Germanenvölkern den Rhein. Ihre bemerkenswerteste Leistung war die Eroberung Spaniens zusammen mit den Vandalen. Nachdem die Vandalen nach Nordafrika gezogen waren, erweiterten die Sueben von ihrer Basis in Braga aus ihr spanisches Herrschaftsgebiet, konnten aber nicht verhindern, daß die Westgoten dort 456 ein Reich gründeten. Sie behielten jedoch bis zur Annexion durch die Westgoten (585) ihr eigenes getrenntes Reich in Galizien.

**Taifa** Vom arabischen *tawa'if* (Faktion oder Partei). Bezeichnung für die kleinen Königreiche, die im islamischen Spanien nach dem Zusammenbruch des Kalifats von Córdoba 1031 gegründet wurden: Almeria, Valencia, Denia und die Balearen, Granada, Málaga, Algeciras, Carmiona, Ronda, Moron, Huelva-Settes, Niebla, Silver, Santa Maria de Algarve, Albarracia, Sevilla, Badajoz, Toledo, Zaragoza, Murcia und Córdoba.

**Themen** Große Militärbezirke im Byzantischen Reich (von Kaiser Herakleios eingeführt). Die Themen hatten für die Aufstellung militärischer Kontingente zu sorgen und waren gleichzeitig Verwaltungseinheiten.

**Vandalen** Dieses Volk überschritt 406 den Rhein und drang, nachdem es Gallien durchquert hatte, 409 in Spanien ein. Nach 20jährigen Plündereien zogen sie nach Nordafrika, wo sie ein Königreich gründeten, das erst 533/34 von dem byzantinischen Feldherrn Belisar vernichtet werden konnte.

**Vasall** Ursprünglich ein Diener oder Abhängiger; dann verstand man darunter den Gefolgsmann eines großen Grundherrn, der sich als Gegenleistung für die Überlassung von Land zu Gehorsam und Dienst verpflichtete.

# BILDQUELLENVERZEICHNIS

Abkürzungen: o = oben, ol = oben links, or = oben rechts, M = Mitte, u = unten usw.

Alle Karten von Lovell Johns, Oxford

*Innenspiegel:* Weltkarte aus *Commentaire de l'Apocalypse de Béatus de Liébana*, 11. Jh.: Bibliothèque Nationale, Paris, Ms. lat. 8878, ff. 45v und 46r.

Schutzumschlag Rückseite, 1. Reihe, 2. Bild von links: Der Alkazar in Segovia (Foto Sonia Halliday, Weston Turville).

*Seite*

2–6. Holzstatuen vom Grab Isabellas von Bourbon: Phaidon Press Archive, Oxford.
8–9. Zeichnungen von John Fuller, Cambridge.
14. Byland Abbey, Yorkshire: Michael Dixon, Dover.
15. Grabbeigaben Childerichs I. aus Jean-Jacques Chifflet, *Anastasis Childerici I Francorum Regis,* Antwerpen 1655.
16. Glücksrad: Biblioteca Nazionale, Florenz, Ms. Cod. II.II.319, f. 36r (Foto Dr. G.B. Pineider, Florenz).
17. Monat August aus einem französischen Stundenbuch: Bodleian Library, Oxford Ms. Auct. D. inf. 2.11, f. 8r.
21o. Pont de Valentré, Cahors: Jennifer Speake, Oxford.
21u. Franksscher Schrein: British Museum, London.
24l. Ausschnitt aus den Devonshirer Jagd-Gobelins: Victoria and Albert Museum, London, T. 202–1957.
24r. Eber- und Bärenjagd, Ausschnitt aus den Devonshirer Jagd-Gobelins: Victoria and Albert Museum, London, T. 204–1957.
25. Der Hunnenkönig Attila: Museo della Certosa, Pavia (Zeichnung von John Fuller, Cambridge).
29. *Codex Argenteus:* Universitätsbibliothek Uppsala f. 11r.
30. Grabstele eines Kriegers, Hornhausen: Landesmuseum für Vorgeschichte, Halle.
33. Schließe aus dem Thetford-Schatz: British Museum, London.
34o. Probianus-Diptychon, Essen-Werden: Staatsbibliothek Preußischer Kulturbesitz, Berlin Ms. Theol. lat. f. 323.
34u. Theoderichs Grab: Zeichnung von John Fuller, Cambridge.
35o. Monasterium des hl. Simeon Stylites, Syrien: Robert Harding Associates, London.
35u. Goldplatte des hl. Simeon: Louvre, Paris.
38. Santa Maria de Naranco, bei Oviedo: Scala, Florenz.
39. Isidor von Sevilla: Bibliothèque Nationale, Paris, Ms. Lat. 13396 (Foto Sonia Halliday, Weston Turville).
41. Dagoberts Thron: Cabinet des Médailles, Paris (Zeichnung von John Fuller, Cambridge).
42. Platte von Agilulfs Helm: Museo Nazionale, Florenz (Foto Scala, Florenz).
44. Kuppel der arianischen Taufkapelle in Ravenna: Scala, Florenz.
45o. Elfenbeinerner Buchdeckel mit dem Bild Gregors des Großen: Kunsthistorisches Museum, Wien.
45u. St. Peters-Kirche, Monkwearmouth: Andrew Lawson, Oxford.
46oM. Kapelle in Gallarus: Mark Fiennes, London.
46or. Bienenkorbzelle, Slea Head, Grafschaft Kerry: Mark Fiennes, London.
46Ml. St. Kevinskirche, Glendalough: Mark Fiennes, London.
46–47 Skellig Michael: Mark Fiennes, London.
46ul. Kapelle des hl. Columbanus, Kells, Grafschaft Meath: Mark Fiennes, London.
47ol. Moone-Kreuz, Grafschaft Kildare: Mark Fiennes, London.
47or. Kreuz von Castledermot, Grafschaft Kildare: Mark Fiennes, London.
49. Seite aus Bedas *Kirchengeschichte*: Leningrad Staatsbibliothek, Ms. lat. Q.V.1.18.
51. Große (Omajjaden-)Moschee, Damaskus: Angelo Hornak, London.
54l. Thron Karls des Großen, Aachen: Leonard von Matt, Buochs.
54r. Bronzestatue Karls des Großen: Louvre, Paris (Foto Service de Documentation, Paris).
55. Karl der Kahle: Bibliothèque Nationale, Paris, Ms. lat. 1152, f. 3v.
56or. Seite aus den Beschlüssen des Konzils zu Ephesos: Bibliothèque Nationale, Paris, Ms. lat. 1572, f. 79.
56ul. Emailliertes Kreuz: Vatikanische Museen (Foto Leonard von Matt, Buochs).
56uM. Kloster Corvey: Equinox Archives, Oxford.
56ur. Thronender Christus aus dem *Codex aureus*: Bayerische Staatsbibliothek, München, Ms. Clm. 14000, f. 6v.
57. Hinterer Buchdeckel des Lindauer Evangeliars: Pierpont Morgan Library, New York, Ms. 1.
59o. Schiff von Sutton Hoo: Norfolk Museums Service.
59u. Goldschließe aus den Ausgrabungen von Sutton Hoo: British Museum, London.
60. Porträt Esdras aus dem *Codex Amiatinus*: Biblioteca Medicea Laurenziana, Florenz, Ms. Amiat. I.c.5 (Foto Pineider, Florenz).
61ol. Goldmünze: British Museum, London (Zeichnung John Fuller, Cambridge).
61or. Christus aus dem *Book of Kells*: The Board of Trinity College, Dublin Ms. A.1.6.f.32v.
61u. Piktischer Stein von Rhynie, Aberdeenshire: Michael Dixon, Dover.
64o. Oseberg-Schiff: Museum für nordische Altertümer der Universität, Oslo.
64u. Stele von Alskog, Gotland: Werner Forman Archiv, London.
65. Kampf zwischen Kreuzfahrern und Sarazenen: Nach einem Mosaik in der Kathedrale von Vercelli (Zeichnung von John Fuller, Cambridge).
67M. Basileios II., Illustration aus seinem Psalter: Biblioteca Marciana, Venedig Ms. Cod. Gr. 17, f.1 (Foto Hirmer, München).
67u. Episoden aus dem Bilderstreit: British Library, London, Add. Ms. 19352, f. 27v.
68. Festung von Aleppo: Angelo Hornak, London.
71. Inneres der Großen Moschee, Córdoba: Alan Hutchison Library, London.
72. Festung von Loarre: Sonia Halliday, Weston Turville.
74. Reliefausschnitt vom Schrein von San Millan de la Cogolla, Kloster Yuso: Ampliaciones Reproducciones MAS, Barcelona.
77. Abendmahl, Wandgemälde aus Sant' Angelo in Formis, Capua:Scala, Florenz.
79. Teufelsbrücke aus Zurlauben, *Tableaux topographiques de la Suisse*: Bodleian Library, Oxford.
80. Überreichung eines Modells des Magdeburger Doms an den thronenden Christus, Elfenbein: Metropolitan Museum of Art, New York, Geschenk von George Blumenthal, 1941.
82–83. Der hl. Dominikus predigt in Recanati, Ausschnitt von einem Altarbild von Lorenzo Lotto: Kunsthistorisches Museum, Wien (Foto Meyer, Wien).
82u. Papst Urban VI. empfängt die Schlüssel vom hl. Petrus: Vatikanische Museen (Foto Leonard von Matt, Buochs).
83ul. Der hl. Hilarius, von Jean Fouquet aus dem Stundenbuch des Etienne Chevalier: Musée Condé, Chantilly Ms. 21, f. 38 (Foto Giraudon, Paris).
83ur. Knieende Frau, Ausschnitt von einer süddeutschen Tapisserie: Victoria and Albert Museum, London (Foto Michael Dixon, Dover).
84ol. Miniatur aus dem Canterbury-Psalter: Master and Fellows of Trinity College, Cambridge Ms. R.17.1, f. 283v.
84–85. Grundriß der Kathedrale und der Klosteranlage von Canterbury: Master and Fellows of Trinity College, Cambridge, zusammengebunden mit Ms. R.17.1.
84ul. Mönch beim Getreideschneiden: Bibliothèque Municipale, Dijon Ms. 170, f. 75v (Foto Minirel Création, Chenove).
85or. Guthlac nimmt die Ordensregeln der Repton Abbey an: British Library, London, Harley Roll Y.6.
85Mr. Tod Guthlacs: ebenda.
85ur. Wohltäter der Crowland Abbey: ebenda.
86. Bronze-Kruzifix aus dem Rheinland: Vatikanische Museen (Foto Leonard von Matt, Buochs).
89. Bestätigung der Ordensregel des hl. Franziskus, Assisi: Scala, Florenz.
90. Initiale »B« aus dem Ersten Psalm, *Beatus Vir,* der Winchester-Bibel: British Library, London (Foto Sonia Halliday).
92. Belagerung von Antiocheia: Bibliothèque Nationale, Paris Ms. Fr. 9084, f. 53r.
95. Szenen aus der Weltchronik des Otto von Freising: Universitätsbibliothek Jena, Ms. Bos. q.6, f. 79r.
97l. Christus krönt Roger II. von Sizilien, Mosaik aus Santa Maria del'Ammiraglio, Palermo: Michael Dixon, Dover.
97r. Ausschnitt aus dem Teppich von Bayeux: Musée de la Reine Mathilde, Bayeux (Foto Michael Holford, Loughton).
99o. Domesday-Book: Public Record Office, London.
99u. Orford Castle, Suffolk: Michael Holford, Loughton.
101o. Romkarte von Paolo di Venezia: Biblioteca Apostolica Vaticana Ms. Vat. lat. 1960, f. 27ov.
101ul. Siegel von der Bulle Ludwigs des Bayers: Bayerisches Hauptstaatsarchiv, München (Zeichnung John Fuller, Cambridge).
101ur. Zeichnung des Standbilds von Marc Aurel: Firestone Library, Princeton N.J.
102. Der hl. Jakobus von Compostela: Zeichnung von John Fuller, Cambridge.
103l. Christus als Pilger, Relief, Santo Domingo, Silos: Leonard von Matt, Buochs.
103r. Portico de la Gloria, Santiago de Compostela: Phaidon Archive, Oxford.
104o. Das Dorf Ostabat: Andrew Lawson, Oxford.
104ul. Kollegienkirche, Santillana: Graham Speake, Oxford.
104ur. Kapitell von San Pedro de la Rua, Estella: Alan Piper, Durham.
105ol. Kapitell von der Abteikirche Moissac: Jennifer Speake, Oxford.
105or. Kirche des St. Foy, Conques: Leonard von Matt, Buochs.
105u. Kathedrale St. Trophime: Service de Documentation, Paris.
106ol. Rekonstruktion von Abinger-Motte, Surrey: Dick Barnard, Milverton.
106or. Bodiam Castle, Sussex: Aerofilms, Boreham Wood.
106u. Krak des Chevalliers, Syrien: A.F. Kersting, London.
107ol. Plan von Bodiam Castle, Sussex: John Brennan, Oxford.
107or. Curemonte, Brive la Gaillarde: Alan Hutchison Library, London.
108. Papst Innozenz III., Ausschnitt eines Mosaiks: Vatikanische Museen (Zeichnung von John Fuller, Cambridge).
109. Kathedrale Sainte-Cécile, Albi: Jean Roubier, Paris.
110ol. Außenkanzel, St. Stefano, Bologna: Scala, Florenz.
110or. Kanzel der Taufkapelle zu Pisa, von Nicolo Pisano: Alinari, Florenz.
110u. *ambone* in San Lorenzo fuori le mura, Rom: Scala, Florenz.
113ol. Qalawun-Mausoleum, Kairo: A.F. Kersting, London.
113or. Marco Polo verläßt Venedig: Bodleian Library, Oxford Ms. Bodl. 264, f. 218.
115. Illustration aus Friedrichs II. *De Arte venandi cum Avibus*: Biblioteca Apostolica Vaticana, Ms. Pal. lat. 1071, f. 79 (Foto Scala, Florenz).
116. Figuren vom Naumburger Dom: Foto Marburg, Marburg/Lahn.
117. Bildnis von Ludwig von Frankreich, Abtei St. Denis, Paris: Bulloz, Paris.
120. *Darstellung der Guten Regierung,* Fresko von Ambrogio Lorenzetti: Palazzo Publico, Siena (Foto Scala, Florenz).
124. Belagerung von Chartres: Musée Municipale, Chartres (Foto Sonia Halliday, Weston Turville).
127. Vittore Carpaccio, *Die Heilung des Besessenen* aus *Wunder der Reliquie des wahren Kreuzes*: Accademia, Venedig (Foto Scala, Florenz).
129. Die schlafenden drei Weisen aus dem Morgenland, von einem Kapitell in der Kathedrale von Autun: Zeichnung von John Fuller, Cambridge).
130. Cordes, Tarn: Dominique Martinez, Straßburg.
134oM. Rothenburg vom Kirchturm aus gesehen: D. Gerhold, London.
134or. Topplerschlösschen im Rosenthal: D. Gerhold, London.
134M. Luftansicht von Rothenburg: Dr. L. Beckel, Bad Ischl.
134Mr. Tor in Dinkelsbühler Stadtmauer: Helga Schmidt-Glassner, Stuttgart.
134ul. Steinerne Brücke in Regensburg: Zefa, London.
134ur. Segringerstraße, Dinkelsbühl: Helga Schmidt-Glassner, Stuttgart.
135o. Guildhall, Lavenham, Suffolk: National Monuments Record Office, London.
135M. Eingang der Little Hall, Lavenham, Suffolk: National Monuments Record Office, London.
135u. The Shambles, York: Edwin Smith, Saffron Walden.
136–37 La Couvertoirade: Dominique Martinez, Straßburg.
138o. Plan von San Gimignano: John Brennan, Oxford.
138M. Palazzo del Popolo, San Gimignano: Robert Harding Associates, London.
138ul. Straße in San Gimignano: Edwin Smith, Saffron Walden.
138–39 Ansicht von San Gimignano: Michael Dixon, Dover.
139Mr. Porta Soprana, Genua: Leonard von Matt, Buochs.
139ul. Ponte Vecchio, Florenz: Michael Dixon, Dover.
139ur. Blick auf den Dom, Florenz: Michael Holford, Loughton.
140o. Alquézar: Sonia Halliday, Weston Turville.
140u. Stadtmauern von Avila: Michael Holford, Loughton.
141M. Ernennung des Bürgermeisters, Bristol: City of Bristol Record Office.
141u. *»Die Gute Regierung«* von Ambrogio Lorenzetti: Palazzo Publico, Siena (Foto Scala, Florenz).
142u. Szene in einer genuesischen Bank: British Library, London.
142r. Ausschnitt vom Einband der Gilderegeln der Tuchhändler: Museo Civico Medievale, Bologna Ms. 93, f.1 (Foto Franco Ragazzi, Bologna).
143o. Miniatur vom Hamburger Hafen: Staatsarchiv Hamburg.
143u. Segnung des Lendit-Marktes: Bibliothèque Nationale, Paris Ms. lat. 962, f. 264 (Foto Sonia Halliday, Weston Turville).
144. Details vom »Tuchhändlerfenster«, Semur: Sonia Halliday, Weston Turville.
145. Noah beim Bau der Arche, Bedford-Stundenbuch: British Library, London Ms. 1423.
146–47. Zeichnungen von John Fuller, Cambridge, nach Miserikordien.
146o. Ein Stein im Schuh, Flavigny-sur-Ozerain.
146Ml. Der Ehemann bezieht Prügel, Fairford, Glos.
146u. Zwei Frauen beim Zubereiten eines Vogels, Fairford, Glos.
146–47. Entlausung, Exeter Museum.
147ol. Die Ale-Verkäuferin, Ludlow, Salop.
147or. Am Kamin, La Trinité, Vendôme.
147Mr. Mutter und Kind, St. Sauveur, Brügge.
147ur. Ein Mädchen beim Entkleiden, St. Cernin.
148ul. Monat Mai aus dem Stundenbuch von Simon Bennick: Victo-

ria and Albert Museum, London E.4575-191ov.
148oM. Musikanten aus dem *Roman de Fauvel* von Gervais du Bus: Bibliothèque Nationale, Paris Ms. Fr. 146, f. 34 (Foto Sonia Halliday, Weston Turville).
148ur. Detail aus dem Teppich von Bayeux: Musée de la Reine Mathilde, Bayeux (Foto Michael Holford, Loughton).
149o. Reisende vor Peking, aus dem *Livre de merveilles* von Odoric de Pordenone: Bibliothèque Nationale, Paris Ms. Fr. 2810, f. 11ov.
149u. Wagen aus Amiens: Zeichnung von John Fuller, Cambridge.
150o. Illustration aus Nikolaus von Lyra, *Postillae in Pentateuchum*: Bibliothèque Municipale, Troyes Ms. 129, f. 32 (Foto Michel Vuillemin, Troyes).
150u. Winchester College aus der *Brevis Chronica*: Bodleian Library, Oxford Ms. New. Coll. 288, f. 3r, mit Erlaubnis des Warden und der Fellows von New College, Oxford.
151l. Hugo von St. Viktor lehrt: Bodleian Library, Oxford Ms. Laud. Misc. 409, f. 3v.
151or. Aristoteles, nach einer Skulptur an der Westfassade der Kathedrale von Chartres: Zeichnung von John Fuller, Cambridge.
151Mr. Augustinus, von einem Altargemälde in der Münchener Alten Pinakothek: Zeichnung John Fuller, Cambridge.
152ul. Kürbis aus dem *Tacuinum Sanitatis*: Österreichische Nationalbibliothek Wien, Ms. Cod. Ser. nov. 2644, f. 22v.
152ur. Warmes Wasser: ebenda f. 89r.
153o. Islamisches Astrolabium aus Toledo: History of Science Museum, Oxford.
153ul. Westwind aus dem *Tacuinum Sanitatis*: Österreichische Nationalbibliothek, Wien, Ms. Cod. Ser. nov. 2644, f. 57v.
153ur. Kalbfleisch: ebenda f. 73v.
154o. Klinik eines Chirurgen aus Guy de Chauliac, *Chirurgia*: Bibliothèque Nationale, Paris Ms. 396, f. 66.
154u. Illustration aus dem Pseudo-Dioscorides: British Library, London Ms. Harle 1585, f.q v (Zeichnung von John Brennan, Oxford).
155. Medizinische Illustrationen: British Library, London Ms. Sloane 1977.
156. Monat März aus *Les Très Riches Heures de Duc de Berry,* von den Brüdern Limburg: Musée Condé, Chantilly Ms. 65, f. 3v (Foto Giraudon, Paris).
158o. Spielbrett aus Burgund: Phaidon Archive, Oxford.
158u. Turnier aus *Livres des Tournais du Roi René*: Bibliothèque Nationale, Paris Ms. 2698, f. 67v und 68.
159or. Emaillearbeit mit dem Bild Gottfrieds von Anjou: Musée du Mans, Le Mans.
160l. Verschiedene Vögel aus einem englischen Skizzenbuch: Mit Erlaubnis des Masters und der Fellows des Magdalene College, Cambridge, f. 12r.
160ur. Szenen aus dem *Livre de la Chasse*: Bibliothèque Nationale, Paris Ms. fr. 616, f. 13.
161o. ebenda f. 77.
161ul. ebenda f. 67.
161ur. ebenda f. 53v.
162. »Noli me tangere« aus Duccios *Maestà*: Opera del Duomo, Siena (Foto Scala, Florenz).
164. Inneres der Hagia Sophia, Istanbul: Elsevier Archives, Amsterdam.
166–67 Zeichnungen von Dick Barnard, Milverton.
168Ml. Plan von Orvieto: John Brennan, Oxford.
168ul. Orvieto, Detail aus dem Schöpfungsrelief: Alinari, Florenz.
168–69. Außenaufnahme des Doms von Orvieto: Scala, Florenz.
169oM. Orvieto, Innenansicht: Zefa, London.
169or. Orvieto, Detail der Säulen: Robert Harding Associates, London.
170ol. Diocletian und Maximian: Vatikanbibliothek (Scala, Florenz).
170or. St. Petrus, Klosterkirche von Moissac: Elek Archive (Foto Wim Swaan).
170ul. Tür des Priors, Kathedrale von Ely: Jean Roubier, Paris.
171l. Osterleuchter aus San Paolo fuori le Mure, Rom: Leonard von Matt, Buochs.
171or. Westfassade der Kathedrale von Rouen: Jean Roubier, Paris.
171ur. Relief von der Kathedrale zu Reims: Foto Marburg, Marburg/Lahn.
172ul. Detail von der Tür von Sta. Sabina, Rom: Leonard von Matt, Buochs.
172r. Madonna aus der Kirche von Griske: Historisk Museum, Bergen.
173ol. Borgond-Kirche, Søgne: Courtauld Institute, London.
173or. Bankabschluß aus der Kirche von Ixworth, Thorpe, Suffolk: J.C.D. Smith, Bridgwater.
173ul. Dach der Kirche von Garway, Herfordshire: Michael Dixon, Dover.
173ur. Lindenholzengel von Tilman Riemenschneider: Victoria and Albert Museum, London.
174l. Abbé Suger, Detail eines Fensters in Saint-Denis, Paris: Sonia Halliday, Weston Turville.
175M. Kopf Christi, von der Abteikirche Wissembourg: Straßburger Museum (Foto Sonia Halliday, Weston Turville).
175or. Moses und das Goldene Kalb, Scheibe von Saint-Denis, Paris: Sonia Halliday, Weston Turville.
176. Passionsgeschichte, Fenster der Kathedrale von Chartres: Sonia Halliday, Weston Turville.
177ol. Auferstehungsfenster, Dom von Straßburg: Sonia Halliday, Weston Turville.
177or. Hl. Katharina, Fenster des Doms zu Regensburg: Sonia Halliday, Weston Turville.
177ur. Südliche Fensterrose, Notre Dame in Paris: Sonia Halliday, Weston Turville.
178ol. Tänzer: Bibliothèque Nationale, Paris Ms. lat. 1118 (Foto: Sonia Halliday, Weston Turville).
178or. Lautenspieler: Escorial, Madrid (Foto: Chris Page, Oxford).
178Ml. Dudelsackpfeifer aus Honington, Suffolk: J.C.D. Smith, Bridgwater.
178Mr. Harfenist: Bodleian Library, Oxford Ms. Junius 11, S. 54.
178r. Trompeter aus dem Luttrell Psalter: British Library, London add. Ms. 42130, f. 59.
179ul. Dido aus dem *Virgilius Vaticanus*: Biblioteca Apostolica Vaticana Ms. cod lat. 3225.
179Ml. Illustration aus der *Manessischen Handschrift*: Universitätsbibliothek Heidelberg, Ms. cod. Pal. Germ. 848, f. 69r.
179ur. Illustration aus *Lancelot du lac*: British Library, London Add. Ms. 10294.
180oM. *Codex Augusteus*: Biblioteca Apostolica Vaticana Ms. lat. 3256.
180or. St. Omer Psalter: British Library, London Ms. Yates Thompson 14.
180M. Book of Kells: Trinity College, Dublin Ms. 58, f. 34 (Phaidon Press, Archive Oxford).
180ul. Lukas-Evangelium: Pierpont Morgan Library, New York Ms. 806, f. 96.
180uM. Bibel von St. Martial von Limoges: Bibliothèque Nationale, Paris Ms. lat. 254, f. 10.
180ur. *Historia Naturalis* von Plinius d. Ä.: Victoria and Albert Museum, London A.L. 1504–1896.
181. Druckerei-Szene, Titelseite von *Hegesippus,* gedruckt 1511 von J.B. Asconsius: Mary Evans Picture Library, London.
183o. Papstpalast, Avignon: Leonard von Matt, Buochs.
183u. Brücke in Karitaina: Graham Speake, Oxford.
186. Burg des Johanniterordens, Rhodos: Ekdotike Athenon S.A., Athen.
187. Frangocastello, Kreta: Zefa, London.
191. Kathedrale von Krakau: Giraudon, Paris.
193o. Ják-Abtei: Michael Dixon, Dover.
193M. Belagerung Belgrads durch die Osmanen, Miniatur: Topkapi-Museum, Istanbul (Foto Sonia Halliday, Weston Turville).
194. Kathedrale von Susdal: Robert Harding Associates, London.
195. Nowgoroder Ikone: Tretjakow-Galerie, Moskau.
198ol. Ansicht von Paris aus Froissarts Chronik: Bibliothèque Nationale, Paris Ms. franc. 2645, f. 321v.
198or. Calais: British Library, London. Cotton Ms. Aug. I. ii. 70.
198M. Prozeß der Jeanne d'Arc: Bibliothèque Nationale, Paris Ms. lat. 5969, f. 1.
200. Burg in Eileen Donan: Sonia Halliday, Weston Turville.
204o. Porträt Petrarcas: Bibliothèque Nationale, Paris Ms. lat. 6069 Av.
204u. Titelblatt von Petrarcas Virgil, illustriert von Simone Martini: Biblioteca Ambrosiana, Mailand S.P. 10/27.
207 *Die Arnolfini-Hochzeit* von Jan van Eyck: National Gallery, London.
208. Entwurf eines »Hubschraubers« von Leonardo da Vinci: Institut de France, Paris Ms. B.f. 83v.
209. Ermordung von Johann ohne Furcht, Herzog von Burgund: Bibliothèque Nationale, Paris Ms. 5084, f. 1.
212. Karte der Schweiz von Konrad Türst aus *De situ confoederatum descriptio*: Zentralbibliothek Zürich.
214. Dogenpalast, Venedig: Scala, Florenz.
216. Christus von der *Schlüsselübergabe* von Donatello: Victoria and Albert Museum, London.
217. Porträt seines Vaters (Ausschnitt) von Albrecht Dürer: National Gallery, London.
218o. Drucker mit geschlossener Presse, von einem Holzschnitt Albrecht Dürers: Mary Evans Picture Library, London.
218u. Buxheim, St. Christophorus: Rylands Library, Manchester.
219l. Celso Maffeis, *Monumentum:* British Library, London.
219or. Kartenspiel signiert von J. de Dale: Bibliothèque Nationale, Paris.
220o. Europakarte aus *Liber Floridus* von Lambert von Ardres: Universitätsbibliothek Gent Ms. 92, f. 241r.
220u. Karte von Inglesmoor, Yorkshire (heute Lincolnshire): Public Record Office, London M.P.C. 56.
221o. Portolano-Karte von Freducci d'Ancona: Royal Geographical Society, London.
225ol. Heinrich der Seefahrer, Ausschnitt aus dem Vinzenz-Triptychon von Nuno Gonçalves: Museu Nacional de Arte Antiga, Lissabon (Foto Giraudon, Paris).
225or. Columbus' Fahrt zu den westindischen Inseln, Holzschnitt: Elsevier Archives, Amsterdam.

# BIBLIOGRAPHIE


### HISTORISCHE ATLANTEN

Engel, J., (Hg.) *Großer Historischer Weltatlas, ii, Mittelalter,* 4. Auflage, München 1981.
Moore, R. I., (Hg.) *The Hamlyn Historical Atlas,* London 1981.
Poole, R. L., *Historical Atlas of Modern Europe from the Decline of the Roman Empire,* Oxford 1902.
Spruner, K. von, und Menke, T., *Handatlas für die Geschichte des Mittelalters und der neueren Zeit,* 3. Auflage, Gotha 1880.

### ALLGEMEINE DARSTELLUNGEN

Barker, J. W., *Justinian and the Later Roman Empire,* Madison 1966.
Bosl, K., *Europa im Mittelalter,* 2. Auflage, Bayreuth 1978.
Brown, P., *The World of Late Antiquity: from Marcus Aurelius to Muhammed,* London 1971; dt. *Welten im Aufbruch. Die Zeit der Spätantike. Von Marc Aurel bis Mohammed,* Bergisch-Gladbach 1980.
*The Cambridge Medieval History,* 8 Bde., Cambridge 1911–36.
Courtois, C., *Les Vandales et l'Afrique,* Paris 1955.
Dannenbauer, H., *Grundlagen der mittelalterlichen Welt,* Stuttgart 1958.
Hale, J., u. a., *Later Medieval Europe,* London 1965.
Huizinga, J., *Herbst des Mittelalters,* Stuttgart 1969.
Jones, A. H. M., *The Later Roman Empire 284–602: a social, economic and administrative survey,* 3 Bde., Oxford 1964.
Matthew, D., *The Medieval European Community,* London 1977.
Moss, H. St. L. B., *The Birth of the Middle Ages 395–814,* Oxford 1935.
Mitteis, H., *Der Staat des hohen Mittelalters,* 8. Auflage, Weimar 1968.
Smith, C. D., *Western Mediterranean Europe: a historical geography of Italy, Spain and southern France since the Neolithic,* London 1979.
Southern, R. W., *The Making of the Middle Ages,* London 1953; dt. *Gestaltende Kräfte des Mittelalters,* Stuttgart 1960.
Thompson, E. A., *The Early Germans,* Oxford 1965.
Thompson, E. A., *A History of Attila and the Huns,* Oxford 1948.
Thompson, E. A., *The Visigoths in the Time of Ulfila,* Oxford 1966.
Wallace-Hadrill, J. M., *The Barbarian West 400–1000,* London 1967.

### WESTLICHE KIRCHE, PAPSTTUM UND MÖNCHTUM

Barraclough, G., *The Medieval Papacy,* London 1968.
Brentano, R., *Two Churches: England and Italy in the 13th century,* Princeton, N. J./Oxford 1968.
Brentano, R., *Rome before Avignon: a social history of 13th-century Rome,* London 1974.
Chadwick, H., *The Early Church,* Harmondsworth 1967; dt. *Die Kirche in der antiken Welt,* Berlin/New York 1972.
Dawson, C. H. (Hg.), *The Mongol Mission: narratives and letters of the Franciscan Missionaries in Mongolia and China in the 13th and 14th centuries,* London 1955.
Jedin, H. u. a., *Atlas zur Kirchengeschichte,* Freiburg 1970.
Knowles, M. D., *Christian Monasticism,* London 1969; dt. *Geschichte des christlichen Mönchtums. Benediktiner, Zisterzienser, Kartäuser,* München 1969.
Knowles, M. D., *The Monastic Order in England,* Cambridge 1962.
Knowles, M. D., *The Religious Orders in England,* 3 Bde., Cambridge 1948–59.
Latourette, K., *History of the Expansion of Christianity: Thousand Years of Uncertainty 500–1500 AD,* New York 1971.
Lekai, L. J., *Geschichte und Wirken der Weißen Mönche,* Köln 1958.
Van der Meer, F., *Atlas de l'Ordre Cistercien,* Brüssel 1965.
Mollat, G., *The Popes at Avignon 1305–78,* London 1963.
Moorman, J. R. H., *A History of the Franciscan Order from its Origins to the Year 1517,* Oxford 1968.
Partner, P., *The Lands of St Peter,* London 1972.
Southern, R. W., *Western Society and the Church in the Middle Ages,* Harmondsworth 1970; dt. *Kirche und Gesellschaft im Abendland des Mittelalters,* Berlin 1976.
Ullmann, W., *Die Machtstellung des Papsttums im Mittelalter,* Köln 1960.
Van der Meer, F., *Atlas de l'Ordre Cistercien,* Brüssel 1965.
Waley, D. P., *The Papal State in the 13th Century,* London 1961.

### KREUZZÜGE

Boase, T. R. S., *Castles and Churches of the Crusading Kingdom,* London 1967.
Mayer, H. E., *Geschichte der Kreuzzüge,* Stuttgart 1965.
Prawer, J., *The Latin Kingdom of Jerusalem: European colonialism in the Middle Ages,* London 1972.
Runciman, J. C. S., *A History of the Crusades,* 3 Bde., Cambridge 1951–54; dt. *Geschichte der Kreuzzüge,* München 1978.
Setton, K. M. (Hg.), *A History of the Crusades,* 4 Bde., Madison, Wisc. 1969–77.

### BYZANTINISCHES REICH

Boase, T. S. R. (Hg.), *The Cilician Kingdom of Armenia,* Edinburgh 1978.
Browning, R., *The Byzantine Empire,* London 1980.
Hill, G. F., *A History of Cyprus,* 4 Bde., Cambridge 1940–52.
Jenkins, R. J. H., *Byzantium: the imperial centuries 610–1071,* London 1966.
Lang, D. M., *Armenia: cradle of civilization,* London 1978.
Lang, D. M., *The Georgians,* London 1966.
Mango, C. A., *Byzantium: the empire of new Rome,* London 1980.
Miller, W., *The Latins in the Levant: a history of Frankish Greece,* London 1908.
Obolensky, D., *The Byzantine Commonwealth: eastern Europe 500–1453,* London 1971.
Obolensky, D., *Byzantium and the Slavs,* London 1971.
Ostrogorsky, G., *Geschichte des byzantinischen Staates,* München 1965.
Setton, K. M., *Catalan Domination of Athens 1311–88,* Cambridge, Mass. 1948.
Sherrard, P., *Constantinople,* Oxford 1965; dt. *Konstantinopel. Bild einer heiligen Stadt,* Freiburg 1963.

### ISLAM

Brice, W. C., *An Historical Atlas of Islam,* Leiden 1981.
Cahen, C., *Pre-Ottoman Turkey,* London 1968.
Creswell, K. A. C., *Early Muslim Architecture,* 2 Bde., Oxford 1932, 1940.
Creswell, K. A. C., *The Muslim Architecture of Egypt,* 2 Bde., Oxford 1952, 1959.
Grunebaum, G. E. v., *Der Islam im Mittelalter,* Zürich/Stuttgart 1963.
Hodgson, M. G. S., *The Venture of Islam,* 3. Auflage, Chicago 1974.
Inalcik, H., *The Ottoman Empire: The Classical age 1300–1600,* London 1973.
Le Strange, G., *Baghdad during the Abbasid Caliphate,* Oxford 1900.
Le Tourneau, R., *The Almohad Movement in North Africa in the 12th and 13th centuries,* Princeton, N. J. 1969.
Miquel, A., *Der Islam von Mohammed bis Nasser,* München 1970.
Popper, W. (Hg.), *Egypt and Syria under the Circassian Sultans 1382–1468 AD, Systematic Notes to Ibn Taghri Birdi's Chronicle of Egypt,* Berkeley, Calif. 1955.
Rogers, M., *The Spread of Islam,* Oxford 1976.
Saunders, J. J., *A History of Medieval Islam,* London 1965.
Saunders, J. J., *The History of the Mongol Conquests,* London 1971.
Vryonis, S., *The Decline of Medieval Hellenism in Asia Minor and the Process of Islamization from the 11th through to 15th century,* Berkeley, Calif. 1971.

### BÖHMEN

Bosl, K. (Hg.), *Handbuch der Geschichte der böhmischen Länder,* 4 Bde., Stuttgart 1966–74.
Heymann, F. G., *John Zizka and the Hussite Revolution,* Princeton, N. J. 1955.
Kaminsky, H., *A History of the Hussite Revolution,* Berkeley, Calif. 1967.

### BULGARIEN

Browning, R., *Byzantium and Bulgaria: a comparative study across the early medieval frontier,* London 1975.
Lang, D. M., *The Bulgarians from Pagan Times to the Ottoman Conquest,* London 1976.
Runciman, J. C. S., *A History of the First Bulgarian Empire,* London 1930.

### ENGLAND

*Beda des Ehrwürdigen Kirchengeschichte* (übers. M. M. Wilden), Schaffhausen 1866.
Campbell, J. (Hg.), *The Anglo-Saxons,* Oxford 1982.
Collingwood, R. G., und Myres, J. N. L., *Roman Britain and English Settlements,* Oxford 1937.
Douglas, D. C., *William the Conqueror,* London 1964; dt. *Wilhelm der Eroberer,* Stuttgart 1966.
Falkus, M. E., und Gillingham, J. B. (Hg.), *Historical Atlas of Britain,* St. Albans 1981.
Hill, D., *An Atlas of Anglo-Saxon England,* Oxford 1981.
Jacob, E. F., *The Fifteenth Century,* Oxford 1961.
Kapelle, W., *The Norman Conquest of the North,* London 1980.
McKisack, M., *The Fourteenth Century,* Oxford 1959.
Matthew, D. C., *The Norman Conquest,* London 1966.
Mayr-Harting, H., *The Coming of Christianity to Anglo-Saxon England,* London 1977.
Poole, R. L., *From Domesday Book to Magna Carta,* Oxford 1951.
Powicke, F. M., *The Thirteenth Century,* Oxford 1962.
Stenton, F. M., *Anglo-Saxon England,* Oxford 1971.
Thomas, C., *Christianity in Roman Britain to AD 500,* London 1981.
Warren, W. L., *Henry II,* London 1973.

### FRANKREICH

Fowler, K., *The Age of Plantagenet and Valois: the Struggle for Supremacy 1328–1498,* London 1967.
Froissart, J., *Croniques . . .,* 26 Bde., Paris 1870–1877; dt. *Die Bürger von Calais* (Ausz.), München 1975.
Gregor von Tours (übers. L. Thorpe), *The History of the Franks,* Harmondsworth 1974.
Hallam, E. M., *Capetian France 987–1328,* London 1980.
Higoun, C. (Hg.), *Histoire de l'Aquitaine,* Toulouse 1971.
Jordan, W. C., *Louis IX and the Challenge of the Crusade,* Princeton, N. J. 1979.
Tatouche, R., *Caesar to Charlemagne: the beginnings of France,* London 1968.
Lemariguier, J. F., *Le gouvernement royal aux premiers temps capetiens 987–1108,* Paris 1965.
Lewis, P. S., *Late Medieval France: the polity,* London 1968.
Longnon, A., *Atlas historique de la France,* 3 Bde., Paris 1885–89.
Rouche, M., *L'Aquitaine des Visigoths aux Arabes 418–718,* Paris 1977.
Salin, E., *La civilisation mérovingienne,* 4 Bde., Paris 1950–59.
Strayer, J. R., *The Albigensian Crusades,* New York 1971.
Tucoo-Chala, P., *Gaston Fébus, un grand prince d'occident au XIV siècle,* Paris 1976.

### DEUTSCHES REICH

Barraclough, G., *The Origins of Modern Germany,* Oxford 1973.
Bullough, D. A., *The Age of Charlemagne,* London 1965; dt. *Karl der Große und seine Zeit,* München 1979.
Christiansen, E., *The Northern Crusades: the Baltic and the Catholic frontier 1100–1525,* London 1980.
Cleve, T. C. van, *The Emperor Frederick II of Hohenstaufen,* Oxford 1972.
Cohn, H. J., *The Government of the Rhineland Palatinate in the 15th Century,* London 1965.
Dollinger, P., *Die Hanse,* Stuttgart 1966.
Faber, G., *Das erste Reich der Deutschen. Geschichte der Merowinger und Karolinger,* München 1980.
Fleckenstein, J., *Grundlagen und Beginn der deutschen Geschichte,* 2. Auflage, Göttingen 1980.
Friedrich II., *Über die Kunst mit Vögeln zu jagen,* Frankfurt a. M. 1964.
Hampe, K., *Deutsche Kaisergeschichte in der Zeit der Salier und Staufer,* 10. Auflage, Heidelberg 1949.
Kantorowicz, E. H., *Friedrich II., deutscher Kaiser,* Düsseldorf/München 1968–1973.
Leeper, A. W. A., *A History of Medieval Austria,* Oxford 1941.
Leyser, K., *Rule and Conflict in an Early Medieval Society: Ottonian Saxony,* London 1979.
Munz, P., *Frederick Barbarossa: a study in medieval politics,* London 1969.
Strauss, G. (Hg.), *Pre-Reformation Germany,* London 1972.

### IRLAND

Bieler, L., *Ireland: harbinger of the middle age,* Oxford 1963.
Edwards, R. D., *Atlas of Irish History,* London 1981.
France, R., *Colonial Ireland 1169–1369,* Dublin 1981.
Kenney, J. F., *The Sources for the Early History of Ireland,* New York 1968.
Lydon, J., *Ireland in the Later Middle Ages,* Dublin 1973.
Otway-Ruthven, A. J., *A History of Medieval Ireland,* London 1968.
Watt, J., *The Church in Medieval Ireland,* Dublin 1972.

### ITALIEN

Burckhardt, J., *Die Kultur der Renaissance in Italien,* 10. Auflage, Stuttgart 1976.
Burke, P., *Culture and Society in Renaissance Italy,* London 1972.
Chalandon, F., *Histoire de la domination normande en Italie et en Sicile,* Paris 1907.
Douglas, D. C., *The Norman Achievement 1050–1100,* London 1969.
Douglas D. C., *The Norman Fate 100–1154,* London 1976.
Goez, W., *Grundzüge der Geschichte Italiens in Mittelalter und Renaissance,* Darmstadt 1975.
Hellmann, M., *Florenz und die Medici,* 5. Auflage, Köln 1979.
Hodgkin, T., *Italy and her Invaders,* Oxford 1885–99.
Hyde, J. K., *Society and Politics in Medieval Italy: the evolution of the civil life 1000–1350,* London 1973.
Lane, F. C., *Venice: a maritime republic,* Baltimore, Penn. 1973; dt. *Seerepublik Venedig,* München 1980.
Larmer, J., *Culture and Society in Italy 1290–1420,* London 1971.
Longworth, P., *Aufstieg und Fall der Republik Venedig,* Bergisch Gladbach 1978.
Norwich, J. J., *Die Normannen in Sizilien,* Wiesbaden 1971.
Toubert, P., *Les structures du Latium médiéval,* 2 Bde., Rom 1973.
Wickham, C. J., *Early Medieval Italy: central power and local society 400–1000,* London 1981.

### NIEDERLANDE/BURGUND

Boehm, L., *Geschichte Burgunds,* 2. Auflage, Stuttgart 1979.
Blok, P. J., *A History of the People of the Netherlands: part one, from the earliest times to the beginning of the 15th century,* New York 1898.
Pirenne, H., *Histoire de Belgique des origines à nos jours,* 7 Bde., Brüssel 1907–26.
Vaughan, R., *Charles the Bold: the last Valois duke of Burgundy,* London 1973; ders., *John the Fearless: the growth of Burgundian power,* London 1966.

Vaughan, R., *Philip the Bold: the formation of the Burgundian state,* London 1962.
Vaughan, R., *Philip the Good: the apogee of Burgundy,* London 1970.

**POLEN**

Davies, N., *God's Playground: a history of Poland,* Bd. 1, Oxford 1981.
Knoll, P. W., *The rise of Polish monarchy; Piast Poland in East Central Europe, 1320–1370,* Chicago, Ill. 1972.
Kossmann, O., *Polen im Mittelalter,* Freiburg 1971.
Reddaway, W. F. (Hg.), *The Cambridge History of Poland,* Bd. 1, Cambridge 1941.

**PORTUGAL**

Armado, W. G., *Geschichte Portugals,* Stuttgart u. a. 1966.
Magalhães Godinho, V., *L'économie de l'empire portugais aux XV et XVI siècles,* Paris 1969.
Oliveira Marques, A. H. de, *A History of Portugal,* New York 1976.

**RUSSLAND**

Blum, J., *Lord and Peasant in Russia from the Ninth to the Nineteenth Century,* Princeton, N. J. 1961.
Fennell, J., *The Emergence of Moscow 1304–59,* London 1969.
Fennell, J. u. a. (Hg.), *Russia Mediaevalis,* 4 Bde., München 1973–1979.
Freishin-Chirovskii, M. L., *A History of the Russian Empire: Grand-Ducal Vladimir and Moscow,* London 1973.
Knackstedt, W., *Moskau. Studien zur Geschichte einer mittelalterlichen Stadt,* Wiesbaden 1975.
Vernadsky, G., *A History of Russia,* Bde. II–IV, New Haven, Conn. 1944.

**SCHOTTLAND**

Barrow, G. W. S., *The Anglo-Norman Era in Scottish History,* Oxford 1980.
Barrow, G. W. S., *The Kingdom of the Scots,* London 1973.
Duncan, A. A. M., *Scotland: the making of the kingdom,* Edinburgh 1975.
MacNeill, P., *An Historical Atlas of Scotland,* St. Andrews 1975.
Nicholson, R. G., *Scotland: the later middle ages,* Edinburgh 1974.

**SCHWEIZ**

Bonjour, F. u. a., *A Short History of Switzerland,* Oxford 1952.
Im Hof, V., *Geschichte der Schweiz,* 2. Auflage, Stuttgart u. a. 1976.
*Quellenwerk zur Entstehung der Schweizerischen Eidgenossenschaft,* 11 Bde., Frankfurt a. M. 1933–1970.

**SKANDINAVIEN**

Ellis Davidson, H. R., *The Viking Road to Byzantium,* London 1976.
Derry, T. K., *A History of Scandinavia,* London 1979.
Jones, G., *The Norse Atlantic Saga,* Oxford 1964.
Jutikkala, E., *A History of Finland,* London 1979.
Musset, L., *Les peuples Scandinaves au moyen age,* Paris 1951.
Sawyer, P. H., *The Age of the Vikings,* London 1971.
Wührer, K., *Die Wikingerzüge,* in: *Handbuch der europäischen Geschichte,* Bd. 1, Stuttgart 1976.

**SLAWISCHE VÖLKER**

Carber, F. W., *Dubrovnik (Ragusa): a classic city-state,* London 1972.
Clissold, S. (Hg.), *A Short History of Yugoslavia from Early Times to 1966,* Cambridge 1968.
Dvornik, F., *The Slavs: their early history and civilisation,* Boston, Mass. 1959.
Fines, J. V. A., *The Bosnian Church,* New York 1975.
Gimbutas, M., *The Slavs,* London 1971.
Ostrogorsky, G. *Byzanz und die Welt der Slawen,* Darmstadt 1974.
Portal, R., *Die Slawen – Von Völkern zu Nationen,* München 1971.
Vlasto, A. P., *The Entry of the Slaws into Christendom: an introduction to the medieval history of the Slavs,* Cambridge 1970.

**SPANIEN**

Chaytor, H., *A History of Aragon and Catalonia,* London 1933.
Hillgarth, J. N., *The Spanish Kingdoms 1250–1516,* 2 Bde., Oxford 1976–1978.
Klein, J., *The Mesta: a study in Spanish economic history, 1273–1836,* Cambridge, Mass. 1920.
Linehan, P. A., *The Spanish Church and the Papacy in the 13th Century,* Cambridge 1971.
Lomax, D. W., *The Reconquest of Spain,* London 1978; dt. *Die Reconquista. Die Wiedereroberung Spaniens durch das Christentum,* München 1980.
Mackay, A., *Spain in the Middle Ages: from frontier to empire 1000–1500,* London 1977.
Menéndez-Pidal, R., *La España del Cid,* Madrid 1929; dt. *Das Spanien des Cid,* München 1936.
Menéndez- Pidal, R., *Historia de España,* Madrid 1950; dt. *Die Spanier in der Geschichte,* München 1955.
Orlandis-Rovira, J., *España Visigotica,* Madrid 1977.
Russell, P. E., *The English Intervention in Spain and Portugal in the Time of Edward III and Richard II,* Oxford 1955.
Shneidman, J., *The Rise of the Aragonese-Catalan Empire 1200–1350,* New York, 1970.
Stokstad, M., *Santiago de Compostella,* Norman, Ok. 1979.
Thompson, E. A., *The Goths in Spain,* Oxford 1969.

Vicens-Vives, J., *Approaches to the History of Spain,* Berkeley, Calif. 1970; dt. *Geschichte Spaniens,* Stuttgart 1969.

**UNGARN**

Bak, J. M., *Königtum und Stände in Ungarn im 14.–16. Jahrhundert,* Wiesbaden 1973.
Maenchen-Helfen, O. J., *Die Welt der Hunnen. Eine Analyse ihrer historischen Dimensionen,* Wien/Köln 1978.
Pamlenyi, E., *Die Geschichte Ungarns,* Budapest 1971.

**WALES**

Davies, R. R., *Lordship and Society in the March of Wales 1282–1400,* Oxford 1978.
Lloyd, J. E., *A History of Wales from the Earliest Times to the Edwardian Conquest,* London 1912.
Rees, W., *Historical Atlas of Wales,* Cardiff 1951.

**BILDENDE KUNST**

Acland, J., *Medieval Structure: the Gothic vault,* Toronto 1973.
Alexander, J. J. G., *The Decorated Letter,* London 1978.
Baxandall, M., *The Limewood Sculptors of Renaissance Germany,* London 1980.
Baxandall, M., *Painting and Experience in 15th-Century Italy,* Oxford 1972; dt. *Die Wirklichkeit der Bilder. Malerei und Erfahrung im Italien des 15. Jahrhunderts,* Frankfurt a. M. 1977.
Conant, K. J., *Carolingian and Romanesque Architecture 800–1200,* Harmondsworth 1959.
Busch, H., *Deutsche Gotik,* München 1969.
Couteur, J. D. le, *English Medieval Painted Glass,* London 1926.
Demus, O., *Romanische Wandmalerei,* München 1968.
Dodwell, C. R., *Painting in Europe 800–1200,* Harmondsworth 1978.
Fitchen, J., *The Construction of Gothic Cathedrals: a study of medieval vault erection,* Oxford 1961.
Focillon, H., *The Art of the West in the Middle Ages,* 3 Bde., London 1963.
Frankl, P., *Gothic Architecture,* Harmondsworth 1963.
Hansen, H. J. (Hg.), *Holzbaukunst. Eine Geschichte der abendländischen Holzarchitektur und ihrer Konstruktionselemente,* Oldenburg/Hamburg 1969.
Harvey, J. H., *The Master Builders: architecture in the middle ages,* London 1971.
James, J., *Chartres,* London 1979.
Kauffmann, C. M., *Romanesque Manuscripts 1066–1190,* London 1975.
Kitzinger, E., *Early Medieval Art,* London 1940.
Kubach, H. E., *Architektur der Romanik,* Stuttgart 1974.
Krautheimer, R., *Early Christian and Byzantine Architecture,* London 1965.
Panofsky, E. (Hg.), *Abbot Suger on the Abbey Church of St Denis and its Art Treasures,* Princeton, N. J. 1946.
Panofsky, E., *Early Netherlandish Painting: its origin and character,* 2 Bde., Cambridge, Mass. 1964.
Panofsky, E., *Das Leben und die Kunst Albrecht Dürers,* München 1979.
Pope-Hennessy, J., *Italian Gothic Sculpture,* London 1972.
Salzman, L., *Building in England down to 1540,* Oxford 1952.
Stanger, A., *Deutsche Malerei der Gotik,* Neudeln 1969.
Tovell, R. M., *Flemish Arts of the Valois Counts,* Toronto 1950.
Whinney, M., *Early Flemish Painting,* London 1968.
White, J. E., *Art and Architecture in Italy 1250–1400,* London 1966.
Wittkower, R., *Architectural Principles in the Age of Humanism,* London 1962; dt. *Grundlagen der Architektur im Zeitalter des Humanismus,* München 1969.
Witzleben, E. von, *Licht und Farbe aus Frankreichs Kathedralen,* 2. Auflage, Augsburg 1967.

**BUCHDRUCK**

Febvre, L. P. V., hg. v. Nowell-Smith, G. und Wootton, D., *The Coming of the Book: the impact of printing 1450–1800,* London 1976.
Hind, A. M., *A History of Engraving and Etching,* London 1923.
Hind, A. M., *An Introduction to a History of Woodcut,* London 1935.

**BURGEN UND KRIEGSWESEN**

Anderson, W. F. d'E., *Castles of Europe from Charlemagne to the Renaissance,* London 1970; dt. *Burgen Europas. Von der Zeit Karls des Großen bis zur Renaissance,* München 1971.
Colvin, H. M., *The History of the King's Works,* 6 Bde., London 1963–76.
Macgibbon, D., und Ross, T., *Castellated and Domestic Architecture of Scotland from the 12th to the 18th Century,* 5 Bde., Edinburgh 1887–1892.
Meyer, W., *Burgen, Schlösser und Festungen,* Frankfurt a. M. 1979.
Salch, C. L., und Burnouf, J., *Atlas des chateaux-forts,* Straßburg 1977.
dies., *Atlas des villes fortifiées,* Straßburg 1978.
Verbruggen, J. F., *The Art of Warfare in Western Europe,* Amsterdam 1976.

**GEISTESLEBEN**

Brooke, C. N. L., *The Twelfth-Century Renaissance,* London 1969.
Buck, A., *Petrarca,* Darmstadt 1976.
Copleston, F. C., *A history of medieval philosophy,* Scranton 1972; dt. *Geschichte der Philosophie im Mittelalter,* München 1976.
Gilson, E., *A History of Christian Philosophy in the Middle Ages,* London 1955.

Grabmann, M., *Mittelalterliches Geistesleben,* Hildesheim 1975.
Hay, D., *Geschichte Italiens in der Renaissance,* Stuttgart 1962.
Holz, H., *Thomas von Aquin und die Philosophie,* München u. a. 1975.
Knowles, M. D., *The Evolution of Medieval Thought,* London 1962.
Morris, C., *The Discovery of the Individual 1050–1200,* London 1972.
Murray, A., *Reason and Society in the Middle Ages,* Oxford 1978.
Riche, P., *Education and Culture in the Barbarian West,* Columbia, S. C. 1978.
Wilkins, E. H., *Studies in the Life and Work of Petrarch,* Cambridge, Mass. 1955.

**KARTOGRAPHIE**

Harvey, P. D. A., *The History of Topographical Maps,* London 1980.
Kimble, G. H. T., *Geography in the Middle Ages,* London 1938.
Meine, K. H., *Kartengeschichte und Kartenbearbeitung,* Bonn 1968.
Nordenskiöld, N. A. E., *Facsimile Atlas to the Early History of Cartography,* Stockholm 1889.

**LANDBEVÖLKERUNG UND LANDWIRTSCHAFT**

Abel, W., *Geschichte der deutschen Landwirtschaft vom frühen Mittelalter bis zum 19. Jahrhundert,* Stuttgart 1962.
Bautier, R. H., *The Economic Development of Medieval Europe,* London 1971.
Borst, A. (Hg.), *Das Rittertum im Mittelalter,* Darmstadt 1976.
Bosl, K., *Leitbilder und Wertvorstellungen des Adels von der Merowingerzeit bis zur Höhe der feudalen Gesellschaft,* München 1974.
Critchley, J., *Feudalism,* London 1978.
Postan, M. (Hg.), *The Agrarian Life of the Medieval West,* Cambridge 1966.

**LITERATUR**

Auerbach, E., *Mimesis. Dargestellte Wirklichkeit in der abendländischen Literatur,* 3. Auflage, Bern/München 1964.
Brinkmann, H., *Entstehungsgeschichte des Minnesangs,* Darmstadt 1971.
Curtis, E. R., *Europäische Literatur und lateinisches Mittelalter,* Bern 1954.
Dante Alighieri, *Die Göttliche Komödie,* Zürich 1945.
*Handbuch der deutschen Literaturgeschichte,* Abt. 2, Bd. 1: *Frühes Mittelalter,* Bd. 2: *Hohes Mittelalter,* Bd. 3: *Spätes Mittelalter,* Marburg 1970–71.
Owen, D. D. R., *The Legend of Roland,* London 1973.
Schneider, H., *Heldendichtung, Geistlichendichtung, Ritterdichtung,* Stuttgart 1943.
Vinaver, E., *The Rise of Romance,* Oxford 1971.
Wappnewski, P., *Deutsche Literatur des Mittelalters,* München 1960.

**MUSIK**

Besseler, H., *Die Musik des Mittelalters und der Renaissance,* Potsdam 1931.
Harrison, F., *Music in Medieval Britain,* London 1958.
Hoppin, R., *Medieval Music,* New York 1980.
Reese, G., *Music in the Middle Ages,* London 1941.
Strunk, O., *Source Readings in Music History: I Antiquity and the Middle Ages,* London 1981.

**NATURWISSENSCHAFT, MEDIZIN, TECHNOLOGIE**

Arano, L. C. (Hg.), *Tacuinum Sanitatis. Das Buch der Gesundheit,* München 1976.
Klemm, F., *A History of Western Technology,* London 1959.
Shrewsbury, J. F. D., *A History of Bubonic Plague,* Cambridge 1970.
Strunz, F., *Geschichte der Naturwissenschaften im Mittelalter,* Hildesheim 1972.
Usher, A. P., *A History of Mechanical Inventions,* Cambridge, Mass. 1954.

**STÄDTISCHE GESELLSCHAFT, HANDEL UND GEWERBE**

Beck, H. G., Bosl, K. u. a., *Untersuchungen zur gesellschaftlichen Struktur der mittelalterlichen Städte in Europa,* 2. Auflage, Sigmaringen 1974.
Cipolla, C. M., *Europäische Wirtschaftsgeschichte,* Bd. 1: *Mittelalter,* Stuttgart 1978.
Haase, C., *Die Stadt des Mittelalters,* Bd. 3: *Wirtschaft und Gesellschaft,* Darmstadt 1976.
Ennen, E., *Die europäische Stadt des Mittelalters,* 3. erw. Auflage, Göttingen 1979.
Kellenbenz, H. u. a., *Handbuch der europäischen Wirtschafts- und Sozialgeschichte,* Bd. 2: *Europäische Wirtschafts- und Sozialgeschichte im Mittelalter,* Stuttgart 1980.
Nicholas, D., *Town and Countryside: social, economic and political tensions in 14th-century Flanders,* Gent 1971.
Planitz, H., *Die deutsche Stadt im Mittelalter,* 3. Auflage, Wien 1973.
Platt, C., *The English Medieval Town,* London 1976.
Postan, M. (Hg.), *Economic Organisation and Policies in the Middle Ages,* Cambridge 1963.
Postan, M. (Hg.), *Trade and Industry in the Middle Ages,* Cambridge 1952.
Reynolds, S. M. G., *An Introduction to the History of English Medieval Towns,* Oxford 1977.
Rörig, F., *Die europäische Stadt und die Kultur des Bürgertums im Mittelalter,* 3. Auflage, Göttingen 1955.
Unger, R., *The Ship in the Medieval Economy,* Montreal 1980.

# REGISTER GEOGRAPHISCHER NAMEN

Ein geographischer Begriff mit nachfolgendem Sternchen bezieht sich auf ein kleines Territorium (z.B. Grafschaft, Herzogtum, Pfalzgrafschaft, Provinz oder Region)

# REGISTER

*Kursiv* gesetzte Seitenzahlen weisen auf Abbildungen bzw. Bildlegenden hin.

SEPTENTRIO
BOREAS AQUILO
DESERTA ARENOSA
TIMISCIRICI CAPI DESERTI
MARI CASPIUM
ALBANIA
GENS COLCI
GALACIA
CAPADOCIA
CILICIA
ASIA MINOR
MACEDONIA
TESSALONICA
EPIRUM
ACAIA
SINUS ADRIATICUS
CALABRIA
APULIA
ROMA
SPOLITE
PROVINCIA
SEPTIMANIA
HIC CAPUD EUROPAE
ALANIA
DACIA
SAXONIA
FRISIA
SARMATICA
PANNONIA
NORICU
RETIA
GERMANIA
MOESIA
DALMATIA
FRANCIA
GALLIA BELGICA
GALLIA LUGDUNE
AQUITANIA
GUASCONIA
GALLICIA
CANTABRIA
LUSITANIA
TRASCIUS CIRCIUS
KORUS AGRESTIS